十三經清人注疏

周易集解纂疏

〔清〕李道平 撰
潘雨廷 點校

圖書在版編目(CIP)數據

周易集解纂疏/(清)李道平撰;潘雨廷點校.—北京:中華書局,1994.3(2023.11 重印)
(十三經清人注疏)
ISBN 978-7-101-00933-0

Ⅰ.周… Ⅱ.①李…②潘… Ⅲ.周易-注釋
Ⅳ.B221.2

中國版本圖書館 CIP 數據核字(2004)第 030544 號

責任編輯:沈芝盈
責任印製:管 斌

十三經清人注疏
周易集解纂疏
〔清〕李道平 撰
潘雨廷 點校
*
中 華 書 局 出 版 發 行
(北京市豐臺區太平橋西里 38 號 100073)
http://www.zhbc.com.cn
E-mail:zhbc@zhbc.com.cn
三河市鑫金馬印裝有限公司印刷
*
850×1168 毫米 1/32 · 24½印張 · 2 插頁 · 431 千字
1994 年 3 月第 1 版 2023 年 11 月第 15 次印刷
印數:33001-34500 册 定價:98.00 元

ISBN 978-7-101-00933-0

十三經清人注疏出版説明

自漢至清，經學在各門學術中占有統治的地位。經學的發展經歷了幾個不同的階段，而清代則是很重要的也是最後的一個階段。清代經學家在經書文字的解釋和名物制度等的考證上，超越了以前各代，取得了重要成果，這對我們利用經書所提供的材料研究古代的經濟、政治、文化、思想以至科技等，有重要的參考意義。

清代的經學著作，數量極多，體裁各異，研究的方面也不同。其中用疏體寫作的書，一般是吸收、總結了前人多方面研究的成果，又是現在文史哲研究者較普遍地需要參考的書，因此我們在十三經清人注疏這個名稱下，選擇這方面有代表性的著作，陸續整理出版。所選的并非全是疏體，這是因爲有的書未曾有人作疏，或雖然有人作疏，但不够完善，因此選用其它注本來代替或補充。禮書通故既非疏體又非注體，但它與禮記訓纂等配合，可起疏的作用，故也入選。大戴禮記不在十三經之内，但它與禮記（小戴禮記）是同類型的書，因此也收進去。對收入的書，均按統一的體例加以點校。

清代的經學著作還有不少有重要參考價值，這有待於今後條件許可時，按新的學科分類，選擇整理出版。

十三經清人注疏的擬目如下：

周易集解纂疏　李道平撰
尚書今古文注疏　孫星衍撰
今文尚書考證　皮錫瑞撰
尚書孔傳參證　王先謙撰
詩毛氏傳疏　陳　奐撰
毛詩傳箋通釋　馬瑞辰撰
詩三家義集疏　王先謙撰
周禮正義　孫詒讓撰
儀禮正義　胡培翬撰
禮記訓纂　朱　彬撰
禮記集解　孫希旦撰
禮書通故　黃以周撰
大戴禮記補注　孔廣森撰
（附王樹枏校正、孫詒讓斠補）

大戴禮記解詁　王聘珍撰
左傳舊注疏證　劉文淇等撰
春秋左傳詁　洪亮吉撰
公羊義疏　陳　立撰
穀梁古義疏　廖　平撰
穀梁補注　鍾文烝撰
論語正義　劉寶楠撰
孝經鄭注疏　皮錫瑞撰
孟子正義　焦　循撰
爾雅義疏　郝懿行撰
爾雅正義　邵晉涵撰

中華書局編輯部
一九八二年五月

前言

周易集解纂疏十卷，清李道平著。道平字遵王，一字遠山，號蒲眠居士，湖北安陸人。嘉慶戊寅（公元一八一八年）舉人。二十餘年，始終與修安陸縣志。於學善治漢易，道光甲申（公元一八二四年）成易筮遺占而重其象，爲能讀周易集解之基礎。此纂疏之成，已當十八年後之壬寅（公元一八四二年）。翌年癸卯（公元一八四三年）起，任嘉魚縣教諭。凡研習周易集解者，循此書以進，殊多便利。今介紹其内容前，先須説明周易與周易集解成書及其變化的情況，方能理解纂疏在易學史中的地位及其價值。

周易爲先秦古籍，漢書藝文志：「易經十二篇。」又曰：「易道深矣，人更三聖，世歷三古。及秦燔書，而易爲筮卜之事，傳者不絶。」所謂三聖，指伏羲、文王、孔子。三古指三聖所處之時代。觀周易内容，確有三部份：一、卦象，二、二篇卦爻辭，三、十翼。合之乃成易經十二篇。至於十翼是否孔子作，宋歐陽修易童子問已致疑。二篇是否文王作，漢馬融、陸績等已發現爻辭如「箕子之明夷」等，事在文王後，故不得不增飾「卦辭文王，爻辭周公」之説以自圓其辭。又八卦是否始作於神農前之伏羲，更難證實。自清末以來，治周易者，什九在考證易經十二篇的作者及成書年代。或能注意秦漢以來的周易著述，而研究其內容者，日乏其人。故周易一書的哲理，已不爲一般知識分子所理解。直至一九七七年，於西岐鳳鳴村發現西周甲骨，內有以數字結合成奇偶，表示陰陽的變化。今已初步證實爲周初的「卦象」。且全國各地，皆有發現此類符號，可見周禮所記的三易，非屬虛構。在西周前已存在「卦象」，不可不認爲是事實。至於伏羲氏之始作八卦，又可探源於原始宗教中有筮占之事。若筮占所用的工具與方法，歷代都有變化。以筮數論，由八卦而六十四卦，由因重增爻而用九用六。於周初純以數字代表陰陽變化，於筮法方面，已有較深的認識。

其後觀六十四卦的卦爻象，繫以卦爻辭而成周易二篇，雖不必誤認爲文王、周公所繫，然以質樸的文字結構觀之，實在詩經前。大部分成於西周，非常可能，其原始資料，不乏取諸西周前的史實。惟分辨卦爻以定二用，編輯成似今本的周易二篇，或已及春秋。左傳昭公二十九年（公元前五一三年）載蔡墨言龍，初見引及「用九」，可作爲成二篇的下限。易，當時屬太卜所掌。

孔子之讀周易，未必有韋編三絶之事，亦未必曾作十翼，然見到卦爻二用的周易，可能有其事。此二篇之辭，收入於禮，不如詩、書受人重視。及戰國而逐步形成十翼，始能大幅度提高周易的學術價值。考十翼作者，既非一人，亦非一時。以長沙馬王堆發現的漢初帛書周易觀之（下葬於公元前一六八年），卦次不同於序卦，於十翼的十篇，差別甚大，篇數亦非十，有少於今本者，亦有今本中所無者。可見戰國時代，作翼以解釋二篇的易學者甚多，下引史記仲尼弟子列傳以明之。

「商瞿，魯人，字子木，少孔子二十九歲。孔子傳易於瞿。瞿傳楚人馯臂子弘。弘傳江東人矯子庸疵。疵傳燕人周子家豎。豎傳淳于人光子乘羽。羽傳齊人田子莊何。何傳東武人王子中同。同傳菑川人楊何。何元朔（公元前一二八——一二三年）中以治易爲漢中大夫。」

史記此節的記載，誤在直接受易於孔子（公元前五五一——四七九年）。凡傳瞿（公元前五二二——？）、弘、疵、豎、羽五代，已及始皇（公元前二四六——二一〇年在位）時之何，於時間未合。然所述及的傳易者，未可忽視，內有楚人，尤當注意。可視爲與十翼的作者有關。且秦未禁易，各地同時在傳授，宜漢初尚未有統一的十翼。今本之十翼，由田何傳出，亦難免有西漢學易者的增删。如文、景時之丁寬，武帝初之楊何，以及宣、元之世立學官的施、孟、梁丘三家，與焦、京之説。他們對十翼的形成，實有不同程度的影響。然前後完成如鄭玄所數之十翼，其下限似當在揚雄法易以著太玄前。因太玄的内容，不僅法周易二篇，且已兼法十翼。可證揚雄年五十（公元前三年）草太玄時，易經十二篇早已存在。

漢志的書目，於易經十二篇分施、孟、梁丘三家，另有易傳十餘種，可喻當時視易經包括二篇、十翼。注易者，更在十翼之外。故有比較固定的易經十二篇，足有二千年歷史，是當傳統所理解的周易。秦、漢以來的讀易者，基本能綜觀三聖三古而爲之注。今於三聖之更，可否定其人，然未可否定三古之時。如分裂三古以究周易，確可進一步理解三古的時代。或知分而未知合，未及傳統説易者之已得通貫時空的周易整體觀。此一整體觀，大備於十翼，戰國時代的黄、老、騶衍學派，皆有此思想。以田何論，可有見於秦統一天下的事實。及漢興，易仍保持其整體觀。武帝從董仲舒尊儒術後，卽一變而成「易爲五經之原」的周易地位。然周易所具的整體思想，亦非執一不化，二千年來已「爲道也屢遷」，故歷代注釋易經十二篇的作者，又可以時代加以分辨，大別有五：卽漢易、魏、晉易、唐易、宋易、清易。所以有不同的内容，全在時代的發展，對三古之易有不同的理解。識此屢遷之整體易學，庶可竝觀五時之易注而無礙。

周易集解一書，爲唐朝後保存漢易的唯一文獻。觀其成書與流傳，亦幾經曲折，然由漢及清而未衰，庶見窮變通久之易理。當兩漢之四百年，除編定易經十二篇外，凡易家之注易，因有相同的時代背景，内容亦相似，是謂漢易。漢後從其説者，仍以漢易名之。其説與春秋内外傳所述及者，尚可相通。且已有據於十翼，能融合三古而有所發展。凡十翼中未及者，亦可據卦爻象與卦爻辭而爲之說。故精闢之言，不下於十翼之傳二篇、二篇之觀卦象。一言以蔽之，漢易之說，猶可上應於戰國時之易說。自漢而魏，學風大變，魏王弼（公元二二六——二四九年）之易注出，乘時而改變說易之理，由崇實而尚虛，由尚象而掃象。雖然，亦有其整體觀。改變云者，擇取十翼之半，而不注繫辭以下五翼。後有晉韓康伯補全之，理承於弼，亦與漢易大異。然時風所扇，日見其盛。此非一人所能抑，亦非一人所能興，要而言之，實由印度西域的佛教思想，不斷傳入所致。唐孔穎達撰五經正義（公元六四二年），猶以王、韓注爲準。漢易尚有遺存者，任其湮没而不顧，惜哉。孔疏中雖不乏有據實以正王、韓之虛，然綜觀全書，仍屬魏、晉易而未及漢易。此見四百餘年間，魏、晉易獨盛於江南之情況（北朝尚有漢易鄭注流行）。孔氏自序曰：「其江南義疏十有餘家，皆辭尚虛玄，義多浮誕。原夫易理難窮，雖復玄之又玄，至於垂範作則，便是有而教有。若論住內住外之空，就能就所之說，斯乃義涉於釋氏，非爲教於孔門也。」此以十餘家義疏，與王、韓注相比，更屬虛玄，故卽以王、韓注爲有。或以王注與漢注相比，早已尚虛。至於王弼的思想，先儒皆認爲以老說易。如合魏初的時代思潮論，似未盡然。究其注易、注老之理，已有取於佛教初步傳入而尚未完備的般若學說。故注易既與漢注大異，注老亦與河上公注不同。由韓康伯以及江南義疏，似在隨時吸取傳入之佛教教義，以足成王弼尚虛之理。奈

「住内住外」、「就能就所」之義疏，已全部失傳，不然當可由易略例，以觀其發展之迹。今幸有唐李通玄於開元七年至十八年（公元七一九——七三〇年）所著之華嚴經大意等書皆在，其内容即以易象當華嚴法界，推而上之，可喻易與佛教教義之合，其來已久，而王注實爲其嚆矢。

迨玄宗之遷蜀，蜀地有李鼎祚者，因迎駕進平胡論而召爲左拾遺。其人擅易，能讀當時所剩之漢易，因輯録由漢及當代的易著共三十餘家之説，以成周易集解，於代宗登位（公元七六二年）而上於朝。其書所集之易注，雖亦及王、韓之魏、晉易，然大半集漢易之説。於東漢之易注引虞氏易獨多。計全書共集易注二千七百餘節，虞氏注約一千三百節，幾近二分之一，李氏之重視虞注可見。然孔疏言漢易，僅及荀、劉、馬、鄭而未及虞氏，可證其書雖在，早已無人問津。虞翻（公元一七〇——二三九年），會稽人，生當漢、魏之際，五世家傳孟氏易，與中原盛傳之京氏易、費氏易等，頗有同異。其地處南方，時屬漢末，有總結漢易的地位。然虞氏之卒，王弼已十四歲，未久而魏易風行，漢易式微。時代既變，如虞氏之説不可再見。約百年後范長生（即蜀才）（公元？——三一八年）善虞氏易，集解尚輯有范注二十三節可證。范在蜀佐李雄時，或能廣傳其書，宜相隔已四百年，唐李鼎祚在蜀，尚在研讀世人不讀之書。周易集解以虞氏爲主，其有得於孟氏易可知。迨五代時，唐中葉尚存之各家易注，全部散佚，故周易集解之輯，又有保存古文獻之功。且成書之時，在孔疏百餘年之後，全書之內容，上及魏易百餘年前之漢易。由漢易直繼易經十二篇之旨，庶可窺見通貫三古之易理。故李氏此書，猶繼往聖之絕學，無他書可與媲美。奈此書雖成，流傳不敵孔疏。終唐之世，於儒林未聞有重視其書者。

今更應進一步理解李鼎祚的思想，其自序曰：「聖人以此洗心，退藏於密。自然虛室生白，吉祥至止，坐忘遺照，精義入神。」又曰：「集虞翻、荀爽三十餘家，刊輔嗣之野文，補康成之逸象，各列名義，共契玄宗。」此所謂「刊」、所謂「補」，因魏、晉以來，僅存鄭、王兩家，唐代於易雖以王注爲主，鄭注尚在流傳，唯虞、荀之易注習者絕無僅有，故李鼎祚重虞、荀卦爻變之象，以刊輔嗣掃象之野文，以補康成未取之逸象。其視易玄合一，猶發展虞氏從魏伯陽周易參同契之義，內具易象「近取諸身」的養生之道。且唐代正三教分治之時，唯易理足以合之，故李氏於序中又說：「原夫權輿三教，鈐鍵九流，實開國承家修身之正術也。」然則此書之旨，在使玄學合易理以權輿三教，猶在改革道教，開創三教合一的新義。可見唐代有李通玄、李鼎祚二人，實爲完成以魏、晉易與漢易之理，通往佛、老二途的代表者。故唐易之整體觀，須以孔疏合諸二李之書而方顯。

若周易集解之作用，貴能承前以啓後，非如孔疏之斷代於魏。然由唐迄今，又經千有餘年，此書之盛衰，與周易整體觀之變化，仍相呼應。當唐末五代之亂，儒、釋、道三分之唐易，一變而爲統一的宋易，關鍵人物，有陳摶（公元八八九？——九八九年），作先天象數之圖。其次先天卦序，對認識周易卦象，有劃時代的進步。九、十之數，又能展開討論先秦已具備的數學原理。是皆有見於由漢至唐的學術成就，方能抽象而歸諸周易的象數。以當時的形勢論，佛教華嚴經的法界，因武宗禁佛而化成禪宗五葉的機鋒，玄宗合至賾的漢象，促使產生鍾、呂學派，此派學者，著有鍾呂傳道集、靈寶畢法等以創新道教，實於百年間受周易集解之影響。陳摶生當其時，能總結唐易而理通三教。既先向於虛室，乃以至止之心游及其間，庶能深味十翼中若干警句，以繪此自然之易序。其象數有邵雍（公元一〇一一——一〇七七年）、周敦頤（公元一〇一七——一〇七三年）等傳之，實爲理學之本。惟理學之道，雖兼取三教之理而必以排佛、老爲主，大違陳摶之旨。小程子（公元一〇三三——一一〇七年）之易傳，仍據於弼注而不及繫辭以下五翼。僅於貴尚虛之整體觀，一變而爲重倫常之整體觀。此仍未合周易三古之時，其失與王弼略同。及南宋朱熹（公元一一三〇——一二〇〇年）能集理學之大成，於易又合陳、邵、周、張、程而一之，庶成宋易之三古，凡陳、邵猶伏羲易，程猶文王易，周、張猶孔子易。既備三古之時，故宋易足與漢易抗禮。惜保存在周易集解中之漢易文獻，宋代學者殊未覺察。程、朱之間有朱震（公元一一〇七二——一一三八年）者，雖已閲讀周易集解，然其所著之漢上易傳，仍以宋易爲主而酌取漢易，朱子門人林至之易裨傳中，亦述及漢易之法，且知虞氏易「之正」之變。奈知象而未知象之所指，皆未合以漢觀漢之理，對漢易的認識距離甚遠。惟朱子能推原宋易於陳摶，其見甚卓，且從吕祖謙本以分辨二篇、十翼，則三古之時，燦然明白。晚年注周易參同契、陰符經等，爲其思想之歸宿。反身以得漢象，決非偶然。朱子既卒，程、朱之理學大興。宋易以朱子爲主，由元、明至清初未變。清康熙帝敕李光地纂成周易折中（公元一七一五年），爲宋易發展之最高峯。五百餘年間，王弼注已爲程傳所代替，周易集解中雖存有漢易資料，絶無一人能讀其書，此又見宋易獨盛之情況。

清由雍正而乾隆，學風又變，重樸學考據，可免自我作古之弊。若宋易之三古，其何以爲信史。故必逆而上推，步步爲營，究古籍以核證史實，爲樸學之的。以周易論，由魏易王注而及易經十二篇，必經漢易，欲究漢易，僅有周易集解中之資料尚在。故此書成於唐，約經千年而始受重視於清。故漢易的緜延，不通觀較長歷史時期的變化，決難説明其内容，亦難喻周易集解之重要，今日有志於學易者，仍當以此書入門。凡清代研究周易集解而有成者，擇要而言，初創於惠士奇（公元一六七一——一七四一年）與惠棟（公元一六九七——一七五八年）父子，繼有張惠言（公元一七六一——一八〇二年）之深入研究虞氏易，則於僅存之漢注，略能説明其象。然於三古之易，賴此漢注而忽乎易經十二篇之原文，難免有抱殘守闕之感。即使漢注尚全，亦屬漢代四百年之學易情況，其何可不及漢後之易學發展。孫星衍（公元一七五三——一八一八年）有見於此，乃繼李鼎祚之周易集解而重輯周易集解，貴能網羅天下放失之漢、唐舊聞而全收王、韓易注，成於嘉慶三年（公元一七九八年），則已合漢易與魏、晉易而一之，唯明顯有與於二氏之唐、宋易，仍嚴斥之。此孫氏之志，不期而有焦氏循（公元一七六三——一八二〇年）以易學三書足成之。焦氏以三十七年之功，成書於嘉慶十八年（公元一八一三年），其書之出，有清代治易之獨見，庶可當清易而無愧。總觀清代之治易，不外漢、宋二途。治漢治宋者，什九爲周易集解與周易折中所囿。然知宋易而未知漢易者，有大批清代易著，其内容已不足觀，故乾、嘉後之易學者，不可不知漢易，如能深研漢易而知其蔽，始可發展周易之整體觀，此唯焦氏循足以當之。焦氏循究漢易而重虞氏易，且能直探卦象而得其理，則決非張惠言輩所能及。所著之易圖略猶伏羲易，易章句猶文王易，易道釋猶孔子易。由三書以應三古，清代三百年中，僅焦氏一人，故足與虞翻、朱熹並立而爲漢、宋、清三個時代中整體易學之代表人物。然焦氏之書，必以虞氏易爲非，其與王弼之掃象，有異曲同工之妙。而或未究虞氏易，決不能成其易圖略。繼之衍成易通釋而結成易章句，是猶發展王弼之掃象而掃辭。掃象者，全然不論乾爲馬、坤爲牛之具體易象，掃辭者，又全然不顧二篇文字之内容。故以焦循爲代表的清易，實爲漢易與魏易之合，爲今後發展易學的又一方向。能識此虞氏易發展成焦氏易學三書之原委，庶見周易集解有承啓之功，而李氏道平恰當其時。然李氏僅得惠、張之書而能讀漢易，其於孫氏、焦氏發展周易整體觀之創舉，或尚未知。唯有得於周易集解，則可斷言，乃於全書之注，逐條疏通之，其間漢人之注約一千八百節，已爲漢易家所注意，此外近千節屬魏、晉至唐人之注，皆惠、張等所忽視者，亦爲疏通，基本能闡明注者之義。且所加百餘節案，及二百餘節愚案，欲使注者之義，以合諸易經十二篇之旨，理皆平穩，故此纂疏之成，不僅屬漢易，可由之而明唐李鼎祚之思想。至於漢易所以難讀者，因另有在文字外之易例，此例於漢代，本不待言。然經魏、晉易，宋易之迭興，知者已鮮。惠、張等所闡明之漢易，猶説明漢人讀易之例。家法不同，即取例不同。而此書於卷首，能集「諸家説易凡例」，計有卦氣、消息、爻辰、升降、納甲、納十二爻、六親、八宫卦、納甲應情、世月、二十四方位十一例，則漢易中孟、京、馬、鄭、荀、虞之例，主要者已明，準其例以讀其注，確可迎刃而解，故循此以讀周易集解，殊多便利，此爲纂疏之價值所在。因今日讀此書者，豈可僅知漢易而已，不可不觀其發展之迹，至少宜理解唐李鼎祚之思想。此點李氏道平尚未自覺，然已在起此作用。如疏原序有曰：「謂易足以始三教而管九流，故爲開國承家修身之正術也。」惜未能以唐觀唐，並未理解三教於唐代的內容，此清人未知唐易，與宋人未解漢易之失同。故善讀周易集解者，不可僅以漢易之資料視之，善讀此纂疏者，又須以唐易讀之。進而合此纂疏與孔疏並讀，可有萬千變化，焦氏循決不能專美於前，是所有望於循此纂疏以研究周易集解者。

至於此書之版本，初刊本流行未久而版燬於兵。王先謙續刊皇清經解，雖得其書以未遑考訂而置之。時王編修懿榮奏請以清人所著諸經義疏，頒行學官，即以此書爲首，故名揚全國。光緒辛卯（公元一八九一年）既有三餘草堂刻本，又收入湖北叢書。更有長沙陳寶彝詳爲考校而成思賢書局本。今以三餘草堂刻本爲底本，參校叢書本與陳校本。於陳校本前，有王先謙序及陳氏之重校纂疏識略。王氏有言「且序（指李鼎祚周易集解之序）云『刊輔嗣之野文』，是其意不以王氏爲然而甄録及之，竊所未喻。纂疏乃用漢儒易義以釋王、韓、孔三家之説，斯惑之甚也。又其書徵引多誤，識者用爲訾病。」斯實斷章取義，全然未知唐李鼎祚之旨，其見反未及李氏道平之能以周易集解爲主。又陳氏之校，於糾正徵引及誤字誤刻處，頗有可取，惟全本漢注之理以繩此纂疏，亦未可爲是，故此次標校，每用陳校本改正其誤，然不取爲底本者，庶可見此書之本來面目。

華東師大古籍研究所潘雨廷

公元一九八三年十二月

點校體例

一、周易集解於易經十二篇之編次用王弼本。又以序卦散入各卦之首，故序卦凡二見。所輯之注有同有異，可見李鼎祚凡二次集序卦之注，因而重見者，計有三十八節。

二、凡散入各卦之彖上、彖下、象上、象下、序卦，皆加冒號與引號，以便與二篇分辨。又文言僅散入乾、坤兩卦，且文辭較長，故文言曰下僅加冒號，全文不用引號。

三、彖、象等每引二篇原文，一般不加引號，因此書不以十翼解二篇爲主。

四、此書以唐李鼎祚所輯之三十餘家易注爲主，明注者如何理解易經十二篇。纂疏者，疏通此三十餘家易注之義。

五、中興書目計周易集解所集之易注凡三十家，及九家易、乾鑿度二書。朱睦㮮考增焦贛、伏曼容二家。朱彝尊又考增姚規、朱仰之、蔡景君三家。纂疏所計之三十五家，因子夏易傳已見前，實三十六家，內遺漏乾鑿度。且先儒皆未計孔安國、延叔堅兩家，故周易集解凡集三十九家易注，尚有李鼎祚自加之案語。由是纂疏者，蓋疏四十家易注之義。

六、計四十家之易注，凡二千七百餘節。內乾鑿度、孔安國、蔡景君、焦贛、延叔堅、王廙、沈驎士、伏曼容、姚規、崔覲十家僅一節。且焦贛爲鄭玄注中所引及，蔡景君、延叔堅爲虞翻注中所引及。孟喜、京房、劉表、何晏、張璠、朱仰之六家僅二節。向秀僅三節。子夏易傳、王凱沖兩家僅四節。劉瓛僅五節。以上二十家，文獻極少，備一說而已。又馬融雖僅八節，於虞翻注中屢有論及。姚信十四節，虞氏二十節。王肅二十一節。蜀才二十三節。翟玄二十六節。何妥三十六節。以上七家，未滿四十節，略有義理可言。又鄭玄、宋衷、陸績三家，與王弼、韓康伯、孔穎達三家，各家取四五十節而未滿六十節，可見漢易與魏、晉易之異而有其所同。此外主要之七家，卽李鼎祚案近百節，干寶、九家易、侯果皆百餘節，崔憬二百餘節，荀爽三百餘節，虞翻獨多近一千三百節。此統計輯録文獻之多寡，可見其義。

七、於易經十二篇之斷句，以注者爲主。如豫卦大象：「雷出地，奮豫。」此書取崔憬注，逗於「地」。

八、漢注以卦名示卦爻變及體象，故於三畫以上之卦名（包括四畫、五畫、六畫），各加書名號以便閱讀。若三畫卦名僅八，容易識別，且爲數極多，以不加爲宜。

九、虞、荀注重經文及十翼間之相互引證，故於引文每加引號，疏引注亦然。如荀爽注井九三下半段爻辭曰："謂五「可用汲」三，則「王」道「明」而天下「並受其福」。於荀注中所加之引號，其文即爻辭。又如虞翻注乾文言「則各從其類也」曰：「方以類聚，物以羣分。」「乾道變化，各正性命。」「觸類而長」，故「各從其類」。虞注此節，全用十翼原文。疏亦能綜述虞注以貫通易義，此見引文之重要。然常見之吉凶悔吝等斷辭，亦不必一一儘加引號。且注者不同，未可全書一例，讀者詳之。

目録

周易集解纂疏自序

古人之説易也慎，後人之説易也僭。古人之説易也言象數而義理在其中，後人之説易也言義理而象數因之以隱。説卦〔一〕曰「聖人設卦觀象」，又曰「聖人立象以盡言」，又曰「極數知來之謂占」，又曰「極其數，遂定天下之象」。使象數可廢，則聖人之言爲無稽，而羲、文之假象數以垂訓者，反等於駢拇坿贅。夫規所以爲圓，矩所以爲方。必規矩具，然後方圓成。斷無方圓成，而規矩遂爲可棄。故作易者，不能離象數以設爻象。説易者，即不能外象數而空談乎性命矣。説易莫先于左氏内傳，紀事雖不免或失之誣，然解釋筮辭皆準象數，猶可考見古人説經之遺。漢儒踵周、秦而興，易師授受，一脈相承，恪守典型，毋敢失墜。凡互卦、卦變以及卦氣、爻辰、消息、納甲、飛伏、升降之説，皆所不廢。蓋去聖未遠，古義猶存，故其説往往與羲、文之旨相契合。自時厥後，一變爲晉易，而老、莊虛無之餤熾。再變爲宋易，而陳、李圖學之説興。夫老、莊之虛無，陳、李之圖學，斷不能遠出漢儒象數之

〔一〕此泛指十翼中解説卦與象數之文句，非專指十翼之一説卦。以下引文皆屬繫辭。

上。且王氏之注，論象數既不及漢儒之確，論義理又不及宋儒之醇。進退無所據，有識之士多擯斥不肯道。乃唐祭酒孔君沖遠奉勑疏解諸經傳注，獨于易黜鄭、虞而宗王、韓。取輔嗣野文疏而行之，其書遂藉以獨尊于世，而漢學寖微。于是梓州李君鼎祚恐逸象就湮，乘其時古訓未散，取子夏以下三十餘家，成集解一書，表章漢學。俾古人象數之說，得以緜延，至今弗絶，則此編之力居多。予少時嘗取其書讀之，隱辭奥義，深邃難闚。予不自揆，輒欲有所闡發，以通窔宣幽，卒以多所滯礙而止。久之，得東吴惠氏書，而向之滯者，十釋四五矣。又久之，得毗陵張氏書，而向之滯者，十釋二三矣。又久之，廣覽載籍旁及諸家之説，而向之滯者，卽有未釋，蓋亦無幾矣。復不自揣，萃會衆説，句梳而字櫛之。義必徵諸古，例必溯其源。務使疏通證明，關節開解，讀者可一覽而得其指趣。舊注閒有未應經義者，或别引一説，以申其義。或旁參愚慮，以備一解。亦不敢墨守疏家狐正首邱、葉歸根本之習。是編也，其有當于絜靜精微之教與否，則不敢知。其于漢、魏諸儒之學，則未嘗無一日之功焉。抑又思之，自唐迄今千餘載，無人起而爲之疏，而予獨毅然爲之而不辭。予方懼其弗慎且近僭，而又安敢自以爲功也。書既成，謹述其原委，弁諸卷端，亦聊以備講漢學者採擇焉爾。道光二十有二年，歲次壬寅冬十月，安陸李道平遠山氏書于有獲齋。

周易集解序

敍曰：「元氣絪緼，三才成象。疏謂「在天成象」也。神功浹洽，八索成形。疏謂「在地成形」也。在天則日月運行，潤之以風雨。在地則山澤通氣，鼓之以雷霆。疏漢書五行志「雷于天地爲長子，二月出地，八月入地」，故此以雷霆屬之地也。至若近取諸身，四支百體合其度。疏若「乾爲首」之類是也。遠取諸物，森羅萬象備其工。疏如說卦所載是也。陰陽不測之謂神，一陰一陽之謂道。範圍天地而不過，曲成萬物而不遺。仁者見之以爲仁，知者見之以爲知，百姓日用而不知，君子之道鮮矣。斯乃顯諸仁而藏諸用，神无方而易无體。疏皆繫上文。巍巍蕩蕩，難可名焉。疏以上言未有八卦之前，故云「巍蕩難名」也。逮乎天尊地卑，君臣位列。疏謂乾、坤也。五運相繼，父子道彰。疏謂六子也。震、巽索而男女分，咸、恆設而夫婦睦。人倫之義既闡，家國之教鬱興。疏此卽序卦所云「有男女，然後有夫婦。有夫婦，然後有父子。有父子，然後有君臣。有君臣，然後有上下。有上下，然後禮義有所錯」是也。故繫辭云：「古者庖犧氏王天下也，始畫八卦，以通神明之德，以類萬物之情。作結繩而爲网罟，以佃以漁，蓋取諸離。庖犧氏没，神農氏作。斲木爲耜，揉木爲耒。耒耨之利，以教天下，蓋取諸益。日中爲市，致天下之人，聚天下之貨，交易而退，蓋取諸噬嗑。神農氏没，黄帝、堯、舜氏作。通其變，使人不倦。神其化，使人宜之。刳木爲舟，剡木爲楫。舟楫之利，以濟不通，蓋取諸涣。服牛乘馬，引重致遠，蓋取諸隨。古者穴居而野處，後代聖人易之以宫室，蓋取諸大壯。弦木爲弧，剡木爲矢。弧矢之利，以威天下，蓋取諸睽。上古結繩爲政，後代易之書契。百官以理，萬人以察，蓋取諸夬。」故聖人見天下之嘖，而擬諸形容，象其物宜，而觀其會通，以行其典禮。觸類而長之，六十四卦，三百八十四爻，天下之能事畢矣。其旨遠，其辭文，其言曲而中，其事肆而隱。若夫雜物撰德，辨是與非。**疏**皆上下繫文。終日乾乾，夕惕若厲。**疏**本乾九三。無有師保，如臨父母。**疏**繫下文。自天祐之，吉无不利者也。**疏**大有上九爻辭。至於損以遠害，**疏**繫下文。説以先之。**疏**謂「説以先民」。定其交而後求，安其身而後動。履和而至，謙尊而光。能説諸心，能研諸慮。是故君子居則觀其象而玩其辭，動則觀其變而玩其占。蓍之德圓而神，卦之德方以智。探嘖索隱，鉤深致遠，定天下之吉凶，成天下之亹亹，莫善乎蓍龜。神以知來，智以藏往。將有爲也，問之以言。其受命也，應之如響。無有遠邇幽深，遂知來物。故能窮理盡性，利用安身。聖人以此洗心，退藏於密。**疏**上下繫文。自然虚室生白，吉祥至止。**疏**莊子人間世「虚室生白，吉祥止〔一〕

〔一〕「止」，原本作「至」，據陳校本及莊子人間世正。

止」。坐忘遺照，疏莊子大宗師「顏回曰『回坐忘矣』。仲尼蹵然曰『何謂坐忘』？顏回曰『墮肢體，黜聰明，離形去智，
同于大通，此謂坐忘。』」按：「坐忘遺照」，見韓康伯「陰陽不測之謂神」注。孔疏謂「事出莊子大宗師篇」。然莊子述「顏
回坐忘」，實無「遺照」字也。精義入神。疏繫下文。口僻焉不能言，心困焉不能知。微妙玄通，深不
可識。疏以上皆言易之微妙。易有聖人之道四焉，疏繫上文。斯之謂矣。疏謂「以言者尚其辭，以動者
尚其變，以制器者尚其象，以卜筮者尚其占」也。原夫權輿三教，疏陶宏景茅山長沙館碑「百法紛湊，無越三教之
境」。「三教」謂儒、釋、道。鈐鍵九流。疏范甯穀梁序「九流分而微言隱」。漢書藝文志「儒家流出于司徒，道家流出于
史官，陰陽家流出于羲和，法家流出于理官，墨家流出于清廟官，縱橫家流出于行人官，雜家流出于議官，農家流出于農
稷之官，小説家流出于稗官」。實開國承家脩身之正術也。疏謂易足以始三教而管九流，故爲「開國承家脩身
之正術也」。自卜商入室，親授微言。疏家語「孔子讀易，至于損、益，喟然而歎。子夏避席而問曰『夫子何
歎』？子曰『夫自損者，必有益之。自益者，必有缺之。吾是歎也』。子夏曰『然則學者不可以益乎』？子曰『非道益之謂
也，道彌益而身彌損。夫學者損其自多，以虛受人，故能成其滿。博哉天道，大而必變。凡持滿而能久者，未嘗有也。』子
夏曰『商請志之，而終身奉之』」。按隋書經籍志有子夏易傳二卷，唐志同。中經簿四卷，阮氏七録六卷，陸氏釋文序録
三卷。國史志中興書目皆作十卷。然其書，實後人僞託，非出子夏手也。傳注百家，緜歷千古，雖競有穿鑿，
猶未測淵深。疏謂漢、魏以來，説易之家。其詳具于漢書藝文志、隋書經籍志。唯王鄭相沿，頗行于代，疏
隋志「鄭玄周易注九卷。王弼周易注六卷。」鄭則多參天象，王乃全釋人事。疏鄭氏多尚象數，王氏專言名

理。且易之爲道，豈偏滯於天人者哉。致使後學之徒，紛然淆亂，各修局見，莫辨源流。天象遠而難尋，人事近而易習。**疏**王應麟鄭氏周易注序「康成注易九卷，多論互體。以互體求易，左氏以來有之」。王弼尚名理，譏互體。江左鄭學與王學並立。荀崧謂「康成書根源。顏延之爲祭酒，黜鄭置王。」齊陸澄詒王儉書云「易自商瞿之後，雖有異家之學，同以象數爲宗。數年後，乃有王弼之説」。王濟云「弼所誤者多，何必能頓廢先儒。今若宏儒，鄭注不可廢。河北諸儒，專主鄭氏。隋興，學者慕弼之學，遂爲中原之師」。又王儉曰「易體微遠，實貫羣籍。施、孟異聞，周、韓殊旨。豈可專據小王，便爲該備。依舊存鄭，意謂可安」。則折楊黃華，嗑然而笑。**疏**莊子天地篇「大聲不入于里耳。折柳皇荂，則嗑然而笑」。「皇荂」亦作「黃華」。方以類聚，**疏**繫上文。其在茲乎。**疏**隋書鄭康成、王弼二注，梁、陳列于國學。齊代惟傳鄭義，至隋王注盛行，鄭學寖微，今殆絕矣」。以上言鄭廢王興，以起下文作集解之意也。臣少慕玄風，遊心墳籍。歷觀炎漢，迄今巨唐。采羣賢之遺言，議三聖之幽賾，集虞翻荀爽三十餘家。**疏**凡三十五家。一子夏，已見。一孟喜。漢書「孟喜字長卿，東海蘭陵人」。藝文志有「孟喜周易章句二篇」，又「周易灾異十一篇」。一焦延壽。漢書「延壽字贛，梁人」。隋書經籍志有「焦氏易林十六卷，易林變占十六卷」。易林存，變占佚。今隨卦所采一條，不見易林，當屬變占中語也。一京房。漢書「京房字君明，東郡頓邱人」。漢志有「京房易傳十一篇」。七録有「章句十卷」。隋志又有「錯卦妖占占事〔一〕守林飛候，及飛候六日七分四時候混沌委

〔一〕「占事」，隋志作「周易占十二卷」。

化逆剌占灾異」。馬氏通攷又有「易傳積算法雜占條例」等書。今所采者，大抵皆章句中語也。一馬融。後漢書「馬融字季長，扶風茂陵人。注孝經、論語、詩、易、三禮、尚書」。七録有「馬融周易注一卷」。釋文序録新、舊唐書作「章句十卷」。一鄭玄。後漢書「鄭玄字康成，北海高密人。注周易」。七録有「鄭玄周易注十二卷」，舊唐書同。隋志作「九卷」。釋文序録新唐書作「十卷」。一荀爽。後漢書「爽字慈明，一名諝，潁川潁陰人。著禮易傳詩傳尚書正經春秋條例」。隋志有「荀爽周易注十卷」，新、舊唐書作「十卷」。一九家易。隋志有九家易解。陸德明曰「荀爽九家集注十卷，不知何人集。所稱荀爽者，以爲主故也。其序有荀爽、京房、馬融、鄭玄、宋衷、虞翻、陸績、姚信、翟子玄。注內又有張氏、朱子，並不詳何人」。一劉表。後漢書「劉表字景升，山陽高平人，魯恭王之後也」。隋志有「劉表周易章句五卷」，新、舊唐書同。中經簿録作「易注十卷」，七録作「九卷」，「目録一卷」。一宋衷。陸德明曰「衷字仲子，南陽章陵人」。隋志「梁有漢荊州五業從事宋衷，注周易十卷，亡」。七録新、舊唐書同，釋文序録作「九卷」。一王肅。魏志「肅字子雍」。陸德明曰「東海蘭陵人」。隋志有「王肅周易注十卷」，崇文總目作「十一卷」。一王弼。陸德明曰「弼字輔嗣，山陽高平人。注易上下經六卷，作易略例一卷」。隋志亦作「六卷」，七録作「十卷」。一何晏。册府元龜「何晏撰周易私記二十卷，周易講説十三卷」。一虞翻。吴志「虞翻字仲翔，會稽餘姚人」。隋志有「虞翻周易注九卷，易律曆一卷，周易集林一卷」。七録有「周易日月變例六卷」。一陸績。吴志「績字公紀，吴郡吴人。注周易」。隋志有「陸績周易注十五卷，注京氏易一卷」。一姚信。阮孝緒曰「姚信字元直，吴興人」。陸德明曰「信字德祐」。隋志有「姚信周易注十卷」。一翟玄。九家易作翟子玄。陸德明曰「子玄不詳何人，爲易義」。一韓康伯。晉書「韓伯字康伯，潁川長社人」。隋志有「康伯繫辭注三卷」。一向秀。晉書「向秀字子期，河內懷人」。釋文序録云「秀爲易義」。一王廙。晉書「王廙字世將，丞相導從弟」。隋志有「王廙周易注三卷」，七録作「十卷」，釋文序録作「十二卷」。作「三卷」者，蓋殘闕本也。一張璠。陸德明曰「璠，安定人。東晉祕書郎參著，作集解十二卷」。七志有「張璠周易集解十卷」，隋志「八卷殘闕」，新舊唐書仍云「十卷」，又「略論一卷」。一干寶。晉書「干寶字令升，新蔡人。注周易」。隋志有「干寶周易注十卷，周易爻義一卷，周易問難二卷，周易玄品二卷」。七録有「周易宗塗四卷」。一蜀才。顔之推曰「姓范氏，名長生，自稱蜀才」。隋志〔一〕蜀才周易注十卷」。一劉瓛。南史「劉瓛字子珪，沛郡人」。隋志有「劉瓛周易乾坤義一卷」。七録有「周易四德例一卷」，又有「周易繫辭義疏」。一沈驎士。南齊書「驎士字靈禎，吳興武康人。著周易兩繫」，又云「注易經」。一伏曼容。南史「伏曼容字公儀，平昌安丘人。爲周易集解」。七録有「伏曼容周易注八卷」，唐志有「周易集林十二卷」。一姚規。隋志有「姚規周易注七卷」。一崔覲。隋志有「崔覲周易注十三卷」。一盧氏。隋志有「盧氏周易注十卷」。一何妥。北史「何妥字棲鳳，西城人。撰周易講疏三卷」，隋志作「十三卷」。一王凱沖。唐志有「王凱沖周易注十卷」。一侯果，有「集説」。惟朱仰之及彭城蔡景君無攷。一孔穎達。新唐書「孔穎達字沖遠，冀州衡水人」。舊唐書志有「孔穎達等周易正義十四卷」，新唐志作「十六卷」。一崔憬。據大衍章注云「崔氏探玄，病諸先達」，是崔氏著有「周易探玄」也。**刊輔嗣之野文，補康成之逸象。**

疏王氏專言名理，流于老、莊，故「刊輔嗣之野文」。鄭氏多尚象數，猶存古義，故「補康成之逸象」。**各列名義，共契玄宗。先儒有所未詳，然後輒加添削。每至章句，僉例**

〔一〕「志」下湖北叢書本有「有」字。

發揮。俾童蒙之流一覽而悟，達觀之士得意忘言。當仁既不讓於師，論道豈慚於前哲。至于卦爻彖象理涉重玄，經注文言書之不盡，別撰索隱。疏其書不傳，諸家亦未著録。錯綜根萌，音義兩存，詳之明矣。其王氏略例，疏隋書「周易略例一卷」。此書卷末，今亦未刊。得失相參，采葑采菲，無以下體，仍附經末，式廣未聞。凡成一十八卷，疏或作「一十卷」，新唐書作「集注周易十七卷」，中興書目通攷作「十卷」。以貽同好。冀將來君子，無所疑焉。祕書省著作郎。疏朱睦㮮曰「鼎祚，資州人。仕唐爲祕閣學士，以經術稱于時。及閱唐列傳及蜀志，俱不見其人」。又袁桷清容居士集有「資州李鼎祚讀書臺」。臣李鼎祚序。疏中興書目「集解十卷，唐著作郎李鼎祚集三十餘家，凡十七篇，其所取荀、虞之説爲多」。中興藝文志「李鼎祚易宗鄭康成，排王弼」。晁公武郡齋讀書志「鼎祚集解取序卦各冠雜卦之首。其序云「刊輔嗣之野文，補康成之逸象」，蓋宗鄭學者也」。陳振孫直齋書録解題「隋唐以前易，諸家書逸不傳者，賴此書猶見其一二，而所取于荀、虞者尤多」。

周易集解纂疏凡例

一、是編舊有毛氏汲古閣本，胡氏祕册彙函本，盧氏雅雨堂本，魯魚亥豕，互有異同。孫氏岱南閣本，兼采諸家，字畫踳駁尤甚。唯木瀆周氏枕經樓本，據儒先論定，多所改正，較諸本爲完善。今所據以纂疏者，周氏本也。閒有未盡善者，悉改訂于各條之下。

一、自宋以來，漢易幾成絶學。卽閒有留心象數者，皆自攄己見，不必根據儒先。我朝經學昌明，名賢輩出。如惠徵君棟，承其家學，説易尤精。張編修惠言，接踵而興，如驂之靳。大抵皆謹遵漢學，于荀、虞諸儒之旨，多所發明。其所徵引，總不外集解一書。故茲編所采，雖廣録諸家，而于惠、張兩先生之説尤多。但參合成文，不能詳著姓氏。非敢掠美，致郭竊向注之譏，閲者諒之。

一、疏家之體，墨守注義，不敢有所出入，重師承也。然義取其當，不尚苟同。茲編于注義未協經旨者，必詳加辨正。亦有舊義不詳不確者，或另申一説，以備參考。兼引諸家者，但加「案」字。自攄管見者，則加「愚案」以別之。

一、孔穎達正義，專釋王、韓注也。茲編所引王、韓注，有全用正義者，則書孔疏以別之，間引數語者不書。

一、古人説易，各有宗派。易含萬象，不可一例拘也。故李氏兼收竝蓄，多兩存其説。茲編亦兩釋之，以備學者採擇。至詮解諸家，亦各遵其例，不相混淆，重家法也。

一、諸家體例，淵源各别。如鄭言爻辰，荀主升降，虞明消息之類。若不詳其端委，讀之每多扞格而難通。茲于諸家説易體例，撮其尤要者，列于簡端，俾讀者開卷瞭然。庶于各家宗旨，得其梗概。由此以讀全書，勢如破竹矣。惟卷中徵引事實之處，一時未及檢出原書，難免舛誤。尚冀博雅君子，匡所未逮。

周易集解纂疏諸家説易凡例

卦氣

卦氣之説，出于易緯稽覽圖。其書首言：「甲子卦氣起中孚，六日八十分之七而從，四時卦其一辰餘而從，坎常以冬至日始效，復生坎七日。消息及雜卦相去，各如中孚。」攷其法，以坎、離、震、兑四正卦爲四時方伯之卦。餘六十卦，分布十二月，主六日七分。又以自復至坤十二卦爲消息。餘雜卦主公、卿〔一〕、大夫、侯。風雨寒温以爲徵應。蓋卽孟喜、京房之學所自出也。漢世大儒言易者，多宗之。今列圖于左，俾讀者有所攷焉。

〔一〕「卿」下脱「大夫」二字，據卦氣圖補。

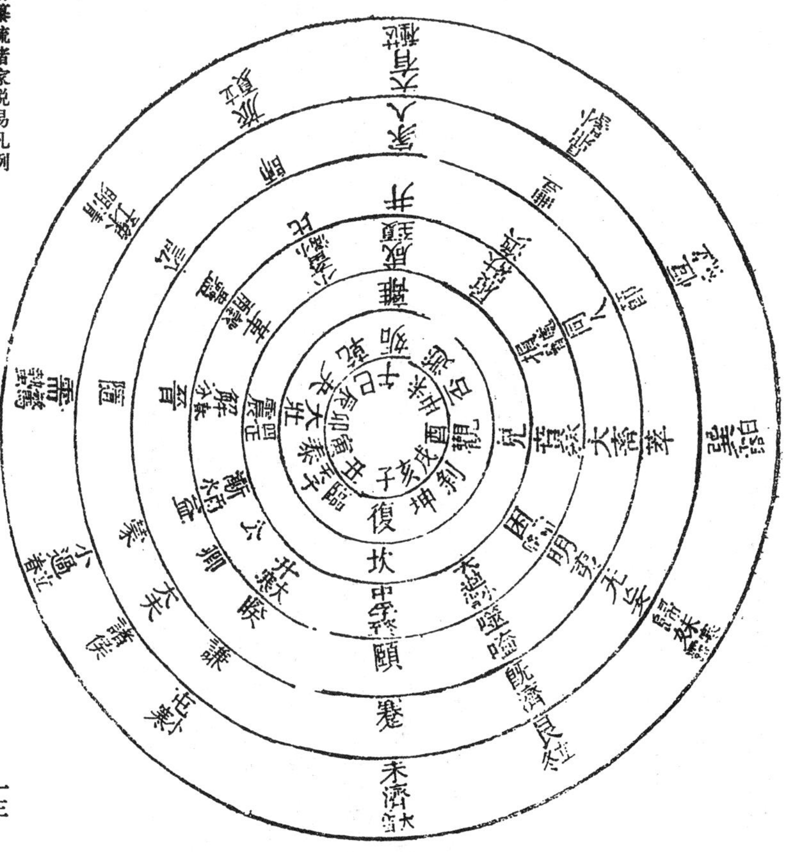

消息

剥象傳曰「君子尚消息盈虚」，豐象傳曰「天地盈虚，與時消息」，故古人稱「伏羲作十言之教」，謂「乾、坤、震、巽、坎、離、艮、兑、消、息」。易緯稱「聖人因陰陽起消息，立乾坤以統天地」。稽覽圖云「唯消息及四時卦當盡其日」，又云「消息及雜卦相去，各如中孚」。太史公亦曰「黄帝考定星曆，建立五行，起消息」，皇侃注云「乾者陽生爲息，坤者陰死爲消」。消息之義，蓋已古矣。孟氏傳其學，荀氏言之不能具，惟虞氏所注猶存其概。大抵乾、坤十二辟卦爲消息卦之正。其自臨、遯、否、泰、大壯、觀生者，謂之爻例。自乾、坤生者，不從爻例。每二卦旁通，則皆消息卦也。消息卦皆在乾、坤相合之時，則剥、復、夬、姤、泰、否之交也。近惟武進張氏言之最精，其詳具所著周易虞氏消息。

爻辰

爻辰者，以乾、坤十二爻，左右相錯，當十二辰也。乾鑿度曰：「乾，陽也。坤，陰也。竝如而交錯行。乾貞于十一月子，左行陽時六。坤貞于六月未，右行陰時六。以順成其歲。歲終從于屯蒙。」又云：「陰卦與陽爻同位者，退一辰。以未爲貞，其爻右行，間時而治六辰。」愚案：乾鑿度之言，與十二律相生之說合。周禮春官太師，鄭玄注云：「黃鍾，初九也，下生林鍾之初六。林鍾又上生泰蔟之九二。泰蔟又下生南呂之六二。南呂又上生姑洗之九三。姑洗又下生應鍾之六三。應鍾又上生蕤賓之九四。蕤賓又上生大呂之六四。大呂又下生夷則之九五。夷則又上生夾鍾之六五。夾鍾又下生無射之上九。無射又上生中呂之上六。」周語韋昭注云「十一月黃鍾，乾初九也。十二月大呂，坤六四也。正月泰蔟，乾九二也。二月夾鍾，坤六五也。三月姑洗，乾九三也。四月中呂，坤上六也。五月蕤賓，乾九四也。六月林鍾，坤初六也。七月夷則，乾九五也。八月南呂，坤六二〔一〕也。九月無射，乾上九也。十月應鍾，坤六三也」。又京房亦言爻辰，與鄭不同。乾左行陽時六，始于子而終于戌，二家所同。坤右行陰時六，始未而終巳者，鄭氏說也。始未而終酉者，京氏說也。二家同出于律辰。鄭氏本乎月律，即月令十二月所中之律，隔八相生之次也。月律之行順，故爻辰亦順。京氏本乎合聲，周禮太師：「掌以六律六同，以合陰陽之聲。」陽聲：黃鍾、泰蔟、姑洗、蕤賓、夷則、無射。陰聲：大呂、應鍾、南呂、林鍾、中呂、夾鍾。合聲始終之序，不同于月律也。合聲之行逆，故爻辰亦逆。因鄭氏以爻辰言易，而竝錄京氏之說，以備參考。後所圖者，鄭氏爻辰也。

〔一〕「二」原本作「三」，據陳校本正。

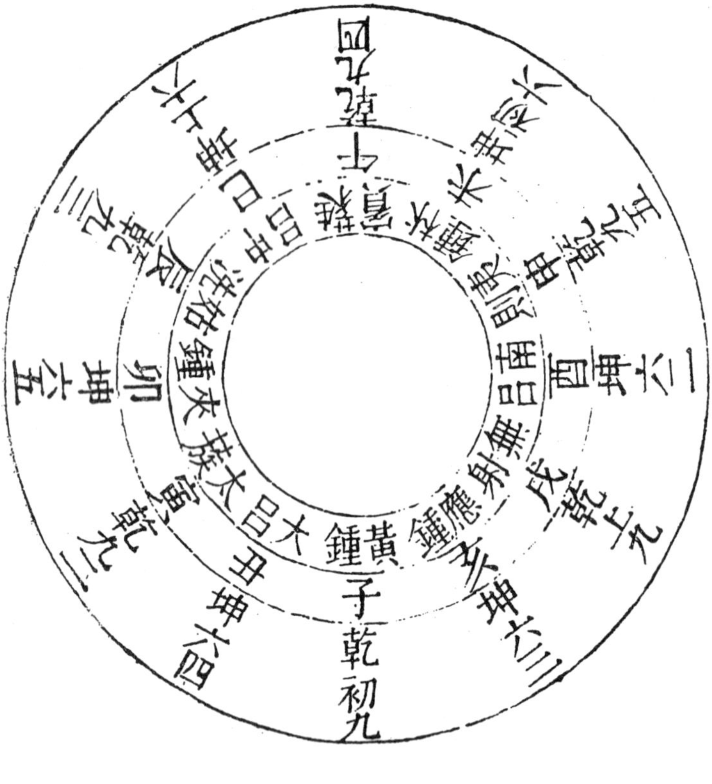
子 乾初九 黃鍾
丑 坤六四 大呂
寅 乾九二 太蔟
卯 坤六五 夾鍾
辰 乾九三 姑洗
巳 坤上六 中呂
午 乾九四 蕤賓
未 坤初六 林鍾
申 乾九五 夷則
酉 坤六二 南呂
戌 乾上九 無射
亥 坤六三 應鍾

升降

乾升坤降，其義出于易緯乾鑿度。陰麗陽而生，陽由七上九，陰由八降六，故陽性欲升，陰性欲承也。繫辭所謂「上下无常，剛柔相易」，卽此義也。荀氏說易，多主此義。有以陰陽爻爲升降者，不拘内外。如離與小過四升五是也。有以上下卦爲升降者，不拘乾、坤。如升初與巽一體相隨，升居坤上是也。此陽升陰降之大凡也。

納甲

納甲者，乾納甲壬，坤納乙癸，震納庚，巽納辛，艮納丙，兑納丁，坎納戊，離納己。其說莫詳所自始。魏伯陽參同契「三日出爲爽，震庚受西方。八日兑受丁，上弦平如繩。十五乾體就，盛滿甲東方。七八道已訖，屈折低下降。十六轉就統，巽辛見平明。艮直于丙南，下弦二十三。坤乙三十日，東北喪其朋。節盡相禪與，繼體復生龍。壬癸配甲乙，乾、坤括始終」。載籍言納甲者，惟見于此。要之說卦言「天地定位，山澤通氣，雷風相薄」，以三陽三陰至一陽一陰爲序，其後乃言「水火不相射」。蓋以六卦寓消息，而以水火爲用，卽此義也。虞氏本此以說易，與經旨適合。其法以震、巽、艮、兑、乾、坤六卦應月候。而坎、離爲日月之本體，居中不用。震直生明者，一陽始生。又生明之時，以初昏候之，月見庚方也。兑直上弦者，二陽浸盛。又上弦之時，以初昏候之，月見丁方也。乾直望者，三陽盛滿。又望時以初昏候之，月見甲方也。巽直生魄，則一陰始生。又生魄之時，以平明候之，月見辛方也。艮直下弦，則二陰浸盛。又下弦之時，以平明候之，月見丙方也。坤直晦，則三陰盛滿。又晦時以平明候之，月見乙方也。此納甲之大凡也，竝列圖于左焉。

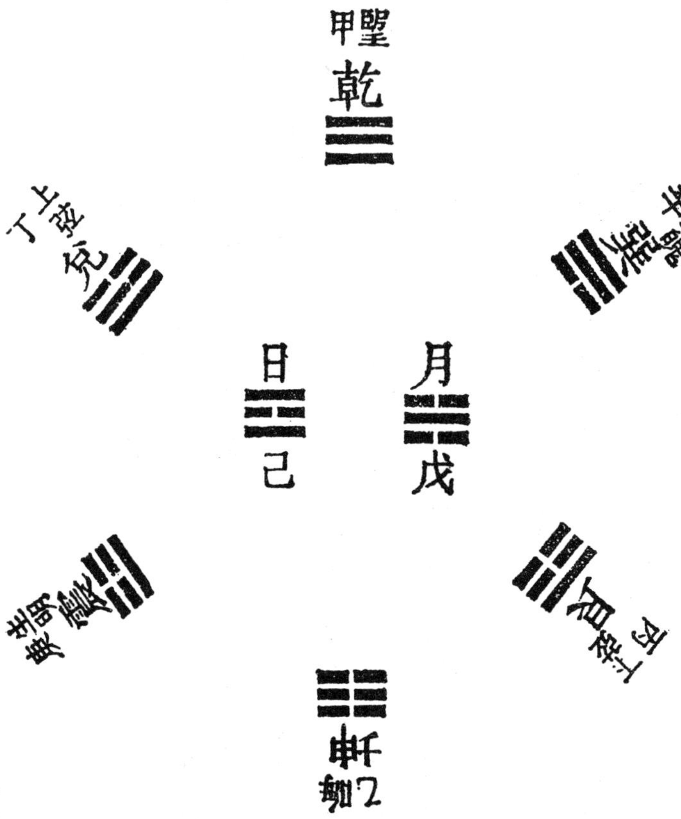
望
甲
乾
生魄
辛
巽
下弦
丙
艮
晦
乙
坤
生明
庚
震
上弦
丁
兌
日
己
月
戊

納十二支

納支者，以八卦之六畫，分納陰陽六辰。凡乾在內則爲甲，而納子、寅、辰。如初九爲甲子，九二爲甲寅，九三爲甲辰也。在外卦則爲壬，而納午、申、戌。如九四爲壬午，九五爲壬申，上九爲壬戌也。凡坤在內卦則爲乙，而納未、巳、卯。如初六爲乙未，六二爲乙巳，六三爲乙卯也。在外卦則爲癸，而納丑、亥、酉。如六四爲癸丑，六五爲癸亥，上六爲癸酉也。因乾、坤各納兩干，故別爲內外二卦。若震止納庚，則初九爲庚子，六二爲庚寅，六三爲庚辰，九四爲庚午，六五爲庚申，上六爲庚戌。巽止納辛，則初六爲辛丑，九二爲辛亥，九三爲辛酉，六四爲辛未，九五爲辛巳，上九爲辛卯。坎、離、艮、兑四卦，依震、巽例推之。今火珠林卽其法也。

乾	䷀	戌申午辰寅子
震	䷲	戌申午辰寅子
坎	䷜	子戌申午辰寅
艮	䷳	寅子戌申午辰
坤	䷁	酉亥丑卯巳未
巽	䷸	卯巳未酉亥丑
離	䷝	巳未酉亥丑卯
兑	䷹	未酉亥丑卯巳

六親

六親爻例起于京君明。京氏積算法云：「孔子曰『八卦鬼爲繫爻，財爲制爻，天地爲義爻』，陸績注云『天地即父母也』。『福德爲寶爻』，注云『福德即子孫也』。『同氣爲專爻』，注云『兄弟爻也』。」法以八卦六位，乾屬金，主甲子壬午。坤屬土，主乙未癸丑。震屬木，主庚子庚午。巽屬木，主辛丑辛未。坎屬水，主戊寅戊申。離屬火，主己卯己酉。艮屬土，主丙辰丙戌。兑屬金，主丁巳丁亥。各以陰陽順逆而治六辰。從世卦五行，論其生剋，命其六親。如乾初甲子，子爲水，金生水爲義爻。乾外壬午，午爲火，火剋金爲制爻是也。其餘可以例推。

八宮卦

八宮卦本京氏易。蓋乾、坤生六子，八純卦生五十六卦，爲六十四卦也。易傳積算法云：「孔子『易云〔一〕有四易：一世二世爲地易，三世四世爲人易，五世八純爲天易，游魂歸魂爲鬼易』。」其法六十四卦分八宮，乾、震、坎、艮，坤、巽、離、兑爲次。八卦本象爲八純，世在

〔一〕「易云」二字倒誤，據所引易傳積算法文乙。

上。變初爲一世，以次而至五，則上爻不變。四反而爲游魂，下體皆復而爲歸魂。游歸之卦，乾坤用離坎，離坎用乾坤。震巽用兑艮，兑艮爲震巽。

乾䷀　姤䷫一變　遯䷠二變　否䷋三變　觀䷓四變
剥䷖五變　晉䷢四不變　大有䷍歸本卦
震䷲　豫䷏一變　解䷧二變　恆䷟三變　升䷭四變
井䷯五變　大過䷛四不變　隨䷐歸本卦
坎䷜　節䷻一變　屯䷂二變　既濟䷾三變　革䷰四變
豐䷶五變　明夷䷣四不變　師䷆歸本卦
艮䷳　賁䷕一變　大畜䷙二變　損䷨三變　睽䷥四變
履䷉五變　中孚䷼四不變　漸䷴歸本卦
坤䷁　復䷗一變　臨䷒二變　泰䷊三變　大壯䷡四變
夬䷪五變　需䷄四不變　比䷇歸本卦
巽䷸　小畜䷈一變　家人䷤二變　益䷩三變　无妄䷘四變
噬嗑䷔五變　頤䷚四不變　蠱䷑歸本卦
離䷝　旅䷷一變　鼎䷱二變　未濟䷿三變　蒙䷃四變

渙䷺五變　訟䷅四不變　同人䷌歸本卦
兑䷹　困䷮一變　萃䷬二變　咸䷞三變　蹇䷦四變
謙䷎五變　小過䷽四不變　歸妹䷵歸本卦

納甲應情

納甲應情之説，始于翼奉，無關易義。惟干氏釋經，閒用此例，故詳著焉。漢書翼奉傳曰：「北方之情，好也。好行貪狼，申子主之。」孟康注云：「水性觸地而行，觸物而潤，多所好故，多好則貪而無厭，故爲貪狼也。」又曰：「東方之情，怒也。怒行陰賊，亥卯主之。」注云：「木性受水氣而生，貫地而出，故爲怒。以陰氣賊害土，故爲陰賊也。」又曰：「南方之情，惡也。惡行廉貞，寅午主之。」注云：「火性炎猛，無所容受，故爲惡。其氣精專嚴整，故爲廉貞。」又曰：「西方之情，喜也。喜行寬大，己酉主之。」注云：「金之爲物，喜以利刃加于萬物，故爲喜。利刃所加，無不寬大，故曰寬大也。」又曰：「上方之情，樂也。樂行姦邪，辰未主之。」注云：「上方謂北與東也，陽氣所萌生，故爲上。辰窮水也，未窮木也。翼氏風角云『木落歸本，水流歸末』，故木利在亥，水利在辰。盛衰各得其所，故樂也。水窮則無隙不入，木上出窮則旁行，故爲姦邪。」又曰：「下方之情，哀也。哀行公正，戌丑主之。」注云：「下方謂南與西也，陰氣所萌故爲下。戌窮火也，丑窮金也。翼氏風角云『金剛火彊，各歸其鄉』，故火刑于午，金刑于酉。酉午，金火之盛也。盛時而受刑，至窮無所歸，故曰哀也。火性無所私，金性方剛，故曰公正。」

世月

胡一桂：「京房起月例云：一世卦。陰主五月，一陰在午也。陽主十一月，一陽在子也。二世卦。陰主六月，二陰在未也。陽主十二月，二陽在丑也。三世卦。陰主七月，三陰在申也。陽主正月，三陽在寅也。四世卦。陰主八月，四陰在酉也。陽主二月，四陽在卯也。五世卦。陰主九月，五陰在戌也。陽主三月，五陽在辰也。八純上世。陰主十月，六陰在亥也。陽主四月，六陽在巳也。游魂四世，所主與四世卦同。歸魂三世，所主與三世卦同。」案：自納支以下，干氏易多用之。蓋干氏說易，多附人事，而取例亦比諸家較雜也。

二十四方位

二十四方位，卽陰陽家二十四山也。其實漢人言易，多用此法。其義最古，故録之以備參考。八卦惟用四隅，而不用四正者，以四正卦正當地支子午卯酉之位，故不用卦而用支。用支即用卦也。八卦既定，四正則以八干輔之：甲乙夾震，丙丁夾離，庚辛夾兑，壬癸夾坎。四隅則以八支輔之：戌亥夾乾，丑寅夾艮，辰巳夾巽，未申夾坤。合四維八干十二支，共二十四。天干不用戊己者，戊己爲中央土，無定位也。今列圖于左。

丙
午
丁
未
坤
申
庚
酉
辛
戌
乾
亥
壬
子
癸
丑
艮
寅
甲
卯
乙
辰
巽
巳
離
坤
兑
乾
坎
艮
震
巽

周易集解纂疏卷一

上經第一

䷀乾下乾上乾。元亨利貞。案：說卦「乾，健也」。言天之體，以健爲用，運行不息，應化无窮，故聖人則之。欲使人法天之用，不法天之體，故名「乾」，不名天也。子夏傳曰：元，始也。亨，通也。利，和也。貞，正也。言乾稟純陽之性，故能「首出庶物」，各得元始開通和諧貞固，不失其宜。是以君子法乾而行四德，故曰「元亨利貞」矣。**疏** 案：凡加「案」者，李氏說也。說卦曰「乾，健也」。虞翻彼注云「精剛自勝，動行不休，故健也」。又易緯乾坤鑿度曰「乾訓健，壯健不息」，是其義也。體，形也。穹窿者，天之形。剛健者，天之用。王蕃渾天說曰「周天三百六十五度五百八十九分」。惟其運行不息，是以變化无窮，成四時而育萬物，皆天之至健者爲之也。則天之聖，至誠无息。不與天同其形，而與天同其用。故「法天之用」，法其健也。「不法天之體」，穹窿之形不可法也。法其用，故「名乾」。不法其體，故「不名天」。李氏云云，蓋本孔穎達正義文也。子夏傳：「元，始也」，爾雅釋詁文。春秋隱元年公羊傳曰「元年者何？君之始年也」。易緯乾鑿度曰「太初者，氣之始也。」易出復初，「萬物資始」，故云「元，始也。」陽息至三成泰，序卦傳〔一〕曰「泰，通也」。以乾通

〔一〕序卦傳原作雜卦傳，據所引序卦文正。

坤，陰陽相交，故云「亨，通也」。許慎説文曰「利从刀，和然後利，从和省」，是「利」與「和」同文。坤來入乾，以成百物，「美利利天下」，故云「利，和也」。「貞，正也」，師彖傳文。爻當位曰「正」。二四上皆失位，變而之正，成既濟定，則「雲行雨施，天下平也」。故云「貞，正也」。「天稟純陽之性」者，禮樂記曰「天稟陽」是也。惟其性稟純陽，故能「首出庶物」，而備四者之德。文王欲人法乾而行四德，故特繫於易首曰「乾，元亨利貞」。

初九。潛龍勿用。崔憬曰：九者，老陽之數。動之所占，故稱陽焉。潛，隱也。龍下隱地，潛德不彰。是以君子韜光待時，未成其行，故曰「勿用」。子夏傳曰：龍所以象陽也。馬融曰：物莫大于龍，故借龍以喻天之陽氣也。初九建子之月，陽氣始動于黄泉。既未萌牙，猶是潛伏，故曰「潛龍」也。沈驎士曰：稱龍者，假象也。天地之氣有升降，君子之道有行藏。龍之爲物，能飛能潛，故借龍比君子之德也。初九既尚潛伏，故言「勿用」。干寶曰：位始，故稱「初」。陽重，故稱「九」。陽在初九，十一月之時，自復來也。初九甲子，天正之位，而乾元所始也。陽處三泉之下，聖德在愚俗之中。此文王在羑里之爻也。雖有聖明之德，未被時用，故曰「勿用」。

疏 崔注：易緯乾鑿度曰「一變而爲七，七變而爲九。九者，氣變之究也」。説文曰「陽，九之變也」。故云「九者，老陽之數」。鄭玄注云「周易以變者爲占，故稱九稱六」，是「動之所占，故稱陽焉」。「潛，隱也」，即文言「隱而未見」之義也。初陽爲復，復主伏蟄，故云「龍下隱地，潛德不彰」也。云「韜光待時，未成其行，故曰勿用」者，即文言「行而未成」之義也。子夏傳：九家易説卦傳曰「乾爲龍」。又説卦傳曰「震爲龍」。蓋震得乾之一陽，故爲龍。埤雅曰「龍八十一鱗，具九九之數。九，陽也」，故云「龍所以象陽也」。馬注：春秋元命包「龍之爲言萌也。龍爲陰〔一〕中之陽」，故「借龍以喻天

〔一〕「陰」，原作「陽」，據陳校本正。

之陽氣也」。馬君治費易者也。費氏無六爻上息之例。「初九建子之月」，謂乾坤十二爻周十二月，卽十二月消息卦。非鄭氏爻辰乾起子、坤起未，間時而行六辰之法也。月令「仲冬之月水泉動」，故云「陽氣始動于黄泉」也。蓋謂初爻值建子之月，陽氣始動，而猶潛伏，故曰「潛龍」也。沈注：假，借也。借龍象以明爻義也。説文「龍，鱗蟲之長。能幽能明，能大能小，能短能長。春分而登天，秋分而入淵」，故云「龍之爲物，能飛能潛」。而「天地之氣有升降，君子之道有行藏」，故「借龍以比君子之德」也。惟其「潛伏」，是以「勿用」也。干注：鄭注乾鑿度云「易氣從下生，故位始于下」。乾鑿度曰「陽變七之九」，故重陽爲老稱「九」。「陽在初九，十一月之時，自復來」者，以卦氣消息言也。卦氣之説，始于易緯稽覽圖，以自復至坤十二卦爲十二月消息。復一陽初生，子月卦也。歷臨泰大壯夬，而成四月之乾。姤一陰初生，午月卦也。歷遯否觀剥，而成十月之坤。故干氏于乾坤十二爻皆歷言之。此孟喜京房之學也。「初九甲子」者，以納甲言也。乾納甲壬，乾之初納甲子也。京房易傳「甲壬配内外二象」，陸績彼注云「乾爲天地之首，分甲壬，入乾位」。「甲子」者，支干之首，故云「天正之位，而乾元所始也」。史記「葬始皇酈山，天下徒送詣七十餘萬人，穿三泉」，師古曰「三重之泉，言其深也」。「陽處三泉之下」，以況「聖德在愚俗之中」。唯文王足以當之。史記殷本紀「紂醢九侯，脯鄂侯。西伯昌聞之，竊嘆。崇侯虎知之，以告紂，囚西伯羑里。西伯之臣閎夭之徒，求美女奇物善馬以獻紂，紂乃赦西伯」。周本紀文略同。言文王有聖明之德，未被時用，當困于羑里，與此爻相合，故取以明「潛龍勿用」之義也。

九二。見龍在田，利見大人。

王弼曰：出潛離隱，故曰「見龍」。處于地上，故曰「在田」。德施周普，居中不偏，雖非君位，君之德也。初則不彰，三則乾乾，四則或躍，上則過亢。「利見大人」，唯二五焉。鄭玄曰：二于三才爲地道。地上卽田，故稱「田」也。干寶曰：陽在九二，十二月之時，自臨來也。二爲地上，田在地之表而有人功者也。陽氣將施，聖人將顯。此文王免于羑里之日也，故曰「利見大人」。**疏**王注：初爲潛龍，二則出潛矣。初龍德而隱，二則離隱矣。出潛離隱，故曰「見龍」。初潛在淵，二見在田，是「處地之上」，故曰「在田」。文言曰「德博而化」，故云「德施周普」。二居下中，故云「居中不偏」。居下，故「非君位」。得中，故有「君人之德也」。初隱三厲，四疑上亢。二五得中，故皆「利見大人」。乾鑿度曰「大人者，聖明德備也」。孟喜曰「大人者，聖人德備也」。二爲在下之聖人。先儒云「若夫子教于洙泗，利益天下，有人君之德，故稱大人」是也。二有君德，當升坤五，時舍于田，變正體離。說卦曰「離爲目」，又「相見乎離」，故曰「利見大人」也。鄭注：孔疏引先儒云「二爲地道，三四爲人道，五上爲天道。二在一上，是九二處其地上。所由食之處，唯在地上，所以稱『田』」。即鄭義也。干注：「九二自臨來」者，以消息言也。「二爲地上」，與鄭義同。「田在地之表而有人功」者，孔疏云「言田之耕稼利益，及于萬物盈滿，有益于人，猶若聖人益于萬物，故稱田」是也。臨爲二陽之卦，二陽自臨來，三陽則成泰矣，故云「陽氣將施，聖人將顯」。而以文王免于羑里之日當之，故曰「利見大人」也。

九三。君子終日乾乾，夕惕若，厲，无咎。鄭玄曰：三于三才爲人道。有乾德而在人道，「君子」之象。虞翻曰：謂陽息至三，二變成離。離爲「日」，坤爲「夕」。荀爽曰：「日」以喻君，謂三居下體之終而爲之君。承乾行乾，故曰「乾乾」。「夕惕」以喻臣，謂三臣于五。則疾修柔順，危去陽行，故曰无咎。干寶曰：爻以氣表，繇以龍興，嫌其不關人事，故著「君子」焉。陽在九三，正月之時，自泰來也。陽氣始出地上而接動物，人爲靈，故以人事成天地之功者，在于此爻焉。故君子以之憂深思遠，朝夕匪懈。仰憂嘉會之不序，俯懼義和之不逮，反復天道，謀始反終，故曰「終日乾乾」。此蓋文王反國，大釐其政之日也。凡无咎者，憂中之喜，善補過者也。文恨早耀文明之德，以蒙大難，增修柔順，以懷多福，故曰「无咎」矣。**疏**鄭注：六爻位象三才。三爲内卦之終，人道之始，而有參天地之功，故五爻皆以龍興，而九三獨稱「君子」。春秋元命包曰「陽成于三」，是三爲乾主，故云「有乾德而在人道，君子之象」。經言「君子」，多謂九三，以此也。虞注：昔伏羲作十言之教，謂「乾坤震巽坎離艮兑消息」是也。剥象傳曰「君子尚消息盈虚」。易緯曰「聖人因陰陽起消息，立乾坤以統天地」。是「消息」者，固聖人所以立卦推爻、繫象象之旨也。漢人説易，多主消息。孟喜荀爽鄭玄而外，虞氏尤詳。息，長也。陽長至三爲泰。二失位，變正成離。「離爲日」，説卦文。泰上卦坤冥爲夕。案：下體終三，故曰「終日」。息三成泰，否道將反，以乾接乾，故曰「乾乾」。虞注震六五云「厲，危也」。詳見彼注。二變，三互坎爲「惕」。泰否之際，陽道危，故「夕惕若，厲」。正位，故无咎也。荀注：一爻之義而君臣異喻者，以侯國之君言也。在一國則爲君，在天下則爲臣。蓋卦有内外，故一爻而君臣竝見焉。博雅曰「日，君象也」。日主陽，君，陽也，故「日以喻君」。三居下體之上，爲内卦之君。上承天子之乾，以行諸侯之乾，故曰「乾乾」。夕主陰，臣，陰也，故「夕以喻臣」。繫下曰「三與五同功」，三承乎五則爲臣。臣不可以過剛，故必疾脩柔順之道，以危去陽剛之行，則「无咎」也。干注：「爻以氣表」者，謂九六也。「繇以龍興」者，謂五爻皆取象于龍也。三有人道，著乎「君子」，關人事也。「三自泰來」者，陽息至三成泰也。正月之時，陽氣始出地上，而接乎動物。人爲萬物之靈，而居一卦之主。泰象傳曰「裁成天地之道，輔相天地之宜」，在乎此爻。故云「陽在九三，正月之時，自泰來也」。君子知其任重責大，是以「憂深思遠，朝夕匪懈」。「仰憂嘉會之不序」，謂亨也。「俯懼義和之不逮」，謂利也。「反復天道，謀始反終」，「始」謂元，「終」謂貞也。君子修此四德，故曰「終日乾乾」。而唯文王返國釐政之日，足以當之。三不得中，上應乎亢，宜有咎矣。

然得正而能朝乾夕惕，是以「无咎」。繫上曰「无咎者，善補過者也」，故云「凡无咎者，憂中之喜，善補過者也」。文爲西伯，文明之德耀乎天下，爲飛廉所讒，故紂忌之，遂蒙羑里之難。及返其國，增修柔順之德，以懷多福，是以「无咎」。大學曰「爲人君止於仁，爲人臣止於敬」，實得此爻之義，而與荀説亦合也。

九四。或躍在淵，无咎。崔憬曰：言君子進德脩業，欲及于時。猶龍自試躍天，疑而處淵。上下進退，非邪離羣，故无咎。干寶曰：陽氣在四，二月之時，自大壯來也。四，虚中也。躍者，暫起之言，既不安于地，而未能飛于天也。四以初爲應，「淵」謂初九甲子，龍之所由升也。「或之者，疑之也」。此武王舉兵孟津，觀釁而退之爻也。守柔順，則逆天人之應。通權道，則違經常之教。故聖人不得已而爲之，故其辭疑矣。

疏 崔注：此皆以文言釋爻辭也。九三乾惕，「進德修業」也。九四或躍，則「欲及時」自試矣。四變正成巽，説卦曰「巽爲進退，爲不果」，故「或」之。亦猶龍欲自試，上躍于五，又疑而退處于初。然上下非爲邪，進退非離羣，故得无咎也。干注：陽息至四，時當二月，體大壯，故「自大壯來」。三四于三才居六爻之中。三去地近，有人道焉。四則上不在天，下不在地，中不在人，故「虚中」也。大壯四在震。説卦曰「震爲足」，又曰「震，動也」。「躍者，暫起之言」，言足有動象也。下不在地，上不在天，故云「既不安于地，而未能飛于天也」。四與初應。「淵謂初九甲子」者，子水在淵也。子，十一[一]月冬至之卦。于時羣動皆蟄，蟄極後啓，而淵又爲水，故云「龍之所由升也」。「或之者，疑之也」，文言文。武王舉兵孟津，觀釁而退，足當此爻之義。守柔順，則逆天人之應，故欲退不能。通權道，則違經常之教，故欲進不可。

[一]「一」，原本作「二」，據陳校本正。

進退兩難，不得已而爲奉天伐暴之舉，故疑而不果。其所望于紂之改過自新者，志固可量也。**九五。飛龍在天，利見大人。**鄭玄曰：五于三才爲天道。天者清明无形，而龍在焉，飛之象也。虞翻曰：謂四已變，則五體離。離爲「飛」，五「在天」，故「飛龍在天，利見大人」也。謂若庖犧觀象于天，造作八卦，備物致用，以利天下。故曰「飛龍在天」，天下之所利見也。干寶曰：陽在九五，三月之時，自夬來也。五在天位，故曰「飛龍」。此武王克紂正位之爻也。聖功既就，萬物既覩，故曰「利見大人」矣。**疏**鄭注：六爻五上爲天。上浮者爲氣，其氣清明而無形。說文曰「龍，春分而登天」。四于消息爲二月，春分之時，已有躍躍自試之勢。五則飛而在天矣，故云「飛之象也」。虞注：四失位，變得正，則五互離也。「離爲飛」者，說卦曰「離爲雉」，郭璞洞林云「離爲朱雀」，是離有飛鳥之象也，故爲「飛」。五在天位，即鄭氏所謂「五于三才爲天道」也。文言虞注云「日出照物，物皆相見」，故「飛龍在天，利見大人也」。又繫注云「文王書經，繫庖犧于乾五」。庖犧即太皞也。家語五帝德「太皞配木」。昭十七年左傳「太皞氏以龍紀，故爲龍師而龍名」。庖犧蓋以木德王，而以龍紀官者也。月令「季春之月，其帝太皞」，于時爲夬，于位爲君，于五帝爲居首，于八卦爲開始，故以庖犧當之。王逸天問注云「言伏犧始作八卦，修行道德，萬民登以爲帝」是也。象曰「大人造也」，故云「觀象于天，造作八卦」。繫下曰「作結繩而爲罟，以田爲魚，蓋取諸離」，四變體離，故云「備物致用，以利天下」。文言曰「聖人作而萬物覩」，故云「飛龍在天，天下之所利見也」。干注：陽息至五，于卦爲夬，于月爲辰。辰于象屬龍，五于六爻爲天位，故有「飛龍在天」之象。唯武王克紂正位，足以當之。聖功既就于上，萬物自覩于下。所謂「聖人作而萬物覩」者，即「利見大人」之義也。揚雄云「龍之潛亢，不獲中矣。過中則惕，不及中則躍。二五其中乎，故有『利見』之占」。**上九。亢龍有悔。**王肅曰：窮高曰

「亢」。知進忘退，故悔也。干寶曰：陽在上九，四月之時也。亢，過也。乾體既備，上位既終。天之鼓物，寒暑相報。聖人治世，威德相濟。武功既成，義在止戈。盈而不反，必陷于悔。案：以人事明之，若桀放于南巢，湯有慚德，斯類是也。疏王注：以陽剛之爻，處極上之位，高亢極矣，故曰「窮高」。九四處上之下，猶知進退。上九居上之上，故「知進忘退」。知進退，故无咎。知進而不知退，故「有悔」。繫上曰「震无咎者存乎悔」，明當變之正也。干注：陽息至上，則爲純乾，四月之卦也。「亢，過也」者，謂陽過而亢也。乾體既備，上位既終。繫下曰「易窮則變，變則通，通則久」。若窮而不知變，則盈不久也。天之生物，寒往則暑來，暑往則寒來，寒暑不相報，則物不成。聖人之治世，寬則濟以猛，猛則濟以寬，德威不相濟，則世不治。宣十二〔一〕年左傳曰「夫文，止戈爲武」。若武功既成而不知止戈之義，盈而不久，未有不貽夸志多窮之悔者也。愚案：書曰「滿招損」。家語「孔子觀于周廟，有攲器焉。使子路取水試之，滿則覆，中則正，虛則攲」。虞氏繫注云「乾盈動傾故有悔」，即此義也。案：商書仲虺之誥曰「成湯放桀于南巢，惟有慚德，曰『予恐來世以台爲口實』」。以臣伐君，亢而有悔。獨舉湯者，以放伐之事始于湯也。

用九。見羣龍，无首吉。劉瓛曰：總六爻純陽之義，故曰「用九」也。王弼曰：九，天之德也。能用天德，乃「見羣龍」之義焉。夫以剛健而居人之首，則物之所不與也。以柔順而爲不正，則佞邪之道也。故乾吉在「无首」，坤利在「永貞」矣。疏劉注：乾鑿度曰「陽動而進，變七之九。陰動而退，變八之六」，故九爲陽爻之變，六爲陰爻之變。凡卦皆有九六，獨乾坤二卦言「用九」「用六」者，以乾純陽、坤純陰也。蓋乾惟用九故能變，坤惟用六故能化。陽變陰化，以成六十四卦、三百八十四爻，皆此用九用六者爲之也。故于

〔一〕「二」，原作「三」，所引宣十二年左傳文正。

二卦特明其用。又六陽皆變，故曰「用九」，其例起于後儒。然春秋傳蔡墨曰「乾之坤曰『見羣龍无首吉』」，是六爻變則爲坤，亦古義也。王注：九，陽也。陽爲天德，故云「天之德也」。聖人體乎乾元，能用天德，則見羣龍之義焉。以剛健而居人首，則物所必忌。以柔順而爲不正，則邪所由生。「乾之吉在无首」者，不以剛健居人首也。「坤之利在永貞」者，不以柔順爲不正也。且乾爲首，變坤則「无首」。直正爲貞，坤變成乾，健則能永，故「永貞」。乾剛變坤，則濟以柔。坤柔變乾，則濟以剛。故「乾吉在无首，坤利在永貞」。餘詳坤卦用六。**彖曰**：劉瓛曰：彖者，斷也，斷一卦之才也。**疏**正義引褚氏、莊氏竝云「彖者，斷也，斷定一卦之義」。其云「斷一卦之才」者，繫下曰「彖者，材也」，韓〔一〕注云「材者，才德也。彖言成卦之材，以統卦義也」。「**大哉乾元**，九家易曰：陽稱大，六爻純陽故曰「大」。乾者純陽，衆卦所生，天之象也。觀乾之始，以知天德。惟天爲大，惟乾則之，故曰「大哉」。元者，氣之始也。**疏**泰否二卦，皆言「大小往來」，「大」謂陽，「小」謂陰，故知「陽稱大」。六爻純陽，所以稱「大」。乾爲純陽之卦，而元又陽卦之始，乾鑿度曰「易始于一」。蓋乾始一畫，六十四卦、三百八十四爻，皆受始于乾之一陽，故云「衆卦所生」。「在天成象」，故云「天之象也」。乾之始，即天之始，故「觀乾之始，以知天德」。乾之大，即天之大，故「惟天爲大，惟乾則之」。于文一大爲天，一即乾元，故贊以「大哉」也。乾鑿度曰「大初者，氣之始也」，「大初」即乾元也，故云「元者，氣之始也」。何休公羊注云「元者，氣也，天地之始」，故傳曰「大哉乾元，萬物資始」，是其義也。**萬物資始**，荀爽曰：謂分爲六十四卦，萬一千五百二十册，皆受始于乾也。册取始于乾，猶萬物之生本于天。**疏**鄭注云「資，取也」。繫上曰「乾之册二百一十有六，坤之册百四十有四。二篇之册萬

〔一〕「韓」，原本作「王」，據所引繫下韓注文正。

有一千五百二十，當萬物之數」，而皆受始于乾之一陽，故云「册取始于乾，猶萬物之生本于天」。說文曰「惟初大始，道立于一，造分天地，化成萬物」，呂覽論人曰「凡彼萬形，得一後成」，董子曰「元爲萬物之本」，何休公羊注曰「元者，天地之始」，皆此義也。乃統天。九家易曰：乾之爲德，乃統繼天道，與天合化也。疏繫上曰「繼之者善也」，虞彼注云「繼，統也」，孟子曰「君子創業垂統，爲可繼也」，是「統」有「繼」義。故言「乾德統繼天道，與天合化」。即九家注所云「惟天爲大，惟乾則之」是也。鄭氏訓「統」爲「本」。謂乾能繼天則可，謂乾爲天本則非也。雲行雨施，品物流形。虞翻曰：已成既濟，上坎爲「雲」，下坎爲「雨」，故「雲行雨施」。乾以雲雨流坤之形，萬物化成，故曰「品物流形」也。疏二四六皆失正，之坤成兩坎，爲既濟。上成坎爲「雲」，如需之坎，在上則象雲。下互坎爲「雨」，如解之坎，在下則象雨是也。凡物禀氣于天，受形于地。「雲行雨施」，則坤受乾氣而成形。坤形下爲「形」。繫上曰「坤化成物」，故云「萬物化成」。說文「品，衆庶也」。說卦「坤爲衆」。「品物」卽衆物，故曰「品物流形」也。大明終始，荀爽曰：乾起坎而終于離，坤起于離而終于坎。離坎者，乾坤之家而陰陽之府，故曰「大明終始」也。疏坤二五之乾成離，乾二五之坤成坎。坎離爲天地之交，而得乾坤之中者也。坎本乾之氣，故乾起于坎之一陽，而終于離之二陽。離本坤之氣，故坤起于離之一陰，而終于坎之二陰。乾寓坎中，坤寓離中，故「坎離爲「乾坤之家而陰陽之府」也。且坎也者，坤受乾體而爲月。離也者，乾含坤象而爲日。日月合而爲「明」，故曰「大明終始」也。乾鑿度曰「離爲日，坎爲月。日月之道，陰陽之經，所以終始萬物」，卽此義也。六位時成，荀爽曰：六爻隨時而成乾。疏六位，六爻也。以十二月消息言之。乾始于十一月之一陽，而成于四月之六陽。坤始于五月之一陰，而成于十月之六陰。故云「六爻隨時而成乾」也。以十二月爻辰言之。乾始于子而成于戌，坤始于未而成于巳，亦「六爻隨時而成乾」也。言「成乾」，而六爻隨時成坤，在其中矣。時乘六龍以御天。侯果曰：大明，日也。六位，天地四時也。六爻效彼而作也。大明以晝夜爲「終始」，六位以相揭爲「時成」。言乾乘六氣而陶冶變化，運四時而統御天地，故曰「時乘六龍以御天」也。故乾鑿度曰「日月終始萬物」，是其義也。疏禮禮器「大明生于東」，鄭注「大明，日也」。故以「大明」爲「日」。不言月，舉日以該月也。繫下曰「周流六虛」，虞彼注云「六虛，即六位也」。以「六位」爲「天地四時」者，上天下地，四時運行其中。而六爻之卦，即效彼六位而作，所謂「周流六虛」是也。大明流行而不已，故曰「以晝夜爲終始」。六位對待而成功，故云「以相揭爲時成」。揭，舉也，舉對待而言也。説卦曰「乾以君之」。又曰「乾爲君」。人君乘六爻之陽氣，以陶冶變化，運行四時，統御天地，故曰「時乘六龍以御天」也。終引乾鑿度「日月終始萬物」，以明其義，故知舉日以該月也。愚案：乾始統天，言其體也。乘龍御天，言其用也。體始于一畫，故曰「乾元」。用周于六爻，故曰「六龍」。不舉其體，无以見乾之大。不言其用，无以見乾之時。乾道變化，各正性命，保合大和，乃利貞。疏乾元爲道，故曰「乾道」。上繫始以「陰陽之謂道」，終以「陰陽不測之謂神」，韓康伯彼注云「神者，變化之極」，故曰乾道變化」。繫又曰「知變化之道者，其知神之所爲乎」，虞彼注云「在陽稱『變』，乾二之坤。在陰稱『化』，坤五之乾」。蓋以乾統坤，乾主變，坤主化也。中庸曰「天命之謂性」，「乾爲天」，是「性」謂乾也。坤伏乾初爲巽。巽象曰「君子以申命行事」，是「命」謂巽也。以乾變坤，以坤化乾，成既濟定。六爻皆正，剛柔位當，故曰「各正性命」。六爻皆合，陰陽合德，故曰「保合大和」。「和」即利也。乾不言利，故稱「大和」。皆釋和貞之義，故曰「乃利貞」也。首出庶物，萬國咸寧。」劉瓛曰：陽氣爲萬物之所始，故曰「首出庶物」。立君而天下皆寧，故曰「萬國咸寧」也。疏説卦曰「乾爲首」，故曰「首」。乾初息震，說卦曰「帝出乎震」，故曰「出」。繫下曰「乾，陽物也。坤，陰物也」，是「物」爲陰陽之總名。虞注比象云「坤爲萬國」。坤爲地，地有九州，故曰「萬國」。坤「安貞」，故曰「寧」。陽出震而陰靜，故曰「首出庶物，萬國咸寧」也。**象曰**：案：象者，象也，取其法象卦爻之德。疏繫辭曰「象也者，象也」，又曰「象也者，象此者也」，故曰「象者，象也」。又曰「八卦成列，象在其中矣」，又曰「八卦以象告」。故云「取其法象卦爻之德」也。「**天行健**。何妥曰天體不健，能行之德健也。猶如地體不順，承弱之勢順也。所以乾卦獨變名爲「健」者，宋衷曰「晝夜不懈，以『健』詳其名。餘卦各當名，不假于詳矣」。疏剥彖傳曰「君子尚消息盈虛，天行也」。復彖曰「反復其道，七日來復，天行也」。蓋乾之一陽，從艮入坤而剥盡，復從坤出震而復來，皆天之一陽行乎其閒，故乾象曰「天行」。説卦曰「乾，健也」。故曰「天行健」。天地之健順，以理不以形，故云「天體不健，能行之德健也。猶如地體不順，承弱之勢順也」。「乾卦獨名『健』者」，天一晝一夜過周一度，故宋氏云「晝夜不懈，以『健』詳其名」也。云「餘卦當名，不假于詳」者，孔氏謂「所以尊乾異于他卦」也。**君子以自强不息**。虞翻曰：「君子」謂三。乾健故「彊」。天一日一夜過周一度，故「自彊不息」。老子曰「自勝者彊」。干寶曰：言「君子」，通之于賢也。凡勉彊以進德，不必須在位也。故堯舜一日萬幾，文王日昃不暇食，仲尼終夜不寢，顏子欲罷不能。自此以下，莫敢淫心捨力，故曰「自彊不息」矣。疏虞注：「君子謂三」者，以三爲人道。體天而爻言「君子」，有「終日乾乾」之德也。虞注説卦云「精剛自勝，動行不休」，是「乾健故彊」也。周天三百六十五度四分度之一，日行一晝一夜，不及天一度，故曰「天一日一夜過周一度」也。天惟健故「彊」，彊故「不息」。「自勝者彊」，老子道經文。又史記商君傳「自勝之謂彊」，亦此義也。干注：「君子」通上下言之。凡勉彊學問之事，在德不在位也。皋陶謨曰

「兢兢業業，一日二日萬幾」，謂堯舜也。無逸曰「自朝至于日中昃，不遑暇食」，謂文王也。論語曰「吾嘗終日不食，終夜不寢，以思」。謂仲尼也。又曰「欲罷不能，既竭吾才，如有所立卓爾」，謂顔子也。此皆大聖大賢，「自彊不息」之事。「自此以下」，謂庶人農工之屬，皆莫敢淫心捨力，以期于「自彊不息」，庶足以法天行而成君子也。樂記曰「著不息者，天也」。中庸曰「至誠無息」。君子法天之行，莊敬日彊，故能「自彊不息」，亦如天也。

「潛龍勿用，陽在下也。」荀爽曰：氣微位卑，雖有陽德，潛藏在下，故曰「勿用」也。**疏**一陽初動，故「氣微」。其爻在下，故「位卑」。繫下曰「龍蛇之蟄以存身」，有復象焉。雖有陽氣，潛藏在下，隱而未見，故「勿用」也。

「見龍在田，德施普也。」荀爽曰：見者，見居其位。「田」謂坤也。二當升坤五，故曰「見龍在田」。「大人」謂天子，見據尊位。臨長羣陰，德施于下，故曰「德施普也」。**疏**位，二也。謂陽見諸二位也。二在地上稱「田」。陽息至二，故「田謂坤也」。荀氏説易，多主乾升坤降之義。蓋乾主陽，陽動而進故升。坤主陰，陰動而退故降。二得中，有君德，當升居坤五。升自二田，故曰「見龍在田」也。五爲君位，故「大人謂天子，見據尊位」者也。以二陽升居五位，臨長羣陰，有比「親萬國」之象焉。益象傳曰「陽施陰生」，陽主施，又爲德，故有「德施于下」之象。下傳曰「善世而不伐，德博而化」，故曰「德施普也」。

「終日乾乾，反復道也。」虞翻曰：至三體復，故「反復道」，謂「否泰反其類也」。**疏**乾陽息三，至上體復。其卦爲泰，泰反則爲否矣。惟以乾承乾，則復體在焉，故能反乎復道，常泰而不否也。「否泰反其類也」，雜卦傳文。

「或躍在淵，進无咎也。」荀爽曰：乾者，君卦。四者，陰位。故上躍居五者，欲下居坤初，求陽之正。地下稱「淵」也。陽道樂進，故曰「進无咎也」。**疏**説卦曰「乾以君之」，故「乾爲君卦」。繫上曰「天三地四」，故「四爲陰位」。四承五，故將「上躍居五」。四應初，又「欲下居坤初」。

蓋四陽不正，初五皆正，故云「求陽之正」也。乾鑿度曰「陽動而進」，故「陽道樂進」。進得位得中，故「无咎」也。「飛龍在天，大人造也。」荀爽曰：飛者，喻无所拘。天者，首事造制。大人造法，見居天位，「聖人作而萬物覩」，是其義也。

疏 初與三得位而不中，二中而不正，四上不中不正，皆有所拘也。五得位得中，故「无所拘」而稱「飛」也。萬事皆造始于天，故云「天者，首事造制」。聖人憲天以創法，故云「大人造法」，繫上曰「天垂象，聖人則之」是也。「天位」謂五。「見居天位」者，聖人也。文言曰「聖人作而萬物覩」。釋詁云「作，造，爲也」，是「作」「造」同義。「作」謂伏羲造作八卦。「聖人作」即「大人造」也。「萬物覩」即「利見大人」也，故云「是其義也」。「亢龍有悔，盈不可久也。」九家易曰：陽當居五，今乃居上，故曰「盈」也。亢極失位，當下之坤三，故曰「盈不可久」，若太上皇者也。下之坤三，屈爲諸侯，故曰「悔」者也。

疏 陽居五爲得中得位，進而居上則亢，故曰「盈」也。以九居上爲「亢極」，以陽居陰爲「失位」。上與三應，亢極故「當下之坤三」。以納甲言之。月至十五，乾盈于甲，十六退辛，故曰「盈不可久也」。失位在上，故云「若太上皇者也」。爻位三爲三公，公與侯等，且上降坤三，互震爲侯，故云「屈爲諸侯」。「盈不可久」故「有悔」也。「用九。天德不可爲首也。」宋衷曰：「用九」，六位皆九，故曰「見羣龍」。純陽，則「天德」也。萬物之始，莫能先之，「不可爲首」。先之者凶，隨之者吉，故曰「无首吉」。

疏 六爻皆九，故「用九」。六位皆取龍象，故曰「見羣龍」。乾純陽爲剛，春秋傳曰「剛爲天德」，故云「則天德也」。文言曰「乾元用九」，「天德」即「乾元」也。「大哉乾元，萬物資始」，故云「萬物之始，莫能先之」。陽唱而陰和，男行而女隨，此乾坤二用之大義，所以「不可爲首」也。先則過剛，故凶。隨則柔以濟剛，故吉。案：乾坤之妙，存乎二用。惟天道變化，莫測其端，故「不可爲首也」。文言曰：劉瓛曰：依文而言其理，故曰「文言」。姚信曰：乾坤爲門户，文説乾坤，六十二卦皆放焉。**疏**劉注：依爻象而言其理。孔氏謂「釋二卦之經文，故稱文言」是也。姚注：孔氏云「乾坤其易之門邪。其餘諸卦及爻，皆從乾坤而出。義理深奧，故特作文言以開釋之」，即姚義也。**元者，善之長也。**九家易曰：乾者，君卦也。六爻皆當爲君。始而大通，君德會合，故「元」爲「善之長也」。**疏**説卦曰「乾以君之」，故云「乾者，君卦也」。大雅曰「克長克君」，是「君」有「長」義也。周語「太子晉曰『古之長民者』」，韋昭彼注云「長猶君也」。下傳以「長人」言「體仁」，故以「君卦」釋乾「元」也。六爻皆陽，故「六爻皆當爲君」。「始而大通，君德會合」，蓋合嘉會以明元善也。繫上曰「繼之者，善也」，虞彼注云「繼，統也」。謂乾能統天生物，故繼之者善」，是乾統萬善而元爲乾始。人君上體乾元，足以繼天立極，故曰「元者，善之長也」。書召〔一〕誥曰「惟王位在德元」，是其義也。又自復至乾爲積善，始息于子。「首出庶物」，故曰「長也」。**亨者，嘉之會也。**九家易曰：通者，謂陽合而爲乾。衆善相繼，故曰「嘉之會也」。**疏**子夏傳云「亨，通也」。春官大宗伯「嘉禮」，注云「嘉，善也」。禹貢「灉沮會同」，鄭注「雍水沮水相觸而合」，是「會」訓「合」也。六爻皆陽，合而爲乾。乾陽爲善，是衆善相繼而成乾。陽主開通，故曰「嘉會」。其曰「衆善相繼」，蓋合元善以明嘉會也。又以乾通坤，嘉美所合，故曰「亨者，嘉之會也」。**利者，義之和也。**荀爽曰：陰陽相和，各得其宜，然後利矣。**疏**中庸曰「義者，宜也」。荀子王制曰「義以分則和，和則一」。故序四時，裁萬物，兼利天下，無他故焉，得之分義也」。陰陽相和，各得其宜，是亦分義。義分則和，故曰「義之和也」。説文「利，銛也。从刀。和然後利，从和省。易『利

〔一〕「召」，原本作「洛」，據所引尚書召誥文正。

者，義之和也」」。蓋「利」从刀，故主分，分故能裁制事物，使各宜也，各得其宜則和矣。「利」又从禾，説文「禾，二月始生，八月而熟，得時之中」，是「利」有中和之義。故云「陰陽相和，各得其宜，然後利矣」。貞者，事之幹也。荀爽曰：陰陽正而位當，則可以幹舉萬事。疏師象傳曰「貞，正也」。六爻正，則「陰陽正而位當」矣。大戴禮保傅篇，引易逸文曰「正其本，萬事理」，故「可以幹舉萬事」。薛君韓詩章句云「幹，正也」，詩詁云「木旁生者爲枝，正出者爲幹」，是「幹」有「正」義，故曰「貞者，事之幹也」。君子體仁，足以長人。何妥曰：此明聖人則天，合五常也。仁爲木，木主春，故配元爲四德之首。「君子體仁」，故有「長人」之義也。疏「聖人」謂「君子」也。五常，仁義禮知信也。五者，人之德也。元亨利貞，天之德也。此言聖人則天之元亨利貞，以合仁義禮知之德也。乾初出震，震屬東方木。説文「木，東方之行」，禮月令「某日立春，盛德在木」，凡果核中實有生氣者曰「仁」，是「仁爲木，木主春」也。六書正譌「元从二从人，仁則从人从二。在天爲元，在人爲仁」，故「仁配元而爲四德之首」也。「體仁」謂以仁爲體也，「長人」猶君人也。襄九年左傳曰「元者，體之長也」。「元」爲首，故爲「體之長」。震爲仁，又爲諸侯，故「君子體仁，有長人之義」。又禮運曰「仁者，義之本也，順之體也，得之者尊」，故曰「體仁足以長人」也。嘉會，足以合禮。何妥曰：禮是交接會通之道，故以通配。五禮有吉凶賓軍嘉，故以嘉合于禮也。疏繫上曰「觀其會通，以行其典禮」，是「禮爲交接會通之道」，故取以配亨通也。五禮有吉凶賓軍嘉。春官大宗伯「以嘉禮親萬民」，注云「嘉禮通于上下，所以别于四禮」。愚謂春官始于吉禮，終于嘉禮。儀禮則始于嘉禮之冠婚，而終于吉禮之有司徹。蓋成民而後致力于神。故五禮獨言「嘉合」者，即儀禮始冠婚之義也。又乾以嘉美，旁通合坤。陽稱「嘉」，坤爲「禮」，故曰「嘉會，足以合禮」也。利物，足以和義。何妥曰：利者，裁成也。君子體此利以利物，足以合于五常之義。疏説文「利」从刀訓銛，故主「裁成」也。君子體此自然之利，以裁成萬物，故「足以合于五常之義」也。周語曰「言義必及利」，韋注云「能利人，然後爲義」。呂氏春秋曰「義之大者，莫大于利人」，故利言「利物」也。又乾「精氣爲物」稱「物」，地靜而理曰「義」。坤來成乾，説卦曰「和順于道德而理于義」，故曰「利物，足以和義」。

貞固，足以幹事。何妥曰：貞，信也。君子貞正，可以委任于事。故論語曰「敬事而信」，故幹事而配信也。案：此釋非也。夫「在天成象」者，「乾元亨利貞」也。言天運四時，以生成萬物。「在地成形」者，仁義禮智信也。言君法五常，以教化于人。元爲善長，故能體仁。仁主春生，東方木也。亨爲嘉會，足以合禮。禮主夏養，南方火也。利爲物宜，足以和義。義主秋成，西方金也。貞爲事幹，以配于智。智主冬藏，北方水也。故孔子曰「仁者樂山，智者樂水」，則智之明證矣。不言信者，信主土而統屬于君。故中孚云「信及豚魚」，是其義也。若「首出庶物」而「四時不忒」者，乾之象也。「厚德載物」而五行相生者，土之功也。土居中宮分王四季，亦由人君无爲皇極而奄有天下。水火金木，非土不載。仁義禮智，非君不弘。信既統屬于君，故先言乾而後不言信，明矣。疏何注：此以貞配信。言貞正可以任事，故引論語「敬事而信」之文，以證其義也。案：李以貞配智，故云「此釋非也」。「在天成象謂乾元亨利貞」者，乾即天，元亨利貞即四時，故「言天運四時，以生成萬物」也。「在地成形」者，謂人生而成形，即有是仁義禮智信五常之性也。言人君當法五常之性，以教化天下之人。在天爲元，在人爲仁，在時爲春，在五行爲東方木。在天爲亨，在人爲禮，在時爲夏，在五行爲南方火。在天爲利，在人爲義，在時爲秋，在五行爲西方金。在天爲貞，在人爲智，在時爲冬，在五行爲北方水。「仁者樂山，智者樂水」，引之以明貞爲智而屬水也。繫上曰「卦之德方以智」。貞正而固，所以爲智也。説文「固，四塞也」。

从口，古聲」。口，古圍字。繫上曰「範圍天地之化而不過」，九家彼注云「圍，周也」。又曰「智周乎萬物，而道濟天下」。「智周」卽「貞固」，「道濟天下」卽「足以幹事」也。不言信者，蓋以乾爲信也。說卦「乾爲天，爲君」，繫上曰「天五」，五爲土，故以「信主土而統屬于君」也。中孚彖傳曰「信及豚魚」，又曰「中孚以利貞，乃應乎天也」，言人君信及豚魚而上應乎天，天卽乾也。卽乾言信之義也。天運于上，而春夏秋冬成序，天之信也，故云「首出庶物而四時不忒，乾之象也」。土載于下，而水火金木無違，土之信也，故云「厚德載物而五行相生者，土之功也」。天數五，爲戊土，居中宮。洪範曰「五皇極，惟皇建極」，亦居中宮。故土居中而王四季，亦猶皇極居中而運四方。水火金木，皆生于土。仁義禮智，皆備于君。信既居中而屬君，故先言乾以統元亨利貞，不必復言信以終仁義禮智也。又貞者，正也。六爻正，既濟定。坤爲事，以乾舉坤，坤「智藏往」，故以貞配智，足以幹事也。

君子行此四德者，故曰乾元亨利貞。

干寶曰：夫純陽，天之精氣。四行，君之懿德。是故乾冠卦首，辭表篇目，明道義之門，在于此矣。猶春秋之備五始也，故夫子留意焉。然則體仁正己，所以化物。觀運知時，所以順天。器用隨宜，所以利民。守正一業，所以定俗也。亂則敗禮，其教淫。逆則拂時，其功否。錯則妨用，其事廢。忘則失正，其官敗。四德者，文王所由興。四愆者，商紂所由亡。

疏乾體純陽，故爲「天之精氣」。人稟之以成四德，故「四行」爲「君之美德」也。繫上曰「成性存存，道義之門」。蓋仁義禮智之性，出于乾之元亨利貞，故「乾冠卦首，而辭列四目」，是乾之四德爲道義之門，而性從此出也。漢書王襃聖主得賢臣頌「春秋法五始之要」，注云「元者，氣之始。春者，四時之始。王者，受命之始。正月，政教之始。公卽位者，一國之始」。是易首之備四德，猶春秋篇首之備五始也，皆聖人所留意者也。論語「爲仁由己」，故「體仁正己，所以化物」，則「長人」也。「運」猶「會」也。

禮器「禮時爲大」。變通趨時，禮之亨也，故「觀運知時」。皐陶謨「天敕五禮」，所以順天，則「合禮」也。繫下十二「蓋取」，是「利」也，故「器用隨宜」。中庸「義者，宜也」，所以利民，則「和義」也。師彖傳曰「貞，正也」。業，事業也，坤曰「發于事業」是也。守正一業，所以定俗，則「貞固，足以幹事也」。禮，體也。亂則敗仁之體，故其教必至于淫濫。逆則拂禮之時，故其功必至于否塞。錯則妨義之用，故其事必至于荒廢。忘則失貞之正，故其官必至于覆敗。有是四德則興，故云「四德者，文王所由興」。反是而有四愆則亡，故云「四愆者，商紂所由亡」。是以君子終日乾乾，行此四德也。初九曰：「潛龍勿用。」何謂也？何妥曰：夫子假設疑問也。後五爻皆放此也。**疏**假設問答，以明經義，傳體也。下五爻皆言「何謂」，放此也。子曰：「龍德而隱者也。何妥曰：此直答言聖人有隱顯之龍德，今居初九窮下之地，隱而不見，故云「勿用」矣。**疏**說文曰「龍，能明能幽」，是能隱能顯者，龍也。聖人，則有能隱能顯之龍德者也。今居初九，則時當隱矣，隱故「勿用」也。案：初變爲巽，繫下曰「巽稱而隱」。言聖人有可稱之龍德，隱而不見，故曰「龍德而隱者也」。不易世，崔憬曰：言據當潛之時，不易乎世而行者，龍之德也。**疏**趙岐孟子注云「易，治也」。言當潛藏不治世，而行道于時也。又王弼注云「不爲世俗所移易」。虞氏屯彖傳注云「初剛難拔」，故「不易」，卽確乎不拔之意也。愚案：震長子繼世爲「世」。初九陽伏不動，未成乎震，故「不易乎世」。不成名。鄭玄曰：當隱之時，以從世俗，不自殊異，无所成名也。**疏**時當隱而隱，俯仰從俗，不自立異，故「无所成名」。案：乾爲善，陽成于三。「善不積，不足以成名」。繫下曰「其初難知」，故「不成乎名」。遯世无悶，崔憬曰：道雖不行，達理无悶也。**疏**震爲「世」，震陽隱初，故曰「遯世」。然道雖不行，而理達于心，故「无悶」。卽中庸所謂「遯世而无悶」也。「遯世」承「不易世」而言也。不見是而无悶。崔憬曰：

世人雖不已是，而已知不違道，故「无悶」。疏復坤五陰同亂于上，一陽潛下，故「不見是」。然世人雖不已是，而自信不違乎道，故「无悶」，即論語所謂「人不知而不愠」也。「不見是」承「不成名」而言也。以初震爲樂，故皆言「无悶」。樂則行之，憂則違之。虞翻曰：陽出初震，爲「樂」爲「行」，故「樂則行之」。坤死稱「憂」。隱在坤中，「遯世无悶」，故「憂則違之」也。疏陽出于初，爲震體復。震「爲樂」者，震，東方木，于時爲春，春秋繁露曰「春，蠢也。蠢蠢，喜樂之貌」，故「爲樂」也。「爲行」者，説卦「震，動也」，又「震爲足，爲作足」，韋昭國語注亦云「震爲作足」，故「爲行」。是以「樂則行之」也。「坤死稱憂」者，月三十滅于坤，爲既死魄，故坤爲死。昭二十六年左傳曰「死，惡物也」，故「坤死稱憂」。陽隱坤中，「遯世无悶」，故「憂則違之」也。確乎其不可拔，潛龍也。」虞翻曰：確，剛貌也。乾剛潛初，坤亂于上，君子弗用。隱在下位，確乎難拔，潛龍之志也。疏繫下曰「夫乾，確然示人易矣」，以初剛言也。馬氏彼注訓「確」爲「剛」，故云「確，剛貌也」。乾陽始動，剛伏坤初。坤反君道，亂見于上。君子隱而弗用之時也。大過「棟橈」，象曰「本末弱也」。初爲本，上爲末，兩爻皆柔故橈，剛則難拔矣。「拔」，鄭云「移也」。潛龍有至剛之志，是以「確乎其不可拔」也。九二曰：「見龍在田，利見大人。」何謂也？子曰：「龍德而正中者也。虞翻曰：中，下之中。二非陽位，故明言能「正中」也。疏二居下之中，故曰「中」。二非陽位不正，當變之正。變而得正，故曰「正中」也。庸言之信，荀爽曰：處和應坤，故曰「信」。疏九家説卦曰「乾爲言」。陽息至二，互震亦爲「言」也。二處中和之位，上應坤五，二五相孚，故曰「信」。二體坎，坎有孚，象曰「行險而不失其信」，故庸言必信。庸行之謹，九家易曰：以陽居陰位，故曰「謹」也。庸，常也。謂言常以信，行常以謹矣。疏陽息二，互震作足爲「行」。以陽居陰，位非其正。坎以一陽陷于二陰之閒，舉動不可不謹。坎象曰「常德行」，故曰「庸行〔一〕之謹」。「庸，常也」，釋詁文。虞云「坎爲常」，言常信，行常謹，皆坎象也。以坎二即乾二也。閑邪存其誠。宋衷曰：閑，防也。防其邪而存其誠也。二在非其位，故以「閑邪」言之。能處中和，故以「存誠」言之。**疏**説文「閑，闌也。从門中有木」。以木距門，有防闌之意，故云「防也」。二陽居陰，其位不正，不正則邪，故必「閑邪」。然二位得中，能處中和者也。中庸首言「中和」，終歸「至誠」。二處中和，故以「存誠」。善世而不伐，九家易曰：陽升居五，處中居上，始以美德利天下。「不言所利」，即是「不伐」。故老子曰「上德不德，是以有德」，此之謂也。**疏**二有君德，上與五應，陽升則居坤五，五處上中，故能以美德利天下也。陽升始于二，故云「始以美德利天下」。「不言所利」，故「不伐」。「上德不德，是以有德」，老子德經文。引之以明「善世不伐」之意。案：乾爲「善」，息二互震爲「世」。兑體毁折，乾象不見，故「不伐」。德博而化。荀爽曰：處五據坤，故「德博」。羣陰順從，故物「化」也。

疏二升處五據坤，坤爲地，地道廣博，故曰「德博」。坤承乾施，化成萬物，羣陰順從一陽，故能「化」也。愚案：乾爲德。二于三才爲地道，中庸之言地道曰「博也」，故曰「德博」。陽變陰化，二動得正，以乾交坤，故「化」。易曰『見龍在田，利見大人』，君德也。」虞翻曰：陽始觸陰，當升五爲君。時舍于二，宜利天下。直方而大，德无不利，明言「君德」。地數始二，故稱「易曰」。**疏**二爲陰位，陽息至二，是「陽始觸陰」也。二與五應，陽主升，故二「當升五爲君」也。然時舍居于二，已有利天下之德焉。乾二旁通坤二，坤六二曰「直方大，不習无不利」，田在地表，有直方大之象。故養人之德，

〔一〕「行」，原本作「言」，據陳校本正。

天下見之无不利。是二之大人，雖在下位，實有君人之德也。繫上曰「天一地二」，是「地數始二」也。初陽得正不變，二陰失正當變，言變易自此爻始，故稱「易曰」也。九三曰：「君子終日乾乾，夕惕若，厲，无咎。」何謂也？子曰：「君子進德脩業。虞翻曰：乾爲「德」，坤爲「業」。以乾通坤，謂爲「進德脩業」。宋衷曰：業，事也。三爲三公。君子處公位，所以「進德脩業」也。疏虞注：陽息至三成泰，泰內乾外坤。上繫由「乾以易知」推之，「可久則賢人之德」，由「坤以簡能」推之，「可大則賢人之業」。又曰「夫易，聖人之所崇德而廣業也。知崇體卑，崇效天，卑法地」，謂乾坤也。故云「乾爲德，坤爲業」。「以乾通坤」，謂天地交而爲泰也。「崇效天」爲「進德」，「卑法地」爲「脩業」。宋注：坤「發于事業」，故「業」訓「事」。「三爲三公」，乾鑿度文。以君子而處三公之位，所以貴于「進德脩業」也。忠信，所以進德也。翟玄曰：忠于五，所以脩德也。崔憬曰：推忠于人，以信待物，故其德日新也。疏翟注：乾鑿度曰「三爲三公，五爲天子」。三臣于五，故云「忠于五，所以進德也」。崔注：人能推忠于人，以信待物，則德日新。愚案：忠信在內，三終乾事而在內，故「忠信，所以進德」。三處乾上，上故「崇」，崇故德言「進」。論語曰「主忠信」，所以崇德也，是其義也。又案：坤來乾二成離，離中爲「忠」。乾二之坤成坎，坎孚爲「信」。三與初二爲離坎，此終乾之事，故曰「所以進德也」。脩辭立其誠，所以居業也。荀爽曰：「脩辭」謂「終日乾乾」，「立誠」謂「夕惕若厲」，「居業」謂居三也。翟玄曰：居三脩其教令，立其誠信，民敬而從之。疏荀注：乾乾故言「脩」，惕厲故言「誠」。鄭云「三爲艮爻」，虞云「艮爲居」，蓋艮上來自乾三，艮門闕爲「居」，故「居業謂居三也」。翟注：以「居業」爲「居三」，即荀義也。外而脩其教令，內而立其誠信，則民莫不敬而從之。此「居業」之事也。愚案：三動之坤，互震聲爲「辭」，坎孚爲「誠」，故曰「脩辭立其誠」。坤爲「業」，體艮止爲

「居」。此通坤之事，故曰「所以居業也」。知至至之，可與言幾也。翟玄曰：知五可至而至之，故可與行幾微之事也。**疏**陽在五爲得位得中，初與三得位而不得中。三至五爲得中，故「知五可至而至之」。然三始于初，故「可與行幾微之事也」。愚案：劉瓛云「至，極也」。莊氏云「極卽至也」。三在下卦之上，是爲至極。繫下曰「知幾其神乎」，虞彼注云「幾謂陽也，陽在復初稱幾」。又曰「幾者，動之微」，虞彼注云「陽見初成震，故動之微」。內體乾，乾爲陽。知初陽已動，必至于三，故曰「知至至之，可與言幾也」。知終終之，可與存義也。姚信曰：知終者可以知始。「終」謂三也。義者，宜也。知存知亡，君子之宜矣。崔憬曰：「君子」喻文王也。言文王進德脩業，所以貽厥武王，至于九五。至于九五，可與進脩意合，故言「知至至之，可與言微也」。知天下歸周，三分有二以服事殷，終于臣道。終于臣道，可與進脩意合，故言「知終終之，可與存義」。**疏**姚注：繫上「原始反終」，故「知終可以知始」。三處乾上，故「終謂三也」。「義者，宜也」，中庸文。三與上應，上知存而不知亡。三知乾終于三而終之，不至于亢，「知存知亡」，合乎「君子之宜」，故曰「知終終之，可與存義」。愚案：繫上「成性存存，道義之門」，虞彼注云「知終終之，可與存義也。乾爲道門，坤爲義門」，又云「陽在道門，陰在義門」，乾鑿度「地靜而理曰義」，是坤爲「義」也。「幾」屬乾而爲陽在內，「義」屬坤而爲陰在外。乾三卽泰三，出乾入坤，終應于上。以坤成乾性，乾元常存，故曰「可與存義」。卽承上德業，以乾通坤之義也。崔注：此以文王明九三爻義也。武王，飛龍也，居九五之尊，而化家爲國之幾，實進德脩業之文王有以基之，故曰「知至至之，可與言幾也」。以三承五，卽翟注義也。殷紂，亢龍也，處上九之位。是時天下歸周，三分有二而服事殷紂，終于臣道，不失事君之義，惟進德脩業之文王有以守之，故曰「知終終之，可與存義也」。以三應上，卽姚注義也。是故居上位而不驕，虞翻曰：天道三才，一乾而以至三乾成，故爲「上」。「夕惕若厲」，故「不驕」也。疏 繫下〔一〕曰「有天道焉，有人道焉，有地道焉」，是三爻而有三才也。一至三而乾成，有天道焉，故爲「上」。「夕惕若厲」，位愈高而心愈下，故「不驕」。

在下位而不憂。虞翻曰：「下位」謂初。隱于初，「憂則違之」，故不憂。疏「下位謂初」，言三息自下。隱而在下，「遯世无悶，不見是而无悶」。時雖困而心自亨，是以「憂則違之」，故「不憂」也。

故乾乾因其時而惕，雖危无咎矣。」王弼曰：惕，怵惕也。處事之極，失時則廢，懈怠則曠。「故乾乾因其時而惕，雖危无咎」。疏 書冏命曰「怵惕惟厲」，故云「惕，怵惕也」。「處事之極」，謂處上之極也。失時則德業廢，懈怠則進脩曠。「時」謂知至知終，在上在下之時。乾乾之心，各因其時而加惕，故「雖危无咎矣」。

九四曰：「或躍在淵，无咎。」何謂也？子曰：「上下无常，非爲邪也。荀爽曰：乾者，君卦。四者，臣位也。故欲上躍居五。下者，當下居坤初。得陽正位，故曰「上下无常，非爲邪也」。疏 乾爲君，故「乾者，君卦」也。四爲三公，故「四者，臣位也」。四近于五，故欲上躍居五。四與初應，故當下居坤初。四陽不中不正，故言「邪」。上居五得中，下居初得正，故曰「上下无常，非爲邪也」。

進退无恆，非離羣也。荀爽曰：「進」謂居五，「退」謂居初。故「進退无恆，非離羣也」。疏 四變巽爲「進退」。乾陽稱「羣」。繫上曰「物以羣分」，虞彼注云「乾物動行，故以羣分」。進居五，退居初，不離乎陽，故「不離羣也」。何氏云「所以進退无恆者，時使之然，非欲苟離羣也」，義亦可通。「无常」「无恆」，釋「或躍」也。

君子進德脩業，欲及時也，故无咎。」崔憬曰：至公欲及時濟人，

〔一〕「下」，原本作「上」，據所引「繫下」文正。

故「无咎」也。**疏**三已「進德脩業」矣，四言「欲及時」者，謂德業已具，至公之心，欲及時濟人，故「无咎」。「或躍在淵，自試也」，故知欲及時自試也。**九五曰：「飛龍在天，利見大人。」何謂也？子曰：「同聲相應，**虞翻曰：謂震巽也。庖犧觀變而放八卦。「雷風相薄」，故「相應」也。張璠曰：天者，陽也。君者，陽也。雷風者，天之聲。號令者，君之聲。明君與天地相應，合德同化，動靜不違也。**疏**虞注：説卦「天地定位」，虞注「謂乾坤。五貴二賤，故定位」。傳因五與二應，故推廣其義而言相應之理也。又曰「觀變于陰陽而立卦」，虞彼注云「説卦謂『立天之道曰陰與陽』。陽變成震坎艮，陰變成巽離兑，故立卦」。震爲雷，巽爲風。「雷風相薄」，故「同聲相應」。謂震納庚，巽納辛，庚辛相得而合金，故「相應」也。張注：天與君皆陽，雷風與號令皆聲。郊特牲曰「凡聲，陽也」，故陽言聲也。天人一理，故「君與天地相應」。震陽屬動，巽陰屬靜。故「合德同化，動靜不違也」。**同氣相求。**虞翻曰：謂艮兑。「山澤通氣」，故「相求」也。崔憬曰：方諸與月，同有陰氣，相感則水生。陽燧與日，同有陽氣，相感則火生也。**疏**虞注：艮爲山，兑爲澤。「山澤通氣」，故「同氣相求」。謂艮納丙，兑納丁，丙丁相得而合火，故「相求」也。崔注：周禮秋官司烜氏「掌以夫遂，取明火于日。以鑒，取明水于月」。注云「夫遂即陽燧也」，疏云「取火于木爲木遂。以其取火于日，故名『陽遂』。以銅爲之」。注云「鑒，方諸也」，疏云「鑒，鏡也。可以取水。方以象地，故名『方諸』」。注又云「日，太陽之精，故取明火焉。月，太陰之精，故取明水焉」。蓋方諸陽遂與日月同有陰陽之氣，陰陽相感則水火生，故引以明「同氣相求」之義也。**水流溼，**荀爽曰：陽動之坤而爲坎。坤者純陰，故曰「溼」也。**疏**「陽動之坤」，謂乾二升坤五也。「爲坎」者，謂「天一生水，地六成之」也。「坤純陰，故曰溼」者，説文「溼，从水。一，所覆也。覆而有土，故溼也」，坤爲土，土純陰，坎水流坤，所以濡土而爲「溼」也。**火就燥。**荀爽曰：陰動之乾而成離。乾者純陽，故曰「燥」也。虞翻曰：「離上而坎下」，「水火不相射」。崔憬曰：決水先流溼，然火先就燥。**疏**荀注：「陰動之乾」，謂坤五降乾二也。「爲火」者，謂「地二生火，天七成之」也。「乾純陽，故曰燥」者，説文「燥，乾也」，易緯乾坤鑿度曰「乾者，乾天也」，鄭彼注「古乾字，乾燥亢陽之名」。乾燥之乾从乾者，以乾純陽，故主乾燥。離火就乾，所以炎上而爲燥也。虞注：坎爲水，離爲火。火動而炎上，水動而潤下。射，厭也。惟不相厭，故「水流溼，火就燥」也。坎納戊，離納巳，戊巳相得而合土是也。崔注：「決水先流溼」者，流下溼則水易決也。「然火先就燥」者，就乾燥則火易然也。**雲從龍，**荀爽曰：「龍」喻王者，謂乾二之坤五爲坎也。虞翻曰：乾爲龍，雲生天，故「從龍」也。**疏**荀注：蒼龍，東方之宿也。「帝出乎震」，震爲龍，故「喻王者」。陽主升，故「乾二上之坤五則爲坎」。上坎爲雲，需象傳曰「雲上于天」，不稱水稱雲，故知坎爲雲也。昭二十九年左傳曰「龍，水物也」。坎水上天爲雲，故曰「雲從龍」。虞注：子夏傳云「龍所以象陽」，故「乾爲龍」。乾爲天，内經曰「雲出天氣」。故「雲從龍」。**風從虎。**荀爽曰：「虎」喻國君，謂坤五之乾二，爲巽而從三也。三者，下體之君，故以喻國君。虞翻曰：坤爲虎，風生地，故「從虎」也。**疏**荀注：白虎，西方之宿也，説文「虎，西方獸」。蓋虎感金氣而生，金星附日而行者也，故「喻國君」。陰主降，「坤五下之乾二」。互三四成巽，故云「從三」也。三居下體之上，故「喻國君」。虞注：京房易傳曰「坤爲虎刑」。高誘注淮南曰「虎，土物也」，坤爲土，故「爲虎」。又月令「仲冬之月虎始交」，春秋考異郵「虎七月而生」，是交于復而生于姤。姤之一陰自坤來，故「坤爲虎」。姤下體巽，巽爲木爲風。管輅别傳曰「虎陰精而居于陽，依木長嘯，動于巽，二氣相感，故能運風」。蓋虎依巽木而生風，猶龍居坎水而興雲也。坎雲，天氣也。巽風，地氣也。洪範曰「風」，鄭彼注云「風，土氣也」。内經曰「風生地氣」。故「風從虎」。「天地定位」，故雲龍風虎各以類相從也。此庖犧則象觀變，六位之列，所以摩剛柔也。初震二巽貞地位，故「同聲相應」。五艮上兑貞天位，故「同氣相求」。三貞下坎，「水流溼」也。四貞上離，「火就燥」也。「天尊」貞五，坎體成于乾，「雲從龍」也。「地卑」貞二，二巽位，「風從虎」也。此參天兩地之數，萬物之本也。**聖人作而萬物覩。**虞翻曰：覩，見也。「聖人」則庖犧。合德乾五，造作八卦，「以通神明之德，以類萬物之情」。五動成離，日出照物皆相見，故曰「聖人作而萬物覩」也。陸績曰：陽氣至五，萬物茂盛，故譬以聖人在天子之位。功成制作，萬物咸見之矣。

疏虞注：「覩」于文从見，故云「見也」。庖犧始畫八卦，故知「聖人爲庖犧」。太昊以木德王天下，故知「德合乾五」。作，造也。「聖人作」即象傳「大人造也」，即繫下「始作八卦，以通神明之德，以類萬物之情」是也。九家易云「隱藏之謂『神』，著見之謂『明』」，又云「六十四卦，凡有萬一千五百二十册，册類一物」。八卦既作，則陰陽之德由是通，萬物之情由是類也。五動成離，離爲日，日出則萬物皆見，說卦曰「相見乎離」是也。聖人造作八卦，則萬物皆覩，即「飛龍在天，利見大人」之義也。陸注：五爲陽氣正盛之時，猶聖人在天子之位。功成制禮，治定作樂，萬物皆見其明備之休，故曰「聖人作而萬物覩」。**本乎天者親上，**荀爽曰：謂乾九二。本出于乾，故曰「本乎天」。而居坤五，故曰「親上」。

疏此以陽升陰降言也。乾九二失位當升，故出于乾二，本乾也。乾爲天，故曰「本天」。升居坤五，五在上，故曰「親上」。**本乎地者親下。**荀爽曰：謂坤六五。本出于坤，故曰「本乎地」。降居乾二，故曰「親下」也。崔憬曰：謂動物親于天之動，植物親于地之靜。

疏荀注：坤六五失位當降，故出于坤五，本坤也。坤爲地，故曰「本地」。降居乾二，二在下，故曰「親下」。崔注：莊氏云「天地絪緼，和合二氣，共生萬物。然萬物之體，有感于天氣偏多者，有感于地氣偏多者。故周禮大宗伯有天産地産，大司徒云動物植物。本受氣于天者，是動物含靈之屬。天體運動，含靈之物亦運動，是親附于上也。本受氣于地者，是植物无識之屬。地體凝滯，植物亦不移動，是親附于下也」。此即崔氏義也。案：震坎艮皆出于乾，故曰「本乎天」。而與乾親，故曰「親上」。巽離兑皆出于坤，故曰「本乎地」。而與坤親，故曰「親下」。蓋「乾道成男」，而三男皆親乾父也。「坤道成女」，而三女皆親坤母也。「天尊」故曰「上」，「地卑」故曰「下」。表記曰「父尊而不親，母親而不尊」，故有上下之别也。此本虞氏義也。則各從其類也。」虞翻曰：「方以類聚，物以羣分。」「乾道變化，各正性命」。「觸類而長」，故「各從其類」。疏「方以類聚，物以羣分」，繫上文。虞彼注云「坤方道靜，故『以類聚』。乾物動行，故『以羣分』」。乾道變化于上，性命各正于下，各有其類矣。「觸類而長」，本繫傳文。虞彼注云「觸，動也」。蓋本天者，陽爻也。本地者，陰爻也。上乾下坤，五正乾道。三百八十四爻資始消息，故「各從其類也」。上九曰：「亢龍有悔。」何謂也？子曰：「貴而无位，荀爽曰：在上故「貴」，失正故「无位」。疏處六爻之上故「貴」，虞氏繫注所謂「天尊故貴」是也。以陽居陰，失乎正矣。失正即失位，故「无位」。高而无民，何妥曰：既不處九五帝王之位，故「无民」也。夫「率土之濱，莫非王臣」。既非王位，則民不隸屬也。疏窮高曰「亢」，亢故「高」也。「率土之濱，莫非王臣」，詩北山文。人所歸往曰王。位非九五之尊，故「无民」，九家易所謂「若太上皇者也」。賢人在下位荀爽曰：謂上應三。三陽德正，故曰「賢人」。別體在下，故曰「在下位」。疏上與三敵應。三陽德居正而稱「君子」，故曰「賢人」。三與上別爲一體而在下，故「在下位」，上傳云「在下位而不憂」是也。而无輔，荀爽曰：兩陽无應，故「无輔」。疏陰陽相應則有輔。三上兩陽敵應，是應而无應也。无應故「无輔」。是以動而有悔也。」荀爽曰升極當降，故「有悔」。疏「升極當降」，卽虞繫注「乾盈動傾，故有悔」也。又淮南繆稱篇「動于上，不應于下，故有悔」，謂「兩陽敵應」也。潛龍勿用，下也。何妥曰：此第二〔一〕章，以人事明之。當帝舜耕漁之日，卑賤處下，未爲時用，故云「下」。疏此章以人事明爻義也。史記「舜耕歷山，歷山之人皆讓畔。漁雷澤，雷澤之人皆讓居」。身處卑下，正「潛龍勿用」之時也。見龍在田，時舍也。何妥曰：此夫子洙泗之日，開張業藝，教授門徒，自非通舍，孰能如此。虞翻曰：二非王位，時暫舍也。疏何注：孟子曰「孔子，聖之時者也」。道不行于天下，設教洙泗，以開來學，時當舍而舍也。「舍」音捨，訓置。「通舍」者，謂出初爲「通」，對五則「舍」，言雖通而仍舍。如南史何點，時人稱爲通隱是也。故云「自非通舍，孰能如此」。虞注：二雖得中而非正，位且不正，二陽當上升坤五。「在田」者，不過暫舍于二也。「舍」讀若月令「命田舍東郊」，及孟子「出舍于郊」之「舍」。終日乾乾，行事也。何妥曰：此當文王爲西伯之時，處人臣之極，必須事上接下，故言「行事」也。疏三處下卦之上，故乾鑿度曰「三爲三公」。春官大宗伯曰「九命作伯」，注云「上公有功德者，加命爲二伯，得征五侯九伯者」。史記「紂賜文王弓矢斧鉞，使得專征伐，爲西伯」，可謂「處人臣之極」矣。而上應亢龍之主，下臨初二之陽，事上接下，所有事也，故言「行事」。泰三通坤，互震爲「行」，坤爲「事」，故曰「行事」。事上接下之事，無外乾惕，「進德脩業」是已。或躍在淵，自試也。何妥曰：欲進其道，猶復疑惑。此當武王觀兵之日，欲以試觀物情也。疏史記「武王觀兵至孟津，諸侯不期而會者八百。諸侯皆曰『紂可伐矣』。武王曰『女未知天命，未可也』。乃還」。

〔一〕「二」，原本作「三」，據陳校本正。

蓋四可進居于五，而猶有疑惑，故「觀兵」，「以試觀物情也」。飛龍在天，上治也。何妥曰：此當堯舜冕旒之日，以聖德而居高位，在上而治民也。疏繫下曰「黃帝堯舜，垂衣裳而天下治」，以聖人之德而居九五之尊，在上位而治天下之象也。亢龍有悔，窮之災也。案：此當桀紂失位之時，亢極驕盈，故致悔恨，窮斃之災禍也。疏史記「夏桀虐政荒淫，湯乃興師伐桀」。左傳「商紂暴虐，鼎遷于周」。桀紂失位之事，載于詩書者尤詳。唯其亢極驕盈，故以窮災致悔，甚言「盈不可久也」。案：李氏于上九爻辭，以「湯有慚德」釋之。謂聖人而有陽剛之德，不可過剛招悔。于文言傳復以「桀紂失位」釋之。謂非聖人而有陽剛之德，尤不可過剛致災。言各有當，非異義也。且乾剛之德，雖亢極致悔，豈同桀紂，然窮必有災。欲占者以是爲戒，而當「知進退存亡不失其正」也。乾元用九，天下治也。案：此當三皇五帝禮讓之時，垂拱无爲而「天下治」矣。王弼曰：此一章全以人事明之也。九，陽也。陽，剛直之物也。夫能全用剛直，放遠善柔，非天下之至治，未之能也，故「乾元用九」，則「天下治也」。夫識物之動，則其所以然之理，皆可知也。龍之爲德，不爲妄者也。潛而勿用，何乎必窮處于下也。見而在田，必以時之通舍也。以爻爲人，以位爲時。人不妄動，則時皆可知也。文王明夷，則主可知矣。仲尼旅人，則國可知矣。疏案：春官外史「掌三皇五帝之書」，注云「三皇之書，謂之三墳。五帝之書，謂之五典」。三皇五帝，說者不一。孔安國尚書序以伏羲神農黃帝之書爲三墳，少昊顓頊高辛唐虞之書爲五典。不必區分皇帝，而于三五之數自協也。乾，天也。元，始也。九者，陽變之數，有變化之義。三皇五帝，當天運始開之時，首出庶物，有禮讓而无征誅。蓋以无用爲用，而天下皆化，故「垂拱而天下治矣」。王注：正義云「『此一章全以人事明之』者，下云『陽氣潛藏』，又云『乃位乎天德』，又云『乃見天則』，此一章但云『天下治』，是皆以人事說之也。『夫能全用剛直，放遠善柔，非天下至理，未之能也』者，以『乾元用九』，六爻皆陽，是『全用剛直』。『放遠善柔』，謂放棄善柔之人。善能柔諂，貌恭心很，使人不知其惡，識之爲難。此用九純陽者，是全用剛直，更無餘陰。善柔之人，堯尚病之，故云『非天下之至理，未之能也』。『夫識物之動，則其所以然之理，皆可知』者，此欲明在下龍潛見之義，故張氏云『識物之動，謂龍之動也』。『則其所以然之理，皆可知』者，謂識龍之所以潛、所以見，然此之理，皆可知也。『龍之爲德，不爲妄』者，言龍靈異于他獸，不妄舉動。可潛則潛，可見則見，是不虛妄也。『見而在田，必以時之通舍』者，經唯云『時舍也』，注云『必以時之通舍』者，則輔嗣以『通』解『舍』，『舍』是『通』義也。初九潛藏不見，九二既見而在田，是『時之通舍』之義也。『以爻爲人，以位爲時』者，爻居其位，猶若人遇其時。故『文王明夷，則主可知矣』，『主』則『時』也。謂當時无道，故明傷也。『仲尼旅人，則國可知矣』，『國』亦『時』也。若見仲尼羈旅于人，則知國君无道，令其羈旅出外。引文王明龍潛龍見之義。　愚案：明夷象傳「內文明而外柔順，以蒙大難，文王以之」，故云「文王明夷」。易緯乾坤鑿度附載「仲尼，魯人。生不知易本，偶筮其命，得旅」，故云「仲尼旅人」。

潛龍勿用，陽氣潛藏。何妥曰：此第三章，以天道明之。當十一月，陽氣雖動，猶在地中，故曰「潛龍」也。疏此章以天道明爻辭也。一陽初息，爲震體復。初陽貞子，十一月之卦也。震，動也，「雷在地中，復」，故云「陽氣雖動，猶在地中」。震爲龍而潛于地下，故曰「潛藏」。

見龍在田，天下文明。案：陽氣上達于地，故曰「見龍在田」。百草萌牙孚甲，故曰「文明」。孔穎達曰：先儒以爲九二當太蔟之月，陽氣見地，則九三爲建辰之月，九四爲建午之月，九五爲建申之月，上九爲建戌之月。羣陰既盛，上九不得言「與時偕極」，先儒此說，于理稍乖。此乾之陽氣漸生，似聖人漸進，宜據十一月之後，建巳之月已來。此九二爻，當建丑建寅之閒，于時地之萌牙，物有生者，卽是陽氣發見之義也。但陰陽二氣，共成歲功，故陰興之時，仍有陽在，陽生之月，尚有陰氣。所以六律六吕，陰陽相關。取象論義，與此不殊也。**疏**案：九二貞寅，正月之卦也。月令曰「孟春之月，地氣上騰」，謂土中「陽氣上達于地」，故有「見龍在田」之象。又曰「草木萌動」，謂「百草皆萌牙孚甲」，故有「天下文明」之象。又二變正成離，離自坤來，坤爲文，離「嚮明」，故曰「文明」。孔注：「先儒」云云，蓋指鄭氏爻辰也。孔氏不取其說，故據消息以駁之。云「建戌之月，羣陰既盛，上九不得與時偕極」者，言九月陰盛，不得言陽氣「與時偕極」。故云「先儒此說，于理稍乖」也。云「此乾之陽氣漸生，似聖人漸進」者，言陽息有漸，不得爻隔一辰也。云「宜據十一月之後，建巳之月已來」者，言十一月子，一陽初生于復。由臨而泰、而壯、而夬，至四月已成乾也。據此則九二爻當丑寅之閒，萬物萌牙，實合陽氣發見之義，故曰「見龍在田」也。但「立天之道曰陰與陽」，二氣迭運，共成歲功。所以鄭氏爻辰以六陽爻配六律，以六陰爻配六吕，左右相錯，上下相生，而陰陽實相關也。蓋消息爻辰，雖出兩家，而陰陽盛衰，理實一貫，故「取象論義，與此不殊」。

終日乾乾，與時偕行。何妥曰：此當三月，陽氣浸長，萬物將盛，與天之運，俱行不息也。**疏**九三貞辰，三月之卦也。月令「季春之月，生氣方盛，陽氣方洩」，卽「陽氣浸長，萬物將盛」之謂也。天時不息，實陽氣之盛，與天時俱行不息也。又外互震爲「行」，故曰「與時偕行」。

或躍在淵，乾道乃革。何妥曰：此當五月，微陰初起，陽將改變，故云「乃革」也。**疏**九四貞午，五月之卦也。五月爲姤，一陰初生，乾陽改變，故云「乃革」。此以消息言也。又爻辰乾，四貞午，坤初卽貞未，是陽方盛而陰卽生，乾道將變，故曰「乃革」。愚案：乾唯二四上不得正，二上已變成革，四或躍，亦將變成既濟定也。革卦辭曰「元亨利貞」，與乾同德，故發其義于九四爻。以四處內外變革之際，將變未變，則乾而兼革，故曰「乾道乃革」。飛龍在天，乃位乎天德。何妥曰：此當七月，萬物盛長，天功大成，故云「天德」也。疏九五貞申，七月之卦也。淮南子曰「春氣發而百草生，正得秋而萬實成」，是七月爲「萬物盛長，天功大成」之時，故曰「天德」也。陽至九五，乃得其位，故曰「位乎天德」。亢龍有悔，與時偕極。何妥曰：此當九月，陽氣大衰，向將極盡，故云「偕極」也。疏上九貞戌，九月之卦也。戌于消息爲剝，剝剩一陽在上，故云「陽氣大衰，向將極盡」也。廣雅「亢，極也」。爾雅釋天「月在癸曰極」，癸爲十幹之盡，故「極」有「盡」義。言是時陽氣將盡，當「與時偕極」也。乾元用九，乃見天則。何妥曰：陽消，天氣之常。天象法則，自然可見。王弼曰：此一章全說天氣以明之也。九，剛直之物，唯乾體能用之。用純剛以觀天，「天則」可見矣。疏何注：爾雅釋詁「則，常也」。陰長則陽消，乃天氣自然之常則也。然貞下有起元之義，故六爻盡變而乾元自在。乾惟體元，乃能用九。「用九」者，用其陽也。樂記曰「天秉陽」，故陽爲「天則」。用九，故「天象法則，自然可見」。王注：此以天氣之消長明爻象也。九，陽數也，故爲「剛直之物」。乾體元，故「惟乾體能用之」。天，純剛也，故「用純剛，則天則可見」。乾元者，始而亨者也。虞翻曰：乾始開通，以陽通陰，故始通。疏「大哉乾元，萬物資始」，「始」卽「元」也。陰陽不變，不能通氣。乾始交坤，以陽通陰，故曰「始通」也。利貞者，性情也。干寶曰：以施化利萬物之性，以純一正萬物之情。王弼曰：不爲乾元，何能通物之始。不性其情，何能久行其正。是故「始而亨」者，必「乾元」也。「利而正」者，必「性情」也。疏干注：孟子「天下之言性也，則故而已矣。故者，以利爲本」，故云「以施化利萬物之性」。大壯彖辭曰「正大而天地之情可見矣」，故云「以純一正萬物之情」。此以「利貞」分配「性情」也。要之性利情亦利，性正情斯正，故曰「利貞者，性情也」。王注：正義云「乾之元氣，其德廣大，故能偏通諸物之始。若餘卦元德，雖能始生萬物，物不周普。故云『不爲乾元，何能通物之始』。『性』者，天生之質而不邪。『情』者，性之欲也。言若不能以性制情，使其情如性，則不能久行其性」。愚案：彖辭曰「乾道變化，各正性命」，即「乾元者，始而亨者也」。「保合太和，乃利貞」，即「利貞者，性情也」。此不言「性命」者，以「始而亨」者，即「性命」也。彼不言「性情」者，以「保和太和」，即「性情」也。「性」原于「命」，故屬「元亨」。「性」動爲「情」，故屬「利貞」。辭若相錯，而義實相備。相提竝論，而性之源流體用，一以貫之矣。乾始而以美利利天下，虞翻曰：「美利」爲「雲行雨施，品物流形」，故「利天下」也。

疏 繫上曰「乾知大始」，故稱「乾始」，即「大哉乾元，萬物資始」是也。釋詁「嘉，美也」，「亨者，嘉之會」，故稱「美」也。「雲行雨施，品物流形」，莊氏謂「釋亨之德」。亨，通也。「變而通之以盡利」，故知「美利謂雲行雨施，品物流形，所以利天下也」。愚案：經文「而」字，從鄭本也，當是「耐」字之譌。別本亦作「能」，蓋古「能」字皆作「耐」。禮運「故聖人耐以天下爲一家」，注云「『耐』，古『能』字」。樂記「故聖人不耐無樂，樂不耐無形。形而不爲道，不耐無亂」，注云「『耐』皆讀作『能』」。宋祁漢書高帝紀注云「古者『能』字皆作『耐』字。後世以三足之能爲『能』，故今人書『能』，無有作『耐』者」。據此則「而」字當是「耐」脱旁寸，從上文「始而亨」遂作「而」也。作「能」者，今書。作「而」者，從古本誤也，當增寸作「耐」，始復古本之舊。履卦「眇而視，跛而履」，其誤亦然。不言所利，大矣哉。虞翻曰：「天何言哉，四時行焉，百物生焉」，故利者大也。

疏 引論語文，以釋「不言所利」之意。「不言所利」，則貞在其中矣。「大矣哉」贊利之大，實贊元之大也。以此章重釋乾元也。大哉乾乎，剛健中正，純粹精也。崔覲〔一〕曰：不雜曰「純」，不變曰「粹」。言乾是純粹之精，故有

〔一〕「覲」，原本誤作「憬」，據周易集解正。全書同。

「剛健中正」之四德也。**疏**「不雜曰純」言其專，「不變曰粹」言其久。「純」即誠，「粹」即不息，「精」則至誠無息。乾惟至誠而自然無息，所以能有是「剛健中正」之德也。愚案：「大哉乾乎」，承上文「大矣哉」而言也。雜卦曰「乾剛」，言其體也。説卦曰「乾，健也」，言其用也。四上不中不正，二中而不正，初三正而不中。中而且正，其惟五乎。蓋「剛健」統贊六爻，而「中正」則獨贊九五。「純不雜」者，即贊「剛」之體。「粹不變」者，即贊「健」之用。「精」則合「剛健」而歸于「中正」。然則「剛健中正，純粹精也」，非九五其孰當之。蓋九五爲乾卦之主，此節專釋九五，而「發揮旁通」，則統論六爻也。

六爻發揮，旁通情也。陸績曰：乾六爻發揮變動，旁通于坤，坤來入乾，以成六十四卦，故曰「旁通情也」。**疏**説卦曰「發揮于剛柔而生爻」，虞彼注云「發動，揮變」，故此云「發揮變動」也。「旁通」即反對卦也。陰陽相通，如乾與坤爲旁通，屯與鼎、蒙與革爲旁通，推之六十四卦皆然。故曰「乾旁通于坤，坤來入乾，以成六十四卦」。揚子法言「或問行曰旁通厥德」，李軌注云「應萬變而不失其正者，唯旁通乎」。繫下曰「吉凶以情遷」，「遷」與「通」同義。唯陰陽之爻既變，而吉凶之情遂遷，故曰「旁通情也」。

時乘六龍，九家易曰：謂時之元氣，以王而行。履涉衆爻，是「乘六龍」也。**疏**王，于況反，盛也。云「時之元氣，以王而行」者，如月令「盛德在木則行春令，盛德在火則行夏令，盛德在金則行秋令，盛德在水則行冬令」是也。乾以純陽之氣，乘時而履涉六爻，故云「是乘六龍也」。

以御天也。荀爽曰：御者，行也。陽升陰降，天道行也。**疏**説文「御，使馬也」，兹訓「行」者，謂駕馬使行也。「立天之道，曰陰與陽」，陽主升，陰主降。「陽升陰降」，故「天道行也」。

雲行雨施，天下平也。荀爽曰：乾升于坤曰「雲行」，坤降于乾曰「雨施」。乾坤二卦成兩既濟，陰陽和均而得其正，故曰「天下平」。**疏**既濟者，泰乾二升居于坤五則爲坎，上坎爲雲，故「乾升于坤曰雲行」，坤五降居于乾二則互坎，下坎爲雨，故「坤降于乾曰雨施」。乾坤二卦旁通，則成兩既濟。既濟彖傳曰「剛柔正而位當」，故云「陰陽和均而得其正」也。春秋元命包曰「陰陽聚爲雲，陰陽和爲雨」。説文曰「雨，水從雲下也」。「雲從龍」，故「乘龍」。乘龍則「雲行」，雲行則「雨施」。「雲行雨施」，澤被天下矣，故曰「天下平」。**君子以成德爲行，**干寶曰：君子之行，動靜可觀，進退可度。動以成德，无所苟行也。**疏**「動靜可觀，進退可度」，語本孝經左傳而小異其辭。言君子之行所以如此者，唯以「成德爲行」，故能行无所苟如此也。蓋初息震爲「行」，又「震，動也」，故「動以成德，无所苟行也」。**日可見之行也。**虞翻曰：謂初。乾稱「君子」，陽出成爲上德。雲行雨施則成離，日新之謂上德，故「日可見之行」。**疏**「謂初」者，謂初九也。「乾稱君子」者，陽德，故「稱君子」也。初陽爲元，「元者，善之長也」，虞注坤文言云「初乾爲積善」，荀子勸學篇曰「積善成德」，是陽出坤初爲善，積而成之爲德，故云「陽出成爲上德」。「雲行雨施」，謂既濟也。「則成離」者，謂既濟互兩離也。離爲日，故「日新之謂上德」。「相見乎離」，故「日可見之行也」。**潛之爲言也，隱而未見，行而未成，是以君子弗用也。**荀爽曰：「隱而未見」，謂居初也。「行而未成」，謂行之坤四，陽居陰位，未成爲君。乾者，君卦也。不成爲君，故不用也。**疏**專釋「潛」義，故曰「潛之爲言」。居初，故「隱而未見」。初與四應，初行之四，四陰位，初陽爻，以陽居陰，故云「未成爲君」。「乾以君之」，故云「乾者，君也」。不成爲君，故君子弗用于世也。愚案：初伏巽，「巽稱而隱」，故云「隱而未見」。初息震爲「行」。春秋元命包曰「陽起于一，成于三」。今陽在初，故云「行而未成」。「潛龍」以象君子，故「弗用」也。**君子學以聚之，問以辨之，**虞翻曰：謂二。陽在二，兑爲口，震爲言，爲講論。坤爲文，故「學以聚之」。「問以辨之」，兑象「君子以朋友講習」。**疏**謂九二也。陽息在二，成兑互震。「兑爲口」，説卦文。震善鳴，爲言。口而有言，故「爲講論」。外臨坤，「坤爲文」，說卦文。「學以聚之」者，「博學于文」也。「問以辯之」者，兑象「君子以朋友講習」是也。中庸孔子告哀公曰「博學之，審問之，明辯之」，故知「學問」爲君德也。**寬以居之，仁以行之。**虞翻曰：震爲「寬仁」，爲「行」。謂居寬行仁，「德博而化」也。**疏**震，東方主春，爲元，故爲「寬仁」。震足，故爲「行」。「居寬」謂「博」，「行仁」謂「化」，故上云「德博而化」也。商書仲虺稱湯曰「克寬克仁」，故知「寬仁」爲君德也。**易曰「見龍在田利見大人」，君德也。**虞翻曰：重言「君德」者，大人「善世不伐」，信有君德，「後天而奉天時」，故詳言之。**疏**言二有善世之德而不自矜伐，故重言「君德」以贊之。初息震，二息兑。爻始于乾初，故乾爲先天。「帝出乎震」，故震爲後天。二當震春兑秋，故云「後天而奉天時」。二後于初，故詳言之，以明承天時而順行也。**九三重剛而不中，**虞翻曰：以乾接乾，故「重剛」。位非二五，故「不中」也。**疏**乾剛坤柔，以內乾接外乾，故曰「重剛」。上不在乾五，下不在坤二，故「不中」。**上不在天，下不在田，**何妥曰：上不及五，故云「不在天」。下已過二，故云「不在田」。處此之時，實爲危厄也。**疏**九五曰「飛龍在天」，上不及五，故「不在天」。九二曰「見龍在田」，下已過二，故「不在田」。以重剛而處不中之時，安得不危厄也。**故乾乾因其時而惕，雖危无咎矣。**何妥曰：處危懼之地，而能乾乾懷厲，至夕猶惕，乃得无咎矣。**疏**處危懼之地，而能因時而惕，揚子所謂「過則惕也」，惕故无咎。法言曰「立政鼓衆，莫尚于中和」，又曰「甄陶天下，其在和乎」。龍之潛亢，不獲其中矣。是以過則惕，不及中則躍，其近于中乎。蓋三四有求中之心，故竝言「无咎」也。**九四重剛而不中，**案：三居下卦之上，四處上卦之下，俱非得中，故曰「重剛而不中」也。**疏**四以外乾接內乾，故亦爲「重剛」。四不中，與三同也。**上不在天，下不在田，中不在人，**侯果曰：案下繫「易有天道，有地道，有人道，兼三才而兩之」，謂兩爻爲一才也。初兼二地也，三兼四人也，五兼六天也。四是兼才非正，故言「不在人」也。疏此據下繫「兼三才而兩之」，以釋「中不在人」之義。三四居中有人道，然三得正，四不得正，故曰「不在人」。孔疏云「三之與四，俱爲人道。但人道之中，人下近于地，上遠于天。九三近二，是下近于地，正是人道，故九三不云中不在人。九四則上近于天，下遠于地，非人所處，故特云『中不在人』」。故或之。或之者，疑之也。故无咎。虞翻曰：非其位，故「疑之也」。疏四不得正，故「非位」。欲進躍五，而仍下應初，猶豫不定，故「疑之」。夫大人者，乾鑿度曰「聖明德備曰大人也」。疏乾鑿度曰「易有君號五，大人者，聖德明備也」。淮南泰族曰「大人者，與天地合德，日月合明，鬼神合靈，四時合信。故聖人懷天氣，抱天心，執中含和，不下廟堂而衍四海，變習萬物，民化而遷善，若性諸已，能以神化」。所謂「執中含和」者，非九五之大人，既中且正，聖德明備，其孰能如此乎。與天地合其德，荀爽曰，與天合德，謂居五也。與地合德，謂居二也。案：謂撫育无私，同天地之覆載。疏荀注：五爲天位，故「與天合德謂居五」。二爲地位，故「與地合德謂居二」。以二五俱言「大人」也。案：即孔疏引莊氏云「謂覆載也」。中庸「辟如天地之無不覆幬，無不持載」是也。言大人撫育萬物，如天無私覆，地無私載，故「同天地之覆載」也。與日月合其明，荀爽曰：謂坤五之乾二成離，離爲日。乾二之坤五爲坎，坎爲月。案：威恩遠被，若日月之照臨也。疏荀注：陰主降，坤五下居乾二成離。陽主升，乾二上之坤五成坎。「離爲日」，「坎爲月」，皆說卦文。史記曆書「日月成故明」，即繫傳「日月相推而明生」是也，故「與日月合其明」。案：莊氏謂「照臨也」，書泰誓「若日月之照臨」是也。言大人威恩廣被，無遠弗屆，若日月照臨于四方也。與四時合其序，翟玄曰：乾坤有消息，從四時來也。案：賞罰嚴明，順四時之序也。

疏翟注：乾坤剥復十二卦，陽息陰消，分值十二月，四時迭運，而十二卦以成，故云「乾坤有消息，從四時來也」。又四時，四正，坎離震兑也。消息之序，剥窮于上，乾五歸三，成謙體坎，陽生仲冬也。謙息履，乾三之坤初，爲復出震，春也。上息成離兑，初三易位，離位先成，是離夏兑秋相次，故「與四時合其序」也。案：莊氏云「若賞以春夏，刑以秋冬之類也」，此本左傳襄二十六〔一〕年文。言大人賞罰嚴明，不僭不濫，順乎四時之序也。

與鬼神合其吉凶。虞翻曰：謂乾神合吉，坤鬼合凶。以乾之坤，故「與鬼神合其吉凶」。案：禍淫福善，叶鬼神之吉凶矣。**疏**虞注：乾陽故爲「神」，坤陰故爲「鬼」。陽爲善故「吉」，説文曰「吉，善也」。陰爲惡故「凶」，釋詁曰「凶，咎也」，疏謂「咎，惡也」。乾動成坤，故「以乾之坤」。陽體伏陰，故「與鬼神合其吉凶」。案：莊氏云「若福善禍淫也」，商書湯誥曰「天道福善禍淫」是也。言大人禍淫福善，與鬼神害盈福謙，其理一也，故云「叶鬼神之吉凶」。

先天而天弗違，虞翻曰：乾爲「天」，爲「先」。大人在乾五，乾五之坤五，天象在先，故「先天而天弗違」。崔憬曰：行人事合天心也。**疏**虞注：「乾爲天」，説卦文。又爲首，且居八卦之始，故爲「先」。「大人在乾五」者，五爲天位也。「乾五之坤五」，謂成坎也。就乾而言，四上之正成坎，就五而言，五之坤成坎。五本天位，故「天象在先」。動自乾五，故曰「先天」。應自坤五，故曰「天弗違」。崔注：大人行人事，上合天心，故「天弗違」。

後天而奉天時。虞翻曰：奉，承行。乾三之坤初成震，震爲「後」也。震春兑秋，坎冬離夏，四時象具，故「後天而奉天時」，謂「承天時行」，順也。崔憬曰：奉天時布政，聖政也。**疏**虞注：説文「承，奉也」，故云「承

〔一〕「十」下原本脱「六」字，據所引左傳襄二十六年文補。

行」。震爲乾之長子，奉乾者，震也。消息之義，乾盡于剥上，反坤三，成艮體謙，謙三之坤初，爲震體復。虞復彖注云「剛從艮入坤」，又云「陽不從上來反初」，又云「三復位時，離爲目，坎爲心」，故云「乾三之坤初爲震」。「帝出乎震」，一陽來自乾三，故云「震爲後」，震象傳曰「後有則」是也。初息震爲春，二息兑爲秋，成既濟定坎爲冬，離爲夏，是四時之象皆具矣。今自初息至五，故曰「後天而奉天時」。乾坤合德，震爲行，坤爲順，故「謂承天時行，順也」。崔注：奉時布政，如夏小正月令，所載諸政令是也。聖人之政，順乎天時，故稱「聖政」。愚案：九五「飛龍在天」，「位乎天德」，故曰「天」。「先天」謂初九也。初卽乾元，資始萬物，故曰「先天」。統天故「天弗違」。「後天」謂用九也。陽變之陰，故曰「後天」。天德不爲首，故「奉天時」。葢「先天」者，未動之陽也。元陽伏初，息五成乾，故「先天而天弗違」。「後天」者，已動之陽也。陽動用九，變成坎離震兑，故「後天而奉天時」。**天且弗違，況於人乎，**荀爽曰：「人」謂三。**疏**三有人道，故「人謂三」。

況於鬼神乎。荀爽曰：「神」謂天，「鬼」謂地也。案：大人「惟德動天，无遠不屆」，鬼神饗德，夷狄來賓。人神叶從，猶風偃草，豈有違忤哉。**疏**荀注：神陽故謂天，鬼陰故謂地。案：「惟德動天，無遠弗屆」，大禹謨文。「鬼神饗德」，謂鬼神弗違也。「夷狄來賓」，謂人弗違也。「人神叶從」，合人與鬼神弗違，竝言也。言大人有動天之德，故能無遠不屆如此，所謂「聖人作而萬物覩」也。案：中庸曰「建諸天地而不悖，質諸鬼神而無疑，百世以俟聖人而不惑」。「質諸鬼神而無疑」，知天也。「百世以俟聖人而不惑」，知人也。鄭彼注云「鬼神從天地者也」，易曰『故知鬼神之情狀，與天地相似』。聖人則百世同道」。但不悖于天地，斯能質鬼神，俟後聖。由此觀之，君子之道卽大人之德。君子惟能建諸天地而不悖，故能質鬼神而俟聖人。大人惟能先天弗違，故人與鬼神，幽明咸格而弗違。易與中庸，一以貫之矣。**亢之爲言也，**

知進而不知退，荀爽曰：陽位在五，今乃居上，故曰「知進而不知退」也。疏上爲「進」，下爲「退」。五爲陽位且得中，今乃進居于上，是「知進而不知退」也。知存而不知亡，荀爽曰：在上當陰，今反爲陽，故曰「知存而不知亡」也。疏陽爲「存」，陰爲「亡」。上位陰，故「在上當陰」。以九居之，是「今反爲陽」。故曰「知存而不知亡」也。知得而不知喪。荀爽曰：「得」謂陽，「喪」謂陰。案：此論人君驕盈過亢，必有喪亡。若殷紂招牧野之災，太康遘洛水之怨，卽其類矣。疏荀注：陽爲「得」，陰爲「喪」。以陽居陰，是知陽之爲得，而不知陰之爲喪也。案：考周書稱「商王受弗敬上天，降災下民」諸敗德，卒至會于牧野，「前徒倒戈，血流漂杵」，故云「若殷紂招牧野之災」。夏書稱「太康尸位，以逸豫，滅厥德」，諸荒行，卒致厥弟御母，徯于洛汭，怨而作歌，故云「太康遘洛水之怨」。惟其驕淫過亢，是以有喪亡之禍，舉二君，以例其餘也。其唯聖人乎，知進退存亡而不失其正者，其唯聖人乎。荀爽曰：「進」謂居五，「退」謂居二。「存」謂五爲陽位，「亡」謂上爲陰位也。再出「聖人」者，上「聖人」謂五，下「聖人」謂二也。案：此則「乾元用九，天下治也」。言大寶聖君，若能用九天德者，垂拱无爲，芻狗萬物，「生而不有，功成不居」，「百姓日用而不知」，豈荷生成之德者也。此則三皇五帝，乃聖乃神，保合太和，而天下自治矣。今夫子文言再稱「聖人」者，歎美用九之君，能「知進退存亡而不失其正」，故得「大明終始，萬國咸寧，時乘六龍，以御天也」。斯卽「有始有卒者，其唯聖人乎」，是其義也。崔憬曰：謂失其正者，若燕噲讓位于子之之類是也。案：三王五伯揖讓風頹，專恃干戈遞相征伐。失正忘退，其徒實繁，略舉宏綱，斷可知矣。疏荀注：「進」謂二上居五，「退」謂五下居二。五爲陽位故爲「存」，上爲陰位故爲「亡」。「上聖人謂五」者，五得中得正，而不至于亢，故先舉九五之聖人，以贊之曰「其唯聖人乎」。「下聖人謂二」者，二中而不正，進居于五則正矣，故復舉九二之聖人，以贊之曰「知進退存亡而不失其正者，其唯聖人乎」。案：文言傳四釋爻辭，前兩章皆釋用九，至末章復釋之以結全篇之旨，故云「此則乾元用九，天下治也」。老子道經曰「天地不仁，以萬物爲芻狗。聖人不仁，以百姓爲芻狗」，注云「芻狗，縛草爲狗之形，禱雨所用也。既禱則棄之，無復有顧惜之意。天地無心于愛物，而任其自生自成，聖人無心于愛民，而任其自作自息，故以芻狗爲喻」。「生而不有，功成不居」，亦道經文。「百姓日用而不知」，上繫文。引之以明乾元用九，垂拱无爲，民若不荷生成之德也。復稱「三皇五帝，乃聖乃神，保合太和，不期治而天下自治」，以終前章「天下治」之義也。二五爲大人，用九則爲聖人，故再稱「聖人」以歎美之。蓋用九之君，合用六爻之陽，故能知進居五退居二，陽位存陰位亡，而不失其正，由是明終始以寧國，乘六龍以御天，非聖人其孰當之。「有始有卒者，其惟聖人乎」，論語文。元，始也。九，陽之終也。「有始有卒」，適合乾元用九之義，引之以明贊聖人者信而有徵也。崔注：史記燕世家「易王卒，子噲立。蘇代與子之交。齊宣王用蘇代。燕噲三年，子之相燕，貴重。蘇代爲齊使于燕，燕王問曰『齊王何如』？對曰『必不霸，不信其臣蘇代』。欲以激燕王尊子之也。于是燕王大信子之。鹿毛壽謂燕王『不如以國讓相子之。人謂堯賢者，以其讓天下于許由。許由不受，有讓天下之名，而實不失天下。今王以國讓子之，子之必不敢受，是王與堯同行也』。燕王因屬國于子之，子之南面行王事，而噲老不聽政。三年，大亂，百姓怨恫」。引此以明亢陽失正之義。　案：言堯舜既往，揖讓變爲干戈。征伐失正，進而忘退，雖三王猶不免焉，況五伯乎。蓋以亢陽爲害，因舉聖人以爲宏綱，而進退存亡不失其正之道，從可識矣。

周易集解纂疏卷二

上經第二

☷☷坤下坤上坤。元亨，利牝馬之貞。干寶曰：陰氣之始，婦德之常，故稱「元」。與乾合德，故稱「亨」。行天者莫若龍，行地者莫若馬，故乾以龍繇，坤以馬象也。坤陰類，故稱「利牝馬之貞」矣。虞翻曰：謂陰極陽生，乾流坤形，坤含光大，凝乾之元，終于坤亥，出乾初子，「品物咸亨」，故「元亨」也。坤爲「牝」，震爲「馬」。初動得正，故「利牝馬之貞」矣。**疏**干注：坤爲陰，凡陰氣皆由是始，故云「陰氣之始」。「始」即「元」也。「婦德之常亦稱元」者，坤，「地道也，妻道也」，莊三年穀梁傳曰「獨陰不生，獨陽不生，獨天不生，三合然後生」，六書精蘊曰「元，天地之大德，所以生生者也」。天無地不生，夫無妻不生，故「婦德之常亦稱元」也。亨，通也。以乾通坤爲「亨」，故云「與乾合德，故稱亨」也。「行天莫若龍」者，說文「龍，春分而升天」，「本乎天者親上」也。「行地莫若馬」者，春秋說題辭「地精爲馬」，「本乎地者親下」也。龍上行天，故「乾以龍繇」。馬下行地，故「坤以馬象也」。說文「牝，畜母也」，坤爲母，陰類也，故「利牝馬之貞」。虞注：乾彖傳曰「雲行雨施，品物流形」，虞彼注云「已成既濟，上坎爲雲，下坎爲雨。乾以雲雨，流坤之形。」蓋乾之坤成坎，故云「陰極陽生。」「在地成形」，故坤爲「形」。陽施則陰生，故云乾流坤形」。「含宏光大」，坤之德也。初六象傳曰陰始凝也」，坤消乾自初始，乾初爲

「元」，故云「凝乾之元」。坤之一陰始于姤，姤消自午，而終亥成坤，至復一陽復生，出于乾初而息子，故云「坤終于亥，出乾初子」。乾坤交通，故「品物咸亨」，是以「元亨」。「坤爲牝」，九家易說卦文。震于馬爲善鳴，故爲「馬」。初動，坤變爲震，陽居陽位，故「得正」，貞，正也。故「利牝馬之貞」。蓋坤之「元亨」，皆乾爲之。易者乾陽，地道資生，與天合德，故義取凝乾出震。六爻皆息乾，「利貞」獨言初者，乾之元也。坤不成既濟，則六爻不正矣。

君子有攸往，先迷後得主利。

盧氏曰：「坤，臣道也，妻道也」，後而不先，先則迷失道矣，故曰「先迷」。陰以陽爲「主」，當後而順之，則利，故曰「後得主利」。九家易曰：坤爲「牝」，爲「迷」。**疏**盧注：「臣道也，妻道也」，文言傳文。臣後乎君，妻後乎夫，如當後而先之，則迷失臣道妻道矣。「陰以陽爲主」者，如臣以君爲主，妻以夫爲主。能後而順之，則得主而有利矣。案：坤貞十月亥，先坤者，九月剥也，後坤者，十一月復也。剥上曰「小人剥廬」，虞彼注云，上變滅艮，坤陰迷亂，故「小人剥廬」。復初體震。序卦曰「主器者莫若長子，故受之以震」，是震爲「主」。震主一陽，即盧氏所謂「陰以陽爲主」也。剥曰「不利有攸往」，以迷亂也。復曰「利有攸往」，以得主也。坤由剥至復，故「君子有攸往」。先來自剥，則「迷」。後出爲震，則「得主利」也。九家注：此九家易説卦逸象也。坤爲母，故爲「牝」。坤晦冥，故爲「迷」。

西南得朋，東北喪朋，安貞吉。

崔覲曰：「妻道也」。西方坤兑，南方巽離，二方皆陰，與坤同類，故曰「西南得朋」。東方艮震，北方乾坎，二方皆陽，與坤非類，故曰「東北喪朋」。以喻在室得朋，猶迷于失道，出嫁喪朋，乃順而得常。安于承天之正，故言「安貞吉」也。**疏**「妻道也」者，謂坤爲母而有妻道。巽長女，離中女，兑少女。坤位西南，兑正西。巽東南，離正南。女從乎母，故云「二方皆陰，與坤同類」，而曰「西南得朋」也。乾爲父，震長男，坎中男，艮少男。艮位東北，震正東。乾西北，坎正北。男從乎父，故云「二方皆陽，與坤非類」，而曰「東北喪朋」也。以喻女子在室，得陰爲朋，雖迷失事夫之道，正也。既出嫁，雖喪陰朋而得陽主，乃柔順而得婦道之常，以安于承天之正，亦正也。故曰「安貞吉」。論語曰：「君子羣而不黨」，「羣」即「得朋」，「不黨」即「喪朋」。得朋喪朋，以其能安于正，故吉也。或以爻辰釋之。言坤初六貞未，未位西南，故曰「得朋」。六四在丑，丑位東北，故「喪朋」。義亦可通。又虞以納甲言之，詳見後。

象曰：「至哉坤元，九家易曰：謂乾氣至坤，萬物資受而以生也。坤者純陰，配乾生物，亦善之始，地之象也，故又歎言至美。

疏説文曰「元氣初分，濁陰爲地，萬物所陳列也」，白虎通曰「地者，元氣所生，萬物之祖」，是地生于元氣，即坤所稟以爲元而生物者也。繫下曰「天地之大德曰生」，六書精蘊曰「元，天地之所以生生者也」，穀梁傳曰「獨陽不生，獨天不生」，故必乾氣至坤，然後萬物資受以生也。又曰「獨陰不生」，故坤必以純陰配乎乾之純陽，然後能化生萬物，所以亦爲善之始，而象乎地也。蓋坤之生資乎乾之生，故乾之元即爲坤之元。歎言至美，所以贊之也。説文曰「至，從高下至地。从一。一猶地也」，故贊坤元曰「至哉」。又曰「天，至高無〔一〕上。从一大」也，故贊乾元曰「大哉」。萬物資生，荀爽曰：謂萬一千五百二十册，皆受始于乾，由坤而生也。册生于坤，由萬物成形，出乎地也。

疏繫上曰「二篇之册，萬有一千五百二十，當萬物之數也」。乾鑿度曰「乾坤相竝俱生，故合于一元」，三統厤曰「陰陽合德，氣鍾于子，化生萬物」。蓋子貞震初，震以一陽息坤，生由是始。故云「萬有一千五百二十册，皆受始于乾，由坤而生也」。繫又曰「大衍之數五十，其用四十有九」，干彼注云「衍，合也」，崔注云「舍一不用者，以象太極」。當合而爲一，册

〔一〕「無」，原本作「在」，據陳校本正。

猶未兆。及分而爲二，而陰陽之册由是生，故云「册生于坤」。册不分則不生，猶萬物資始于天，不得地氣則形不成也。老子德經曰「一生二，二生三，三生萬物」，高誘淮南注云「一謂道也。三者，和氣也。或説一者，元氣也。生二者，乾坤也。二生三，三生萬物，天地設位，陰陽流通，萬物乃生」，故曰「至哉坤元，萬物資生」。**乃順承天。**劉瓛曰：萬物資生于地，故地承天而生也。**疏**説卦「坤，順也」説文「承，奉也」。蓋萬物資生于地者也，然「獨陰不生」，故地唯以柔順上承乎天，而後萬物生，明坤凝乾元也。**坤厚載物，**蜀才曰：坤以廣厚之德，載含萬物，無有窮竟也。**疏**説卦「坤爲大轝」，取能載物之義。中庸曰「博厚所以載物也」，故云「坤以廣厚之德，載含萬物」。下云「无疆」，故云「無有窮竟也」。**德合无疆。**蜀才曰：天有无疆之德而坤合之，故云「德合无疆」也。**疏**説文「疆」本作「畺」，「界也」。「无疆」者，地以形言也。中庸曰「悠久無疆」，則合天地言之矣。蓋地之无疆者形，天之无疆者氣，而皆德爲之。天德无疆而坤能合之，故曰「德合無疆」，卽中庸「悠久无疆」之義也。**含弘光大，**荀爽曰：乾二居坤五爲「含」，坤五居乾二爲「弘」。坤初居乾四爲「光」，乾四居坤初爲「大」也。**疏**乾二之坤五成坎，坎中實二陰包一陽，故爲「含」。坤五居乾二成離，離中虛，二陽包一陰，故爲「弘」。坤初居乾四體觀，觀曰「觀國之光」，故曰「光」。乾四居坤初爲震，説卦曰「震爲大塗」，故曰「大」。或曰「其靜也翕」，故曰「含弘」。「其動也闢」，故曰「光大」。**品物咸亨。**荀爽曰：天地交，萬物生，故「咸亨」。崔憬曰：含育萬物爲「弘」，光華萬物爲「大」。動植各遂其性，故言「品物咸亨」也。**疏**荀注：天地交爲泰。泰彖傳曰「天地交而萬物通也」，何氏彼注云「泰之爲道，本以通生萬物」。泰，通也，通卽「亨」也。是以「天地交，萬物生，而咸亨」，明坤受乾亨也。崔注：「含育萬物爲弘」者，卽君陳曰「有容，德乃大」是也。「光華萬物爲大」者，卽堯典曰「光被四表，格于上下」是也。地官大司徒「以土會之灋，辨五地之物生。一曰山林，其動物宜毛物，其植物宜皁物。二曰川澤，其動物宜鱗物，其植物宜膏物。三曰丘陵，其動物宜羽物，其植物宜覈物。四曰墳衍，其動物宜介物，其植物宜莢物。五曰原隰，其動物宜贏物，其植物宜叢物」。動植各遂其生，故曰「品物咸亨」。**牝馬地類，行地无疆。**侯果曰：地之所以含弘物者，以其順而承天也。馬之所以行地遠者，以其柔而伏人也。而又牝馬，順之至也。誠臣子當至順，故作易者取象焉。**疏** 言地所以生物者，以其順而承天。馬所以行遠者，以其柔而伏人。馬而牝馬，順之又順矣。柔順之道，于臣子宜。作易者欲臣子以柔順事其君父，故特取象于是焉。

案：九家易「坤爲牝」，是「牝馬」爲「地類」矣。漢書食貨志「地用莫如馬」，故王氏注云「坤以馬行地」。坤初動爲震，震于馬爲馵足，爲作足，故爲「行」。又爲大塗，故爲「行地」。馬稟乾氣，牝爲坤類，是健而且順矣。德順而健，故曰「行地无疆」。

柔順利貞，君子攸行。九家易曰：謂坤爻本在柔順陰位，則利貞之乾，則陽爻來據之，故曰「君子攸行」。**疏** 虞繫下注云「乾六爻，二四上非正。坤六爻，初三五非正。」言坤爻當在柔順陰位，其不得位者，當變居乾之二四上則正矣，故云「利貞之乾」。坤之乾，則乾來居坤之初三五而六爻皆正矣。「君子」謂陽，乾來據坤，初動震爲「行」，故曰「君子攸行」。

先迷失道，後順得常。何妥曰：陰道惡先，故先致迷失。後順于主，則保其常慶也。**疏** 虞注「道義之門」，云「乾爲道門」。陽先陰後，故陰惡先，先則以迷而失乎乾之道。九家説卦曰「坤爲裳」，説文「裳」作「常」。後之而得所主，則以順而得乎坤之常。「保其常慶」者，即「乃終有慶」也。**西南得朋，乃與類行。**虞翻曰：謂陽得其類，月朔至望，從震至乾，「與時偕行」，故「乃與類行」。**疏** 此以納甲言也。乾納甲壬，坤納乙癸，即「天地定位」也。震納庚，巽納辛，即「雷風相薄」也。艮納丙，兑納丁，即「山澤通氣」也。坎納戊，離納己，即「水火不相射」也。坎離爲日月本體。繫上曰「縣象著明，莫大乎日月」，虞彼注云「日月縣天，成八卦象。三日莫，震象出庚。八日，兑象見丁。十五日，乾象盈甲。十六日旦，巽象退辛。二十三日，艮象消丙。三十日，坤象滅乙。晦夕朔旦，坎象流戊。日中則離，離象就己」。此云「謂陽得其類」者，謂一陽出震爲生明，二陽見兑爲上弦，三陽盈乾爲望也。自朔至望，皆「與時偕行」。且三陽由漸而息，爲「得朋」。又始出震，震爲「行」，故曰「乃與類行」。**東北喪朋，乃終有慶。**虞翻曰：陽喪滅坤，坤終復生，謂月三日，震象出庚，故「乃終有慶」。此指説易道陰陽消息之大要也。謂陽月三日，變而成震出庚，至月八日，成兑見丁，庚西丁南，故「西南得朋」。謂二陽爲「朋」，故「兑君子以朋友講習」。文言云「敬義立而德不孤」，彖曰「乃與類行」。二十九日，消乙入坤，滅藏于癸，乙東癸北，故「東北喪朋」。謂之以坤滅乾，坤爲喪故也。馬君云「孟秋之月，陰氣始著，而坤之位，同類相得，故『西南得朋』。孟春之月，陽氣始著，陰始從陽，失其黨類，故『東北喪朋』。」失之甚矣。而荀君以爲「陰起于午，至申三陰，得坤一體，故曰『西南得朋』。陽起于子，至寅三陽，喪坤一體，故『東北喪朋』」。就如荀説，從午至申，經當言南西得朋，子至寅，當言北東喪朋。以乾變坤而言「喪朋」，經以乾卦爲喪邪。此何異于馬也。**疏**「陽喪滅坤」者，即十六日一陰生，退巽至坤而盡滅也。「坤終復生」者，陰盡陽生，「終則有始」也。滅于坤，三日復出于震，故曰「乃終有慶」，即「餘慶」也。此指説易道陰陽消息之大要也」者，蓋孟喜焦京以十二月辟卦明一歲陰陽消長之要，此則以六純卦言一月陰陽消長之要也。消息不言坎離者，坎離爲天地之合也。納甲不言坎離者，坎離爲日月之本也。繫曰「縣象著明，莫大乎日月」。月受日光，陰陽消息之最著者，故以此爲候焉。「庖犧觀象而放八卦」，謂此也。文言曰「敬義立而德不孤」，虞彼注云「陽見兑丁，西南得朋，乃與類行」，本象辭以釋「不孤」之義，故復援彼以證此也。繫傳注言「三十日」，此言「二十九日」，爲是月至二十九日，消乙方而入坤，滅藏于癸方，晦朔乃天地之合也。乙，東方，癸，北方，由東而北，故曰「東北喪朋」。乾甲三陽，漸消于坤，故云「以坤滅乾」。月喪于坤，故「坤爲喪」也。馬君謂融。馬以申爲西南，寅爲東北，又春夏爲陽，秋冬爲陰。坤，陰也，故七月陰始著于秋，爲「西南得朋」。正月陽始著于春，爲「東北喪朋」。然申貞于否，不可謂「得」，寅貞于泰，不可謂「喪」，故不取。荀君謂爽。荀以陰起于午月姤，歷遯至否而成三陰，皆得坤一體，故曰「得朋」。陽起于子月復，歷臨至泰而成三陽，皆喪坤一體，故曰「喪朋」。虞意謂從午至申，不可逆言「西南」，從子至寅，不可逆言「東北」。且以乾息消坤，謂爲「喪朋」，尤不合經旨，故兩説皆不取也。安貞之吉，虞翻曰：坤道至靜故「安」，復初得正故「貞吉」。疏文言曰「至靜而德方」，惟靜故「安」。初動爲復，復陽得正，故「貞吉」。應地无疆。」虞翻曰：震爲「應」。陽正于初，以承坤陰，地道應，故「應地无疆」。疏震與巽「同聲相應」，故爲「應」。震陽正于復初，上承坤陰，是陽爻初交于地而地道應之，故曰「應地无疆」。喪朋猶吉，以有應故也。象曰：「地勢坤。王弼曰：地形不順，其勢順。宋衷曰：地有上下九等之差，故以形勢言其性也。疏王注：孔疏云「地形方直，是『不順』也。其勢承天，是其『順』也。」愚案：坎象辭曰「山川丘陵，地險也」，「不順」甚矣。由西北而趨東南，其勢則「順」也。宋注：「地有上下九等之差」者，漢書敘贊「坤作墬勢，高下九則」，劉德注「謂九州土田，上中下九等」是也。其詳具于禹貢。性不可見故「據形勢以言其性也」。君子以厚德載物。」虞翻曰：勢，力也。「君子」謂乾。陽爲「德」，動在坤下。君子之德車，故「厚德載物」。老子曰「勝人者有力」也。疏鬼谷子曰「以陽求陰，苞以德也。以陰結陽，施以力也」。「勢」訓「力」者，言地以勢力凝乾也。與乾旁通，故「君子謂乾」。乾陽積善，故「爲德」。初變爲震，故云「動在坤下」。禮運曰「天子以德爲車」，故云「君子之德車」。説卦曰「坤爲大轝」，取其能載。言君子之德，法坤之厚，君子之德車，即法坤之厚以載物。中庸曰「博厚所以載物」，即其義也。「勝人者有力」，老子道經文。引此以明地有勝人之勢，故「勢」訓「力」也。

初六。履霜堅冰至。干寶曰：重陰故稱「六」。剛柔相推故生變，占變故有爻，繫曰「爻者，言乎變者也」，故易繫辭皆稱「九」「六」也。陽數奇，陰數偶，是以乾用一也，坤用二也。陰氣在初，五月之時，自姤來也。陰氣始動乎三泉之下，言陰氣動矣，則必至于「履霜」，履霜則必至于「堅冰」，言有漸也。藏器于身，貴其俟時，故陽在潛龍，戒以勿用。防禍之原，欲其先幾，故陰在三泉，而顯以履霜也。**疏**乾鑿度曰「陰變八之六」，鄭注「陰動而退，變八之六，象其氣消也」，廣韻「三兩爲六，老陰數也」，故云「重陰稱六」。剛動變柔，柔動變剛，故「剛柔相推則生變」也。動則觀變玩占而爻生焉，故「占變則有爻」也。「爻者，言乎變者也」，繫上文。虞彼注云「謂九六變化」，故「繫爻辭皆稱九六也」。乾用一，成于七而重于九，皆奇數。坤用二，成于八而重于六，皆偶數也。陰之消陽，始于五月姤初，成于九月剥上，至十月剥盡而成坤，故知坤初「自姤來也」。釋水「濫泉」「沃泉」「氿泉」，亦謂「三泉」。又見乾注。三泉初動，震爲足，故曰「履」。又履一陰之卦自姤來，姤初即坤初，故稱「履」也。九月剥，月令「季秋之月霜始降」。十月坤，月令「孟冬之月水始冰」。言三泉之下，陰氣始動，其漸必至于「履霜」而成剥，履霜必至于「堅冰」而成坤。防微杜漸，故不可不慎于初也。末復引乾初以明之者，蓋以時之未至，貴于能待，故云「藏器于身，貴其俟時」。禍之未至，貴于豫防，故云「防禍之原，欲其先機」。能待則不至于亢而有悔，故「陽在潛龍，而戒以勿用」。豫防則不至于戰而道窮，故「陰在三泉，而顯以履霜也」。

象曰：「履霜堅冰，陰始凝也。馴致其道，至堅冰也。」九家易曰：霜者，乾之命也。堅冰者，陰功成也。謂坤初六之乾四，履乾命令而成堅冰也。此卦本乾，陰始消陽，起于此爻，故「履霜」也。「馴」猶「順」也。言陽順陰之性，成「堅冰」矣。初六始姤。姤爲五月盛夏而言「堅冰」，五月陰氣始生地中，言始于微霜，終至堅冰，以明漸順至也。

疏 五經通義曰「寒氣凝以爲霜，從地升也」。說卦曰「乾爲寒」，蓋乾居西北而主立冬已後，冬至已前，故爲寒。寒凝爲霜，是乾氣加坤，故云「霜者，乾之命也」。韓詩外傳「冰者，窮谷陰氣所聚，不洩則結爲伏陰」，故云「堅冰者，陰功成也」。乾坤旁通，初與四應，故「坤初六之乾四」。霜凝于寒，爲「乾之命令」，乾爲冰，馴至堅冰而陰功始成，故云「履乾命令而成堅冰也」。陰消乾陽而成坤，故云「此卦本乾」。陰之消陽自初始，故云「陰始消陽，起于此爻」。以陰消陽，漸有陰勝之勢，故曰「履霜」。說文「馴，馬順也」，故云「馴猶順也」。陰消陽，陽遂順之而成陰，故云「陽順陰之性，成堅冰矣」。初陰爲姤。「姤當五月盛夏而言堅冰」者，蓋五月一陰初生，至九月陰氣始凝而肅霜，十月陰道馴至而堅冰，以明漸不可長也。繫下曰「其初難知」，惟聖人能見微而知著，故取象如此，以示戒焉。

六二。直方大，荀爽曰：大者，陽也。二應五，五下動之，則應陽出直，布陽于四方。

疏 泰「大來」謂陽在內，否「大往」謂陽在外，故知「大者，陽也」。九家易說卦「乾爲直」，繫上曰「夫乾，其動也直」，故乾爲「直」。文言曰「坤至靜而德方」，故坤爲「方」。坤與乾旁通，坤二上應乾五。五動于乾，下應坤二，坤二卽應陽而動，以之乾五。應陽，故「出直」。動直，故「陽氣布于四方」。陽動至二體臨，序卦曰「臨者，大也」，故曰「大」。

不習无不利。荀爽曰：物唱乃和，不敢先有所習。陽之所唱，從而和之，「无不利」也。干寶曰：陰氣在二，六月之時，自遯來也。陰出地上，佐陽成物，臣道也，妻道也。臣之事君，妻之事夫，義成者也。臣貴其直，義尚其方，地體其大，故曰「直方大」。士該九德，然後可以從王事，女躬四教，然後可以配君子。道成于我而用之于彼，不妨以仕學爲政，不妨以嫁學爲婦，故曰「不習无不利」也。

疏 荀注：陰隨乎陽者也，陽唱于先，陰和于後，故「物唱乃和，不敢先有所習」也。陽動陰隨，所以「无不利」也。干注：陰消至二，爲六月遯，故知坤二自遯來也。初二爲地道，二在地上，故云「陰出地上」。萬物皆始于天而成于地，故云「佐陽成功」。地道即「臣道妻道」。臣事君，妻事夫，皆義主于成人者也。臣事君以直，則不入于邪，妻事夫以方，則不蹈于淫，亦猶地以「廣生」成天之「大生」，而德合无疆也，故曰「直方大」。九德，皋陶謨「寬而栗、柔而立、愿而恭、亂而敬、擾而毅、直而温、簡而廉、剛而塞、彊而義」是也。「九德」者，臣道之本，故「士該九德，然後可以從王事」。「四教」即天官九嬪掌婦學以教九御，「婦德、婦言、婦容、婦功」是也。「四教」者，妻道之常，故「女躬四教，然後可以配君子。」惟道成于我，故「不習」，所以用之于彼，「无不利」。「不妨以仕學爲政」者，「仕而優則學」也，故不必學爲政然後仕。「不妨以嫁學爲婦」者，「未有學養子而後嫁者也」，故不必學爲婦然後嫁。故「不習无不利」。愚案：繫下曰「坤，天下之至順也」，又曰「德行恆簡以知阻」。六二得中得正，應陽而動，有「直方大」之德，故「順」，順故「簡」，簡故「不習」。「知阻」故「无不利」，所謂因其勢而利導之者也。象曰：「六二之動，直以方也。九家易曰：謂陽，下動應之，則直而行，布陽氣于四方也。疏「謂陽」者，謂乾五陽直也。二動于下，應陽之直，故「直而行」。應五居中，以布陽氣于四方，故曰「六二之動，直以方也」。不習无不利，地道光也。」干寶曰：女德光于夫，士德光于國也。疏女躬四教，故「女德光于夫」。士該九德，故「士德光于國也」。愚案：坤秉乾直，以成坤方，故曰「六二之動，直以方也」。地育萬物，生長收成，聽其自然而无所造作，陽動至二，萬物化光，故曰「不習无不利，地道光也」。乾五坤二，得天地之中和，故乾九五曰「天德」，坤六二曰「地道」。坤二之乾成離，離爲日，爲火，爲光，故曰「地道光也」。

六三。含章可貞。虞翻曰：貞，正也。以陰包陽，故「含章」。三失位，發得正，故「可貞」也。疏「貞，正也」，師彖傳文。坤本含乾，又三爲陽位，六爲陰爻，以六居三，故云「以陰包陽」。孔疏云「章，美也」，美即陽也，「以陰包陽」，故曰「含章」。陰在三爲失位，象曰「以時發也」，動陽得正，故曰「可貞」。愚案：攷工記曰「赤與白謂之章」，注云〔一〕坤位西南，萬物成于致役之時，故「赤與白曰章」，「章」即坤也。繫上曰「夫坤，其靜也翕」，又兑口自坤三往也，故曰「含章」。

或從王事，无成有終。

虞翻曰：謂三已發成泰，乾爲「王」，坤爲「事」，震爲「從」，故「或從王事」。地道无成而有終，故「无成有終」。干寶曰：陰氣在三，七月之時，自否來也。陽降在四，三公位也。陰升在三，三公事也。上夫其權，位在諸侯。坤體既具，陰黨成羣，君弱臣强，戒在二國。唯文德之臣，然後可以遭之，運而不失其柔順之正。坤爲文，坤象既成，故曰「含章可貞」。此蓋平襄之王，垂拱以賴晉鄭之輔也。苟利社稷，專之則可，故曰「或從王事」。遷都誅親，疑于專命，故亦「或」之。失後順之節，故曰「无成」。終于濟國安民，故曰「有終」。疏虞注：初二已動，三發則成泰。説卦曰「乾爲君」，又曰「乾以君之」，故「乾爲王」。坤「致役」，故爲「事」。荀子曰「臣道知事」，坤臣道，故「坤爲事」。説卦曰「震爲馵足」，釋獸「左白馵」，説文「馵，馬後左足白也」。虞注説卦云「震爲左、爲足」，唐韻「左步爲彳」，「從」从彳，故「震爲從」。泰内乾爲「王」，外坤爲「事」，互震爲「從」。三雖體乾，不敢當王，故别取震象而曰「從王事」。乾九四「故或之」，虞注云「非其位，故疑之」，此亦非位，故曰「或從王事」也。文言曰「地道无成而代有終」，故引以明「无成有終」之義。干注：陰消至三，爲七月否，故知坤三自否來也。陰當居二，否陰升三，出于地上。陽當居五，否四爲陽，是「陽降在四」矣。乾鑿度「三爲三公」，三本陽位，陽降在四，本由于三，故以「陽降

〔一〕攷工記注無「注云」二字，陳校本改作「蓋」。

在四」爲「三公位也」。六三居三之位，是「陰升在三」而行「三公之事也」。陰升于三象「諸侯」，人爲「三公」，否乾猶在上用事，故云「上失其權，位在諸侯」也。陰升至三，坤體既具，是「君弱臣强」之勢。臣與君竝是謂二國，故「戒在二國」也。唯有文德之臣，能遭其時而不失柔順之正。「坤爲文」，說卦文。消至三，坤象成，故曰「含章可貞」。云「此蓋平襄之王，垂拱以賴晉鄭之輔也」者，隱六年左傳曰「我周之東遷，晉鄭焉依」。周語曰「襄王十三年，凡我周之東遷，晉鄭是依」，晉語曰「鄭先君武公與晉文侯，戮力一心，股肱周室，夾輔平王」，杜預左傳注云「幽王爲犬戎所殺，平王東遷，晉文侯鄭武公左右王室，故曰晉鄭焉依」。蓋平王東遷，傳及襄王，垂拱南面，皆賴二國之輔，故引之以明柔順守正之意也。莊十九年公羊傳曰「聘禮，大夫受命不受辭。出竟，有可以安社稷，利國家者，則專之可也」，故云「苟利社稷，專之則可」。言三居彊位，能以柔順而事弱君，故曰「或從王事」也。昭二〔一〕十六年左傳曰「至于幽王，天不弔周，王昏不若，用愆厥位。攜王奸命，諸侯替之，而建王嗣，用遷郟鄏」，攜王，注「謂伯服」。竹書紀年「伯服殺死虢公翰，立王子余臣于攜」，是爲攜王，後爲晉文侯所殺。此「遷國誅親，疑于專命」之事也。「故亦或之」者，言六本柔順，能守臣節，而與乾四同辭者，乾四陽居陰，坤三陰居陽，皆不得正，故皆曰「或」。「或之者，疑之也」。但後順之節不可失，故戒以「无成」。而濟國安民貴能終，故勉以「有終」。愚案：三與上應，上卦未成，故「无成」。三居下卦之終，故「有終」。且三變正爲謙，謙九三曰「勞謙君子有終吉」，即此義也。

象曰：「含章可貞，以時發也。」 崔憬曰：陽命則「發」，非時則「含」也。**疏** 京房云「静爲悔，發爲貞」。凡象

〔一〕「二」，原本作「三」，據陳校本及所引左傳昭二十六年文正。

辭言「發」者，皆謂發得正也。說卦曰「發揮于剛柔而生爻」，虞訓「發」爲「動」。三爲陽位，六陰含之，六稟陽命而動，則得其正。三動，艮爲「時」。變動有時，故「以時發」。苟非其時，則「含」而不發也。**或從王事，知光大也。**」干寶曰：位彌高，德彌廣也。**疏** 三處下之上，上從王事，故云「位彌高」。「發于事業」故「光大」，光大故「德彌廣」也。又孔疏云：「『或從王事，知光大』者，釋『无成有終』也。既隨從王事，不敢主成物始，但奉終而行，是知慮光大，不自擅其美，唯奉于王」，義亦通也。 愚案：三動互坎心爲「知」，伏離日爲「光」，坤「富有之謂大業」爲「大」，故曰「知光大」也。 孟子曰「惟知者能以小事大」，「以小事大者，畏天者也」，「畏天者保其國」，即「從王事，知光大」之義也。

六四。括囊，无咎无譽。 虞翻曰：括，結也。謂泰反成否，坤爲「囊」，艮爲手，巽爲繩，故「括囊」。在外，多咎也。得位承五，「繫于包桑」，故无咎。陰在二多譽，而遠在四，故「无譽」。 干寶曰：陰氣在四，八月之時，自觀來也。天地將閉，賢人必隱懷智苟容，以觀時釁。此蓋甯戚蘧瑗與時卷舒之爻也。不艱其身則无咎，功業不建故「无譽」也。**疏** 虞注：說文「絜，括也」，大學「是以君子有絜矩之道也」，鄭注「絜，猶結也」，故「括」訓「結」也。乾息至三成泰，至四則泰反成否。文言曰「天地閉，賢人隱」，故知泰成否也。「坤爲囊」，九家說卦文。坤中虛，故爲「囊」。「艮爲手」，「巽爲繩」，說卦文。否內坤爲「囊」。內互四爲艮手，外互四爲巽繩，故有括象。坤在內而括在外，外，四也，四近五多懼，故多咎。然四陰得位，上承五陽，否九五曰「休否，大人吉。其亡其亡，繫于包桑」，故无咎。繫下曰「二與四同功」。「二多譽」者，二陰得中，且應五也。「四多懼」者，四不得中，且近五，故「无譽」。 干注：陰消至四，爲八月觀，故知坤四自觀來也。方其未消爲否，有「天地閉，賢人隱」之象，故惟有「懷智苟容，以觀時釁」，如囊斯括可矣。云「此蓋甯戚蘧瑗與時卷舒之爻也」者，淮南子「甯戚欲干齊桓公，困窮無以自達。于是爲商旅，將任車以商于齊，暮宿于郭門外。桓公迎郊客，夜開門，辟任車，爝火甚衆。甯戚飯牛車下，擊牛角而疾商歌。桓公聞之曰『異哉，非常人也』。命後車載之，因授以政」。襄十四年左傳「衛獻公戒孫文子甯惠子食，皆服而朝，日旰不召，而射鴻于囿。二子從之，不釋皮冠而與之言。二子怒，孫文子如戚。孫蒯入使，公飲之酒，使大師歌巧言之卒章。大師辭，師曹請爲之。蒯懼，告文子。文子曰『君忌我矣，弗先必死』。竝帑于戚，而入見蘧伯玉曰『君之暴虐，子所知也。大懼社稷之傾覆，將若之何』？對曰『君制其國，誰敢奸之？奸之，庸知愈乎』？遂行，從近關出」。又二十六年傳「初，獻公使與甯喜言。甯喜曰『必子鮮在，不然必敗。』故公使子鮮。子鮮以公命與甯喜言，曰『苟反，政由甯氏，祭則寡人』。甯喜告蘧伯玉。伯玉曰『瑗不得聞君之出，敢聞其入』？遂行，從近關出」。蓋時當否閉，二子委蛇隨俗，合「括囊」之義，故援以證之。不以身試艱難，故无咎。亦不能大建功業，故「无譽」。

象曰：「括囊无咎，慎不害也。」盧氏曰：慎言，則无咎也。**疏**虞注謙象傳云「坤爲鬼害」，是坤有「害」義也。四變，震善鳴爲言。又互艮以止之，艮陽小爲「慎」。繫上曰「亂之所生也，則言語以爲階。君不密則失臣，臣不密則失身，幾事不密則害成，是以君子慎密而不出也」，故云「慎言則无咎也」。

六五。黄裳元吉。干寶曰：陰氣在五，九月之時，自剥來也。剥者，反常道也。「黄，中之色，裳，下之飾，元，善之長也。中美能黄，上美爲元，下美則裳」。陰登于五，柔居尊位，若成昭之主，周霍之臣也。百官總己，專斷萬機，雖情體信順，而貌近僭疑，周公其猶病諸。「言必忠信，行必篤敬」，然後可以取信于神明，无尤于四海也。故曰「黄裳元吉」也。**疏**陰消至五，爲九月剥，故知坤五自剥來也。以六陰居九五之位，故云「剥者，反常道也」。「黄，中之色，裳，下之飾，元，善之長也。中美能黄，上美爲元，下美則裳」，皆昭十二年左傳文。蓋南蒯枚筮，遇坤之比，子服惠伯釋其義如此也。文言曰「天玄而地黄」，九家説卦曰「坤爲黄」。説文「坤从土从申」，坤位未申之維，月令曰「季夏之月中央土」。郊特牲曰「黄者，中也」，故云「黄，中之色」。九家説卦曰「坤爲裳」，繫下曰「黄帝堯舜垂衣裳而天下治，蓋取諸乾坤」，虞彼注云「乾在上爲衣，坤下爲裳」，故云「裳，下之飾」。彖曰「至哉坤〔一〕元」，九家注云「坤者純陰，配乾生物，亦善之始」，故云「元，善之長也」。「黄中通理」，故云「中美能黄」。「元首明哉」，故云「上美爲元」。「垂衣裳而天下治」，故云「下美則裳」。六陰登五，是以「柔居尊位」也。云「若成昭之主，周霍之臣也」者，明堂位「武王崩，成王幼，周公踐天子之位，以治天下。六年，朝諸侯于明堂，制禮作樂，頒度量而天下服。七年，致政于成王」。漢書昭帝紀「年八歲，武帝崩，即皇帝位。大將軍光秉政，上官桀詐使人爲燕王旦上書言光罪。時上年十四，覺其詐。後有譖光者，上輒怒曰『大將軍，國家忠臣，先帝所屬，敢有譖毁者，坐之』。光由是得盡忠」。二公輔佐幼主，百官總己以聽，專斷萬機，中雖信順，而外貌略近僭疑。以周公之聖，猶有流言，況霍光乎。「言必忠信，行必篤敬」，本論語文。惟忠信篤敬，然後幽可取信于神明，明可无尤于四海也。左傳曰「中不忠，不得其色，下不共，不得其飾」。今黄在中，則中自忠，裳飾下，則下自共，所以事无不善而得其吉也，故曰「黄裳元吉」。

象曰：「**黄裳元吉，文在中也。**」王肅曰：坤爲「文」，五在中，故曰「文在中也」。干寶曰：當總己之任，處疑僭之閒，而能終元吉之福者，由文德在中也。**疏**王注：「坤爲文」，説卦文。楚語曰「地事文」，韋昭注云「地質柔順，故文」。五居上中，文言曰「美在其中」，故曰「文在中也」。干注：言周公霍光以臣攝君，跡疑于僭，而終能獲元吉之福者，由文德在中也。

〔一〕「坤」，原本作「乾」，據陳校本正。

「文德」者，柔順之德也。**上六。龍戰于野，**荀爽曰：消息之位，坤在于亥，下有伏乾，「爲其嗛于陽，故稱龍」也。

疏陰之消陽，至上而極，乾盡則成坤。坤位在十月亥，亥居西北，乾方也。乾鑿度曰「陽始于亥」，又曰「乾制之于西北，方位在十月」是也。坤于消息在亥，乾于方位在亥，故云「坤在于亥，下有伏乾」。文言曰「爲其嗛于陽」者，以坤兼乾也。震得乾之一陽爲龍，「故稱龍焉」。乾居西北廣莫之方，故稱「野」。說卦曰「戰乎乾」，崔氏注「謂陰陽相薄」是也。坤陰至上，與乾陽戰于西北亥方，故曰「龍戰于野」。**其血玄黃。**九家易曰：實本坤體，「未離其類，故稱血焉」，血以喻陰也。「玄黃，天地之雜」，言乾坤合居也。侯果曰：坤，十月卦也。乾位西北，又當十月。陰窮于亥，窮陰薄陽，所以戰也，故說卦云「戰乎乾」是也。六「稱龍」者，陰盛似龍，故「稱龍」也。干寶曰：陰在上六，十月之時也。爻終于酉而卦成于乾，乾體純剛，不堪陰盛，故曰「龍戰」。戌亥，乾之都也，「故稱龍焉」。陰德過度，以逼乾戰。郭外曰郊，郊外曰「野」。坤位未申之維，而氣溢酉戌之閒，故曰「于野」。未離陰類，故曰「血」。陰陽色雜，故曰「玄黃」。言陰陽離則異氣，合則同功，君臣夫妻，其義一也。故文王之忠于殷，仰參二之彊，以事獨夫之紂，蓋欲彌縫其闕，而匡救其惡，以祈殷命，以濟生民也。紂遂長惡不悛，天命殛之，是以至于武王，遂有牧野之事，是其義也。**疏**九家注：文言曰「猶未離其類」者，未離乎坤也。「故稱血焉」者，坤陰類，血亦陰類，故「血以喻陰也」。坤亥臨于乾亥，「天玄地黃」，故云「玄黃，天地之雜」。乾鑿度曰「乾坤氣合戌亥」，故云「乾坤合居也」。愚案：上與三應，上爲陰位，三爲陽位，「陰疑于陽必戰」。戰則變三，失位變正，互坎爲血卦，互震爲玄黃，故曰「其血玄黃」。侯注：坤于消息，十月亥卦也。乾居西北，又當十月亥方也。坤陰窮于亥位，乾陽卽始于亥方，以窮陰薄乎陽方，陰陽相疑故戰。說卦曰「戰乎乾」是也。「陰盛似龍」者，陰有伏陽，故「六亦稱龍也」。干注：剥盡成坤，故「上六爲十月之時」。「爻終于酉」者，坤上六納癸酉也。「而卦成于乾」者，陰消乾至上，始成坤也。乾本純剛之體，不堪陰盛來消，陰陽相薄，故曰「龍戰」。乾，西北之卦。乾鑿度「乾位在十月而漸九月，居乎戌亥之閒」，故云「戌亥，乾之都也」。廣韻「天子所居曰都」，乾爲君，故所居稱都。上六在亥，爲乾之都，「故稱龍焉。」乾象既盈，坤道至盛，陽功既訖，當返入坤中，出震牝乾，坤德乃備，是陰德過度，以逼乾而爲龍戰也。「郭外曰郊，郊外曰野」，本魯頌毛傳文，但「郭」稱「邑」耳。坤居西南，乾鑿度坤位六月而漸七月，故「位于未申之維」。云「溢于酉戌之閒」者，溢于酉戌則亥也。言「酉戌」者，爻終于酉，以爲端也。自未申至酉戌遠，故曰「野」。龍雖屬乾，然上本坤卦，「未離陰類，故曰其血。」戰者，陰陽疑也，疑故雜。「玄黃者，天地之雜也」，乾坤氣合戌亥，故曰「玄黃」。陰陽之氣，離則相異，合之則相濟而有功。如君臣夫婦，與天地之義無殊。復引文王事紂，武王伐殷之事以明之者，文王抑三分有二之勢，以事獨夫，凡所以彌縫其闕，匡救其失者，靡所不至。使紂柔順得中，則以祈殷命，以濟生民，未必不有「黃裳元吉」之占矣。乃長惡不悛，陰窮于上，而疑陽必戰，卒致天命不佑。武遂興師，牧野一戰，血流漂杵，非即「龍戰于野，其血玄黃」之象乎，故云「是其義也」。**象曰：「龍戰于野，其道窮也。」**干寶曰：天道窮，至于陰陽相薄也。君德窮，至于攻戰受誅也。柔順窮，至于用權變矣。**疏**「天道窮，至于陰陽相薄」者，「戰乎乾」是也。「君德窮，至于攻戰受誅」者，會于牧野是也。「柔順窮，至于用權變」者，揖讓變爲征誅是也。案：後漢書朱穆奏記曰「易經龍戰之會，其文曰『龍戰于野，其道窮也』，謂陽道將勝而陰道負也」。蓋「易窮則變」，陰盡陽生。陰窮于上，故云負，陽復于下，故云勝，此終亥出子之義也。**用六。利永貞。**干寶曰：陰體其順，臣守其柔，所以秉義之和，履貞之幹，唯有推變，終歸于正。是周公始于「負扆南面」，以光王道，卒于「復子明辟」，以終臣節，故曰「利永貞」也。疏「陰體其順」者，六也。「臣守其柔」者，用六也。「秉義之和」者，利也。「履貞之幹」者，貞也。「唯」當作「雖」，「推」當作「權」。「雖有權變，終歸于正」者，變通盡利，則終歸于正，「利永貞」也。「負扆南面」，本明堂位文。「復子明辟」，本洛誥文。以陰升逼陽，象負扆權變。以陰陽合則同功，象復子明辟。「終歸于正」，言公守柔順之道，始光王道，卒終臣節。始終不失其正，故曰「利永貞」也。案：六十四卦皆出于乾坤，始于乾，成于坤，乾坤相須爲用者也。乾用九者，用其變陰以濟陽，坤用六者，用其變陽以濟陰。用九者，用其始于乾之元，然元自貞來，故用九之吉在「无首」。用六者，用其成于坤之貞，然貞下起元，故用六之利在「永貞」。餘詳乾卦「用九」。

象曰：「用六永貞，以大終也。」

侯果曰：用六「妻道也，臣道也」，利在長正矣。不長正，則不能大終陽事也。疏「用六，妻道也，臣道也」者，用其永久也。柔不能久，故「利在長正」。陽爲大，六變爲陽，是用陽之大以終陽之事。所謂「地道无成而代有終也」，故曰「用六永貞，以大終也」。若不能用陽之剛，則不能長正，不能長正，則不能大終陽事矣。愚案：乾「无首」者，循之不見其端，坤「大終」者，推之不見其委。循環迭運之道，于乾坤二用見之矣。

文言曰：

何妥曰：坤文言唯一章者，以一心奉順于主也。疏陰以陽爲主，坤以一心奉順乎乾，故文言止一章也。愚謂乾坤易門，故特著文言，以闡陰陽剛柔之大旨。乾居首，坤次之，故言乾從詳，言坤從略也。

坤至柔

荀爽曰：純陰至順，故柔也。疏雜卦曰「乾剛坤柔」，虞彼注云「坤陰和順，故柔」，即荀義也。

而動也剛，

九家易曰：坤一變而成震，陰動生陽，故「動也剛」。疏說卦曰「立地之道曰柔與剛」，地之爲體柔，而其爲用也剛。蓋靜則生陰，陰故柔，動則生陽，陽故剛。如初動則成震，二動則成坎，三動則成艮，竝動則成乾，初三五動則成既濟，故曰「動也剛」。

至靜而德方。

荀爽曰：坤性「至靜」，得陽而動，布于四方也。疏繫上曰「夫坤，其靜也翕」，故「性至靜」。感陽氣而動則發生，布于四方。繫又曰「其動也闢」，虞注六二「直方大」云「方謂闢，陰開爲方」。故曰「德方」。後得主而有常，虞翻曰：坤陰「先迷，後順得常」。陽出初震，爲「主」爲「常」也。疏坤性陰，故「先迷」。「後順得常」者，初陽變震，震「後有則」爲「後」，「主器」爲「主」，世守爲「常」，故「後得主而有常」。含萬物而化光。干寶曰：光，大也。謂坤含藏萬物，順承天施，然後化光也。疏象傳曰「含宏光大」。「光大也」者，言「光」可以該「大」，即言「含」可以該「宏」也。說卦曰「坤以藏之」，故「謂坤含藏萬物」，以其「靜翕」也。益象傳曰「天施地生」，故云「順承天施，然後化光」，以其「動闢」也。繫上曰「坤化成物」，故坤言「化」，即「含宏光大，品物咸亨」之義也。坤道其順乎，承天而時行。荀爽曰：承天之施，因四時而行之也。疏說卦曰「坤，順也」。逸雅曰「上順乾也」。「承天之施」者，天施而地生也。「因四時而行之也」者，乾鑿度曰「坤貞于六月未，右行陰時六，以奉順成其歲」，故曰「承天而時行」。積善之家，必有餘慶，虞翻曰：謂初。乾爲「積善」。以坤牝陽，滅出復震爲「餘慶」，謂「東北喪朋，乃終有慶也」。疏「謂初」者，謂初六也。乾文言曰「元者，善之長」，故乾爲「善」。初動爲震體復，陽息于初，故「善」。震爲專，專則積，故爲「積善」。坤雖滅陽，陽道不息，潛孕坤中，故云「以坤牝陽」，即滅坤出震是也。以納甲言之，乾陽滅于二十九日坤乙，三日復出于震庚，是爲「餘慶」，即「東北喪朋，乃終有慶」之義也。積不善之家，必有餘殃。虞翻曰：坤積「不善」，以臣弑君。以乾通坤，極姤生巽，爲「餘殃」也。案：聖人設教，理貴隨宜。故夫子先論人事，則不語怪力亂神，絕四毋必。今于易象，闡揚天道，故曰「積善之家，必有餘慶，積不善之家，必有餘殃」者，以明陽生陰殺，天道必然，理國脩身，積善爲本。故于坤爻初六陰始生時，著此微言，永爲深戒。欲使防萌杜漸，災害不生，「開國承家」，君臣同德者也。故繫辭云

「善不積，不足以成名，惡不積，不足以滅身」，是其義也。**疏**虞注：乾陽爲「善」，坤陰爲「不善」。坤初消陽，爲巽體姤，陰消于初爲「不善」。巽爲高，陽愈消則陰愈高，故爲「積不善」。「以臣弑君」者，以陰消陽也。「以乾通坤，極姤生巽」者，謂乾極于上爲夬，則坤通于下爲姤，姤下爲巽。是十六日生魄，以平旦没于巽辛，陽極陰生，是爲「餘殃」。案：聖人「不語神怪」者，幽冥之事隱，于易復言「慶」「殃」者，禍福之跡著也。聖人「絶四毋必」者，聖人无成心，于易決言「必有」者，善惡有定理也。陽生陰殺，必然之理，但坤初陰始，禍所由基，自非哲人，罕覩未形。故勸善之心既切，而防惡之意更深，蓋「閑邪」所以「存誠」「克己」即可「復禮」，將欲勸之，必先懲之。賈生所謂「絶惡于未萌，而起教于微渺，使民日遷善遠罪而不自知」者，即此意也。理國脩身者，誠知「積善」爲本，則防萌杜漸，災害不生，將「開國承家」，君臣同德，庶幾「積善」以成名，而不至積惡以滅身也。「履霜堅冰」之戒，安可一日而忽諸。

臣弑其君，子弑其父，虞翻曰：坤消至二，艮子弑父，至三成否，坤臣弑君。「上下不交，天下〔一〕無邦」，故「子弑父，臣弑君」也。**疏**坤陰消陽，其幾已萌，不至上消不已。說卦曰「乾爲君、爲父」，下乾爲「父」。故消至二成遯，遯艮爲少子，滅陽，故爲「弑父」。上乾爲「君」。故消至三成否，否坤臣道也，滅陽，故爲「弑君」。「上下不交，天下无邦」，否彖傳文。虞彼注云「以臣弑其君，以子弑其父，故曰匪人」。其義互備，故交引以釋之。

非一朝一夕之故，其所由來者漸矣。虞翻曰：剛爻爲「朝」，柔爻爲「夕」。乾爲寒，坤爲暑，相推而成歲焉，故非一朝一夕，所由來漸矣。**疏**繫上曰「剛柔者，晝夜之象」，故「剛爻爲朝，柔爻爲夕」。「乾爲寒」，

〔一〕「下」，原本作「地」，據陳校本正。

說卦文。尋乾貞於十一月子，故爲「寒」，坤貞于六月未，故爲「暑」。「一」朝謂乾初，息三成泰，「一夕」謂坤初，消三成否。一陽始子，歷六陽時而成乾，一陰始未，歷六陰時而成坤。積朝夕而成寒暑，積寒暑而成歲，故曰「非一朝一夕之故，其由來漸矣」。史記太史公自敘曰「春秋弒君三十六，亡國五十二，察其所以，皆失其本已。故易曰『差以毫釐，繆以千里』，故曰『臣弒君，子弒父，非一朝一夕之故，其漸久矣』」，即此爻之遺文也。又「否三之四」爲漸，故坤消三成否，言「漸」也。由辯之不早辯也。孔穎達曰：「臣子所以久包禍心，由君父不早辯明故也。此文誡君父防臣子之惡也。」**疏**正義作「由君父欲辯明之，不早分辯故也」，文微不同。案：繫下曰「復小而辯于物」，虞彼注云「陽始見故小。乾，陽物，坤，陰物，以乾居坤，故稱別物」。坤初動爲復，復初九曰「不遠復」，是辯之早辯者也。易曰「履霜堅冰至」，蓋言順也。荀爽曰：「霜者，乾之命令，坤下有伏乾。『履霜堅冰，蓋言順也』。乾氣加之性而堅，象臣順君命而成之。」**疏**「霜者，乾之命令」，釋已見前。坤成于亥而乾位居之，故云「坤下有伏乾」。由履霜至于堅冰，其勢甚順，故曰「蓋言順也」。逸雅「順，循也」，說文「循，順也」，是「循」與「順」同義。「蓋言順」者，釋「循致其道」也。孟子曰「今之君子，過則順之」，言過不可順也。聖人懼人順陰之性，積惡以滅身，故結言「順」以示戒也。「乾氣加之性而堅」者，說卦曰「乾爲寒」，寒氣加之而冰堅，言陰順陽之性而成堅冰也。臣順君命而成事，其象亦如之。但荀意以陰順陽，恐非經義爾。直其正也，方其義也。虞翻曰：「謂二。陽稱『直』。『乾其靜也專，其動也直』，故『直其正』。『方』謂闢，陰開爲『方』。『坤其靜也翕，其動也闢』，故『方其義也』。」**疏**「謂二」者，謂六二也。陽息至二稱「直」，以乾靜專而動直也。故「直其正」者，賈誼新書道術篇「方直不曲謂之正」是也。說文「正，从止，一以止」，注「守一以止也」，即敬止之義也。乾爲敬，是「正」者，乾之德也。「方謂闢」者，書舜典「闢四門」，孔傳「開闢四方之門」是也。「陰開爲方」者，陰感陽而開爲「方」，以坤静翕而動闢也。故「方其義」者，隱三年左傳「教之以義方」是也。虞繫注云「坤爲義門」，是「義」者，坤之德也。君子敬以直内，義以方外，敬義立而德不孤。虞翻曰：陽息在二，故「敬以直内」，坤位在外，故「義以方外」。謂陽見兑丁，「西南得朋，乃與類行」，故「德不孤」，孔子曰「必有鄰」也。**疏**陽息至二，乾惕爲「敬」，且動直，二爲「内」，故曰「敬以直内」。坤位在外，坤爲「義」，且爲「方」，五爲「外」，故曰「義以方外」。陽息二成兑，兑見丁，故謂「陽見兑丁」也。兑，西方；丁，南方，故卽「西南得朋，乃與類行」，以明「德不孤」也。論語曰「德不孤，必有鄰」。復引孔子曰「必有鄰」者，以申「德不孤」之意也。且敬立于二，義立于五，五動二應，陰陽合德，故曰「德不孤」。直方大不習无不利，則不疑其所行也。荀爽曰：「直方大」，乾之唱也，「不習无不利」，坤之和也。陽唱陰和而无所不利，故「不疑其所行也」。**疏**陽動爲「直」，感開爲「方」，陽德爲「大」，三者「乾之唱也」。坤則不待習乎直方大，而自无不利，是「坤之和也」。陽未唱而陰和之，則陽疑陰也，陽既唱而陰不和之，是陰疑陽也。唯陽唱陰和，无所不利，故「不疑其所行也」。二動變坎爲疑，不變則「不疑」也。陰雖有美，含之，以從王事，弗敢成也。荀爽曰：六三陽位，下有伏陽。坤，陰卦也，雖有伏陽，含藏不顯。以從王事，要待乾命，不敢自成也。**疏**「美」謂陽也。三數奇，爲陽位，故「六下有伏陽」也。六爲陰爻，雖有伏陽在下，含藏不顯，虞氏所謂「以陰包陽」是也。否内卦爲臣，三爲三公，外乾爲君，五爲天子。「三與五同功」，故三從王事，必待乾命而行，美則歸君，不敢以成功自居，卽下「无成」之義也。地道也，妻道也，臣道也。翟玄曰：坤有此三者也。**疏**説卦曰「坤爲地」，故曰「地道也」。繫上曰「乾道成男，坤道成女」，以女配男，故曰「妻道也」。説卦曰「乾爲君」，則知坤爲臣，故曰「臣道也」。三者皆乾尊坤卑之道也。**地道无成而代有終也。**宋衷曰：臣子雖有才美，含藏以從其上，不敢有所成名也。地得終天功，臣得終君事，妻得終夫業，故曰「而代有終也」。**疏**論語曰「如有周公之才之美，使驕且吝，其餘不足觀也已」，况臣子之于君父，而可以才美自居乎。故必含藏其美，以從王事，善則歸君，不敢有所事以成名也。繫上曰「乾知大始，坤化成物」，是凡物之生，皆始于乾而終于坤，「成物」卽「終」也。周語單襄公曰「成德之終也」，卽此義也。成者，坤之功，不敢曰成，而曰「无成」，有終者，坤之事，不敢曰有終，而「代有終」，非自抑也。蓋非乾資于始，則坤亦無爲，凡成者，皆成乾之功，故曰「无成」，凡終者，皆終乾之事，故曰「代有終」也。由地道得終天功，推之而臣道得終君事，婦道得終夫業，其理一也。**天地變化，草木蕃，**虞翻曰：謂陽息坤成泰，天地反。以乾變坤，坤化升乾，「萬物出震」，故「天地變化，草木蕃」矣。**疏**陽息坤三成泰，天下地上，故云「天地反」。「天地反」者，「天地交」也。陽主「變」，陰主「化」。「以乾變坤」者，陽息坤成乾也。「坤化升乾」者，坤本化乾始，升居乾上也。故曰「天地變化」。泰三互四五成震，「萬物出乎震」，震爲草木，「其究爲蕃鮮」，故曰「草木蕃」。此言「天地交而萬物通也」。**天地閉，賢人隱。**虞翻曰：謂四。泰反成否，乾稱「賢人」，隱藏坤中。「以儉德避難，不榮以祿」，故「賢人隱」矣。**疏**「謂四」者，謂六四也。坤變爲否自四始，故于四變爲陽，知爲「大往」，則否勢將成。四爲否泰之交，「否泰反其類」，四變，故「泰反成否」。漢樊毅脩西嶽廟記云「泰氣推否」是也。乾文言曰「賢人在下位而无輔」，故知「乾稱賢人」。說卦曰「坤以藏之」，故知「賢人隱藏坤中」。以儉德避難，不榮以祿」，否象傳文，引之以明「天地閉，賢人隱」之象也。此言「天地不交而萬物不通也」。**易曰「括囊无咎无譽」，蓋言謹也。**荀爽曰：六四陰位，迫近于五，雖有成德，當括而囊之，謹慎畏敬也。孔穎達曰：括，結也。囊，所以貯物，以譬心藏智也。閉其智而不用，故曰「括囊」。不與物忤，故「无咎」，功名不顯，故「无譽」也。**疏**荀注：六居四爲得位，故「有成德」。四近五則多懼，故當「謹慎」。括而囊之，則斂慧韜光，謹慎畏敬之至也。　孔注：「括，結也」，釋已見前。「囊，所以貯物」者，詩大雅「于橐于囊」，毛傳「小曰橐，大曰囊」是也。　「以譬心藏智也」者，明夷六四曰「獲明夷之心，于出門庭」，是四爲心位，又四變互坎爲心，故曰「心藏智」。如秦以「智囊」稱樗里子疾，漢以「智囊」稱鼂錯，晉以「智囊」稱桓範，以及叩囊底餘智之類皆是也。　「閉其智而不用，故曰括囊」者，中庸曰「國無道，其默足以容」是也。　惟其閉智，所以「不與物忤，故无咎」。惟其不用，所以「功名不顯，故无譽」。

君子黃中通理，正位居體。虞翻曰：謂五。坤息體觀，地色黃，坤爲「理」。以乾通坤，故稱「通理」。五正陽位，故曰「正位」。艮爲「居」，「體」謂四支也。艮爲兩肱，巽爲兩股。故曰「黃中通理，正位居體」。**疏**「謂五」，謂六五也。　「坤息體觀」者，陽息陰消，坤亦言息者，息者，長也，謂陰長至四而體成觀也。「坤爲地」，說卦文。「天玄而地黃」，故云「地色黃」。繫上曰「俯以察于地理」，乾鑿度曰「地靜而理曰義」，故「坤爲理」。觀陽自乾來，故云「以乾通坤稱通理」。位中色黃，故曰「黃中通理」。孟子曰「立天下之正位」，趙岐注云「正位謂男子純乾，正陽之位」，故以五陽爲「正位」。說卦曰「艮以止之」，又爲門闕，故爲「居」。中庸曰「動乎四體」，故「體謂四支」。說卦曰「艮爲手」，故「爲兩肱」。又巽爲股，故「爲兩股」。股肱具，故「謂四支也」。觀五體巽互艮，故曰「正位居體」。「黃中通理」，言其內也，「正位居體」，言其外也。

美在其中而暢於四支，虞翻曰：陽稱「美」，在五中。「四支」謂股肱。**疏**乾「美利」，故「陽稱美」。觀五九居陽位，故曰「美在其中」。「四支謂股肱」，釋已見上。「暢於四支」，即「居體」是也。

發於事業，九家易曰：天地交而萬物生也。　謂陽德潛藏，變則發見，若五動爲比，乃事業之盛。**疏**「天地交」謂泰也。泰彖傳曰「天地交而萬物通」，通故「生」也。「陽德潛藏」，謂伏乾也。變則乾陽發見。五動變比，比象曰「先王以建萬國，親諸侯」，故爲「事業之盛」，所謂「正位」也。繫上曰「崇德而廣業」，虞彼注云「廣業法〔一〕坤」，故坤言「事業」。**美之至也。**侯果曰：六五以中和通理之德，居體于正位，故能美充于中，而旁暢于萬物，形于事業，无不得宜，是「美之至也」。**疏**六五內而中和以通理，外而居體于正位。「美在其中」，即「黄中通理」也。聖人萬物爲一體，故「旁暢萬物」，猶「暢四支」，即「居體」之謂也。形于事業，即「正位」，而成富有之大業也。內外无不得宜，故曰「美之至也」。左傳曰「中美能黄，上美爲元，下美則裳」，釋六二也。二五皆中，故五亦「中美能黄」。「至哉坤元」，正位于五，是「上美爲元」。五下應二，二居體于下，是「下美則裳」。三美備，故「美之至也」。美，乾陽也，坤承乾陽，故媲乾美也。**陰疑於陽必戰。**孟喜曰：陰乃上薄，疑似于陽，必與陽戰也。**疏**陰迫于上，變而爲陽，則「疑似于陽」，故「必與陽戰也」。案：說卦「戰乎乾，言陰陽相薄也」。坤上六兼有羣陽，與乾合體，戰而相薄，乃能牝震。陰不與陽同盛，不能受化也。**爲其兼于陽也，故稱「龍」焉。**九家易曰：陰陽合居，故曰「兼陽」，謂上六坤行至亥，下有伏乾。陽者變化，以喻龍焉。**疏**坤在十月亥位，乾居西北亥方。爾雅釋天「十月曰陽」，即此義也。乾鑿度「乾坤氣合戌亥」，故云「陰陽合居」。陰合于陽，故曰「兼陽」。剥上變六成坤，行至十月亥，乾位在亥。故云「下有伏乾」。九家說卦曰「乾爲龍」，以陽氣變化象龍，故稱「龍」以象陽焉。**猶未離其類也，故稱「血」焉。**荀爽曰：實本坤卦，故曰「未離其類也」。「血」以喻陰順陽也。崔覲曰：乾坤交會，乾爲大赤，伏陰

〔一〕「法」，原本作「發」，據陳校本正。

柔之，「故稱血焉」。**疏**荀注：陰與陽戰于亥，戰極則下出于子，變而從陽，然上實坤卦，猶未離其陰類，故稱「血」以喻陰焉，以陰能順陽也。崔注：亥爲乾坤交會之地。「乾爲大赤」，說卦文，血之色也，伏陰柔之，血之形也，「故稱血焉」。蓋龍本陽氣，亥下伏兼乾陽，故稱「龍」。血本陰象，上位未離陰類，故稱「血」。

夫玄黄者，天地之雜也，荀爽曰：消息之卦，坤位在亥，下有伏乾。陰陽相和，故言「天地之雜也」。**疏**坤于消息，其位在亥，乾位西北亦在亥，故「下有伏乾」也。惟乾坤合居，故「陰陽相和」。考工記曰「天謂之玄，地謂之黄」，故曰「玄黄者，天地之雜也」。

天玄而地黄。王凱沖〔一〕曰：陰陽交戰，故「血玄黄」。荀爽曰：天者陽，始于東北，故色玄也。地者陰，始于西南，故色黄也。**疏**王注：乾陽坤陰，交戰于上，陰戰不勝，則退而生陽，陽生于下，即復初震也。說卦曰「震爲玄黄」，故「血玄黄」。荀注：鄉飲酒義曰天地温厚之氣，始于東北」。正北坎得乾中，東北艮得乾上，正東震得乾初，乾三爻分布東北，故「天始東北」。其「色玄」者，說文「黑而有赤色曰玄」，考工記「南方謂之赤，北方謂之黑」，陽氣始東北而盛東南，以北方黑兼南方赤，故「色玄」。又曰「天地嚴凝之氣，始于西南，而盛于西北」，故云「地者陰，始于西南」。其「色黄」者，西南坤位，坤土，故「色黄」也。

序卦曰：「有天地，然後萬物生焉。盈天地之閒者唯萬物，故受之以屯。屯者，盈也。屯者，萬物之始生也。」崔覲曰：此仲尼序文王次卦之意也。不序乾坤之次者，以「一生二，二生三，三生萬物」，則天地之次第可知，而萬物之先後宜序也。「萬物之始生」者，言「剛柔始交」，故萬物資始于乾而資生于坤。**疏**文王六十四

〔一〕「沖」原誤作「仲」，據周易集解正。

卦，其次相依，各有意義。孔子序其所以相次之意，故曰序卦。易有序卦，猶書有書序，詩有詩序。本自爲一傳。李氏欲使次卦之意開卷瞭然，故取冠各卦之首。乾坤爲易之門，故不序乾坤之次。「一生二，二生三，三生萬物」，老子德經文。一者，太一，天也。二謂陰陽也。太一分爲兩儀，故「一生二」。二與一爲三，故「二生三」。穀梁傳曰「獨陰不生，獨陽不生，獨天不生，三合然後生」，故「三生萬物」。乾鑿度曰「乾坤相竝俱生」，其次第不可序。天地之生萬物，變化无窮，其先後不可不序也。屯爲「萬物之始生」者，乾坤之後，乾初交坤，爲坎爲震，而始交在初，説卦曰「萬物出乎震」。蓋萬物資始于乾剛，而資生于坤柔，是屯者，固剛柔之始交，而爲萬物之始生也。其云「盈」者，説文「盈，滿器也」，彖傳曰「雷雨之動滿形」，故曰「盈」。自雷雨之滿形言之，故曰「屯者，盈也」。自剛柔之始交言之，故曰「屯者，萬物之始生也」。愚案：坤上六曰「其血玄黃」，坎爲血，震爲玄黃。屯上坎下震，是陰陽戰而後屯難生也，故屯次坤。

䷂震下坎上**屯**。**元亨利貞。**虞翻曰：坎二之初，剛柔交震，故「元亨」。之初得正，故「利貞」矣。**疏**以四陰二陽之例，則當自臨觀來。茲自坎來者，乾由離入坎，合坤生震，所謂「其血玄黃」，故坎二之初成屯，而與鼎旁通也。二之初，剛柔始交而爲震，是「始而亨者也」，故「元亨」。陽之初得正，陰之二亦得正，故「利貞」。**勿用有攸往，利建侯。**虞翻曰：之外稱「往」。初震得正，起之欲應，動而失位，故「勿用有攸往」。震爲侯。初剛難拔，故利以建侯，老子曰「善建者不拔」也。**疏**説文「往，之也」。之外稱「往」，易例也，如泰坤在外爲「卜往」，否乾在外爲「大往」是也。震初陽得正，初與四應，雜卦〔一〕曰「震，起也」，起往之外，欲上應四，四不得正，是以「動而失位」，且初在震爲行，四在坎爲險，行則

〔一〕「雜卦」，原本作説卦，據所引雜卦文正。

遇險，故「勿用有攸往」。晉語「司空季子曰『小事不濟，壅也，故曰勿用有攸往，一夫之行也』」，是其義也。序卦曰「主器者，莫若長子，故受之以震」，故「震爲侯」，逸禮王度記曰「諸侯封不過百里，象雷震百里」是也。初剛在下，即乾初潛龍，「確乎其不可拔」，故云「初剛難拔」。「善建者不拔」，老子德經文，引之以明震初不拔，故「利建侯」也。

彖曰：「屯，剛柔始交而難生，虞翻曰：「乾剛坤柔」，坎二交初，故「始交」。確乎難拔，故「難生」也。崔覲曰：十二月，陽始浸長而交于陰，故曰「剛柔始交」。萬物萌牙，生于地中，有寒冰之難，故言「難生」。于人事，則是運季業初之際也。**疏**虞注：「乾剛坤柔」，雜卦傳文。卦自坎來，坎二始交于初，故曰「始交」，所謂「元」也。屯之初剛，與乾之初剛同義，故云「確乎難拔」。說文「屯，難也。象屮木之初生，屯然而難。从屮貫一，一，地也，尾曲」，故曰「難生」也。崔注：此以消息言也。四陰二陽之卦自臨來，屯，臨二上之五也。易緯稽覽圖臨屯皆十二月卦。陽生于復初，臨二浸長而交于坤陰，故曰「剛柔始交」也。「萬物萌牙，生于地中」者，互震爲初生，坤在外，故云「地中」也。月令「季冬之月出土牛，以逆寒氣」，又曰「冰方盛，水澤腹堅」，故「有寒冰之難」。屯正值小寒，寒故「難生」也。十二月天數幾終，歲且更始，是天時之屯也，故屯在丑。國家當元二之際，如干氏下注云「水運將終，木德將始」，新舊乘除，是「運季業初」，人事之屯也，故屯爲難。引人事，所以明天時也。

動乎險中，大亨貞。荀爽曰：物難在始生，此本坎卦也。案：初六升二，九二降初，是「剛柔始交」也。交則成震，震爲「動」也，上有坎，是「動乎險中」也。動則物通而得正，故曰「動乎險中，大亨貞」也。**疏**荀注：說卦曰「萬物出乎震」，故震爲「始生」。外遇坎以陷之，又曰「勞乎坎」，崔氏彼注云「陽氣〔一〕伏于子，潛藏地中，未能浸長，勞局衆陰之中」，故

〔一〕「陽氣」下原有「潛」字，衍，據陳校本刪。

云「物難在始生」。屯自坎來，故云「此本坎卦也。」　案：初升二降，剛柔交而成震。震爲動也，本説卦。坎象傳曰「習坎，重險也」。坎險在上，震動在下，是「動乎險中」也。人處險中，而能震動恪恭，則通而得正，故曰「大亨貞」也。　愚案：初陽爲「大」，動則通爲「亨」，得乎正爲「貞」，故曰「大亨貞」。**雷雨之動滿形，**荀爽曰：雷震雨潤，則萬物滿形而生也。　虞翻曰：震雷坎雨，坤爲「形」也。謂三已反正，成既濟，坎水流坤，故「滿形」。謂雷動雨施，品物流形也。**疏**荀注：説文「雷雨，生物者也」，故雷以震之，則伏者起，雨以潤之，則勾者達，萬物所以滿形而生也。　虞注：説卦「震爲雷」，又「雨以潤之」，謂坎也，故云「震雷坎雨」。繫上曰「在地成形」，故「坤爲形」。六爻惟三失位，動而成陽，六爻皆正，成既濟定。坎一陽入坤，爲「坎水流坤」。「滿形」者，謂滿坤形也。蓋屯與乾同義，乾坤交，成既濟，故「雲行雨施，品物流形」，屯三動，成既濟，故「雷動雨施，品物流形」。**天造草昧，**荀爽曰：謂陽動在下，造生萬物于冥昧之中也。**疏**「陽動在下」，謂震動于初，在互坤之下。坤夜屬陰，故云「冥昧」。王冰玄珠密語曰「陽爲造生，陰爲化源」，故云「造物于冥昧之中」。且「屯」象屮出一上，故曰「草昧」也。**宜建侯而不寧。**荀爽曰：天地初開，世尚屯難，震位承乾，故「宜建侯」。動而遇險，故「不寧」也。　虞翻曰：造，造生也，草，草創物也，坤冥爲昧，故「天造草昧」。成既濟定，故曰「不寧」，言寧也。　干寶曰：水運將終，木德將始，殷周際也。百姓盈盈，匪君子不寧。天下既遭屯險之難，後王宜蕩之以雷雨之政，故封諸侯以寧之也。**疏**荀注：「天地初開，世尚屯難」者，謂乾坤之後，繼之以屯也。屯初震爲「長子」，上承乾父，故曰「宜建侯」。內震動而外遇坎險，坎爲勞卦，故「不寧」。左傳曰「外寧必有內憂」，惟「不寧」故寧也。　虞注：陽爲造生，故云「造，造生也」。「屯」象屮出地，屮，古草字。凡物之初創者，謂之「草創」，論語「裨諶草創之」，義與此同，故云「草，草創物也」。下體互坤。「坤冥爲昧」

者，繫上曰「剛柔者，晝夜之象也」，荀彼注云「坤爲夜」，說文曰「冥，幽也。从日六，冖聲。冖亦夜也」，書堯典「宅西曰昧谷」，傳云「昧，冥也。日入于谷而天下冥，故曰昧谷」，是坤夜爲「冥」，冥即爲「昧」也。震一陽自乾來，乾爲天，天生物于坤中，故曰「天造草昧」也。三正成既濟，六爻既定，「萬國咸寧」。言「不寧」者，猶詩以「不顯」爲顯也。干注：家語「殷人以水德王，周人以木德王」，屯，坎宮二世卦也，坎水變之震木，故以「水運將終，木德將始」，象「殷周之際」也。「百姓盈盈」，屯者，盈也」。「匪君子不寧」，匪六三伏陽之君子，不寧也。「天下既遭屯險之難」，是殷運將季。「後王宜蕩之以雷雨之政」，是周業方初。故必建侯以扶屯難，始足以寧之也，如周公弔二叔之不咸，建親戚以藩屏周是也。象曰：「雲雷屯。九家易曰：雷雨者，興養萬物。今言「屯」者，十二月雷伏藏地中，未得動出，雖有雲雨，非時長育，故言「屯」也。疏「雨以潤之」者，坎也，惟雲行則雨施，故雲从雨，而坎亦爲雲，所謂「上坎爲雲」是也。象言「雷雨」者，以「滿形」言也。象言「雲雷」者，以屯時雲在上而未成雨也。坎成雨則爲雷雨解矣。震爲雷，「雷以動之」則興，「雨以潤之」則養，故云「雷雨者，興養萬物」也。屯消息十二月卦也，是時雷藏地中，雖有雷雨，尚无養育之功，萬物難生，故曰「雲雷屯」。君子以經論。」荀爽曰：屯難之代，萬事失正。經者，常也，論者，理也。「君子以經論」，不失常道也。姚信曰：經，緯也。時在屯難，是天地經論之日，故君子法之，須經論艱難也。疏荀注：當屯難之代，三陰失正，則不能成既濟定，故「萬事失正」矣。書酒誥「經德秉哲」，孔傳云「能常德持智」，故云「經者，常也」。釋名「論，倫也，有倫理也」，故云「論者，理也」。當萬物冥昧之時，君子宜法雲雷之動物而經論之，則不失天地之常道也。姚注：天官冢宰「體國經野」，疏云「南北道謂之經，東西之道謂之緯」。經緯者，縱橫之名。釋名「緯，圍也，反覆圍繞以爲經」，故云「經，緯也」。孔疏「經謂經緯，綸謂綱也。以織綜經緯」，皆以「經論」爲經緯也。屯難在十二月之時，三動在臨則成泰，在屯則成既濟，泰則屯解矣。唐史徵口訣義引李氏云「雲，陰也，雷，陽也。陰陽二氣，相激薄而未通感，情不相得，故難生也。君子處屯難之時，不得安然无事，經營綸理，以輔屯難」，義亦通也。

初九。盤桓，利居貞，利建侯。虞翻曰：震起艮止，動乎險中，故「盤桓」。得正得民，故「利居貞」。謂「君子居其室」，「慎密而不出也」。疏內震爲起，互艮爲止，外坎爲險。震陽動乎險中，初剛難拔，觸艮而止，故有盤桓難進之象。爾雅釋水「鉤盤」，孫炎彼注云「水曲如鉤流，盤桓不直前也」。書禹貢「織皮、西傾，因桓是來」，鄭彼注云「桓是隴阪名。其道盤旋，曲而上，故曰桓」。此經「盤桓」，其義同也。二往居初，故「得正」。互坤爲民，故「得民」。艮爲宫，坤爲「闔户」，初在艮坤下，「不出户庭」，故「利居貞」。閔元年左傳曰「初，畢萬筮仕于晉，遇屯之比。辛廖占之，曰『吉。屯固比入，吉孰大焉，其必蕃昌。震爲土，車從馬，足居之，兄長之，母覆之，衆歸之。六體不易，合而能固，安而能殺，公侯之卦也』」，故「利建侯」。「君子慎密而不出」，繫上文，釋節初「不出户庭」也。虞彼注云「二動，坤爲密。體屯盤桓利居貞，故不出」。二失位變正，節初即屯初，故彼此互相發也。

象曰：「雖盤桓，志行正也。」荀爽曰：「盤桓」者，動而退也。謂陽從二動而退居初，雖盤桓，得其正也。疏「動而退」者，盤桓之象也。謂坎陽從二爻動而退居于初，雖有盤桓難進之象，然所居實得其正。上應坎爲「志」，震爲「行」，故曰「志行正也」。

以貴下賤，大得民也。荀爽曰：陽貴而陰賤，陽從二來，是「以貴下賤」，所以得民也。疏「陽貴而陰賤」，漢書董仲舒傳文。陽貴爲君，陰賤爲民。陽從坎二來居于初，是「以貴下賤」也。坤爲「民」，所以「得民」也。宣十二年左傳曰「其君能下人，必能信用其民矣」，是其義也。初陽爲「大」，故曰「大得民也」。

六二。屯如邅如，荀爽曰：陽動而止，故「屯如」也。陰乘于陽，故「邅如」也。疏陽動于下，二應艮以止之，故有屯如難進之象。二陰乘于初陽，以柔乘剛，故有邅如不行之象。乘馬班如。虞翻曰：屯邅，盤桓，謂初也。震爲馬作足，二乘初，故「乘馬」。班，躓也，馬不進，故「班如」矣。疏初剛難拔，故「屯邅，盤桓，皆謂初也」。「震爲馬作足」，說卦文。二乘初，故有乘馬之象。外遇坎險則躓，故「班」訓「躓」也。子夏傳曰「班如，相牽不進貌」，故以馬不進爲「班如」矣。案：鄭箴膏肓曰「天子以至大夫，皆有留車反馬之禮」。又士昏禮曰「主人爵弁，纁裳緇衣，乘車從車二乘。婦車亦如之」。此婦車出于夫家，則士妻始嫁，乘夫家之車也。今以「乘馬」爲「乘初」者，亦是乘初之車，但二與初非昏姻之正，故云「屯如邅如，乘馬班如」也。匪寇婚媾，女子貞不字，十年乃字。虞翻曰：匪，非也。寇謂五，坎爲寇盜，應在坎，故「匪寇」。陰陽德正，故「婚媾」。字，妊娠也。三失位，變復體離，離爲「女子」爲大腹，故稱「字」，今失位爲坤，離象不見，故「女子貞不字」。坤數十，三動反正，離女大腹，故十年反常乃字，謂成既濟定也。疏「匪」「非」古今字。二與五應，故「寇謂五」。說卦「坎爲盜」，故云「坎爲寇盜」。「應在坎，故匪寇」者，下不得初，則將上求五，故止之，言所求者，非此寇也。「陰陽德正故婚媾」者，謂三變正，二承之，是陰陽德正而爲婚媾也。說文「字，乳也」，故云「字，妊娠也」。「三失位，變復體離」者，復，反也，三本失位，變正體反爲離也。說卦曰「離再索而得女，謂之中女」，故「離爲女子」，又離爲大腹，故「稱字」，爲「妊娠也」。今三失位爲坤，是「離象不見」，故爲「女子貞不字」也。「坤數十」者，繫上「地十」，癸數也，故曰「十年」。三動反正，則爲「離女大腹」，故「十年反常則字乳也」。謂三正「成既濟定」者，三反正，則陰陽氣通，成既濟，六位定也。愚案：虞氏易例，不以陰陽爻爲男女，四「求婚媾」，亦以三變體離言也。但以「字」爲「妊娠」，是已嫁，非「貞不字」也。曲禮曰「女子許嫁笄而字」，「字」爲「許嫁」之義，二不許初，故「不字」。象曰：「六二之

難，乘剛也。 崔覲曰：下乘初九，故爲之難也。**疏** 屯如、邅如、班如，皆難進之象，故曰「六二之難」。以下乘初九之剛，爲二之難，故曰「乘剛也」。**十年乃字，反常也。** 九家易曰：陰出于坤，今還爲坤，故曰「反常也」。陰出于坤，謂乾再索而得坎。今變成震，中有坤體，故言「陰出于坤，今還于坤」。謂二從初卽逆，應五順也，去逆就順，陰陽道正，乃能長養，故曰「十年乃字」。**疏**「陰出于坤」，謂震坎之陰，皆出于坤也。乾再索而得坎，坎二之初變震，中互體坤，是「陰出于坤，今還于坤」，故曰「反常也」。但從初爲逆，應五爲順，去初之逆，就五之順，則二陰五陽，得中得正，反歸常道，乃能長養，故曰「十年乃字，反常也」。愚案：震反生爲「反」，世守爲「常」。歷坤十年，乃字于五，陰陽正應，故反歸常道也。

六三。卽鹿无虞，惟入于林中， 虞翻曰：卽，就也。「虞」謂虞人，掌禽獸者。艮爲山，山足稱「鹿」，鹿，林也。三變體坎，坎爲叢木，山下，故稱「林中」。坤爲兕虎，震爲麋鹿，又爲驚走，艮爲狐狼。三變，禽走入于林中，故曰「卽鹿无虞，惟入林中」矣。**疏**「卽，就也」，說文文。「虞謂虞人，掌禽獸者」，周禮地官「山虞掌山林之政令。若大田獵，則萊山田之野，及弊田，植虞旗于中，致禽而珥焉」是也。鹿，王肅本作「麓」，詩大雅「瞻彼旱麓」，周語引作「旱鹿」，是「鹿」「麓」古字通也。詩毛傳云「麓，山足也」。三互艮，說卦「艮爲山」，三在艮下，故「山足稱鹿」也。「鹿，林也」者，春秋僖十四年「沙鹿崩」，穀梁傳「林屬于山爲鹿」，「鹿」與「麓」通也。三變，下體成坎，九家說卦「坎爲叢棘」，故「坎爲叢木」也。木在山下，故「稱林中」。說卦「坤爲子母牛」，釋獸「兕似牛」，說文「兕狀如野牛」，坤爲虎，說見乾卦「風從虎」，故「坤爲虎兕」。說文「麋，鹿屬」，字統「鹿性驚」，震卦辭曰「震驚百里」，故「震爲麋鹿」。京房易傳曰「震遂泥，厥咎國多麋」，亦以震驚故致麋也。震驚且爲足，故「又爲驚走」。九家說卦曰「艮爲狐」，埤雅「狼搏物」，搏爲手擊，艮爲手，故「爲狐狼」。皆三未變時象也。坎爲叢棘，故爲「林中」。三變爲坎，則坤兕虎，震麋鹿，艮狐狼，皆入坎林，故曰「卽鹿无虞，惟入于林中」。君子幾不如舍，往吝。虞翻曰：「君子」謂陽已正位。幾，近，舍，置，吝，疵也。三應于上，之應歷險，不可以往，動如失位，故不如舍之，往必吝窮矣。**疏** 三變正，伏陽出，故稱「君子」也。「幾，近」，釋詁文。杜注左傳「使杜洩舍路」云「舍，置也」，卽虞義也。繫上曰「悔吝者，言乎其小疵也」，故云「吝，疵也」。三應在上，之，往也，往應于上，則歷乎坎險矣，故不可往也。三動已正，成既濟，往則動而失位，故不如舍之，不必往取吝窮也。象曰：「卽鹿无虞，以從禽也。案：白虎通云「禽者何？鳥獸之總名，爲人所禽制也」。卽比卦九五爻辭「王用三驅，失前禽」，是其義也。**疏** 釋鳥「二足而羽謂之禽，四足而毛謂之獸」，此以「禽」「獸」分言也。白虎通曰「禽，鳥獸總名，言爲人禽制也」，此言「禽」以該「獸」也。比九五曰「王用三驅，失前禽」，亦言「禽」而「獸」在其中也。他如大司馬「大獸公之，小禽私之」，「禽」「獸」互言也。大宗伯「以禽作六摯，卿執羔，大夫執雁」，曲禮「猩猩能言，不離禽獸」，月令「戮禽祭禽」，皆「禽」「獸」通言也。以「无虞」而求上，是「從禽」也，非初之行正也。案：郭京周易舉正作「何以從禽也」，義亦通。君子舍之，往吝窮也。」崔憬曰：見動之微，逆知无虞，則不如舍勿往，往必吝窮也。**疏** 繫下曰「幾者，動之微」，「君子見幾」，卽逆知无虞。蓋三與上非正應，故舍而不往，以往必吝窮也。

六四。乘馬班如。虞翻曰：乘三也。謂三已變，坎爲「馬」，故曰「乘馬」，馬在險中，故「班如」也。或說乘初。初爲「建侯」，安得乘之也。**疏** 三已變成坎，說卦「坎，其於馬也爲美脊」，故「爲馬」。四在坎上，故「曰乘馬」。上坎下坎，是爲「險中」，故「班如」也。「或說乘初」者，初爲「建侯」，初不拔，則不應四，故「安得乘之」。然四與初應，初震于馬爲善鳴，則乘初義亦通。初剛難拔，故「班如」。求婚媾，往吉无不利。崔憬曰：屯難之時，勿用攸往，初雖作應，班如不進。既比于五，五來求婚，男求女，「往吉无不利」。**疏**當屯難之代，勿有所往。初震作足，雖作而興起，上與四應，然初剛難拔，且四在坎險，故有班如不進之象。但四與五比，五陽來求婚于四陰，是「男求女」也，故「往吉无不利」。

象曰：「求而往，明也。」虞翻曰：之外稱「往」。體離，故「明也」。**疏**「之外稱往」，謂之五也。五來求四，是親迎也，而四往焉，是往之女家也。三已變正，體離故「明」，謂明于婚禮也。

九五。屯其膏，虞翻曰：坎雨稱「膏」，詩云「陰雨膏之」，是其義也。**疏**坎爲雨，故「稱膏」。「陰雨膏之」，詩曹風文。膏，去聲，與潤同義，說卦「雨以潤之」，故「稱膏」。愚案：坎雨，膏象也，互艮爲止，故「屯其膏」。小貞吉，大貞凶。崔覲曰：得屯難之宜，有膏澤之惠。謂與四爲婚媾，施雖未光，小貞之道也，故吉。至于遠求嘉偶，以行大正，赴二之應，冒難攸往，固宜且凶，故曰「大貞凶」也。貞，正也。**疏**謂「得屯難之宜」者，惟「有膏澤之惠」也。五與四爲婚媾，是有膏澤于近矣，所施雖未光，亦小貞之道，故曰吉。二與五應，以屯膏之象，遠求嘉偶，以行大正之禮，膏澤既不廣被，而遠赴二應，是冒屯難攸往，雖宜且凶矣，故曰「大貞凶」。「貞，正也」，師象傳文。愚案：辛廖之占，以屯爲固，固者，貞也，即「貞固足以幹事」也。屯六爻二五得中得正，故二五言「貞」，亦惟二五言「屯」。二，陰也，陰稱「小」。二乘初剛，守貞不字，女子之貞也，故「小貞吉」。五，陽也，陽稱「大」。五爲君位，陷于陰中，又互艮止，位雖得正，居上屯膏亦凶也，故「大貞凶」。孟康釋此爻云「大貞，君也。遭屯難饑荒，當開倉廩，振百姓，而反吝則凶」，得其解矣。

象曰：「屯其膏，施未光也。」虞翻曰：陽陷陰中，故「未光也」。**疏**坎陽陷于陰中，陽爲陰弇，故「未光」。愚案：天施地生，五陰主施，爲艮所止，故「屯其膏」。離明爲「光」，伏于坎下，坎成離毀，故「未光也」。

上六。乘馬班如，虞翻曰：乘五也。坎爲「馬」，震爲行，艮爲止，馬行而止，故「班如」也。**疏**「乘五」者，乘剛也。説卦「坎美脊」，故「爲馬」。震作足，故「爲行」。五互艮，故「爲止」。馬行而止，故有班如之象。**泣血漣如。**九家易曰：上六乘陽，故「班如」也。下二四爻，雖亦乘陽，皆更得承五，憂解難除。今上无所復承，憂難不解，故「泣血漣如」也。體坎爲血，伏離爲目，互艮爲手，掩目流血，泣之象也。**疏**上乘五陽，是亦乘剛，故有班如之象。二比初，故乘初，四應初，亦乘初，二與五應，四上承五，皆得陽爲援，故「憂解難除」，雖班如而无泣血漣如之象也。今上乘五陽，下无正應，又上无所承，獨陰无與，又坎爲加憂是「憂難不解」，所以「泣血漣如」也。上體坎，坎爲血卦。伏離爲目，五互艮爲手。以手掩目而流血，是泣血之象也。桓寬鹽鐵論曰「小人先合而後忤，初雖乘馬，後必泣血」，是其義也。詩衛風「泣涕漣漣」，即「漣如」之義。説文引作「㥨如」，訓泣下，蓋古今字。**象曰：「泣血漣如，何可長也。」**虞翻曰：謂三變時，離爲目，坎爲血，震爲出，血流出目，故「泣血漣如」。柔乘于剛，故「不可長也」。**疏**上與三應，三變正時，離爲目也。坎血卦爲「血」，萬物出震爲出。血流出目，故曰「泣血漣如」。坤用六「利永貞」，柔乘剛故「永」。今柔乘剛，上无所承，故「不可長也」。

序卦曰：「物生必蒙，故受之以蒙。蒙者，蒙也，物之穉也。」崔覲曰：萬物始生之後，漸以長穉，故言「物生必蒙」。鄭玄曰：蒙，幼小之貌，齊人謂「萌」爲「蒙」也。**疏**崔注，屯十二月卦，故爲物之始生，蒙正月卦，故爲物之長穉，此「物生必蒙」，而屯受以蒙也。鄭注：書伊訓「具訓于蒙士」，故「蒙，幼小之貌」。「齊人謂萌爲蒙」者，方言也，言「蒙」與「萌」通也。説文「萌，草生芽也」，以明「蒙」有始生之義也。説文又云「穉，幼禾也」，是物生之蒙也。詩衛風「衆穉且狂」，毛傳「穉，幼穉」，是人生之蒙也。愚案：乾坤之後，剛柔始交，初交成震，再交成坎，三交成艮，故震坎合而爲屯，卽坎艮合而爲蒙，此屯所以次乾坤，蒙所以次屯也。

䷃坎下艮上蒙。亨。虞翻曰：艮三之二。「亨」謂二，震剛柔接，故亨。蒙亨，以通行時中也。干寶曰：蒙者，離宮陰也。世在四，八月之時，降陽布德，薺麥竝生，而息來在寅，故蒙于世爲八月，于消息爲正月卦也。正月之時，陽氣上達，故屯爲「物之始生」，蒙爲「物之穉也」。施之于人，則「童蒙」也。苟得其運，雖蒙必亨，故曰「蒙亨」。此蓋以寄成王之遭周公也。**疏**虞注：四陰二陽之卦，從臨觀來，云「艮三之二」者，據消息也。坤入中宮，以剛接柔而爲蒙。革巽生姤成，故蒙革旁通，猶屯鼎也。內艮三陽之二得中，上應五陰，所以「亨行時中」，而「謂二」也。二取互震接伏巽，震剛巽柔，乾坤交，故亨也。蒙之所以亨，以艮三當行，則通行于二，以合時中也。干注：蒙爲離宮四世卦，四陽變陰，故云「蒙者，離宮陰也」。世月之例，四世卦陰主八月，陰在酉也。禮月令「仲秋之月，乃勸種麥」，蔡邕章句「陽氣始胎于酉」，故八月薺麥應時而生。廣雅「太初之氣，生于酉仲」，宋均云「必知生八月仲者，據此時薺麥生，以爲驗也」。又漢書董仲舒雨雹對曰「薺麥始生，繇陽升也」，故云「降陽布德，薺麥竝生」也。消息蒙爲正月，大夫值日卦，故云「息來在寅」。合八宮消息言之，故云「蒙于世爲八月，于消息爲正月卦也」。「正月之時，陽氣上達」者，三陽息而成泰，史記歷律書所謂「引達于寅」是也。屯在十二月丑，故爲「物之始生」，蒙在正月寅，故爲「物之長穉」。施之于人，則幼穉爲「童蒙」也。「童蒙」謂五，則得其運矣，故「雖蒙必亨也」。「此蓋以寄成王之遭周公也」者，成王以幼沖之年，居六五之位，周公以陽剛之德，居九二之中，以聖臣而輔賢主，卒致天下安寧，刑措不用，故曰「蒙亨」。蒙二之能啓蒙，亦猶屯初之能扶屯也。

匪我求童蒙，童蒙求我。虞翻曰：「童蒙」謂五，艮爲「童蒙」，「我」謂二也。震爲動起，嫌求之五，故曰「匪我求童蒙」。五陰求陽，故「童蒙求我」，志應也」。艮爲求。二體師象，坎爲經，謂禮有來學無往教。**疏**五言「童蒙」，故「童蒙謂五」。艮爲少男，故「爲童蒙」。「我謂二」者，二應五也。二互震，爲動爲起，震長男，坎中男，嫌二求五之少男，故曰「匪我求童蒙」。五陰下求于二陽，坎爲「志」，二應五，故象曰「童蒙求我，志應也」。艮兑同氣相求，故「爲求」。初至五有師象。乾鑿度曰「坎離爲經，震兑爲緯」，六經取義于經緯，故周書謚法曰「經緯天地曰文」，故「坎爲經」。以經訓蒙爲經師，是「童蒙求我」也。曲禮曰「禮聞來學，不聞往教」，故曰「匪我求童蒙，童蒙求我」。**初筮告。再三瀆，瀆則不告。**崔覲曰：「初筮」謂六五求決于九二，二則告之。「再三瀆」謂三應于上，四隔于三，與二爲瀆，故二不告也。瀆，古黷字也。**疏**「初筮謂六五」者，五童蒙求我，且得中也。「求決于九二」者，二正應五也。二應五，故告之。三應上，四隔三且應初，皆與二爲瀆，故曰「再三瀆」。二皆不應，故「不告」也。説卦「坎爲溝瀆」，故稱「瀆」。「瀆，古黷也」者，「瀆」「黷」古字通也。賈逵國語注云「黷，媟也」，是「瀆」亦訓「媟」也。**利貞。**虞翻曰：二五失位，利變之正，故「利貞」。「蒙以養正，聖功也」。**疏**二陽五陰皆失正位，利變而之正，故曰「利貞」，戒五不可過柔，二不可過剛也。如變之正則爲觀，「中正以觀天下」是也。孔疏云「貞，正也。言蒙之爲義，利以養正，故彖云「蒙以養正，聖功也」。**彖曰：「蒙，山下有險，險而止，蒙。**侯果曰：艮爲山，坎爲險，是「山下有險」。險被山止，止則未通，蒙昧之象也。**疏**「艮爲山」，説卦文。坎彖傳曰「習坎，重險也」，故「爲險」。山上險下，故曰「山下有險」。坎險在前而艮以止之，故云「險被山止」。止則窮而未通，故爲「蒙昧之象」。王氏云「退則困險，進則閡山，不知所適，蒙之義也」。愚案：「山下有險」，先言「山」後言「險」，卦象自上而下也。「險而止」，先言「險」後言「止」，易氣皆自下生也。餘卦倣此。**蒙亨，以亨行時中也。**荀爽曰：此本艮卦也。案：二進居三，三降居二，剛柔得中，故能通發蒙時，令得時中矣，故曰「蒙亨，以亨行時中也」。疏荀注：蒙自艮來，故云「此本艮卦也」。案：艮二陰爻，進居三陽位，三陽爻，降居二陰位，以爻濟位而二又得中，故云「剛柔得中」也。得中則能通發六五之蒙昧，使得時中之道，故曰「蒙亨，以亨行時中也」。艮三「時行則行」，二由艮三下，故「以亨行時中也」。

匪我求童蒙，陸績曰：六五陰爻在蒙暗，蒙又體艮少男，故曰「童蒙」。疏六五陰爻，在蒙昧之中，上體艮，說卦曰「艮三索而得男，謂之少男」，故曰「童蒙」。

童蒙求我，志應也。荀爽曰：二與五志相應也。疏二與五應，坎心爲「志」，志相通，故「應」也。

初筮告，以剛中也。崔憬曰：以二「剛中」，能發于蒙也。疏二以剛居中，剛則誨人不倦，中則立教不偏，故能告以啓蒙也。

再三瀆，瀆則不告，瀆蒙也。荀爽曰：「再三」謂三與四也。皆乘陽不敬，故曰「瀆」。瀆不能尊陽，蒙氣不除，故曰「瀆蒙也」。疏三與四比，下乘二陽，承陽則敬，乘陽則不敬，三四皆不敬二，故曰「再三瀆」。二與三四无應，故「瀆則不告」。黷媟則不尊陽，中庸曰「敬大臣則不眩」，不敬則蒙氣不除，故曰「瀆蒙也」。

蒙以養正，聖功也。虞翻曰：體頤故「養」。「五多功」，「聖」謂二，二志應五，變得正而亡其蒙，故「聖功也」。干寶曰：武王之崩，年九十三矣，而成王八歲。言天後成王之年，將以養公正之道，而成三聖之功。疏虞注：二至上體頤象，序卦曰「頤者，養也」，頤象曰「養正則吉也」。「五多功」，繫下文。「聖謂二」者，二坎心爲思，洪範曰「思曰睿，睿作聖」，故「聖謂二」。二剛中，養蒙者也，二與五應，以二養五，五變得正，是「養正」也。養正則蒙亡矣，故爲「聖功」。洪範又曰「休徵曰聖，時風若。咎徵曰蒙，恆風若」，是「蒙」與「聖」反，反「蒙」則爲「聖」矣，故曰「蒙以養正，聖功也」。干注：禮記文王世子「武王九十三而崩」。家語「武王崩，成王年十有三而嗣」，此云「八年」，又鄭康成以爲十年，皆不審所出。言「天所以後成王之年」者，將以養天下公正之道，而成周家三聖之功也。「三聖」謂文王武王周公也。象曰：「山下出泉，蒙。」虞翻曰：艮爲「山」，震爲「出」，坎泉流出，故「山下出泉」。疏「艮爲山」，說卦文。「帝出乎震」，故「震爲出」。坎爲水，故爲「泉」。坎泉流出于山下，故曰「山下出泉」。王氏云「山下出泉，未知所適，蒙之象也」。按：禮緯斗威儀曰「君乘土而王，其政太平，則蒙水出于山」，宋均彼注云「蒙，小水也。出可爲灌注，無不植也」。小水可以灌注，猶童蒙可以作聖，是其義也。君子以果行育德。」虞翻曰：「君子」謂二，艮爲「果」，震爲「行」，育，養也，二至上有頤養象，故「以果行育德」也。疏「君子謂二」，二剛中也。說卦曰「艮爲果蓏」，故「艮爲果」。又爲堅多節，傳曰「致果爲毅」，亦取其堅也。震作足爲「行」。「育，養也」，釋詁文。蒙似頤體，故象養。「果行育德」，所以養正也。

初六。發蒙，利用刑人，用說桎梏，以往吝。虞翻曰：發蒙之正。初爲蒙始而失其位，發蒙之正以成兌，兌爲「刑人」，坤爲「用」，故曰「利用刑人」矣。坎爲穿木，震足艮手，互與坎連，故稱「桎梏」，初發成兌，兌爲「說」，坎象毀壞，故曰「用說桎梏」。之應歷險，故「以往吝」。吝，小疵也。疏虞繫注云「發，動也」。初居蒙始，陰爲失位，動陽得正成兌。「兌，正秋也」，周禮天官小宰「五曰秋官其屬六十，掌邦刑」，故兌爲「刑」。又兌折震足，爲見刑斷足者，故爲「刑人」。「致役乎坤」，故「坤爲用」。「利用刑人」，義取此也。坎穴震木，故「坎爲穿木」，即九家說卦「坎爲桎梏」之義也。震爲足，艮爲手。說文「桎，足械也」，「梏，手械也」，上四爻皆待發蒙，下繫于二，故「互與坎連，稱桎梏」也。初動成兌，說卦「兌，說也」，故爲「說」。此讀若「脫」，蓋「說」「脫」皆从兑，故「說」與「脫」通。變兌則坎象毀壞，故曰「用說桎梏」，蓋二用初，脫上四爻之桎梏也。四當求初，初不當往四，若歷坎險以往，必吝。繫上曰「悔吝者，言乎其小疵也」，故云「吝，小疵也」。象曰：「利用刑人，以正法也。」虞翻曰：坎爲「法」，初發之正，故「正法」也。干寶曰：初六戊寅，平明之時，天光始照，故曰「發蒙」。此成王始覺周公至誠之象也。坎爲法律，寅爲貞廉，以貞用刑，故「利用刑人」矣。此成王將正四國之象也。說，解也。正四國之罪，宜釋周公之黨，故曰「用說桎梏」。既感金縢之文，追恨昭德之晚，故曰「以往吝」。初二失位，吝之由也。

疏虞注：九家說卦曰「坎爲律」。爾雅釋言曰「坎，律銓也」，樊光彼注云「坎卦水，水性平，律亦平，銓亦平」也。坎爲水，故古刑法議灋之字皆从水，法律同義，法平如水，故云「坎爲法」。初陰失位，發動得正，故曰「以正法也」。干注：此火珠林法也。蒙内體坎，坎初納戊寅，故云「初六戊寅」也。說文注云「寅，東方之神」，祭義曰「日出于東」，是日出寅方，正「平明之時」。天光始照，萬物皆見，昧者悉明，故曰「發蒙」。書金縢「王執書以泣曰，其勿穆卜。昔公勤勞於王家，惟予沖人弗及知，今天動威以彰周公之德」，與「發蒙」之義相符，故云「此成王始覺周公至誠之象也」。「坎爲法律」，釋已見上。「寅爲貞廉」者，前漢書翼奉傳曰「南方之情惡也，惡行廉貞，寅午主之」，孟康彼注云「南方火，火生于寅，盛于午。火性炎猛無所容受，故爲廉貞」，奉又曰「情得公正貞廉」，張宴彼注云「戌爲公正，寅午爲貞廉」，是其義也。傳與注竝前作「廉貞」，後作「貞廉」。今術家作「廉貞」，此注作「貞廉」，文異義同也。貞，正也，以正用刑，故「利用刑人」。金縢曰「周公居東二年，則罪人斯得」，與「以貞用刑」之象相符，故云「此成王將正四國之象也」。說文「解，挩也」，挩亦作說，通作脫，故云「說，解也」。「正四國之罪」者，正四國流言之罪。「釋周公之黨」者，釋周公辟東之黨，與「用說桎梏」之意相符，故云「用說桎梏」。「既感金縢之文」者，書金縢「王與大夫盡弁，以啓金縢之書，乃得周公所自以爲功，代武王之說」是也。「追恨昭德之晚」者，即「昔公勤勞王家，惟予沖人弗及知」是也。已往多吝，故曰「以往吝」。初陰二陽，皆失正位，致吝之由也。

九二。包蒙吉，納婦吉，子克家。象曰：「子克家，剛柔接也。」虞翻曰：坤爲「包」，應五據初，初與三四同體，包養四陰，故「包蒙吉」。震剛爲夫，伏巽爲「婦」，二以剛接柔，故「納婦吉」。二稱「家」，震長子，主器者，納婦成初，故有「子克家」也。疏「包」从勹从巳，説文「包，象人懷妊，巳在其中，象子未成形也」。二變成坤，説卦曰「坤爲母爲腹」。巳爲母腹包藏，故「坤爲包」。二上應五，下據初，初與三四同爲陰體。二本剛中，過剛則无包涵之量，變陰濟陽，故能「包養四陰」，是寬柔以教，而獲「包蒙之吉」也。震剛長男爲夫，伏巽長女爲「婦」，蓋蒙旁通革，革坤成乾，二巽姤下，由蒙二接之，故九二有伏巽爲震婦也。二以震剛接巽柔，故「納婦吉」也。「二稱家」者，乾鑿度曰「二爲大夫」，鄭注禮記云「大夫稱家」；又在内，雜卦曰「家人，内也」，故知「二稱家」。震爲長子，主器者也。「納婦成初」者，謂初已發，成陽之正，二伏巽出，成陰得正，使初成震爲子，故曰「子克家」。「象曰剛柔接也」者，明二納巽初，乃成震也。

六三。勿用娶女，見金夫，不有躬，无攸利。虞翻曰：謂三，誡上也，「金夫」謂二。初發成兑，故三稱「女」，兑爲「見」，陽稱「金」，震爲「夫」，三逆乘二陽，所行不順，爲二所淫，上來之三陟陰，故曰「勿用娶女，見金夫」矣。坤身稱「躬」，三爲二所乘，兑澤動下，不得之應，故「不有躬」。失位多凶，故「无攸利」也。疏「謂三」者，「女」謂三也。「誡上也」者，三與上應，三不正，故誡之也。「金夫謂二」者，二震爲夫也。初不正，發動已成兑，兑爲少女，故「三稱女」也。雜卦曰「兑見而巽伏」，故「兑爲見」也。兑之陽爻本自乾來，説卦曰「乾爲金」，故云「陽爲金」。又兑西方正秋，亦「爲金」。震男爲「夫」，而又兼乾陽，故稱「金夫」。三兑逆説，乘於二陽，是「所行不順」。坎水爲淫，兑逆説之，故「爲二所淫」。上九謂二爲寇者，以此也。釋詁「陟，陞也」。三上皆不正，上來之三，將欲陞陰，乃陰不應上而比二，故曰「勿用娶女，見金夫」矣。坤在地成形，故爲「身」稱「躬」。「三爲二所乘」，震乘兑也。兑爲澤，澤性就下，震又動之，故云「兑澤動下」。就下則不得之應于上也，之上成坤，不之則失坤體，故曰

「不有躬」。繫下曰「三多凶」，六居三爲「失位多凶」，故「无攸利」也。象曰：「勿用娶女，行不順也。」虞翻曰：失位乘剛，故「行不順」也。**疏**六居三陽爲「失位」，三乘二陽爲「乘剛」。震爲「行」，坤爲「順」。三逆從二，行不應上，故曰「行不順」也。六四。困蒙吝。象曰：「困蒙之吝，獨遠實也。」王弼曰：陽稱「實」也。獨遠于陽，處兩陰之中，闇莫之發，故曰「困蒙」也。困于蒙昧，不能比賢以發其志，亦鄙矣，故曰吝。**疏**陽實陰虛，故「陽稱實也」。陽實謂二，有剛中之德。四獨遠之，處于三五兩陰之閒，又初无正應，故「闇莫之發」，所以爲「困蒙」也。困于蒙昧之中，不能比于二賢，以發動其志，鄙吝之甚也。論語曰「困而不學，民斯爲下矣」，是其義也。又艮伏兑，兑上坎下，其體爲困，故曰「困蒙」。柔之爲道，不利遠者，四獨遠陽，故困也。六五。童蒙吉。虞翻曰：艮爲「童蒙」，處貴承上，有應于二，動而成巽，故吉也。**疏**艮少男，故「爲童蒙」。居五爲「處貴」，比陽爲「承上」。二五皆失位，二動包五，五下應之。動而成巽，得中得正，巽象傳曰「剛巽乎中正而志行」，故吉。象曰：「童蒙之吉，順以巽也。」荀爽曰：順于上，巽于二，有似成王任用周召也。**疏**互坤爲順以承上，故曰「順于上」。變而爲巽以應二，故曰「巽于二」。五艮以童穉之年，居于尊位，委任于二，君師于臣，反蒙爲聖，故曰「有似成王任用周召也」。上九。擊蒙，不利爲寇，利禦寇。虞翻曰：體艮爲手，故「擊」。謂五已變，上動成坎稱「寇」，而逆乘陽，故「不利爲寇」矣。禦，止也。此「寇」謂二，坎爲「寇」。巽爲高，艮爲山，登山備下，順有師象，故「利禦寇」也。**疏**「艮爲手」，説卦文。「爲手故擊」，三行不順，與二坎同體，故擊之。五已變陽，上動爲陰，則成坎矣，坎爲盜，故稱「寇」。五變上動乘之，是「逆乘陽」也，故「不利爲寇」矣。釋詁曰「禦，禁也」，「禁」有「止」義，故云「禦，止也」。「此寇謂二」者，二坎爲寇盜也。三應上，爲二所淫，故二爲「寇」。「巽爲高」，「艮爲山」，皆説卦文。「登山」謂上，

「備下」謂二。互坤爲「順」，初至五體師，故云「順有師象」。師順在下，故「利禦寇」。象曰：「利用禦寇，上下順也。」虞翻曰：自上禦下，故「順」也。**疏** 自上禦下，中歷坤順，故曰「上下順也」。

序卦曰：「物穉不可不養也，故受之以需。需者。飲食之道也。」干寶曰：需，坤之遊魂也。雲升在天而雨未降，翱翔東西，須〔一〕之象也。王事未至，飲宴之日也。夫坤者，地也，婦人之職也，百穀果蓏之所生，禽獸魚鼈之所託也。而在遊魂變化之家，即亨爨腥實，以爲和味者也，故曰「需者，飲食之道也」。**疏** 需，坤宮第七卦，四不變，是「坤之遊魂也」。京房易傳曰「夬，剛決柔，陰道滅，五陽務下，一陰危上，將反游魂」，陸績彼注云「夬五世，六位周而復始爲游魂，至九四成陰，入坎爲需」，是其義也。說卦曰「坤也者，地也，萬物皆致養焉」，故「物穉不可不養」而「受之以需」，以需自坤變也。上坎爲雲，升在天上，而雨猶未降，翱翔東西，回旋不定，其象爲須。須者，待也。乾爲君，故爲「王」，坤爲事。「王事未至」，即需在天而雨未降之象也。王事未至，則從容俯仰，可以飲食宴樂之日也。坤，「地道也，妻道也」，故曰「婦人之職也」。地養萬物，故云「百穀果蓏之所生，禽獸魚鼈之所託也」。「在遊魂變化之家」者，謂需也。需初至五有鼎象，鼎主亨飪。「腥」謂「禽獸魚鼈」，「實」謂「百穀果蓏」。「亨爨腥實，以爲和味」，婦人之職也。養受以需，即坤變爲需之義。坤變爲需，即地生物而婦司中饋之義。「需者，飲食之道」，所以養物者也。

〔一〕「須」，原本作「復」，據陳校本正。

䷄乾下坎上需。有孚，光亨，貞吉。虞翻曰：大壯四之五。「孚」謂五。離日爲「光」，四之五得位正中，故「光亨」。「貞吉」謂「壯于大轝之輹」也。疏 二陰四陽之卦自大壯來，故云「大壯四之五」也。陽在二五稱「孚」，坎爲孚，故云「孚謂五」也。五之四，互離日爲「光」。大壯四失位，之五得位，正而且中。坎通爲「亨」，四互離光，故「光亨」。五得正，故「貞吉」也。「謂壯于大轝之輹也」者，「輹」當爲「腹」，大壯九四「貞吉悔亡，壯于大轝之腹」，虞彼注云「失位，悔也。之正得中，故貞吉而悔亡矣。坤爲大轝爲腹。四之五折坤，故壯于大轝之腹」，即此需五「貞吉」之義也。利涉大川。何妥曰：「大川」者，大難也。須之待時，本欲涉難，既能以信而待，故可以「利涉大川」矣。疏 說卦曰「坎爲溝瀆」，考工記曰「匠人爲溝洫，專達于川」，宣十二年左傳曰「川壅爲澤」，杜彼注云「坎爲川」，是坎爲「大川」也。謂「大川」爲「大難」者，以坎險在前也。乾知險而不遽進，故云「須之待時」。所以然者，未嘗須臾忘涉難也，故云「本欲涉難」。需而有孚，故云「能以信而待」。惟正故吉，故「可利涉大川」也。所謂仗忠信以涉波濤者，此也。彖曰：「需，須也，險在前也。何妥曰：此明得名由于坎也，坎爲險也。有險在前，不可妄涉，故須待時，然後動也。疏 卦名爲需，由坎得名也。釋詁「顉，待也」，需之爲言待也，故曰「需，須也」。雜卦曰「需，不進也」，虞彼注云「險在前也，故不進」，即須義也。習坎重險，故「坎爲險也」。卦以外爲前，故曰「險在前也」。有險在前，故「不可妄涉」。需者，須也，故須待時而動。又京房易傳曰「需，雲上于天，凝于陰而待于陽，故曰需者待也」。三陽務上而隔于六四，陸彼注云「外卦坎水爲險，亦陰稱血也」，義亦可從。剛健而不陷，其義不困窮矣。侯果曰：乾體剛健，遇險能通，險不能險，義不窮也。疏 乾文言曰「大哉乾乎，剛健中正」，故云「乾體剛健」也。說卦曰「坎，陷也」。繫下曰「乾，天下之至健也，德行恆易以知險」。需時而升，所以「遇險能通」。險不能陷，其義自不困窮也。「不能險」之「險」，當作「陷」。需有孚光亨貞吉，位乎天位，以正中也。蜀才曰：此本大壯卦也。案：六五降四，「有孚，光亨，貞吉」。九四升五，「位乎天位，以正中也。」**疏**需自大壯來，故云「此本大壯卦也。」大壯六五降四，體坎「有孚」，互離爲「光」，所以「有孚，光亨，貞吉」。九四升五，五爲「天位」，「位乎天位」，既正且中，宜其「光亨，貞吉」也。利涉大川，往有功也。」虞翻曰：謂二失位，變而涉坎，坎爲「大川」。得位應五，故「利涉大川」。「五多功」，故「往有功也」。**疏**二以陽居陰爲「失位」，變而之正，互坎應坎爲「涉坎」，坎爲「大川」，二變得位，上應乎五，故曰「利涉大川」。「五多功」，下繫文，之外稱「往」，二往應五，故曰「往有功也」。象曰：「雲上于天，需。宋衷曰：「雲上于天」，須時而降也。**疏**上坎爲「雲」，乾爲「天」，六四曰「出于穴」，是「雲上于天」之象也。上六「入于穴」，是待時而降爲雨也。君子以飲食宴樂。」虞翻曰：「君子」謂乾。坎水兑口，水流入口爲「飲」，二失位變，體噬嗑爲「食」，故以「飲食」。陽在内稱「宴」。大壯震爲「樂」，故「宴樂」也。**疏**「君子謂乾」者，乾陽爲「君子」也。外坎爲水，互兑爲口，水流入口，飲象也，故曰「飲」。二失位，變之正，初至五體象噬嗑，雜卦曰「噬嗑，食也」，故曰「食」。于文日在安内稱「宴」，故云「陽在内稱宴」，今乾陽在内，故曰「宴」也。卦自大壯來，大壯震陽，和陽象春，故知「震爲樂」。天須雲降爲雨以養物，人需飲食宴樂以養身。故曰「雲上于天，需，君子以飲食宴樂」。

初九。需于郊，利用恆，无咎。干寶曰：郊，乾坎之際也。既已受命進道，北郊未可以進，故曰「需于郊」。處不避汙，出不辭難，臣之常節也。得位有應，故曰「利用恆」。雖小稽留，終于必達，故曰「无咎」。**疏**乾西北，坎正北，乾與坎接，故「乾坎之際」爲「郊」。乾陽主進，大壯震大塗爲「道」，初變巽爲「命」，故云「受命進道」。既已受命進道，即可由西北以進于北，然坎險在前，未可遽進。雜卦曰

「需，不進也」，故必「需于郊」以待之。處所當處，非避汙也，出所當出，非辭難也，待時而進，人臣之常節。常者，恆也。初陽得位，四爲正應，久以待之，无不利也，「故曰利用恆」。雖遲迴不進，小有稽留，然終于必達，故无咎也。愚案：初與四應，初需四，「郊」謂四也。三與四接，亦乾坤之際爲「郊」也。釋地「邑外謂之郊」，乾爲內，乾之外即「郊」，故知「郊」謂四也。需于四者，以坎在前也。需爲坤之遊魂，坤致役爲「用」，自大壯來，初變爲「恆」，故曰「利用恆」。四應初，得位承五，需之得其地也，故曰「无咎」。**象曰：「需于郊，不犯難行也。利用恆无咎，未失常也。」**王弼曰：居需之時，最遠于險，能抑其進，「不犯難行」。雖不應幾，可以保常，故「无咎」。**疏**需初最遠于難，「需于郊」，是「能抑其進，不犯難而行也」。雖非應幾，亦可保常，故「无咎」。愚案：坎之難在五，初需于四而不進，是「不犯難行也。」初變失位是失常，宜有咎，然上居于四爲得位，是未失常道，故「无咎」。說文「恆，常也」，故經言「恆」，傳言「常」也。**九二。需于沙，小有言，終吉。**虞翻曰：「沙」謂五，水中之陽稱「沙」也。二變之陰稱「小」，大壯震爲「言」，兌爲口，四之五，震象半見，故「小有言」。二變應之，故「終吉」。**疏**二需五，故「沙謂五」也。五爲「水中之陽」，陽剛故稱「沙」也。二變爲陰，泰曰「小往大來」，否曰「大往小來」，故知「陰稱小」也。大壯震善鳴爲「言」，四體兌，故「兌爲口」。四雖之五，震象半見，又互兌口，兌少女亦爲「小」，故「小有言」。五陽在外，二變陰以應之，得中得正，故「終吉」也。**象曰：「需于沙，衍在中也。」**虞翻曰：衍，流也，「中」謂五也。荀爽曰：二應于五，水中之剛，故曰「沙」。知前有沙漠而不進也。體乾處和，美德優衍在中而不進也。**疏**虞注：說文「衍，水朝宗于海也」。从水从行，故云「衍，流也」。二與五應，故「中謂五也」。謂五有中德，流澤于二也。愚案：穆天子傳「天子乃遂東征，南絕沙衍」，水中有沙者曰「沙衍」。「需于沙」者，以沙衍在五中也。荀注：二與五應，坎五在中，其剛象沙，故曰「沙」。「需于沙」者，「知前有沙漠而不進也」。內體爲乾，處中爲「和」，是「美德優衍在中」，不進之象也。「優衍」與「游衍」同。詩大雅「昊天曰旦，及爾游衍」，游衍，自恣之意也。**雖小有言，以吉終也。」**荀爽曰：「二與四同功」，而三據之，故「小有言」。乾雖在下，終當升上，二當居五，故「終吉」也。

疏「二與四同功」，繫下文，韓彼注云「同陰功也」。四兑爲口舌而三據其閒，四陰稱「小」，故「小有言」。「乾雖在下，終當升上」者，陽主升也。二雖得中，其位不正，升居于五，則中且正矣，故「終吉」也。

九三。需于泥，致寇至。荀爽曰：親與坎接，故稱「泥」。須止不進，不取于四，不致寇害。**疏**乾上接坎下，故云「親與坎接」。坎爲水，泥在水旁，故「稱泥」。乾知險阻，故「須止不進」。三應在上，故「不取于四」。坎爲盜，故爲「寇」。三近四，雖有「寇至」，然需而不進，故不爲害也。

象曰：「需于泥，災在外也。崔覲曰：泥，近乎外者也。三逼于坎，坎爲險盜，故「致寇至」，是「災在外也」。**疏**「泥」在外卦而近乎三者也。三與坎逼，坎爲險，又爲盜，故有「致寇至」之象。又虞義坎爲「災」，坎在外，故曰「災在外也」。

自我致寇，敬慎不敗也。」虞翻曰：離爲「戎」，乾爲「敬」。陰消至五遯，臣將弑君，四上壯坤，故「敬慎不敗」。**疏**釋文「鄭本王肅本『寇』作『戎』」。虞云「離爲戎」，知虞本亦作「戎」也。説卦「離爲甲胄、爲戈兵」，故「爲戎」。乾陽剛之德且惕厲，故「爲敬」。「陰消至五遯，臣將弑君」者，消息之卦，遯反大壯，大壯乾四失位，爲陰所傷，遂進不需，則陰消至五而反遯，故有臣弑君之象也。「四上壯坤」者，四上之五，折坤爲坎，「壯于大轝之腹」，則不反遯也。三居乾上，即乾三「君子終日乾乾，夕惕若，厲，无咎」，故「敬慎不敗也」。

六四。需于血，出自穴。案：六四體坎，坎爲雲，又爲血卦，「血」以喻陰，陰體卑弱，宜順從陽，故曰「需于血」。九家易曰：雲從地出，上升于天，自地出者，莫不由穴，故曰「需于血，出自穴」也。疏案：四，坎體下也。上坎爲雲，坎爲血卦，故有血象。六陰爻，四陰位，故「血以喻陰」。陰以卑弱之體，故宜順從于五陽。「需于血」者，柔順而能待者也。九家注：坎爲「坎窞」，其象爲「穴」。乾二之坤五爲坎，故云「雲從地出，上升于天」，僖三十一年公羊傳曰「觸石而出，膚寸而合」，故云「自地出者，莫不由穴」也。愚案：四欲進居于五，貴柔順以待，不可急也。「需于血」者，待以柔順也。坎下口開者爲「穴」，四未之五爲震，震爲「出」，故曰「出自穴」。既出自穴，已有進五之勢，然進不遽進，故曰「需于血，出自穴」。象曰：「需于血，順以聽也。」王弼曰：穴者，陰之路也。四處坎始，居穴者也。九三剛進，四不能距，見侵則避，順以聽命也。九家易曰：雲欲升天，須時當降，順以聽五，五爲天也。疏王注：孔疏「凡孔穴穿道，皆是幽隱，故云『陰之路也』」。又云「處坎之始，是穴居者也。三來逼己，四不能距，故出此所居之穴以避之，但順以聽命而得免咎也，故象曰『需于血』，順以聽命也」。九家注：雲「出自穴」，已有升天之勢，須時卽降，當有爲雨之期。然「需于血」，則柔順而聽命于五，升不遽升也。「五爲天」者，五爲天位也。乾入坤成坎，順者，坤之陰也，聽者，坎爲耳也。

九五。需于酒食，貞吉。荀爽曰：五互離坎，水在火上，酒食之象，「需者，飲食之道」，故坎在需家爲「酒食」也。雲須時欲降，乾須時當升，五有剛德，處中居正，故能帥羣陰，舉坎以降，陽能正居其所則吉，故曰「需于酒食」也。疏五互離火坎水，坎水在離火之上，且鼎象半見，故有酒食之象。「需者，飲食之道」，序卦文。惟需有飲食之道，而坎又爲水，故知「坎在需家爲酒食也」。上坎爲雲，待時將降于下，下乾爲天，待時當升于上。五有陽剛之德，處中居正，爲坎之主，故能帥上四二陰，主坎以降于二，二陽卽隨乾以升居于五，正而得所，故「需于酒食，貞吉」。此以内外卦爲升降，與應爻爲升降者，又一例也。案：五與二應，五需于二，二變正以應五，則體象噬嗑，故有酒食之象。需，須也，酒食，享食之禮。禮速客之辭曰「主人須矣」。五爲卦主，需二變爲「食」，上需于下，下應于上，二升居五得正，故吉也。象曰：「酒食貞吉，以中正也。」九家易曰：謂乾二當升五，正位者也。盧氏曰：沈湎則凶，中正則吉也。疏九家注：二應五，故升居于五。五惟中正，故二變應之也。盧注：書泰誓「沈湎冒色」，「沈湎」謂溺于酒也。溺于酒則凶，得乎中正則吉也。上六。入于穴，荀爽曰：需道已終，雲當下入穴也。雲上升極，則降而爲雨，故詩云「朝隮于西，崇朝其雨」，則還入地，故曰「入于穴」。雲雨入地，則下三陽動而自至者也。疏爻終于上，故云「需道已終」。升極必降，故云「雲當入穴」。「朝隮于西，崇朝其雨」，詩鄘風文，「隮」言升，「雨」言降也。升極則降而爲雨，如詩言是也。既雨則還入地，如「入于穴」是也。雲雨下入于地，則下三陽動而自至，故言「不速之客三人來」也。有不速之客三人來，敬之終吉。荀爽曰：「三人」謂下三陽也。須時當升，非有召者，故曰「不速之客」焉。乾升在上，君位以定，坎降在下，當循臣職，故「敬之終吉」也。疏馬融云「速，召也」。乾稱「人」，故「三人謂下三陽也」。上與三應，初二同體，乾性本升，不待召而自來，故曰「不速之客」。乾三俱升，二居天位，故云「君位以定」。坎降居下，二變爲坤，坤，「臣道也」，故云「當循臣職」。乾爲「敬」，故「敬之終吉」也。愚案：五爻皆需，終則无所需矣，故不言需。坎口在上亦爲「穴」，上變巽爲「入」，故曰「入于穴」。上與三應，陰降則陽升，初二同稟乾陽爲「人」，内卦同升于外，故「有不速之客三人來」。變巽爲恭，故「敬之終吉」也。象曰：「不速之客來，敬之終吉。雖不當位，未大失也。」荀爽曰：上降居三，「雖不當位」，承陽有實，故「終吉，无大失矣」。疏「上降居三」，是陰居陽也，故「不當位」。然上之三，則三亦之上矣，九之上，六承之，是能敬上者也，陽實陰虚，故云「承陽有實」。不當位宜有失，承陽能敬，則无大失矣。論語曰

「君子敬而無失」，是其義也。

序卦曰：「飲食必有訟，故受之以訟也。」鄭玄曰：「訟」猶爭也。言飲食之會，恆多爭也。疏說文「訟，爭也」，故云「訟猶爭也」。禮運曰「飲食男女，人之大欲存焉」，有欲則爭，故「飲食之會，恆多爭也」。樂記曰「夫豢豕爲酒，非以爲禍也，而獄訟益繁，則酒之流生禍也」，此「飲食必有訟，故受之以訟也」。

䷅坎下乾上訟。有孚，干寶曰：離之遊魂也。離爲戈兵，此天氣將刑殺，聖人將用師之卦也。「訟，不親也」，兆民未識天命不同之意。荀爽曰：陽來居二而孚于初，故曰「訟有孚」也。疏干注：訟四不變，是離宮遊魂卦也。「離爲戈兵」，說卦文。四世陰卦主八月，故云「此天氣將刑殺」。下象注云「武王觀兵」，故云「聖人將用師之卦也」。「訟，不親也」，雜卦文。二變正，坤爲民。外乾爲天，互巽爲命。說卦又曰「同人，親也」。訟下坎反離爲同人，同人，離宮歸魂卦也。同人親而訟不親，訟則不同，故「未識天命不同之意」也。荀注：四陽二陰之卦自遯來，三陽來居于二而孚于初陰，陰陽相感，故曰「訟有孚」。坎爲孚，故曰「有孚」也。窒惕，中吉，虞翻曰：遯三之二也。「孚」謂二。窒，塞止也。惕，懼二也。二失位，故不言貞。遯將成否，則「子弒父，臣弒君」，三來之二得中，弒不得行，故「中吉」也。疏「遯三之二」者，訟自遯來也。「孚謂二」者，坎卦辭曰「坎有孚」，以二中實也。說文「窒，塞也」，「塞」有「止」義，故云「塞止也」。艮止下塞坎水，止遯不成否也。坎爲加憂，故爲「惕」。「懼二也」者，懼坎險也。二失位不正，故「不言貞」。遯消二，及三則成否矣，有弒父弒君之象。今三之二，得中有孚，消不成否，弒不得行，故「中吉」也。終凶。虞翻曰：二失位，終止不變，則「入于淵」，故「終凶」也。疏二陽失位，止而不變，初在坎水，故爲「淵」。不變自初始，陷于坎險，故「入于淵」，所以終凶」也。利見大人，不利涉大川。侯果曰：「大人」謂五也，斷決必中，故「利見」也。訟是陰事，以險涉險，故「不利涉大川」。疏五位天子，故知「大人謂五也」。二四爭三，故二與四訟。諸爻不正，惟五有剛健之德，居上正中，故「斷決必中」。下互離爲目，故利見九五大人。訟是陰險之事，坎爲險，又爲「大川」，以險涉險，故「不利涉大川」也。彖曰：「訟，上剛下險，險而健，訟。盧氏曰：「險而健」者，恒好爭訟也。疏「上剛」，乾也，「下險」，坎也。內險而外健，好訟之象也。訟有孚窒惕中吉，剛來而得中也。蜀才曰：此本遯卦也。案：二進居三，三降居二，是「剛來而得中也」。疏卦自遯三之二。在內曰「來」，二位得中，故曰「剛來而得中也」。終凶，訟不可成也。王肅曰：以訟成功者，終必凶也。王弼曰：凡不和而訟，无施而可，涉難特甚焉。唯有信而見塞懼者，乃可以得吉也。猶復不可以終，中乃吉也。不閉其源，使訟不至，雖每不枉，而訟至終竟，此亦凶矣。故雖復有信而見塞懼，猶不可以爲終。故曰「訟，有孚，窒惕，中吉，終凶」也。无善聽者，雖有其實，何由得明。而令有信塞懼者，乃得其中吉，必有善聽之主焉，其在二乎。以剛而來，正夫羣小，斷不失中，應其任矣。案：夫爲訟善聽之主者，其在五焉。何以明之？案爻辭九五「訟元吉」，王氏注云「處得尊位，爲訟之主，用其中正，以斷枉直」，即彖云「利見大人，尚中正」，是其義也。九二象曰「不克訟，歸逋竄也。自下訟上，患至掇也」。九二居訟之時，自救不暇，訟既不克，懷懼逃歸，僅得免其終凶禍，豈能爲善聽之主哉。年代緜流，師資道喪，恐傳寫字誤，以「五」爲「二」，後賢當審詳之也。疏王注：爻終于上，上九曰「或錫之鞶帶」，即「以訟成功」也。「終朝三褫之」，即「終必凶也」。愚案：失位不變，故訟成也。卦唯九五得正，餘爻皆不正。初變正則「不永所事」，二變正則「无眚」，三變正則「食舊德」，四變正則「安貞吉」。以四承五，「三與五同功」，二應五，初應四以承五，五爲聽訟之主。訟不可成，故皆利變之正。上九乘陽，亢而不變，不變則訟成矣，受服終拕，故「終凶」也。王注：孔疏「无施而可」者，言若性好不和，又與人鬭訟，即无處設施而可，言所往之處，皆不可也。「涉難特甚焉」者，言好訟之人，習常施爲，已且不可，若更以訟涉難，其不可特甚焉，故云「涉難特甚焉」。「中乃吉」者，謂此訟事，以中途而止，乃得吉也。「不閉其源，使訟不至」者，若能謙虛退讓，與物不競，即此是閉塞訟之根源，使訟不至也。今不能如此，是不閉塞訟源，使訟得至也。「雖每不枉，而訟至終竟」者，謂雖每訴訟，陳其道理，不有枉曲，而訟至終竟，此亦凶矣。愚案：「无善聽者」以下，孔不釋者，以善聽之主非二，故不釋也。善聽當主九五，故李氏詳辯之。案：五得中得正，剛而能斷，故爲「善聽之主」。二雖得中，而不得正，僅能「无眚」而已，未足爲聽訟之主也。且以王注九五「訟元吉」證之，「二」爲「五」之誤无疑。蓋餘爻皆失位不親，故爭而成訟。唯五剛而得中，故云「以剛而來，正夫羣小。斷不失中，應其任矣。」

利見大人，尚中正也。荀爽曰：二與四訟，利見于五。五以中正之道解其訟也。**疏**「二與四同功」，不正故訟。體離，故「利見大人」。五中且正，善聽之主，比四應二，故能解二四之訟也。

不利涉大川，入于淵也。荀爽曰：陽來居二，坎在下爲「淵」。**疏**遯三陽來居于二成坎，坎水在下爲「淵」，互巽爲「入」，故曰「入于淵也」。

象曰：「天與水違行，訟。」荀爽曰：天自西轉，水自東流，上下違行，成訟之象也。**疏**王充論衡曰「天門在西北」，又「日月星辰隨天而西移行遲天耳」，故云「天自西轉」。孫卿子曰「孔子見大水必觀焉，曰『發源必東似志』」，故云「水自東流」。上乾下坎，東西違行，猶人彼此乖違，故云「成訟之象也」。

君子以作事謀始。虞翻曰：「君子」謂乾三。來變坤爲「作事」，坎爲「謀」，「乾知大始」，故以「作事謀始」。干寶曰：省民之情，以制作也。武王故先觀兵孟津，蓋以卜天下之心，故曰「作事謀始」

也。**疏**虞注：「君子謂乾三」者，遯不消否，而三陽之二成訟，蓋艮三自乾來也。「來變坤爲作事」者，變遯成坤，坤爲事，故「以作事」。「坎爲謀」者，洪範謀屬水，坎爲水，又爲心，故「爲謀」。「乾知大始」，繫上〔一〕文。「故以作事謀始」者，始以乾健與坎險違行，所以有訟，若以坎之險變而爲「謀」，乾之健變而知「始」，則由西而北，乾坎順行，故「作事謀始」，則訟端自絶。坎則止之于中亦吉，若成之于終則凶矣。干注：察民情之向背，以定制作，言慎始也。復引武王之事以明之者，卽大刑用甲兵之意也。武王將伐商紂，先覲兵于孟津，以卜天下之心，諸侯不期而會者八百國，然後陳師牧野，是「作事謀始」之大者也。初六。不永所事，小有言，終吉。虞翻曰：永，長也。坤爲「事」，初失位而爲訟始，故「不永所事」也。「小有言」謂初四易位成震「言」，三「食舊德」，震象半見，故「小有言」。初變得正，故「終吉」也。**疏**「永，長也」，釋詁文。「坤爲事」，謂遯變坤也。初失位，故「爲訟始」，變之正，故「不永所事」也。初與四應，易位成震，震聲爲「言」。三合二，震象半見，故曰「小有言」。初變得正，其卦爲履，履者，禮也，曲禮曰「分爭辨訟，非禮不決」，故雖「小有言，終吉」也。又變兑爲口、爲「小」，故「小有言」。二動應五，三「食舊德」，兑象毁壞，故「終吉」也。象曰：「不永所事，訟不可長也。雖小有言，其辯明也。」盧氏曰：初欲應四，而二據之，蹔爭，事不至永。雖有小訟，訟必辯明，故「終吉」。**疏**初與四爲正應，而二據之，與四蹔爭，事不至永，故曰「訟不可長也」。坤初曰「由辯之不早辯也」，雖小有訟，初變兑口能辯，四互離爲「明」，故曰「其辯明也」。辯之早且明，故「終吉」矣。九二。不克訟，歸而逋。虞翻曰：謂與

〔一〕「上」原本作「下」，據所引繫上文正。

四訟。坎爲隱伏，故「逋」。乾位剛在上，坎濡失正，故「不克」也。**疏**「謂與四訟」者，坎之險在二，乾之健自四始也。「坎爲隱伏」，説卦文，隱伏故「逋」。乾五剛而得位，坎陽居陰，濡溺失正，故「不克」也。愚案：書泰誓「多罪逋逃」，漢書匈奴傳贊「遂逃竄伏」，是「逋」與「遯」同義。遯三之二成訟，二歸于三，則仍成遯矣，故曰「歸而逋」。其邑人三百户，无眚。虞翻曰：眚，災也，坎爲「眚」。謂二變應五，乾爲「百」，坤爲「户」，三爻，故「三百户」。坎化爲坤，故「无眚」。**疏**書舜典「眚災肆赦」，故云「眚，災也」。説卦「坎爲多眚」，故云「坎爲眚」。二變正，上應五，外乾内坤。「乾爲百」者，三爻之策皆三十六，略其奇八，以就盈數，故稱「百」也。「坤爲户」者，乾門坤户，陰陽大小異名也。「三爻」謂内三爻坤，「三爻故稱三百户」。坎多眚，化坤之正，坤成坎毁，故「无眚」也。案：乾鑿度「二爲大夫」。孔疏「三百户者，鄭注禮記云『小國下大夫之制』」。又云「小國之下大夫，采地一成，其定税三百家，故三百户也」。又案：二剛變柔，不與五敵，故曰「不克訟」。二爲大夫，不敢據邑以叛，故曰「歸而逋」。二變化坎爲坤，二爲邑主，二无眚，則邑人亦无眚，故曰「其邑人三百户，无眚」。

象曰：「不克訟，歸逋竄也。」荀爽曰：三不克訟，故逋而歸。坤稱「邑」，二者，邑中之陽人。逋，逃也，謂逃失邑中之陽人。**疏**三失位，故「不克訟，逋而歸」也。坤爲地，故稱「邑」。乾陽爲人，二坎陽自乾來，故爲「邑中之陽人」。泰誓「多罪逋逃」，文六年左傳「董逋逃」，皆「逋逃」連文，故云「逋，逃也」。變坤成陰，則「逃失邑中之陽人」矣，故曰「歸逋竄也」。自下訟上，患至掇也。」荀爽曰：下與上爭，即取患害，如拾掇小物而不失也。坤有三爻，故云「三百户无眚」。二者，下體之君。君不爭，則百姓无害也。**疏**以下訟上，尊卑失序，其取患害，如掇小物，言至易也。「坤有三爻，故云三百户」者，坤爲「邑」，且爲「户」也。二主下體，主不爭于上，則邑民不爭于下也。

六三。食舊德，貞厲

終吉。虞翻曰：乾爲「舊德」，「食」謂初四，二已變之正，三動得位，體噬嗑食，四變食乾，故「食舊德」。三變在坎，正危「貞厲」。得位，故「終吉」也。疏繫上曰「可久則賢人之德」，謂乾也，訟乾即遯乾，故「爲舊德」。「食謂初四」者，初與四易位則食乾也。初四已易位，二變正爲陰，三動得位爲陽，是體象噬嗑食也。「四變食乾」者，四變則乾體壞，如「日有食之」，「月有食之」，故云「食乾」也。乾鑿度曰「三爲三公」，「食舊德」，食父故禄也。乾爲父，三失位，動而承乾，有「食舊德」之象。二四之正，三體變坎，雖正而危，是「貞厲」也。變得位，故「終吉」也。或從王事，无成。虞翻曰：乾爲「王」，二變否時，坤爲「事」，故「或從王事」。道无成而代有終，故曰「无成」。坤三同義也。疏乾爲君，故「爲王」。二變成否體坤，坤發事業，故「爲事」。坤臣上承乾君，故言「或從王事」也。「道」上脱「地」字，當從坤文言「地道无成而代有終也」，故「曰无成」。云「坤三同義也」者，坤三發成泰，乾爲「王」，坤爲「事」，震爲「從」，「地道无成而代有終」，故曰「或從王事，无成有終」。坤三以泰從王事，此以否從王事，皆爲地道，故義同。彼發而從王事，故「有終」。此未動，故但言「无成」，變而「終吉」，則亦「有終」也。四已易，二未正，三亦有震象，故亦言「從」也。愚案：三上皆不得位，雖爲不義之應，然陰陽相從，上不侵三，故三得食遯乾舊德。二无正應，幾不保其邑人。三有正應，故能食其舊德。若變而之正，不與上應，雖危亦吉，故曰「貞厲終吉」也。但變正從乾，或有王事，亦當守柔順之道。與坤三同位，故與坤三同辭。不言有終，訟不可終也。象曰：「食舊德，從上吉也。」侯果曰：雖失其位，專心應上，故能保全舊恩，「食舊德」者也。處兩剛之閒，而皆近不相得，乘二負四，正之危也。剛不能侵，故「終吉」也。疏以陰居陽，三雖失位，然與上爲正應，專心從上，故「能保全舊恩而食舊德也」。處二四兩剛之閒，位相逼而不相投，下乘上負，勢亦危矣，然正應于上，故云「正之危也」。上有正應，二四兩剛，自不能侵，故「終吉」也。九四。不克訟，復即命渝，安貞吉。虞翻曰：失位，故「不克訟」。渝，變也。不克訟，故復位，變而成巽，巽爲命令，故「復即命渝」。動而得位，故「安貞吉」，謂二已變，坤安也。疏二與四皆失位，故皆「不克訟」也。「渝，變也」，釋言文。惟不克訟，故復其本位，變陰成巽。巽象傳曰「重巽以申命」，故「巽爲命令」也。「復即命渝」者，即，就也，與初易位體復，故「復即命渝」也。「動而得位」者，動變爲陰，得正位也。「故安貞吉」者，貞，正也，安乎正，則吉也。二已變，四又變，則體坤，坤爲土，故爲「安」，坤卦辭曰「安貞吉」是也。　愚案：二「不克訟」者，二爲坎主，變其險，故上不逼五也，四爲乾始，變其健，故下不陵初也。復其陰位，則就乎巽之命，渝爲陰爻，則安乎坤之貞，是以吉也。象曰：「復即命渝安貞吉，不失也。」侯果曰：初既辯明，四訟妄也。訟既不克，當反就前理，變其詔命，則安靜貞吉，而不失初也。疏四與初訟，初既辯明，則知四之訟爲妄也。既不克訟，即當反就未訟之理，變其已訟之命，所以安靜貞吉，而與初不相失也。且變而得位，亦不失乎正也。說文「詔，告也」，成二年左傳「欒伯曰『燮之詔也，書何力之有焉』」，杜注云「告也」。蓋詔者，上下通用之辭，故訟亦稱「詔命」也。九五。訟元吉。象曰：「訟元吉，以中正也。」王肅曰：以中正之德，齊乖爭之俗，「元吉」者也。王弼曰：處得尊位，爲訟之主。用其中正，以斷枉直，「中」則不過，「正」則不邪，剛則无所溺，公則无所偏，故「訟元吉」。疏王〔一〕注：上下五爻皆不得位，惟九五既中且正，故以九五中正之德，齊上下乖爭之俗，是以「元吉」也。王注：以九處五，是得尊竝，而爲聽訟之主者也。用其

〔一〕「王」原本作「干」，據陳校本及周易集解正。

中正之德，以斷枉直之情，「中」則无過差，「正」則无邪曲。復言「剛」與「公」者，九爲陽剛，與六二言中正者殊也，故云「剛則不溺」也，史記呂后紀「未敢訟言誅之」，注云「訟，公也」，蓋于文公言爲「訟」，知聽訟貴公也，故云「公則不偏」。有是四德，故「訟元吉」也。**上九。或錫之鞶帶，**虞翻曰：「錫」謂王之錫命。鞶帶，大帶，男子鞶革。初四已易位，三二之正，巽爲腰帶，故「鞶帶」。**疏**乾爲君，故爲「王」，巽爲「命」，故云「錫」，謂「王之錫命」也。說文「鞶，大帶也」，故云「鞶帶，大帶」。內則「男鞶革」，故云「男子鞶革」。訟本有巽，初四易位，則乾亦變巽，三〔一〕二之正，則坎亦變巽。「巽爲腰帶」者，巽爲帛、爲交，坎屬腎水爲「腰」，巽覆坎腰，故「爲腰帶」。**終朝三拕之。**虞翻曰：位終乾上，二變時，坤爲「終」，離爲日，乾爲甲，日出甲上，故稱「朝」，應在三，三變時，艮爲手，故「終朝〔二〕三拕之」。使變應已，則去其鞶帶，體坎乘陽，故象曰「不足敬也」。侯果曰：褫，解也。乾爲衣、爲言，故「以訟受服」。荀爽曰：二四爭三，三本下體，取之有緣。或者，疑之辭也。以三錫二，于義疑矣，爭競之世，分理未明，故或以錫二。終朝者，君道明，三者，陽成功也。君明道盛，則奪二與四，故曰「終朝三拕之」也。鞶帶，宗廟之服。三應于上，上爲宗廟，故曰「鞶帶」也。翟玄曰：上以六三，錫下三〔三〕陽，羣剛交爭，得不以讓，故終一朝之閒，各一奪之，爲「三拕」。**疏**虞注〔四〕：上居乾終。二變作坤，月出震終坤，

〔一〕「三」字原脱，據陳校本補。
〔二〕「朝」，原本作「日」，據陳校本正。
〔三〕「三」，原作「二」，據陳校本正。
〔四〕「虞注」二字原脱，據陳校本補。

故「坤爲終」。互離日，故云「離爲日」。乾納甲，故云「乾爲甲」。離日出于乾甲之上，于文爲「𣅀」，説文「早」作「𣅀」，𣅀故稱「朝」也。下應三，三變還遯成艮，「艮爲手」，説卦文。「拕」从手，故取艮手而曰「終朝三拕之」也。三使上變應已，而艮手卽去其鞶帶，自三至上隔三爻，故「三拕之」。三以坎體上乘陽位，乾敬象壞，故「象言不足敬也」。侯注：「拕」，本亦作「褫」，荀子非相篇「極禮而褫」，「褫」亦訓「解」，義與此同。「乾爲衣、爲言」，九家説卦文，「爲言」卽「訟」，「爲衣」卽「受服」也。荀注：乾鑿度曰「初爲元士，二爲大夫，三爲三公，四爲諸侯，五爲天子，上爲宗廟」，二與四爭三公之服，三本下體，與二相比，是取之有因也。乾文言「或之者，疑之也」，故云「或者，疑之辭也」。以三公之服，錫二大夫，故「于義疑矣」。惟爭競之世，分理未明，故「或以錫二」也。尚書大傳曰「歲之朝、月之朝、日之朝，則后王受之」，鄭彼注云「自正月盡四月爲歲之朝，上旬爲月之朝，平旦至食時爲日之朝」，故「終朝」爲「君道明」。春秋元命包曰「陽成于三」，故云「三者，陽功成也」。四爲諸侯，入爲三公，宜服三公之服，故「君道盛，則奪二與四」。陽道方長，故「三拕之」也。鞶帶，服之以祭者，故云「宗廟之服」。三應于上，上爲宗廟，故知鞶帶爲祭服而在上也。翟注：上與三應，故「上以六三，錫三陽爻」。乃二與四五，羣剛交爭，得者不讓，故一日之閒，三陽各一奪之，爲「三拕」也。愚案：上與三應，三互巽帛爲「鞶帶」，互離日爲「終朝」，自上至三歷三爻，爲「三拕」。上以陽剛居極，健勝于險，克訟者也。卽或訟而得勝，「錫之鞶帶」，然過剛失位，亦「終朝三拕之」矣。夫訟而獲勝，辱且隨之，況不勝者乎。初以「不永」獲吉，是「謀始」者也。三四在中，變而得正，是「中吉」者也。上處乎終，健訟爲事，雖榮亦辱，是「終凶」者也。

象曰：「以訟受服，亦不足敬也。」虞翻曰：「服」謂鞶帶。終朝見拕，乾象毁壞，故「不足敬」。九家易曰：初二三四皆不正，以不正相訟，而得其服，故「不足敬也」。

疏

虞注：鞶帶，所以飾服者也，故「服謂鞶帶」。「以訟受服」，終朝見拕，以好訟不足敬也。上變爲兑，兑爲毁折，乾爲「敬」。乾象毁，故不足敬」。　九家注：初二三四與上，皆不正也，以不正相訟，而上獨受服，何足敬乎。

序卦曰：「訟必有衆起，故受之以師。師者，衆也。」崔覲曰：因争必起衆相攻，故「受之以師」也。

疏　凡有血氣者皆有爭心，訟與師皆起于有所爭，兩造相爭謂之訟，兩國相爭謂之師。師起于訟者，因微而至著也。唐虞之世，兵屬于刑，周語曰「大刑用甲兵，中刑用刀鋸，薄刑用鞭扑」。蓋以訟與師有同情，故聽訟之後，卽次以用師也。

䷆坎下坤上師。貞，丈人吉无咎。何晏曰：師者，軍旅之名，故周禮云「二千五百人爲師」也。王弼曰：丈人，嚴莊之稱，有軍正者也。爲師之正，丈人乃吉。興役動衆，无功則罪，故吉乃无咎。陸績曰：丈人者，聖人也。帥師未必聖人，若漢高祖光武，應此義也。崔覲曰：子夏傳作「大人」，竝王者之師也。案：此彖云「師，衆。貞，正也。能以衆正，可以王矣」，故老子曰「域中有四大，而王居其一焉」。由是觀之，則知夫爲王者，必大人也，豈以丈人而爲王哉。故乾文言曰「夫大人與天地合德，與日月合明，先天而天不違，後天而奉天時。天且不違，而況于人乎」，況于行師乎。以斯而論，子夏傳作「大人」是也。今王氏曲解大人爲丈人，臆云「嚴莊之稱」，學不師古，匪說攸聞。既誤違于經旨，輒改正作「大人」明矣。

疏　何注：周禮地官小司徒「五旅爲師，五師爲軍」，故云「師者，軍旅之名」。夏官大司馬「二千五百人爲師」，鄭氏云「多以軍名，次以師名，少以旅名。師者，舉中之言」。服虔左氏解誼說此卦云「坎爲水，坤爲衆，互體震，震爲雷，雷，鼓類，又爲長子，長子帥衆鳴鼓，巡水而行，師之象也」。王注：「丈人，嚴莊之稱」者，謂「丈人」爲嚴威莊重之人也。「有軍正」者，貞者，正也，鄭氏云「丈之言長，能御衆，有正人之德」者也。故必爲師之正，丈人乃吉也。凡興役動衆，必以嚴莊，乃有功勞，否則无功而有罪矣。惟貞故吉，吉則无咎也。陸注：以「丈人」爲「聖人」者，言丈人有聖人之德者也。唯武王與師伐紂，末年受命，足以當之。後世帥師之長，未必皆聖。唯漢高祖因陳涉之亂而輿衆，光武因王莽之篡而用兵，皆師出有名，動而得正，與經義相應，故引以實之也。崔注：此據子夏傳以「丈人」作「大人」，而謂爲「王者之師」。蓋必以「王者」當受命之「大人」，與象傳「可以王矣」之言，乃相符也。案：李氏據象傳及道德經乾文言，以證子夏傳作「大人」爲是，竝斥王注作「丈人」爲非，然經文顯白，據傳輒更有乖傳信傳疑之旨。愚謂：卦辭之「丈人」，即爻辭之「長子」。大戴禮本命曰「丈者，長也」，互震爲長子，故稱「丈人」，長丈同稱，又何疑焉。且論語「遇丈人」注云「丈人，老人也」，詩大雅曰「維師尚父」，小雅曰「方叔元老」，蓋古之命帥，多擇老成，故曰「丈人吉」也。**象曰：「師，衆也。貞，正也。能以衆正，可以王矣。**虞翻曰：坤爲衆。謂二失位，變之五爲比，故「能以衆正」，乃「可以王矣」。荀爽曰：謂二有中和之德而據羣陰，上居五位，可以王也。**疏**虞注：「坤爲衆」，說卦文。卦辭曰「貞丈人」，二中而不正爲「失位」，變之五則體比，得中得正。孟子曰「征之爲言正也」，以師正天下，故曰「能以衆正，可以王矣」。荀注：二陰位居中，故「有中和之德」也。故「羣陰」者，謂上下五陰也。陽主升，陰主降，二上居五，則中而且正，故曰「可以王矣」。**剛中而應，行險而順。**蜀才曰：此本剝卦也。案：上九降二，六二升上，是「剛中而應，行險而順」也。**疏**一陽之卦自剝來，故云「此本剝卦也」。剝上九降二，六二升上爲師。陽居二爲「剛中」，上與五爲「正應」，故曰「剛中而應」，坎爲「險」，震爲「行」，坤爲「順」，故曰「行險而順」也。**以此毒天下而民從之，**干寶曰：坎爲「險」，坤爲「順」。兵革刑獄，所以險民也。毒民于險中，而得順道者，聖王之所難也。毒，荼苦也。五刑之用，斬刺肌體，六軍之鋒，殘破城邑，皆所荼毒奸凶之人，使服王法者也，故曰「以此毒天下而民從之」。毒以治民，明不獲已而用之，故于象象六爻，皆著戒懼之辭也。**疏** 内坎爲「險」，外坤爲「順」。大而兵革，小而刑獄，皆險民之具。毒民于坎險之中，而得坤順之道，聖王猶難之，況其下焉者乎。詩邶風「誰謂荼苦」，傳云「荼，苦菜也」，大雅「民之貪亂，寧爲荼毒」，注云「苦也」，故云「毒，荼苦也」。秋官司刑「掌五刑之灋，以麗萬民之罪：墨罪五百，劓罪五百，宫罪五百，刖罪五百，殺罪五百」，此皆肉刑，故云「五刑之用，斬刺肌體」。詩大雅「周王于邁，六師及之」，傳云「天子六軍」，疏云「春秋之時，雖累萬之衆皆稱師」，詩之「六師」，謂六軍之師，夏官大司馬「九伐之法，放弑其君則殘之」，釋名「殘，踐也，踐使殘壞也」，故云「六軍之鋒，殘破城邑」。周語曰「大刑用甲兵，其次用斧鉞，中刑用刀鋸，其次用鑽笮」，故云「皆所以荼毒姦凶之人，使服王法者也」。馬氏云「毒，治也」，故云「毒以治民」。老子道經曰「兵者，不祥之器，非君子之器，不得已而用之」，故云「明不獲已而用之」也。「故于象象六爻，皆著戒懼之辭也」者，所以示止戈爲武，弗戢自焚之意也。愚案：天官醫師「聚毒藥以供醫事」，鄭彼注云「毒，五毒也。藥，五藥也」，疾醫「以五味五穀五藥養其病」，瘍醫「以五毒攻之」。聖人之治天下，不外禮樂兵刑，世治則以禮樂養之，世亂則以兵刑攻之。是禮樂即五味五穀之屬，兵刑即五毒之屬，皆所以治世者也。馬君訓「毒」爲「治」，義實基此。蓋除暴所以安良，故曰「以此毒天下而民從之」。吕氏春秋論兵曰「若用藥，得良藥則活人，得惡藥則殺人。義兵之爲天下良藥也，亦大矣」，卽此義也。

吉又何咎矣。

崔覲曰：「剛」能進義，「中」能正衆，既「順」且「應」，「行險」戡暴。亭毒天下，人皆歸往而以爲王，「吉又何咎矣」。**疏** 二陽爻，故云「剛能進義」。得位，故云「中能正衆」。上應坤五，故云「既順且應」。内坎，故云「行險戡暴」。外坤，故云「亭毒天下」。老子道德經「亭之毒之」，注「亭以品其形，毒以成其質」。

毒，徒篤反，今作「育」。亭毒者，化育之意也。蓋以坤有「萬物致養」之義，故以「亭毒」言之。莊三年穀梁傳曰「其曰王者，民之所歸往也」，故云「人皆歸往而爲王，吉又何咎矣」。**象曰：「地中有水，師。」**陸績曰：坎在坤內，故曰「地中有水」。「師，衆也」。坤中衆者，莫過于水。**疏**坎爲水，坤爲地，坎之一陽，本在坤中，又居坤內，是「地中有水」之象也。「師，衆也」，彖傳文。説卦曰「坤爲衆」。晉語曰「坎，水也，衆也」，是坎亦爲衆也。玄中記曰「天下之多者水焉，浮天載地，高下無不至，萬物無不潤」，故云「坤中衆者，莫過于水」。愚案：坤之衆，以散爲衆者也。水之衆，以聚爲衆者也。水聚于地中而爲衆，猶兵聚于民中而爲師此「地中有水」，所以取象于「師」也。**君子以容民畜衆。**虞翻曰：「君子」謂二。「容，寬也」。坤爲「民衆」，又畜養也。陽在二，「寬以居之」，五變「執言」時，有頤養象，故「以容民畜衆」矣。**疏**「君子謂二」者，以二陽爲卦主也。「容，寬也」，洪範五行傳文。「坤爲民衆」者，説卦曰「坤爲衆」，虞彼注云「物三稱羣，陰爲民，三陰相隨，故爲衆」，卽「爲民衆」之義也。「又畜養也」者，詩日月曰「畜我不卒」，毛傳「畜，養也」。説卦曰「坤也者，地也，萬物皆致養焉」，故坤又爲「畜養」也。「陽在二，寬以居之」者，謂乾九二也，坎之二自乾來，故「容」訓爲「寬」，與乾二同物也。「五變執言時，有頤象」者，五已變，二至五有頤象，序卦〔一〕曰「頤者，養也」是也。「故以容民畜衆矣」者，坤雖有畜象，既爲民衆，不得又取養，故「容畜」有取于五體頤，以頤有養義也。愚案：全體爲坤，二變坎爲師。坤廣故「容」，養故「畜」。外坤陰爲「民」，內坎水爲「衆」，故爲師。民則寬以養之，衆則聚以畜之。周禮地官大司徒之職「以保息

〔一〕「序卦」，原作「説卦」，據所引序卦文正。

六養萬民，以本俗六安萬民」，是「容民」也，「小司徒之職，乃會萬民之卒伍而用之，五人爲伍，五伍爲兩，五兩爲卒，五卒爲旅，五旅爲師，五師爲軍」，是「畜衆」也，而皆屬地官者，以坤爲地也。又春官大宗伯「以軍禮同邦國，大師之禮用衆也，大均之禮恤衆也，大田之禮簡衆也，大役之禮任衆也，大封之禮合衆也」，故知「衆」即爲「師」，而用衆恤衆、簡衆、任衆、合衆者，即「畜衆」之義也。初六。師出以律，否臧凶。象曰：「師出以律，失律凶也。」案：初六以陰居陽，履失其位，位既匪正，雖令不從，以斯行師，失律者也。凡首率師，出必以律，若不以律，雖臧亦凶，故曰「師出以律，失律凶也」。九家易曰：坎爲法律也。疏案：陰居陽位非正，雖有號令，衆必不從，是「行師而失律者也」。初居師首，承二互震爲「出」，言「師出以律」，則愼終于始，何凶之有。今陰柔失位，不能以律則爲「否」，否則雖臧亦凶。象言「失律」，謂失位也。釋詁「臧，善也」。宣十二年左傳說此爻云「執事順成爲臧，逆爲否」。初失位，故「否臧凶」也。九家注：九家說卦曰「坎爲律」，故云「坎爲法律也」。古者律度量衡之法，皆起于黄鍾之九寸，黄鍾，坎位也，釋言曰「坎，律銓也」，然則以坎爲律者，樂律也，非法律也。周禮太師「執同律，以聽軍聲而詔吉凶」，又「若師有功，則左執律，右秉鉞，以先愷樂」，是古者出師，皆執律以從。左傳稱師曠知南風之不競，吴越春秋載大夫臯如之言曰「審聲則可以戰」，皆其遺法。逮後史記律書，獨拳拳于兵械，而索隱即援易文「師出以律」釋之，得其旨矣。律書曰「六律爲萬事根本，其于兵械，尤所重焉，故云望敵知吉凶，聞聲効勝負，百王不易之道也。武王伐紂，吹律聽聲，推孟春以至于季冬，殺氣相并，而音尚宮，同聲相從，物之自然也」，又兵書云「太師吹律，合商則戰勝，軍士强。角則軍擾，多變失志。宮則軍和，士卒同心。徵則將急數怒，軍士勞。羽則兵弱少威」，此皆「師出以律」之明證也。九二。在師中，吉无咎，王三錫命。象曰：「在師中吉，承天寵也。九家易曰：雖當爲王，尚「在師中」，爲天所寵，事克功成，故「吉无咎」。二非其位，蓋謂武王受命而未卽位也。受命爲王，定天下以師，故曰「在師中吉」。**疏**陽主升，二升于五，雖當爲王，然居坎中，是「尚在師中」也。二有剛中之德，是以「爲天所寵」也。事克功成，故「吉无咎」也。陽當升五，處二非位，故以「武王受命而未卽位」當之。及受命爲王，壹戎衣而天下大定，是「在師中吉」之象也。愚案：卦以羣陰統于二陽，剛有將才故吉，中有將德故无咎，將在師中之象也。師通同人，同人乾爲「王」，巽爲「命」，離爲「三」，故有「王三錫命」之象。王三錫命，懷萬邦也。」荀爽曰：「王」謂二也。三者，陽德成也。德純道盛，故能上居王位而行錫命，羣陰歸之，故曰「王三錫命，懷萬邦也」。案：二互體震，震木數三，「王三錫命」之象。周禮云「一命受職，再命受服，三命受位」，是其義也。**疏**荀注：二當升五，故「王謂二也」。春秋元命包曰「陽成于三」，故云「三者，陽德成也」。「德純道盛」，謂有中和之德也。上居王位而行錫命，故曰「王三錫命」。坤土爲「邦」，坤衆爲「萬」，坎心爲「懷」，羣陰歸之，故曰「懷萬邦也」。乾鑿度說此爻云「師者，衆也。言有盛德，行中和，順民心，天下歸往之，莫不美命爲王也。行師以除民害，賜命以長世，德之盛」，是其義也。案：二陽互震，震，東方木也，「天三生木」，木數爲三，故曰「三錫」。周禮春官大宗伯「以九儀之命，正邦國之位：壹命受職，再命受服，三命受位」，鄭注「王之下士、與公侯伯之士、子男之大夫，皆一命受職，謂始受職事。王之中士、與公侯伯之大夫、子男之卿，皆再命受服，謂元冕之服。王之上士、與公侯伯之卿，皆三命受位，謂王朝之位」，此「王三錫命」之義也。愚案：旁通同人，同人乾爲天，承天命而在師中，故曰「承天寵也」。全體坤，坤爲萬邦，以衆正而受錫命，故曰「懷萬邦也」。

六三。師或輿尸，凶。虞翻曰：坤爲「尸」，坎爲車多眚，同人離爲戈兵、爲折首，失位乘剛无應，尸在車上，故「輿尸凶」矣。**疏**坤形爲身，滅乙爲喪身，喪故爲「尸」。「坎爲車多眚」，本説卦文。旁通同人，「離爲戈兵」，説卦文，又曰「離爲折上槁」，離上九曰「有嘉折首」，故爲「折首」。三陰爲「失位」，履陽爲「乘剛」，上陰爲「无應」。坤尸在坎車之上，故爲「輿尸凶」也。象曰：「師或輿尸，大无功也。」盧氏曰：失位乘剛，内外无應，以此帥師必大敗，故有「輿尸」之凶，功業大喪也。**疏**失位乘剛，又内外无應。三无上應，則爲「小人」，三喪五功，則爲「弟子」，以小人而用師，師必大敗，以弟子而從師，師必「輿尸」。五多功，三多凶，三失位乘剛无應，而五「使不當」，功業大喪，故「大无功也」。六四。師左次，无咎。荀爽曰：「左」謂二也，陽稱「左」。次，舍也。「二與四同功」，四承五，五无陽，故呼二舍于五，四得承之，故无咎

疏「左謂二也」者，二爲陽也。「陽稱左」者，震初陽爲春爲木，管子曰「春生于左，秋殺于右」，董子曰「木居左，金居右」，故「陽稱左」也。莊三年左傳「凡師一宿爲舍，再宿爲信，過信爲次」，「次」雖多日，亦是「舍」義，故云「次，舍也」。「二與四同功」，繫下文，四近承五，五虚无陽，四呼二陽上舍于五，故曰「師左次」。二既升五，四順承之，以陰承陽，故无咎。案：行軍以右爲前，以左爲後，初在後，四與同志，故有「左次」之象。象曰：「左次无咎，未失常也。」崔覲曰：偏將軍居左，「左次」，常備師也。師順用柔，與險无應，進取不可，次舍无咎，得位故也。**疏**少儀曰「軍尚左」，故古者「偏將軍居左」。「師左次」者，常備不虞也。「師順用柔」者，四居坤初也。「與險无應」者，與坎初无正應也。「進取不可」者，以己柔順，才難克敵，而又无正應，故不敢輕進也。「次舍无咎，得位故也」者，陰居四爲「得位」，次舍于左，覩變以爲進退，故无咎也。案：震世守爲常，故曰「未失常也」。六五。田有禽，利執言，无咎。虞翻曰：「田」謂二，陽稱「禽」。震爲「言」，五失位，變之正，艮爲「執」，故「利執言，无咎」。荀爽曰：田，獵也。謂二帥師禽五，五利度二之命，執行其言，

故无咎也。　案：六五居尊失位，在師之時，蓋由殷紂而被武王禽于鹿臺之類是也。以臣伐君，假言田獵。六五離爻體坤，離爲戈兵，田獵行師之象也。**疏**虞注：二自乾來，乾九二「見龍在田」，故「田謂二」。「陽稱禽」者，「本乎天者親上」也。互震聲爲「言」，五陰失位，變而爲陽，互艮手爲「執」，故曰「利執言」。變得正，故无咎。「執言」者，即詩云「執訊」也。荀注：坤爲「田」。「田獵」者，爲田除害，獵之言獲也。二與五應，二當升五，故二欲獲五，五當降二，故「利度二之命，執行其言」。所執之「言」，即王與大君之「命」，在上謂之「命」，在下謂之「言」，尊卑之義也。二執五言，故无咎。　案：五位尊，六失正，殷紂在上之象，二陽得中，武王在師之象，故「猶殷紂而被武王禽于鹿臺之類」也。以臣伐君，其辭不順，故「假言田獵」。六五離之中爻，全體則坤也。以離之兵戈，田于坤中，故云「田獵行師之象也」。

長子帥師，虞翻曰：「長子」謂二，震爲長子。「在師中」，故「帥師」也。**疏**「長子謂二」者，以二互震也。震長子主器，故「震爲長子」。二曰「在師中」，是「帥師」者，長子也。

弟子輿尸，貞凶。虞翻曰：「弟子」謂三，三體坎，坎，震之弟而乾之子。失位乘陽，逆，故「貞凶」。**疏**「弟子謂三」者，以三體本坎也。説卦曰「震一索而得男，謂之長男。坎再索而得男，謂之中男」，皆得乾之一陽，故「坎爲震之弟而乾之子」也。三失陰位，又乘陽爻爲逆，故「貞凶」。「輿尸」言「貞」，明三之同人折首也。愚案：坤爲地，故稱「田」。田，田獵也。坎爲弓，故稱「禽」。禽，禽獲也。僖卅三年左傳「外僕髡屯禽之以獻」，「禽」與「擒」通，戰勝執獲之意。「田有禽」者，即詩小雅「獲醜」也。變艮手爲「執」，互震聲爲「言」。「利執言」者，即詩小雅「執訊」也。六雖失位，五則得中，下應于二，受命徂征，有執訊獲醜之功，所以无咎。然五與二爲正應，故震爲「長子帥師」則吉，五多功，三多凶，故坎爲「弟子輿尸」則凶也。蓋二剛而得中，有御衆之才，三柔而失位，无撫軍之德，言擇將不可不愼，而事權不可不一也。象曰：「長子帥師，以中行也。」荀爽曰：「長子」謂九二也。五處中應二，二受任帥師，當上升五，故曰「長子帥師，以中行也」。疏「長子」謂九二震也。五得中，而與二爲正應，二受五命帥師，陽當升五，震又爲「行」，故曰「長子帥師，以中行也」。弟子輿尸，使不當也。宋衷曰：「弟子」謂六三也。失位乘陽，處非所據，衆不聽從，師人分北，或敗績死亡，輿尸而還，故曰「弟子輿尸」，謂使不當其職也。疏「弟子謂六三」者，三在坎也。三失正位，下乘二陽，處非所據，不能統領羣陰，故坤衆皆不聽命，以致師人分北，敗績死亡，而有輿尸之凶。然弟子輿尸，咎在六三，而使不當職，則凶在六五也。上六。大君有命，虞翻曰：同人乾爲「大君」，巽爲「有命」。干寶曰：大君，聖人也。有命，天命也。五常爲王位，至師之家而變其例者，上爲郊也，故易位，以見武王親征，與師人同處于野也，離上九曰「王用出征，有嘉折首」。上六爲宗廟，武王以文王行，故正開國之辭于宗廟之爻。明己之受命，文王之德也，故書泰誓曰「予克紂，非予武，惟朕文考无罪。紂克予，非朕文考有罪，惟予小子无良」。開國，封諸侯也。承家，立都邑也。小人勿用，非所能也。疏虞注：旁通同人。「乾以君之」，故「爲大君」。巽以「申命行事」，故「爲有命」。干注：乾鑿度曰「大君者，君人之盛者也」，孟喜曰「大君者，興盛行異者也」，故云「大君，聖人也」。上于三才爲天位，故云「有命，有天命也」。五爲天子，故云「五常爲王位」，今上稱「大君」，故云「至師之家而變其例」也。爾雅「邑外謂之郊」，上在外卦之外，故云「上爲郊也」。「大君」在五，易稱上六，以上在郊外，故云「易位以見武王親征，與師人同處于野外也」。復引離上九爻辭者，以稱「王」可以明「大君」，「出征」可以明王在郊野之象也。「上六爲宗廟」，乾鑿度義也。史記周本紀「武王觀兵，至于孟津，爲文王木主，載以車中，言奉文王以伐，不敢自專」，故云「武王以文王行」。書泰誓上篇曰「予小子夙夜祗懼，受命文考」，故云「正開國之辭于宗廟之爻」。又以明己之受命，皆文王之德，故復引泰誓下篇文以證之也。春官大宗伯「五命賜則，六命賜官，七命賜國」，皆封諸侯之事，故云「開國，封諸侯也」。地官載師「以家邑之田任稍地，以小都之田任縣地，以大都之田任畺地」，注謂「家邑之田，謂大夫采邑。小都，卿之采邑。大都，公及王親子弟之采邑」，故云「承家，立都邑也」。「小人勿用」者，謂「開國承家」，非小人所能也。

開國承家，虞翻曰：承，受也。坤爲「國」，二稱「家」。謂變乾爲坤，欲令二上居五爲比，故「開國承家」。荀爽曰：「大君」謂二。師旅已息，既上居五，當封賞有功，立國命家也。開國，封諸侯，承家，立大夫也。宋衷曰：陽當之五，處坤之中，故曰「開國」。陰下之二，在二承五，故曰「承家」。「開國」謂析土地以封諸侯，如武王封周公七百里地也。「承家」，立大夫爲差次，立大夫因采地名。正其功勳，行其賞祿。疏虞注：禮運「是謂承天之祜」，疏云「受天之祜」，「承」訓「受」，義同此也。坤土，故「爲國」。二爲大夫，故「稱家」。同人通師，故「謂變乾爲坤」。二失位升五，得中得正，故云「欲令二上居五爲比」。比象曰「建萬國，親諸侯」，故曰「開國承家」。荀注：二升五爲君，故「大君謂二」。上處師終，故「師旅已息」。二既上居于五，當封賞行師有功之人，大者開國，其次承家。「開國」則封諸侯，「承家」則立大夫。宋注：五坤爲「國」。二陽上之五，處坤之中，故曰「開國」。二位大夫稱「家」。五陰下之二，二上承五，故曰「承家」。書武成「列爵惟五，分土惟三」，故「開國謂析土地以封諸侯」。禮明堂位「成王封周公于曲阜，地方七百里」，故云「如武王封周公七百里地也」。皋陶謨「夙夜浚明有家」，注謂「以爲大夫」，王制「諸侯之上大夫、卿、下大夫五人」，故云「承家，立大夫爲差次」。禮運「大夫有采，以處其子孫」，故云「立大夫因采地名」。夏官司士「以功詔祿」，故云「正其功勳，行其賞祿」。

小人勿用。虞翻曰：陰稱「小人」。坤虚无君，體「迷復」凶，坤成乾滅以弑君，故

「小人勿用」。**疏** 六陰，故「稱小人」。坤无陽，故「坤虛无君」。自二至上體復，復上六曰「迷復凶，有災眚。用行師，終有大敗，以其國君凶」，虞彼注云「三復位時體師象，坤爲死喪，坎流血，故終有大敗。姤乾爲君，滅藏于坤，故國君凶矣」，象曰「反君道也」，故「小人勿用」。愚案：五爲侯國之君，二爲其臣，上爲天王，故曰「大君」。如詩魯頌言「明明魯侯」，是六五也，「矯矯虎臣」，是九二也，「王曰叔父，建爾元子」，是上六也。又乾鑿度曰「上爲宗廟」，師伏同人，乾君伏于坤陰，以陰居陰，是「大君」有先王之象，故云「宗廟」。伏巽爲「命」，故曰「大君有命」。「開國」謂五，陰得中，「執訊獲醜」也。「承家」謂二，陽得中，「長子帥師」也。「小人」謂三，以陰柔失位，「弟子輿尸」也。三與上應，上體「迷復」，易爲所引，坤爲「用」，變艮爲止，故曰「小人勿用」。且「開國承家」，是「用命賞于祖」，「小人勿用」，是「不用命戮于社」，而總示其義于宗廟爻云。

象曰：「大君有命，以正功也。虞翻曰：謂「五多功」。五動正位，故「正功也」。干寶曰：湯武之事。

疏 虞注：「五多功」，繫下文。五動成陽得正，故曰「正功」。愚案：三陰失位，故无功。上陰得正，故「正功」。干注：湯武皆以征誅而有天下，故云「湯武之事」。如詩商頌「帝命武湯，正域彼四方」，是湯之事也。周頌「嗣武受之，勝殷遏劉，耆定爾功」，是武之事也。

小人勿用，必亂邦也。」虞翻曰：坤反君道，故「亂邦也」。干寶曰：楚靈齊閔，窮兵之禍也。

疏 虞注：復上六象曰「迷復之凶，反君道也」，故曰「亂邦」。干注：昭十二〔一〕年左傳「楚子使蕩侯潘子司馬督囂尹午陵尹喜帥師圍徐以懼吳，次于乾谿，以爲之援」，十三年「楚公子比公子黑肱公子棄疾蔓成然蔡朝吳帥陳蔡不羹

〔一〕「二」，原本作「三」，據陳校本及所引左傳昭十二年文正。

許葉之師，因四族之徒以入楚。公子棄疾爲司馬，先除王宮，使觀從從師于乾谿而遂告之。師及訾梁而潰。夏五月癸亥，王縊于芋尹申亥氏」，此楚靈王窮兵之禍也。戰國策齊策「負郭之民有孤狐咺者正議，閔王斮之檀衢，百姓不附。齊孫室子陳舉直言，殺之東閭，宗室離心。司馬穰苴，爲政者也，殺之，大臣不親。以故燕舉兵，使昌國君將而擊之，齊使向子將而應之。齊軍破，王奔莒，淖齒數之，于是殺閔王于鼓里」，此齊閔王窮兵之禍也。愚案：五用二，故多功。「正功」者，正二五之功也。坤爲「邦」。亂坤邦者三，故勿用以防亂也。

序卦曰：「衆必有所比，故受之以比。比者，比也。」崔覲曰：「方以類聚，物以羣分」，人衆，則羣類必有所比矣。上比相阿黨，下比相和親也，相黨則相親，故言「比者，比也」。**疏**「方以類聚，物以羣分」，繫上文。九家彼注方以類聚「謂姤卦陽爻，聚于午也」，物以羣分「謂復卦陰爻，羣于子也」。坤爲衆，比以一陽居五，而羣陰有所比附，故云「人衆，則羣類必有所比矣」。「上比」云者，「比者」之「比」也。論語「君子周而不比」，鄭注「忠信爲周，阿黨爲比」，故云「上比相阿黨」。「下比」云者，「比也」之「比」也。春官筮人「六曰巫比」，鄭注「比謂筮與民和比也」，夏官形方氏「大國比小國」，注云「比猶親也」，故云「下比相和親」。惟其相黨，是以相親，故曰「比者，比也」。

䷇坤下坎上比。吉。虞翻曰：師二上之五，得位，衆陰順從，比而輔之，故吉。與大有旁通。子夏傳曰：地得水而柔，水得土而流，比之象也。夫凶者，生乎乖爭，今既親比，故云「比吉」也。**疏**虞注：師二失位，上居九五爲「得位」。坤陰爲「衆」爲「順」，象傳曰「下順從也」，故云「衆陰順從」也。又曰「比，輔也」，故云「比而輔之」。以五陰比一陽爲比，以五陰順一陽，故吉也。比伏大有，故「與大有旁通」。子夏傳：地本柔也，得水而始柔，不得水則失之燥矣。水本流也，得地而始流，不得地則无所附矣。地本親下，「水曰潤下」，故云「比之象也」。乖爭則凶，親比則吉，故曰「比吉」也。

原筮元永貞，无咎。不寧方來，後夫凶。

干寶曰：比者，坤之歸魂也，亦世于七月，而息來在巳，去陰居陽，承乾之命，義與師同也。原，卜也，周禮三卜，一曰「原兆」。坤德變化，反歸其所，四方既同，萬國既親，故曰「比吉」。考之蓍龜，以謀王業，「大相東土，卜惟洛食」，遂乃「定鼎郟鄏，卜世三十，卜年七百」，德善長于兆民，戩禄永于被業，故曰「原筮元永貞」。逆取順守，居安如危，故曰「无咎」。天下歸德，不唯一方，故曰「不寧方來」。後服之夫，違天失人，必災其身，故曰「後夫凶」也。

疏 坤變至五，遊魂于四〔一〕，歸魂于三成比，故云「坤之歸魂也」。坤宫泰世在三，比歸魂亦世在三，三世卦陰主七月，三陰在申也，故云「亦世于七月」。「而息來在巳」者，比于消息爲四月卦。申爲陰，巳爲陽，故云「去陰居陽，承乾之命」。乾用事四月，師亦四月，故云「義與師同也」。周禮太卜「掌三兆之灋，一曰玉兆，二曰瓦兆，三曰原兆」，「原」訓爲「卜」，舉「原兆」以該「玉兆」「瓦兆」也。由坤至比，八變而反歸其所，坤爲方，故云「四方既同」，又爲國，故云「萬國既親」。同而且親，故曰「比吉」也。書洪範曰「謀及卜筮，龜從筮從」，故云「考之蓍龜，以謀王業」。洛誥曰「大相東土。我乃卜澗水東，瀍水西，惟洛食。我又卜瀍水東，亦惟洛食」，故云「大相東土，卜〔二〕惟洛食」。「定鼎郟鄏，卜世三十，卜年七百」，宣三年左傳文。引三書者，釋「原筮」也，「德善長于兆民」者，釋「元」也，「戩禄永于被業」，釋「永貞」也，

〔一〕「四」，原本作「二」，據京氏八宫「遊魂于四」正。
〔二〕「亦」當爲「卜」，原本作「亦」，據陳校本正。

故曰「原筮元永貞」。「逆取順守」者，周以征誅取天下，而以忠厚守之也，「居安如危」者，安不忘危，所以長守貴也，故曰「无咎」。武成曰「大賚于四海，而萬姓悅服」，是「天下歸德，不唯一方」也，故曰「不寧方來」。史記衞世家「武王既已克殷，以殷餘民封紂子武庚祿父，乃令其弟管叔蔡叔傅相武庚，以和其民。管叔蔡叔乃與武庚作亂。周公以成王命，興師伐殷，殺武庚管叔，放蔡叔」，是「後服之夫，違天失人，必災其身」也，故曰「後夫凶」。愚案：爾雅釋言「原，再也」。互艮爲手，師震爲草，以手持草，有「筮」象焉。蒙之「初筮」謂初，比之再「筮」謂二，謂二者，師二之五成比也。五陽乾元，故曰「元」。全體坤，坤「利永貞」，故曰「永」。五得正，故曰「貞」。萃九五亦曰「元永貞」，以萃與比同體，而四未變也，虞彼注云「四變之正，則五體皆正，故元永貞，與比象同義也」。貞，故「无咎」。五，比之主也，坎勞卦，故「不寧」，坤爲「方」，故「方來」，猶詩所謂「幹不庭方」也。以一陽動于上，而坤陰在下應之，故曰「不寧方來」，來則比矣。五陽爲「夫」，上在五後爲「後夫」。坤方咸來，而上處艮背，又无正應，是不比者也，故不吉而凶。

象曰：「比，吉也。比，輔也，下順從也。崔覲曰：下比于上，是下順也。**疏**「比，吉也」，人相親比則吉也。釋詁「比，俌也」，郭注「俌猶輔」，僖五年左傳「輔車相依」，故曰「比，輔也」。坤爲「順」，坤在下而比于上，是下順從于上也。詩大雅「王此大邦，克順克比」，是其義也。

原筮元永貞无咎，以剛中也。蜀才曰：此本師卦也。案：六五降二，九二升五，剛往得中，爲比之主，故能原究筮道，以求長正而无咎矣。**疏**比五自師來，故云「此本師卦也」。師五降二，二升居五，是剛往于上，而得中且得正，爲比之主，所以「原筮元永貞而无咎」也。「原」作「原究」，又一義也。

不寧方來，上下應也。虞翻曰：水性流動，故「不寧」，坤陰爲方，上下應之，故「方來」也。**疏**坎爲水，勞卦也，故「水性流動」。「不寧」者，陰初從陽，當惕厲以待其定也。「坤陰爲方」者，九家說卦「坤爲方」是也。「上下應之」者，師二升五時，三四在上，初在下，四陰皆應，故「上下應也」。「故方來」者，四方來同是也。後夫凶，虞翻曰：「後」謂上，「夫」謂五也。坎爲「後」，艮爲背，上位在背後，无應乘陽，故「後夫凶」也。**疏**上居終，故「後謂上」。五體陽，故「夫謂五也」。曲禮「前朱雀而後玄武」，玄武者，北方七宿，卽渾天賦所謂「北宮則黿龜潛匿」是也。坎位正北，故「爲後」。五互艮，故「爲背」。上居艮背之後，內无正應，下乘五陽，近不相比，故「後夫凶」也。其道窮也。荀爽曰：「後夫」謂上六。逆禮乘陽，不比聖王，其義當誅，故其道窮凶也。**疏**「後夫謂上六」者，謂六在五後也。「逆禮乘陽」者，在上逆乘五剛也。「不比聖王」者，不與下四陰順從于五也。「其義當誅」者，魯語「仲尼曰『昔禹致羣神于會稽之山，防風氏後至，禹殺而戮之』」，夏官大司馬「建太常比軍衆，誅後至者」是也。「故其道窮凶也」者，三爲「匪人」，无正應也。象曰：「地上有水，比。何晏曰：水性潤下，今在地上，更相浸潤，比之義也。**疏**洪範「水曰潤下」，水有順下之性，今行于地上，漸相浸潤，雨以潤之，卽坤以藏之，比之象也。先王以建萬國，親諸侯。」虞翻曰：「先王」謂五。初陽已復，震爲「建」，爲「諸侯」，坤爲「萬國」，爲腹，坎爲心，腹心親比，故「以建萬國，親諸侯」。詩曰「公侯腹心」，是其義也。**疏**五爲天子，乾滅坤中，故曰「先王」。比之一陽自復來，故云「初陽已復」。初剛難拔，故云「震爲建」。震長子主器，故「爲諸侯」。地有九州，故「坤爲萬國」。說卦謂「坤爲腹」，「坎爲心」。心在上，腹在下，是腹心親比之象。故曰「先王以建萬國，親諸侯」。「公侯腹心」，詩周南文，合坎心坤腹之義，故引以明諸侯親比之意。案：比于消息爲四月，九卿值月之卦，內爲卿，卽外爲侯也。建國親侯在四月者，明堂月令曰「立夏之日，天子親帥三公、九卿、大夫，以迎夏于南郊。還反，賞封諸侯」，白虎通曰「封諸侯以夏何？陽氣盛養，故封諸侯，盛養賢也」，襄二十六年左傳曰「賞以春夏」，是慶賞封建皆在于夏。故建國親侯，有取于比也。初六。有孚比之，无咎。虞翻曰：「孚」謂五。初失位，變來得正，故无咎也。荀爽曰：初在應外，以喻殊俗。聖王之信，光被四表，絶域殊俗，皆來親比，故无咎也。疏虞注：「孚謂五」者，坎爲「孚」也。「初失位」者，陰居陽也。比與大有旁通，消息之卦，五下初息大有，故云「變來得正」。得正，故无咎也。荀注：二與五爲正應，故曰「比之自内」。初在二下，故云「初在應外」。初遠于五，故「以喻殊俗」也。「光被四表」，書堯典文，禮聘義曰「孚尹旁達，信也」，故云「聖王之信，光被四表」也。中庸曰「凡有血氣者，莫不尊親」，故云「絶域殊俗，皆來親比」也。在比之初，信以相與，故无咎也。有孚盈缶，終來有它，吉。虞翻曰：坤器爲「缶」，坎水流坤，初動成屯。「屯者盈也」，故「盈缶」。終變得正，故「終來有它吉」，在内稱「來」也。疏繫上曰「形乃謂之器」，又曰「形而下者謂之器」，皆謂坤在地成形也，故知坤爲器。考工記「範土以爲器」，坤爲土，缶，土器也，且坤腹有容，其象爲缶，故云「坤器爲缶」。坎水在上，流于坤土，初動成陽，其體爲屯，序卦曰「屯者，盈也」，故曰「盈缶」。變陽得正，故「終來有它吉」。自外來内，故云「在内稱來也」。比卦五陰，皆以比五爲吉凶，獨初則五來比之，變正爲「前禽」，故「有它吉」。象曰：「比之初六，有它吉也。」荀爽曰：缶者應内，以喻中國。孚既盈滿中國，終來及初，非應，故曰「它」也。疏象云「有它吉」者，謂信及非應，然後吉也。「應内」謂二，「比之自内」也。坤土爲國，「缶」爲土器，故「以喻中國」也。九五之信，既已及二，盈滿中國，初六在二外，不與五應，而五之誠信，足以及乎殊俗，故云「終來及初」。莊廿七年穀梁傳「來者，接内也」，五來初，故稱「終來」。初正應四而遠應五，故云「非應」，子夏傳「非應稱它」是也。後漢書魯恭傳「和帝初立，議遣車騎將軍竇憲擊匈奴。恭上疏諫曰『人道乂于下，則陰陽和于上，祥風時雨，覆被遠方，夷狄重譯而至矣。易曰「有孚盈缶，終來有它，吉」，言甘雨滿我之缶，誠來有它而吉矣」」，故云「信及非應，然後吉也」」。

六二。比之自內，貞吉。干寶曰：二在坤中，坤，國之象也，得位應五而體寬大，君樂民人自得之象也，故曰「比之自內，貞吉」矣。**疏**二在坤中，「內」也。坤爲地，故云「國之象也」。陰得位，正應五。坤二納乙巳，巳主西方，翼奉傳曰「西方之情喜也，喜行寬大」，故云「而體寬大」。坤爲民，位在中，中和化應，故「民人自得」。雜卦曰「比樂」，是比有樂象，故「君樂民人自得之象也」。自二應五，故「比之自內」，得正，故「貞吉」也。

象曰：「比之自內，不自失也。」崔觀曰：自內而比，不失己親也。**疏**自內而比于五，不失己可親之人也。論語曰「因不失其親，亦可宗也」，是其義也。又二比自內，得中得正，內不失己者也。坤身爲自，故曰「不自失也」。

六三。比之匪人。虞翻曰：匪，非也。失位无應，三又多凶，體剝傷象，弑父弑君，故曰「匪人」。**疏**「匪」「非」古今字。三陰失位，上无正應。繫下曰「三多凶」，故云「三又多凶」。初至五體剝，剝者，傷也，故云「體剝傷象」也。此與否六三同義，故二卦皆曰「匪人」。虞彼注云「謂三比坤滅乾，以臣弑其君，以子弑其父，故云匪人」，與比同義也。

象曰：「比之匪人，不亦傷乎。」干寶曰：六三乙卯，坤之鬼吏，在比之家，有土〔一〕之君也。周爲木德，卯爲木辰，同姓之國也。爻失其位，辰體陰賊，管蔡之象也。比建萬國，唯去此人，故曰「比之匪人」，不亦傷王政也。**疏**坤六三納乙卯，木干也。比者，坤宮歸魂卦，坤爲土，土以木爲官，木尅土，故云「坤之鬼吏」。此火珠林法也。鬼吏，故稱「匪人」。坤爲土，坤在比家，故爲「有土之君」。家語「周以木德王」，故

〔一〕「土」原本作「上」，據陳校本正。

云「周爲木德」。孟康云「木生于亥，盛于卯」，故云「卯爲木辰」。木德木辰，故云「同姓之國」。三陰失位，故云「爻失其位」。卯主東方，翼奉傳曰「東方之情怒也，怒行陰賊」，孟康云「木性〔一〕受水氣而生，貫地而出〔二〕，以陰氣賊害土，故云陰賊」。木辰之體，爲坤陰賊，故云「管蔡之象也」。比建萬國，而有同姓匪人以傷王政，必去其人，然後无弒父弒君之憂矣，否則傷之者至矣，故曰「比之匪人，不亦傷乎」。

六四。外比之，貞吉。虞翻曰：在外體，故稱「外」。得位比賢，故「貞吉」也。**疏**四在外體，故「稱外」。四應初而承乎五，舍初比五，故曰「外比」。陰得正位，外比五賢，故曰「貞吉」也。

象曰：「外比于賢，以從上也。」干寶曰：四爲三公，在比之家而得其位，上比聖主，下御列國，方伯之象也。能外親九服賢德之君，務宜上志，綏萬邦也，故曰「外比于賢，以從上也」。**疏**四爲三公，四近五也四在比家而得三公之位。上比聖主，謂乾五也。下御列國，謂坤三爻也。以三公而得正位，故爲「方伯之象」。能外親九服賢德之君，故曰「外比于賢」。宜上志，謂五坎爲「志」也。綏萬邦，謂坤土爲「邦」也。從五而得外比于賢，五在四上，故曰「以從上也」。

愚案：干謂「外比」爲「親九服賢德之君」者，以「賢」不足以當五也。不知繫上曰「可大則賢人之德」，姚信彼注亦謂「乾五」，是乾五稱「賢」，正應經義。「外」即「上」也，「上」即五也，「外比于賢」，即「從上」也。

九五。顯比。虞翻曰：五貴多功，得位正中，初三已變體重明，故「顯比」。謂「顯諸仁」也。**疏**繫上曰「卑高以陳，貴賤位矣」，虞彼注云「乾高貴

〔一〕「性」，原本作「氣」，據陳校本正。

〔二〕「出」，原本作「生」，據陳校本正。

五」，繫下曰「五多功」，故云「五貴多功」。以陽居五，故云「得位正中」。初與三皆失位，當變而之正，成既濟定，有兩離象，故云「初三已變體重明」。説文「㬎」字下云「案微杪也。从日中視絲。古文以爲顯字」。卦自下升，微而之顯，「顯」从日，離爲日，日中視絲，案見微杪，故九五稱「顯比」。「顯諸仁」，繫上文，蓋震爲「仁」，五降初爲元善，三陰亦正其體爲離，故謂「顯諸仁」也。　愚案：比通大有，五伏離明，故曰「顯比」。大有九五稱「威如」，謂伏乾也。比九五稱「顯比」，謂伏離也。**王用三敺，失前禽。**虞翻曰：坎五稱「王」，「三敺」謂敺下三陰，不及于初，故「失前禽」。謂初已變成震，震爲鹿，爲驚走，「鹿斯之奔」，則「失前禽」也。**疏**乾五交坤成坎，故「坎五稱王」。五自師二來，故「三敺謂敺下三陰」。五降初爲復，故敺「不及初」。「前禽」謂初，故「失前禽」。初變成震，鹿性驚，震驚，故「爲鹿」。震爲作足，故「爲驚走」。「鹿斯之奔」，詩小弁文。鹿奔，故「失前禽也」。案：伏離爲網罟，故以田獵爲喻。三敺者，中冬大閱之法。周禮大司馬「中冬教大閱，虞人萊所田之野爲三表，又五十步爲一表。田之日，司馬建旗于後表之中，乃陳車徒，鼓行鳴鐲，車徒皆行，及表乃止」爲一敺，「鼓進鳴鐲，車驟徒趨，及表乃止」爲二敺，「乃鼓，車馳徒走，及表乃止」爲三敺，意主教戰，不在獲禽。故師五曰「田有禽」，比五曰「失前禽」，喻舍逆而取順也。蓋師主義，故利在「執」，比主仁，故吉在「失」。**邑人不戒，吉。**

虞翻曰：坤爲「邑」，師震爲「人」。師時坤虛无君，使師二上居五中，故「不戒吉」也。**疏**坤上，故「爲邑」。比自師來，師震陽生稱「人」，故象傳虞注謂「邑人」爲「二」。一本師震，在坤中，故稱「邑人」。師時六五坤虛无君，今使師二上居五中，是衆陰所樂比者也。震爲言，震象不見，故不待告戒而自比之。不戒而孚者，是不言而信也，故吉。**象曰：「顯比之吉，位正中也。**虞翻曰：謂離象明，正上中也。**疏**初三已變體重明，故「謂離明」。五在上，得位居中，故「正上中也」。舍逆取順，失前禽也。虞翻曰：背上六，故「舍逆」。據三陰，故「取順」。不及初，故「失前禽」。疏上在五後，互艮爲背，故稱「背」。上六逆乘五陽，故稱「逆」。五舍上應二，故曰「舍逆」。四三二皆順，承陽而五據之，故曰「取順」。初在應外，五不及初，故曰「失前禽也」。邑人不戒，上使中也。虞翻曰：謂二，使師二上居五中。疏師震爲「邑人」，故云「謂二」。不戒而孚于五，居中得正，故云「使師二上居五中」也。上六。比之无首，凶。荀爽曰：陽欲「无首」，陰以「大終」，陰而「无首」，不以「大終」，故凶也。虞翻曰：首，始也。陰道无成而代有終，无首凶。疏荀注：「陽欲无首」者，乾「用九見羣龍无首吉」是也。「陰以大終」者，坤「用六永貞以大終」是也。今陰而无始，是「无首」也。「不以大終」，是不能大終陽事也。象傳曰「後夫凶」，謂上六也，故凶。虞注：「首，始也」者，乾陽爲「首」，上以陰居艮背之上，是「无首」也。轉言「始」者，上亦欲比五，失之于始，故「後夫」，以无始，故无終也。「陰道无成而代有終」者，陰從陽乃有終也，无首則无終，故凶。象曰：「比之无首，无所終也。」虞翻曰：迷失道，故「无所終也」。疏比自師來，師二至上體復，復上六曰「迷復」，上爲終。坤承乾而代終，以乾爲首故也。今迷失乾道，故「无首」，无首，則「无所終也」。

序卦曰：「比必有所畜，故受之以小畜」。崔覲曰：下順從而上下應之，則有所畜矣。韓康伯曰：由比而畜，故曰小畜也。疏崔注：六四爲畜主，以一陰處外卦之下，其性順從，而上下五陽皆應之。四陰自坤來，說卦曰「坤以藏之」，五陽藏于一陰，故「有所畜矣」。韓注：地官大司徒「乃施教灋于邦國都鄙，使之各以教其所治民」，即繼以「頒職事十有二于邦國都鄙，使以登萬民」。蓋必比閭族黨之法行，而後稼穡樹藝之事作，故曰「比必有所畜」。論語曰「既庶矣，又何加焉，曰富之」，是其義也。比與大有旁通，陰居五爲大有，五陽位，故稱「大」，陰退而居四爲小畜，四陰位，故稱「小」，是「由比而畜，故曰小畜也」。又陰居四爲小畜，息而至五爲大畜，亦以四陰而五陽也。

䷈乾下巽上小畜。亨。侯果曰：四爲畜主，體又稱「小」。唯九三被畜，下剛皆通，是以「小畜亨」也。疏陰主斂，故「四爲畜主」。陰爲小，互兑少亦爲小，故「體又稱小」。五陽皆爲所畜，而親被其畜者，九三也。三爲四陰所畜，三乘二，四應初，故「下剛皆通」也。亨者，通也，是以「小畜亨」也。密雲不雨，自我西郊。崔覲曰：雲如不雨，積我西邑之郊，施澤未通，以明小畜之義。案：雲雨者，陰之氣也。今小畜五陽，而一陰既微少，纔作「密雲」，故未能爲雨。四互居兑「西郊」之象也。疏崔注：小畜與豫旁通，四體坎，坎爲雲爲雨。今陰雖得位，坎象不見而互離爲日，在乾天之上，又巽爲不果，故有「密雲不雨」之象。互兑，故稱「西邑」，西邑，西岐也。言密雲積我西邑之郊，雨澤鬱而未通，小畜之義也。至上變坎言「雨」，畜極而通也。案：焦氏易林曰「陰積不已，雲作淫雨」，故云「雲雨者，陰之氣也」。今小畜五陽一陰，陽多陰少，故「纔密雲，未能爲雨」也。四互兑，説卦曰「兑，正秋也」，是西方之卦也，故云「西郊之象」。彖曰：「小畜，柔得位而上下應之，曰小畜。王弼曰：謂六四也。成卦之義，在此一爻者也。體无二陰，以分其應。既得其位而上下應之，三不能陵，小畜之義。疏四爲畜主，故「謂六四也」。以一陰畜五陽，故云「成卦之義在此爻也」。大畜體有二陰，以分其應，故不言「上下應之」，小畜體无二陰，則其應專，故云「上下應之」也。陰既得位，而上下皆應，四雖乘剛，而剛亦得位，三自不至陵四，所以能畜也。健而巽，剛中而志行乃亨。虞翻曰需上變爲巽，與豫旁通。豫四之坤初爲復，復小陽潛，所畜者少，故曰「小畜」。二失位，五剛中正，二變應之，故「志行乃亨」也。疏虞无一陽一陰自剥復夬姤之例，故謂「需上變爲巽」而成小畜也。與豫旁通而息來仍在復，蓋豫初變體復，至二成臨，至三成泰，至五成需，由需上變成小畜而伏豫，故小畜取需。豫四陽之坤初，其體爲復，「復小而辯于物」，一陽又潛藏于下，所畜者少，故曰「小畜」。二陽居陰爲「失位」，五剛居陽爲「中正」。二變之正，上應于五，故「志行乃亨也」。九五剛中，四與合志畜乾，至上九而畜道成，故陸績謂「外巽積陰，能固陽道，成在上九」。傳曰「剛中而志行乃亨」，謂柔道亨也。案：「健而巽」者，乾健而陰巽也，言乾健在內而巽畜于外也。「剛中而志行乃亨」者，五爲「剛中」，豫坎爲「志」，謂四也，又互震爲「行」，上與五孚，故爲「志行」。乃者，難辭也，言非剛中而志行，則不能亨也。密雲不雨，尚往也。虞翻曰：密，小也，兑爲密。需坎升天爲「雲」，墜地稱「雨」。上變爲陽，坎象半見，故「密雲不雨，尚往也」。疏小畜小過皆稱「密雲」，故「密」稱「小也」。虞義艮爲愼，兑爲密，蓋山澤通氣，艮陽小稱愼，故兑陰小稱密也。需變小畜，需上爲坎，上坎爲雲，故「升天爲雲」，下坎爲雨，故「墜地稱雨」也。今上變巽爲陽，是「坎象半見」，故「密雲不雨」。「尚」與「上」通。需上往而變坎雨爲巽風，風以散之，且不果，故曰「密雲不雨，上往也」。京房易傳曰「小畜之義，在于六四，陰不能固，三連同進，傳曰『密雲不雨，尚往也』」，陸績彼注謂「一陰劣，不能固陽，是以往也」。自我西郊，施未行也。」虞翻曰：豫坤爲「自我」，兑爲「西」，乾爲「郊」，雨生于西，故「自我西郊」。九二未變，故「施未行」矣。荀爽曰：體兑位秋，故曰「西郊」也。時當收斂，臣不專賞，故「施未行」，喻文王也。疏虞注：伏豫有坤，坤腹爲身，故「爲自我」。互兑爲「西」，內乾爲「郊」。二失正變，坎爲雨，故雨生于郊。五陽主施，二變應之，則施行，未變則陽不得應，故「施未行也」。荀注：互體兑，位正秋，故「曰西郊」。鄉飲酒義「西方者，秋，秋之爲言愁也」，鄭注「愁讀爲揫，斂也」，故云「時當收斂」。左傳曰「賞以春夏」，秋非賞時，故「不賞」。且五君四臣，臣不僭君，故「不專賞」。文王化洽西岐，而施未行于天下，故以是喻之。象曰：「風行天上，小畜。九家易曰：風者，天之命令也，今行天上，則是令未下行。畜而未下，小畜之義也。**疏**説卦曰「巽爲風」，巽象傳曰「重巽以申命」，故云「風者，天之命令也」。今風行天上，則是天之命令，未行于下。畜于上而不行于下，故云「小畜之義也」。愚案：以外巽畜内乾，畜也，以一陰畜五陽，亦畜也，皆以小畜大，故曰「小畜」。君子以懿文德。虞翻曰：「君子」謂乾。懿，美也。豫坤爲「文」，乾爲「德」，離爲明，初至四體夬爲書契，乾離照坤，故「懿文德」也。**疏**「君子謂乾」者，内乾也。説文「懿，專一而美也」，故云「懿，美也」。「坤爲文」，説卦文，謂旁通豫坤也。「乾爲德」者，乾有四德也。「離爲明」者，互離日也。初至四體象夬，繫下曰「易之以書契，蓋取諸夬」，故「夬爲書契」也。乾互離日照豫坤文，豫伏坤文即出畜乾德，故「懿文德」也。愚案：内乾爲「德」，伏坤爲「文」，故曰「文德」，逸書謚法「温柔聖善曰懿」，巽陰爲柔，故曰「以懿文德」。書洪範「六三德，曰高明柔克」，高明象乾，柔克象巽，是其義也。初九。復自道，何其咎，吉。象曰：「復自道，其義吉也。」虞翻曰：謂從豫四之初成復卦，故「復自道」。「出入无疾，朋來无咎」，「何其咎，吉」。乾稱「道」也。**疏**與豫旁通，豫四之初則成復矣，故曰「復自道」。復象傳曰「出入无疾，朋來无咎」，故曰「何其咎，吉」。「乾道變化」，故「乾稱道」。豫四本復初，故言「復自道」。且復初九曰「不遠復，无祇悔，元吉」，故象曰「復自道，其義吉也」。九二。牽復，吉。崔憬曰：四柔得位，羣剛所應。二以中和，牽復自守，不失于行也。**疏**四柔得位，爲畜之主，羣剛皆應。二不應五而應四者，「二與四同功」。且有中和之德，故雖牽復于初以應四，然能自守其剛，不失于行，故吉也。二仍言「復」者，旁通于豫，豫四之初成復，陽息至二「朋來」，失位，五引之，則變正反復，故曰「牽復」。五體巽繩，二在豫艮手，故曰「牽」。復六二爻辭曰「休復吉」，故二「牽復」亦曰「吉」也。愚案：四五皆言「孚」，故初二皆言

「復」。初正應四，是安于畜者也，故曰「自復」。二應五而旁應四，是勉而畜者也，故曰「牽復」。象曰：「牽復在中，亦不自失也。」虞翻曰：變應五，故「不自失」，與比二同義也。**疏**二變應五，雖牽復于四，而其位得中，故「不自失」。初得正，二得中，故「亦不自失」，亦，亦初也。比二象曰「比之自內，不自失也」，今云「與比二同義」，是亦比也。

九三。車說輹，虞翻曰：豫坤爲「車」爲「輹」，至三成乾，坤象不見，故「車說輹」。馬君及俗儒皆以乾爲車，非也。**疏**通豫伏坤，說卦曰「坤爲大轝」，故「爲車」。又「爲腹」，腹，古文「輹」，故「爲輹」，說文「輹，車軸縛也」。復息至三成乾，乾成坤毀，坤象不見，且互兌爲毀折，故「車說輹」也。「馬君」謂融。又漢書王莽傳有「乾文車，坤六馬」之文，易无「乾爲車」之說，故云「非也」。

夫妻反目。虞翻曰：豫震爲「夫」爲「反」，巽爲「妻」，離爲「目」，今夫妻共在四，離火動上，目象不正，巽多白眼，「夫妻反目」。妻當在內，夫當在外，今妻乘夫而出在外，象曰「不能正室」。三體離需，飲食之道，飲食有訟，故爭而反目也。**疏**通豫體震，震爲長男，故「爲夫」。震于稼爲反生，故「爲反」。震長男，巽長女，故「巽爲震妻」。互離，故「爲目」。豫震爲夫，小畜巽爲妻，故「共在四」。離火動而上，動，故「目象不正」。說卦曰「巽爲多白眼」。夫妻共爻而離巽相互，故有「夫妻反目」之象。妻在內夫在外，正也。今巽妻乘震夫而出在外，「不能正室」之象也。三體互離，上變正應爲需，「需者，飲食之道也」，序卦文，又曰「飲食必有訟」，故「夫妻反目」而爭也。

象曰：「夫妻反目，不能正室也。」九家易曰：四互體離，離爲「目」也。離既不正，五引而上，三引而下，故「反目」也。輿以輪成車，夫以妻成室，今以妻乘夫，其道逆，故「不能正室」。**疏**四互三五爲離，離象爲「目」。離非居上居下，而互于上下之間，故云「不正」。互上則五引而上，互下則三引而下，故有「反目」之象。「輿以輪成車，夫以妻成室」者，考工記「輿人爲車」，注云「車以輿爲主也」，輿爲主，故象夫。輹與輻通，説文「有輻曰輪」，「輿人」鄭注「載物爲輿，行地爲輪」，輿非輪不行，故象妻。桓十八年左傳曰「女有家，男有室」，是「夫以妻爲室」也。家人曰「男正位乎外，女正位乎內，天地之大義也」，今豫震夫在內，小畜巽妻在外，反乎居室之道，是「以妻乘夫，其道逆」也，故曰「不能正室」。

六四。有孚。血去惕出，无咎。虞翻曰：「孚」謂五。豫坎爲「血」爲「惕」，惕，憂也，震爲「出」，變成小畜，坎象不見，故「血去惕出」。得位承五，故「无咎」也。**疏**五中實稱「孚」，四承五，故「孚謂五」也。通豫體坎，説卦「坎爲血卦」，故「爲血」，又「爲加憂」，故「爲惕」，以「惕」有「憂」義也。「萬物出乎震」，故「震爲出」。豫變小畜，巽成坎毀，故「坎象不見」，而爲「血去惕出」也。四陰得位，上承九五，其志相合，故「无咎」。

象曰：「有孚惕出，上合志也。」荀爽曰：「血」以喻陰，四陰臣象，有信順五。惕，疾也。四當去初，疾出從五，故曰「上合志也」。**疏**血陰類，故云「血以喻陰」。五陽爲君，故云「四陰爲臣象」。四「有孚」，五亦「有孚」，孚，信也，故云「有信順五」。吳語「一曰惕」，韋注云「疾也」，疾速之疾，故云「惕，疾也」。四與初爲正應，畜所當畜者也，四于五爲臣道，畜不易畜者也，故「四當去初，疾出從五」，則四五交孚，五剛畜而羣剛皆畜，故曰「上合志也」。豫坎爲「志」，象傳曰「剛中而志行乃亨」，「剛中」謂五，四五相孚，乃能畜乾，故曰「合志」。

九五。有孚攣如，富以其鄰。虞翻曰：孚五謂二也。攣，引也。巽爲繩，豫艮爲手，二失位，五欲其變，故曰「攣如」。以，及也。五貴稱「富」，「鄰」謂三，兑西震東稱「鄰」，二變承三，故「富以其鄰」，象曰「不獨富」。二變爲既濟，與東西鄰同義。**疏**陽在二五稱「孚」，故「孚五者，謂二也」。「攣」訓「引」者，言牽連相引也。「巽爲繩」者，説卦「巽爲繩直」也。「豫艮爲手」者，二在艮末也。「二失位，五欲其變」者，變承三爲坎，「志行乃亨」，故「欲其變」也。二「牽」五「攣」，皆取畜義，巽繩艮手，故曰「攣如」。「以」訓「及」

者，由此及彼也。五位貴，且陽實，故「稱富」。五在豫爲震，三體兑，「鄰謂三」者，以「兑西震東」，故「稱鄰」也。五欲二變，二變承三，故「富以其鄰」，「不獨富」之象也。「二變既濟，與東西鄰同義」者，既濟九五「東鄰殺牛，不如西鄰之禴祭，實受其福」，既濟由泰來，虞彼注「泰震爲東，兑爲西」，取象于鄰，其義同也。愚案：三〔一〕變成中孚，故「有孚攣如」，與中孚九五同辭。又五與四孚，四五易位成大有，繫上曰「富有之謂大業」，謂坤陰也，然則五孚于四，其象「攣如」，五之「富」，「富以其鄰」也。此天子所以不言有無，而理財諸職獨責天官，固以不畜爲畜，而藏富于不竭之淵者也。**象曰：「有孚攣如，不獨富也。」**九家易曰：有信，下三爻也。體巽，故「攣如」，如謂連接其鄰，「鄰」謂四也。五以四陰作財，與下三陽其之，故曰「不獨富也」。**疏**孚，信也。「有孚」者，謂孚下三陽爻也。體巽爲繩，故「攣如」。馬云「攣，連也」，連下三陽，故稱「攣」。釋名曰「鄰，連也，相接連也」，故云「如謂連接其鄰」也。四與五近，故「鄰謂四也」。「五以四陰作財」者，火珠林巽屬木，六四納辛未土，以木克土成財爻，故四爲巽之財也。四爲五財，與下三陽共之，則三陽皆接連而富矣，故曰「不獨富也」。**上九。既雨既處，尚得載，婦貞厲。**虞翻曰：既，已也。應在三，坎水零爲「雨」，巽爲「處」，謂二已變，三體坎雨，故「既雨既處」。坎雲復天，坎爲車，積載在坎上，故「上得積載」。巽爲「婦」，坎成巽壞，故「婦貞厲」。**疏**玉篇「既，已也」，卽虞義也。上應在三，坎爲雨以潤之，故「坎水零爲雨」。巽，伏也，故「爲處」。二失正，已變陰，互三四體坎，故爲「既雨既處」也。「坎雲復天」者，謂上亦變坎，復需時也。「坎爲車」者，坎于輿爲多眚也。「積載在坎上」者，

〔一〕「三」，原本作「四」，據陳校本正。

重坎，故爲積也。「故上得積載」者，「上」通「尚」，上得積載于坎也。巽長女「爲婦」，上變爲坎，坎成巽壞，故婦雖貞亦厲，以陰盛將消陽也。　愚案：上變，坎爲雨，畜極而通，是前之「不雨」者，今「既雨」矣，又爲陷，是前之「尚往」者，今「既處」矣，又爲車，是前之「説輹」者，今「得載」矣。體巽，故稱「婦」，應三「夫妻反目」，變陰得正，雖貞亦厲也。

月幾望，君子征凶。虞翻曰：幾，近也。坎月離日，上已正，需時成坎，與離相望，兑西震東，日月象對，故「月幾望」。上變陽消，之坎爲疑，故「君子征，有所疑」矣。與歸妹中孚「月幾望」義同也。**疏**「幾，近也」，釋詁文。説卦「坎爲月」，「離爲日」。「上已正，需時成坎」者，陰得正位，如需時也。「與離日相望，兑西震東」者，豫震爲坎月在震二，小畜兑爲離日在兑三也。禮禮器「大明生于東，月生于西」，鄭注「大明，日也」，故「日月象對」。「月幾望」者，謂上與三對，非二五正，故近望也。上變則陽消之坎，坎爲疑，陰盛陽消，故「君子征凶，有所疑矣」。「與歸妹中孚月幾望義同也者」，歸妹體震兑，五坎在震，三離在兑，中孚由訟坎離四之初體震兑，坎在兑二，離在震三，故歸妹六五、中孚六四皆言「月幾望」，其義同也。　愚案：上變，坎爲月，互體兑爲初七日，下體乾爲十五日，月至兑丁爲上弦，將至乾甲爲「幾望」，幾望者，未望也，盈甲則望矣。既望則生魄，而爲巽辛陽消之象，月滿則盈，既盈則消，自然之理，故戒君子以征凶也。

象曰：「既雨既處，得積載也。虞翻曰：巽消承坎，故「得積載」，坎習爲積也。**疏**「承」當作「成」，言巽陽消而成坎也。坎爲輿，故「得積載也」。習坎，重坎也，故「習坎爲積也」。「積」有畜義，是畜道已成之象也。

君子征凶，有所疑也。虞翻曰：變坎爲盗，故「有所疑也」。**疏**「坎爲盗」，説卦文。變坎爲盗，是以疑而不敢征也。又坎心爲「疑」，故曰「有所疑也」。

序卦曰：「物畜然後有禮，故受之以履。」崔覲曰：履，禮也。物畜不通，則君子先懿文德，然後以禮導之，故言「物畜然後有禮」也。**疏**「履，禮也」，釋言文，即序卦傳「履者，禮也」是也。物當畜而未通之時，惟內懿文德，以養其心，外設禮文，以制其宜，美在其中，暢于四支，此禮所以繼畜也。洪範曰「既富方穀」，論語曰「既富矣，又何加焉？曰教之」，孟子曰「飽食煖衣，逸居而無教，則近於禽獸」，故人民育，然後可教之以禮，皆「物畜然後有禮」之義也。

䷉兌下乾上 **履虎尾，不咥人，亨利貞。** 虞翻曰：謂變訟初爲兌也，與謙旁通。以坤履乾，以柔履剛。謙坤爲「虎」，艮爲「尾」，乾爲「人」，乾兌乘謙震足蹈艮，故「履虎尾」，兌悦而應，虎口與上絶，故「不咥人」。剛當位，故通。俗儒皆以兌爲虎，乾履兌，非也。兌剛鹵，非柔也〔一〕。**疏**謙三爲復，上息成履，非由訟來以需上變巽成小畜，故訟初變兌則成履也。履由謙息，故「與謙旁通」。履，踐行也。謂坤踐行乾，又以震足行兌成乾，是爲「以坤履乾，以柔履剛」。繫下云「履以和行」，坤爲「和」，震爲「行」，是「履乾」之義也。「謙坤爲虎」，釋見「風從虎」。「艮爲尾〔二〕」者，黔喙之屬多長尾，且艮陰爻象四足，而一陽在後象尾也。人禀乾陽而生，故「乾爲人」。以履乾兌乘謙震足蹈艮尾，故曰「履虎尾」。兌説而與上應，虎口在三與上絶，故不咥乾人也。「剛當位」謂五，通，故「亨」也。「以兌爲虎，乾履兌爲非」者，此一説以爲乾履兌，乾非柔，又虎在人後，非履尾，故非也。「兌剛鹵非柔也」者，此又一説，以爲兌履乾，以乾剛爲虎，故破之云「兌非柔」，下又「兌不履乾」也。然兌實爲虎也，郭璞洞林曰「白虎東走〔三〕」，注云「兌爲白虎」，白虎，西方宿，兌正西，故象虎。坤三之

〔一〕「也」字原脱，據陳校本補。
〔二〕「尾」，原本作「虎」，據陳校本正。
〔三〕「東走」，原本作「西起」，據陳校本及洞林正。

乾，以柔履剛，故名「履」。兑爲「虎」，初爲「尾」，四陰位，應初陰位，故曰「履虎尾」。馬鄭皆云「咥，齕也」。乾爲「人」，兑爲和説而應乾剛，三爲虎口，與乾異體，三不當位，故「咥人凶」，兑説而應，故「不咥人亨」。且履者，禮也，禮至則不争，故「不咥人」，「嘉會足以合禮」，故「亨」也。九五「貞厲」，是履危也，以剛中，故「不疚」。彖傳「剛中正」以下，釋「利貞」也。王弼本脱「利貞」，荀氏有之，李從荀本也。

彖曰：「履，柔履剛也。」虞翻曰：坤柔乾剛，謙坤籍乾，故「柔履剛」。荀爽曰：謂三履二也。二五无應故无元，以乾履兑故有通。六三履二非和正，故云「利貞」也。

疏虞注：「坤柔」謂旁通謙也，「乾剛」謂本卦履也。籍，蹈也。以坤之柔，蹈乾之剛，故曰「柔履剛也」。荀注：三柔二剛，兑彖傳曰「剛中而柔外」，故「謂三履二也」。二剛與五非正應，故不言「元」。以乾履兑，兑説而應，故特言「通」。三柔二剛皆不得正，不正則不和，故「云利貞也」。

説而應乎乾，虞翻曰：説，兑也。明兑不履乾，故言「應」也。九家易曰：動來爲兑而應上，故曰「説而應乎乾」也。以喻一國之君，應天子命以臨下。承上以巽，據下以説，其正應天，故虎爲之「不咥人」也。

疏虞注：説卦曰「説言乎兑」，故云「兑，説也」。「明兑不履乾，故言應也」者，若兑履乾，乾爲虎，兑不應虎也。若乾履兑，兑口承乾，正爲咥也。明由坤爲虎，故兑應乾爲「不咥人」也。九家注：此據兑三言也。乾體三爻，動來爲兑，而應乎上九，兑爲説，故曰「説而應乎乾」也。三爲三公，又居下卦之上，故「以喻一國之君」。五爲天子，互巽爲「命」，故「應天子命以臨下」。互上爲巽，故「承上以巽」。在下爲兑，故「據下以説」。三與上爲正應，故「其正應天」。體説而得正應，故「虎爲之不咥人也」。

是以履虎尾不咥人亨。九家易曰：「虎尾」謂三也。三以説道履五之應，上順于天，故「不咥人亨」也。能巽説之道，順應于五，故雖踐虎，不見咥噬也。太平之代，虎不食人。「亨」謂于五也。

疏三在兑終，故「虎尾謂三

也」。「三以兑和説之道，下履二剛，二、五之應，故云「履五之應」。三下履二，二上順五，五爲天位，順天，故「不咥人亨」也。互巽爲順，體兑爲説，能以巽説之道，順應于五，以柔克剛，故「雖踐虎而不見咥噬也」。後漢書法雄傳「雄爲南郡太守，多虎狼。雄移書屬縣曰『古者至化之代，猛獸不擾，皆由仁及飛走』」，故云「太平之代，虎不食人」。三乘二應五，上不咥人，故「亨謂于五也」。

剛中正，履帝位而不疚，光明也。」虞翻曰：「剛中正」謂五。謙震爲「帝」，五，「帝位」，坎爲疾病，乾爲大明，五履帝位，坎象不見，故「履帝位而不疚，光明也」。

疏 二剛中而非正，故知「剛中正謂五」也。「謙震爲帝」者，帝出乎震也。「五，帝位」者，五爲天子，故爲「帝位」也。説卦曰「坎爲心病」，故「坎爲疾病」。乾彖曰「大明終始」，故「乾爲大明」。震行之五爲「履帝位」。坎象不見，故「不疚」。體乾，故「光明也」。案：以陽居五，剛中且正，故爲「履帝位」。四體坎，坎爲心病，詩小雅「憂心孔疚」，故言「疚」。三體離，離爲日，故言「光明」。坎毁故「不疚」，離成故「光明也」。

象曰：「上天下澤，履。君子以辯上下，定民志。」虞翻曰：「君子」謂乾。辯，別也。乾天爲「上」，兑澤爲「下」，謙坤爲「民」，坎爲「志」，謙時坤在乾上，變而爲履，故「辯上下，定民志」也。

疏 禮有定分，故「上天下澤」爲「履」。辯，説文訓「判」，又「判」與「別」皆訓「分」，故云「辯，別也」，謂分別也。乾天在上，兑澤在下，故言「上下」。謙坤衆爲「民」，坎心爲「志」，故言「民志」。謙時坤在乾上，則上下未辯，變而爲履，故「辯上下而定民志也」。案：樂記曰「天高地下，萬物散殊，而禮制行矣」。乾爲天，兑爲澤，禮以地制，澤又卑于地，故君子法之以制禮。天高地下，禮者，天地之別也，故以「辯上下」。萬物散殊而未定，禮節民心，故以「定民志」。又伏坤，故言「民」。伏坎，故言「志」。互離爲明，明故「辯」。伏艮爲止，止故「定」。

初九。素履，往无咎。虞翻曰：應在巽爲白，故「素履」。四失位變，往得正，故「往无咎」。初已得正，使四獨變，在外稱「往」，象曰「獨行願也」。**疏**「應在巽」者，四互巽也。「爲白」，說卦文。增韻「白，素也」，故稱「素」。初爲四所履，故稱「素履」。九四失位，「愬愬終吉」，變而得正，初往應四，故「无咎」。初已得正，故不可變，必使四獨變，然後已往應之也。四在外，故「稱往」。引象「獨行」，以明使四獨變之意。

象曰：「素履之往，獨行願也。」荀爽曰：初九者潛位，「隱而未見，行而未成。」素履者，謂布衣之士，未得居位。獨行禮義，不失其正，故「无咎」也。**疏**乾初九曰「潛龍勿用」，故謂「初九爲潛位」。「隱而未見，行而未成」，乾初文言文。素履者，謂布衣之士，未得居位，與乾初九同占，故潛藏不見，獨善其身。初震爲「行」，故「獨行義禮」。以陽居陽，故「不失其正」。「素位而行，不願乎外」，故「无咎也」。

九二。履道坦坦，幽人貞吉。虞翻曰：二失位，變成震爲「道」、爲大塗，故「履道坦坦」。訟時二在坎獄中，故稱「幽人」。之正得位，震出兑說，幽人喜笑，故「貞吉」也。**疏**二陽失位，變成震則爲「道」，以震爲大塗，故「爲道」也。大塗故「坦」，寬平象震，故「履道坦坦」。「幽人者，幽繫之人也」，尸子曰「文王幽于羑里」，荀子曰「公侯失禮則幽」。初未變時爲訟，訟二爲坎，坎陷爲獄，二在獄中，故「稱幽人」。變之正則得位，震爲「出」，又爲「喜笑」，體兑爲「說」，象幽人出獄而喜笑，故「貞吉也」。愚案：虞說可備一解。其實此爻之義，與儒行「幽居而不淫」，無異旨也。

象曰：「幽人貞吉，中不自亂也。」虞翻曰：雖幽訟獄中，終辯得正，故「不自亂」。**疏**雖幽繫訟獄之中，變震爲言，故云「終辯得正」。得正，故「不自亂」。愚案：坎險爲「亂」，今變正獲吉，上應乎五，正而且中，故曰「中不自亂也」。

六三。眇而視，跛而履。虞翻曰：離目不正，兑爲小，故「眇而視」。視，上應也。訟坎爲曳，變震時爲足，足曳故「跛而履」。俗儒多以兑刑爲「跛」，兑折震足爲刑人，見刑斷足者，非爲跛也。**疏**互離爲目，故「不正」。兑少女，故「爲小」。說文「眇，一目小也」，故「眇而視」。三與上應，上言「視履」，故云「視，上應也」。在訟時爲坎，二變時爲震，「坎爲曳」，「震爲足」，説卦文。儀禮士相見禮「舉前曳踵」，鄭注「備躓跲也」，故「足曳則跛而履」也。三陰將履，上陽失正，故有此象。不取俗儒之説者，以斷足非跛也。愚案：古「能」字作「耐」，此脱寸誤作「而」，詳見「乾始而以美利」注。又案：巽爲股，兑爲毁折，巽股而兑折之，故跛。**履虎尾，咥人凶。**虞翻曰：艮爲尾，在兑下，故「履虎尾」。位在虎口中，故「咥人凶」。既跛又眇，視步不能，爲虎所嚙，故「咥人凶」，象曰「位不當也」。**疏**謙艮爲尾，伏在兑下，故有「履虎尾」之象。兑三爲「口」，故云「位在虎口中」。在口，故「咥人凶」也。既跛且眇，視步不能，而自以爲能視能履，力不足以禦虎而直履其尾，宜爲虎所嚙，而有咥人之凶也。以「位不當」，故有是象。愚案：卦辭「不咥人亨」，以全體「説而應乎乾」也。三不中不正，且居兑口，故「咥人凶」。亦猶小畜「密雲不雨」，上九變坎則「既雨」矣。象言乎象，爻言乎變，爻象不嫌異辭也。**武人爲于大君。**虞翻曰：乾象在上爲「武人」，三失位，變而得正成乾，故曰「武人爲于大君，志剛也」。**疏**楚語曰「天事武」，韋注云「乾稱剛健〔一〕，故武」。乾爲「人」爲「武」，乾象在上，故「爲武人」。三陰失位，變陽得正，成乾爲剛，故有「武人爲于大君」之象。愚案：三互離爲甲胄，變乾爲「武人」。外卦乾，説卦曰「乾以君之」，故爲「大君」。師上六曰「大君有命」，是上爲大君之位也，三應在上，故曰「武人爲于大君」。三失位，是有「咥人之凶」，變得正，故有「武人爲于大君」之象。**象曰：「眇而視，不足以有明也。跛而履，不足以與行也。**侯果曰：六三，兑也，互有離巽，離爲

〔一〕「健」字原脱，據陳校本補。

目」，巽爲股，體俱非正，雖能視，眇目者也，雖能履，跛足者也，故曰「眇能視，不足以有明。跛能履，不足以與行」，是其義也。**疏** 六三體兑，内互離，外互巽。「離爲目」，「巽爲股」，説卦文。互體，故云「俱非正」。雖能視能履，而視爲眇目，履爲跛足也。兩離稱「明」，今互一離，故「不足以有明」，而爲「眇能視」者也。伏震爲「行」，今震象不見，故「不足以與行」，而爲「跛能履」者也。咥人之凶，位不當也。案：六三爲履卦之主，體説應乾，下柔上剛，尊卑合道，是以「履虎尾，不咥人，通」。今于當爻，以陰處陽，履非其位，互體離兑，水火相刑，故獨唯三被咥凶矣。**疏** 一陰爲成卦之主，故「三爲履主」也。内兑，故「體説」。外乾，故「應乾」。六居三，故「下柔」。乾在上，故「上剛」。尊卑合道，則上下辯而禮制行。有禮則安，是以「履虎尾，不咥人，亨」。此以全卦言也。「今于當爻」者，謂六三也。三以陰爻處陽位，履非其正，爻不當位者也。互體離爲火，内體兑爲澤，水火相刑，故有被咥之凶矣。武人爲于大君，志剛也。」案：以陰居陽，「武人」者也。三互離爻，離爲「嚮明」，「爲于大君」，南面之象。與乾上應，故曰「志剛」。**疏** 樂記「始奏以文，復亂以武」，鄭注「文謂鼓，武謂金」，疏云「金屬西方，可爲兵刃，故爲武」，兑，西方金也，又屬陰。三位陽爲「人」，六爻陰爲「武」，以陰爻居陽位，且兑金爲武，故云「武人者也」。説卦「聖人南面而聽天下，嚮明而治，蓋取諸離」，三互離，爲「嚮明」，「爲于大君」，則南面之象也。伏坎爲「志」，乾上爲「剛」，三與上應，故「曰志剛」。

九四。履虎尾，愬愬終吉。虞翻曰：體與下絶，四多懼，故「愬愬」。變體坎，得位承五應初，故「終吉」，象曰「志行也」。**疏** 乾與兑異體，故云「體與下絶」。「四多懼」，繫下文。子夏傳曰「愬愬，恐懼之貌也」。馬本、説文皆作「虩虩」，與震同文。四變互震，震爲恐懼，故曰「愬愬」。「變體坎」者，伏坎也。變陰得正，上承九五，下應初九，其志既行，故「終吉」也。

象曰：「愬愬終吉，志行也。」侯果曰：

愬愬，恐懼也。履乎兑主，「履虎尾」也。逼近至尊，故恐懼。以其恐懼，故「終吉」也。執乎樞密，故「志行也」。疏「愬愬，恐懼」，本子夏傳。兑主，三〔一〕也，下〔二〕近乎三〔三〕，故以「履乎兑主」爲「履虎尾也」。「至尊」謂五，上近于五，故「恐懼」也。震象曰「震來虩虩，恐致福也」，故恐懼則「終吉」，即敬勝則吉之義也。伏坎爲「志」，變震爲「行」，志在樞密，下應乎初，故「志行也」。九五。夬履，貞厲。虞翻曰：謂三上已變，體夬象，故「夬履」。四變，五在坎中也，爲上所乘，故「貞厲」，象曰「位正當也」。疏上兑下乾爲夬，上乾下兑爲履。三上易位，故「謂三上已變」也。其體象夬，故曰「夬履」。「夬履」者，兩象易也。三易位，四又變，是「五在坎中也」。坎爲疾爲災，又爲上所乘，故雖貞亦厲。以乾履兑，五在乾體，有中正之德，而又常存危厲，此所以「履帝位而不疚」歟。象曰：「夬履貞厲，位正當也。」干寶曰：夬，決也。居中履正爲「履」。貴主萬方，所履一決于前，恐夬失正，恆懼危厲，故曰「夬履貞厲，位正當也」。疏「夬，決也」，夬彖傳文。五居中，剛履正，故「爲履」。「履帝位」，故云「貴主萬方」。凡所踐履，一決于前，恐過夬而失其正，是以「恆懼危厲」。然則「夬履貞厲」者，以位雖正而亦厲所當厲也。上九。視履考詳，其旋元吉。虞翻曰：應在三，三先視上，故上亦視三，故曰「視履考詳」矣。考，稽，詳，善也。乾爲「積善」，故「考詳」。三上易位，故「其旋元吉」，象曰「大有慶也」。疏上應在三，三曰「眇能視」，是「三先視上」矣。上曰「視履」，故「上亦視三」。三互離目爲「視」，而上亦云「視」，「天視自我民視」也。上居天位，視人所履以降祥，故曰「視履考祥」矣。「考，稽」，小爾雅文。大戴四代曰「天道以視，地道以履，人

〔一〕〔三〕「三」，原本作「四」，據陳校本正。

〔二〕「下」，原本作「上」，據陳校本正。

道以稽，所謂人與天地相參也。詳，他本作「祥」，大壯「不詳也」，釋文、王肅本作「祥」，書君奭「其終出于不祥」，石經殘碑作「詳」，呂刑「告爾祥刑」，後漢書劉愷傳、鄭注周禮「祥刑」皆作「詳」，昭十一年春秋經「盟于祲祥」，服虔引「祥」亦作「詳」，史記自序「陰陽之術大祥」，漢書作「詳」，是「詳」「祥」古字通也。「祥，善也」，說文文。坤文言曰「積善之家」，謂復初至乾，故「乾爲積善」。乾有善而人參之，故曰「考詳」。旋，反也。三位不當，故視履皆非，上亦失位，兩爻相易，各反于正，則皆吉矣，故曰「其旋元吉」。二四已正，三上易位，成既濟定，故傳曰「大有慶也」。　愚案：三互離目視上，上陽爲君子，三陰爲小人，君子履于上，小人視于下，詩大東曰「君子所履，小人所視」是也。三視上履，可以「考祥」，若三旋于上，則陰陽得正而夬可成乾，故「元吉」也。象曰：「元吉在上，大有慶也。」盧氏曰：王者履禮于上，則萬方有慶于下。

疏　書周官「宗伯掌邦禮，治神人，和上下」，故「王者履禮于上，則萬方有慶于下」也。履繼以泰，其在上九乎。

周易集解纂疏卷三

上經第三

序卦曰：「履而泰，然後安，故受之以泰。泰者，通也。」崔覲曰：以禮導之必通，通然後安。所謂「君子以辯上下，定民志」，通而安也。**疏**乾文言曰「亨者，嘉之會也」，又曰「嘉會足以合禮」，亨者，通也，故「以禮導之必通」。曲禮曰「人有禮則安」，禮主亨通，故「泰然後安」。合上下而辯之，而民志以定，所謂「通而安」也。「天地交而萬物通」爲泰，故曰「泰者，通也」。

䷊乾下坤上泰。小往大來，吉亨。虞翻曰：陽息坤，反否也。坤陰詘外爲「小往」，乾陽信內稱「大來」。天地交，萬物通，故「吉亨」。**疏**泰三陽息臨，云「息坤」者，乾坤消息，往來于否泰。自姤至否，坤成乾滅，則陽息而反泰，自復至泰，乾成坤滅，則陽消而反否，故否泰反其類，乃見消息之用，此云「反否」，在他卦則云「旁通」是也。坤陰稱「小」，陰本居下，自內而出爲「往」，繫下曰「往者，詘也」，故「坤陰詘外爲小往」。乾陽稱「大」，陽本居上，自外而反爲「來」，繫又曰「來者，信也」，故「乾陽信內爲大來」。二五失位，二升五，五降二，天地交，萬物通，成既濟定，故「吉亨」。「泰者，通也」，故四德獨言「亨」。

彖曰：「泰小往大來吉亨，蜀才曰：此本坤卦。「小」謂陰也，「大」謂陽也。天氣下，地氣上，陰陽交，萬物通，故「吉亨」。**疏**泰息自坤，故云「此本坤卦」。陰詘故稱「小」，陽信故稱「大」。泰于消息爲天子，正月值日卦，月令曰「是月也，天氣下降，地氣上騰」，故云天氣下，地氣上」。「天氣下」，即「大來」也，「地氣上」，即「小往」也。又曰「天地和同，草木萌動」，故云「陰陽交，萬物通」。惟交故通，通故吉且亨也。**則是天地交而萬物通也**，何妥曰：此明天道泰也。夫泰之爲道，本以通生萬物，若「天氣上騰，地氣下降」，各自閉塞，不能相交，則萬物無由得生，明萬物生由天地交也。**疏**自天地言之，則以通生萬物爲泰，如蜀才注是已，否則如月令所云「孟冬之月，天氣上騰，地氣下降，天地不通，閉塞而成冬」，萬物奚由而生，故云「明萬物生由天地交也」。案：乾下坤上，乾天坤地，乾二之坤五，坤五降乾二，成坎離，天地以坎離交陰陽，故曰「天地交」。乾升曰「雲行」，坤降曰「雨施」，雲雨澤物，品彙咸亨，又「乾，陽物，坤，陰物」，坎爲通，故曰「萬物通」，謂已成既濟定時也。**上下交而其志同也**。何妥曰：此明人事泰也。上之與下，猶君之與臣，君臣相交感，乃可以濟養民也。天地以氣通，君臣以志同也。**疏**以人事之泰言之，則君上臣下，交相感應，乃可濟養萬民。陰陽有氣，故天地之通以氣言，上下有志，故君臣之同以「志」言。愚案：二升五，五降二，二五相應爲「上下交」，已交成既濟，坎爲「志」，兩坎爲上下志，又互震伏巽，同聲相應，故曰「上下交而其志同也」。**內陽而外陰，內健而外順**，何妥曰此明天道也。陰陽之名，就爻爲語，健順之稱，指卦爲言。順而陰居外，故曰「小往」，健而陽在內，故曰「大來」。**疏**此又以天道言也。稽覽圖「六十四卦策術曰『陽爻九，陰爻六』」，軌術『陽爻九七，陰爻八六』」，故云「陰陽之名，就爻爲語」。繫下曰「乾，天下之至健，坤，天下之至順」也，故云「健順之稱，指卦爲言」。坤順而陰詘居外，故曰「小往」，乾健而陽信在內，故曰「大來」。內外當位，天道所以常泰也。**內君子而外小人**，崔覲曰此明人事也。陽爲君子，在內健於行事，陰爲小人，在外順以聽命。**疏**此又以人事言也。君子之性剛彊，故「陽爲君子」。信在內，則「健於行事」。小人之性柔弱，故「陰爲小人」。詘在外，則「順以聽命」。內外得所，人事所以常泰也。君子道長，小人道消也。」九家易曰：謂陽息而升，陰消而降也。陽稱息者，長也，起復成巽，萬物盛長也。陰言「消」者，起姤終乾，萬物成熟，成熟則給用，給用則分散，故陰用特言「消」也。**疏**陽主息，息故升，陰主消，消故降。月令鄭注「陽生爲息」，故息卽長也。起于復，終成巽，巽居東南，萬物盛長之時也。陰主消，陰之消陽起于姤，終反成乾，乾居西北，萬物已成熟之後也，物已成熟，則給用于人，給用于人，則分散矣，陰消自有而無，故「陰用特言消也」。君子，陽也，內之陽日息，故曰「君子道長」。小人，陰也，外之陰日消，故曰「小人道消也」。雜卦傳曰「夬決也，剛決柔也。君子道長，小人道消」，義竝同也。象曰：「天地交，泰。荀爽曰坤氣上升，以成天道，乾氣下降，以成地道。天地二氣，若時不交，則爲閉塞，今既相交，乃通泰。**疏**地本在下，今坤氣上升，卽「地〔一〕氣上騰」是也。「以成天道」者，陰濟陽也。天本在上，今乾氣下降，卽「天氣下降」是也。「以成地道」者，陽濟陰也。若二氣不交，則閉塞不通矣，惟交故通，通故曰泰。后以財成天地之道，虞翻曰后，君也。陰升乾位，坤女主，故稱「后」。坤富稱「財」，守位以人，聚人以財，故曰「成天地之道」。**疏**「后，君也」，釋詁文。「陰升乾位，坤〔二〕女主，故稱后」者，曲禮「天子有后」，疏云「后，後也，言其後于天子，亦以廣後胤也」，白虎通「商以前皆曰妃，周始立后，正嫡曰王后」，蓋古者君

〔一〕「地」，原本作「天」，據陳校本正。
〔二〕「坤」字原脱，據虞注補。

稱「后」，後世君稱王，妃遂稱后，故以「坤爲女主稱后」，地生萬物，故「坤富稱財」。五爲天位，乾爲人，坤爲財，坤居五位，尚二中行，是「守位以人，聚人以財，故曰成天地之道」也。愚案：「后」本君稱，兹不稱天子，王者，以坤爲后土，杜預左傳注云「上爲羣物主，故稱后」是也，非女主稱后也。財，釋文云「荀作裁」，釋言疏云「財裁音義同」，史記封禪書「民里社，各自財以祠」，漢書郊祀志作「自裁」是也。繫上曰「坤化成物」，故曰「財成」，道有偏陰偏陽，則財而成之，如周官所云「燮理陰陽」是也。**輔相天地之宜，以左右民。**虞翻曰：相，贊。左右，助之。震爲「左」，兌爲「右」，坤爲「民」，謂以陰輔陽，詩曰「宜民宜人，受禄于天」。鄭玄曰：財，節也。輔相，左右，助也。以者，取其順陰陽之節，爲出内之政。春崇寬仁，夏以長養，秋教收斂，冬敕蓋藏，皆可以成物助民也。**疏**虞注：「相」訓「贊」者，釋詁曰「相，導也」，注謂「贊勉」是也。又曰「左右，助勴也」，故云「左右，助之」也。震春爲「左」，兑秋爲「右」，坤衆爲「民」，以六居五，故「謂以陰輔陽」也。宜民宜人，受禄于天」，詩假樂文，引此言坤承乾命，以地輔相，于天，而宜民也。愚案：「天地之宜」，如考工記「天有時，地有利」是也，「輔相」則因天時，順地利也。鄭注：節象曰「節以制度，不傷財」，故云「財，節也」。詩小雅「無棄爾輔」，注云「輔以佐助」，「左右」，爲「助」見爾雅，故云「輔相，左右，助也」。「以者」，釋「后以」也。「取其順陰陽之節」者，釋「財成天地之道」，「爲出内之政」者，釋「輔相天地之宜」也。體互震兑，震春兑秋，故「春崇寬仁，秋教收斂」。二五易位成既濟，離夏坎冬，故「夏以長養，冬敕蓋藏」。云「皆可以成物助民」者，釋「以左右民」也。愚案：天道尚左，地道尚右，天左故稱「佐」，地右故稱「佑」，皋陶謨曰「予欲左右有民〔一〕」，是其義也。**初九。拔茅茹，以其彙，征吉。**王弼曰：茅之爲物，拔其根

〔一〕「有民」二字原倒誤，據陳校本乙。

而相牽引也。茹，相牽引之貌也。三陽同志，俱志在外，初爲類首，已舉則從，若茅茹也。上順而應，不爲違距，進皆得志，故以其類「征吉」也。**疏** 茅根相連，拔則牽引。茹，牽引之貌也。內三陽同志，與坤爲正應，故云「俱志在外」。鄭云「彙，類也」。初爲陽類之首，已舉則二陽相從，如茅之茹也。上坤爲順，下應于乾，不相違距，陽升爲進，進皆得志，故曰「以其彙征吉」。

象曰：「拔茅征吉，志在外也。」 虞翻曰：「否泰反其類」，否巽爲「茅」，茹，茅根，艮爲手。彙，類也。初應四，故「拔茅茹以彙」。震爲「征」，得位應四，「征吉」，「外」謂四也。**疏** 「否泰反其類」，雜卦文，「反類」即旁通也。否三互巽，巽爲草木，剛爻爲木，柔爻爲草，又巽爲白，柔白，故「爲茅」也。否初應四，與四同體，在地中，故「茹爲茅根」也。「艮爲手」，說卦文。艮在否四，拔茅以手也。乾初无正應，確乎不拔，言難拔也，泰初與四正應，「拔茅茹」，言易拔也。「彙，類也」，本鄭注，謂乾三陽爲類也。四拔初，初即應四，故曰「拔茅茹以彙」也。陽息初，震行爲「征」。初得位，與四正應，故「征吉」也。四應初，既濟定四體坎爲「志」，故「外謂四也。」案初動成巽，亦爲茅。

九二：包巟， 翟玄曰：巟，虛也。二五相應，五虛無陽，二上包之。**疏** 「巟」「荒」古今字，鄭云「荒，讀爲康，虛也」，翟從鄭，故訓「虛」，詩桑柔「具贅卒荒」，毛傳「荒，虛也」。乾盈坤虛，故「五虛無陽」。二五相應，二當升五，故「上包之」。**用馮河，不遐遺，** 荀爽曰：河出于乾，行于地中，陽性欲升，陰性欲承，馮河而上，不用舟航。自地升天，道雖遼遠，三體俱上，不能止之，故曰「不遐遺」。**疏** 釋水「河出崑崙虛」，漢書溝洫志武帝時，「齊人延年上書言『河出崑崙，經中國，注勃海，是其地勢西北高而東南下也』」，說卦「乾，西北之卦也」，河源出于西北，故云「河出于乾」。孟子曰「水由地中行，江淮河漢是也」，今在坤下，故云「行于地中」。乾鑿度曰「陽氣升上，陰氣欲承」，故云「乾性欲升，陰性欲承」。詩小旻「不敢馮河」，毛傳「馮，陵也」，故云「馮河而上，不用舟斻」，馮河上五，將爲既濟也。二升五，是「自地升上」也。歷乾，是「天道遼遠」也。二獨上，非「三體俱上」也。五應二，是雖遠「不能止之」也，故曰「不遐遺」。朋亡，得尚于中行。荀爽曰：「中」謂五，坤爲「朋」，朋亡而下，則二上居五，而行中和矣。**疏**五居上中，故「中謂五」。坤曰「西南得朋」，故「坤爲朋」。坤喪乙爲「亡」。五離朋類而下，故云「朋亡而下」。「尚」與「上」通。五下二，則二上居五，各得其正，而行中和矣。「中和」謂六二九五，合言之，則二五爲「中」，相應爲「和」，分言之，則五爲「中」，二爲「和」。故周禮大宗伯「以天産作陰德，以中禮防之。以地産作陽德，以和樂防之」，天地者，二五也，天交乎地，「以天産作陰德」也，五爲中，故「以中禮防之」，地交乎天，「以地産作陽德」也，二爲和，故「以和樂防之」，又曰「以禮樂合天地之化，百物之産」，中庸所謂「致中和，天地位焉，萬物育焉」是也。象曰：「包巟，得尚于中行，以光大也。」虞翻曰：在中稱「包」，巟，大川也。馮河，涉河，遐，遠，遺，亡也。失位，變得正，體坎，坎爲大川，爲「河」，震爲足，故「用馮河」。乾爲遠，故「不遐遺」。兑爲「朋」，坤虚无君，欲使二上，故「朋亡」。二與五易位，故「得上于中行」，震爲「行」，故「光大也」。**疏**二在中，爲上下所包，故「稱包」。「巟」从巛，巛，川本字也，説文「巟，水廣也」，故云「巟，大川」。釋訓「馮河，徒涉也」，故「馮河」云「涉河」。「遐，遠」，釋詁文。「遺，亡也」，説文文。二陽失位，變陰得正，其體爲坎，坎爲水，故「爲大川」而稱「巟」也。九家説卦「坎爲河」，今作「可」者，磨滅之餘也。互震爲足，以震足涉坎水，故「用馮河」。昭十八年左傳曰「天道遠」，故「乾爲遠」。雖遠不亡，故曰「不遐遺」。兑象曰「君子以朋友講習」，故「兑爲朋」。坤陰居五，故「坤虚无君」。二上居五則兑毁，故曰「朋亡」。「尚」與「上」通。二五易位，則二「得尚于中行」，震足爲「行」。五下二成離，離爲「光」，乾爲「大」，故「光大也」。九三。无平不陂，无往不復，虞翻曰：陂，傾，謂否上也。「平」謂三，天地分，故「平」。「天成地平」，謂「危者使平，易者使傾」。「往」謂消外，「復」謂息内。從三至上體復，「終日乾乾，反復道」，故「无平不陂，无往不復」。**疏**鄭注樂記云「陂，傾也」。三應上，上者，泰之極而否之始也，故「謂否上也」。「平謂三」者，泰三也，内天外地，自三爻分，故三稱「平」也。上互震爲大塗，故稱「平」，下互兑爲澤，故稱「陂」。「天成地平」，本書大禹謨文。「危者使平，易者使傾」，繫下文，平易，泰三也，危傾，否上也。泰盈三，則消外而爲否傾，是爲「易者使傾」，否窮上，則復初而爲泰平，是爲「危者使平」也。「往謂消外」者，坤爲消也，「復謂息内」者，乾爲息也。從三至上，復體半見，「終日乾乾，反復道」，乾九三象傳文，謂否反成泰，至三而盈，當反復道乃不陂，故曰「无平不陂，无往不復」也。

艱貞无咎，勿恤其孚，于食有福。虞翻曰：艱，險，貞，正，恤，憂，孚，信也。二之五得正，在坎中，故「艱貞」。坎爲憂，故「勿恤」。陽在五孚險，坎爲孚，故有「孚」。體噬嗑食也，二上之五據四，則三乘二，故「于食有福」也。**疏**艱，艱也，險，亦難也，故云「艱，險」。「貞，正」見師彖傳。「恤，憂」，「孚，信」，釋詁文。二之五得正，三在坎中，故「艱貞」。説卦曰「坎爲加憂」，故「勿恤」。三得位承上，故「无咎」。陽在五，五孚于坎險者，以三坎又爲孚也，故「有孚」。二五易位，體象噬嗑，雜卦曰「噬嗑食也」。二之五，則五據四陰，即三乘二陰，乘陰和則有福，故「于食有福」也。

愚案：二之五成既濟，三體坎，坎險故「艱」。得正承上，故「无咎」。坎雖爲憂，得正則「勿恤」。坎爲孚，三坎與五坎相孚，故曰「其孚」。坎又互離爲水火，昭二十〔一〕年左傳曰「水火醯醢鹽梅，以烹魚肉，燀之以薪」，故爲「食」。福，善也，乾積善，故爲「福」。五坎，既濟九五也，九五乾陽爲實，故曰「實受其福」，三坎孚之，故曰「于食有福」。言處極盛之時，而以艱貞

〔一〕「二十」二字原倒誤，據陳校本乙。

之道，持盈保泰，則可長享其福也。象曰：「无平不陂，天地際也。」宋衷曰：位在乾極，應在坤極，天地之際也。地平極則險陂，天行極則還復，故曰「无平不陂，无往不復」也。**疏**三在乾上，故云「位在乾極」，三與上應，故云「應在坤極」。小爾雅曰「際，接也」，坤與乾接，故云「天地際也」。地以形言，故云「平極則險陂」，天以氣言，故云「行極則還復」。乾盡坤接，則平必陂，往必復，故曰「无平不陂，无往不復」也。

六四。翩翩，不富以其鄰，虞翻曰：二五變時，四體離飛，故「翩翩」。坤虛无陽，故「不富」。兑西震東，故稱「其鄰」。三陰乘陽，不得之應，象曰「皆失實也」。**疏**二五變時成既濟，四體離，離爲雉，又南方朱雀象鳥飛，故曰「翩翩」。坤凝乾元，故廣生爲「富」，坤虛无陽，則「不富」矣。互兑秋爲西，震春爲東，故曰「其鄰」。三陰皆下乘陽，之應則成否矣，故「不得之應」也。不之應則无陽，无陽，「失實」矣。愚案：詩小雅曰「緝緝翩翩」，毛傳云「往來貌」，四與三接，否泰往來之交，四曰「翩翩」，義取往來，卽三「无往不復」之意。坤廣生爲「富」，三互震兑爲「鄰」，四爲坤始，四雖富，不以富耀其鄰也。不戒以孚。虞翻曰：謂坤「邑人不戒」，故使二升五，信來孚邑，故「不戒以孚」。二上體坎中正，象曰「中心願也」。與比「邑人不戒」同義也。**疏**「謂坤邑人不戒」者，坤爲邑，此卦无邑人象，因比言之也。二升五，乾二信實，來孚於坤邑也。戒，告也。四體震爲言，二來震滅成坎，故「不戒以孚」也。二上居五，體坎爲「心」，中而且正，故有「中心願」之象也。比五由師二升，比二爲「邑人」，故云「與比邑人不戒同義也」。案：三承四曰「其孚」，四乘三，故曰「不戒以孚」。象曰：「翩翩不富，皆失實也。」宋衷曰：四互體震，翩翩之象也。陰虛陽實，坤今居上，故言「失實也」。**疏**四在震，震驚，故爲「翩翩之象」。陽實陰虛，坤三爻皆陰，故「皆失實也」。不戒以孚，中心願也。」九家易曰：乾升坤降，各得其正。陰得承陽，皆陰心之所願也。**疏**乾二升居五，坤五降居二，故云「乾升坤降，各得其正」。乾鑿度曰「陰性欲承」，故云「陰得承陽」，承五也。五坎爲「心」，四陰承之，故云「皆陰心之所願也」。

六五。帝乙歸妹，以祉元吉。九家易曰：五者帝位，震象稱「乙」，是爲帝乙。六五以陰處尊位，帝者之姊妹，五在震後，明其爲「妹」也。五應于二，當下嫁二，「婦人謂嫁曰歸」，故言「帝乙歸妹」。謂下居二，以中和相承，故「元吉」也。虞翻曰：震爲「帝」，坤爲「乙」，「帝乙紂父」。歸，嫁也。震爲兄兑妹，故嫁妹。祉，福也。謂五變體離，「離爲大腹」，則妹嫁而孕。得位正中，故「以祉元吉」也。**疏**九家注：五爲天子，故「五者帝位」。震東方，乙位東，故「震象稱乙」。互震居五，是爲「帝乙」。陰爻居于尊位，帝者姊妹之象也，三爲震初，五在其後，是以知其爲「妹」也。五與二爲陰陽正應，故「五當下嫁于二」也。「婦人謂嫁曰歸」，隱二年公羊傳文，故「歸妹」謂嫁也。五下居二，得中得正，故云「中和相承」。「元吉」者，與坤六五「黄裳元吉」同占也。虞注：「帝出乎震」，故「震爲帝」。坤納乙，故坤爲「乙」。「帝乙，紂父」者，書多士曰「自成湯至于帝乙」，哀九年左傳晉趙鞅筮得此爻，其言曰「微子，帝乙之元子也」，故知帝乙爲紂父也。又子夏傳曰「帝乙歸妹，湯之嫁妹也」。世本「湯名天乙」，故稱帝乙。京房章句載湯嫁妹之辭曰「無以天子之尊而乘諸侯，無以天子之貴而驕諸侯。陰之從陽，女之順夫，本天地之義也。往事爾夫，必以禮義」，其辭未必傳于上世，然亦以帝乙爲湯也。又荀爽後漢書本傳言「湯有娶禮，歸其妹于諸侯也」，是先儒皆以帝乙爲湯也。「歸，嫁也」，釋見上。自二至五體互震兑。震長男，故「爲兄」。兑少女，故「爲妹」。坤爲妻道，五當降二，故爲「嫁妹」。「祉，福也」，釋詁文。五變則體互離，「離爲大腹」，説卦文。是「嫁妹而孕」也。得位故正中，正中故「以祉元吉」也。愚案：三四爲天地之交，易位則體歸妹。於五言之者，五爲卦主也。

象曰：「以祉元吉，中以行願也。」九家易曰：五下于二而得中正，故言「中以行願也」。

疏五陰下居于二，中而且正。互震足爲行，坎心爲願，是得中以行其願，故曰「中以行願也」。**上六。城復于隍。**虞翻曰：否艮爲城，故稱「城」。坤爲積土。隍，城下溝。無水稱「隍」，有水稱池。今泰反否，乾壞爲土，艮城不見而體復象，故「城復于隍」也。**疏**泰之上，否之三也。泰之三，本否之四。故取「否艮爲城」。「艮爲門闕」，又陽在外以固内，「故稱城」。「坤爲地」，故「爲積土」。釋言曰「隍壑也」。説文曰「隍，城池也」，故云「隍，城下溝」。又曰「有水曰池，無水曰隍」，故云「无水稱隍，有水稱池」也。今泰反爲否，則乾壞爲坤，艮象不見而復體半形，故曰「城復于隍」。上宜體坎爲水。既濟未成，故溝无水而爲隍也。**勿用師，自邑告命。貞吝。**虞翻曰：謂二動時體師。陰皆乘陽行不順，故「勿用師」。坤爲「自邑」，震爲言，「兑爲口，否巽爲「命」。今逆陵陽，故「自邑告命」。命逆不順，陰道先迷，失實遠應，故「貞吝」。**疏**「二動時體師」者，二至上體師也。天地雖交，以坤三陰乘陽，是爲行逆不順，故「勿用師」。坤身爲「自」，衆爲「邑」，故「坤爲自邑」，謂上也。互震聲爲言，又互兑爲口，皆謂三也。巽象曰「重巽以申命」，故否三互巽「爲命」。今逆行陵陽而告于坤，故爲「自邑告命」。否巽行于上，故爲「命逆不順」。坤卦辭曰「先迷」，故爲「陰道先迷」。上體无陽而下應三命，故爲「失實遠應」。上六得位，雖正亦吝，故曰「貞吝」。愚案：上極則泰反爲否，乾毁坤成，故「城復于隍」。坤衆爲「師」，乾成坤壞，故「勿用師」。自坤邑告命于否巽，三上雖爲正應，但否時震毁，告命不行，雖貞亦吝也。**象曰：「城復于隍，其命亂也。」**九家易曰：乾當來上，不可用師而拒之也。「自邑」者，謂從坤性而降也。「告命」者，謂下爲巽，宣布君之命令也。三陰自相告語，俱下服順承乾也。「城復于隍」，國政崩也。坤爲「亂」，否巽爲「命」，交在泰上，故「其命亂也」。**疏**言否時「乾當來上」，非坤衆所能拒也。坤爲「邑」，陰性降，故「自邑」爲「從坤性而降也」。否巽爲「命」，故

「告命」「謂下爲巽」。應在乾上，「乾爲君」，故「宣布君之命令也」。否三互巽爲「命」，坤身爲「自」，故云「三陰自相告語。上陰降則四五俱降，故云「俱下服順承乾也」。坤陰爲亂而互否巽，三交于上，故曰「其命亂也」。既濟象曰「初吉終亂」，傳謂「終止則亂，其道窮也」，即「命亂」之義也。

序卦曰：「物不可以終通，故受之以否。」崔覲曰：物極則反，故不終通而否矣。所謂「城復于隍」者也。

疏雜卦傳「否泰反其類也」，故「物極則反」。通不終通，而泰受以否矣。泰之反否，其機始于三，而其勢成于上。泰之否，泰之上爲之也。泰上象曰「城復于隍，其命亂也」，其即否之謂乎。

䷋坤下乾上否之匪人，不利君子貞，大往小來。虞翻曰：陰消乾，又反泰也。謂三，比坤滅乾。以臣弑其君，子弑其父，故曰「匪人」。陰來滅陽，君子道消，故「不利君子貞」。陰信陽詘，故「大往小來」。「則是天地不交而萬物不通」，與比三同義也。**疏**否，消卦也。自乾來，故云「陰消乾」。與泰旁通，故云「反泰」。陰消至三成坤，故云「比坤滅乾」。「臣」謂坤「子」謂遯艮也。遯消至二，雖艮子弑父，然乾猶未滅。故弑君弑父，竝在否三。人道滅絶，故曰「匪人」。「君子」謂五。陰來滅陽，陽道有日消之勢。五雖得位，其勢將消，故「不利君子貞」也。陽詘在外，故曰「大往」。陰信在內，故曰「小來」。否象閉塞，故「天地不交而萬物不通也」。比三體剥，剥四曰「剥牀以膚」。弑父弑君，故曰「比之匪人」。否三亦體剥艮膚也，故云「與比三同義也」。

彖曰：「否之匪人，不利君子貞，崔覲曰：否，不通也。於不通之時，「小人道長」，故云「匪人」。「君子道消」，故「不利君子貞」也。**疏**泰，通也。否與泰反，故云「不通」。於否之時，陰道日長，故稱「匪人」。陽道日消，故「不利君子貞」。

大往小來。蜀才曰：此本乾卦。「大往」，陽往而消。「小來」，陰來而息也。**疏**乾陽消而成否故云，「此本乾卦」。陽稱「大」，陽往而消，是「大往」也。陰稱「小」，陰來而息，是「小來」也。則是天地不交而萬物不通也，何妥曰：此明天道否也。疏此以天道言也。乾不降，坤不升，故「天地不交」。不成既濟，故「萬物不通」。乾鑿度曰「天地不變，不能通氣」。鄭彼注云「否卦是也」。上下不交而天下无邦也。何妥曰：此明人事否也。泰中言「志同」，否中云「无邦」者，言人志不同，必致離散而亂邦國。崔覲曰：君臣乖阻，取亂之道，故言「无邦」。疏何注：此以人事言也。志爲氣帥，民爲邦本。泰交故民志同，而邦本以固。否則上下不交而人志不同，必致民心離散而邦國擾亂，故曰「无邦」。崔注：「乾爲君」在上，坤爲臣在下。「上下不交」，則「君臣乖阻」。賢人在下，无輔於上，故爲「取亂之道」。乾爲人，坤爲「邦」。不交則坤虛无人，故曰「无邦」。內陰而外陽，內柔而外剛，崔覲曰「陰柔」謂坤，「陽剛」謂乾也。疏陰柔謂坤在內，陽剛謂乾在外。說卦曰「立地之道曰柔與剛」。泰象傳曰「內健而外順」。順者，順乎乾。今坤消乾，坤成則乾毀。柔剛屬坤，故變健順言柔剛矣。內小人而外君子。小人道長，君子道消也。」崔覲曰：「君子在野，小人在位」之義也。疏「君子在野，小人在位」，書大禹謨文。「小人」謂三，「君子」謂五。陰消至三，故「小人道長」。至五成剝，故「君子道消也」。象曰：「天地不交，否。宋衷曰：「天地不交」，猶君臣不接。天氣上升而不下降，地氣沈下又不上升。二氣特隔，故云「否」也。疏「乾爲天爲君」，「坤爲地」，爲臣，故「天地不交猶君臣不接」。陽性本升，今又在上，故云「天氣上升而不下降」。陰性本降，今又在下，故云「地氣沈下又不上升」。二氣相隔，其象爲否。否者，閉塞不通也。即月令「天氣上騰，地氣下降，天地不通」之義也。但否于消息爲七月卦，月令舉于孟冬者，七月否之始，孟冬否之成也。君子以儉德辟難，不可營以祿。」虞翻曰：「君子」謂乾。坤爲「營」，乾爲

「禄」。「難」謂坤爲弑君，故「以儉德辟難」。巽爲入，伏乾爲遠，「艮爲山」。體遯象謂辟難，遠遁入山，故「不可營以禄」。「營」或作「榮」，「儉」或作「險」。孔穎達曰：言君子於此否時，以節儉爲德，辟其危難。不可榮華其身，以居禄位。若據諸侯公卿而言，是辟時羣小之難，不可重受官爵也。若據王者言之，謂節儉爲德，辟陰陽厄運之難，不可自重榮貴而驕逸也。

疏虞注：陽爲君子，故「君子謂乾」。營求，陰道也，故「坤爲營」。曲禮「士曰不禄」，謂其死也。生則禄，死則不禄。乾陽爲生，故「乾爲禄」。陰消至否，坤臣弑君，故「難謂坤爲弑君」。儉，約也。艮爲慎，乾爲敬，故曰「儉德」。「危邦不入，亂邦不居」，故「以儉德辟難」。「巽，入也」，三互巽，故「爲入」。天道遠，故坤「伏乾爲遠」。互艮爲山，二至上象遯，故爲「辟難」，當「遠遯入山」。坤消乾禄，故「不營以禄」。「營或作榮」，今王弼本是也。「儉或作險」，釋文亦未詳。孔注：士君子伏處草野，有道則見，無道則隱，進退可以自如。若身據王侯公卿之貴，不幸而遭否阨，亦必節儉爲德，遵養時晦，以俟休明。在公卿則辟時羣小之難，不可重受官爵。在王者則辟陰陽阨運之難，不可自重榮貴而驕逸。位既不同，義亦攸别。疏特推廣其説，以備占者之用。庶幾貴賤咸宜，而經无滯旨矣。

初六。拔茅茹以其彚，貞吉亨。

荀爽曰：「拔茅茹」，取其相連。彚者，類也。合體同包，謂坤三爻同類相連，欲在下也。貞者，正也。謂正居其所，則吉也。

疏泰取「拔茅」，以否互巽也。釋見泰初。三互巽，柔爻爲「茅」。初二三陰相連象茅根爲「茹」，故云「拔茅茹，取其相連」。「彚」訓類，本鄭注。「合體」謂合坤體。「同包」謂二三同包。坤三爻皆陰，故云「同類相連」。不言征，故云「欲在下也」。「貞者，正也」，本師象傳。初不正，變之正。不征則正居其所，故吉也。愚案：泰否初爻皆取象于茅。「其初難知」，聖人不肯遽疑其異。但九爲陽剛，君子之象也，故稱其共進則吉。六爲陰柔，小人之象也，故戒以守正則吉。且否初言「亨」者，初動成剛，反泰之始。「泰者，通也」，故獨言「亨」。與泰卦「吉亨」同辭。象曰：「拔茅貞吉，志在君也。」九家易曰：陰志在下，欲承君也。　案：初六巽爻。巽爲草木，陽爻爲木，陰爻爲草。初六陰爻，草茅之象也。疏九家注：初應四，四變應初，體坎，故爲「志」。「乾爲君」，卦五爲君位。坤性承乾，初應四是承乾君也。二承五，初與三以其陰類在下，同承五君，故曰「志在君也」。　案：陰消陽自巽始，姤初是也。故以「初六」爲「巽爻」。「巽爲木」，謂陽爻，其陰爻則草也。故以「初六陰爻」爲「草茅之象」。六二。包承，小人吉。大人否亨。荀爽曰：「二與四同功」，爲四所包，故曰「包承」也。小人，二也。謂一爻獨居，閒象相承，得繫于陽，故吉也。「大人」謂五。乾坤分體，天地否隔，故曰「大人否」也。二五相應，否義得通，故曰「否亨」矣。疏「二與四同功」，繫下文。四承五，二爲四所包，故曰「包承」。陰本小人，二居否時，位雖得正，亦象小人也。一爻獨居正位，閒隔三象，與四相承于五，是得繫于陽爲正應，故吉也。五位天子，又屬陽爻，故爲「大人」。乾陽坤陰，「分陰分陽」，故云「分體」。「天地不交」，故云「否隔」。五爲卦主，故云「大人否也」。二五得中，又爲陰陽正應，故否義得通。通故雖否亦亨也。愚案：二正承五，爲五所包，故「包承」。「小人道長」，故小人則吉。「君子道消」，故大人則否。然得正應五，爲五所包，故雖否亦亨也。象曰：「大人否亨，不亂羣也。」虞翻曰：否，不也。物三稱「羣」，謂坤三。陰亂弑君，大人不從，故「不亂羣也」。疏「否，不也」，說文文。詩小雅「或羣或友」，毛傳「獸三稱羣」，故云「物三稱羣」。坤三爻，故「稱羣」。坤陰爲亂，有弑君之象。時雖否隔，大人居五以中正感之，不爲羣陰所亂，故曰「不亂羣也」。六三。包羞。象曰：「包羞，位不當也。」荀爽曰：卦性爲否，其義否隔。今以不正，與陽相承，爲四所包。違義失正而可羞者，以「位不當」故也。疏卦性本有否隔之義，而否實成于三也。

三以不正之陰，與四相承，爲四所包。既違泰義，又失正。陰可羞，孰甚焉。其可羞者，以位不中不正，不當故也。案：虞云「坤爲恥」。廣雅「恥，羞也」。陰消至三，否象始成。位既不正，爲上所包。以陽包陰，是「包羞」也。孟子曰「無羞惡之心，非人也」。故象以三爲「匪人」。三與上應，皆不得正，故曰「位不當也」。

九四。有命无咎。疇離祉。九家易曰：巽爲「命」。謂受五之命，以據三陰，故「无咎」。无命而據，則有咎也。疇者，類也。謂四應初據三，與二同功，故陰類皆離祉也。離，附。祉，福也。陰皆附之，故曰有福。謂下三陰離受五四之福也。疏巽爲「申命」，互巽故「爲命」。四承五，故「謂受五之命」。受命以據三陰，故无咎。若无命而失位據陰，則有咎矣。漢書律曆志曰「疇人子弟分散」，李奇注云「同類之人」，是「疇」爲「類」也。坤象傳曰「乃與類行」，繫上曰「方以類聚」，此卦曰「彙」，曰「疇」，皆以陰爲「類」也。繫下曰「二與四同功」。四遠應初近據三，又與二同功，皆上與乾爲正應，故同類陰爻皆得上離乾祉也。離象傳曰「離，麗也」。訓「離」爲「附」，謂附著也。故「離」義與「麗」同也。「祉，福也」，釋詁文。陰附于陽，故皆有福。四承王命，故「謂下三陰離受五四之福也」。

象曰：「有命无咎，志行也。」荀爽曰：謂志行于羣陰也。疏四承五命，下據三陰，而陰類皆離其福，是四之志得行于羣陰也。

九五。休否，大人吉。九家易曰：否者，消卦。陰欲消陽。故五處和居正，以否絶之。乾坤異體，升降殊隔，卑不犯尊，故「大人吉」也。疏否爲消卦，坤陰欲消乾陽。以九居五，故「處和居正」。休者，止息。否者，閉隔。故「以否絶之」爲「休否」。「天地不交」，故「乾坤異體」。「上下不交」，故「升降殊隔」。否爲七月卦。是時萬物已成，乾坤位定，卑不犯尊，故「大人吉也」。又鄭注「休，美也」，義亦通。

其亡其亡，荀爽曰：陰欲消陽，由四及五，故曰「其亡其亡」。謂坤性順從，不能消乾使亡。疏陰欲消陽，由四漸有及五之勢。存不忘亡，故曰「其亡其亡」。猶曰豈其亡乎！豈其亡乎！言陰雖善消，而坤性順從，不能消乾使遽亡也。**繫于包桑。**荀爽曰：包者，乾坤相包也。桑者，上玄下黃，以象乾坤也。乾職在上，坤體在下。雖欲消乾，繫其本體，不能亡也。京房曰：桑有衣食人之功，聖人亦有天覆地載之德，故以喻。陸績曰：包，本也。言其堅固不亡，如以巽繩繫也。案：「其亡其亡，近死之嗟也。「其」與幾同，幾者，近也。九五居否之時，下包六二，二互坤艮，艮山坤地，地上即田也。五互巽木，田上有木，莫過于桑，故曰「其亡其亡，繫于包桑」。言五二包繫，根深蒂固，若山之堅，如地之厚者也，雖遭危亂，物莫能害矣。鄭玄曰：猶紂囚文王于羑里之獄，四臣獻珍異之物，而終免于難，「繫于包桑」之謂。**疏**荀注：「乾坤相包」，參同契文。言陰包陽，陽亦包陰，故引以釋「包」義也。文言曰「天玄而地黃」。考工記曰「天曰玄，地曰黃」。桑本上玄下黃，故取其色以象乾坤。繫上曰「天尊地卑，乾坤定矣」，故云「乾職在上，坤體在下」。坤陰雖欲消乾，然繫于玄黃之木。黃亦坤之本體，消亦安能遽亡也。京注：典術「桑木者，箕星之精，神木也。蟲食葉爲文章。人食之，老翁爲小童」。文章，即黼黻也。故云「桑有衣食人之功」。聖人于人「有天覆地載之德」。天覆象玄，地載象黃，故取桑之上玄下黃而衣食于人者以喻之也。陸注：說文「包象人懷妊，巳在中」。是「包」固生人之本，故云「包，本也」。言根本堅固，自不能亡。說卦曰「巽爲繩」，五互四三爲巽，故「如以巽繩繫也」。案：春官大宗伯「以喪禮哀死亡」，「亡」即「死」也。故云「其亡其亡，近死之嗟也」。史記酈生傳注「酈食其讀歷異幾」，是「其」有「幾」音，亦有「幾」義，故云「其與幾同」。釋詁「幾，近也」，故云「幾者，近也」。九居否五，與二正應，故云「下包六二」。二體坤，又互艮。「艮爲山」，「坤爲地」。地上爲田，故云「地上即田也」。五互巽爲木，詩衞風「星言夙駕，于彼桑田」，故云「田上有木，莫過于桑。」「其亡其亡，繫于包桑」者，言五與二相包繫，得位正應，根深蔕固，若艮山之堅，坤地之厚也。「雖遭危亂，物莫能害」者，所謂「亡者保其存者也」。鄭注：文王囚于羑里之事，詳具乾初九注。引之以明處難終免，有合「繫于包桑」之義。象曰：「大人之吉，位正當也。」崔覲曰：得位居中也。疏 九爲得位，五爲居中。得位居中，則陰不能消，故「大人吉」也。上九。傾否，先否後喜。侯果曰：傾爲覆也，否窮則傾矣。傾猶否，故「先否」也。傾畢則通，故「後喜」也。疏 中庸曰「傾者覆之」，故云「傾爲覆也」。月令曰「五覆五反」，覆，反覆也。否極則泰來，「窮上反下」，故「否窮則傾矣」。方傾之時，其體猶否，故「先否」也。傾畢則反泰而通矣，故「後喜」也。象曰：「否終則傾，何可長也。」虞翻曰：否終必傾，盈不可久，故「先否」。下反于初，成益體震。「民說无疆」，故「後喜」。以陰剥陽，故「不可久也」。疏 高誘淮南注云「傾，猶下也」。上反初爲「傾否」，故曰「否終則傾」。謙象傳曰「地道變盈而流謙」，故云「盈不可久」。卦體下爲「先」，上爲「後」。上應在三，否成于三，故「先否」。益自否來，故云「下反于初」。成益，下體震，震陽爲「喜」。「民說无疆」，益象傳文。成益則說，說故「後喜」。上不益下則消成剥，以陰剥陽，剥極必復，故「不可久也」。

序卦曰：「物不可以終否，故受之以同人。」崔覲曰：「否終則傾」，故同于人，通而利涉矣。疏 上下不交，其志不同，所以成否。當否極之時，須同力相濟，乃能「傾否」。故否終于上，必同于人以傾之，則塞者易通。而辟難者，可以利涉矣。

䷌離下乾上 同人于野，亨。鄭玄曰：「乾爲天」，「離爲火」。卦體有巽，「巽爲風」。天在上，火炎上而從之，是其性同于天也。火得風，然後炎上益熾。是猶人君在上施政教，使天下之人和同而事之。以是爲人和同者，君之所爲也，故謂之同人。風行无所不徧，徧則會通之德大行，故曰「同人于野，亨」。**疏**上乾爲天，下離爲火。卦體互巽，「巽爲風」。乾鑿度曰「輕清上爲天」，故云「天在上」。洪範曰「火曰炎上」，故云「火炎上而從之」。乾文言曰「本乎天者親上」，故云「是其性同于天也」。「巽爲木」，又「爲風」。木生火而風揚之，故「火得風，然後炎上益熾」。畢命曰「樹之風聲」，故云「是猶人君在上施政教」。說卦曰「聖人南面而聽天下，嚮明而治」，故云「使天下之人和同而事之」。坤爲民，「乾爲君」。坤之一陰，入乾成離。是火之就燥，無異民之就君。故云「以是爲人和同者，君之所爲也」。「本天親上」，雜卦曰「同人，親也」，「故謂之同人」。「風行无所不徧」者，釋「于野」。「徧則會通之德大行」者，釋「亨」也。蓋同則通，通則亨，故曰「同人于野，亨」。　愚案：同人自乾九二變也。乾二曰「見龍在田」，「田」即「野」也。象曰「德施普也」。文言曰「天下文明」，天即乾，明即離，「同人于野」之象也。

利涉大川，利君子貞。崔覲曰：以離文明而合乾健。九五中正，同人於二。爲能「通天下之志」，故能「利涉大川，利君子之貞」。**疏**此本彖傳「文明以健，中正而應，君子正也。唯君子爲能通天下之志」，以釋之也。　愚案：乾郊爲「野」，伏坎爲「川」。野者夷塗，川者險道。同「于野」者，是謂大同之象也。故「亨」。「涉大川」者，同舟共濟之義也。故「利君子貞」。貞者，二五皆正也。京氏易傳「訟降爲同人」，蓋訟之乾在坎水之下，故「不利涉大川」。同人則乾居上體而下互巽木，又伏坎水，故「利涉大川」。

象曰：「同人」，九家易曰：謂乾舍于離，同而爲日。天日同明，以照于下。君子則之，上下同心，故曰「同人」。**疏**坤二之乾爲離，是離舍于乾矣。今乾居離上爲同人，是乾舍于離矣。乾虛其中，則同而爲日。乾大明，離嚮明，皆萬物所瞻仰也。故云「天日同明以照于下」。君子則其同明之象而上下同心，故曰「同人」。

柔得位得中而應乎乾，曰同人。蜀才曰：此本夬卦。九二升上，上六降二，則「柔得位得中而應乎乾」。下奉上之象，義同于人，故曰「同人」。**疏** 以五陽一陰之例論其升降，故云「此本夬卦。九二升上，上六降二」。二爲成卦之主，以六居二，上應九五，故曰「柔得位得中而應乎乾」。中庸曰「行同倫，車同軌，書同文」，是以下奉上之義，同于人之象，故曰「同人」也。**同人曰，同人于野亨利涉大川，乾行也。**虞翻曰：旁通師卦。巽爲「同」，乾爲「野」，師震爲人。二得中應乾，故曰「同人于野，亨」。此孔子所以明嫌表微。師震爲夫，巽爲婦，所謂「二人同心」。故不稱君臣父子兄弟朋友，而故言「人」耳。乾四上失位，變而體坎，故曰「利涉大川，乾行也」。侯果曰：九二升上，上爲郊野，是「同人于野」。而得通者，由乾爻上行耳，故特曰「乾行也」。**疏** 虞注：虞无一陰五陽之例。蓋消息師二降初爲復，息成同人，故云「旁通師卦」。師互震，同人互巽，震巽「同聲相應」，故「巽爲同」。乾居戌亥之郊，故「爲野」。師震乾元，人秉以生，故「爲人」。二得中位，震巽同心，上應乾五，故曰「同人于野，亨」。師震長男爲夫，同人巽長女爲婦，震巽交乾坤于二，夫婦同心之象。序卦曰「有天地，然後有萬物。有萬物，然後有男女。有男女，然後有夫婦」。君臣父子，特由此而錯之耳。故以「二人同心」爲夫婦。不稱君臣父子兄弟朋友而言「人」也。乾四上失位，變成既濟定，體坎爲水，故曰「利涉大川」。坎從乾來，故曰「乾行也」。其曰「明嫌表微」者，名卦止取六二一爻，卦辭乃取「于野」「涉川」，非夫婦相同之義。然同人者，夫婦也。其本義也。至「于野」「涉川」，則取乾通天下之志，體坎而行而推廣之。侯注：卦自夬來，九二升上爲同人。上在外卦之外，故爲郊野。言「同人于野」所以得亨者，由九二乾爻上升耳，故曰「乾行也」。**文明以健，中正而應，君子正也。**何妥曰：離爲「文明」，乾爲「剛健」。健非尚武，乃以文明。應不以邪，乃以中正。故曰「利君子貞」也。**疏**「坤爲文」，離爲「明」。離之中畫自坤來，故「離爲文明」。乾文言曰「剛健中正」，故「乾爲剛健」。「健非尚武，乃以文明」者，柔以濟剛也。「應不以邪，乃以中正」者，二五得中得正也。五陽得位爲「君子」，下有正應，故曰「利君子貞也」。唯君子爲能通天下之志。」虞翻曰：唯，獨也。四變成坎，「坎爲通」，爲「志」，故「能通天下之志」。謂五「以類族辯物」，「聖人作而萬物覩」。崔覲曰：「君子」謂九五。能舍己同人，以「通天下之志」。若九三九四，以其人臣，則不當矣。故爻辭不言「同人」也。疏虞注：「唯」訓「獨」者，專辭也。上四皆不得正，變則成坎。「坎爲通」，說卦文。坎心爲「志」。故曰「能通天下之志」。象言「類族辯物」，謂五即乾九五「聖人作而萬物覩」之義也。蓋通志取乎坎。而「能通天下之志」，則在五也。崔注：五本乾陽，又爲卦主，故「君子謂五」。五「能舍己同人」，故「通天下之志」。三爲三公，四〔一〕爲諸侯，皆人臣之位，不足當同人之任，故爻辭皆不言「同人」也。愚案：明則私不能淆，健則欲不能屈，中正則足以有敬，應則天下皆通。論語曰「一日克己復禮，天下歸仁焉」，是其義也。象曰：「天與火，同人。荀爽曰：乾舍于離，相與同居，故曰「同人」也。疏乾居離上，故云「乾舍于離」。乾親上，離炎上，故云「相與同居」。繫下曰「中心疑者其辭枝」，虞注云「離人之辭也」。又曰「誣善之人其辭游」，注云「乾爲善人」。乾離皆稱人而又同居，故曰「同人」。君子以類族辯物。」虞翻曰：「君子」謂乾。師坤爲「類」，乾爲「族」。辯，別也。乾陽物，坤陰物。體姤，「天地相遇，品物咸章」。以乾照坤，故「以類族辯物」。謂「方以類聚，物以羣分」。孔子曰「君子和而不同」，故于同人象，見以「類族辯物」也。疏「君子謂乾」者，謂乾五也。伏師體坤，坤方類聚，故「爲類」。上體乾，人本乎天。又族有九，與圜則九重同義。故「乾爲

〔一〕「四」，原本作「五」，據陳校本正。

族」。說文「辯，判也」。故「辯」訓「別」。「乾陽物，坤陰物」，本繫下文。陽物以族辯，三也。陰物以類辯，四也。自二至上體姤。「天地相遇，品物咸章」，姤彖傳文。「天地遇而品物章」者，二應五也。上體乾，伏體坤，下離爲照，故云「以乾照坤」。照則物无不明，故以乾坤類族，辯其陰物陽物。「方以類聚，物以羣分」，繫上文。又禮樂記曰「方以類聚，物以羣分，則性命不同矣」。故引之以明「類族辯物」之意也。「君子和而不同」，論語文。和，中和也。謂二五。「不同」謂「類族辯物」也。于同人家言「類族辯物」，則統同而辨異在其中矣。**初九。同人于門，无咎。**虞翻曰：乾爲「門」。謂同于四。四變應初，故「无咎」也。**疏**繫下曰「乾坤其易之門耶」，故「乾爲門」。初應四，故「謂同于四」。正應辯類，故「四變應初」，所以「无咎」也。**象曰：「出門同人，又誰咎也。」**崔覲曰：剛而无應，比二以柔，近同于人，「出門」之象，又誰咎矣。

案：初九震爻，「帝出乎震」，震爲大塗，又爲日門，「出門」之象也。**疏**崔注：初體剛而即亦剛，是「无應」也。柔在二而近初，初比二以剛，是「近同于人」，而爲「出門之象」。以陽承陰，剛柔相得，「又誰咎也」。案：初九，震之一陽也。「帝出乎震」，「震爲大塗」皆說卦文。日出東方震，故「又爲日門」。所以取象于「出門」也。愚案：二三艮象半見，故爲門。初二震象半見，故爲出。所同者二，二陰爲偶象同人，故曰「出門同人」。三爻皆剛柔當位，故曰「又誰咎也」。**六二。同人于宗，吝。**荀爽曰：宗者，衆也。三據二陰，「二與四同功」，五相應，初相近。上下衆陽皆欲與二爲同，故曰「同人于宗」也。陰道貞靜，「從一而終」。今宗同之，故「吝」也。**疏**書禹貢「江漢朝宗于海」，注云「言百川以海爲宗」。今「宗」訓「衆」者，言一陰爲衆陽所宗主，即「江漢朝宗」之義也。三據二陰，三同二也。「二與四同功」，四同二也。二五應，五同二也。初相近，初同二也。故謂「上下衆陽皆欲與二爲同」，而云「同人于宗」也。「從一而終」，恆六五象傳文。陰爲婦道，貴于貞靜。

「從一而終」，即郊特牲「壹與之齊，終身不改」之義也。今衆陽皆同于二，宜其「吝」也。愚案：二自坤來，坤爲陰宗。二互巽，本體離，離巽皆陰。又二爲陰位。雖得中得正，然所同者，特「同人于宗」而已。以卦言，則「同人于野」，其象廣，廣故「亨」。以爻言，則「同人于宗」，其象狹，狹故「吝」。與履卦言「不咥人」，三爻言「咥人」，其義一也。又許慎五經異義曰「易曰『同人于宗吝』，言同姓相取吝道」。意謂二與五爲陰陽正配，以在同人家爲同姓，義亦可通。象曰：「同人于宗，吝道也。」侯果曰：「宗」謂五也。二爲同人之主，和同者之所仰也。有應在五，唯同于五。過五則否，不能大同于人，則爲主之德吝狹矣。所同雖吝，亦妻臣之道也。**疏** 五爲卦主，故「宗謂五也」。二爲成卦之主，故云「二爲同人之主」。二爲和同者所共宗仰，乃五爲正應而二唯同于五焉。非五則不同，是不能如「于野」者之大同于人矣。爲主之德，其吝狹可知也。然所同雖吝，得中得位，五爲正應，亦妻道臣道之常也。九三。伏戎于莽，升其高陵，三歲不興。虞翻曰：巽爲「伏」，震爲「草莽」，離爲「戎」。謂四變時，三在坎中，隱伏自藏，故「伏戎于莽」也。巽爲「高」，師震爲「陵」。以巽股「升其高陵」。爻在三，乾爲「歲」。興，起也。動不失位故「三歲不興」也。**疏** 雜卦曰「兑見而巽伏也」，故「巽爲伏」。通師互震。説卦曰「震爲萑葦」，故「爲草莽」。又曰「離爲甲胄，爲戈兵」，故「爲戎」。四不正，變成坎，三在坎中，乃入伏就震，隱而自藏，故有「伏戎于莽」之象也。「巽爲高」，説卦文。又「震爲反生」，虞作「阪生」。阪，陵也。故「師震爲陵」。又「巽爲股」。是「以巽股升其高陵」也。「乾爲天」，周天三百六十五度四分度之一，故「爲歲」。爻在三，故爲「三歲」。「興，起也」，釋文言。「動不失位」，「不」字當作「而」。動而失其剛位，所以「三歲不興」也。愚案：三與上應，「伏戎」敵上也，「升陵」望上也。自三至上歷三爻，「三歲不興」，欲上變正應己，庶從同也。象曰：「伏戎于莽，敵剛也。」三歲不興，安行也。」崔覲曰：與二相比，欲同人焉。盜憎其主而忌于五，所以隱兵于野，將以襲之，故曰「伏戎于莽」。五既居上，故曰「升其高陵」。一爻爲一年。自三至五，頻遇剛敵。故「三歲不興」，安可行也。案：三互離巽，巽爲草木，離爲戈兵，「伏戎于莽」之象也。**疏**以陽比陰，故云「與二相比」。陰陽和合，故云「欲同人焉」。成十五年左傳曰「盜憎主人」。盜謂三，主謂二也。「而忌于五」者，謂五與二應也。欲同二而忌五，所以隱兵于三，將以襲五，故曰「伏戎于莽」。五居上，故「升其高陵」以敵之。自三至五，一爻爲一歲。四五皆剛，故「頻遇剛敵」。歷三歲而不能與起，則安可行也。案：三體離互巽。巽爲草木故爲莽，離爲戈兵故爲戎，所以有「伏戎于莽」之象也。愚案：三與上應，以陽應陽，所以「伏戎于莽」者，隱以備之，防其亢也，故曰「敵剛」。以正應不正，所以「三歲不興」者，徐以俟之，冀其正也，故曰「安行」。

九四。乘其庸，弗克攻，吉。虞翻曰巽爲「庸」。四在巽上，故「乘其庸」。變而承五，體訟。乾剛在上，故「弗克攻」則「吉」也。**疏**「庸」，王弼本作「墉」。今作「庸」者，從鄭本也。詩大雅「以作爾庸」，注云「庸，城也」。禮王制「附庸」，注云「小城也」。是「庸」與「墉」通。「巽爲庸」者，「巽爲高」，又爲「伏」。高而可伏，城庸之象。釋名「墉，容也，所以隱蔽形容也」，與「巽稱而隱」之義亦符，故知「巽爲庸」也。四在巽上，故「乘其庸」者，欲攻初也。四與初皆陽，故敵應。初得位，四无攻初之義。變而承五，其體爲訟，訟六四曰「不克訟」。且乾剛在上，義不可攻。「弗克攻則吉」者，喜其變正以同初也。

象曰：「乘其庸，義弗克也。其吉，則困而反則也。」王弼曰：處上攻下，力能乘庸者也。履非其位，與三爭二。二自應五，三非犯已。攻三求二，尤而效之。違義傷禮，衆所不與。勢雖乘墉，義終弗克。而得吉者，以困而反正則也。**疏**以陽處四，力能顯亢，故乘高庸欲攻于三。但所履非正，而妄與人爭。二與五爲正應。三得位，非犯已，三欲求二，其事已非，四又效之以求二，違義傷禮，故爲衆人所不與。雖欲乘庸攻三，必不克也。不克攻則反，反則吉。其所以吉者，以困不能攻，故反自思愆，以從法則也。案：四乘庸，欲攻初也。初正四不正，故曰「義弗克也」。文十四年穀梁傳曰「弗克納，弗克其義也」。范甯彼注云「非力不足，義不可勝」。與傳義同也。釋詁「則，法也」。韋昭晉語注云「謀不中爲困」。四欲攻初，以初正已不正而止。困而自反，變正成坎，坎水平爲法則，故曰「反則」。四變陰承五，下應于初，是困而反歸于則。初四陰陽得應，始異終同，故吉也。

九五。同人先號咷而後笑，大師克相遇。

虞翻曰：應在二，巽爲「號咷」，乾爲「先」，故「先號咷」。師震在下，故「後笑」。震爲「後笑」也。乾爲「大」，同人反師，故「大師」。二至五體姤，遇也，故「相遇」。**疏** 五應在二，二體互巽，雷風同聲，震陽「笑言」，巽陰號咷，故「巽爲號咷」。乾陽主倡「爲先」，震「後有則」爲「後」。又陽聲爲「笑」，旁通師震在下，「故後笑」。「大哉乾元」，故「乾爲大」。與師旁通，故同人反師爲「大師」。二至五體姤，姤彖傳曰「姤，遇也」，「故相遇」。案：體互巽在先，故「先號咷」，通師震在後，故「後笑」，旁通則「大師相遇」矣。三與上敵，四欲攻初，是在同人家而異德者也。崔氏所云「九三九四不言同人」是已。故五用師克去三四，則五與二應，故「相遇」也。五遇二，則天下之志通矣。

象曰：「同人之先，以中直也。大師相遇，言相克也。」

侯果曰：乾德中直，不私于物，欲天下大同。方始同二矣，三四失義而近據之，未獲同心，故「先號咷」也。時須同好，寇阻其途。以言相克，然後始相遇，故笑也。九家易曰：乾爲言。**疏** 侯注，五位居中，九家易曰「乾爲直」，故云「乾德中直」。中直則「不私于物」，而「欲天下大同」也。五與二應故「始同二」。三敵四攻，所處失義而近據之。三四兩爻不言同人，所以「未獲同心」而「先號咷」也。二五爲正應，故云「時須同好」。三四異德，故云「寇阻其途」。繫上釋此爻云

「同心之言，其臭如蘭」，是二五同心，其言相合，故云「以言相克」。三四既克，然後五與二相遇，故笑也。九家注：九家易説卦有「乾爲言」之文。初息震，再息兑。震聲兑口，故「爲言」。上九。同人于郊，无悔。虞翻曰：乾爲「郊」。失位无應，與乾上九同義當有悔。同心之家，故「无悔」。**疏**乾位西北之郊，故爲「郊」。以九居上，故「失位」。三敵剛，故「无應」。失位无應，故「與乾上九同義」。乾上曰「亢龍」，故宜「有悔」。變之正，與三應，故在「同心之家无悔」也。象曰：同人于郊，志未得也。侯果曰：獨處于外，「同人于郊」也。不與内争，无悔吝也。同人之時，唯同于郊，「志未得也」。**疏**釋地「邑外謂之郊」。上處外卦之外，故曰「同人于郊」。三正上不正，故「不與内争」。不争故「无悔吝」。同人之時，初「无咎」四「吉」，二雖「吝」而五「相遇」。唯三「伏戎」與上敵剛而遠在外，故云「唯同于郊」。三伏坎爲「志」，與上不相得，故曰「志未得也」。

序卦曰：「與人同者，物必歸焉，故受之以大有。」崔覲曰：「以欲從人」，物必歸己，所以成大有。**疏**「以欲從人」，僖廿一年左傳文。以己之欲從人之欲，則天下之物皆歸于己。蓋「君子以類族辯物」推己及人，善與人同。由人及物，各遂其生，「品物咸章」，所以成大有也。

䷍乾下離上大有。元亨。虞翻曰：與比旁通。「柔得尊位大中」，「應天而時行」，故「元亨」也。姚規曰：互體有兑兑爲澤，位在秋也。乾則施生，澤則流潤，離則長茂，秋則成收，大富有也。大有則元亨矣。鄭玄曰：六五體離，處乾之上。猶大臣有聖明之德，代君爲政，處其位有其事而理之也。元亨者，又能長羣臣以善使，嘉會禮通。若周公攝政，朝諸侯于明堂是也。**疏**虞注：比初動陽爲屯，息成大有，故「與比，旁通」。成卦之主在五，故引彖傳文以明之，義詳于後。姚注：

三至五互兑，「兑爲澤」，説卦文。又曰「兑，正秋也」故云「位在秋」。乾陽則主施生，兑澤則主流潤，離夏則主長茂，兑秋則主收成，大而富有之象也。唯其「大有」，是以「元亨」。鄭注：五爲君位，陰爲臣象。六陰，故云「猶大臣」。體離爲明，故云「有聖明之德」。離處乾上，故云「代君爲政」。六處五位，則當行五之事，故云「處其位有其事而理之也」。「元者，善之長」，故云「長羣臣以善使」。「亨者，嘉之會」，故云「嘉會禮通」。禮明堂位曰「武王崩，成王幼弱，周公踐天子之位，以治天下。六年，朝諸侯于明堂」，是周公攝政之事也。**彖曰：「大有，柔得尊位大中而上下應之，曰大有。**王弼曰：處尊以柔，居中以大。體无二陰，以分其應。上下應之，靡所不納。大有之義也。**疏**「處尊以柔，居中以大」，謂六五也。五止一陰而衆陽皆應，故云「无二陰以分其應」。五正應二，上承上，下乘四，「三與五同功」，唯初在應外，亦比二以應五，故云「上下應之，靡所不納」。上應則天道助信，下應則人道助順，故曰大有。**其德剛健而文明，應乎天而時行，是以元亨。」**虞翻曰：謂五以日應乾而行于天也。「時」謂四時也。大有亨比，初動成震爲春，至二兑爲秋，至三離爲夏，坎爲冬，故曰「時行」。以乾亨坤，是以「元亨」。**疏**乾德「剛健」，離德「文明」。五本乾陽天位，動而成離爲日，故云「五以日應乾而行于天也」。應天而四時常行者，唯日，故「時謂四時也」。「大有亨比」者，「亨」當作通，言旁通于比也。下「亨坤」亦然。別本重「比」字者是也。言大有旁通于比。比初動成震。震，東方卦爲春。息至二成兑。「兑，正秋也」。至三互離，南方之卦爲夏。體坎，北方之卦爲冬。故曰「時行」。乾爲「元」，「亨」爲通，故云「以乾通坤，是以元亨」。**象曰：「火在天上，大有。**荀爽曰：謂夏，火王在天。萬物并生，故曰「大有」也。**疏**離位南方故「謂夏」。「離爲火」，在乾上，故云「火王在天」。夏正萬物并生之時，故曰「大有」。不曰日而曰「火」者，日中則離，陰陽相就，陽氣盛行，萬物畢納，故曰「大有」。日中則盛如火，故曰「火在天上」。**君子以遏惡揚善，順天休命。**」虞翻曰：遏，絶。揚，舉也。乾爲「揚善」。坤爲「遏惡」，爲「順」。以乾滅坤，體夬「揚于王庭」，故「遏惡揚善」。乾爲「天休」，二變時巽爲「命」，故「順天休命」。**疏**「遏，絶。揚，舉」，訓見廣韻。乾陽爲「善」，陽升爲「揚善」。旁通比坤。坤陰爲「惡」，陰凝爲「遏惡」。坤又爲「順」。初至五體夬，以乾滅坤，是「遏惡」也。夬曰「揚于王庭」，是「揚善」也。「乾爲天」。又「美利」爲美，「休」即美也。故爲「天休」。二變時體巽。巽「申命」，故爲「命」。伏坤順。故曰「順天休命」。

初九。无交害，匪咎，艱則无咎。虞翻曰：「害」謂四，四離火爲惡人，故「无交害」。初動震爲「交」，比坤爲「害」。匪，非也。艱，難，謂陽動比初成屯，屯，難也。變得位，「艱則无咎」。**疏**初與四爲敵應，故「害謂四」。離火在四，「焚如死如」，故「爲惡人」。敵應不可交，故无交四而受其害也。通比，「初動震」。震爲陽交陰，故「爲交」。比體坤，坤陰慝，故「爲害」。匪非古今字。无應宜咎。以惡宜遠，故非爲咎也。説文「艱，土難治也」，故「艱」訓「難」。陽動比初則成屯，據消息也。「屯，難也」，説文〔一〕文。四變爲「得位」。下應初，屯爲難，故「艱則无咎」也。**象曰：「大有初九，无交害也。」**虞翻曰：「害」謂四。**疏**釋見上。

九二。大轝以載。有攸往，无咎。虞翻曰：比坤爲「大轝」，乾來積上，故「大轝以載」。「往」謂之五。二失位，變得正應五，故「有攸往，无咎」矣。**疏**旁通比坤。「坤爲大轝」，説卦文。乾息二至五，故云「乾來積上」。乾積坤上，故爲「大轝以載」。自内稱「往」。二與五應，故「往謂之五」。二失位，宜有咎。變而得正，上應于五，故「有攸往，无咎」。

〔一〕「説文」，原作「説卦」，據所引説文文正。

象曰：「大轝以載，積中不敗也。」盧氏曰：乾爲大車，故曰「大車以載」。體剛履中，可以任重。有應于五，故所積皆中而不敗也。**疏**漢書王莽傳有「乾文車」之文，故云「乾爲大車」，謂乾圜象輪也。九故「體剛」，二爲「履中」，任重之德也。二與五爲正應，位皆在中，故云「所積皆中而不敗也。」案：伏坤爲「轝」，積乾爲「載」。息自二始，故曰「積中」。僖十五年左傳「涉河，侯車敗」，隱三年傳曰「鄭伯之車僨于濟」，是車僨爲「敗」也。五降二，坤厚載物，故「不敗」也。

九三。公用亨于天子，小人弗克。虞翻曰：「天子」謂五。三，公位也。「小人」謂四。二變得位，體鼎象，故「公用亨于天子」。四折鼎足，「覆公餗」，故「小人不克」也。**疏**爻例五爲天子，故「天子謂五」。三爲三公，故謂三爲「公位也」。四不得正，故「小人謂四」。二變得正，體有鼎象。鼎象傳曰「大亨以養聖賢」。三，賢人。故曰「公用亨于天子」。僖二十五年左傳「秦伯師于河上，將納王。狐偃言于晉侯曰『求諸侯莫如勤王』。公曰『筮之』。遇大有之睽。曰『吉，遇公用亨于天子之卦。天爲澤，以當日，天子降心以逆公，不亦可乎』」。五「履信思順，又以尚賢」。「降心逆公」，謂五亨三也。三應上，上爲宗廟，天子享諸侯，必于祖廟也。虞注鼎九四云「四變震爲足〔一〕折入兑，故『鼎折足覆公餗』」，是小人不克當天子之享也。

象曰：「公用亨于天子，小人害也。」虞翻曰：「小人」謂四也。**疏**「小人謂四」，四不正也。伏坤陰慝，故爲「害」。案：通比三「匪人」，是伏有「小人」。書洛誥曰「汝其敬。識百辟享，亦識其有不享」者，即所謂「小人弗克」者也。故曰「小人害也」。

九四。匪其尫。无咎。虞翻曰：匪，非也。其位

〔一〕「足」，原本作「二」，據陳校本正。

尪，足尪，體行不正。四失位，折震足，故尪。變而得正，故「无咎」。「尪」或爲「彭」，作「旁」聲，字之誤。**疏**「匪」、「非」古今字。鼎四折足，故云「其位尪」。説文云「尪，跛曲脛也。從大。象偏曲之形」。足尪，故「體行不正」。四失位，體兑折震足，故「足尪」也。變而得正，故曰「匪其尪，无咎」。今本作「彭」，子夏傳作「旁」。干寶云「彭亨，驕盛貌」。姚信云「彭，旁也」。是皆讀「彭」爲旁。「旁」、「尪」聲相近，故云「字之誤」。象曰：「匪其尪无咎，明辯折也。」虞翻曰：折之離，故「明辯折也」。四在乾則尪，在坤爲鼠，在震噬胏得金矢，在巽折鼎足，在坎爲鬼方，在離焚死，在艮旅于處，言无所容，在兑睽孤孚厲。三百八十四爻，獨無所容也。**疏**四體離，説卦「離爲折上槁」，故云「折之離」。離火明，震言辯，故「明辯折也」。「四在乾則尪」者，乾爲人，故象足尪。「在坤爲鼠」者，謂晉四也。三上易位體小過，有「飛鳥」之象。艮爲穴，動出穴中，飛而不高，「碩鼠」之象，故曰「晉如碩鼠」，「在震噬胏得金矢」者，謂噬嗑四也。艮爲膚，陽爲骨，肉有骨謂之「胏」。離火熯之，故爲「乾胏」。金矢，毒害之物。離爲兵，下震動之，矢象。故曰「噬乾胏，得金矢」。「在巽折足者」，謂鼎四也。詳具上。「在坎爲鬼方」者，謂未濟四也。變之正體師，坤爲鬼方，爲三所伐，故曰「震用伐鬼方」。「在離焚死」者，離在四爲下火所焚，故曰「焚如」。二至五體大過死象，故曰「死如」。「在艮旅于處，言无所容」者，謂旅四也。虞彼注云「巽爲處。四焚棄惡人，失位遠應，故『旅于處』，言无所容也」。「在兑睽孤孚厲」者，謂睽四也。「睽孤遇元夫交孚厲无咎」，虞彼注云「孤，顧也。在兩陰間，睽五顧三，故曰『睽孤』。震爲元夫，謂二已變動而應震，故『遇元夫』也。震爲交，坎爲孚，動而得正故，『交孚厲无咎』矣」。「三百八十四爻，獨无所容也」者，離四象曰「无所容也」。此知惡人宜焚宜死，无所容矣。「折」，俗本作「晢」。釋文「王廙作『晣』，又作『晢』。鄭本作『遰』，陸本作『逝』。虞作『折』，是。

六五。厥孚

交如，威如吉。虞翻曰：孚，信也。發而孚二，故「交如」。乾稱「威」。發得位，故「威如吉」。疏「孚，信也」，釋詁文。伏坎有孚，故爲「孚」。二五失位，二變應五，五發動而孚二，故「交如」也。國語曰「天事武」，乾陽剛爲武，故「稱威」。五變體乾，發而得位，故「威如吉」也。呂刑曰「德威惟畏」，荀子曰「有道之威，威本于德」，故吉也。象曰：「厥孚交如，信以發志也。威如之吉，易而无備也。」侯果曰：其體文明，其德中順。信發乎志，以覃于物。物懷其德，以信應君。君物交信，「厥孚交如」也。爲卦之主，有威不用。唯行簡易，无所防備。物感其德，翻更畏威，「威如之吉」也。疏體離，故「文明」。五爲中，陰爲順，故「德中順」。伏坎爲孚爲「志」，故云「信發乎志」。覃，及也。五與二應，故云「以覃物于」。二懷五德，以正應之，故云「物懷其德，以信應君」。二五正應，相交以信，故云「君物交信，厥孚交如也」。五爲卦柔以濟剛，故「有威不用」。五寓于乾，則用乾之易。「易以知險」，故「无所防備」。不怒而威于鈇鉞，是「德威惟畏」也。故「物感其德，翻更畏威」。「威如之吉」，惟其孚也。无備者，无戰備也。昭廿年左傳曰「去備薄威」。尉繚子曰「兵有去備徹威而勝者，以有法」。鹽鐵論曰「德威則寡備」。董子曰「冠之在首，元武之象也。元武者，貌之最有威者也。其象在後，其服反居首，武之至而不用矣。夫執胄甲而後能拒敵者，非聖人之所貴也。君子之于服顯而勇武者，消其志于貌也矣」。是皆「威如之吉，易而无備」之義也。上九。自天右之。吉无不利。虞翻曰：謂乾也。右，助也。大有通比，坤爲「自」。乾爲「天」，兑爲「右」。故「自天右之」。比坤爲「順」，乾爲「信」。「天之所助者順，人之所助者信。履信思順，又以尚賢。故自天右之，吉无不利」。王弼曰：餘爻皆乘剛。已獨乘柔，順也。五爲信德而已履焉，履信者也。居豐富之代，物不累心也，高尚其志，尚賢者也。爻有三德，盡夫助道，故繫辭具焉也。疏虞注：坤五之乾，故「謂乾也」。「右，也」，本繫上文。大有通比，坤身爲「自」。體乾爲「天」。「兑爲右」者，虞繫注云「兑爲口，口助爲右」。說文「右，手口相故「口助爲右」。又兑西方，亦爲右。故「自天右之」。「坤，順也」。故「比坤爲順」。乾行至信，故「乾爲信」。「天之所助」以下，繫上説此爻也。「賢」謂三。天道信，人助道助順。虞注云「比坎爲思」，「履信」爲坤履乾，「思順」謂乾比坤。又云「乾爲賢人，坤在乾下，故又以尚賢」。居大有之上而具是三德，宜爲天之所右，吉而且利也。王注：自五以下皆乘剛，上獨乘柔，柔者，順也。五下孚二爲信，而上履焉，是「履信者也」。「居豐富之代」者，謂大有之世。「物不累心」者，謂居无位之地，不以富有累心。「高尚其志」者，「尚」與「上」通，謂上九也。蠱上九曰「高尚其事」，象曰「志可則也」，鄭彼注云「君猶高尚其所爲之事」。是高尚賢人之志，爲「尚賢」也。「爻有三德」者，「履信」一也，「思順」二也，「尚賢」三也。「盡夫助道」，則天无不右，故繫辭具言三德也。**象曰：「大有上吉，自天右也。」**九家易曰：上九説五，以柔處尊而自謙損。尚賢奉已，上下應之。爲乾所右，故吉且利也。**疏** 五互兑爲説。「上九説五」者，以五柔處尊位而能自謙損。下尚賢，上已，上下皆應于五。故爲乾天所右，吉而且利也。

序卦曰：「有大者不可以盈，故受之以謙。」崔覲曰：富貴而自遺其咎，故「有大者不可盈」。當須謙退，天之道也。**疏** 孝經曰「高而不危，所以長守貴也。滿而不溢，所以長守富也」。若高而忘危，滿而自溢，是「富貴而自遺其咎」矣。故曰「有大者不可以盈」。「天道惡盈」，故云「須當謙退，天之道也」。大有而繼之以謙，其卽虞書「謙受益，滿招損」之旨乎。

䷎艮下坤上 **謙。亨。**虞翻曰：乾上九來之坤，與履旁通。天道下濟，故「亨」。彭城蔡景君説剥上來之三。**疏**

「乾上九來之三」者，乾盡坤中，上來反三也。乾上亢極失位，天道盈而不溢，虧之謙三，致恭存位，故名爲「謙」。三之初爲復，息履，故「與履旁通」。「天道下濟」者，乾爲「天道」。上之三，故「下濟」。以乾通坤，故亨。蔡景君說「剥上來之三」，剥上即乾上，義亦同也。不見乾元之正，且虞无一陽五陰之例，故不用也。君子有終。虞翻曰：「君子」謂三，艮「終萬物」，故「君子有終」。鄭玄曰：「艮爲山」，「坤爲地」。山體高，今在地下。其于人道，高能下下，謙之象。亨者，嘉會之禮，以謙而爲主。謙者，自貶損以下人。唯艮之堅固，坤之厚順，乃能終之。故君子之人有終也。**疏**虞注：乾三稱「君子」，艮三自乾來，故「君子謂三」。說卦曰「終萬物始萬物者，莫盛乎艮」，三體艮，故「終萬物」。三秉「勞謙」，終當升五爲「有終」。故「君子有終」，三獨當之也。鄭注：「艮爲山」，「坤爲地」，說卦文。山體本高，今在地下。其于人道，是能下下而有謙退之象者也。乾文言曰「亨者，嘉之會」，又曰「嘉會足以合禮」，故云「亨者，嘉會之禮」。史記樂書「君子以謙退爲禮」，故禮以謙退爲主。「謙者，自貶損以下人」，合于「嘉會之禮」，故亨。「艮終萬物」，以其堅固。「坤无成而代有終」，以其厚順。君子之人，體艮坤之德，故有終也。

象曰：「謙亨，九家易曰：艮山坤地。山至高，地至卑。以至高下至卑，故曰謙也。謙者，兌世。艮與兌合，故亨。**疏**山高地卑，以高居卑，其象爲謙，即鄭義也。謙者，兌宮五世卦也。艮爲山，兌爲澤，艮與兌合，是「山澤通氣」也，惟通故亨。天道下濟而光明，荀爽曰：乾來之坤，故「下濟」。陰去爲離，陽來成坎。日月之象，故「光明」也。**疏**「天道」謂乾。乾上來之坤三，故爲「下濟」。陰去陽中爲離，陽來陰中成坎。本體坎，亦伏離。離日坎月，故象「光明」也。地道卑而上行。侯果曰：此本剥卦。乾之上九來居坤三，是「天道下濟而光明」也。坤之六三上升乾位，是「地道卑而上行」者也。**疏**「此本剥卦」者，一陽五陰之例也。乾上來居坤三，以乾照坤，「是天道下濟而光明也」。坤三升居乾上，「天尊地卑」，互震爲「行」，「是地道卑而上行也」。天道虧盈而益謙，虞翻曰：謂乾盈履上，虧之坤三，故「虧盈」。貴處賤位，故「益謙」。崔覲曰：若「日中則昃，月滿則虧」，損有餘以補不足，天之道也。疏虞注：謙「與履旁通」，謙息履，非履變謙。此自「亢龍」「盈不可久」，虧之坤三。云「盈履上」者，不可云盈乾上，又不可云盈剥上。因通履，遂假「履上」見義，而云「乾盈履上」也。盈則必虧，虧而下之坤三，故曰「虧盈」。上貴三賤，以貴處賤，故曰「益謙」。崔注：「日中則昃，月滿則虧」，本豐彖傳文。天道損有餘，故「虧盈」。補不足，故「益謙」。與「日中則昃，月滿則虧」，同一消息盈虛之理也。地道變盈而流謙，虞翻曰：謙二以坤變乾盈，坎動而潤下，「水流濕」，故「流謙」也。崔覲曰：「高岸爲谷，深谷爲陵」，是爲「變盈而流謙」，地之道也。疏虞注：「二」當作「三」。坤三變乾而乾自上來，故云「以坤變乾盈」。變互坎水，又互震動。洪範曰「水曰潤下」。故云「坎動而潤下」。「水流濕」，乾文言文。潤下，故「流」。流濕就下，故「流謙」也。崔注：「高岸爲谷，深谷爲陵」，詩十月之交文。岸以高爲盈，谷以深爲盈。高岸崩陷而爲谷，深谷填塞而爲陵。此即「變盈而流謙，地之道也」。鬼神害盈而福謙，虞翻曰：「鬼」謂四，「神」謂三。坤爲鬼害，乾爲神福。故「鬼神害盈而福謙」也。崔覲曰：「朱門之家，鬼闞其室」，「黍稷非馨，明德惟馨」，是其義也。疏虞注：謙，兑宮五世卦也。遊魂在四，歸魂在三。四詘三信，故「鬼謂四」，「神謂三」，皆乾精也。「坤爲鬼害，乾爲神福」者，盈則詘坤而爲鬼，謙則信乾而爲神，故「鬼神害盈而福謙也」。崔注：「朱門之家，鬼闞其室」，本揚子，是「鬼害盈」也。「黍稷非馨，明德惟馨」，書君陳文，是「神福謙」也。故曰「是其義也」。人道惡盈而好謙。虞翻曰：乾爲「好」，爲「人」，坤爲「惡」也。故「人道惡盈」。從上之三，故「好謙」矣。崔覲曰：「滿招損，謙受益」，人之道也。疏虞注：賈逵云「好生于陽」，故「乾爲好」。人得陽以生，故「爲人」。又云「惡生于陰」，故「坤爲惡也」。乾盈則就坤，故「人惡盈」。從上之三，是乾來而成謙，故曰「好謙」。崔注：「滿招損，謙受益」，書大禹謨文。滿則溢，溢則損，故「人道惡盈」。謙則虛，虛則益，故「人道好謙」。

謙尊而光，卑而不可踰，虞翻曰：「天道遠」，故「尊光」。三位賤，故「卑」。坎水就下，險弱難勝，故「不可踰」。疏「天道遠」昭十八年左傳文。三自上來，故「尊」。息履離，故「光」。三對上則位賤，故「卑」。「坎爲水」，水就下。坎爲「險」，尸子曰「夫水弱而難勝」，故云「險弱難勝」。難勝，故「不可踰」。

君子之終也。」孔穎達曰：尊者有謙而更光明盛大，卑者有謙而不踰越，是君子之終也。言君子能終其謙之善，而又獲謙之福，故曰「君子有終也」。疏尊者能謙，則人仰光明。卑者能謙，則物難踰越。艮始終萬物，艮三君子，始終不易，故曰「君子之終也」。使始能謙而終不能謙，不可謂之有終。今能終其謙之善，又獲謙之福，故曰「君子有終」。

象曰：「地中有山，謙。劉表曰：地中有山，以高下下，故曰謙。謙之爲道，降已升人。山本地上，今居地中，亦降體之義，故爲謙象也。疏艮山居坤地之中，是「以高下下」，故名爲謙。「謙之爲道，降已升人」，即曲禮所謂「禮者，自卑而尊人」之意也。「山本地上，今居地中」，合乎貴而能降之義，故其象爲謙也。愚案：禮有定分，分不可干，故「上天下澤」則爲履。禮有內心，心不可亢，故「地中有山」則爲謙。

君子以捊多益寡，稱物平施。」虞翻曰：「君子」謂三。捊，取也。艮爲「多」坤爲「寡」，乾爲「物」，爲「施」，坎爲「平」。謙乾盈益謙，故「以捊多益寡，稱物平施。」侯果曰：裒，聚也。彖云「天道益謙」，則謙之大者，天益之以大福。謙之小者，天益之以小福。故君子則之，以大益施大德，以小益施小德，是「稱物平施」也。疏虞注：「君子謂三」釋見前。「捊」，俗本作「裒」或作「褎」。惟荀鄭董蜀才及虞本皆作「捊」，皆云「取也」。說文「捊，引取也」。故「捊」訓「取」。說卦「艮爲堅多節」，故「艮爲多」。坤陰小，故「爲寡」。「精氣爲物」，故「乾爲物」。天主施，故「乾爲施」。「坎爲水」。考工記輪人曰「水之以眂其平，沈之均」。尚書大傳曰「非水無以準萬里之平」，故「坎爲平」。以乾之上九益謙，故云「乾盈益謙」。捊艮之多，以益坤寡。量乾之物，以平乾施，故曰「捊多益寡，稱物平施」。　愚案：乾陽大，又主長，爲「多」。坤陰小，又主消，爲「寡」。「艮爲手」，爲「捊」。互震動，伏巽，是益動而巽。又損上益下爲益。故曰「捊多益寡」。説卦「巽稱而隱」，伏巽爲「稱」。巽稱乾物而坎平乾施，故曰「稱物平施」。侯注：「裒，聚〔一〕也」，釋詁文。此從俗本也。彖曰「天道益謙」，謙有大小，福亦有大小。天蓋稱物以益謙。君子則天，以德之大小，而益之大小因之，是爲「稱物平施」。

初六。謙謙君子，用涉大川，吉。　荀爽曰：初最在下爲「謙」，二陰承陽亦爲「謙」，故曰「謙謙」也。二陰一陽相與成體，故曰「君子」也。九三體坎，故「用涉大川吉」也。**疏**乾上之三爲謙，初爻最在下位則益謙。以二陰承乎三陽之謙，是謙而又謙也。故曰「謙謙」。以二陰承乎一陽，其體爲艮，是君子之徒也。故曰「君子」。三體坎，「坎爲水」，故「用涉大川吉」。　愚案：卦辭彖辭皆言「君子」，謂九三也。以三爲謙主也。初六稱「君子」者，三自上來，在上之君子，「尊而光」者也。初居艮下，在下之君子，「卑而不可踰」者也。四互震木爲舟，坎水爲「川」，又坤致役爲「用」。　初變，之四應正，故「用涉大川吉也」。

象曰：「謙謙君子，卑以自牧也。」　九家易曰：承陽卑謙，以陽自牧養也。**疏**初與二上承三陽，以盡乎卑謙之道。蓋法三之謙，以自牧養也。　案：説文「牧，養牛人也」。初體坤爲牛，故象「牧」。坤身爲「自」，故「自牧」。「天尊地卑」，故曰「卑以自牧」。韓嬰曰「夫易有一道焉，大足以治天下，中足以安國家，

〔一〕「聚」，原本作「積」，據陳校本正。

近足以守其身者，其唯謙德乎」。是「卑以自牧」之義也。六二。鳴謙，貞吉。姚信曰：三體震爲「善鳴」，二親承之，故曰「鳴謙」。得正處中，故「貞吉」。疏説卦曰「震爲善鳴」。夏小正曰「雉震呴」，傳曰「震也者，鳴也。呴也者，鼓其翼也」。洪範五行論「正月雷微動而雉呴」，故「三體互震爲善鳴」也。二親承震故曰「鳴謙」，上六「鳴謙」，亦以親乘震也。六爲「得正」，二爲「處中」。正故「貞」，中故「吉」也。象曰：「鳴謙貞吉，中心得也。」崔覲曰：言中正，心與謙相得。虞翻曰：「中正」謂二，坎爲「心」也。疏崔注：言二體中正，其心與謙相得，故曰「中心得也」。虞注：二居中得正，故「中正謂二」。二體坎，説卦「坎爲亟心」，故「爲心」。九三。勞謙，君子有終，吉。荀爽曰：體坎爲勞，終下二陰，「君子有終」，故吉也。疏三體在坎，説卦曰「勞乎坎」，故「坎爲勞」而曰「勞謙」。艮爲「終」，以一陽終下二陰也。象辭「君子有終」，謂九三也。故三曰「君子有終」。坎正北，艮東北。「勞乎坎」，卽「成乎艮」。勞則有終，故吉也。象曰：「勞謙君子，萬民服也。」荀爽曰：陽當居五，自卑下衆，降居下體，君有下國之意也。衆陰皆欲撝陽，上居五位，羣陰順陽，故「萬民服也」。疏「人道惡盈而好謙」，陽當居五，今自卑抑，下于坤衆，降居下體之上。乾陽爲「君」，坤衆爲「國」，是「君有下國之意也」。「三與五同功」，衆陰皆欲舉陽，上居五位。坤爲「民」，又爲順，五陰順陽，故「萬民服也」。六四。无不利。撝謙。荀爽曰：四得位處正，家性爲謙，故「无不利」。陰欲撝三，使上居五，故曰「撝謙」。「撝」猶舉也。疏太玄八十一家，各有剛柔之性，故稱「家性」。六十四卦亦然。以六居四，故「得位處正」。而在謙家，「家性爲謙」，故「无不利」也。衆陰皆欲三居五而撝之者，四乘艮爲手，故曰「撝謙」。撝以手舉，亦从手，故云「撝，舉也。」象曰：「无不利撝謙，不違則也。」九家易曰：陰撝上陽，不違法則。疏三在坎中，坎水平，故爲「法則」。四隨衆陰，欲舉三陽，上居于五，是不違三之法則者也。**六五。不富以其鄰。**荀爽曰：「鄰」謂四與上也。自四以上乘陽，乘陽失實，故皆「不富」。五居中有體，故總言之。**疏**四上皆近于五，故「鄰謂四與上也」。自四以上皆乘三陽，故云「乘陽」，猶初言「二陰承陽」之意也。泰六四象曰「翩翩不富，皆失實也」，故知「不富」爲「失實」。三爻皆乘陽而獨言于五，以五「居中有體」故也。　愚案：坤爲富有，互震伏兑爲「鄰」。五居坤中，雖云富有，不以富耀其鄰，富而能謙者也。與泰四同義。**利用侵伐，无不利。**荀爽曰：謂陽利侵伐，來上无敢不利之者。**疏**二至上體師，故五言「侵伐」，上言「行師」。坤爲「用」，故曰「利用」。五虚无君，三來侵伐坤之邑國，衆陰同志承陽，故「无敢不利之者」。　愚案：五爲卦主，當謙之世，以柔居尊，慮過寬也，故六五獨不言謙。體師五「利執言」，故「利用侵伐」。然以謙行師，德威并用，故「无不利」。又夏官大司馬「賊害賢良則伐之，負固不服則侵之」。莊廿九年左傳「凡師有鐘鼓曰伐，無曰侵」。互震鳴鐘鼓，又體艮止不鳴，故兼言「侵伐」。**象曰：「利用侵伐，征不服也。」**荀爽曰：「不服」謂五也。案：六五離爻，「離爲戈兵」，「侵伐」之象也。**疏**荀注：「不服謂五」者，五不正。「征」之爲言正也。三陽以正侵不正，故曰「征不服也」。　案：坤之乾爲離，故六五爲離爻中畫。「離爲戈兵」，說卦文。戈兵，故爲侵伐。　愚案：艮坎險阻，有負固不服之象，故曰「征不服也」。**上六。鳴謙。利用行師，征邑國。**虞翻曰：應在震，故曰「鳴謙」。體師象，震爲「行」，坤爲「邑國」。利五之正，己得從征，故「利用行師，征邑國」。**疏**上與三應，三互震爲「善鳴」，故曰「鳴謙」。體有師象，應震又爲「行」。坤爲土，又「爲衆」，故爲「邑國」。五變正「利用侵伐」，則己得從征，「利用行師，征邑國」也。**象曰：「鳴謙，志未得也。可用行師，征邑國也。」**九家易曰：陰陽相應，故「鳴謙」也。雖應不承，故「志未得」。謂下九三，可行師來上，坤爲「邑國」也。三應上，上呼三。

征來居五位，故曰「利用行師，征邑國也」。案：上六兑爻，「兑爲口舌」，「鳴謙」之象也。疏九家注：上與三爲陰陽正應，又震伏巽，「同聲相應」，故曰「鳴謙」。三至上隔四五，故「雖應不承」。三坎爲「志」，不承，故「志未得也」。」「九三可行師來上」者，以「坤爲邑國」，虚而无君也。三正應上，上卽呼三。三征居五，得中得正，故曰「利用行師，征邑國也」。案：兑上自坤來也，故上六爲兑爻。「兑爲口舌」，説卦文。口舌有聲，故爲「鳴謙」。愚案：謙主禮，五上位尊，以軍禮同邦國者也。故以「侵伐」「行師」言謙。且于謙見謙，其謙小。于不謙見謙，其謙大。論語曰「君子无所争，必也射乎。揖讓而升，下而飲，其争也君子」，是其義也。

序卦曰：「有大而能謙必豫，故受之以豫。」鄭玄曰：言國既大而能謙，則于政事恬豫。「雷出地奮，豫」，豫行出而喜樂之意。疏此承上兩卦而言其序也。有大則有天下國家之象，能謙則有政事恬豫之休。王者禮明則樂備，所以有取于「雷出地奮」而繼之以豫也。帝出震爲「出」，震足爲「行」，又陽生爲「喜樂」，故云「豫行出而喜樂之意」。

䷏坤下震上豫。利建侯行師。鄭玄曰：「坤，順也」，「震，動也」，順其性而動者，莫不得其所，故謂之「豫」。豫，喜佚説樂之貌也。震又「爲雷」，諸侯之象。坤又「爲衆」，師役之象。故「利建侯行師」矣。虞翻曰：復初之四，與小畜旁通。坤爲邦國，震爲諸侯。初至五體比象，四利復初，故「利建侯」。三至上體師象，故「行師」。疏鄭注：「坤，順也」，「震，動也」，説卦文。凡物順其性而動者，莫不樂得其所，故謂之「豫」也。晉語司空季子解此經曰「豫，樂也」，故太玄準之以「樂」，故云「豫，喜佚悦樂之貌也」。「震爲雷」，説卦文。震「長子主器」，故有「諸侯之象」。「坤爲衆」，説卦文。「師者，衆也」，故有「師役之象」。震，故「利建侯」，與屯初體震同。坤，故「利行師」，與師外體坤同也。虞注：復初，乾元也。坤盡夬上而入乾，乾元索坤之四爲豫，故云「復初之四」也。豫四之坤初爲復，息成小畜，故「與小畜旁通」。坤土，故「爲邦國」。震主器，故「爲諸侯」。「初至五體比象」，比「建萬國，親諸侯」。二利四復初，初剛善建不拔，故「利建侯」。三至上師體半見，故體師象。又震足爲「行」，故「利行師」。案：卦之取義于豫者，有三焉。漢書五行志曰「雷以二月出，其卦曰豫」。言萬物隨雷出地，皆逸豫，一也。取象制樂。樂者，樂也。薦之神祇，祖考，與天地同，二也。震上坤下，母老子彊，居樂出威，三也。**象曰：「豫，剛應而志行。**侯果曰：四爲卦主，五陰應之，剛志大行，故曰「剛應而志行」。**疏** 卦唯一陽爲剛，故知「四爲卦主」。上下皆樂，故云「五陰應之」。陽爲「剛」，爲「大」，坎爲「志」，震爲「行」，故云「剛志大行」四象傳曰「由豫，大有得，志大行也」。故曰「剛應而志行」。**順以動，豫。**崔覲曰：坤下震上，順以動也。**疏** 坤順，震動。四本復初，動乎順而成豫，故曰「順以動，豫」。**豫順以動，故天地如之，**虞翻曰：小畜「乾爲天」，「坤爲地」。「如之」者，謂天地亦動以成四時。「而況建侯行師」，言其皆應而豫也。**疏** 旁通小畜，「乾爲天」。豫「坤爲地」。說文曰「如隨從也」。「如之者，謂天地亦動以成四時」，如下文所云是也。「建侯行師」，羣陰皆應而説樂，故云「皆應而豫也」。**而況建侯行師乎。**九家易曰：震爲「建侯」，坤爲「行師」。建侯所以興利，行師所以除害。利興害除，民所豫樂也。天地有生殺，萬物有始終。王者盛衰，亦有迭更。猶武王承亂而應天地，「建侯行師」，奉辭除害。民得豫説，君得安樂也。**疏** 象震以「建侯」，作君作師，所以興民利也。象坤以「行師」，鋤奸誅暴，所以除民害也。利興害除，民所由豫樂者也。震東方爲生，伏兌西方爲死，故「天地有生殺」。艮「終萬物，始萬物」，故「萬物有始終」。體艮伏兌，艮兌爲損。體震伏巽，震巽爲益。「損益盛衰之始」，故「王者盛衰，亦有更迭」。武王承殷紂之亂，順應天地。法震建侯，法坤行師。奉天之辭，以除民害，所以「民得豫說，君得安樂」。大武之樂所由作也。樂記之稱大武曰「周道四達，禮樂交通，則夫武之遲久，不亦宜乎」。遲之又久，即「豫順以動」也。武成曰「告于皇天后土」，即「天地如之」也。豫，樂也，而名以大武，「建侯行師」之意，寓其中矣。**天地以順動，**虞翻曰：豫變通小畜。「坤爲地」，動初至三成乾，故「天地以順動」也。**疏**豫與小畜旁通。小畜體巽，豫體震，「震巽特變」，故豫變成小畜也。「坤爲地」，謂豫坤也。變從初始，初息至三，下體成乾，「乾爲天」。故「天地以順動」也。

故日月不過而四時不忒。虞翻曰：「過」謂失度。忒，差迭也。謂變初至需，離爲「日」，坎爲「月」，皆得其正，故「日月不過」。動初時，震爲春，至四兑爲秋，至五坎爲冬，離爲夏，四時位正，故「四時不忒」。「通變之謂事」，蓋此之類。**疏**續漢書律曆志曰「兩儀既定，日月始離，初行生分，積分成度」，又曰「察日月俱發度端，日行十九周，月行二百五十四周，復會于端，無失度之事」，故「過謂失度」。月令「孟春，宿離不貸」，鄭注云「離讀如儷偶之儷，宿儷謂相與宿偶，當審候伺不得〔一〕過差」，故云「忒，差迭也」。變初至五成需，離爲「日」，豫坎爲「月」，四爻皆正，是日月皆得其正，故「日月不過」也。初動體震，震爲春。至二即兑，云「至四兑爲秋」者，二不正，四兑位定，對下「刑罰清」而言也。至五體坎，坎爲冬，離爲夏。體分四時，爻皆得正，故「四時不忒」也。「通變之謂事」，繫上文。虞彼注云「事謂變通趨時以盡利，天下之民謂之事業也」。不過不忒，皆以時言，故云「蓋此之類」。**聖人以順動，則刑罰清而民服。**虞翻曰：「清」猶明也。動初至四，兑爲「刑」。至坎爲「罰」。坎兑體正，故「刑罰清」。坤爲「民」，乾爲「清」。以乾乘坤，故「民服」。案：「帝出震」，聖人也。坎爲法

〔一〕「得」，原本作「待」，據陳校本正。

律，刑罰也。坤爲衆順而民服也。**疏**虞注：説文「清，朗也」。釋言「明，朗也」。清明同訓，故云「清猶明也」。「兑正秋」，秋殺于右，故「爲刑」。晉語以蓐收爲天之刑人，亦此義也。坎水平爲法，罰者，施法之罪名，故「爲罰」。初動至四，體兑爲刑。至五，體坎爲罰。坎兑剛柔得正，故「刑罰清」。楚語曰「命火正黎司地以屬民」，故「坤爲民」。乾鑿度「輕清者上爲天」，故「乾爲清」。豫下體坤，初息至三成乾，是「以乾乘坤」。坤爲民，故「民服」也。案：「帝出震」，本説卦文。乾鑿度「孔子曰『坤變初六曰復，正陽在下爲聖人』」。復初，震也。故云「帝出震，聖人也」。乾動復初，故曰「聖人以順動」。體坎爲法律，故爲刑罰。「坤爲衆」，説卦文。又曰「坤，順也」。故「坤爲衆順而民服也」。

豫之時義大矣哉。虞翻曰：順動天地，使日月四時皆不過差，「刑罰清而民服」故「義大」也。**疏**「法象莫大乎天地」，今「天地順動」矣。「縣象著明莫大乎日月」，今「日月不過」矣。「變通莫大乎四時」，今「四時不忒」矣。「備物致用莫大乎聖人」，今「聖人以順動，刑罰清而民服」矣。事之大者，皆備于豫之時，故曰「義大」也。

象曰：「雷出地，奮豫。」崔覲曰：震在坤上〔一〕，故言「雷出地」。雷陽氣，亦謂龍也。夏至後，陽氣極而一陰生。陰陽相擊而成雷聲。雷聲之疾，有龍奮迅豫躍之象，故曰「奮豫」。**疏**震爲「雷」，坤爲「地」，又震爲「出」，震在坤上，故曰「雷出地」。震又爲龍，雷本震之一陽，龍亦震之一陽，故云「雷陽氣，亦謂龍也」。陽氣至四月成乾，至五月夏至後，陽氣極而一陰爻生，姤卦是也。淮南子「陰陽相薄，感而爲雷」，故云「陰陽相擊而成雷聲」。説卦曰「動萬物者，莫疾乎雷」，故云「雷聲之疾」。易緯通卦驗曰「立夏清風至而龍昇天」，故云「有龍奮迅豫躍之象」。

〔一〕「上」，原本作「下」，據陳校本正。

雷與龍皆象震，故曰「奮豫」。先王以作樂崇德，殷薦之上帝，以配祖考。」鄭玄曰：奮，動也。雷動于地上，而萬物乃豫也。以者，取其喜佚動搖。猶人至樂，則手欲鼓之，足欲舞之也。崇，充也。殷，盛也。薦，進也。上帝，天帝也。「王者功成作樂」。以文得之者作籥舞，以武得之者作萬舞，各充其德而爲制。祀天帝「以配祖考」者，使與天同饗其功也。故孝經云「郊祀后稷以配天，宗祀文王于明堂，以配上帝」是也。**疏**說卦云「震，動也」，震有「奮」義，故云「奮，動也」。雷動于地上，養長華實，發揚隱伏，萬物莫不被盛陽之德，故云「萬物乃豫也」。孟子曰「樂之實，樂斯二者。樂則生矣，生則惡可已也，惡可已，則不知手之舞之，足之蹈之」，故云「以者取其喜佚動搖。猶人至樂，則手欲鼓之，足欲舞之也」。互艮故稱手，體震故稱足。「崇，充也」，釋詁文。說文曰「殷，作樂之盛稱」，故云「殷，盛也」。天官庖人曰「與其薦羞之物」。鄭彼注云「薦，亦進也」。此「殷薦」者，謂薦盛樂，非薦羞也。謂「上帝」爲「天帝」者，鄭注孝經云「上帝者，天之別名也」。又禮運曰「祭帝于郊，所以定天位也」，禮器云「祀帝于郊」，故知「上帝」爲「天帝」也。「王者功成作樂」，樂記文。春官籥師「掌教國子舞羽龡籥」，注云「羽籥，文舞也。籥師掌之」。武舞則司干掌之。詩邶風「方將萬舞」。夏小正「萬也者，干戚舞也」。韻會「湯武以萬人得天下，故干舞稱萬舞」。以文得之者作籥舞」，即左傳所稱「南籥爲文王之舞」是也。「以武得之者作萬舞」，即樂記所稱「總干爲武王之舞」是也。蓋充其文武之德，而各爲之制也。郊特牲曰「萬物本乎天，人本乎祖，此所以配上帝也」，故云「祀天帝〔一〕以配祖考者，使與天同饗其功也」。郊祀后稷以配天，宗祀文王于明堂以配上

〔一〕「帝」，原本作「地」，據陳校本正。

帝」，孝經文。禘郊祖宗，皆配天之祭。郊于南郊，禘祖宗皆于明堂。其禮始于虞，三代因之。傳謂「先王」，蓋夏商之王也。　案：復乾，故曰「先王」。震聲，故爲「樂」。震，起也。「作」亦訓起。故曰「作樂」。乾爲「德」，初息成乾，故曰「崇德」。震爲「帝」，在乾天上，故稱「上帝」。坤爲鬼，乾盈甲，復初故乾，小畜亦故乾。乾爲父，復乾爲「祖」。四下初亦爲震，體復，故「殷薦之上帝，以配祖考」也。又小畜離爲南，乾爲郊，南郊之象也。「離，嚮明而治」，明堂之象也。復初十一月，郊時也。小畜四月，禘時也。故知「配上帝」，而「配天」在其中。言「宗祀」，而「郊祀」在其中也。

初六。鳴豫，凶。虞翻曰：應震善鳴，失位，故「鳴豫凶」也。疏初應四。四體震爲「善鳴」，説見謙二。應震，故「鳴豫」。初陰失位，雖有正應亦凶也。「鳴謙」則有自下之情，故「吉」。「鳴豫」則有自矜之意，故「凶」。

象曰：「初六鳴豫，志窮凶也。」虞翻曰：體剥「蔑貞」，故「志窮凶也」。疏初至四體象剥。剥初六曰「剥牀以足，蔑貞凶」，故云「體剥滅貞」。四坎爲「志」，失位故「窮」。初在剥初，故「凶」也。傳凡言「窮」，皆指上。豫之「窮凶」，不在上而反在初者，以初在逸豫之家，獨與四應，志得而鳴，樂不可極。極豫盡樂，故「窮凶」也。

六二。介于石，虞翻曰：介，纖也。與四爲艮，艮爲「石」，故「介于石」。疏繫上曰「憂悔吝者存乎介」，謂纖介也。故云「介，纖也」。與四互艮，説卦曰「艮爲小石」，故曰「介于石」。繫下〔一〕以豫二「知幾」，虞彼注云「知四當復初」，則此「介」謂「幾」之纖微，如小石也。不終日，貞吉。虞翻曰：與小畜通，應在五，終變成離，「離爲日」。得位，欲四急復初，己得休之，故「不終日，貞吉」。疏與小畜旁通，上應在五，息小畜至五，則四

〔一〕「下」，原本作「上」，據所引繫下文正。

成離，故云「終變成離」。「離爲日」，故曰「日」。二陰爲「得位」。唯「知幾」，故欲四下于初，以成復象。復六二曰「休復吉」，故「己得休之」。離伏不見，故「不終日」。二得正，故「貞吉」也。「欲四復初」是繫下〔一〕所云「上交不諂」也。「己得休之」是「下交不瀆」也。二五无應，四爲卦主，故發其義于此爻也。　愚案：初六應四，「鳴豫凶」，不知幾而過于豫者也。「二與四同功」，又同互艮，艮爲小石而二居艮初，「其初難知」，故纖介如小石。二得中得位之乾成離，離明，故知「幾」。知幾，故知樂不可極，而望四復初以免窮凶之悔也。二本離爻，故爲「日」。未成離，故「不終日」。言知幾之早，以正而得吉也。象曰：「不終日貞吉，以中正也。」侯果曰：得位居中，柔順正一。明豫動之可否，辯趣舍之權宜。假如堅石，不可移變。應時則改，不待終日。故曰豫之正吉。　**疏**六爲「得位」，二爲「居中」，坤爲「柔順」。得正，故爲「正一」。中正知幾，故「明豫動〔二〕之可否，辯趣舍之權宜」也。靜則譬如堅石，不可移變。動則應時而改，不待終日。所以爲豫之正吉也。　六三。盱豫悔，遲有悔。象曰：「盱豫有悔，位不當也。」王弼曰：履非其位，承動豫之主。若其睢盱而豫，悔亦至焉。遲而不從，豫之所疾。進退離悔，位不當也。　向秀曰：睢盱，小人喜說佞媚之貌也。　**疏**王注：以柔居剛，故「履非其位」。上承震動，爲豫之主。若以睢盱而求豫，悔所由生也。若遲而不從于豫，亦豫之所疾也。位既不正，而又多猶豫，宜其進退，皆離悔也。　向注：說文「盱，張目也」。睢，仰目。應在上，三張目仰視。視上之顏色爲佞媚，故爲「小人喜悅佞媚之貌」。所謂「上交諂」也。三不正，故有是象。變之正，則无悔。下經所云「成有渝，无咎」是也。伏巽「爲進退，爲

〔一〕「下」，原本作「上」，據所引繫下文正。
〔二〕「動」，原本作「順」，據陳校本正。

不果」，故爲「遲」。爻之失位，以速改爲善，故二「不終日，貞吉」，三「遲則有悔」也。

九四。由豫，大有得。勿疑，朋盍戠。

侯果曰：爲豫之主，衆陰所宗。莫不由之，以得其豫。體剛心直，志不懷疑。故得羣物依歸，朋從大合，若以簪篸之固括也。虞翻曰：由，自從也。據有五陰，坤以衆順，故「大有得」，得羣陰也。坎爲「疑」，故「勿疑」。小畜兑爲「朋」。盍，合也。坤爲「盍」。戠，聚會也。坎爲聚，坤爲衆。衆陰竝應，故「朋盍戠」。「戠」，舊讀作「撍」作「宗」也。

疏 侯注：豫之成卦，在乎一陽，故「四爲豫主而衆陰所宗」。故莫不由之，以得其逸。陽體剛。坎爲心，剛在坎中，乾動直，故「心直」。坎爲心，故爲志，爲疑。剛直，故「志不懷疑」。四不疑衆，衆亦不疑四，故「得羣物依歸，朋從大合」也。簪，説文作先，言「笄也。象簪形」。釋名「簪，兟也，連冠于髮也」。士喪禮「簪裳于衣」，鄭注云「簪，連也」，即連髮之義也。篸，簪去聲，篇海云「以針篸物也」。言一陽篸五陰，若以簪篸髮，使之固也。虞注：釋詁「由，自也」，故云「由，自從也」。卦以一陽居五陰之間，故云「據有五陰」。坤爲衆，爲順，故云「坤以衆順」。陽稱「大」，得羣陰，故「大有得」。且離乾合而爲大有。豫通小畜，四在小畜，亦離乾之合，兩象易也。故曰「由豫，大有得」。坎爲心，失位故「疑」。剛而得衆，故「勿疑」。小畜有兑，兑「以朋友講習」，故「爲朋」。「盍，合也」，釋詁文。「盍」與「闔」同。「闔户謂之坤」，故「坤爲盍」。坤盍，故云「戠，聚會也」。釋文作「藂合」，是以坎爲藂棘也。坤廣爲衆。衆陰竝應于一陽，且坤曰「得朋」，故曰「朋盍戠」。「戠」同「埴」。説文「埴黏土也」。集韻亦訓「戠爲黏土」。鄭本禹貢曰「厥土赤戠墳」，今本作，赤埴」。考工記「用土爲瓦，謂搏埴之工」。搏埴，以水合土之義也。坤爲土，坎爲水。一陽倡而衆陰應，若水土之相黏著，故云「朋盍戠」。「戠」，京房作「撍」，荀爽作「宗」，又王肅作「貸」，馬融作「臧」，或作「宜」。今王弼本作「簪」，侯氏訓爲固冠之簪。但古有笄而无簪，至秦漢始有之，虞作「戠」是也。

象曰：「由豫大有得，志大行也。」崔覲曰：以一陽而衆陰從己，合簪交歡，故其「志大行也」。疏四以一陽統五陰而衆陰皆從，合簪交歡之象也。坎心爲「志」，陽稱「大」，震足爲「行」，故曰「志大行」，彖傳曰「剛應而志行」是也。

六五。貞疾恒不死。虞翻曰：恒，常也。坎爲「疾」。應在坤，坤爲「死」。「震爲反生」。位在震中，與坤體絶，故「貞疾，恒不死」也。疏「恒常也」，釋詁文。「坎爲心病」，故「爲疾」。下應在坤，月滅于坤乙爲既死魄，故「坤爲死」。「震爲反生」，説卦文。五體震位，在震而得中。與下坤二无正應，且隔四，不能互坤，故「與坤體絶」。月生于三日震爲哉生明，又東方春生于左，故「貞疾，恒不死」也。且震巽合而爲恒。五體震，變正互巽，亦震巽之合而體又象恒，故「貞疾，恒不死」。五位不正，是死于安樂者也。變之正，雖疾恒不死，是生于憂患者也。象曰：「六五貞疾，乘剛也。恒不死，中未亡也。」侯果曰：六五居尊而乘于四。四以剛動，非己所乘。乘剛爲政，終亦病若。「恒不死」者，以其中也。疏五居尊位而乘四剛。四剛而動，彊臣也。非己所當乘者。若乘剛爲政，必致疾矣。「恒不死」者，以己居中，故未至于亡也。案：坎爲疾，五乘坎剛，故「貞疾」。乾文言曰「知存而不知亡」，荀彼注云「存謂五，爲陽位。亡謂上，爲陰位」。五陽位，又居中，故云「中未亡也」。

上六。冥豫。成有渝，无咎。虞翻曰：應在三，坤爲「冥」。渝，變也。三失位无應多凶，變乃得正，體艮成，故「成有渝，无咎」。疏應在三，三體坤。釋言「冥，晦也」。月滅于坤三十日，故爲晦也。説文「冥，从日从六，冖聲。日數十，十六日而月始虧，幽也。」納甲之義，退辛消艮入坤，故坤晦爲「冥」。上應在三，冥豫極樂，是「下交瀆」也。「渝，變也」，釋言文。三失位无正應，故「多凶」。繫下曰「三多凶」是也。變之正，下體成艮，艮物所成終而成始，故云「體艮成」也。艮體成以善變也，故曰「成有渝」。上得位，三變正有應，是「上交不諂，下交不瀆」也。故「无咎」。

愚案：初應震，震爲「鳴」，故「鳴豫」。上應坤，坤爲「冥」，故「冥豫」。豫未來而先鳴其豫，是豫之始而其志已滿矣。故「志窮」則致「凶」。豫已極而猶冥于豫，是豫之終而一成不變矣。故「有渝」則「无咎」。象曰：「冥豫在上，何可長也。」荀爽曰：陰性冥昧，居尊在上而猶豫說，故「不可長」。疏陰本冥昧之性，又居極上之位，而猶耽于逸豫，樂而忘返，是昏于豫而非明于豫者也。冥之爲義，于月爲晦，于日爲夜。又處豫極，所謂舞斯慍，慍斯戚，將于「冥豫」見之矣。旁通小畜，巽爲「長」。震巽特變」，震成巽毁，故曰「何可長也」。

序卦曰：「豫必有隨也，故受之以隨。」韓康伯曰：順以動者，衆之所隨。疏豫內坤外震。坤，順也，震，動也，故云「順以動豫」。順以動，是動而説者也。「故受之以隨」。隨，震動而兑説也。隨自否來，否坤爲衆，故云「衆之所隨」。蓋豫爲喜樂，喜樂出入，人必喜悦。孟子曰「吾王不遊，吾何以休，吾王不豫，吾何以助」，此之謂也。

☱☳震下兑上隨。元亨利貞。无咎。虞翻曰：否上之初。「剛來下柔」，初上得正，故「元亨利貞，无咎」。鄭玄曰：「震，動也」。「兑，説也」。內動之以德，外説之以言，則天下之人，咸慕其行而隨從之，故謂之「隨」也。既見隨從，能長之以善，通其嘉禮，和之以義，幹之以正，則功成而有福。若无此四德，則有凶咎焉。焦贛曰「漢高帝與項籍，其明徵也」。疏虞注：從三陰三陽之例，隨自否來，故云「否上之初」也。「剛來下柔」，釋詳彖傳。否上之初，乾元復正，故「元亨」。初上既正，天行消息，三四易位，終成既濟，故「利貞」。陽降陰升，非益之道，嫌于有咎，以否成隨，故「无咎」也。鄭注：「震，動也」，「兑，説也」，説卦文。德在內。震初龍德，又在內卦，故「內動之以德」。言在外。兑口舌爲言，又在外卦，故「外説之以言。」言而民莫不信，行而民莫不説，故「天下之民，咸慕其行而隨從，謂之隨也」。既見隨從，則長之以善而爲

「元」，通其嘉禮而爲「亨」，和之以義而爲「利」，幹之以正而爲「貞」。功成有福，故「无咎」也。若无此四德，人卽隨從，凶咎難免矣。襄九年左傳「穆姜筮得艮之隨。姜曰「周易曰隨元亨利貞无咎。有是四德者，隨而无咎。我皆无之，豈隨也哉。我則取惡，能无咎乎。」」鄭氏之義，葢本此也。焦延壽字贛，漢人，卽京房所從受學者也。箸有焦氏易林十六卷，今存。又有易林變占十六卷，今佚。玆所引焦氏云云，當變占中語也。史稱漢高祖寬仁愛人，常有大度，順民而定天下。規模宏遠。又謂項羽自矜功伐，奮其私智，欲以力征，卒亡其國。一衆隨而有是四德則興，一衆隨而无是四德則亡，故云「漢高祖與項籍，其明徵也」。**彖曰：「隨，剛來而下柔，動而説，隨。**虞翻曰：否乾上來之坤初，故「剛來而下柔」。動，震，説，兑也。**疏**雜卦曰「乾剛坤柔」。隨自否來，乾上來之坤初，是「剛來而下于柔」。陰之隨陽，由剛下之，夫婦之義也。動之以震，説之以兑，故名「隨」也。**大亨貞无咎，**荀爽曰：隨者，震之歸魂。震歸從巽，故大通。動爻得正，故「利貞」。陽降陰升，嫌于有咎。動而得正，故无咎。**疏**隨，震宮歸魂卦也。震自三變恆，四變升，五變井，四不變大過爲遊魂，內卦皆巽。至隨歸魂始復震，故云「震歸從巽」。震巽旁通，故云「大通」。初上二爻，動皆得正，故曰「利貞」。陽主升，陰主降。今陽降陰升，宜有咎矣。初上易位，各得陰陽之正，故「无咎」也。**而天下隨時，**虞翻曰：「乾爲天」，坤爲「下」，震春兑秋。三四之正，坎冬離夏。四時位正，時行則行，故「天下隨時」矣。**疏**否「乾爲天」，坤爲「下」，故曰「天下」。隨震左爲春，兑右爲秋。三四變之正，成既濟定，則坎北爲冬，離南爲夏。四時各正，時行則行，故曰「天下隨時」。愚案：王肅本「時」作「之」。古文「時」作「旹」，「之」作「㞢」，當脱「日」，誤作「之」也。以象辭「嚮晦入宴息」證之，則「隨時」之義爲長。**隨時之義大矣哉。」**蜀才曰：此本否卦。剛自上來居初，柔自初而升上。則內動而外説，是「動而説，隨」也。相隨而大亨无咎，得于時也。得時則天下隨之矣，故曰「隨時之義大矣哉」。**疏**卦自否來。乾剛來居于初，坤柔往居于上。內成震而動，外成兑而説，故云「動而説，隨」也。以乾通坤成隨，故相隨而亨。得時，故无咎也。中庸曰「君子而時中」，時中之義本大。事事得時，則天下皆隨，故曰「隨時之義大矣哉」。**象曰：「澤中有雷，隨。**九家易曰：兑澤震雷，八月之時。雷藏于澤，則「天下隨時」之象也。**疏**説卦曰「兑爲澤」，「震爲雷」。「八月之時」，仲秋也。月令曰「雷始收聲」。今「澤中有雷」，是「雷藏于澤」而將收聲矣，故有合于「天下隨時之象也」。**君子以嚮晦入宴息。」**翟玄曰：晦者，冥也。雷者陽氣，春夏用事。今在澤中，秋冬時也。故君子象之，日出視事，其將晦冥，退入宴寢而休息也。侯果曰：坤爲「晦」。乾之上九，來入坤初，「嚮晦」者也。坤初升兑，兑爲休息「入宴」者也。欲君民者晦德息物，動説黎庶，則萬方歸隨也。

疏翟注：僖十五年公羊傳「晦者何？冥也」，故云「晦者，冥也」。説文「冥从冖，夜也」。〔一〕「雷者陽氣，春夏用事」，故月令「仲春之月，雷乃發聲」。「今在澤中，秋冬時也」，故月令「仲秋之月，雷始收聲」。君子，乾上之初而成震者也。故象雷之在澤。玉藻曰「君日出而視朝，退適路寢聽政，使人視大夫，大夫退，然後適小寢釋服」。鄭彼注云「路寢所以治事，小寢以時燕息焉」。故云「日出視事，其將晦冥，退入宴寢而休息也」。案：否坤爲「晦」，又安土爲安，故爲「宴」。巽爲「入」。艮爲止，故爲「息」。乾上來入于坤，故「以嚮晦入宴息」。侯注：「坤爲晦」，釋見「冥豫」。乾上來入坤初爲晦，是「嚮晦」者也。坤初已升于兑，上復于初爲復。復二「休復」爲休息，是「入宴」者也。「欲君民」者，謂「君子」也。初爲乾初，是「龍德而隱者

〔一〕説文無「冥」字。陳校本改作詩斯干鄭箋「冥，夜也」。

也」。隱卽晦也，故云「晦德」。二爲復二，是「休復」而「下仁」者也。「休」卽「息」也，故云「息物」。震動兑説否坤爲民，爲衆，故云「動説黎庶」。坤土爲方，衆爲萬，故云「萬方歸隨也」。　案：「澤中有雷」，陰隨陽息也。　否坤爲「晦」，又爲「宴安」。陽生爲「息」，震初是也。乾三「終日」，則「嚮晦」矣。由上入坤，是「向晦入安息」，「養夜氣」之義也。

初九。官有渝。貞吉。出門交有功。　九家易曰：渝，變也。謂陽來居初，得正爲震，震爲子得土之位，故曰「官」也。陰陽出門，相與交通。陰往之上，亦不失正。故曰「貞吉」而「交有功」。　**疏**「渝，變也」，釋言文。否上剛來居初得正，其體爲震，官，官鬼也。參同契曰「水以土爲鬼，土鎮水不起」。京房謂世應官鬼福德之説，皆始于文王。火珠林亦云。故謂「爲震子得土之位，故曰官也」。卦自否來，震初納庚子水，得坤納乙未土之位。水以土爲官，以震變坤，故曰「官有渝」也。「帝出震」爲「出」。艮爲門闕，二互四成艮，故爲「門」。初震與四艮相應爲「出門」。初上易位，是坤初出交于乾，故云「陰陽出門，相與交通」也。陰往之上，上來居初，皆不失正，故曰「貞吉」。繫下曰「五多功」，凡言「功」者皆指五。初之上，上得位而係五，故「交有功」也。

象曰：「官有渝，從正吉也。出門交有功，不失也。」鄭玄曰：「震爲大塗」，又爲日門，當春分，陰陽之所交也。是臣出君門，與四方賢人交，有成功之象也。昔舜「愼徽五典，五典克從。納于百揆，百揆時序。賓于四門，四門穆穆」，是其義也。　**疏**「震爲大塗」，説卦文。又震，東方之卦也。日出于東，故「爲日門」。震，方伯之卦，時值春分，居冬夏之中，故云正「陰陽之所交也」。坤爲「臣」，「乾爲君」，初出艮門，故云「臣出君門」。坤爲「四方」，乾初爲「賢人」，故云「與四方賢人交」。百僚師師，撫五辰而凝庶績，是「有成功之象也」。「愼徽五典」以下，虞書舜典文。引之以明「出門有功」之義。　案：震爲「從」，虞義也。上陽失位，之初得正，故曰「從正吉也」，初往居上，係五有功，故曰「不失也」。

六二。係小子，失丈夫。虞翻曰：應在巽，巽爲繩，故稱「係」。「小子」謂五。兑爲少，故曰「小子」。「丈夫」謂四。體大過「老夫」，故稱「丈夫」。承四隔三，故「失丈夫」。三至上有大過象，故與「老婦」「士夫」同義。體咸象，夫死大過，故每有欲嫁之義也。**疏** 四互巽，初與四應，故「應在巽」。「巽爲繩直」，「故稱係」。「小子謂五」者，「兑爲少，故稱小子」。「丈夫謂四」者，三至上體大過。大過九二云「老夫得其女妻」，虞彼注云「乾老故稱老夫」。「丈夫」猶「老夫」。隨四體大過九二，爲「老夫」。三體大過初六，爲老婦。五則大過之「士夫」，故爲「小子」。二欲承四，見隔于三故「失丈夫」。隨與大過同體，「故與老婦士夫同義」〔一〕也。二至上體咸象，咸「取女」，二三女也。「夫死大過」者，繫下「棺椁之象取諸大過」，故爲「死」。「老夫」故「夫死」。咸女夫死，故欲嫁也。　案：虞注六三「失初小子」，是「小子」謂初也。釋見後。虞謂隨家陰隨陽，蓋二係初、三係四、上係五也。卦名爲隨，亦取陰隨陽也。象曰：「係小子，弗兼與也。」虞翻曰：己係于五，不兼與四也。**疏**「係小子」，是係于五也。「失丈夫」，是不兼與四也。

六三。係丈夫，失小子。隨有求得，利居貞。虞翻曰：隨家陰隨陽。三之上无應，上係于四，失初小子，故「係丈夫，失小子」。艮爲居，爲求，謂求之正。得位遠應，利上承四，故「利居貞」矣。**疏** 在隨之家，皆陰隨陽。三與上皆陰，故「无應」。三與四爲巽，故「上係于四」。初亦爲「小子」者，對四乾爲「老夫」，震長男，「復小而辯于物」，以一陽初生爲小，故稱「小子」也。承四故係四，與初无應，故「失小子」也。「艮爲門闕」，又爲止，故「爲居」。艮兑「同氣相求」，故「爲求」，謂求變之正。三〔二〕得位而遠應于上，四亦變正成既濟，故「利

〔一〕「義」，原本作「養」，據陳校本正。
〔二〕「三」，原本作「初」，據卦象及李疏文義正。

上承四」，三四皆正，故「利居貞」矣。**象曰：「係丈夫，志舍下也。」**王弼曰：雖體下卦，二已據初，將何所附，故舍初係四，志在丈夫也。四俱无應，亦欲于己隨之，則得其求矣。故曰「隨有求得」也。應非其正，以係于人，何可以妄，故「利居貞」也。初處己下，四處己上，故曰「係丈夫，失小子」也。**疏**陰之爲物，必係于陽。三與二初，雖同在下體，二已據初，三无所附。下舍初，上係四，四陽爲丈夫，故「志在丈夫」。四與三俱无正應，四係三，三卽隨四，得其所求，故「有求得」也。三與上應非其正，今係于四，是「係于人」。不可妄動，唯利在居處守正，故「利居貞」也。初處己下，已不得乘。四處己上，已得承之。故曰「係丈夫，失小子」也。三四變正，坎爲「志」。志在四，不在下，故曰「志舍下也」。**九四。隨有獲，貞凶。有孚在道，以明何咎。**虞翻曰：謂獲三也。失位相據，在大過死象，故「貞凶」。象曰「其義凶也」。「孚」謂五，初震爲「道」。三已之正，四變應初，得位在離，故「有孚在道，以明何咎」。象曰「明功也」。**疏**獲，得也。四乘三，三係四，故「獲三也」。三四失位，彼此相據，體大過爲棺槨。三四在大過中，有死象焉。是「貞凶」之義也。五曰「孚于嘉」，故「孚謂五」。初「震爲大塗」，故「爲道」。三「利居貞」，是已變之正。四變正與初應，得位，故「有孚在道」。變離爲「明」，故「以明何咎」。五爲卦主，故歸功于五也。愚案：三四兩爻不正，故獨兩爻言「隨」，且言「貞」。三陰隨陽，是得四也。四陽隨陰，是獲三也。三往四則居貞，「四多懼」故利。四來居三亦居貞，「三多凶」故凶。然三四易位，六爻皆正，成既濟定。坎爲「孚」，離爲「明」。四得正孚初，故曰「有孚在道」。雖凶得正，故曰「以明何咎」。**象曰：「隨有獲，其義凶也。**虞翻曰：死在大過，故凶也。**疏**大過有「棺槨」之象，故「死在大過」。死，故凶也。**有孚在道，明功也。」**虞翻曰：「功」謂五也。三四之正，離爲「明」，故「明功也」。**疏**「五多功」，故「功謂五也」。三四已變之正，成既濟。離爲「明」，明五之功，五爲卦主故也。九五。孚于嘉，吉。虞翻曰：坎爲「孚」，陽稱「嘉」。位五正，故吉也。疏三四變正體坎，三至上亦體坎，坎「有孚」，故「爲孚」。乾文言「亨者，嘉之會」，故「陽稱嘉」。嘉，嘉禮也。春官大宗伯「以嘉禮親萬民，以昏冠之禮親成男女」，隨時，陰係于陽，合于嘉禮，故云「孚于嘉」。五位得正，故「吉」也。象曰：「孚于嘉吉，位正中也。」虞翻曰：凡五言中正，中正皆陽得其正，以此爲例矣。疏「凡五言中正」者，五爲「中」，陽爲「正」，「皆陽得其正」者也。舉此爲五例也。上六。拘係之，乃從維之。虞翻曰：應在艮，艮手爲「拘」。巽爲繩，兩「係」稱「維」。故「拘係之，乃從維之」。在隨之上而无所隨，故「維之」。象曰「上窮」，是其義也。疏下應在艮，「艮爲手」，故「爲拘」。又應巽，巽爲繩，故爲「係」。三未正，故「无所隨」。與三共係于五，故「兩係稱維」也。在隨之上，窮而无所隨矣，故從而維五也。乾鑿度説此爻曰「上六用待九五，拘繫之，維持之，明被陽化而陰欲持之也」。王用亨于西山。虞翻曰：否乾爲「王」，謂五也。有觀象，故亨。兑爲「西」，「艮爲山」，故「用亨于西山」也。疏否乾「爲君」，故「爲王」。五爲天子，故「謂五也」。否初至五體觀，隨二至上亦體觀。觀卦辭曰「觀，盥而不薦」，祭享之象。故言「用亨」。「亨」讀如「享」也。體兑爲「西」，互「艮爲山」，故爲「西山」。乾鑿度曰「崇至德，顯中和之美」。當此之時，仁恩所加，靡不隨從，咸説其德，得用王之道，故言「王用亨于西山」也。象曰：「拘係之，上窮也。」虞翻曰：乘剛无應，故「上窮也」。疏乘五剛而无正應，故曰「上窮」。「窮則變，變則通，通則久」。係于五，則不窮也。

序卦曰：「以喜隨人者必有事，故受之以蠱。蠱者，事也。」九家易曰：子行父事，備物致用而天下治也。「備物致用，立成器以爲天下利，莫大乎聖人」。子脩聖道，行父之事，以臨天下，无爲而治也。疏蠱自泰來。泰乾，父也，往而成艮爲少男，故「子行父事」。乾爲「物」，坤爲「用」，故「備物致用」。「乾爲天」，坤爲「下」，乾往治坤，故「天下治也」。「備物致用，立成器以爲天下利，莫大乎聖人」，繫上文。「聖人」謂乾。艮子能脩聖道，以行乾父之事，由事君臨天下，所以「无爲而治也」。愚案：書益稷曰「股肱喜哉，元首起哉」，終之以「庶事康哉」，是「以喜隨人者必有事」也。然事不生于治而生于亂。孔疏引褚氏云「蠱者，惑也。物既惑亂，終致損壞，當須有事也。蠱者，事也。謂物蠱必有事，非謂訓蠱爲事」。得其義矣。

䷑巽下艮上蠱。元亨。虞翻曰：泰初之上，與隨旁通。剛上柔下，乾坤交，故「元亨」也。伏曼容曰：蠱，惑亂也。萬事從惑而起，故以蠱爲事也。案：尚書大傳云「乃命五史，以書五帝之蠱事」。然爲訓者，正以太古之時，无爲无事也。今言蠱者，是卦之惑亂也。時既漸澆，物情惑亂，故事業因之而起惑矣。故左傳云「女惑男，風落山，謂之蠱」，是其義也。

疏虞注：從三陽三陰之例，蠱自泰來，故云「泰初之上」。與隨反對，故云「旁通」。初之上是「剛上」，上之初是「柔下」。乾初爲始，交坤爲通，故「乾坤交」，爲「元亨也」。伏注：昭元年左傳「趙孟曰『何謂蠱？』對曰『淫溺惑亂之所生也』」，故云「蠱惑亂也」。蠱非事，「萬事從蠱惑而起，故以蠱爲事也」。尚書大傳，漢伏生作。「乃命五史，書五帝之蠱事」者，雜卦傳曰「蠱則飭也」，言書五帝之飭事。蓋太古之時，結繩而治，无爲无事，不可以惑亂訓蠱也。今卦言蠱者，義取惑亂。以時既澆薄，物情惑亂，將欲整飭紀綱，則事業因之以起。左傳曰「于文，皿蟲爲蠱」。坤器爲皿，之初成巽，巽爲風。說文曰「風〔一〕，風動蟲生」，故風爲蠱卦。二五不正，初上失位，以巽女而惑艮男，以巽風而落艮果，故左傳曰「女惑男，風落山，

〔一〕「風」，原本作「蠱」，據陳校本及說文正。

謂之蠱」，皆同物也。利涉大川。虞翻曰：謂二失位，動而之坎，故「利涉大川」也。疏二失位當之五，動則互坎，坎爲大川，得正，故「利涉大川」。不言五失位者，二上易五得正，故爻言「幹父用譽」。先甲三日，後甲三日。子夏傳云：「先甲三日」者，辛壬癸也。「後甲三日」者，乙丙丁也。馬融曰：甲在東方。艮在東北，故云「先甲」。巽在東南，故云「後甲」。所以十日之中，唯稱「甲」者，甲爲十日之首，蠱爲造事之端，故舉初而明事始也。言所以「三日」者，不令而誅謂之暴，故令先後各三日，欲使百姓徧習，行而不犯也。疏子夏傳：此統甲之先後三日言也。以納甲言之，「甲」謂乾也。乾納甲，泰內卦本乾，故言「先甲」，「後甲」。「先甲三日」，辛也。巽納辛，坤上之初成巽，在乾之先，故「先甲三日」也。鄭氏謂「取改過自新，故用辛」是也。「後甲三日」，丁也。兑納丁，四體兑，在乾之後，故「後甲三日」也。鄭氏謂「取丁寧」之義，故用丁」是也。馬注：艮巽合而互震，震，東方之卦也。震爲木，甲，東方木神。故云「甲在東方」。艮，東〔一〕北之卦也。故云「先甲」。巽，東南之卦也。故云「後甲」。甲爲幹首，鄭氏所謂「造作新令之日」是也。事不生于無事，而生于有事，故「蠱爲造事之端」。事欲慎終于始，「故舉初以明事始」。論語曰「不戒視成謂之暴」，即「不令而誅」之謂也。惟于事之未行，先三日而告之。事之既行，後三日而戒之。庶「百姓徧習，行而不犯也」。彖曰：「蠱，剛上而柔下。巽而止，蠱。虞翻曰：泰初之上故「剛上」，坤上之初故「柔下」。上艮下巽，故「巽而止，蠱」也。疏泰乾初之上爲「剛上」，坤上〔二〕之初

〔一〕「東」，原本作「西」，據陳校本正。
〔二〕「上」，原本作「下」，據陳校本正。

爲「柔下」。「巽爲風」，爲「入」，艮爲「止」。下體巽風入，而上體艮止不動，蠱所由生也。故云「巽而止，蠱也」。**蠱元亨，而天下治也。**荀爽曰：蠱者，巽也。巽歸合震，故「元亨」也。蠱者，事也。備物致用，故「天下治也」。**疏**蠱，巽宮歸魂卦也。故云「蠱者，巽也」。巽宮三變益，四變无妄，五變噬嗑，四不變頤爲遊魂，内卦皆震。至蠱歸魂，震變爲巽，故云「巽歸合震」也。震之初陽爲「元」，乾始通坤爲「亨」，故曰「元亨也」。物壞而後有事，故云「蠱者，事也」。虞翻注云「取乾之坤謂之備物，以坤之乾謂之致用」。「立成器以爲天下利」，故曰「天下治也」。「乾爲天」，坤爲「下」。陽升陰降，以乾通坤，是「天下治也」。**利涉大川，往有事也。**九家易曰：陽往據陰，陰來承陽，故「有事」也。此卦泰，乾天有河，坤地有水。二爻升降，出入乾坤，「利涉大川」也。陽往求五，陰來求二，未得正位，戎事不息，故「有事」。**疏**初陽往據五陰，上陰來承二陽，陰陽往來，故「有事」也。卦自泰來，有乾有坤。詩雲漢鄭箋「天河，水氣也，精光轉運于天」，埤雅「水象在天爲漢」，故云「乾天有河」。孟子曰「水由地中行」，故云「坤地有水」。初上二爻，一升一降，出入乾坤之閒，故曰「利涉大川也」。「陽往據陰」，是「求五」也。「陰來承陽」，是「求二」也。初上皆不得剛柔正位，三至上體離爲甲胄戈兵，故爲「戎事」。互震動，故「不息。」世亂當治，故「有事也」。愚案：二五失位，二動往五互坎，坎爲大川，故「利涉大川」。蠱者，事也。二往居五，得中得正，「幹蠱用譽」，故「往有事也」。**先甲三日，後甲三日，終則有始，天行也。**虞翻曰：謂初變成乾，乾爲「甲」。至二成離，「離爲日」。謂乾三爻在前，故「先甲三日」，賁時也。變三至四體離，至五成乾。乾三爻在後，故「後甲三日」，无妄時也。易出震消息，歷乾坤象，乾爲「始」，坤爲「終」，故「終則有始」。乾爲「天」，震爲「行」，故「天行也」。**疏**消息之卦，與隨旁通，故謂「初變成乾」。乾納甲，故「爲甲」。變至二成離。「離爲日」，說卦文。山火成賁。内卦爲「先」。乾三爻在前，故云「先甲三日，賁時也」。變至四則體離，變至五則成乾，天雷成无妄，外卦爲「後」，乾三爻在後，故云「後甲三日，无妄時也」。飭事之道，盡飾而无妄，此因通隨見義也。陽初動爲復，故云「易出震」。息至乾，入巽爲姤，消至坤，故云「消息歷乾坤」。始于乾之一陽，又乾「知始」，故「爲始」。終于坤之上陰，又坤「代終」，故「爲終」。坤終則乾又始而爲復也，故曰「終則有始」。以納甲言之。乾納甲，始于震之初陽，是「先甲」而爲乾「始」也。「先甲三日」者，震兑乾爲三日也。終于坤之上陰，是「後甲」而爲「終」也。「後甲三日」者，巽艮坤爲三日也。亦坤終則震生，納甲與消息，其義一也。泰「乾爲天」，互震爲「行」，故曰「天行」。明出震爲飭蠱之道也。象曰：「山下有風，蠱。何妥曰：山者高而靜，風者宣而疾。有似君處上而安靜，臣在下而行令也。疏艮爲山，山高而靜在上，似君在上而安靜也。巽爲風，風宣而疾在下，似臣在下而行令也。當壞亂之時，正君臣有爲之日，故其象爲蠱。君子以振民育德。」虞翻曰：「君子」謂泰乾也。坤爲「民」，初上撫坤，故「振民」。乾稱「德」，體大畜須養，故以「育德」也。疏泰「君子道長」，故「君子謂泰乾也」。坤衆爲「民」，亦泰坤也。乾初之上撫坤，故爲「振民」。説文「振，舉救也」。當蠱之時，民生已困，故宜振以舉救之。互震爲動，艮爲手，故稱「振」。乾龍德，故「稱德。」自二至上體象大畜，三至上亦象頤，「物畜然後可養」，故以「育德」也。説文「育養子使作善也」。當蠱之時民德已傷，當如養子作善以育之，艮爲少男，巽爲申命，兑爲講習，故取「養子作善」爲「育」。初六。幹父之蠱，有子考无咎，厲，終吉。虞翻曰：幹，正，蠱，事也。泰乾爲「父」，坤爲事，故「幹父之蠱」。初上易位，艮爲「子」，父死大過稱「考」，故「有子考」。變而得正，故「无咎厲終吉」也。案：位陽令首，父之事也。爻陰柔順，子之質也。疏虞注：薛君韓詩章句曰「幹，正也」，詩詁云「木正出者爲幹」，乾文言曰「貞者事之幹」，故知「幹」爲「正」也。序卦〔一〕曰「蠱者，事也」，故云「蠱，事也」。泰有乾坤，「乾爲父」，説卦文。坤「發于事業」，故「爲事」。正父之事，故曰「幹父之蠱」。泰初之上成艮，艮爲少男，故「爲子」。曲禮曰「生曰父母，死曰考妣」。初至四體大過，有棺椁象，故云「父死大過稱考」也。陽伏于下爲「考」，艮子成于上，是「有子考」也。此從「有子考」斷句也。王弼注云「任爲事首，能堪其事，考乃无咎，故曰有子考无咎也」。此以「考无咎」斷句也。王注是也。失位故危，以柔濟剛則「吉」，艮爲「終」，故「終吉」也。　案：初爲陽位而居令首，故爲「父事」。六爲陰爻而體柔順，故爲「子質」。**象曰：「幹父之蠱，意承考也。」**王弼曰：幹事之首，時有損益，不可盡承，故意承而已也。**疏**幹事之首，時當損而損，時當益而益，不可盡承，在以意承之而已。　愚案：初承二。「承考」謂承二也。以陰承陽，剛柔相濟，所以「終吉」。初至四體坎爲「意」。「意承考」者，中庸所謂「善繼人之志，善述人之事」者也。**九二。幹母之蠱，不可貞。象曰：「幹母之蠱，得中道也。」**虞翻曰：應在五，泰坤爲「母」，故「幹母之蠱」。失位，故「不可貞」。變而得正，故「貞」而「得中道也」。案：位陰居内，母之象也。**疏**虞注：二應在五，五本泰坤也，故云「泰坤爲母」。以二幹正，故曰「幹母之蠱」。二五失位不正，故曰「不可貞」。當變之正也。變則貞而且中，故曰「得中道也」。　案：二爲陰位，又居于内，女司中饋，故爲母象。**九三。幹父之蠱，小有悔，无大咎。象曰：「幹父之蠱，終无咎也。」**王弼曰：以剛幹事而无其應，故「有悔」也。履得其位，以正幹父，雖小有悔，終无大咎矣。　案：爻位俱陽，父之事。**疏**王注：九爲剛爻，故云「以剛幹事」。上无正應，以剛濟剛，故「有悔」。兑爲「小」，故「小有

〔一〕「序卦」原本作「説卦」，據所引序卦文正。

悔」也。以陽居陽，故爲「履得其位」。得位之正，以「幹父之蠱」。重剛雖有小悔，然得正，終「无大咎」也。　案：以陽爻居陽位，故爲「父事」。六四。裕父之蠱，往見吝。虞翻曰：裕，不能爭也。孔子曰「父有爭子，則身不陷于不義」。四陰體大過「本末弱」，故「裕父之蠱」。兑爲「見」。變而失正，故「往見吝」。象曰「往未得」，是其義也。疏中庸曰：「寬裕温柔」。以柔爻居柔位，故稱「裕」。柔裕，「故不能爭」。孔子曰「父有爭子，則身不陷于不義」，孝經文。四本陰柔，又體大過，初上皆陰，故「本末弱」。是不能爭父之過，而僅能「裕父之蠱」也。雜卦曰「兑見」，故「兑爲見」。變陽失正，故「往見吝」。象謂「往未得」是也。　愚案：三以剛居剛，過猛故「悔」。四以柔居柔，過寬故「吝」。三變爲蒙「无攸利」，然亦「无大咎」也。四變爲鼎，「鼎折足」，故爲「往見吝」也。唯初與五，以陰居陽，雖不得位，然剛柔相濟，故一則「終吉」，一則「用譽」也。象曰：「裕父之蠱，往未得也。」虞翻曰：往失位，折鼎足，故「未得」。疏四變則體鼎，是「往失位」也。鼎九四曰「鼎折足，覆公餗」，故「未得也」。六五。幹父之蠱，用譽。荀爽曰：體和應中，承陽有實。用斯幹事，榮譽之道也。疏六陰爲「體和」，五位爲「應中」。上承九陽，故「有實」。用斯幹事，剛柔相濟，榮譽之道也。象曰：「幹父用譽，承以德也。」虞翻曰：「譽」謂二也。二五失位，變而得正，故「用譽」。變二使承五，故「承以德」。二乾爻，故稱「德」矣。疏繫下云「二多譽」，故「譽謂二也」。二陽五陰，故皆失位。二升五降，變而得正，故「用譽」。既變則二上承五，乾龍德爲德，故曰「承以德也」。　愚案：荀謂「承陽有實」，謂五承上也。初承二，五承上，皆以柔濟剛，故初「吉」五「譽」。初難知，故承以「意」。五得中，故「承以德」。上九。不事王侯，虞翻曰：泰乾爲「王」，坤爲「事」。應在于三，震爲「侯」。坤象不見，故「不事王侯」。疏泰有乾坤。「乾爲君」，故「爲王」。坤「發事業」，故「爲事」。下應在三，三互震「爲侯」。變蠱則坤象不見，故曰「不事王侯」。案：震爲帝，故爲「王」。「長子主器」，故爲「侯」。「王侯」皆謂震也。上不與三應，故「不事王侯」。高尚其事。虞翻曰：謂五已變，「巽爲高」。艮陽升在坤上，故「高尚其事」。**疏**五已變體巽，「巽爲高」，說卦文。艮之一陽，自乾來升在坤上，故曰「高尚其事」。愚案：五爻皆言「蠱」，上獨言「事」，蓋用幹用裕，蠱已飭矣。至五「用譽」，則彖傳所云「蠱元亨而天下治也」。天下已治，故上獨變「蠱」言「事」。陽剛有治事之德，處陰非得位之人，成功者退，故不事王侯之事。上處最高，「上」與「尚」通。鄭氏云「君猶高尚其所爲之事」，謂王侯皆高尚其撥亂反正之事也。象曰：「不事王侯，志可則也。」荀爽曰：年老事終，不當其位，體艮爲止，故「不事王侯」。據上臨下，重陰累實，故「志可則」。**疏**鄭氏云「上九艮爻，辰在戌，得乾氣，父老之象」，故云「年老」。艮「成終成始」，故云「事終」。以陽居上，故云「不當其位」。「艮，止也」，故云「體艮爲止」。位不當而艮止，故「不事王侯」。據上臨下，四五重陰，二三累實。合初則體象坎，坎爲「志」，又爲「法則」，故「志可則也」。

序卦曰：「有事而後可大，故受之以臨。臨者，大也。」崔覲曰：有蠱元亨，則可大之業成，故曰「有事然後可大」也。**疏**蠱彖傳曰「蠱元亨而天下治也」。天下治，則可大之業成矣。繫上曰「可大則賢人之業」，謂坤也。臨有坤，故稱業。坤文言「發于事業」是也。韓康伯曰「可大之業，由事而生」，故曰「有事而後可大」。蠱非事，以事飭蠱，故曰「蠱者，事也」。臨非大，以大相臨，故曰「臨者，大也」。又靈樞經「太陰之人，其狀臨臨然長大」，亦「臨」訓「大」也。

䷒兌下坤上 臨。元亨利貞。虞翻曰：陽息至二，與遯旁通。剛浸而長，乾來交坤。動則成乾，故「元亨利貞」。**疏**此十二月辟卦也。陽初息復，至二則成臨矣。與遯相反，故云「旁通」。二剛有漸長之勢，「乾來交坤」，謂乾息坤也。

三動則成乾，故「元亨利貞」，與乾同占也。**至于八月有凶。**虞翻曰：與遯旁通。臨消于遯，六月卦也。于周爲八月。遯弑君父，故「至于八月有凶」。荀公以兑爲八月。兑于周爲十月，言八月，失之甚矣。鄭玄曰：臨，大也。陽氣自此浸而長大。陽浸長矣，而有四德，齊功于乾，盛之極也。人之情盛則奢淫，奢淫則將亡，故戒以凶也。臨卦斗建丑而用事，殷之正月也。當文王之時，紂爲无道，故于是卦爲殷家著興衰之戒，以見周改殷正之數云。臨自周二月用事，訖其七月，至八月而遯卦受之。此終而復始，王命然矣。**疏**虞注：臨與遯通。臨長成乾，復消于遯爲六月卦，周之八月也。陰消至遯，艮子弑父。至三成否，坤臣弑君。故云「遯弑君父」。遯六月即周八月。故曰「至于八月有凶」。「荀公」謂爽也。兑爲「正秋」，故「以兑爲八月」。夏八月，周之十月也。以十月爲八月，故「失之甚矣」。且于「有凶」，義无取也。鄭注：序卦曰「臨者，大也」，故云「臨，大也」。陽氣自二浸而長大，終必成乾，故有「元亨利貞」之四德，齊功于乾，陽盛之極也。夫滿則必溢，人之恆情。溢則必覆，物之常理。惟聖人見微知著，所以戒之以凶也。臨十二月卦，故云「建丑而用事」。夏之十二月，殷之正月也。繫下曰「易之興也，其當殷之末世，周之盛德邪。當文正與紂之事邪」。紂爲无道，文王作易，特于殷正用事之卦，著興衰之戒，以見周改殷正之有定數也。臨通遯。遯于消息爲六月，于殷爲七月，于周爲八月。臨于周爲二月。用事之卦，由息而消，訖其七月。至周八月，消至二而遯卦受之。然陰消不久，終而復始，自然之數也。周受命而建子，其法于此乎，故云「王命然矣」。**彖曰：「臨，剛浸而長。**虞翻曰：「剛」謂二也。兑爲水，澤。自下浸上，故「浸而長」也。**疏**陽息至二，故「剛謂二」。「兑爲澤」，坎水半見，故爲「水澤」。澤有「浸」象。剛自下而上，故曰「浸而長也」。**說而順，剛中而應。大亨以正，天之道也。**虞翻曰：說，兑也。順，坤。「剛中」謂二也。四陰皆應之，故曰「而應」。「大亨以正」，謂三動成乾天，得正爲泰，天地交通，故「亨以正，天之道也」。**疏**說卦曰「坤，順也」，「兑，説也」。故云兑説坤順。二以剛居中，故「剛中謂二」。二承四陰，五應則同類皆應，故曰「而應」。三動則成乾天，陽得正位，其體爲泰，「天地交而萬物通」。通故「亨」，得位故「正」，皆變乾成天爲之也。故曰「大亨以正，天之道也」。至于八月有凶，消不久也。」蜀才曰：此本坤卦。剛長而柔消，故大亨利正也。案：臨，十二月卦也。自建丑之月，至建申之月，凡歷八月則成否也。否則「天地不交，萬物不通」，是「至于八月有凶」，斯之謂也。**疏**陽息坤初，至二成臨，故云「此本坤卦」。乾陽長而坤陰消，進則成泰，終則成乾，故「大亨利正也」。臨，丑月卦也。否，申月卦也。自十二月至七月，凡八閱月則成否也。「天地不交，萬物不通」，否彖傳文。否塞之時，「君子以儉德避難」，故以「至于八月有凶」當之也。愚案：至于八月遯時，陽剛漸消，其凶甚矣。然「天地盈虚，與時消息」，則消亦不久，遯漸成臨，故臨言「凶」，遯言「亨」也。象曰：「澤上有地，臨。荀爽曰：澤卑地高，高下相臨之象也。**疏**「兑爲澤」，「坤爲地」。地在澤上，澤卑于地。地高于澤，以高臨下，其象爲臨。君子以教思无窮，容保民无疆。」虞翻曰：「君子」謂二也。震爲言，兑口講習。「學以聚之，問以辯之」。坤爲「思」。剛浸長，故「以教思无窮」。容，寬也。二「寬以居之，仁以行之」。坤爲「容」，爲「民」，故「保民无疆」矣。

疏陽息至二，剛而得中，故「君子謂二也」。互震聲爲言，體兑口講習，「教」之義也。「學以聚之，問以辯之」，乾九二文言文。洪範「思曰睿」，于五事配土。坤爲土，故「爲思」。剛浸長，息而不已，故「以教思无窮」。中庸「寬裕温柔，足以有容也」。故「容」訓「寬」。「寬以居之，仁以行之」，亦乾二文言文。坤廣爲「容」，衆爲「民」，又「行地无疆」，故「容保民无疆」。臨本坤卦，又上體坤，故即坤以釋其象。乾息至二爲臨，臨二即乾二，故復引乾二文言，以明其意。兩卦相須，義始備也。初九。咸臨，貞吉。虞翻曰：「咸，感也」。得正應四，故「貞吉」也。疏「咸，感也」，咸彖傳文。王弼又云「感，應也」。惟初與四、二與五爲正應。應故「感」，感故皆言「咸」。初得正應四，得正故「貞」，有應故「吉」也。愚案：初至五伏咸象。初感四應，二感五應，故初二皆言「咸臨」。三動上不應，然後成臨，故三不言「咸」也。象曰：「咸臨貞吉，志行正也。」荀爽曰：陽始咸升，以剛臨柔。得其正位而居，是吉。故曰「志行正」。疏陽始感而欲升于四，將以剛下臨三柔也。然已得正位而居，故吉。初動坎爲「志」，互震爲「行」，故曰「志行正也」。九二。咸臨，吉无不利。虞翻曰：得中多譽，兼有四陰，體「復初元吉」，故「无不利」。疏在二爲「得中」，繫下曰「二多譽」。以得中，故多譽也。上兼四陰，其體象復，復初曰「元吉」。有應，故吉。得中，故「无不利」也。象曰：「咸臨吉无不利，未順命也。」荀爽曰：陽感至二，當升居五，羣陰相承，故「无不利」也。陽當居五，陰當順從，今尚在二，故曰「未順命也」。疏二與五爲正應，陽主升，陰主降，故「陽感至二，當升居五」。二升五位，羣陰相承，故「无不利」。案：坤爲「順」，旁通遯巽爲「命」。二剛浸長，不順乎遯，故「未順命」。六三。甘臨，无攸利。既憂之，无咎。象曰：「甘臨，位不當也。既憂之，咎不長也。」虞翻曰：「兑爲口」，坤爲土，「土爰稼穡作甘」。兑口銜坤，故曰「甘臨」。失位乘陽，故「无攸利」。言三失位无應，故「憂之」。動而成泰，故「咎不長也」。疏「兑爲口」，説卦文。「坤爲地」，居申方从土，故「爲土」。「土爰稼穡，作甘」，洪範文。「甘，从口含一」。土下从一，即坤地也。以兑口上銜坤土，故曰「甘臨」。六失位下乘陽，故「无攸利」。三既失位，又无正應，故「憂之」。董子曰「凡人有憂而不知憂者凶，有憂而深憂之者吉」。三知不正，息泰得正，故「无咎」。伏巽「爲長」，臨成巽毁，故「咎不長也」。六四。至臨，无咎。虞翻曰：至，下也。謂下至初應，當位有實，故「无咎」。疏説文「至，从一。一，地也」。初爲地在下，故云「至，下也」。四與初應，故謂「下至初應」。初陽爲實，而又當位，故云「當位有實」。得應，故「无咎」也。

象曰：「至臨无咎，位當也。」荀爽曰：「四與二同功」，欲升二至五，已得承順之，故曰「至臨」也。陽雖未乘，處位居正，故得「无咎」，是「位當也」。疏「四與二同功」，本下繫文。四「欲二升至五，已得順而承之，曰至臨」者，謂二至五而臨己也。二陽尚未升，故云「陽雖未乘」。以六處四，是爲「居正」。所以「无咎」者，「位當」故也。愚案：經文「位當也」，李氏本一作「當位實也」。釋文非之，此本是。

六五。知臨，大君之宜，吉。

象曰：「大君之宜，行中之謂也。」荀爽曰：五者，帝位。「大君」謂二也。宜升上居五位吉，故曰「知臨，大君之宜」也。二者處中，行升居五，五亦處中，故曰「行中之謂也」。疏中庸曰「唯天下至聖，爲能聰明睿知，足以有臨也」。故曰「知臨」。五爲天子，故云「帝位」。乾鑿度説此爻云「臨者，大也，陽氣在内。中和之感，應于盛位。浸大之化，行于萬民。故言宜處王位，施大化，爲大君矣。臣民欲被化之辭也」。又曰「大君者，與上行異也」。鄭彼注云「臨之九二有中和美異之行，應于五位，故曰百姓欲其與上爲大君」。皆言二當升五，故知「大君謂二也」。繫上謂「知崇效天」，乾天爲「知」，故知乾二升五爲「知臨」。三已正成泰，二升五降成既濟定，故曰「大君之宜，吉」也。二本處中，互震爲「行」，上升于五亦處中，故曰「行中之謂也」。初四皆正，故曰「行正」。二五皆中，故曰「行中」。「知臨」而言「行中」者，中庸言「舜之大知，用中于民」，是其義也。

上六。敦臨，吉无咎。荀爽曰：上應于三，欲因三升二，過應于陽，敦厚之意，故曰「敦臨，吉无咎」。疏上與三應，兩陰无陽。二，陽也。上欲因三升二，故云「過應于陽」。望二升成既濟，故云「敦厚之意」。鄭注樂記云「敦，厚也」。坤爲厚，故曰「敦臨」。内望二，故「吉」。上得位，故「无咎」也。

象曰：「敦臨之吉，志在内也。」九家易曰：志在升二也。陰以陽爲主，故志在内也」。**疏**上欲應三升二，二升五，坎爲「志」，故云「志在升二也」。陽貴陰賤，故「陰以陽爲主」。二陽升五，上得所主，故曰「志在内也」。

序卦曰：「物大然後可觀也，故受之以觀。」崔觀曰：言德業大者，可以觀政于人，故「受之以觀」也。

疏德業盛大，則可從政，故「可以觀政于人」也。「觀」，讀去聲。考工記「栗氏爲量，嘉量既成，以觀四國」。注云「以觀示四方」是也。故「受之以觀」。愚案：卦互艮，又全體象艮，上重陽而下再重陰，有門闕重疊之象，故名曰「觀」。釋宫「觀謂之闕」。白虎通「上懸法象，其狀巍巍然高大，謂之象魏。使人觀之，謂之觀也。」此卽「物大然後可觀」，臨繼以觀之義也。自上示下，讀去聲，義取觀示。自下仰上，讀平聲，義取觀瞻。卦象作觀示，爻象作觀瞻，義各有當。然使人觀之謂之觀，其實一也。又春官大宗伯「以肆獻祼享先王」，注云「祼之言灌也」，是「觀」與「祼」「灌」亦通，觀卦辭「觀盥而不薦」可見矣。

䷓坤下巽上觀。盥而不薦，有孚顒若。鄭玄曰：坤爲地爲衆，巽爲木爲風。九五，天子之爻。互體有艮，艮爲鬼門，又爲宫闕。地上有木而爲鬼門宫闕者，天子宗廟之象也。王弼曰：王道之可觀者，莫盛乎宗廟。宗廟之可觀者，莫盛乎盥也。至薦，簡略不足復觀。故「觀，盥而不薦」也。馬融曰：盥者，進爵灌地以降神也。此是祭祀盛時。及神降薦牲，其禮簡略，不足觀也。「國之大事，唯祀與戎」。王道可觀，在于祭祀。祭祀之盛，莫過初盥降神。故孔子曰「禘自既灌而往者，吾不欲觀之矣」。此言及薦簡略，則不足觀也。以下觀上，見其至盛之禮。萬民敬信，故云「有孚顒若」。孚，信。顒，敬也。案：鬼神害盈，禍淫福善。若人君脩德，至誠感神，則「黍稷非馨，明德惟馨」。故觀盥而不觀薦，饗其誠信者也。斯卽「東鄰殺牛，不如西鄰之禴祭，實受其福」，是其義也。**疏**鄭注：「坤爲地爲衆」，「巽爲木爲風」，皆說卦文。五位天子，故九五爲「天子之爻」。五互三四爲艮。「艮爲鬼門」者，乾坤鑿度曰「艮爲鬼冥門。上聖曰『一陽二陰，物之生于冥昧，氣之起于幽蔽』。地形〔一〕經曰『山者，艮也。地土之餘，積陽成體，石亦通氣，萬靈所止。起于冥門，言鬼其歸也』。衆物歸于艮，艮者，止也。止宿諸物，大齊而出，出然後至于□□申，艮靜如冥暗，不顯其路，故曰鬼門」。説卦曰「艮爲門闕」，故「又爲宫闕」。坤地之上而有巽木，又互艮爲鬼門宫闕，五爲天子，故云「天子宗廟之象也」。王注：此與馬君融注意同，釋見于下。馬注：祭統「獻之屬莫重于祼」。字亦作「灌」，義取于坤地之觀。春官鬱人「掌祼器，凡祼事沃盥」，書洛誥「王入太室祼」。崔靈恩三禮義宗云「祭之日，王衮冕入，尸亦衮冕入，祝在後，侑三。王不迎尸，尸入室，作樂降神，乃灌」，故云「盥者，進爵灌地以降神也」。初灌禮備，詳具于下，故云「此是祭祀盛時」。郊特牲「既灌然後迎牲」，迎牲而後薦，是薦在盥後也。禘行于春夏物未成熟，薦禮獨略，故云「及降神薦牲，其禮簡略，不足觀也」。「國之大事，唯祀與戎」，本成十三年左傳。蓋王者治定制禮吉禮爲先，故云「王道可觀，在于祭祀」。配天之禘，灌禮最盛，古文作「祼」。周監二代而制禮，大宗伯「以肆獻祼享先王」。典瑞「祼圭有瓚，以肆先王，以祼賓客」。則祼一事有三節。肆者，實而陳之。祼者，將而行之。獻者，奉而進之。實以彝，祼之陳。將以瓚，祼之行。獻以爵，祼之成。故曰「肆祼獻」。祭天無灌而禘有灌者，宣三年公羊傳説配天之義云「王者曷爲必以其祖配？自内出者，無匹不行。自外至者，無主不止」。「自内出者，無匹不行」，南郊配天也。「自外至者，無主不止。」明堂配天也。明堂之配天，帝異饌亦異其禮，故天無灌而祖有灌。以灌禮降神，推人道以接

〔一〕「形」，原本作「氣」，據陳校本正。

天，所謂「自外至者，無主不止」，故云「祭祀之盛，莫過初盥降神」也。引論語孔子文者，以明「及薦簡略不足觀」之意。隱五年穀梁傳曰「常視曰視，非常曰觀」。灌禮非常，薦爲常禮，故觀盥而不觀薦，吾不欲觀也。非不欲觀也，所以明灌禮之特盛也。「以下觀上，見其至盛之禮，萬民敬信」，即「下觀而化也」。故曰「有孚顒若」。雜卦〔一〕曰「中孚信也」，故「孚」訓「信」。詩大雅鄭箋云「顒顒然敬順」，故「顒」亦訓「敬」也。案：謙彖傳曰「鬼神害盈而福謙」，故云「禍淫福善」。「黍稷非馨，明德惟馨」，書君陳文。言人君脩德至誠，足以感神，則馨明德而不馨黍稷，即「觀盥而不觀薦，享其誠信」之意也。「東鄰殺牛，不如西鄰之禴祭，實受其福」。既濟九五爻辭。復引此，以明在物不在儀之意。

象曰：「大觀在上， 蜀才曰：此本乾卦。案：柔小浸長，剛大在上，其德可觀，故曰「大觀在上」也。**疏** 乾消成觀，故云「此本乾卦」。陰柔爲「小」，浸長至四。陽剛爲「大」，尊而在上。乾爲「德」，故稱「德」。有德則可觀，故曰「大觀在上也」。

順而巽，中正以觀天下。 虞翻曰：謂陽息臨二，「直方大」，「臨者，大也」，在觀上，故稱「大觀」。順，坤也。「中正」謂五。五以天神道觀示天下，咸服其化，賓于王庭。**疏** 由臨息泰，反否退觀，故謂「息臨二」。「直方大」，坤二爻辭。觀二，即坤二也。「臨者大也」，序卦文。二陽在下爲臨，今「在觀上，故稱大觀」。說卦「坤，順也」。故知「順」爲「坤」。五爲「中」，九爲「正」，故知「中正稱五」。五乾爲天，陽爲「神」，故云「以天神道觀示天下」。中庸曰「不賞而民勸，不怒而民威于鈇鉞」，是天下「咸服其化」。六四「賓王」，是「賓于王庭」也。

觀，盥而不薦，有孚顒若，下觀而化也。 虞翻曰：觀反臨也。以五陽觀示坤民，故稱

〔一〕「雜卦」，原本作「序卦」，據所引雜卦文正。

「觀」。盥，沃盥。薦，羞牲也。孚信謂五。顒顒，君德有威容貌。若，順也。坎爲水，坤爲器。艮手臨坤，坎水沃之，「盥」之象也。故「觀，盥而不薦」。孔子曰「禘自既灌，吾不欲觀之矣」。「巽爲進退」。容止可觀，進退可度」，則下觀其德而順其化。上之三，五在坎中，故「有孚顒若，下觀而化」。詩曰「顒顒卬卬，如珪如璋」，君德之義也。**疏**否泰反類爲反，卽旁通也。此云「觀反臨」，自下反上，又一義也。五陽爲君，下坤爲民。「以五陽觀示坤民，故稱觀」。鬱人「掌祼事，凡祼事沃盥」。故云「盥，沃盥」。郊特牲「既灌然後迎牲」，迎而後獻薦，是薦在灌後，故云「薦，羞牲也」。陽實爲「孚」，故孚訓信而謂五也。釋訓「顒顒卬卬，君之德也」，故云「君德有威容貌」。「若，順也」，釋詁文。觀內坤道五正位，上之三成坎「爲水」。坤「形而下」故「爲器」。以艮手臨坤器，又有坎水沃之，故爲「盥」之象也。坤牛爲牲，上之三坤象不見，故曰「觀，盥而不薦」。引論語文者，以明灌禮盛，薦禮簡，觀盥而不觀薦之意也。「巽爲進退」，說卦文。「容止可觀，進退可度」，孝經文。說文引易曰「地可觀者莫可觀于木」。漢書五行志曰「說曰『木，東也。于易地上之木爲觀。其于王事，威儀容貌，亦可觀者也』」。九五有人君之德，實貌相應。其下畏而愛之，則而象之，故「下觀其德而順其化」也。上之三則五在坎中，坎爲「孚」，故「有孚顒若，下觀而化也」。「顒顒卬卬，如珪如璋」，詩卷阿文。璋，君祼玉。君祼以圭瓚，亞祼以璋瓚。顒顒，温貌。卬卬，盛貌。祼之儀也。鬱人詔之，故引之以明君德之義。

觀天之神道，而四時不忒。虞翻曰：忒，差也。「神道」謂五。臨震兑爲春秋。三上易位，坎冬離夏。日月象正，故「四時不忒」。**疏**「忒，差也」，釋見豫象傳。乾爲「道」，陽之信者爲「神」，故「神道謂五」。春秋，陰陽之著。故臨震春兑秋見于先。冬夏者，陰陽之微。觀五得正，三上易位，坎冬離夏見于後。三之上坎月離日，爻皆得正，故「日月象正」。日月正則四時成，故曰「四時不忒」。

聖人神道設

教，而天下服矣。」虞翻曰：「聖人」謂乾。「退藏于密」而「齊于巽」，以神明其德教，故聖人設教，坤民順從，「而天下服矣」。疏乾鑿度曰「乾九五爲聖人」，故「聖人謂乾」。「退藏于密」，繫上文。「齊于巽」，本説卦文。內卦坤，坤爲「闔户」。又互艮「爲山」，釋山曰「山如堂者密」。內坤户而互艮山，又「坤以藏之」，故云「退藏于密」。巽爲「絜齊」。齊者，齊戒之義。聖人以齊戒，以神明其德，故云「齊于巽」。臨「教思无窮」，反觀「神道」，故云「神明其德教」。坤爲民，爲順，故「聖人設教，則坤民順從」。五乾「爲天」，坤爲「下」，故「天下服矣」。案：「神道設教」承「盥」「薦」言之，謂祭祀也。地官大司徒「以祀禮教敬則民不苟」是也。祭義曰「氣也者，神之盛也。魄也者，鬼之盛也。合鬼與神，教之至也。因物之精，制爲之極。明命鬼神，以爲黔首則〔一〕百衆以畏，萬民以服」，鄭注云「合鬼神而祭之，聖人之教致之」，是其義也。象曰：「風行地上，觀。先王以省方，觀民設教。」九家易曰：「先王」謂五。應天順民，受命之王也。風行地上，草木必偃。枯槁朽腐，獨不從風，謂應外之爻。天地氣絶，陰陽所去，象不化之民，五刑所加。故以省察四方，觀視民俗而設其教也。言先王德化，光被四表。有不賓之民，不從法令，以五刑加之，以齊德教也。疏乾爲「先」，又爲「王」，故「先王謂五」。五乾，故爲「應天」。下坤，故爲「順民」。上巽爲「命」，故云「受命之王也」。「巽爲風」，風者天之教，所以觀示萬物。臨震行坤，故「行地上」。震巽皆爲草木，故「草木必偃」。如二應五是也。惟枯槁朽腐之物，獨不從風，如初爻在應之外是也。上爻爲天，初爻爲地，上陽居陰，下陰居陽，是「天地氣絶，陰陽所去」也。象梗化之民，爲五刑所必加也。坤爲「方」、爲「民」，巽

〔一〕「則」字原脱，據陳校本補。

命爲「教」，故「以省察四方，觀視民俗而設其教也」。乾五下應于二，則乾二之「德博而化」也，故「言先王德化」。乾爲「大明」，「四表」卽「四方」，故云「光被四表」。四得位近王，故稱「用賓」。初不應四，故爲「不賓之民，不從法令」。刑以弼教，故「以五刑加之，以齊德教也」。愚案：大司徒之職「掌建邦土地之圖」，卽「省方」也。「與其人民之數」，卽「觀民」也。「以佐王安擾邦國」，卽「設教」也。然則周禮以地官掌邦教，其取法于觀之「坤爲地」，而巽爲「教」乎。設教有二，有反民之俗以爲教者，如「沈潛剛克，高明柔克」是也。有因民之俗以爲教者，如「脩其教不易其俗，齊其政不異其宜」是也。「巽爲進退」。論語曰「求也退，故進之。由也兼人，故退之」。因其民而進退之，斯爲善教矣。

初六。童觀。小人无咎，君子吝。

虞翻曰：艮爲「童」。陰「小人」，陽「君子」。初位賤，以小人乘君子，故「无咎」，陽伏陰下，故「君子吝」矣。**疏**應在四，四互艮爲「少男」。又全體象艮，而初爻成始。故「爲童」。陰爻象「小人」，陽位象「君子」。初在下，故「位賤」。以陰居陽，是「以小人乘君子」也，故「无咎」。以陰爻居陽位，是「陽伏陰下」也，故「君子吝」。愚案：艮「少男」，又「爲閽寺」。童而陰，「小人」之象也。位應四近五，雖不能「觀國之光」，猶可近五，故「无咎」。初陽位，爲陰所據。位雖君子，爻不正，四不應，觀五无由，故「君子吝」。

象曰：「初六童觀，小人道也。」

王弼曰：失位處下，最遠朝美，无所鑒見，故曰「童觀」。處「大觀」之時而「童觀」，趣順而已。小人爲之无可咎責。君子爲之，鄙吝之道。**疏**孔疏「童觀者，處于觀時而最遠朝廷之美觀。是柔弱不能自進，无所鑒見，唯如童稚之子而觀之。爲『小人无咎，君子吝』者，爲此觀看，趣在順從而已，无所能爲。于小人行之，纔得无咎。若君子行之，則鄙吝」。愚案：「童觀」爲閽寺，雖不能如四「觀國之光」，猶不失小人近君之道，故曰「小人道也」。

六二。闚觀，利女貞。

虞翻曰：臨兑爲「女」。竊觀稱「闚」。兑女反成巽，巽四五得正，故「利女貞」。艮爲宮室，坤爲「闔户」。小人而應五，故「闚觀，女貞」，利不淫視也。疏臨内卦「兑爲女」。説文「闚，閃也」。不正之象。竊觀非正視，故「稱闚」。兑「少女」，反居觀上成巽「長女」。巽四五陰陽得正，故「利女貞」。互艮「門闕」，故「爲宮室。」内坤，故「爲闔户」。爻陰，故爲「小人」。二應巽五得正，故「闚觀，利女貞」。曲禮曰「毋淫視」。邪視曰「淫視」。「利女貞」，「利不淫視也」。象曰：「闚觀女貞，亦可醜也。」侯果曰：得位居中，上應于五，闚觀朝美，不能大觀。處大觀之時而爲「闚觀」，女正則利，君子則醜也。案：六二離爻，「離爲目」，又爲「中女」。外互體艮，「艮爲門闕」。女目近門，「闚觀」之象也。疏侯注：六爲「得位」，二爲「居中」。上應于五，僅能闚視朝美而不能大觀。夫處大觀之時而僅爲「闚觀」，婦人之道也。故女正則利。在君子，「亦可醜也。」案：六二，離之中爻也。「離爲目」，故爲「闚。」又再索得女，故「爲中女」。三至五互艮，爲「門闕」。二臨三門，女目近之，故有「闚觀」之象。愚案：太玄曰「晝以好之，夜以醜之」。坤柔爲夜，故言醜。初爲閽寺，觀不及遠，小人之道，可醜也。二爲離女，婦人之道，觀不及天，亦可醜也。「亦」，亦初也。六三。觀我生進退。虞翻曰：坤爲「我」，臨震爲「生」，「生」謂坤生民也。「巽爲進退」。故「觀我生進退」。臨震進之五，得正居中，故象曰「未失道」。疏坤身爲自，故「爲我」。反臨互震，震「反生」，故「爲生」。震變爲坤，故「生謂坤生民也」。與九五同義。五象虞注云「坤爲民，謂三也」。「巽爲進退」，説卦文。「觀我生進退」者，謂五。五觀示坤民進退，三欲五二正，上來易已也。臨震反觀，則進之五，九得正，五居中，震「大塗」爲「道」，故象曰「未失道」。愚案：坤爲「廣生」，故曰「觀我生」。三處上下之交，位陽主進，爻陰主退，故可進可退。三進于上則成蹇，故欲進仍退，未失觀道也。象曰：「觀我生進退，未失道也。」荀爽曰：「我」謂五也。生者，教化生也。三欲進觀于五，四既在前而三退，故「未失道也」。疏五爲卦主，爻辭與五同，故「我謂五」。五巽命爲「教化」，故「生者，教化生也」。陰當承陽，故「三欲進觀于五」。四近于五而在三前，故「三退」。進退皆得，故曰「未失道也」。**六四。觀國之光，利用賓于王。**虞翻曰：坤爲「國」，臨陽至二，「天下文明」，反上成觀，進顯天位，故「觀國之光」。「王」謂五陽。陽尊賓坤，坤爲「用」，爲臣。四在王庭，賓事于五，故「利用賓于王」矣。詩曰「莫敢不來享，莫敢不來王」，是其義也。**疏** 坤爲地，故「爲國」。「臨陽至二」即乾二。「天下文明」，乾九二文言文也。反居于上以成觀，體五則「進顯天位」，故「觀國之光」也。五乾爲君，故「王謂五陽」。陽〔一〕尊爲主，以坤爲賓，故云「陽尊賓坤」。坤「致役」爲「用」，「臣道」爲臣。艮爲門庭，四諸侯位，故「在王庭」。四爲賓而臣事于五，故「利用賓于王」。「莫敢不來享，莫敢不來王」，詩殷武文。引之以明「用賓」之義。愚案：九五下臨坤國，乾爲「大明」，故爲「光」。」「大觀在上」而四承之，故曰「觀國之光」。聘禮歸大禮之日，有請觀之禮。春秋傳「吴季札聘魯，請觀于周樂」，「晉韓起聘魯，觀書于太史氏」，皆「觀國之光」之事也。五位天子，四位三公。五陽爲「王」，爲主，四陰爲臣，爲「賓」。「觀」之言灌，大饗有祼賓之禮。故典瑞云「祼圭有瓚，以肆先王，以祼賓客」。四爲三公而稱王賓，則賓于王惟祼禮爲盛，故「利用賓于王」也。莊廿二年左傳周史説此爻云「坤，土也。巽，風也。乾天也。風爲天于土上，山也。有山之材，而照之以天光，于是乎居土上，故曰『觀國之光』。庭實旅百，奉之以玉帛，天地之美具焉，故曰『利用賓于王』」，是其義也。**象曰：「觀國之光，尚賓也。」**崔覲曰：得位比尊，承于王者。職在搜揚國俊，賓薦王庭，故以進賢爲「尚賓」也。**疏** 四陰爲「得位」，進五

〔一〕「陽」原作「=」，同上「陽」字，誤爲「二」，今正。

爲「比尊」。上承于王，故職在搜國俊，以薦王庭。四能進賢，故爲「尚賓」。 案：四觀五光，五尚四賓，故曰「尚賓」。周語「祭公謀父曰『甸服者祭，侯服者祀，賓服者享，要服者貢，荒服者王』」，韋注云「皆所以貢助祭于廟」，孝經所謂「四海之内，各以其職來祭」，是助祭尚賓之事也。**九五。觀我生，君子无咎。**虞翻曰：我，身也。謂「我生」。「生」謂生民。震生象反。坤爲死喪。嫌非生民，故不言民。陽爲「君子」。在臨二失位，之五得道處中，故「君子无咎」矣。**疏**我身，亦坤爲身也。我身有民，故「謂我生」。「生謂生民」者，三坤也。臨二與三爲震，故五亦我之也。「震生象反」者，震「爲反生」也。月滅于坤乙爲既死魄，故「坤爲死喪」。言「生」則民見，「非生民，故不言民」。「陽爲君子」，在臨二爲失位。反而之五成觀，陽得正位爲「處中」，故「君子无咎矣」。 愚案：乾爲「大生」，故曰「觀我生」。三與五位不同而功同，故陰陽不同而其辭同。 觀陰消陽，將成剥矣，宜有咎。然得中得位，君子之道也，故「无咎」。**象曰：「觀我生，觀民也。」**王弼曰：「觀我生」，自觀其道也。爲衆觀之主，當宣文化光于四表。上之化下，猶風之靡草。「百姓有過，在予一人」。君子風著，已乃无咎。欲察己道，當「觀民」也。 虞翻曰：坤爲「民」，謂三也。坤體成，故觀民也。**疏**王注：「觀我生」者，自觀其在上之道也。五居尊位，爲衆觀之主。巽爲宣，「坤爲文」，乾「大明」爲光，坤四方爲四表，故云「當宣文化光于四表」。君陳曰「爾惟風，下民惟草」，故云「上之化下，猶風之靡草」。「百姓有過在予一人」，泰誓文。言民之善惡，視乎上也。論語曰「君子之德風」，故云「君子風著，已乃无咎」。咸有一德曰「萬夫之長，可以觀政」，故「欲察己道，當觀民也」。 虞注：生，生民也。下坤爲「民」，三曰「觀我生」，故知「民」「謂三也」。三坤體已成，故「觀民也」。 愚案：自觀其生，五陽得乎君子之道。下與二應，二體坤，則可以觀示坤民也。「觀民」之「觀」，與「大觀在上」「中正以觀天下」同義。**上九。觀其生，君子无**

咎。虞翻曰：應在三，三體臨震，故「觀其生」。「君子」謂三。之三得正，故「无咎」矣。疏上應在三，三體在臨互震。震爲生，故「觀其生」。上失位，之三得正，故「君子謂三」。得正故「无咎」。愚案：觀惟三五上言「生」。上乘五，觀五也。下應三，觀三也。之三得正，故「无咎」。「三與五同功」，故亦曰「君子无咎」。象曰：「觀其生，志未平也。」王弼曰：「觀其生」，爲人所觀也。最處上極，天下所觀者也。處天下所觀之地，其志未爲平易，不可不慎，故君子德見，乃得「无咎」。「生」猶動出也。虞翻曰：坎爲「志」、爲「平」。上來之三，故「志未平」矣。疏王注：「觀其生」者，已在上而爲人所觀也。上處最極，尤天下所共觀者也。處天下所共觀之地，又不得位，其志未爲平易，可不慎乎。故必君子之德，脩于上而見于下，乃得「无咎」矣。孔疏云「生猶動出」者，或動或出，是生長之義也。虞注：坎心「爲志」，坎水「爲平」。上來之三，五成坎，故志平。若當「觀其生」，而未之三時，則五志猶未平也。

周易集解纂疏卷四

上經第四

序卦曰：「可觀而有所合，故受之以噬嗑。嗑者，合也。」崔覲曰：言可觀政于人，則有所合于刑矣，故曰「可觀而有所合」。**疏**「中正以觀天下」，「下觀而化」者，宜无不合矣。故「可觀而有所合」也。觀政之道，不外勸懲。教所以勸，刑所以懲也。在觀之家，則教以勸之，而易合者合。在噬嗑之家，則刑以懲之，而不合者亦合。明于五刑以弼五教，故「言可觀政于人，則有所合于刑矣」。是「可觀而有所合」之義也。人不合者，則刑以合之。物不合者，則噬以嗑之。故曰「嗑者，合也」。

䷔震下離上 噬嗑。亨，利用獄。虞翻曰：否五之坤初，坤初之五，剛柔交，故「亨」也。坎爲「獄」，「艮爲手」，離爲明。四以不正而繫于獄，上當之三，蔽四，成豐「折獄致刑」，故「利用獄」。坤爲「用」也。案：「頤中有物曰噬嗑」，謂九四也。四互坎，體坎爲法律，又爲刑獄。四在頤中，齧而後「亨」，故「利用獄」也。**疏** 虞注：卦自否來。否五剛之初，初柔之五，是剛柔交通，故亨也。互坎陽陷陰中，又九家易曰「坎爲律」，又爲叢棘、爲桎梏，故「爲獄」。互「艮爲手」，折獄從手，故取艮手折獄。賁明，故取離明。四陽不正，陷于坎中，故云「繫于獄」。蔽，斷也。三上易位，則三斷四獄，其體爲豐。豐象曰「折獄致刑」，故「利用獄」也。坤「致役」，故「爲用」。案：二陽四陰，外實中虛，「頤」象也。九四以不正閒之，是「頤中有物」象也。彖傳曰「頤中有物曰噬嗑」。「物」謂九四也。四互坎，九家易「坎爲律」，故「爲法律，又爲刑獄」。四在頤中，閒而不合。噬，齧也。唯齧而合之，所以通也，故「亨」。刑克以通，所以「利用獄也」。彖曰：「頤中有物曰噬嗑。虞翻曰：「物」謂四，則所噬乾胏也。頤中无物則口不噬，故先舉「頤中有物曰噬嗑」也。**疏** 九四不正，閒于頤中，故「物謂四」。「所噬乾胏」者，取九四爻辭也。頤中无物則口无所噬，故先舉「頤中有物」，齧而合之，以明噬嗑。彖辭未有以卦象者，故特釋其義也。噬嗑而亨，崔覲曰：物在頤中，隔其上下，因齧而合，乃得其「亨」焉。以喻人于上下之閒，有亂羣者，當用刑去之，故言「利用獄」。**疏** 四在頤中，隔其上下，不通之象也。齧而合之，乃得其通，故「亨」也。人于上下之閒，有不正而亂羣者，則當用刑以去之。去之則「亨」，故「利用獄」也。剛柔分，動而明，雷電合而章。盧氏曰：此本否卦。乾之九五分降坤初，坤之初六分升乾五，是「剛柔分」也。分則雷動于下，電照于上，合成天威，故曰雷電合而成章也。**疏** 卦自否來。否乾剛坤柔。九五下降，是分乾之剛以降坤初。初六上升，是分坤之柔以升乾五。故曰「剛柔分也」。分則下震爲「雷」爲「動」，上離爲「電」爲「明」，雷動電照，合成天威，且「嗑者，合也」，故曰「雷電合而章」也。柔得中而上行。雖不當位，利用獄也。」侯果曰：坤之初六，上升乾五，是「柔得中而上行」。雖則失位，文明以中，斷制枉〔一〕直，不失情理，故「利用獄」。**疏** 初六柔也，上升于五爲「中」，是「柔得中而上行」也。六雖失位，然在坤爲文，之離

〔一〕「枉」，原本作「在」，據陳校本正。

爲明，居五得中，以此斷制枉直，自不失情理之正，又有上之三以成豐「折獄」，故「利用獄也」。象曰：「雷電噬嗑。宋衷曰：雷動而威，電動而明，二者合而其道章也。用刑之道，威明相兼。若威而不明，恐致淫濫。明而无威，不能伏物。故須雷電竝合，而噬嗑備。疏晉語「司空季子曰『車有震武也』」，韋注云「震，威也」，又云「居樂出威」，故云「雷動而威」。說卦「離〔一〕爲電」，鄭注云「久明似日，暫明似電」，故云「電動而明」。稽覽圖曰「雷有聲名曰雷，有光名曰電」。是雷與電本合也。故云「二者合而其道章」，即象傳意也。用刑之道，二者相兼。不明則刑必濫，不威則物不伏，故必二者合，而後噬嗑之道始備。呂刑曰「德威惟畏，德明惟明」，是其義也。先王以明罰勑法。」侯果曰：雷所以動物，電所以照物。雷電震照，則萬物不能懷邪。故先王則之。「明罰勑法」，以示萬物，欲萬方一心也。疏震動，故「雷所以動物。」離明，故「電所以照物」。有雷之震，有電之照，則萬物不能懷邪。故先王則雷電之明威，以明罰而勑法焉。說文「罰，辠之小者。從刀從詈。未以刀有所賊，但持刀罵詈則應罰」。春秋元命包「罔言爲詈，刀詈爲罰」。呂刑「五刑不簡，正于五罰」，孔傳「出金贖罪」。地官大司徒「凡民之有衺惡者，三讓而罰之」，注云「罰謂撻擊之也」。愚案：「罰」從「刀」者，錢刀也。非「持刀罵詈」之謂乃罵詈則以錢刀贖之也。故凡用薄刑者，通謂之罰。如地官所言是也。呂刑「蚩尤惟始作亂，延及于平民，苗民弗用靈。制以刑，惟作五虐之刑曰法」。秋官大司寇「縣刑象之法于象魏，使萬民觀刑象」。月令「孟秋之月，有司脩法制法皆謂刑也」。「明罰勑法，以示萬物」者，欲萬方一心，罔干憲典，即刑期無刑之意也。又案：否乾爲「先」、爲「王」，故曰

〔一〕「離」字原脫，據說卦文補。

「先王」。刑貴平，坎水平，故爲「罰」、爲「法」。離爲「明」。故「明罰」。敕，戒也。震言爲誡，故「敕法」。上之三得正，而折四獄，故「明罰敕法」也。

初九。屨校滅趾，无咎。虞翻曰：屨，貫。趾，足也。「震爲足」，坎爲「校」。震没坎下，故「屨校滅趾」。初位得正，故「无咎」。干寶曰：趾，足也。屨校，貫械也。初居剛躁之家，體貪狼之性，以震掩巽，彊暴之男也。行侵陵之罪，以陷「屨校」之刑，故曰「屨校滅趾」。得位于初，顧震知懼，「小懲大戒」，以免刑戮，故曰「无咎」矣。

疏 虞注：釋名「屨，拘也。所以拘足也」。「屨」訓「貫」，卽「拘」義也。「趾，足也」，釋言文。「震爲足」，説卦文。九家説卦曰「坎爲桎梏」，故「爲校」。震足没于坎水之下，故「屨校滅趾」。震體以初爲主，故獨象「屨校」也。初陽位，陽爻得正，故「无咎」。伏羲始作八卦，近取諸身，故此卦初爲「趾」，上爲「耳」。干注：以「械」爲「屨」，故曰「屨校」。漢謂之「貫械」。後漢書李固傳云「渤海王調貫械上書」是也。説卦「巽其究爲躁卦」，虞謂躁則震是也。九本陽剛，又居震初，故云「初居剛躁之家」。翼奉傳曰「北方之情好也。好行貪狼，申子主之」。震初庚子，子北方水位，故云「體貪狼之性」。巽宫三世卦，變巽爲震，故云「以震掩巽」。震長男而性貪狼，故爲「彊暴之男也」。震足爲「行」，又爲阪生，阪，陵也，故云「行侵陵之事」。坎爲「陷」，又爲「校」，故云「以陷屨校之刑」。行陷于罪，故曰「屨校滅趾」。震陽得位于初，震象曰「恐懼脩省」，故云「顧震知懼」。「小懲大戒」，繫下文。震知懼，懼故懲戒，懲戒「以免刑戮」，故「无咎」。

象曰：「屨校滅趾，不行也。」虞翻曰：否坤小人，以陰消陽。「其亡其亡」，故五變滅初，否坤殺「不行也」。干寶曰：不敢遂行彊也。

疏 虞注：繫下言「小懲大戒，小人之福」，謂此爻也。卦自否來，「小人道長」，謂坤初也。否以陰消陽，九五曰「其亡其亡」。消四及五，則五下，滅初坤臣弑君。「殺」讀爲「弑」，坤滅，故弑「不行也」。干注：震爲「行」，爲剛，躁，是「行彊」也。互艮以止之，故「不敢遂行彊也」。

六二。噬膚滅鼻，无咎。

虞翻曰：噬，食也。艮爲「膚」、爲「鼻」。鼻没坎水中，隱藏不見，故「噬膚滅鼻」。「乘剛」，又得正「多譽」，故「无咎」。疏「噬，食也」，方言文。爻辭曰「膚」，曰「昔肉」，曰「乾胏」，曰「乾肉」。「膚」爲脇革肉也。少牢饋食禮曰「雍人倫膚九，實于一鼎」。又曰「膚九而俎，亦横載革順」是也。「艮爲膚、爲鼻」，九家説卦文。艮體互于坎下，是鼻滅水中之象。「坎爲隱伏」，故「隱藏不見」。二噬艮膚而艮滅坎中，故曰「噬膚滅鼻」。初陽，故「乘剛」。六居二得正，二又「多譽」，故「无咎」。愚案：初上皆在頤外，故不言噬。初言「趾」，上言「耳」，近取諸身，皆遠于頤者也。至二則在頤中，故自二至五皆言「噬」。膚在皮外，柔而易噬，以喻六二柔中，治獄平易之象。但初九剛彊，必須嚴厲，惟施以滅鼻之刑，乃「无咎」也。初體震「爲足」，故「滅趾」。「滅趾」者，刖刑也。二互艮「爲鼻」，故「滅鼻」。「滅鼻」者，劓刑也。象曰：「噬膚滅鼻，乘剛也。」侯果曰：居中履正，用刑者也。二互體艮，艮爲「鼻」，又「爲黔喙」，「噬膚滅鼻」之象也。乘剛噬必深。噬過其分，故「滅鼻」也。刑刻雖峻，得所疾也。雖則「滅鼻」而「无咎」矣。疏二居中，六履正，得用刑之。道者也。二互「艮鼻」，本九家説卦文。「爲黔喙」本説卦傳文。互艮，故有「噬膚滅鼻」之象也。下乘初剛，所噬必深。噬過其分，故至「滅鼻」。用刑雖峻，疾所當疾，故云「得所疾也」。雖至「滅鼻」，亦「无咎」矣。愚案：二乘初剛，施以「滅鼻」之刑，是柔能制剛者也，故「无咎」。六三。噬昔肉遇毒，小吝，无咎。虞翻曰：三在膚裏，故稱「肉」。離日熯之爲「昔」。坎爲「毒」。故「噬昔肉遇毒」。毒謂矢毒也。失位承四，故「小吝」。與上易位，「利用獄」成豐，故「无咎」也。疏四陽爲骨，二爲「膚」。「三在膚裏，故稱肉」。説文「㫺，乾肉也。從殘肉，日以晞之」，馬融云「晞于陽而煬于火曰腊肉」，故云「離日熯之爲腊肉」。坎爲害，故「爲毒」。周語單子曰「厚味實昔毒」。「腊」，「昔」籀文。昔肉久稱「昔」，味厚者爲「毒」。又鄭語「毒之酋腊者，其殺也滋速」。故「噬昔肉遇毒」。四曰「得金矢」，三近四，故「毒謂矢毒也」。三不正爲失位，四不正而三承之，故「小吝」。上來之三，是易位也。折四成豐，利用刑獄，故「无咎也」。象曰：遇毒，位不當也。」荀爽曰：「昔肉」謂四也。三以不正，噬取異家，法當遇罪，故曰「遇毒」。爲艮所止，所欲不得，故「小吝」也。所欲不得，則免于罪，故「无咎」矣。**疏** 三近四，故「昔肉謂四」。三位不正，「噬取異家」，謂噬四也。取非其有，法當遇罪，故曰「遇毒」，毒亦四毒也。互艮以止之，故「爲艮所止」。所欲之昔終不可得，故「小吝」也。然所欲不得，則可免于罪，故「无咎」矣。九四。噬乾胏，得金矢，利艱貞吉。象曰：「利艱貞吉，未光也。」陸績曰：肉有骨謂之「胏」。離爲乾肉，又爲兵矢。失位用刑，物亦不服，若噬有骨之乾胏也。金矢者，取其剛直也。噬胏雖復艱難，終得信其剛直。雖獲正吉，未爲光大也。**疏** 馬融云「有骨謂之胏」，故云「肉有骨謂之胏」。「離爲乾卦」，陽爲骨而離乾之，故「爲乾肉」。「離爲戈兵」，故「爲兵矢」。四失位不正，以此用刑，物必不服，故云「若噬有骨之乾胏也」。秋官大司寇「禁民訟入束矢，禁民獄入鈞金」。矢取其直，不直者入束矢。金能見情，無情者入鈞金。故云「金矢者取其剛直」。王肅又云「金矢所以獲野禽，故食之得金矢」也，義亦可通。「噬乾胏」，艱難之象也。「得金矢」，剛直之象也。于艱難而得剛直，可謂「利艱」矣。然必變正，然後「吉」也。變正則離毀，故「未光也」。愚案：四有剛直之才，能斷獄者也。故爻言「貞吉」。四爲上下之隔，能亂羣者也，故象言「未光」。六五。噬乾肉，得黃金，貞厲无咎。虞翻曰：陰稱「肉」。位當離日中烈，故「乾肉」也。乾金黃，故「得黃金」。貞，正。厲，危也。變而得正，故「无咎」。王弼曰：乾肉，堅也。黃，中也。金，剛也。以陰處陽，以柔承〔一〕剛，以噬于物，物亦不服，故曰「噬乾肉」也。然處得尊

〔一〕孔疏本「承」作「乘」。

位而居于中，能行其戮者也。履不正而能行其戮，剛勝者也。噬雖不服，得中而勝，故曰「噬乾肉得黄金」也。己雖不正，而刑戮得當，故雖厲而无咎也。**疏**虞注：陽稱骨，故「陰稱肉」。五正離位，故云「位當離日中烈」。「離爲乾卦」，故曰「乾肉」也。卦自否來，否乾「爲金」。位居中，其色黄。故曰「得黄金」。「貞，正」者，變而正也。厲，危也。雖變正亦危也。然變而得正，終「无咎」矣。王注：離爲「乾肉」，兩陽在外，故「堅」也。黄爲中色，五爲中位，故云「黄，中也」。五爲陽位，陽爲剛，故云「金，剛也」。六五以陰處陽，以柔乘剛，以此治人之罪，人亦不服，故如「噬乾肉」也。以六處五，得乎尊位，柔乘剛而居于中，既中而行剛，是「能行其戮者也」。履雖不正而能行其戮，是以「剛勝者也」。以不正噬物，物雖不服，然位得中而能以剛勝，是「噬乾肉而得黄金也」。位雖不當而用刑得當，故「雖貞厲而无咎也」。

象曰：「貞厲无咎，得當也。」

荀爽曰：謂陰來正居是而厲陽也。以陰厲陽，正居其處而无咎者，以從下升上，不失其中，所言「得當」。**疏**謂初陰來五，正居于是而危厲陽位也。「以陰厲陽，正居其處」，宜有咎矣，「而无咎者」，以從下初上升于五，雖不正而不失中，故言「當」也。案：五位不當，變之正，則當也。

上九。何校滅耳，凶。

荀爽曰：爲五所何，故曰「何校」。據五應三，欲盡滅坎，三體「坎爲耳」，故曰「滅耳凶」。上以不正，侵欲无已，奪取異家。「惡積而不可弇，罪大而不可解」。故宜凶矣。鄭玄曰：離爲槁木，「坎爲耳」。木在耳上，「何校滅耳」之象也。**疏**荀注：「何」與「荷」同。上據五，爲五所荷，故曰「何校」。近據五，下應三，而已居其上，是「欲盡滅坎」也。三互坎，「坎爲耳」，故曰「滅耳凶」。上位不正，侵下无已。「奪取異家」，謂應三據五也。「惡積而不可弇，罪大而不可解」，繫下説此爻文也。處罰之極，積惡不改，宜其凶也。案：繫下虞注此爻云「陰息姤至遯，子弑其父，故惡積而不可弇。陰息遯成否，以臣弑君，故罪大而不可解」。尋此卦初爻，義取小懲大戒。

上爻義取惡積罪大者。此本否上，「否終則傾」，宜下反于初成益，則「先否後喜」。今上不下反，坤弑遂行。五降于初以救之，故初「无咎」而上「凶」也。又案：滅耳，聑刑也。惡積罪大，當服大辟之刑。以三有正應，故從末減而予以滅耳之罰。初二罪薄罰重，以无正應也。鄭注：說卦曰「離其于木也，爲折上槁」，故「爲槁木」。又爲「校」。「坎爲耳」，說卦文。以木在耳上，故有「何校滅耳」之象。

象曰：「何校滅耳，聰不明也。」九家易曰：當據離坎以爲聰明。坎既不正，今欲滅之，故曰「聰不明也」。**疏**「離爲目」，主視爲「明」。「坎爲耳」，主聽爲「聽」。己居坎離之上，當據二象以爲聰明。坎既不正，上欲滅之。坎滅而離象亦毀。故「聽不明」。鄭氏云「目不明，耳不聽」是也。

序卦曰：「物不可以苟合而已，故受之以賁。賁者，飾也。」崔覲曰：言物不可苟合于刑，當須以文飾之，故「受之以賁」。**疏**以天合者貴乎質，父子兄弟是也。以人合者貴乎文，君臣夫婦是也。君之求臣，有三徵九聘之禮。夫之取婦，有納采納吉之儀。故「物不可以苟合」而必「受以賁」。賁者，文飾之謂也。四言「婚媾」，五言「丘園」，其即不可苟合之大者乎。至于用刑不可苟合，必當文飾之者，如虞書「五刑五用」，呂刑「五刑之屬三千」，周禮秋官「五刑糾萬民」，以及「八辟、五禁、三刺、三宥、三赦之法」。其文最繁，不可苟合于刑。必輕重諸罰有權，然後不至淫刑以逞也。賁象曰「君子以明庶政，无敢折獄」，故「受之以賁」。

䷕離下艮上　賁。亨，虞翻曰：泰上之乾二，乾二之坤上。柔來文剛，陰陽交，故「亨」也。**疏**三陰三陽之卦自泰來。坤上來之乾二，乾二往之坤上。「離」爲「文」。自外曰「來」。是上柔來文二剛而成賁也。陰陽相交故通，通「故亨也」。愚案：鄭云「賁，變也，文飾之貌」也。夫物相雜謂之文。考工記「畫繪之事雜五色，青與赤謂之文」。離火赤，互震木青，艮山亦青之閒色，是「赤與青謂之文」，故曰賁也。小利有攸往。虞翻曰：「小」謂五。五失正，動得位體離，以剛文柔，故「小利有攸往」。鄭玄曰：賁，文飾也。「離爲日」，天文也。艮爲石，地文也。天文在下，地文在上。天地二文，相飾成賁者也。猶人君以剛柔仁義之道，飾成其德也。剛柔雜，仁義合，然後嘉會禮通，故「亨」也。卦互體坎艮，艮止于上，坎險于下。夾震在中。故不利大行，小有所之則可矣。疏虞注：陰爲「小」，謂五。五陰失正，動而得位，互又成離，是伏剛出而文柔也。陰動剛出，故「小利有攸往」也。鄭注：序卦曰「賁飾」，故云「文飾」。「離爲日」，「艮爲小石」，説卦文。日爲天文，石爲地文，泰乾在下，離亦在下，故云「天文在下」。坤在上，艮亦在上，故云「地文在上」。天地二文，交相飾而成賁，猶人君以剛柔交濟，仁義竝行，然後能飾成其德也。剛柔雜則陰陽通。仁，元也。義，利也。合者，會也。仁義合則嘉會之禮通于其閒，故「亨也」。卦體艮，互有坎。艮止在上，坎險又互艮以止于下。三互震以夾于其中，「震爲大塗」，爲行，艮以止之，故「不利大行」。艮爲「小」，故「小有所之則可矣」。彖曰：「賁亨，柔來而文剛，故亨。分剛上而文柔，故小利有攸往。荀爽曰：此本泰卦。謂陰從上來，居乾之中。文飾剛道，交于中和，故「亨」也。分乾之二，居坤之上。上飾柔道，兼據二陰，故「小利有攸往」矣。疏卦自泰來，故云「此本泰卦」。「陰從上來，居乾之中」，是以上六之柔，來文九二之剛。文雖柔而質剛，又得中得正，「交于中和，故亨也」。「分乾之二，居坤之上」，是以九二之剛，上文上六之柔。文雖剛而質柔，又非中正，宜无利。然兼據五四二陰，陰爲「小」，故「小利有攸往矣」。天文也。虞翻曰：謂五利變之正，成巽體離，艮爲星，離日坎月，巽爲高，五天位，離爲「文明」，日月星辰高麗于上，故稱天之文也。疏五失位，故「利變之正」。兼有巽離，故「成巽體離」。艮成終始，主四時，斗建四時，故艮主斗，斗，星也，故「艮爲星」。又僖十六年左傳「隕石于宋五，隕星也」，艮爲石，故「爲星」。互離坎，故「離日坎月」。「巽爲高」，説卦文。五位天德，故爲「天位」。下經云「文明以止」，故「離爲文明」。中庸曰「日月星辰繫焉」，故云「日月星辰高麗于天」。「在天成象」，故稱「天之文也」。**文明以止，人文也。** 虞翻曰：「人」謂三，乾爲「人」。文明，離，止，艮也。震動離明。五變據四，二五分則止文三，故以三爲「人文也」。**疏** 三于三才爲人道，爲人位，故「人謂三」。泰有乾人，得陽以生，故「乾爲人」。「坤爲文」，離日爲「明」。離之中爻，坤二也。故「文明」謂「離」也。「艮，止也」，故「止」謂「艮」也。互體震爲「動」，故「震動離明」。五既變陽，據四成離。上下兩離，交集于三。三應上艮止，二五分三之文，則皆止于三，故「以三爲人文也」。愚案：堯典「欽明文思安安」，即「文明以止」之義也。**觀乎天文，以察時變。** 虞翻曰：日月星辰爲「天文」也。泰震春兑秋，賁坎冬離夏。巽爲進退，日月星辰進退盈縮，謂朓側朏也。曆象在天成變，故「以察時變」矣。**疏** 離爲目，故爲「觀」。「日月星辰爲天文」，釋已見前。時，四時也。泰互震兑，震左爲春，兑右爲秋。賁離互坎，坎北爲冬，離南爲夏。五變巽，故「爲進退」。「日月星辰進退盈縮」者，漢書天文志「陽用事則進，陰用事則退，蚤出爲盈，晚出爲縮也」。「謂朓側朏也」者，説文曰「晦而月見西方謂之朓，朔而月見東方謂之縮朒」，尚書大傳「謂之側匿」，「側」即「朒」也。朏，召誥傳「月三日明生之名也」。日月星辰有遲有疾，所謂「時變」也。曆，數也。象，法也。考工記曰「天時變」，故「曆象在天成變」，所以「察時變」也。**觀乎人文，以化成天下。** 虞翻曰：泰乾爲「人」。五上動體既濟。賁離象「重明麗正」，故「以化成天下」也。干寶曰：四時之變，縣乎日月。聖人之化，成乎文章。觀日月而要其會通，觀文明而化成天下。**疏** 虞注：泰内乾，故「泰乾爲人」。五上皆不正，動則成既濟。賁三有兩離象。離象傳曰「重明以麗乎正，乃化成天下」。三互兩離爲「重明」，體既濟爲「麗正」。坤上來化乾二，「坤化成物」。「乾爲天」，坤爲「下」，故「觀乎人文，以化成天下」。干注：繫下曰「日月相推則明生，寒暑相推則歲成」，故云「四時之變，縣乎日月」。論語曰「巍巍乎其有成功也，煥乎其有文章」，故云「聖人之化，成乎文章」。「觀日月而要其會通」，即堯典所謂「朞三百有六旬有六日，以閏月定四時成歲」是也。「觀人文而化成天下」，即堯典所謂「欽明文思，光被四表，格于上下」是也。

象曰：「山下有火，賁。王廙曰：「山下有火」，文相照也。夫山之爲體，層峯峻嶺，峭嶮參差，直置其形，已如彫飾。復加火照，彌見文章，賁之象也。**疏**此以山之峭嶮爲彫飾，火之照耀爲文章，故取象于賁。愚謂山火象賁者，惡其文之著也。火在内而无物以揜之，則的然日亡。火在中而有山以止之，則闇然日章。賁象「山下有火」者，即「衣錦絅衣」之謂也。故雜卦傳曰「賁，无色也」。君子以明庶政，无敢折獄。」虞翻曰：「君子」謂乾，離爲「明」，坤爲「庶政」，故「明庶政」。坎爲「獄」，三在獄得正，故「无敢折獄」。噬嗑四不正，故「利用獄」也。**疏**「君子謂乾」者，泰乾也，即九三也。離日，故「爲明」。坤爲衆，故「爲庶」。又爲事業，故「爲政」。坤上來二成離，故「以明庶政」。坎爲「獄」，説見噬嗑。三體坎中，故「在獄」。九居三爲「得正」，故无敢來折三獄也。噬嗑四位不正，故上來居三，成豐折四，「利用獄」也。詳具噬嗑。愚案：動无不明，雷電之象也。故噬嗑「利用獄」。明而忽止，山火之象也，故賁「无敢折獄」。

初九。賁其趾，虞翻曰：應在震，「震爲足」，故「賁其趾」也。**疏**陽爲質，陰爲文。賁之義，以柔飾剛。賁初應四，四互「震爲足」。四柔來文初剛，故曰「賁其趾」。舍車而徒。虞翻曰：應在艮，艮爲「舍」，坎爲「車」。徒，步行也。位在下，故「舍車而徒」。**疏**又應在艮。「艮爲舍」者，舍，置也，手止故「爲舍」。「坎于輿爲多眚」，故「爲車」。「徒，步行」，説文文。震與初同體，故初受震賁，自用其足。坎與上異體，故舍坎車而徒行也。古者大夫乘車。初爲元士，故位在下，「舍車而徒」。是「素其位而行，不願乎其外」者也。象曰：「舍車而徒，義弗乘也。」崔覲曰：剛柔相交，以成飾義者也。今近四，棄于二比，故曰「舍車」。車，士大夫所乘，謂二也。四乘于剛，艮止其應，初全其義，故曰「而徒」。徒，塵賤之事也。自飾其行，故曰「賁其趾」。「趾」謂初也。王肅曰：在下，故稱〔一〕「趾」。既舍其車，又飾其趾，是徒步也。**疏**崔注：剛柔相交，以成文飾之義。「今近四」，謂應四也。初比二，應四則「棄于二比」。二坎爲「車」，故曰「舍車」。「車，士大夫所乘」，二坎是也。「四乘于陽」，謂三也。「艮止其應」，謂初也。乘剛，故不應初。初守其義而不求四，故曰「而徒」。徒步而行者，塵賤之事也。既不與二比，又不與四應，是自飾其行而賁其趾者也。「趾謂初」者，爻位初爲「趾」。如王注所云「在下稱趾」是也。王注：「近取諸身」，故「在下稱趾」。既舍其車，又飾其趾，故有徒步之象。案：禮唯大夫不徒行，初爲士，故「義弗乘」。尚書大傳「古之命民，能敬長憐孤，取舍好讓，舉事力者，命于其君。得命，然後得乘飾車駢馬。士未有命，不得乘，乘有罰」。若然，則命士亦得乘之。今士未有命，故云「義弗乘也」。六二。賁其須。象曰：「賁其須，與上興也。」侯果曰：自三至上，有頤之象也。二在頤下，「須」之象也。二无其應，三亦无應，若能上承于三，與之同德，雖俱无應，可相與而興起也。**疏**自三至上，體有頤象。頤下，其象爲「須」。須者，陰血所生而體柔。六爲柔爻，二爲陰位，又居頤下，故稱「須」。上附于剛，剛柔相賁，故「賁其須」。二三俱无正應，但能同德，則二與三竝興。五上易位，皆得其應矣。須不動，必待頤而動，故曰「與上興也」。案：坎乾合而爲需。二居互坎之下，變成乾，有需象焉。需者，須也。故

〔一〕「稱」，原本作「曰」，據陳校本正。

曰「賁其須」。須，待也。初與四相應而賁。二與五无應。待五之正，二則賁之。歸妹六三「歸妹以須」，虞彼注云「須，需也」。彼待四，此待五也。「上」謂五，互震起爲「興」，故曰「與上興也」。**九三。賁如濡如，永貞吉。象曰：「永貞之吉，終莫之陵也。」**盧氏曰：有離之文以自飾，故曰「賁如」也。有坎之水以自潤，故曰「濡如」也。體剛履正，故「永貞吉」。與二同德，故「終莫之陵也」。**疏**內體離，故「有離之文以自飾」，爲「賁如」。互體坎，故「有坎之水以自潤」，爲「濡如」。詩小雅「六轡如濡」，亦言其光美而沃澤也。九陽爲「體剛」，三陽爲「履正」。體剛故「永」，履正故「貞」，永貞故「吉」。三與二皆得位，故云「同德」。而皆无正應。二乘初、四乘三，嫌有陵之者。但能長守其正，五上易位，終獲其應。上爲終，故云「終莫之陵也」。**六四。賁如皤如，白馬翰如，匪寇婚媾。**王弼曰：有應在初，三爲寇難。二志相感，不獲交通。欲靜則失初之應，欲進則懼三之難。故或飾或素，內懷疑懼。鮮絜其馬，翰如以待。雖履正位，未果其志。匪緣寇隔，乃爲婚媾，則「終无尤也」。陸績曰：震爲「馬」，爲「白」，故曰「白馬翰如」。案：「皤」亦白素之貌也。**疏**王注：四與初應，故「有應在初」。四乘三剛，故閡于三爲己寇。四與初，雖二志相感，以有所閡而不獲通亨。體艮爲止，故欲靜以待之，則疑初之應己，而不欲靜也。互震爲動，故欲進以應之，則懼三之難己，而不欲進也。進退兩難，故「或飾」而「賁如」，「或素」而「皤如」，內懷疑懼而无定也。但「鮮絜其馬，翰如以待」。所履雖正，未敢果志遽進也。以三剛難犯，故未與初應。惟不以初爲寇，而乃婚媾焉，終无尤也。陸注：說卦「震于馬爲馵足、爲的顙」，故「爲馬」。釋畜〔一〕「左白

〔一〕「畜」，原本作「獸」，據陳校本及釋畜文正。

弄」，又「膝上皆白惟〔一〕弄」。虞注「的顙」云「的，白。顙，額也。詩云『有馬白顛』是也」。是震「爲白」也。「白馬翰如」，蓋取諸震也。檀弓曰「殷人尚白，戎事乘翰」，鄭彼注云「翰，白色馬也」，是「翰如」亦言其白也。案：說文「皤，老人白也」，故云「皤，亦白素之貌也」。變巽「爲白」，故爲「皤如」。愚案：三爲離之極，四爲艮之始，離主明而艮主止者也。三曰「賁如濡如」，溺于文矣。四曰「賁如皤如」，反于質矣。六爻之中，唯初與四爲正應。四既反質，初不尚文，故亦「白馬翰如」而來也。何以知乘馬爲初也？鄭箴膏肓云「天子以至大夫，皆有留車反馬之禮」，是乘馬者，陽也。初「白馬翰如」，將以陽求陰而爲婚媾也。乃四乘三陽，闚乎其閒，互「坎爲盜」，疑爲寇矣。然乘馬而來者，匪三之寇，實初婚媾也，故曰「匪寇婚媾」。

象曰：「六四，當位疑也。」案：坎爲盜，故「疑」。當位乘三，悖禮難飾。應初遠陽，故曰「當位疑也」。**疏**「坎爲盜」，說卦文。又坎心爲疑，故「疑」。以六居四，故曰「當位」。下乘三剛，悖禮之人，難于文飾。舍三不飾，而應初九之遠陽，故曰「當位疑也」。疑者，疑四爲寇，不可賁也。**匪寇婚媾，終无尤也。」**崔覲曰：以其守正待應，故「終无尤也」。**疏**四當位而待應初陽，故「无尤」。尤，過也。四本坤，坤代終。故曰「終无尤也」。

六五。賁于丘園，束帛戔戔，吝終吉。虞翻曰：「艮爲山」，五半山，故稱「丘」。木果曰「園」。故「賁于丘園」也。六五失正，動之成巽。巽爲「帛」，爲繩，艮手持，故「束帛」。以艮斷巽，故「戔戔」。失位无應，故「吝」。變而得正，故「終吉」矣。**疏**「艮爲山」，說卦文。五在山半，故「稱丘」。揚子云「丘陵學山而不至于山」，故山半爲丘也。艮爲木果，天官「園圃毓草木」，故云「木果爲園」。「賁于丘

〔一〕「惟」，原本作「爲」，據陳校本及釋畜文正。

「園」者，言五陰賁于艮也。以六居五，其位失正，動而成陽，其體爲巽。「帛」從巾從白，巽爲白，故「爲帛」。「爲繩直」，故「爲繩」。艮爲手以持之，故爲「束帛」。「戔戔」，子夏傳作「殘殘」。説文「戔，賊也」。廣韻「傷也」。通作「殘」。以艮手斷巽帛，故稱「戔戔」，卽翦裁分裂製爲衣服之意也。五失位，无正應，故「吝」。變正應二，故「終吉」矣。愚案：五下應二：「賁于」者，賁二也。二互體坎，坎爲隱伏，隱士之象也。二自坤上來，坤爲土。説文「丘，土之高也。一曰四方高、中央下爲丘」。二以一陰居兩陽之閒，亦外高中下之象。九家説卦曰「坎爲叢棘」，園有樹木「丘園」之象也。五本坤體，九家説卦曰「坤爲帛」。子夏傳曰「五匹爲束，三玄二纁，象陰陽」。位在五，故爲五匹。餘五爻，三陽以象三玄，二陰以象二纁。故曰「束帛」。吴薛綜解此爻云「古者招士，必以束帛，加璧于上」是也。「戔」以字義考之，從水爲「淺」，從貝爲「賤」，從金爲「錢」，皆狹小之意。賁外三爻皆尚質不尚文，故雜卦傳曰「賁，无色也」。王弼謂「戔戔爲過儉」是也。「坤爲吝嗇」，故「吝」。然求賢之意，重物不重儀，故「終吉」矣。

象曰：「六五之吉，有喜也。」荀爽曰：艮山震林。失其正位，在山林之閒，賁飾丘陵，以爲園圃，隱士之象也。五爲王位，體中履和，勤賢之主，尊道之君也。故曰「賁于丘園，束帛戔戔」。君臣失正，故「吝」。能以中和，飾上成功，故「終吉」而「有喜也」。虞翻曰：五變之陽，故「有喜」。凡言喜慶皆陽爻。「束帛戔戔」，委積之貌。　案：六五離爻，離爲「中女」。午爲蠶絲，束帛之象。

疏荀注：「艮爲山」。「震爲蒼筤竹，爲萑葦」，故爲「林」。失其正位，是无位之士也。士居山林之閒，賁飾丘陵，以爲園圃，隱士之象也。五爲天子，故「爲王位」。以六居五，故爲「體中履和」。惟能勤賢尊道，故「賁于丘園，束帛戔戔」。但君臣失正，所以「吝」也。卒能以中和之德，飾上位而成五功，所以「終吉而有喜也」。虞注：陽主喜，陰主憂。五變之陽，所以「有喜」。「凡言喜慶皆陽爻」，否則變而成陽也。「束帛，委積之貌」，義本馬君。薛虞云「戔戔，禮之多也。委積，蓋言多也」。案：六五離之中爻，故爲離爻。「再索而得女」，故「爲中女」。爲蠶絲者，離在午方也。夏官「馬質禁原蠶」者，蓋馬于辰屬午，蠶亦屬午，蠶與馬同氣。禁再蠶爲傷馬也，故知「午爲蠶絲」也。以中女而治蠶絲，故有「束帛」之象。

上九。白賁无咎。虞翻曰：在巽上，故曰「白賁」。乘五陰，變而得位，故「无咎」矣。**疏**五變，故「在巽上」。巽爲「白」，故曰「白賁」。下乘五陰，交相變而得位，成既濟定，故「无咎矣」。愚案：考工記曰「畫繪之事後素功」，鄭彼注云「素者，白采也。功者，工也。後工者，謂後布之，恐其漬汙也」，賁終于「白」，即「後素功」之謂也。在賁家而能以素終，始終不溺于文者也。故「无咎」。不引論語「繪事後素」者，論語即禮器「白受采」之意，與考工記不同，據考工以釋論語者，誤也。又案：禮記〔一〕曰「三年之喪，人道之至文者也」，又曰「伯母叔〔二〕母，疏衰踊不絶地。姑姊妹之大功，踊絶于地。知此者，由文矣哉！由文矣哉」，此亦「白賁」之義也。

象曰：「白賁无咎，上得志也。」干寶曰：白，素也。延山林之人，采素士之言，以飾其政，故「上得志也」。虞翻曰：上之正得位，體成既濟，故曰「得志」，坎爲「志」也。**疏**干注：說文「素，白緻繒也」，故云「白，素也」。「延山林之人，采素士之言」，謂六五也。上乘五，五得賢以飾其政，故「上得志也」。虞注：上五易位，則各得其正，成既濟定，其志得行，故曰「得志」。五上變體坎，故「坎爲志」。愚案：家語好生「孔子嘗自筮，其卦得賁焉，愀然有不平之狀。子張進曰『師聞卜者，得賁卦吉也，而夫

〔一〕「記」字原脱，據陳校本補。
〔二〕「叔」，原本作「如」，據陳校本正。

子之色有不平，何也？』子曰『以其離邪。在周易，山下有火謂之賁，非正色之卦也。夫質也，黑白宜焉。今得賁，非吾兆也。吾聞丹漆不文，白玉不瑑，何也？質有餘，不受飾故也。』」又呂氏春秋「孔子卜得賁，曰『不吉』。子貢曰『夫賁亦好矣，何謂不吉乎』？孔子曰『夫白而白，黑而黑。夫賁，又何好乎』」。蓋賁「觀人文以化成天下」，故子張子貢以爲吉。「小利有攸往」故孔子以爲不吉。然孔子雖不賁于當時，而刪詩書，訂禮樂，則賁于萬世。嘗曰「文王既没，文不在茲乎」。筮而得賁，其爲賁也大矣。

序卦曰：「致飾然後通則盡矣，故受之以剥。剥者，剥也。」崔覲曰：以文致飾，則上下情通。故曰「致飾然後通」也。文者，致理極而无救則盡矣。「盡」猶「剥」也。**疏** 序卦傳「致飾而後亨」，此作「然後通」，當有誤。致其文飾，則嘉會合禮，上下情通，故云「致飾然後通」也。然儀文盛而實意衰，則文滅其質，而有所不通，故云「文者致理極而无救則盡矣」。物之文者，久而必剥，故賁受以剥。剥則陽盡，故云「盡猶剥也」。

䷖坤下艮上 剥。不利有攸往。虞翻曰：陰消乾也，與夬旁通。「以柔變剛」，「小人道長」。「子弑其父，臣弑其君」，故「不利有攸往」也。**疏** 剥本乾也，陰消乾至五成剥，故云「陰消乾也」。自夬剛長，卽伏剥消。剥又伏夬，故「與夬旁通」。「以柔變剛」，本彖傳，謂陰消陽也。「小人道長」，否彖傳文，謂陰長至五也。「子弑其父，臣弑其君」，坤文言文。陰消至遯，艮子弑乾父，陰消至否，坤臣弑乾君。「小人道長」，故「不利有攸往」。剥曰不利有攸往，懼陽盡也。復彖卽曰「利有攸往」，喜陽生也。彖曰：「剥，剥也，盧氏曰：此本乾卦，羣陰剥陽，故名爲「剥」也。**疏** 此本乾，消卦也。羣陰剥陽，自初至五，陰盛至極，一陽將盡，故名爲「剥」。柔變剛也。荀爽曰：謂陰外變五。五者至尊，爲陰所變，故曰「剥」也。**疏**陰消外卦，變五「爲剥」，故云「陰外變五」。五爲天子，故爲「至尊」。喪服傳曰「君至尊」是也。五爲陰所變。乾鑿度曰「剥之六五，言盛殺。萬物皆剥，墮落」，故云「剥也」。雜卦傳曰「剥，爛也」，虞彼注云「陽得陰孰，故爛」，即「柔變剛」之義也。**不利有攸往，小人長也。**鄭玄曰：陰氣侵陽，上至于五，萬物霝落，故謂之剥也。五陰一陽，小人極盛，君子不可有所之，故「不利有攸往」也。**疏**陰氣消陽，至五成剥。九月之時，「萬物霝落，故謂之剥」。五陰一陽，是陰氣極盛之時。「君子不可有所之，故「不利有攸往」」。所以然者，以「小人長也」。陰消成剥，由否而極，故與否同辭。彼因君子，故類言「道」。此止小人，故僅言「長」也。**順而止之，觀象也。**虞翻曰：坤順艮止。謂五消觀成剥，故「觀象也」。**疏**坤，順也，艮，止也，故曰「順而止之」。陰消觀五成剥，剥雖消五，上陽猶存，猶有觀示羣陰之象，故曰「觀象也」。**君子尚消息盈虛，天行也。**虞翻曰：乾爲「君子」，乾息爲「盈」，坤消爲「虛」，故「君子尚消息盈虛，天行也」。則「出入无〔一〕疾，反復其道」。易虧巽消艮，出震息兑，盈乾虛坤，故于是見之耳。**疏**「乾爲君子」者，謂乾陽也。陽息陰消，消息者，乾坤也。先儒據易曰「伏羲作十言之教，曰乾坤震巽坎離艮兑消息」。易緯曰「聖人因消息起陰陽，立乾坤以統天地」。是消息與八卦竝興。史記曆書謂「皇帝起消息」，義或然也。消息十二卦，成于乾坤十二畫，復臨泰大壯夬乾，皆自乾息而成也，故云「乾息爲盈」，姤遯否觀剥坤，皆自坤消而成也，故云「坤消爲虛」。陰生于陽，消息皆乾道而實始于震。乾爲天，震爲「行」，故曰「君子尚消息盈虛，天行也」。震初體復，出入乾坤而十二卦以成，故引復彖傳

〔一〕「无」，原本作「有」，據陳校本正。

「出入天疾，反復其道」，以明之。義詳虞氏彼注。「易虧巽」者，姤也。「消艮」者，剥也。「出震」者，復也。「息兑」者，夬也。乾盈于甲，故稱「乾盈」。陽實陰虚，故稱「坤虚」。「日月爲易」。剥復，易之大關。故于是言之耳。**象曰：「山附于地，剥。**陸績曰：艮爲山坤爲地，「山附于地」，謂高附于卑，貴附于賤，君不能制臣也。**疏**「艮爲山」，「坤爲地」，説卦文。「山附于地，謂高附于卑」，猶「貴附于賤」，有君不能制臣之勢。君不能制臣，陰盛陽衰，則臣將剥君矣。故曰「剥」。

愚案：地載山者也，然「山附于地」，有時而崩。如春秋僖十四年「沙鹿崩」，穀梁傳曰「高曰崩，厚曰崩，山崩由地崩也」。京房易傳云「小人剥廬，厥妖山崩」，謂上九也。崩者，剥象也。故「山附于地」曰「剥」。**上以厚下安宅。」**盧氏曰：上，君也。宅，居也。山，高也。山高絶于地，今附地者，明被剥矣。屬地時也。君當厚錫于下，賢當卑降于愚，然後得安其居。**疏**「上，君也」，謂上九也。以非君位，故曰「上」。「宅，居也」，釋言文。山高地卑，故「山高絶于地」。今附地者，明被陰氣所剥，故曰「屬地時也」。在上者觀其象，知安上必由于厚下。故人君當厚錫于下，賢者當卑降于愚，然後得安其居。

愚案：「坤厚載物」，故爲「厚」。地道卑，故曰「下」。地道静，故曰「安」。「艮爲門闕」，故爲「宅」。上觀山崩由于地崩，則當法坤以厚下，然後得安其宅。「宅」言「安」者，以艮互坤也。**初六。剥牀以足，蔑貞凶。**虞翻曰：此坤卦變乾也。動初成巽，巽木爲「牀」，復震在下爲「足」，故「剥牀以足」。蔑，无。貞，正也。失位无應，故「蔑貞凶」。震在陰下，象曰「以滅下也」。**疏**卦本坤變乾也。乾初動成巽，説文「牀，從木，爿聲」，巽爲木，故爲「牀」。巽下伏震，震爲足，故曰「剥牀以足」。剥窮則復，故初巽則伏震，二則不言伏兑也。詩大雅「喪亂蔑資」，毛傳「蔑，無也」，故「蔑」訓「无」。「貞，正也」，師彖傳文。初陰失位，又无正應。无貞，故凶也。震伏巽下，故象言「滅下也」。**象曰：「剥牀以足，以滅下**

也。」盧氏曰：蔑，滅也。坤所以載物，牀所以安人。在下，故稱足。先從下剥，漸及于上，則君政崩滅，故曰「以滅下也」。

疏「蔑」「滅」同音，且同物。内卦坤，「坤厚載物」，故云「坤所以載物」。説文「牀，安身之坐也」，故云「牀所以安人也」。初在下，故稱足，「近取諸身」也。二爲「辨」，三爲「膚」，參同契曰「剥爛肢體，消滅其形」是也。坤初六文言曰「其所由來者漸矣」，故曰，先從下剥，漸及于上」。消至五，則君政崩剥，然其先實從下始，故曰「以滅下也」。乾初九象曰「陽在下也」。今爲坤陰所滅，故曰「滅下」。

六二。剥牀以辨，蔑貞凶。虞翻曰：指閒稱「辨」。剥，剥二成艮。艮爲指，二在指閒，故「剥牀以辨」。无應在剥，故「蔑貞凶」也。

疏「辨」，本作「釆」。説文「釆，辨别也。象獸指爪分别也。讀若辨」。「辨」亦别也，故云「指閒稱辨」。剥消至乾二成艮，「艮爲指」，説卦文，二體艮在指閒，故曰「剥牀以辨」。二位得正，以陰消至五成剥，上无正應，故「滅貞凶」也。

象曰：「剥牀以辨，未有與也。」鄭玄曰：足上稱「辨」，謂近厀之下。詘則相近，信則相遠，故謂之「辨」。辨，分也。崔覲曰：今以牀言之，則辨當在第足之閒，是牀梐也。「未有與」者，言至三則應，故二「未有與也」。

疏鄭注：「足上稱辨」者，「近取諸身」也。二在足上，故爲「辨」。「近厀之下」，脛腓是也。前爲脛，後爲腓。詘則親，信則遠，是腓也。詘信有辨，「故謂之辨」。以「辨」訓「分」也。崔注：揚子方言「牀，陳、楚之閒謂之第」，故云「第足」。「牀梐」无攷，當亦方言。梐之爲物，殆如堂之有陛也。與，應也。三與上雖不得位，猶爲不義之應。五蔑貞，二无正應，故曰「未有與也」。案：爾雅既曰「蓐謂之兹，竿謂之箷，簀謂之第」，郎繼之曰「革中絶謂之辨，革中辨謂之韏」。「辨」連「蓐」「簀」言之，則「辨」亦卧具明矣。然其制，不可攷也。

六三。剥无咎。象曰：「剥之无咎，失上下也。」荀爽曰：衆皆剥陽，三獨應上，无剥害意，是以「无咎」。象曰「失上下也」。

疏卦有五陰，消乾成剥，故云

「衆皆剥陽」。三雖不正，獨與上應，陽陰相得，故无剥害上九之意，是以「无咎」也。「上」謂四，「下」謂初二。衆陰皆欲剥陽，己獨應上。剥之所以无咎者，以違上下故也。當剥之世，以扶陽爲貴。三舍衆陰以應上九，故「无咎」。五率衆陰以承上九，故「无不利」。初二四專以陰剥陽，故皆曰「剥牀凶」。「三與五同功」，皆有扶陽之意，故知「上謂四，下謂初二」也。

六四。剥牀以膚，凶。 虞翻曰：辨上稱「膚」，艮爲「膚」。以陰變陽，至四乾毁，故「剥牀以膚」。臣弑君，子弑父，故「凶」矣。王肅曰：在下而安人者，牀也。在上而處牀者，人也。坤以象牀，艮以象人。牀剥盡以及人身，爲敗滋深，害莫甚焉，故曰「剥牀以膚，凶」也。**疏** 虞注：四在上體，故云「辨上稱膚」。坤消乾至四，體巽爲「牀」。「體艮爲膚」者，陰在内稱肉，陽在外象膚。艮以一陽覆二陰，故「爲膚」也。以陰消陽，至四則上體之乾毁，故「剥牀以膚」。乾毁則「臣弑君，子弑父，故凶矣」。否至三弑父弑君，剥至四乃成弑者，否治未然，剥道已著。乾不毁，猶未爲切近，忠厚之至也。王注：「在下」謂内卦，下承上，故安人之身者爲「牀」。「在上」爲外卦，上乘下，故處牀之上者爲「人」。内爲坤，坤方載物，故象牀。外爲艮，艮三索少男，故象人。剥足剥辨，牀盡則及人身。乾毁爲敗及四，則「爲敗滋深」。坤陰爲害，重坤故「害莫甚焉」。剥牀不已，遂及人膚，故曰「剥牀以膚，凶也」。

象曰：「剥牀以膚，切近災也。」 崔覲曰：牀之膚謂薦席，若獸之有皮毛也。牀以剥盡，次及其膚，剥于大臣之象，言近身與君也。**疏** 玉篇「席，牀席也」。增韻「藁秸曰薦，莞蒲曰席」。薦席所以覆牀，故云「牀之膚謂薦席」。薦席在牀外，故云「若獸之有皮毛也」。牀盡及膚，災及于近，四爲三公，故云「剥于大臣之象」。身在席上，故言「近身」。五爲天子，故言「近君」。變坎爲「災」。繫下曰「四多懼，近也」，韓注云「四近于君，故多懼也」。近五，故曰「切近災也」。

六五。貫魚，以宫人寵，无不利。 虞翻曰：剥消觀五，巽爲

「魚」、爲繩，艮手持繩貫巽，故「貫魚」也。艮爲「宮室」，「人」謂乾五，以陰代陽，五貫乾爲寵人，陰得麗之，故「以宮人寵」。動得正成觀，故「无不利」也。　何妥曰：夫剥之爲卦，下比五陰，駢頭相次，似「貫魚」也。魚爲陰物，以喻衆陰也。夫「宮人」者，后夫人嬪妾，各有次序，不相瀆亂。此則貴賤有章，寵御有序。六五既爲衆陰之主，能有貫魚之次第，故得「无不利」矣。**疏**虞注：剥之爲卦，消觀五而成，觀五體巽。「巽爲魚」者，震陽爲龍，巽陰爲蛇，「爲魚」。郭璞洞林曰「魚者，震之廢氣也」。蓋巽王則震廢也。又説卦「巽爲多白眼」，魚目不瞑，故「巽爲魚」。「巽爲繩直」，故「爲繩」。消巽成艮，故「艮手持繩貫巽」，爲「貫魚」也。「艮爲門闕」，故「爲宮室」。未消則五爲乾。乾陽生爲人，故「人謂乾五」。不稱后者，剥統于上。五不得正尊位，坤虚无君，以承上也。艮爲門闕，爲閽寺。羣陰在門闕之内，閽寺守之，故有「宮人」之象。以柔變剛，故云「以陰代陽」。陰至五位，故云「五貫乾爲寵人」。上承于陽，衆陰得而麗之，故「以宮人寵」。乾鑿度曰「陰貫魚而欲承君子」是也。五失位，動得正成觀，故「无不利」也。　何注：剥以一陽下比五陰，駢頭相次，「貫魚」之象。五爻皆陰，故云「魚爲陰物，以喻衆陰也」。五爲王后之位，宮人之長也。四爲夫人，三爲九嬪，二爲世婦，初爲御妻，故云「后夫人嬪妾，各有次序，不相瀆亂」也。五貴而下賤，故「貴賤有章」。由上而及下，故「寵御有序」。五統衆陰，上承一陽，己有中和之德，而又使羣陰貫魚以進，不至有逼上之嫌，故「无不利」也。

象曰：「以宮人寵，終无尤〔一〕也。」　崔覲曰：魚與宮人皆陰類，以比小人焉。魚大小一貫。若后夫人嬪婦御女，小大雖殊，寵御則一。故「終无尤也」。**疏**小人陰也。

〔一〕「尤」，原本作「咎」，據陳校本正。

魚與宮人皆陰類，故取其象，以況小人焉。魚之大小一貫而進，若后與夫人嬪婦御女，雖有小大之殊，進御則一，羣陰相次，五不專寵，故「終无尤也」。**上九。碩果不食，君子德車，小人剥廬。**虞翻曰：艮爲「碩果」。謂三已復位，有頤象，頤中无物，故「不食」也。夬乾爲「君子」爲「德」，坤爲「車」爲民，乾在坤，故以德爲車。「小人」謂坤，艮爲「廬」，上變滅艮，坤陰迷亂，故「小人剥廬」也。**疏**「碩」與「石」同，艮爲石爲果蓏，故「爲碩果」。與三應，上不變而三復正位，有頤象焉。頤中无物，故「不食」。且全體象頤而下无震，故「不食也。」白虎通曰「陽道不絶，陰道有絶」，十月純坤，謂之陽月，陽道不絶之義也。「乾爲木果」，謂上九也。艮得乾體，艮之「碩果」，亦指上也。剥之上即復之初，「窮上反下」，上之「碩果」，即下之萌芽，艮爲「萬物所成終而成始」者，此也。乾鑿度曰「剥當九月之時，陽氣衰消而陰終不能盡陽〔一〕，小人不能決君子」。此碩果所以不食也。乾夬謂旁通也。上應在三，「乾爲君子」，謂乾三也。乾日新，故「爲德」。坤爲大轝，故「爲車」。禮運曰「天子以德爲車」，乾在坤上，乾德坤車，故云「德車」。坤消乾，「小人道長」，故「小人謂坤」。艮爲門闕，故「爲廬」。上變滅艮，則成純坤，坤瞑爲「迷」，坤弑爲「亂」，是「小人剥廬」之象也。坤爲「車」，重坤五陰上載一陽，陽爲「君子」，故有「君子德車」之象。艮爲「廬」，下乘重坤，一陽下覆五陰，陰爲「小人」，小人滅陽，不滅不止，故有「小人剥廬」之象。**象曰：「君子德車，民所載也。小人剥廬，終不可用也。」**侯果曰：艮爲「果」、爲「廬」，坤爲「輿」。處剥之上，有剛直之德，羣小人不能傷害也，故果至碩大，不被剥食矣。君子居此，萬姓賴安，若得乘其車輿也。小人處之，

〔一〕「陰終不能盡陽」，原本作「陰不能盡」，據陳校本補「終」「陽」二字。

則庶方无控，被剥其廬舍，故曰「剥廬，終不可用」矣。**疏**艮果蓏「爲果」，門闕「爲廬」，坤大轝爲「車」。陽處剥上，有剛直之德，羣陰不能傷害，故果至碩大，不被剥食。君子居此，則下承覆蔭，若得車輿之安。「德車」亦作「得車」，故云「得」。坤爲「民」、爲「載」，故曰「民所載也」。小人處之，則災及庶方，无所控告，不剥其廬舍不已。艮爲「終」，坤爲「用」，故曰「終不可用也」。

序卦曰：「物不可以終盡，剥窮上反下，故受之以復也。」崔覲曰：夫易窮則有變，物極則反于初，故剥之爲道，不可終盡而受之于復也。**疏**繫下曰「易窮則變，變則通，通則久」，故云「易窮則有變」。秦策曰「物至而反，冬夏是也」，故云「物極則反于初」。剥之「碩果」，仁在其中，核芽相生，微陽遞嬗，故云「剥之爲道，不可終盡」。剥窮于上，卽復反于初，蓋剥之陽「不食」，則復之陽不遠，故剥「受以復也」。

䷗震下坤上復。亨，何妥曰：復者，歸本之名。羣陰剥陽，至于幾盡，一陽來下，故稱「反復」。陽氣復反而得交通，故云「復亨」也。**疏**上爲末，初爲本，陽盡于上，復歸于初，故云「復者，歸本之名」。「羣陰剥陽，至于幾盡」者，剥之上，「不食」者也。「一陽來下，故稱反復」者，復初之不遠者也。乾陽復反于坤初，陰陽交通，故曰「復亨也」。出入无疾，朋來无咎。虞翻曰：謂出震成乾，入巽成坤。坎爲「疾」，十二消息不皃坎象，故「出入无疾」。兑爲「朋」，在内稱「來」，五陰從初，初陽正，息而成兑，故「朋來无咎」矣。**疏**陽出復歷臨，至泰反觀，成剥入坤，爲乾之消息六卦。故云「出震成乾」。陰入姤歷遯，至否反大壯，成夬盈乾，爲坤之消息六卦。故云「入巽成坤」。凡得乾坤之卦各八，震巽艮兑之卦各二。不見坎離，蓋日月成八卦之象。乾坤合東納甲乙，震巽合西納庚辛，艮兑合南納丙丁，坎離入中宮納戊己，其處空虛。離爲日光，震巽艮兑皆可見離象。坎爲月精，晦朔之交，滅于坤乙不可見，故云「十二消息不見坎象」。説卦「坎爲心病」，故「爲疾」。不見坎象，故曰「出入无疾」。兑象曰「君子以朋友講習」，故兑「爲朋」。卦例凡在内者稱「來」。五陰皆從于初。初陽得正，息二成兑爲臨，息三互兑爲泰，息四互兑爲大壯，息五互兑爲夬，皆體兑爲朋，故曰「朋來无咎矣」。案：京房本「朋」作「崩」。剥上易傳曰「小人剥廬，厥妖山崩」。復曰「崩來无咎」。艮山爲「崩」，艮之一陽來于復初，故「无咎」。義亦可通。**反復其道，七日來復。**案：易軌一歲十二月，三百六十五日，四分日之一。以坎震離兑四方正卦，卦別六爻，爻主一氣。其餘六十卦，三百六十爻，爻主一日，當周天之數。餘五日四分日之一，以通閏餘者也。剥卦陽氣，盡于九月之終，至十月末，純坤用事，坤卦將盡，則復陽來，隔坤之一卦，六爻爲六日，復來成震，一陽爻生爲七日，故言「反復其道，七日來復」，是其義也。天道玄邈，理絶希慕，先儒已論，雖各指于日月，後學尋討，猶未測其端倪，今舉約文，略陳梗槩，以候來哲，如積薪者也。**疏** 此主鄭氏由剥至復六日七分，而小變其説也。稽覽圖曰「甲子卦氣起中孚」，鄭彼注云「卦氣，陽氣也」。又曰「六日八十分之七」，注云「六以候也，八十分爲一日，之七者，一卦六日七分也」。稽覽圖引是類謀曰「冬至日在坎，春分日在震，夏至日在離，秋分日在兑。四正之卦，卦有六爻，爻主一氣。餘六十卦，卦主六日七分，八十分日之七。歲有十二月，三百六十五日四分日之一。六十而一周」。今是類謀無此文，蓋逸脱也。尋易緯之義，坎離震兑各主一方。爻主一氣，二十四爻主二十四氣。其餘六十卦，卦有六爻，爻主一日，凡主三百六十日。餘有五日四分日之一者，以八十分爲日法，五日分爲四百。四分，四分日之一，又爲二十分。是四百二十分。六十卦分之，六七四十二，卦別各得七分，是每卦六日七分也。鄭注此經云「建戌之月，以陽氣既盡。建亥之月，純陰用事。至建子之月，陽氣始生」。隔此純陰一卦，卦主六日七分。舉其成數言之，而云七日來復也。　愚案：稽覽圖所稱，蓋言中孚至復六日七分。鄭注此經，則言由剥至復六日七分。李君之注，從鄭氏剥復之説也。「易軌」者，易策也。　李君但言日主一爻，故以三百六十日當三百六十爻，而以餘五日四分日之一以通閏餘。其言以爻值日之法，本于稽覽，而不言中孚。其言由剥至復之義，本于鄭注，而不言六日七分。詳陳古法，以著源流。而李注云云，大旨瞭如矣。　悊，古文「哲」。皋陶謨「知人則哲」，漢書引作「悊」是也。漢書循史傳「武帝用人，辟如積薪，後來者居上」，玆云「以俟來悊，如積薪者」，蓋謙辭也。利有攸往。　虞翻曰：陽息臨成乾，「小人道消，君子道長」，故「利有攸往」矣。

疏 陽息二爲臨，至三成乾爲泰。「小人道消，君子道長」，泰彖傳文。陰消陽長，往則成乾，故「利有攸往矣」。彖曰：「復亨」，虞翻曰：陽息坤，與姤旁通。剛反交初，故亨。**疏** 復自坤來，坤牝陽，故云「陽息坤」。巽伏震下，故「與姤旁通」。剥上之剛，反交于坤初，乾坤氣通，故亨。剛反動而以順行，　虞翻曰：剛從艮入坤，從反震，故曰「反動」也。坤順震行，故「而以順行」。陽不從上來反初，故不言剛自外來。是以明「不遠之復」，入坤出震義也。**疏** 「剛」謂剥上九也。上九體艮，消艮入坤滅，出復震，故「從反震」。艮，震之反也。震，動也「故曰反動」。坤爲「順」，震爲「行」，故曰「而以順行」。彖傳多言適變，如否泰往來，都在本卦，故言「來往」。此卦陽從剥來，出入純坤，然後成復。故云「陽不從上來反初，故不言剛自外來」。從外來，艮在上爻則遠。從坤出，震在初爻則不遠。故云「明不遠之復，入坤出震之義也」。此不從適變例，而以消息言也。是以出入无疾，朋來无咎。　侯果曰：陽上出，君子道長也。陰下入，小人道消也。動而以行，故「出入无疾，朋來无咎」矣。**疏** 陽在初，有上出之勢，故「君子道長也」。陽上出則陰下入，故「小人道消也」。震動而以順行，故

「出入无疾，朋來无咎矣」。愚案：此解未應經義。出入謂入坤出震也，非陽出陰入之謂。反復其道，七日來復，天行也。虞翻曰：謂乾成坤，反出于震而來復，陽爲「道」，故「復其道」。剛爲晝日，消乾六爻爲六日。剛來反初，故「七日來復，天行也」。侯果曰：五月天行至午，陽復而陰升也。十一月天行至子，陰復而陽升也。天地運往，陰陽升復，凡歷七月，故曰「七日來復」，此天之運行也。豳詩曰「一之日觱發，二之日栗烈」。「一之日」，周之正月也，「二之日」，周之二月也，則古人呼月爲日，明矣。疏 虞注：剥消乾成坤，故「謂乾成坤」。滅藏于坤，從下反出，體震成復，故云「反出于震而來復」。乾元爲道，故「陽爲道」。陽初出復，故「復其道」。繫上曰「剛柔者，晝夜之道也」。故「剛爲晝」。虞君易例，日數竝以爻數解之。剥消乾成坤，故云「消乾六爻爲六日」。剛從剥來反于坤初，故云「剛來反初」。以乾六爻至復初凡七爻，故曰「七日來復」。入坤出震，皆乾之一陽，乾爲「天」，震爲「行」，故曰「天行也」。侯注：「五月天行至午」爲姤，姤五陽而一陰，故云「陽復而陰升也」。「十一月天行至子」爲復，復五陰而一陽，故云「陰復而陽升也」。天地運往，陰陽升復，循環不已，陽生于子消于午，天之大數也，故「凡歷七月」，月亦稱日，故曰「七日來復」。消息十一卦皆有陽爻，坤无陽而乾伏其下，故云「此天之運行也」。陰稱月，陽稱日詩豳風七月曰「一之日觱發，二之日栗烈」，又曰「三之日于耜，四之日舉趾」，毛傳云「一之日，周正月也。二之日，殷正月也。三之日，夏正月也。四之日，周四月也」。此皆陽息之月，故謂之「日」，此古人呼月爲日之義也。

利有攸往，剛長也。荀爽曰：利往居五，剛道浸長也。疏「利往居五」，謂陽息至五。得位得中，君子道長，故云「剛道浸長也」。

復其見天地之心乎。虞翻曰：坤爲「復」。謂三復位時，離爲「見」，坎爲「心」，陽息臨成泰，乾天坤地，故「見天地之心」也。荀爽曰：復者，冬至之卦。陽起初九，爲「天地心」，萬物所始，吉凶之先，故曰「見天地之心」矣。

疏虞注：乾坤易爲否泰，交爲坎離，成兩既、未濟，而實自剥復始，故二卦實乾坤之樞紐也。乾交坤始，復陽位爲復，故云「坤爲復」。將成既濟，則三復陽位，體離互坎。「相見乎離」，故「離爲見」。「坎爲亟心」，故「爲心」。陽息臨二，至三體泰，「乾爲天」，「坤爲地」，合以離見坎心，故「見天地之心」也。　荀注：復于消息，在十一月子。稽覽圖「冬至日在坎」，坎爲「心」。乾坤象傳曰「大哉乾元」，「至哉坤元」，「乾元」卽「坤元」，「天心」卽「地心」也。冬至之時，陰氣已極，一陽復生，天心動于地中，故云「陽起初九，爲天地心」。「天地之心」卽天地之元，「萬物資始」于乾元，故云「萬物所始」。震爲「動」，「幾者動之微，吉之先見者也」，故云「吉凶之先」。蓋在乾坤則爲元，在天地則爲心。而其端倪，實于復之初陽見之，故曰「見天地之心」。

象曰：「雷在地中，復。先王以至日閉關，商旅不行。后不省方。」虞翻曰：「先王」謂乾初，至日，冬至之日，坤闔爲「閉關」。巽爲「商旅」、爲近利市三倍，姤巽伏初，故「商旅不行」。姤象曰「后以施命誥四方」，今隱復下，故「后不省方」。復爲陽始，姤則陰始，天地之始，陰陽之首。已言「先王」，又更言「后」，后，君也，六十四卦，唯此重耳。　宋衷曰：商旅不行。自天子至公侯，不省四方之事。將以輔遂陽體，成致君道也。制之者，王者之事。奉之者，爲君之業也。故上言先王，而下言后也。　**疏**虞注：乾息于初。乾爲「先」、爲「王」，乾已入坤，故稱「先王」。十一月陽生于子，是爲冬至。故「至日，冬至之日」。「震爲大塗」，剥艮爲門，有「關」象，「闔户謂之坤」，故坤爲「閉關」。初伏姤巽。「巽爲商旅」者，考工記曰「通四方之珍異以資之，謂之商旅」。説卦曰「巽爲近市利三倍」，故「爲商旅」。震爲「行」，巽爲「商旅」而伏震初，故「商旅不行」。姤象曰「后以施命誥四方」。陰土稱「后」，坤又爲「方」。今姤巽隱在復下，故「后不省方」。復一陽生，故「爲陽始」。姤一陰生，故「爲陰始」。一陽，乾也，一陰，坤也，乾天坤地，故云「天地之始，陰陽之首」。「已言先王，又言后」者，乾爲「先王」，坤五天子之位，土象，故稱「后」，如泰五稱「后」是也。「后君也」。釋詁文。六十四卦，「先王」「后」不竝言。竝言者，唯此耳。宋注：先王于陽復之時，下而商旅不行，上而后不省方。蓋以微陽初生，貴于靜養，藏之愈深，則發之愈盛。故云「將以輔遂陽體，成致君道也」。法創于古，故云「制之者，王者之事」。法行于今，故曰「奉之者，爲君之業」。「上言先王而下言后」者，制法者，已往之王。而奉法者，繼體之君也。

初九。不遠復，无祇悔，元吉。崔覲曰：從坤反震，而變此爻，「不遠復」也。復而有應，故獲「元吉」也。**疏** 陽滅于坤，復動成震，震「爲反生」，故云「從坤反震」。剥上滅坤，即坤初動震，此爻早變，故曰「不遠復也」。六爻唯初與四爲正應，故「復而有應」。「中行獨復」，故「元吉也」。愚案：天道遠，初乾，故言「遠」。七日滅乾來復于震，故「不遠」。韓云「祇，大也」。繫上曰「震无咎者存乎悔」，虞彼注云「震，動也」。初動得正，故无大悔。乾元在始，即初陽也。震之一陽，即乾之元也。乾元得正，故曰「元吉」。

象曰：「不遠之復，以修身也。」侯果曰：祇，大也。往被陰剥，所以有悔。覺非遠復，故无大咎。以此修身，顏子之分矣。**疏**「祇，大也」。義同韓訓。「往」謂剥時。陽被陰剥，所以有悔。覺，知也。繫下曰「復以自知」。又説此爻云「有不善未嘗不知，知之未嘗復行也」。故云「覺非遠復」。善復，故「无大咎」。又曰「顏氏之子，其殆庶幾乎」。故云「以此修身，顏子之分矣」。愚案：坤形爲「身」，震象「修省」。乾剛反通坤初，故「以修身」。知行竝進，「修身」之事也。中庸曰「脩身以道，脩道以仁」。復初乾元爲仁。仁，「修身」之要也。論語曰「克己復禮爲仁」，「修身」之謂也。

六二。休復吉。象曰：「休復之吉，以下仁也。」王弼曰：得位居中，比初之上而附順之，「下仁」之謂也。即處中位，「親仁善鄰」，復之休也。**疏** 六爲「得位」，二爲「處中」。與初相比，專一不疑。乾文言曰「元者，善之長也」。又曰「君子體仁，足以長人」。乾元爲仁，即初陽也。己在初上，下而順附于陽，「下仁之謂也」。「親仁善鄰」，隱六年左傳文。處中得位，而能親陽之仁，善初之鄰，「復之休」者也。休，美也。乾「以美利利天下」，二近于初，故曰「休復」。　愚案：說文「休」在木部，人依木則休，爾雅「庇蔭」曰「休」，會止木庇息意。震一陽初生，東方木象，二爲人位，得依于初，故曰「休復吉」。初陽乾元爲仁，震春木德亦爲仁，二所以「休復吉」者，以其下爲仁也。

六三〔一〕。頻復厲，无咎。虞翻曰：頻，蹙也。三失位，故「頻復，厲」。動而之正，故「无咎」也。**疏**「頻，蹙也」，即王弼注「頻蹙之貌」是也。　義本說文。頻，古作「顰」。說文曰「顰，水厓，人所賓附。顰蹙不前而止。從頁從涉」。三變正爲坎，故「顰」字中從☵〔二〕，爲「水厓」也。　三爲內卦之外，有厓象焉。三本失位，无應于上，臨厓顰蹙，然後求復，亦危道也。　變而之正，故「无咎」。

象曰：「頻復之厲，義无咎也。」侯果曰：處震之極，以陰居陽，懼其將危，頻蹙而復。履危反道，義亦无咎也。**疏**三處震終，震爲「恐懼」，以陰居陽，故「懼其將危」也。「頻蹙而復」，是履于危塗，然後反于正道，故「義无咎也」。

六四。中行獨復。象曰：「中行獨復，以從道也。」虞翻曰：「中」謂初，震爲「行」，初一陽爻故稱「獨」。四得正應初，故曰「中行獨復，以從道也」。俗說以四位在五陰之中而獨應復，非也。四在外體，又非內象，不在二五，何得稱「中行」耳。**疏**「中謂初」者，董子春秋繁露曰「陽之行，始于北方之中而止于南方之中。陰之行，始于南方之中而止于北方之中，陰陽之道不同，至于盛而皆止于中，其所始必皆于中，中者，天地之太極」，極，中也是以二至爲天地之中，冬至在復初一陽，復象曰「見天地之心」，心卽中也，故知「中謂初」也。初體震足爲「行」，震初一陽故

〔一〕「三」，原本作二，據卦形正。
〔二〕「☵」，原本作☴，據陳校本正。

稱「獨」。初以中行，獨應于四，四得正位，下應于初，故曰「中行獨復」。初乾元爲「道」，震大塗亦爲「道」。初已復，四從之，故曰「以從道也」。「俗説」謂鄭注也。鄭謂「爻處五陰之中，度中而行，四獨應初」。尋内亦稱中。四外體，非内象，不得稱中。且二五稱中，易有定例。位非二五，安得稱中。罔識天心，遂迷中象，故駁而廢之也。「耳」當作「邪」。

六五。敦復无悔。象曰：「敦復无悔，中以自考也。」侯果曰：坤爲「厚載」故曰「敦復」。體柔居剛，无應失位，所以有悔。能自考省，動不失中，故曰「无悔」矣。疏中庸曰「敦厚以崇禮」。「敦厚」連文，是「敦」即「厚」也。五體坤，坤象曰「厚德載物」，故曰「敦復」。六以柔體，居五剛位，下无正應，己又失正，宜有悔矣。然所履得中，爲復之主。「復以自知」，故曰「考」。坤身爲「自」，故曰「自考」。五位在中，故曰「中以自考」。動而得正，又不失中，故「无悔〔一〕矣」。

上六。迷復凶，有災眚。虞翻曰：坤冥爲「迷」，高而无應，故「凶」。五變正時，坎爲災眚，故「有災眚」也。疏九家説卦曰「坤爲迷」。坤夜爲冥，故「爲迷」。剥消入坤，故爲「先迷」。上遠于初，迷乎復道。襄廿八年左傳「復歸無所，是爲迷復」，即此義也，居上爲「高」，三陰爲「无應」。迷而无應，故「凶」。五變正體坎，坎爲多災眚，故「有災眚」。用行師，終有大敗，以其國君凶。虞翻曰：三復位時而體師象，故「用行師」。陰逆不順，坤爲死喪，坎流血，故「終有大敗」。姤乾爲君，滅藏于坤，坤爲異邦，故「國君凶」矣。荀爽曰：「坤爲衆」，故「用行師」也。謂上行師而距于初，陽息上升，必消羣陰，故「終有大敗」。「國君」謂初也。受命復道，當從下升。今上六行師，王誅必加，故「以其國君凶」也。疏虞注：上與三應。三復陽位，二至上體師象，故

〔一〕「悔」，原本作「咎」，據陳校本正。

「用行師。」「坤，順也。」互坎險，故「險逆不順」。月喪于坤乙爲死魄，故「坤爲死喪」。「坎爲血卦」，故「流血」。坎「爲多眚」眚，敗也。上爲「終」。故「終有大敗」。「姤乾爲君」者，伏姤乾五也。「坤以藏之」，又爲「滅」。姤君伏藏不見，故云「滅藏于坤」。坤土爲「邦」，不同于乾，故爲「異邦」。乾滅于坤邦，故「國君凶矣」。　荀注：「坤爲衆」，説卦文。　師者，衆也。　坤爲「用」，震爲「行」，故「用行師」。上降于初，其體爲師。初陽得正，距而不應。　初乾息坤，其勢上行，陽長則羣陰必消，終至于上，　故「終有大敗」。震爲諸侯，「國君」之象，故「國君謂初也」。震受乾命而復自道，易氣從下生，自下升上，故云「受命復道，當從下升」。今上六居高履危，迷乎復道，逆命行師，王誅之所必加者也。僖廿六年左傳「凡師能左右之曰以」。臣擅君命，故「以其國君凶也」。

至于十年不克征。

虞翻曰：坤爲「至」，爲「十年」。陰逆坎臨，故「不克征」。謂五變設險，故帥師敗，喪君而无征也。　何妥曰：理國之道，須進善納諫。迷而不復，安可牧民。以此行師，必敗績矣。　敗乃思復，失道已遠。　雖復十年乃征，无所克矣。　案：坤爲「先迷」，故曰「迷復」。坤又爲師象，故曰「行師」。　坤數十，「十年」之象也。

疏虞注：至，從高下至地。從一。一，地也。　坤象傳曰「至哉坤元」，故「坤爲至」。繫上曰「天九地十」，坤癸數十，故「爲十年」。陰逆坎臨之「臨」，當作「險」，謂上負坎險，人不能征，故曰「不克征」。五變體坎爲設險，故「帥師敗，喪君而无征也」。復陽之微，尤惡陰逆，故上六之象如此。　何注：坤爲國，　又「黃中通理」，　故云「理國之道」。　初陽爲「善」，震言爲「諫」，故云「須進善納諫」。坤爲「民」。上六「迷而不復，安可牧民」。古者寓兵于農，牧民无道，故「以此行師，必敗績矣」。復初「元吉」，以其不遠。至于「終有大敗」，乃思陽復，其失復道已遠矣。　雖十年之久，弗克征也。蓋行師當奉君命，上反君道，故「不克征」。「不克」者，義弗克也。　案：坤象傳曰「先迷失道」，　故曰「迷復」。　初至五有師象，故曰「行師」。坤癸數十，故云「十年之象」。　愚案：道心之惟微也，慎獨則能知幾，故來復在于七日。人心之惟危也，徇欲則忘反，故迷復至于十年。**象曰：「迷復之凶，反君道也。」**虞翻曰：姤乾爲君，坤陰滅之，以國君凶，故曰「反君道也」。**疏**伏姤乾君，爲坤陰所滅，迷而不反，宜其凶矣。國君之凶，由「反君道也」。

序卦曰：「復則不妄矣，故受之以无妄。」崔覲曰：物復其本，則爲誠實，故言復則无妄矣。**疏**人之始生，心本无妄，所謂「誠者，天之道也」。自人欲熾而天理亡，則无妄者妄矣。若能復其本然之善，歸于誠實，所謂「誠之者，人之道也」。由是道心之微者著，人心之危者安，則妄者復于无妄矣。復則无妄，故「受之以无妄」。

䷘震下乾上无妄。何妥曰：乾上震下，天威下行，物皆絜齊，不敢虛妄也。**疏**上體乾，「乾爲天」，爲威。左傳曰「天威不違顏咫尺」是也。下體震，震足爲「行」。故云「天威下行」互體巽，說卦曰「齊乎巽，言萬物之絜齊也」。故云「物皆絜齊」。陽爲實，乾陽在上，至誠動物，物以誠應，故「不敢虛妄也」。**元亨利貞。**虞翻曰：遯上之初。此所謂四陽二陰，非大壯則遯來也。剛來交初，體乾，故「元亨」。三四失位，故「利貞」也。**疏**四陽二陰之例，非大壯則遯，无妄從遯來也。依例，當三之初，此云「上之初」者，消卦之始，特正乾元，與否上成益同義也。上剛來交于初，其體爲乾，乾元得正，而又交通，故「元亨」。三四上皆失位，獨言「三四失位，故利貞」者，爻位三上相易，三正則上亦正，因卦辭別出「匪正」，故獨言「三四」，不及上也。卦雖「利貞」，其正者四耳。三繫于四，不肯與上易位，故上有「匪正」之象。**其匪正有眚，不利有攸往。**虞翻曰：「非正」謂上也。四已之正，上動成坎，故「有眚」。變而逆乘，天命不右，故「不利有攸往」矣。**疏**三上易位，正也。三不變而上變，是爲「匪正」，故「非正謂上也」。四已變正，上動成坎，其體爲屯。坎「爲多眚」，故爲

「有眚」。上不變則成益，益「利用爲大作」。變而成坎，逆乘陽位，則「天命不右」，故「不利有攸往」。且體屯，屯，難也，屯「元亨利貞」，而曰「勿用有攸往」，无妄「元亨利貞」，而「不〔一〕利有攸往」，屯之難在初，无妄之眚在上也。**彖曰：「无妄，剛自外來而爲主於内。**蜀才曰：此本遯卦。案：剛自上降，爲主于初，故「動而健，剛中而應」也。于是乎邪妄之道消，大通以正矣。无妄大亨，乃天道恆命也。**疏**卦自遯來，遯上之初，故云「剛自上降」。震爲「長子主器」，故云「爲主于初」。「震，動也」，「乾，健也」，故「動而健」。五爲剛中，二爲正應，故「剛中而應也」。剛中則邪妄自消，得應則大通以正。「乾爲天」，互巽爲「命」。天命謂性，至誠无妄，故云「无妄大亨，乃天道恆命也」。**動而健，剛中而應。大亨以正，天之命也。其匪正有眚，不利有攸往。**虞翻曰：動，震也。「健」、「大亨」謂乾。「剛中」謂五，而應二。「大亨以正」，變四承五。乾爲天，巽爲「命」，故曰「大亨以正，天之命也」。**疏**「動」謂震，「健」謂乾。大亨，初也，初體乾，故「謂乾」。以陽居中，故「剛中謂五」。得位得中，而應之者，二也，故「而應二」。大亨，初乾也。使四變正，上承乎五，以之者，乾也，故曰「大亨以正，變四承乾」。「乾爲天」，說卦文。巽「申命」「爲命」。乾彖曰「乾道變化，各正性命」。乾天在初，動于一陽，初動四應，變正爲巽命，故曰「大亨以正，天之命也」。詩曰「維天之命，於穆不已」，中庸曰「天命之謂性」，皆此「大亨以正」者爲之也。**无妄之往，何之矣。**虞翻曰：謂四已變，上動體屯坎，爲「泣血漣如」，故「何之矣」。**疏**四已變正，上動體屯。屯上爻辭曰「泣血漣如」，坎爲血卦，故有是象。且屯卦辭曰「勿用有攸往」，故无所之也。

〔一〕「不」字原脱，據陳校本補。

天命不右，行矣哉。」虞翻曰：天，五也。巽爲「命」。右，助也。四已變成坤，天道助順。上動逆乘巽命，故「天命不右」。「行矣哉」，言不可行也。馬君云「天命不右行」，非矣。**疏**五爲天位，故云「天，五也」。互巽「爲命」。「右，助也」，本繫上文。四已變正互坤，「坤，順也」，故云「天道助順」。即繫傳說此爻「天之所助者順」是也。上動成坎，逆乘巽命上變巽毁，故「天命不右」。應震爲「行」。「行矣哉」，猶論語「雖州里行乎哉」之意，言不可行也。馬君謂融。彼意謂天左旋，故「天命不右行」。虞以不應經義，故駮之。

象曰：「天下雷行，物與无妄。九家易曰：「天下雷行」，陽氣普徧，無物不與，故曰「物與」也。物受之以生，无有災妄，故曰「物與无妄」也。虞翻曰：「與」謂舉，妄，亡也。謂雷以動之，震爲反生，萬物出震，无妄者也，故曰「物與无妄」。序卦曰「復則不妄矣，故受之以无妄」。而京氏及俗儒，以爲「大旱之卦，萬物皆死，无所復望」，失之遠矣。「有无妄，然後可畜」，不死明矣。若物皆死，將何畜聚，以此疑也。**疏**九家注：乾爲天，震爲雷，又爲「行」，震在乾下，故曰「天下雷行」。說卦曰「動萬物者，莫疾乎雷」，又曰「萬物出乎震」。後漢書郎顗上書〔一〕「雷于天地爲長子，以其首萬物，與之出入也。二月出地百八十日，雷出則萬物出」，故云「陽氣普徧，无物不與」，是「物與」之義也。豫象曰「雷出地，奮豫，先王以作樂崇德」。樂記曰「天地訢合，陰陽相得，煦嫗覆育萬物。然後草木茂，句萌達，羽翼奮，角觡生，蟄蟲昭蘇，羽者嫗伏，毛者孕鬻，胎生者不殰，而卵生者不殈，則樂之道歸焉耳」。樂道本震聲，故云「物受之以生，无有災妄」，是「物與无妄」之義也。虞注：「與謂舉」者，以「舉」從「與」也。舉，皆也，如月令

〔一〕「後漢書郎顗上書」，原作「漢書五行志」，據陳校本正。

「舉書其數」之「舉」。「妄，亡也」者，以「妄」從「亡」也。亡，失也。如家語「楚人亡弓」之「亡」。「雷以動之」，「震爲反生」，「萬物出震」，皆說卦文。謂陽氣振動，物皆反生，所以出乎震而无妄也。萬物皆生，无所亡失，故曰「物與无妄」也。引序卦「復則不妄矣，故受之以无妄」者，陽氣既復，則物无虛妄也。馬鄭皆以「妄」爲「望」。京氏易傳以爲「大旱之卦。百穀草木，咸就枯槁，萬物皆死，无所復望」。漢書谷永傳「遭无妄之卦運」應劭云「天必先雲而後雷，雷而後雨。今无雲而雷。无妄者，无所望也」。以「妄」爲「望」，大乖經旨，故云「失之遠矣」。引序卦「有无妄，然後可畜」者，以明「萬物皆死」之非。言既死，何以有畜，故疑之也。愚案：京以雜卦言「无妄，災也」，遂以爲「大旱之卦」。其實「无妄之災」，指六三一爻而言，未可據釋全卦。即如「賁，无色也」，謂上九也。不得以上九「白賁无咎」，遂謂「无色」可以蔽全卦也。先王以茂對時、育萬物。虞翻曰：「先王」謂乾。乾盈爲「茂」，艮爲「對時」，體頤養象，萬物出震，故「以茂對時、育萬物」。言物皆死，違此甚矣。侯果曰：雷震天下，物不敢妄，威震驚洽，无物不與，故先王以茂養萬物，乃對時而育矣。時泰則威之以无妄，時否則利之以嘉遯，是對時而化育也。**疏**虞注：「先王謂乾」者，以乾初故遯乾也。「乾盈爲茂」者，陽息爲「盈」，息盛故「茂」。艮「動靜不失其時」，故爲「時」。對之者，初乾也。初至四體象頤，故言「育」。「萬物出乎震」，故言「萬物」。以乾對艮，以頤育震，故「以茂對時、育萬物」。「言物皆死」，京氏說也。侯注：雷震則天威下行，故「物不敢妄」。威震則蟄者皆驚，故「无物不與」。育物對時，以時泰也。泰象震行，故「威以无妄」。否象艮止，故「利以嘉遯」。今遯上之初成无妄，陽氣方亨，故對時而育物也。

初九。无妄往吉。虞翻曰：謂應四也。四失位，故命變之正，四變得位，承五應初，故「往吉」，在外稱「往」也。**疏**初爲卦主，物所由无妄者也，故直曰「无妄」。「謂應四也」者，釋「往」義也。初正應四，四陽失位爲敵應，四互巽爲「命」，故「命變之正」，象傳所謂「大亨以正」也。變正，故「得位」。上承五，下應初，故「往吉」。四在外，故云「在外稱往也」。

象曰：「无妄之往，得志也。」虞翻曰：四變應初，夫妻體正，故「往，得志」矣。

疏 四變正應初。震長男，巽長女，震巽爲夫妻，故云「夫妻體正」。四已變，上動得正，四體坎，坎爲「志」，故曰「往得志也」。

六二。不耕穫，不菑畬，則利有攸往。虞翻曰：有益耕象，无坤田，故「不耕」。震爲禾稼，艮爲手，禾在手中，故稱「穫」。田在初，一歲曰菑。在二，二歲曰畬。初爻非坤，故「不菑而畬」也。得位應五，利四變之益，則坤體成，有「耒耨之利」。故「利有攸往」，往應五也。

疏 卦體似益。繫下曰「耒耨之利，以教天下，蓋取諸益」，故「有益耕象」。益互坤，无妄四未變无坤田，故「不耨」。「耨」猶「耕」也。「震于稼爲反生」，故「爲禾稼」。互「艮爲手」。震禾在艮手，有「穫」象，故「稱穫」。初二于三才爲地道，故「田在初」。釋地「一歲曰菑，二歲曰新田，三歲曰畬」。鄭注坊記，引此爻云「田一歲曰菑，二歲曰畬，三歲曰新田」。此云「在二，二歲曰畬」，從鄭注也。又云「初爻非坤，故不菑而畬」，亦沿「二歲曰畬」，故云然也。當以爾雅釋地爲正。蓋初九震足動，田之始，爲一歲，有「菑」象。五應二歷三爻，爲三歲，有「畬」象。耕穫菑畬，望利者也。六二得位，上應于五。「二與四同功」，四變成益，則坤體爲田，益「有耒耨之利」。「不耕而穫」，謂不于耕而期穫也。「不菑畬」，謂不于菑而期畬也。无妄，馬鄭皆訓无所希望。史記直作「无望」，謂无所期望而有得，即董子所謂「不謀利」、「不計功」之心也。故「利有攸往」。二與五爲正應，故云「往應五也」。謂「天之所助者，順也」。

象曰：「不耕穫，未富也。」虞翻曰：四動坤虛，故「未富也」。

疏 陽實陰虛，四動成坤，陰虛之象。二在坤下，虛，故「未富也」。

六三。无妄之災，或繫之牛。行人之得，邑人之災。象曰：「行人得牛，邑人災也。」虞翻曰：上動體坎，故稱「災」。四動之正，「坤爲牛」，艮爲鼻、爲止，巽爲桑、爲繩。繫牛鼻而止桑下，故「或繫之牛」也。乾爲「行人」，坤爲「邑人」。乾四據三，故「行人之得」。三繫于四，故「邑人之災」。或説以四變，則牛應初震，坤爲死喪，故曰「行人得牛，邑人災也」。**疏**三應上，上動體屯，爲坎「多眚」，故「稱災」。四變正體坤，故「爲牛」。山澤通氣，山虚受澤，故「艮爲鼻」。艮以止之，故「爲止」。巽爲木，故「爲桑」。爲繩直，故「爲繩」。又艮爲手，以繩繫牛鼻而止于桑下，四爲巽而繫三爲坤，故曰「或繫之牛」也。乾健爲「行人」，四也。坤衆爲「邑人」，三也。「乾四據三」，是四繫三，爲有所得，故曰「行人之得」。三繫于四不變，上獨變成屯，故曰「邑人之災」也。行人得牛，邑人受災，故曰「无妄之災」。或説以四變坤爲牛，應初震爲「行人」。坤爲死喪，故三爲「災」。此言初得四，三受災。故曰「行人得牛，邑人之災」。義亦略同，但不備耳。**九四。可貞，无咎。**虞翻曰：動得正，故「可貞」。承五應初，故「无咎」也。**疏**四失位，動則得正，故曰「可貞」。變正成陰，上承五陽，下應初陽，陰陽相得，故「无咎也」。**象曰：「可貞无咎，固有之也。」**虞翻曰：動陰承陽，故「固有之也」。**疏**四本陰位，動而爲陰，以陰居陰，上承五陽，故曰「固有之也」。**九五。无妄之疾，勿藥有喜。**虞翻曰：四已之正，上動體坎，坎爲「疾」，故曰「无妄之疾」也。巽爲木，艮爲石，故稱「藥」。坎爲多眚，藥不可試，故「勿藥有喜」。「康子饋藥，丘未達，故不嘗」，此之謂也。**疏**四已變正，上動則體坎，坎爲心病，故「爲疾」。外三皆坎，疾歸于五，故曰「无妄之疾也」。「巽爲木」，「艮爲石」，本説卦。天官疾醫「以五藥養其病」，鄭注「五藥，草木蟲石穀也」。故巽木艮石「稱藥」。「坎爲多眚」。眚，敗也。故藥不可以嘗試。五陽爲「喜」，故「勿藥有喜」。「康子饋藥，丘未達，不敢嘗」。論語文。引之以明藥「不可試」之意。

愚案：五得中得正，宜无疾。五之疾，四之疾。四之疾，遯之疾也。

遯三曰「係遯，有疾厲」。遯上之初成无妄，則遯三之疾，四受之矣。五乘四疾，故爲「无妄之疾」。震陽爲「喜」，故「勿藥有喜」也。**象曰：「无妄之藥，不可試也。」**侯果曰：位正居尊，爲无妄貴主。「百姓有過，在予一人」。三四妄處，五乃憂疾。非乖攝，則「藥不可試」。若下皆不妄，則不治自愈，故曰「勿藥有喜」也。**疏**九爲「位正」，五爲「居尊」。五爲天子，故「爲无妄貴主」。「百姓有過，在予一人」，書泰誓文。言五爲三四任過也。三四失位，故爲「妄處」。五之「憂疾」，乃憂三四之妄。非已乖于調攝，故「藥不可試」。若三四反正，下皆不妄，則五之疾不治自愈矣，故曰「勿藥有喜也」。**上九。无妄行有眚，无攸利。**虞翻曰：動而成坎，故「行有眚」。乘剛逆命，故「无攸利」。「天命不右，行矣哉」。**疏**上四已變正，上動成坎，坎爲多眚，下應震爲「行」，故「行有眚」。據五爲「乘剛」。五至三體巽象爲「命」，變坎乘巽爲「逆命」。位不得正，故「无攸利」。卦辭曰「其匪正有眚，不利有攸往」，指上九也。又引彖辭「天命不右，行矣哉」者，明文言「行有眚」之意也。**象曰：「无妄之行，窮之災也。」**崔覲曰：居无妄之中，有妄者也。妄而應三，上下非正，窮而反妄，故爲災也。**疏**「中」當作「終」。上居无妄之終，位不得正，有妄者也。上應三體震爲「行」。上與三皆不得正，雖陰陽相配，是不義之應也。應所不當應，是窮于上而反妄矣。行而窮，故爲災也。

序卦曰：「有无妄然後可畜，故受之以大畜。」崔覲曰：有誠實則可以「中心藏之」，故言「有无妄然後可畜」也。**疏**无妄則誠，誠則實，實則可畜，故曰「有无妄然後可畜」也。「中心藏之」，詩隰桑文。藏者，畜之謂也。愚案：乾爲天命，震以動之爲无妄。中庸曰「天命之謂性」是也。乾爲天德，艮以止之爲大畜。大學謂「明德，止于至善」是也。率性而行，則至善可止，大畜所以繼无妄也。

䷙乾下艮上大畜。利貞。虞翻曰：大壯初之上，「其德剛上」也。與萃旁通。二五失位，故「利貞」。此萃五之復二成臨，「臨者，大也」。至上有頤養之象，故名「大畜」也。**疏**自大壯來，初九之上，故傳謂「其德剛上」也。反萃，故與萃旁通。二五失陰陽正位，故「利貞」。消息卦萃五之復二成臨，而息二陰反艮，是爲大畜。「臨者，大也」，序卦文。三至上有頤象，頤者，養也。故名大畜。亦兼取頤名畜。小畜无養象，故知此名不正取頤。蓋陰稱小，陽稱大。小畜謂四，四陰故「小」。大畜謂上，上陽故「大」。上體艮，艮爲止，以艮畜乾，謂之「大畜」。不家食吉，利涉大川。虞翻曰：二稱「家」。謂二五易位成家人，家人體噬嗑食，故「利涉大川，應乎天也」。**疏**二位大夫「稱家」，詳見蒙二。又二五易位，變成家人，家人初至五體噬嗑，又互體兑，兑爲口，皆有食象，故曰「家食」。五爲天德，五應而變，二五既正，上變既濟，不成家人，故曰「不家食吉」。既濟重坎相承，故曰「利涉大川」。二五相應，故「應乎天也」。案：三至上體頤，有「食」象。頤在外，故「不家食」。互兑爲澤，澤決爲「川」。互震爲足，足行爲「涉」。故「利涉大川」。彖曰：「大畜。剛健篤實，煇光日新。虞翻曰：「剛健」謂乾，「篤實」謂艮。二已之五，「利涉大川」。互體離坎，離爲日，故「煇光日新」也。**疏**乾剛而健，故「剛健謂乾」。艮成終始，故「篤實謂艮」。二五易位，互坎，故「利涉大川」。體離爲「日」。管輅曰「朝日爲煇，日中爲光」。故曰「煇光日新」。鄭虞皆以「日新」斷句。俗讀屬下，失之。其德剛上而尚賢。蜀才曰：此本大壯卦。案：剛自初升，爲主于外。剛陽居上，尊尚賢也。**疏**卦自大壯來。陽剛自初升居于上，艮反震，震爲主，故「爲主于外」。艮爲賢人而在上，是尊尚賢人之意也。能健止，大正也。虞翻曰：健，乾。止，艮也。二五易位，故「大正」。舊讀言能止健，誤也。**疏**乾在内爲「健」，艮在外爲「止」。二五失正，易則得位，故曰「大正」。易氣從下生，象傳之例，先下後上，故曰「能健止」。舊讀言能止健，不合象例，且畜陽非止乾，故云「誤也」。不家食吉，養賢也。虞翻曰：二五易位成家人，今體頤養象，故「不家食吉，養賢也」。案：乾爲賢人，艮爲宮闕也。令賢人居于闕下，「不家食」之象。

疏虞注：二五易位，體成家人。大畜三至上體頤，頤者，養也。二爲「家」，二之五是「不家食」。得正，故「吉」也。得正爲「賢」，體頤爲「養」，故「養賢也」。案：乾文言曰「賢人在下位」，故「乾爲賢人」。艮爲門闕，故「爲宮闕」。乾居艮下，是「賢人居于闕下，不家食之象」也。利涉大川，應乎天也。」京房曰：謂二變五體坎，故「利涉大川」。五天位，故曰「應乎天」。疏二五變正，五體乘坎，故「利涉大川」。五于三才爲天位，五動二應，互震伏巽爲應，故曰「應乎天也」。象曰：「天在山中，大畜。向秀曰：止莫若山，大莫若天，天在山中，大畜之象。天爲大器，山則極止，能止大器，故名「大畜」也。疏艮者，止也。山厚重不遷，故「止莫若山」。「大哉乾元」，天覆幬無窮，故「大莫若天」。艮在乾外，故曰「天在山中，大畜之象」也。以天爲大器，而山能止之，此名「大畜」之意也。愚案：説苑曰「五嶽能大布雲雨焉，能大斂雲雨焉。觸石而出，膚寸而合，不崇朝而雨天下」。夫雲雨者，天之氣也，而實布斂于五嶽焉。然其觸石而雨天下，非斂無以爲布。斂者，畜之謂也。以山畜天，故曰「大畜」。君子以多志前言往行，以畜其德。」虞翻曰：「君子」謂乾。乾爲「言」，震爲「行」，坎爲「志」。「乾知大始」，震在乾前，故「志前言往行」。有頤養象，故「以畜其德」矣。疏乾鑿度曰「乾三爲君子」，故「君子謂乾」。「乾爲言」，九家説卦文。又震聲爲「言」，震足爲「行」，坎心爲「志」。「乾知大始」，繫上文。「大始」謂乾初，震初即乾初，故震在乾前爲「前言往行」。艮爲多節，故「多志前言往行」。乾初爲「積善」，自一乾以至三乾成，積善成德，故爲「德」。三至上有頤象，頤者，養也，故「以畜其德」矣。天在山中而取義于畜德者，德者，積累而成。中庸論積曰「今夫天，斯昭昭之多，及其無窮也，日月星辰繫焉，萬物覆焉」，又曰「今夫山，一卷石之多，及其廣大，草木生之，禽獸居之，寶藏興焉」，鄭彼注云「天之高明，本生昭昭，山之廣大，本起卷石」。皆合少成多，自小至大。爲至誠亦如此乎，是卽天山畜德之義也。**初九。有厲，利己。**王弼曰：四乃畜己，未可犯也。進則災危，「有厲」則止，故能「利己」。**疏**初與四應，故「四乃畜己」。二變，四成坎，坎險爲危，故「未可犯也」。初四皆正，變則失位，故「進則災危」。因「有厲」而止，則能「利己」。此言止則有利于我也。又已，止也。四居艮而止初，初正應四，不可妄進，故利于止也。**象曰：「有厲利己，不犯災也。」**虞翻曰：謂二變正，四體坎，故稱「災」也。**疏**「二與四同功」，二變正則四體坎，坎「爲多眚」，故爲「災」。「利己」則初不犯四，故曰「不犯災也」。**九二。輿説腹。**虞翻曰：萃坤爲車，爲腹，坤消乾成，故「車説腹」。「腹」，或作「輹」也。**疏**與萃旁通。萃坤爲輿，又爲腹，皆説卦文。今成大畜，則乾成坤毁，故爲「輿説腹」，與小畜同義。且「兑爲毁折」，故有「説腹」之象。「腹」，古文，「輹」，今文，故「腹」或作「輹」也。**象曰：「輿説腹，中无尤也。」**盧氏曰：乾爲「輿」。案：輹，車之鉤心，夾軸之物。處失其正，上應于五，五居畜盛，止不我升，故且「説輹」。停留待時而進退得正，故「无尤也」。**疏**説卦「乾爲圜」。考工記「蓋之圜也，以象天也」，故「乾爲輿」。説文「輹，車下縛也」，釋名「輹，伏也。曰伏兔者，伏于軸上似之也」，故云「車之鉤心，夾軸之物」。以九居二，爲「處失其正」。二正應五，故「上應于五」。五居尊位，故爲「畜盛」。外艮爲止，五正畜二，故「止不我升」。應五而升，「故且説輹」。居中，故能「停留待時」。變柔，則爲「進退得正」。居中得正，故「无尤也」。**九三。良馬逐，利艱貞吉。曰閑輿衛，**虞翻曰：乾爲「良馬」。震爲驚走，故稱「逐」也。謂二已變，三在坎中，故「利艱貞吉」。離爲「日」，二至五體師象，坎爲閑習。坤爲車輿，乾人在上，震爲驚衛，講武閑兵。故曰「日閑輿衛」也。**疏**「乾爲良馬」，説卦文。震驚百里，又爲足，故「爲驚走」。馬而驚走，「故稱逐也」。二已變正，三在坎中，坎險爲「艱」，得正爲「貞」，故「利艱貞吉」。利二變也。乾成則二變，天道也。二變體離「爲日」。二至五體師象，故言「輿衛」。凡武備皆謂之「衛」。考工記「周人上輿，有六等之數」，皆以「衛」名，是「輿」亦可稱「衛」也。閑，馬鄭皆云「習也」。坎稱習坎，故爲「閑習」。尚書大傳「戰鬭不可不習，故于蒐狩以閑之」是也。坤爲大輿，故「爲車輿」。乾陽生爲人，畜乾伏萃坤輿，故「乾人在上」。震驚百里爲「驚衛」，言衛以防驚也。晉語曰「車有震武」。震言爲「講論」，故「講武閑兵」。「日閑輿衛」，鄭氏謂「日習車徒」是也。九三剛健當位，與上同德，然馳逐不已，必有奔蹶之患，故戒以艱貞則吉。閑習輿衛，則利有攸往。案：馬牛豕皆畜，大畜畜之也。故于馬言「閑」，于牛言「牿」，于豕言「牙」，皆艮止之象。四五在艮，三亦應艮上也。

利有攸往。象曰：「利有攸往，上合志也。」虞翻曰：謂上應也。五已變正，上動成坎，坎爲「志」，故「利有攸往」，與「上合志也」。**疏**三應上，故「謂上應也」。五失位，變之正，上動成坎，坎心「爲志」。三往應之，「剛上而尚賢」，故與「上合志也」。

六四。童牛之告，元吉。虞翻曰：艮爲「童」。五已之正，萃坤爲「牛」。「告」謂以木楅其角。大畜，畜物之家，惡其觸害。「艮爲手」，爲小木，巽爲繩。繩縛小木横著牛角，故曰「童牛之告」。得位承五，故「元吉」而「喜」。「喜」謂五也。**疏**艮爲少男，故「爲童」，與蒙六五「童蒙」同義。五變之正，與萃旁通，故「萃坤爲牛」。説文「告，從口從牛。牛觸人，角著横木所以告」，故云「告謂以木楅其角」也。「告」俗作「牿」，説文及九家易作「告」是也。大畜之家，取象牛羊，義取畜養。豕交獸畜，亦有畜義，故云「畜物之家」。牛性觝人，故「惡其觸害」。「艮爲手」，説卦文。艮小石，又于木堅多節，故爲「小木」。巽爲繩直，故「爲繩」。「繩縛小木，横著牛角」，以萃艮巽在坤上也。楅以防其觸害，故曰「童牛之告」。柔得正位，上承五陰，畜陽有朋，故「元吉而喜」。初利己，故不言喜。四承五，故言喜五也。　愚案：萃坤爲牛，四在兑初，陽剛方長，爲角始生之象，在畜則伏而不見，故爲「童牛之告」。至上九則角成矣，如「晉其角」是也。惟于陽剛方伏，即柔以制之，在旁通爲柔止剛，在大畜爲艮止乾，皆「元吉」之道也。**象曰：「六四元吉，有喜也。」**侯果曰：坤爲輿，故有牛矣。牿，楅也，以木爲之，横施于角，止其觝之威也。初欲上進而四牿之，角既被牿，則不能觸四，是四童初之角也。四能牿初，與无角同，所以「元吉」而「有喜」矣。童牛，无角之牛也。封人職曰「設其楅衡」，注云「楅設于角，衡設于鼻」，止其觝觸也。**疏**坤大輿「爲輿」，又爲牛，大車以牛駕之，故「有牛矣」。牿，楅也。即虞注「以木楅其角」也。詩閟宫「夏而楅衡」，毛傳「楅衡，設牛角以楅之」。說文「楅，木有所逼束也」。故云「以木爲之，横施于角」。坤牛爲觝，「艮以止之」，故「止其觝之威也」。四與初應，初本陽剛，欲上進于四，而四以陰柔牿之。初角被牿，不能害四。是四所牿者，「童初之角也」。四能牿初，初不爲害，故與无角同，「所以元吉」。四互兑爲説，故「有喜也」。釋山「山無草木曰童」〔一〕，若童子未冠然。无角之牛曰童牛者，亦取童子未冠之義也。復引地官封人及鄭注者，蓋楅設于牛角，所以防觸。衡設于牛鼻，所以繫繩。注但言楅不言衡，以牿爲防觸，故但言「楅」也。**六五。豶豕之牙，吉。**虞翻曰：二變時，坎爲豕。劇豕稱「豶」，令不害物。三至上體頤象。五變之剛，巽爲白。震爲出。剛白從頤中出，「牙」之象也。動而得位，「豶豕之牙吉」。**疏**二變正應五成坎，「坎爲豕」，説卦文。「劇豕

〔一〕爾雅釋山無「山無草木曰童」句，陳校本改作「天官司書疏云『山林不茂爲童』」。

稱「豶」者，說文「豕，去勢曰豶」。又云「劇從豦從刀」。又云「司馬相如說豦，封豕之屬。劇者，以刀去豕勢也。豶豕剛躁，去勢令不害物也。三至上體頤象，五變爲剛成巽，「巽爲白」，說卦文。「帝出乎震」，故「震爲出」。剛白之物出乎頤中，其象爲「牙」。五失正，變得位，故「豶豕之牙吉」。案：釋獸曰「豕子豬䝐豶幺幼」。郭注云「俗呼小豶豬爲䝐子，最後生爲幺豕」。「豶豕」猶「童牛」也。牙者，畜豕之杙。東齊海岱之閒，以杙繫豕，防其唐突，與「童牛之告」同義也。

象曰：「六五之吉，有慶也。」虞翻曰：五變得正，故「有慶也」。崔覲曰：說文「豶劇豕」，今俗猶呼「劇豬」是也。然以豕本剛突，劇乃性和，雖有其牙，不足害物，是制于人也。以喻九二之剛健失位，若豕之劇，不足畏也。而六五應止之易，故「吉有慶」矣。案：九二坎爻，坎爲豕也。以陽居陰而失其位，若豕被劇之象也。疏虞注：五失位變得正，且得中，故「有慶也」。案：五互震，震左屬春，月令「孟春，行慶施惠」，故「有慶」。崔注：說文「豶，劇豕。俗呼劇豬豕，去勢者也。豕本剛突之物，而牙爲猛利。劇則性和，牙雖存而剛躁自止，不能害物而受制于人也。九二剛健失位，豫爲制之，則如豕已劇，不足害人。而六五體艮，下應于二，應止之易，故吉而有慶也。案：「坎爲豕」，說卦文。九在二，坎之中爻也，故「爲豕」。以陽居陰爲失位，若「豶豕」本陽，劇去其勢而象陰也。

上九。何天之衢，亨。虞翻曰：何，當也。衢，四交道。乾爲天，震艮爲道，以震交艮，故「何天之衢」。「亨」，上變，坎爲亨也。王弼曰：處畜之極，畜極則亨。何，辭也，猶云何畜。乃天之衢亨，道大行也。疏虞注：「何」與「荷」通，梁武帝讀音賀是也。訓「當」者，猶擔當也。剛在上，能勝其任，故爲「何」。與商頌「何天之休」，「何天之龍」同義。釋宮「四達謂之衢」，故云「衢，四交道」。「乾爲天」，說卦文。震爲大塗，艮爲徑路，故「爲道」。震塗艮路交于乾天，故曰「何天之衢」。亨者，通也。交于天道，變坎爲既濟，坎爲通，故亨也。　案：鄭注「艮爲手。手上，肩也。乾爲首。首肩之閒，荷物處。乾爲天，艮爲徑路，天衢象也」。又云「人君在上位，負荷天之大道」，義亦可通。　王注：上處畜極，畜極必通。孔疏「何謂語辭，猶云何畜也。處畜極之時，更何所畜，乃天之衢亨，无所不通也。　愚案：上變成泰，「則是天地交而萬物通」，應天之象也。「上下交而其志同」，養賢之象也。泰者，通也。　卦辭言〔一〕「利貞」。上利變正則元亨，故曰「何天之衢亨」。象曰：「何天之衢，道大行也。」虞翻曰：謂上據二陰。乾爲天道，震爲「行」，故「道大行」矣。**疏**上據四五二陰。乾彖曰「乾道變化」，故「爲天道」。震足「爲行」，故「道大行」。「道大行」謂變既濟定時也。

序卦曰：「物畜然後可養，故受之以頤。頤者，養也。」崔覲曰：「大畜剛健，煇光日新」，可以「觀其所養」，故言「物畜然後可養」。**疏**孟子曰「其爲氣也，至大至剛，以直養而無害，則塞乎天地之閒矣」。「剛健篤實」，即「至大至剛」。「可以觀其所養」，即「直養無害」。「煇光日新」，即「塞乎天地」。故曰「物畜然後可養」。序卦虞注「天地養萬物，聖人養賢以及萬民」。翟玄云「天地以元氣養萬物，聖人以正道養賢及萬民」，即「物畜然後可養」之義也。

䷚震下艮上頤。貞吉。虞翻曰：晉四之初，與大過旁通。「養正則吉」，謂三之正，五上易位，故「頤貞吉」。反復不衰，與乾坤坎離大過小過中孚同義，故不從臨觀四陰二陽之例。或以臨二之上。兑爲口，故有「口實」也。**疏**消息之卦，頤從晉來，故云「晉四之初」。反大過。大過，坎象也。頤，離象也。皆從乾坤來。大過體坎，乾初所伏。頤體離，

〔一〕「利貞」上原衍「元亨」兩字，據卦辭删。

坤初所伏。大過通頤，故云「與大過旁通」。「養正則吉」，象傳文。六爻三五上皆失正，三變之正，五上易位，成既濟定，則六爻皆正，故曰「頤，貞吉」也。「反復不衰」，謂上下如一。頤與乾坤坎離大過小過中孚同義，皆終則復始，反復不殺者也。乾坤坎離爲四純卦，頤大過小過中孚皆震巽艮兑四宫游魂卦也。晉，乾宫游魂卦。故頤從晉來，而不從臨觀四陰二陽之例也。或以臨二之上。臨兑爲口，故有「自求口實」之象。義亦可通，故存之以廣異解。

觀頤，虞翻曰：離爲目，故「觀頤」，「觀其所養也」。**疏** 卦自晉來，晉「離爲目」。頤全體似離，亦爲目。離目，故「觀頤」。頤，養也。故「觀其養」。侯氏以頤從觀來，故曰「觀頤」。從四陰二陽之例，義亦可從。

自求口實。虞翻曰：或以大過兑爲口，或以臨兑爲口，坤爲「自」，艮爲「求」。「口實」，頤中物。謂其「自養」。鄭玄曰：頤，口車輔之名也。震動于下，艮止于上，口車動而上，因輔嚼物以養人，故謂之「頤」。頤，養也，能行養則其幹事，故吉矣。二五離爻皆得中，離爲目，觀象也。觀頤，觀其養賢與不肖也。頤中有物曰「口實」，自二至五有二坤，坤載養物，而人所食之物皆存焉。觀其求可食之物，則貪廉之情可别也。

疏 虞注：旁通大過，故「以大過兑爲口」。卦自臨來，故「以臨兑爲口」。互坤身「爲自」。艮兑「同氣相求」，故「艮爲求」。説卦「艮爲果蓏」，宋衷彼注云「木實謂之果，草實謂之蓏」。口實，果蓏之屬，故云「頤中物」也。「求口實」，所以「自養」也。

鄭注：説文「頤，頷也」。僖五年左傳「輔車相依」，注云「輔，頰輔。車，牙車」，疏云「輔爲外表，車爲内骨」。故云「口車輔之名也」。震，動也，其象在下。艮，止也，其象在上。上止下動，「口」之象也。牙車動而上行，輔頰因嚼物以養人，故名爲「頤」。「頤，養也」，本序卦文。人能行養，則其幹事貞固，故吉矣。二五皆離之中爻，故「離爲目」。離目，故爲「觀象也」。「觀頤」者，觀其所養之賢不肖也。「艮爲果蓏」，故「頤中有物曰口實」。自二至五互有二坤，京氏謂「地之氣，萃在其中」是也。坤象曰「厚德載物」。説卦曰「坤也者，地也，萬物皆致養焉」。故云「坤載養物，而人所食之物皆存焉」。震動象貪，艮止象廉。又震象貪狼木，體似離象廉貞火，故「觀其求可食之物，則貪廉之情可別也」。**象曰：「頤貞吉，養正則吉也。**姚信曰：以陽養陰，動于下，止于上，各得其正，則吉也。宋衷曰：頤者，所由飲食，自養也。君子「割不正不食」，況非其食乎。是故「所養」必得賢明，「自求口實」必得體宜，是謂「養正」也。**疏**姚注：二陽在外，四陰在内，故云「以陽養陰」。震動于下，艮止于上，上下「各得其正，則吉也」。宋注：頤動則食，故云「所由飲食以自養也」。「割不正不食」，論語文。不正且不食，況非其所當食者乎。繫上曰「可久則賢人之德」。樂記曰「述者之謂明」，疏云「明者，辨別是非」。是「賢」爲有德，「明」爲有才也。故「所養必得賢明」，則養人得其正。禮器「禮時爲大，順次之，體次之，宜次之」。「口實必得體宜」，則自養得其正。故「養正則吉也」。案：爻不正則養之以正。雜卦曰「頤，養正也」，虞彼注云「謂養三五。五之正爲功，三出坎爲聖。與『蒙以養正，聖功也』同義」。故「養正則吉也」。**觀頤，觀其所養也。**侯果曰：王者所養，養賢則吉也。**疏**王者所養，以養賢則吉。又艮爲賢人，坤爲致養，以坤養艮爲養賢。**自求口實，觀其自養也。**侯果曰此本觀卦，初六升五，九五降初，則成頤也。是「自求口實，觀其自養」。案：「口實」，謂頤口中也。實事可言，震聲也。實物可食，艮其成也。**疏**侯注：此本觀卦，從四陰二陽之例也。初五易位則成頤。雜卦曰「臨觀之義，或與或求」。「求」謂觀也。故曰「自求口實」。「自求」者，「自養也」。案：「口實」，謂實于頤口中也。「實事可言」則言之，以震雷聲爲无妄也。「實物可食」則食之，以艮「成終」「爲果蓏」也。象曰「慎言語，節飲食」，即此義也。又三五正則坤實，故「自求口實，觀其自養也」。**天地養萬物，**翟玄曰：天，上，地，初也。萬物，衆陰也。天地以元氣養萬物，聖人以正道養賢及萬民，此其聖也。**疏** 三才之道，上爲天位，初爲地位。萬物則四爻衆陰也。天地以元氣頤養萬物，聖人法天地，以正道養賢及萬民，聖人與天地同體也。　愚案：頤互坤爲地，通大過乾爲天，震出萬物，坤皆致養，故曰「天地養萬物」。**聖人養賢以及萬民，**虞翻曰：乾爲「聖人」，艮爲「賢人」。頤下養上，故「聖人養賢」。坤陰爲「民」，皆在震上，「以貴下賤大得民」，故「以及萬民」。**疏** 乾陽爲聖人在初。艮三即乾三，故「艮爲賢人」。初陽在下，艮陽在上，以下養上，故曰「聖人養賢」。坤陰「爲衆」，「爲民」。「皆在震上」，謂震初也。「以貴下賤大得民」，屯初象傳文。晉四降初爲「下賤」，故「大得民」。周禮鄉大夫「使民興賢，出使長之。使民興能，入使治之」。是養成賢能，使治萬民，故「以及萬民」。又乾五爲「聖人」，侯氏謂「觀五降初」是也。**頤之時大矣哉。」**天地養物，聖人養賢，以及萬民。人非頤不生，故大矣。**疏** 承上文天地聖人，養物養賢，以明人非頤不生，故其「時大」也。　愚案：帝出乎震，終乎艮，四時皆備。又艮「動靜不失其時」，故曰「頤之時大矣哉」。**象曰：「山下有雷，頤。**劉表曰：山止于上，雷動于下，頤之象也。**疏** 上止下動，其象爲頤。又雷伏山下，天地以陽養物，故曰頤。**君子以慎言語，節飲食。」**荀爽曰：雷爲號令，今在山下閉藏，故「慎言語」。雷動于上，以陽食陰，「艮以止之」，故「節飲食」也。「言出乎身，加乎民」，故「慎言語」，所以養人也。飲食不節，殘賊羣生，故「節飲食」以養物。**疏** 震雷爲聲，故「爲號令」。今閉藏山下，故宜「慎言語」。雷在下，動而上，「以陽食陰」之象。艮止于外，故宜「節飲食」。「言出乎身，加乎民」，繫上文。言不苟出，出必當理。左傳曰「仁人之言，其利溥哉」。故「慎言語，所以養人也」。天官庖人「掌共六畜六獸六禽，辨其名物，凡令禽獸以法授之，其出入亦如之」。「以法授之」者，皆有常數，不使過也。蓋飲食不節，則殘賊羣生，故「節飲食所以養物」也。　愚案：「君子」謂初乾，震也。直言曰「言」，謂震聲也。答難曰「語」，伏巽應也。艮陽小爲「慎」，故「慎言語」。「食」以養陰，互兩坤也。「飲」以養陽，伏兩乾也。艮多節，故「節飲食」。孔疏引先儒云「禍從口出，患從口入」，故于頤養而慎節之也。

初九。舍爾靈龜，觀我朵頤，凶。虞翻曰：晉「離爲龜」，四之初，故「舍爾靈龜」。坤爲「我」，震爲動。謂四失離入坤，遠應多懼，故「凶」矣。疏 卦自晉來，故云「晉離爲龜」。初與四應，晉四之初，故曰「舍爾靈龜」。春官龜人「掌六龜之屬，天龜曰靈」，注云「天龜玄俯者，靈也」。坤爲身，故「爲我」。朵，下垂而動之貌。震爲動。故「觀我朵頤」。四舍離入坤，遠應于初，四本「多懼」而又動于欲，故「凶」。又說卦「離爲龜」。離，外剛內柔之卦，考工記「外骨龜屬」是也。頤上下兩陽，中含四陰，本末皆剛，全體似離，故取象于龜。損之六五，益之六二，皆是義也。

象曰：「觀我朵頤，亦不足貴也。」侯果曰：初本五也。五互體艮，艮爲山龜，自五降初，則爲頤矣。是「舍爾靈龜」之德，來「觀朵頤」之饌，食禄致「凶」，故「不足貴」。案：朵頤垂下，動之貌也。疏 侯注：卦自觀來，故「初本五也」。五在觀，互體艮。釋蟲「七山龜」，寰宇記「蔡山出大龜」，故云「艮爲山龜」。自五降初，變而成頤。靈龜，不食之物。朵頤，貪食之象。「是舍靈龜之德，觀朵頤之饌」。蓋貪禄而致凶者也，「故不足貴」。又易例，陽爲貴陰爲賤。以九居初，陽爻得位，宜足貴矣。然徒知養小而失大，孟子所謂「飲食之人，則人賤之矣」，故「不足貴也」。案：說文「朵，樹木垂朵朵也」。故云「朵頤垂下」。震爲動，故云「動之貌也」。

六二。顛頤，拂經于丘頤。征凶。王肅曰：養下曰「顛」。拂，違也。經，常也。丘，小山，謂六五也。二宜應五，反下養初，豈非「顛頤」。違常于五也，故曰「拂經于丘」矣。拂丘雖阻常理，養下故謂養賢。上既无應，征必凶矣，故曰「征凶」。疏 釋名「顛，倒也」。書微子「若予顛隮」，疏謂「從上而隕」。初從上隕而二養之，故「養下曰顛」。「拂」與「咈」通。說文「咈，違也」。書酒誥「經德秉哲」，孔傳「能常德持智」，故「經」訓「常」也。

五體艮，艮爲山，五在山半稱「丘」，艮少爲「小」，故云「丘，小山，謂六五也」。二當上應于五，反乘初養下，是顛倒其頤，而違應五之常經，故曰「拂經于丘矣」。拂五雖違常理，養初亦爲養賢。五既失位，往必无應，故「征凶」。象曰：「六二征凶，行失類也。」侯果曰：征則失養之類。**疏**震足爲「行」，二與五應爲「類」。二待五正，則得所養，「征則失養之類」也。

六三。拂頤，貞凶。十年勿用，无攸利。虞翻曰：三失位，體剝。不正相應，弑父弑君，故「貞凶」。坤爲「十年」，動无所應，故「十年勿用，无攸利」也。**疏**以六居三爲「失位」，二至上體剝，違于養道，故「拂頤」。三與上皆不正，雖相應，亦不義之應也。陰消至二成遯，艮子弑父。至三成否，坤臣弑君。「貞凶」者，謂失正不變而凶也。月十二會爲「年」。象坤陰爻。坤癸數十，故「爲十年」。動與上爲敵應，故「動无所應」。坤器爲「用」。云「勿用」，故知謂動也。三「道大悖」，雖變猶凶，故「十年勿用，无攸利也」。象曰：「十年勿用，道大悖也。」虞翻曰：弑父弑君，故「大悖也」。**疏**弑父弑君，悖亦極矣。伏乾爲「道」，坤反乾道，故曰「道大悖也」。

六四。顛頤吉。虎眂眈眈，其欲逐逐，无咎。王弼曰：履得其位而應于初，以上養下，得頤之義，故曰「顛頤吉」。下交近瀆則咎矣。故「虎眂眈眈」，威而不猛。故「其欲逐逐」而尚敦實。脩此二者，乃得全其吉而无咎矣。觀其自養則養[一]正，察其所養則養賢。頤爻之貴，斯爲盛矣。**疏**居正得位，下應于初。四在上體，初在下體，「以上養下」爲「顛頤」。得頤之正，故「吉」也。以上養下，不可褻瀆。故必「虎眂眈眈」，則威而不猛。既養于下，不可有求，故必「其欲逐逐」而尚乎敦實也。脩此二者，雖顛頤養下，亦得全其

[一]「養」，孔疏本作「履」。

吉而无咎矣。孔疏「『觀其自養則履正』者，以陰處陰，四自處其身，是觀其自養，則能履正道也。『察其所養則養陽』者，六四下養于初，是觀其所養，初是陽爻，則能養陽也。」「養賢」，注疏本作「養陽」。陽在艮稱賢，初陽不稱賢，故從「養陽」爲是。養正養陽，故「頤爻之貴，斯爲盛矣」。愚案：内動于欲，故三爻皆凶。外止乎理，故三爻皆吉。初爲動之始，雖不食如靈龜，亦舍之而觀朵頤，欲方興也。四爲止之始，雖「虎眎眈眈其欲逐逐」而不至咥人，理已正也。象曰：「顛頤之吉，上施光也。」虞翻曰：晉四之初，謂三已變，故「顛頤」。與屯四乘坎馬同義。坤爲「虎」，離爲目。眈眈，下眎貌。逐逐，心煩貌。坤爲吝嗇，坎水爲「欲」。故「其欲逐逐」。得位應初，故「无咎」。謂上已反，三成離，故「上施光也」。**疏** 卦自晉來，四本互坎，之初爲頤。三變又爲坎，坎陷爲「顛」，故曰「顛頤」。屯四亦三變而乘坎馬，故云「同義」也。「坤爲虎」，見「風從虎」注。「離爲目」，謂晉離也。初在下，故「眈眈」爲「下視貌」。晉坎爲心，故「逐逐」爲「心煩貌」。「坤爲吝嗇」，說卦文。坎爲心，又爲水，故「爲欲」。是以「其欲逐逐」，應初之專也。四得正位，下應于初，剛柔相應，故「无咎」。二无應，故顛頤而凶。四有應，故顛頤而吉。「謂上已反」者，與五易位也。「三成離」者，三變則四在離中也。四變則與上成離。離日爲「光」，故「上施光也」。六五。拂經，居貞吉。不可涉大川。虞翻曰：失位，故「拂經」。无應順上，故「居貞吉」。艮爲「居」也。涉上成坎，乘陽无應，故「不可涉大川」矣。**疏** 五失正位，故「拂經」，謂拂常也。二无正應，宜順乎上，故必變而居正則吉矣。艮爲門闕，故「爲居」。五若涉上易位，成坎爲「川」，則已乘五陽而三无正應，故「不可涉大川矣」。象曰：「居貞之吉，順以從上也。」王弼曰：以陰居陽，拂頤之義也。无應于下而比于上，故宜居貞，順而從上則吉。**疏** 以陰居陽，拂頤之經。下无正應而上比于九，故變而居貞，則成益矣。益五「元吉」，故「居貞吉」。互坤爲「順」，故「順而從上則吉」。若往而易位成坎，是涉大川，則不可也。上九。由頤，厲吉。虞翻曰：由，自從也。體剝居上，衆陰順承，故「由頤」。失位，故「厲」。以坤艮自輔，故「吉」也。**疏** 釋詁曰「由，自也」。故訓「由」爲「自從也」。自二至上體剝。九居于上，爲卦之主。四陰互兩坤，象順承于下。衆陰皆致養，而主之者，上也，是「由頤」。與豫九四「由豫」同義。上「失位故厲」。坤居西南，艮居東北，兩相對照，以土輔土爲「自輔」，「故吉也」。愚案：成卦雖在兩陽，而頤實由上，以上爲養主也。初動于欲，雖得正亦凶。上止乎理，雖失位亦吉。利涉大川。象曰：「由頤厲吉，大有慶也。」虞翻曰：失位，故「厲」。之五得正成坎，坎爲「大川」，故「利涉大川」。變陽得位，故「大有慶也」。**疏** 九失正位，故有危厲。五上易位，則「得正成坎」。坎水「爲大川」，故「利涉大川」。五易上位，則有逼上之嫌，故「不可涉大川」。上易五位則有屈己之道，故「利涉大川」。五上易位，上五皆正，故云「變陽得位」。陽稱「大」，稱「慶」，故「大有慶也」。

序卦曰：「不養則不可動，故受之以大過。」崔覲曰：養則可動，動則過厚，故「受之以大過也。」**疏** 頤始于動，終于靜。靜養已極，動則過厚。蓋直養無害，則氣足以配道與義矣。凡大過人之德，與大過人之業，孰不從直養來乎！故頤「受之以大過」。

䷛ 巽下兌上 大過。棟橈。虞翻曰：大壯五之初，或兌三之初。「棟橈」謂三，巽爲長木稱「棟」。初上陰柔，「本末弱」，故「棟橈」也。**疏** 卦自大壯來，六五之初，從四陽二陰之例也。「或兌三之初」者，坤盡于夬，至大過而生姤，夬兌下成巽，坤之終始也。與頤旁通。陽大陰小，鄭云「陽爻過也」。二取初，五取上，三「棟橈」，四「有它吝」，四陽爻皆失之過，故名「大過」。九三爻辭曰「棟橈」，故知「棟橈謂三」。巽爲長木，故「爲長木」。棟，屋檼，以長木爲之，故「巽爲長木稱棟」。初上陰柔，初爲本，上爲末，故「本末弱」。橈，曲折也。説卦曰「兑爲毁折」，又曰「橈萬物者，莫疾乎風」。以毁折而遇巽風，故「棟橈也」。**利有攸往，亨。**虞翻曰：謂二也。「剛過而中」，失位无應，利變應五，之外稱「往」，故「利有攸往」，乃「亨」也。**疏**彖曰「大者過也」，謂二失位，故知往謂二也」。「剛過而中」，彖傳文。二既失位，上无正應，利變之正，上應乎五。「之外稱往」，謂應五也。變正，故「利有攸往，乃亨也」。**彖曰：「大過，大者過也。」**虞翻曰：陽稱「大」，謂二也。二失位，故「大者過也」。**疏**陽大陰小，故「陽稱大」。大過體坎，二爲主，故「謂二也」。二陽失位，是陽過也，故曰「大者過也」。**棟橈，本末弱也。**向秀曰：棟橈則屋壞，主弱則國荒。所以橈，由于初上兩陰爻也。初爲善始，末是令終。始終皆弱，所以「棟橈」。王弼曰：初爲「本」而上爲「末」也。侯果曰：本，君也。末，臣也。君臣俱弱，「棟橈」者也。**疏**向注：棟爲屋主，棟橈則屋壞。猶主爲國棟，主弱則國荒。其所以橈者，由初上兩爻皆陰。陰柔，故弱也。初貴善始，末貴令終。初陰失正，始固不善。上陰得位，終非不令。然始弱而終亦弱，是以弱濟弱，所以「棟橈」也。王注：繫下曰「其初難知，其上易知，本末也」，故「初爲本，而上爲末也」。説文曰「木下曰本，從木，一在其下。木上曰末，從木，一在其上」，是其義也。侯注：初非君位，不可言「君」。上非臣位，不可言「臣」。此釋非也。**剛過而中，巽而説行。利有攸往，乃亨。**虞翻曰：「剛過而中」謂二。説，兑也。故「利有攸往」。大壯震，五之初，故「亨」。與遯二同義。**疏**二剛失位，爲過在下中，故知「剛過而中謂二」也。兑爲説，故云「説，兑也」。以其得中，又巽而説行，利于變正應五，故「利有攸往」也。「説行」者，大壯震爲「行」也。大壯四失位，爲二陰所傷。五之初，陽得位，陰不能傷。二變應之，「故亨也」。遯二消陽，子弑其父。三來之二成訟，弑逆不行。失位「終凶」，復變應五，故「同義」也。**大過之時大矣哉。」**虞翻曰：「國之大事，在祀與戎」。「藉用白茅」，「女妻」有子，繼世承祀，故「大矣哉」。**疏**「國之大事，在祀與戎」，成十三年左傳文。白茅縮酒，所以承祭也。「女妻有子」，所以承先也。引初二爻辭所以明「繼世承祀」爲國大事之義。伏震爲春，體兑爲秋，伏頤體離爲夏，大過體坎爲冬。禴祠烝嘗，四時體備，故「大過之時大矣哉」。**象曰：「澤滅木，大過。」**案：兑，澤也。巽，木。滅，漫也。凡木生近水者，楊也。遇澤太過，木則漫滅焉。二五枯楊，是其義。**疏**兑澤巽木，皆本説卦。「滅，漫也」，言水浸淫敗物也。詩秦風「隰有楊」，釋地「下溼曰隰」，故「凡木生近水者，楊也」。澤水大過，木則漫滅，二五爻辭並言「枯楊」，是其義也。**君子以獨立不懼，遯世无悶。**虞翻曰：「君子」謂乾初。陽伏巽中，體復一爻，潛龍之德，故稱「獨立不懼」。「憂則違之」，乾初同義，故「遯世无悶」也。**疏**「君子謂乾初」者，初本巽也。巽「其究爲躁卦」，故「陽伏巽下」。乾之初九卽復也，入坤出震，故云「體復一爻」。乾初九「潛龍勿用」，故云「潛龍之德」。「確乎不拔」，故「獨立不懼」。隱藏坤中，坤亂于上。「憂則違之」，「遯世无悶」，皆乾初文言傳文，故云「乾初同義」也。愚案：澤雖滅木，木得水而益榮。君子法此，則有大過乎人之學問焉。「獨立」則如巽木。伏震爲懼，巽成震毁，故「不懼」。「无悶」則如「兑以説之」。悶與説反，説故「无悶」。本末雖弱，中互兩乾，陽剛不橈，故能「獨立不懼，遯世无悶」，與乾初同義也。**初六。藉用白茅，无咎。**虞翻曰：位在下稱「藉」，巽柔白爲「茅」，故「藉用白茅」。失位，咎也。承二，過四應五士夫，故「无咎」矣。**疏**周禮鄉師曰「大祭祀其茅藉」，鄭興彼注云「祭前藉」。藉在下，故云「位在下稱藉」，以象初也。巽爲草木，剛爻「爲木」，柔爻爲草，又「爲白」，故云「巽柔白爲茅」。在下，故「藉用白茅」。初陰失位，宜有咎矣。上承二陽，二正應五，初正應四。今承二，過四而應五士夫，所謂「藉」也。剛柔相應，故「无咎」也。又初失位，與四易位得正，故「无咎」。**象曰：**

「藉用白茅，柔在下也。」侯果曰：以柔處下，履非其正，咎也。苟能絜誠肅恭不怠，雖置羞于地，可以薦奉。況「藉用白茅」，重慎之至，何咎之有矣。**疏**「下」謂初下也。初爲陽位，以柔處之，履非其正，宜有咎矣。「巽絜齊」，有「絜誠」之象。巽柔順，有「肅恭」之象。故云「苟能絜誠、肅恭不怠」。初于三才爲地道，繫上說此爻曰「苟錯諸地而可矣」，故云「置羞于地」。卦有鼎象，鼎象曰「亨以享上帝」，故云「可以薦奉」。繫又曰「藉之用茅，何咎之有，慎之至也」，故云「藉用白茅，重慎之至，何咎之有矣」。

九二。枯楊生稊，老夫得其女妻，无不利。虞翻曰：稊，穉也。楊葉未舒稱「稊」。巽爲「楊」，乾爲「老」，老楊故「枯」。陽在二也，十二月時，周之二月。兑爲雨澤，枯楊得澤復生稊。二體乾老，故稱「老夫」。「女妻」謂上兑。兑爲「少女」，故曰「女妻」。大過之家，「過以相與」，「老夫得其女妻」，故「无不利」。**疏**「稊」訓「穉」者，説文「穉，幼禾也」，是稊，草木初生貌也。夏小正曰「柳稊」，又曰「時有見稊」，故云「楊葉未舒稱稊」也。「巽爲楊」，九家說卦文。乾盈將退，故稱「老」。方言「乾，老也」，從易義〔一〕也。「老楊故枯」者，乾至大過，嬗陰故「枯」。姤陰，故又「生稊」「生華」也。陽在二，十二月臨時，于周爲二月。二五爻獨以爻當月者，大過時重陰始，故陽義全。二體臨，五體夬也。兑爲澤，故「爲雨澤」。「枯楊得澤復生稊」者，二无正應，今過應上，「生稊」之象。楊少則稊，而老則華，故二爲「稊」，五爲「華」也。又震爲反生，巽體伏震，故象「枯楊生稊」。二體互乾爲老，故稱「老夫」。上體兑，三索得女爲「少女」，故曰「女妻」也。大過之家，初過四應五，上過三應二，是「過以相與」也。「老夫得其女妻」，過得其應，故「无不利」。

象曰：「老夫女妻，過以相與也。」虞翻曰：謂二過初與五，五過上與二。獨大過之爻，得過其應，故「過以相與也」。

〔一〕「義」字，湖北叢書本作「言」。

疏「二過初與五」者，初比二而二使之過與五也。「五過上與二」者，上比五而五使之過與二也。「獨大過之爻，得過其應」者，乾鑿度「初與四，二與五，三與上謂之應」。今四不橈乎下而過與五，三不可有輔而過與二，故曰「過以相與也」。

九三。棟橈凶。象曰：「棟橈之凶，不可以有輔也。」虞翻曰：「本末弱」，故「橈」。輔之益橈，故「不可以有輔」。陽以陰爲「輔」也。**疏**三應在上，上柔爻，故「末弱」。將過上應初，初亦柔爻，故「本弱」。傳曰「本末」，正指三所應之爻皆弱，「故橈」而「凶」也。「輔之」謂初上二爻，皆弱，故「輔之益橈」，而「不可以有輔也」。比象傳曰「比，輔也，下順從也」。是陰比陽而謂之「輔」，故云「陽以陰爲輔也」。　愚案：卦辭言「棟橈」而三獨當之者，三處下體之上，而初弱不勝其任，又上應「兑爲毁折」，故三獨當「棟橈之凶」也。上陰可以輔陽，以初弱不能承三，則三亦不能爲主。以弱濟弱，故「不可以有輔也」。又案：釋宫「棟謂之桴」，郭注「即屋脊也」。說文「棟，極也」。逸雅「棟，中也，居屋之中也」。卦辭言「棟」，唯三四兩爻。居卦之中，故皆言「棟」。

九四。棟隆吉，有它吝。虞翻曰：隆，上也。應在于初，己與五意在于上，故「棟隆吉」。失位，動入險而陷于井，故「有它吝」。**疏**「隆，上也」，謂上六也。四正應初，乃不應初而與五相比，意在承上，以二陽承一陰，故「棟隆吉」。四失位，變則成坎爲井，是「入坎險而陷于井」。故「有它吝」，戒其不可變也。　愚案：初爲内卦之始，以一陰承二陽，而三處其上，故「棟橈凶」。四爲外卦之始，比二陽以承一陰，而上處其極，故「棟隆吉」。四與上，故「吉」。若下應于初，則「有它吝」矣。傳曰「不橈乎下」，不應下，故「不橈」也。象曰：「棟橈之吉，不橈乎下也」。虞翻曰：乾爲「動直」，遠初近上，故「不橈下也」。**疏**繫上〔一〕曰「夫乾，其動也直」，故「乾爲動直」。自二至四乾象始成，

〔一〕「上」，原本作「下」，據所引繫上文正。

故能「不橈」。四與初異體，故「遠初。」與上同體，故「近上。」與在上，不在下，故曰「不橈乎下也」。九五。枯楊生華，老婦得其士夫，无咎无譽。虞翻曰：陽在五也。夬三月時，周之五月。「枯楊〔一〕得澤」，故「生華」矣。「老婦」謂初。巽爲「婦」，乾爲「老」，故稱「老婦」也。「士夫」謂五。大壯震爲「夫」，兑爲「少」，故稱「士夫」。五過二使應上，二過五使取初。五得位，故「无咎」。陰在二「多譽」，今退伏初，故「无譽」。體姤淫女，故「過以相與」，使應少夫，象曰「亦可醜也」。舊説以初爲「女妻」，上爲「老婦」，誤矣。馬君亦然。荀公以初陰失正當變，數六爲「女妻」。二陽失正，數九爲「老夫」。以五陽得正位不變，數七爲「士夫」。上陰得正，數八爲「老婦」。此何異俗説也。悲夫學之難。而以初本爲小，反以上末〔二〕爲老，後之達者，詳其義焉。**疏** 陽在五時爲夬，于夏爲三月，于周爲五月。夬時「枯楊〔三〕得澤，故生華矣」。五爲「楊」，猶四爲「棟」，皆兑上反下爲巽也。巽「長女」，象已嫁爲「婦」，故「老婦謂初」，「巽爲婦」也。巽入乾體，初亦稱「老」，故「乾爲老」，「稱老婦也」。「士夫謂五」者，旁通大壯震「長男」爲「夫」，大過兑「少女」爲「少」，「故稱士夫」。五本應二，今過二使應上。二本應五，今過五使取初。五得正位，「故无咎」。陰在二得位，「故多譽」。今巽爲退伏居初，「故无譽」。初體姤象「淫女」，過四相與，使應五少夫，故象曰「亦可醜也」。馬與舊説，取一卦之義，以初爲「女妻」，上爲「老婦」。荀氏之義，六爲老陰而稱「女妻」，八爲少陰而稱「老婦」。但以數多少爲老少，于理有乖，故虞君同之俗説而不用也。

〔一〕「楊」，原本作「陽」，據陳校本正。
〔二〕「末」，原本作「未」，據陳校本正。
〔三〕同〔一〕。

象曰：「枯楊生華，何可久也。老婦士夫，亦可醜也。虞翻曰：乾爲「久」。枯而生華，故「不可久也」。婦體姤淫，故「可醜也」。疏繫上曰「有親則可久」，謂乾也，故「乾爲久」。楊已枯而復生華，故「不可久也」。初爲「老婦」，初體姤，「姤女壯」，鄭氏謂「壯健以淫」，故云「婦體姤淫」，「亦可醜也」。

上六。過涉滅頂凶，无咎。虞翻曰：大壯「震爲足」，兑爲水澤。震足没水，故「過涉」也。頂，首也。乾爲「頂」。頂没兑水中，故「滅頂凶」。乘剛，咎也。得位，故「无咎」。與「滅耳」同義也。疏旁通大壯，故「大壯震爲足」。體「兑爲澤」，坎水半見，故「爲水澤」。風俗通曰「涉始于足，足率長十寸，十寸則尺，一躍三尺，法天地人，再躍則涉」。後漢書趙典傳所謂「一爲過，再爲涉〔一〕，三而弗改，滅其頂凶」，謂至上也。尋「涉」從水從步。步長六尺，以長爲深，則涉深六尺，震足没水，故「過涉」者，涉者之過也。釋言「顛，頂也」。故云「頂，首也」。乾爲首，故「爲頂」，五互乾首，上則「頂」也。頂没兑澤中，是乾没于陰，故「滅頂凶」。上乘四剛，當有咎。以六居上，陰得其位，故「无咎」。「與『滅耳』同義」者，噬嗑上九，坎水自下没上，故曰「滅耳」與「滅頂」相似。噬嗑由否之泰消息卦，否上不反，坤弑父弑君，故曰「何校滅耳，凶」。此本大壯，陰傷陽。五已之初，而上陰滅乾，故凶。與「滅耳」同義。然大過之時，坤生乾没。上妻二生子，得位續陰，非其咎也。愚案：自初至五，全體象巽。巽爲草木，柔爻象草，故初言「茅」。剛爻象木，故二三四五言「楊」言「棟」。至上兑澤始成，故言「滅」。「滅木」「滅頂」，皆謂上也。

象曰：「過涉之凶，不可咎也。」九家易曰：君子以禮義爲法，小人以畏慎爲宜。至于大過之世，不復遵常，故君子犯義，小人犯刑，而

〔一〕「涉」，原本作「躍」，據陳校本正。

家家有誅絶之罪，不可究也。大過之世，君子遯遯，不行禮義，謂當不義則争之，若比干諫而死是也。桀紂之民，可比屋而誅，上化致然，亦不可咎。曾子曰「上失其道，民散久矣。如得其情，則哀矜而勿喜」，是其義也。**疏**「曾子曰」至「勿喜」，論語文。此以「君子犯義，小人犯刑」爲「過涉」，不應經義。王弼注云「志在救時，故不可咎」。蓋喻仗節死義之臣，行雖過而理无害。若所云「比干諫而死」之類，得其解矣。

序卦曰：「物不可以終過，故受之以坎。坎者，陷也。」崔覲曰：大過不可以極，極則「過涉滅頂」。故曰「物不可以終過，故受之以坎」也。**疏**「過涉滅頂」，大過極矣，故「物不可以終過」而「受之以坎也」。大過者，以陽過也。中互兩乾，陽過乎剛，故本末愈形其弱。惟「受之以坎」，則三四兩陽，變而之陰。以柔濟剛，而陽不過乎剛。以剛助柔，而陰不失之弱。坎之兩陽，陷而得中。以中節過，庶无過中之憂乎。

䷜坎下坎上　習坎。有孚，虞翻曰：乾二五之坤，與離旁通。于爻，觀上之二。習，常也。孚，信。謂二五。水行往來，「朝宗于海」，不失其時，如月行天，故習坎爲「孚」也。**疏**虞歸妹注云「乾主壬，坤主癸，日月會北。天地以離坎戰陰陽」。所謂易出乾入坤，離坎之神也。故「乾二五之坤」成坎，蓋乾歸大有。坤二五乃交乾而爲離，離息成坎，故「與離旁通」。若從四陰二陽之例，則「觀上之二」也。八純卦唯坎加「習」者，嫌陽陷險非正，故明之。言陽息陰中，是其常也。重亦常義，故云「習，常也」，象曰「重險」是也。「孚，信」，釋詁文。二五剛中，故「孚謂二五」。坎在天爲月，在地爲水。水之往來朝宗，潮汐不失其時，如月之行天，盈虧不失其常，故以明習坎之「有孚」也。「朝宗于海」，禹貢文。維心亨，虞翻曰：坎爲「心」。乾二五旁行流坤，陰陽會合，故亨也。**疏**説卦「坎爲亟心」，故「爲心」。陽在中也。「乾二五旁行流

「坤」，即乾二五之坤也。「旁行」者，四周行于六十四卦，即旁通也。「陰陽會合」者，即「天地以離坎戰陰陽」，「日月會北」是也。以乾通坤，通，「故亨也」。行有尚。虞翻曰：「行」謂二，「尚」謂五也。二體震爲「行」，動得正應五，故「行有尚，往有功也」。疏二陷坎中，失正當變，故知「行謂二」。「尚」與「上」通，謂五也。二互體震爲「行」。動而得正，上應五陽，故「行有尚」。「往有功也」，彖傳文。象曰：「習坎，重險也。虞翻曰：兩象也。天險，地險，故曰「重險也」。疏兩象，上下兩象也。五，天位，坎在上爲「天險」。二，地位，坎在下爲「地險」。故曰「重險也」。水流而不盈，荀爽曰：陽動陰中，故「流」。陽陷陰中，故「不盈」也。陸績曰：水性趨下，不盈溢崖岸也。月者，水精。月在天，滿則虧，不盈溢之義也。疏荀注：二震爲動，陽動陰中，故曰「流」。盈，溢也。五艮爲止，是陽陷陰中，故不盈溢也。九五曰「坎不盈」，不盈，謂五艮也。陸注：水性趨下，流而不息，故「不盈溢崖岸」。淮南子曰「水氣之精者爲月」，故云「月者，水精」。豐彖傳曰「月盈則食」，故云「月在天，滿則虧」，即水「不盈溢之義也」。行險而不失其信。荀爽曰：謂陽來爲險而不失中，中稱「信」也。虞翻曰：信，謂二也。震爲「行」。水性有常，消息與月相應，故「不失其信」矣。疏荀注：謂乾二五之坤也。陽來陷于陰中爲「險」。居二五，故「不失中」也。在中，故「稱信也」。虞注：二中實，故「信謂二也」。互震爲「行」。故曰「行險」。水之潮汐，本有常性，消長與月相應，故曰「不失其信」。維心亨，乃以剛中也。侯果曰：二五剛而居中，則「心亨」也。疏二五居中象「心」。剛自乾來，以陽通陰，故「心亨」也。行有尚，往有功也。虞翻曰：「功」謂五。二動應五，故「往有功也」。疏繫下曰「五多功」，故「功謂五」。二變正應五，故「往有功也」。天險不可升也，虞翻曰：謂五在天位，五從乾來，體屯難，故「天險不可升也」。疏乾五位乎天德，故「五爲天位」。乾五之坤，故「五從乾來」。二至上體屯，序卦曰「屯者，難也」。故「體屯難」爲「天險」。震爲足，艮爲止，震足動而艮止之，故「不可升也」。**地險山川丘陵也。**虞翻曰：坤爲地，乾二之坤，故曰「地險」。艮爲山，坎爲「川」，半山稱「丘」，丘下稱「陵」，故曰「地險山川丘陵也」。疏二于三才爲地位，又坤爲地，乾二之坤，坎險以成，故曰「地險」。互「艮爲山」，體坎水爲「川」。丘高半于山，故「山半稱丘」。爾雅「大阜曰陵」，又「溴梁河墳，備八陵之數」，知陵下于丘，故「丘下稱陵」。皆地之險，故曰「地險山川丘陵也」。愚案：釋地「大阜曰陵」，博雅「小陵曰丘」，是陵高而丘卑也。虞謂「山半稱丘，丘下稱陵」，恐不然也。**王公設險，以守其邦。**虞翻曰：王公，大人。謂乾五。坤爲「邦」。乾二之坤成坎險。震爲「守」。有屯難象，故「王公設險，以守其邦」。離言「王用出征以正邦」是也。案：九五，王也。六三，三公也。艮爲山城，坎爲水池，「王公設險」之象也。疏虞注：王公者，大人之稱。乾九五「利見大人」，故「謂乾五」也。坤衆爲「邦」。乾二之坤成坎爲「險」。震長子繼世爲世守，故「爲守」。二至上有屯難之象，故設險隘以守其邦。旁通離，離上九象傳曰「王用出征，以正邦也」，即「設險守邦」之義也。愚案：經文「邦」字，諸本皆作「國」，李從虞注作「邦」，觀注引離象「正邦」爲證，知虞所見本，實作「邦」也。案：爻例五爲天子，三爲三公，故云「九五，王也，六三，三公也」。艮爲山，城象也。坎爲水，池象也。設城池以守邦，「王公設險之象也」。**險之時用大矣哉。**王肅曰：守險以德，據險以時，成功大矣。疏吴起曰「在德不在險」，故云「守險以德」。孟子曰「天時不如地利」，故云「據險以時」。以德以時，故「成功大〔一〕矣」。案：體坎伏離，兑秋震春，坎冬離夏，隨時設險，坤爲用，故曰

〔一〕「大」字原脱，據王肅注補。

「時用」。象曰：「水洊至，習坎。君子以常德行，習教事。」陸績曰：洊，再，習，重也。水再至而益通流〔一〕，「不舍晝夜」，重習相隨以爲常，有似于習。故君子象之，以常習教事，如水不息也。虞翻曰：「君子」謂乾五。在乾稱「大人」，在坎爲「君子」。坎爲「習」爲「常」。乾爲「德」，震爲「行」。巽爲教令，坤爲「事」。故「以常德行，習教事」也。疏陸注：「洊，再」，釋言文。書大禹謨「卜不習吉」。哀十年左傳「卜不襲吉」。「襲」古文作「戳」「褶」。襲，重衣也。「褶」與「習」通，故云「習，重也」。兩坎相因，故「水再至」。以水益水，故「益通流」。「不舍晝夜」，論語文。相隨爲常，有似于習。君子法其象，以常習教育之事，如水之流而不息也。虞注：九五得中得正，故「君子謂乾五」。「在乾稱大人，在坎爲君子」者，五「坎不盈」，德盛而業未大也。坎重，故「爲習」。不息，故「爲常」。五乾爲「德」，互震爲「行」。觀巽「申命行事」爲「教令」，觀坤「發于事業」爲「事」。「君子進德脩業」，如水之重習有常，故「以常德行，習教事也」。初六。習坎，入于坎窞凶。干寶曰：窞，坎之深者也。江河淮濟，百川之流，行乎地中，水之正也。及其爲災，則泛溢平地，而入于坎窞，是水失其道也。刑獄之用，必當于理，刑之正也。及其不平，則枉濫无辜，是法失其道也，故曰「入于坎窞凶」矣。疏初在坎底，故云「窞，坎之深者也」。江河淮濟爲四瀆。釋名「瀆，獨也。各獨出其水以入海是也」。「百川之流，行乎地中」，即孟子所謂「水由地中行」，故云「水之正也」。及其泛溢平地，入于坎窞，是水失其常道矣。坎爲法律，上言「徽纆」，故初以「刑獄」言之。刑獄當理，爲刑之正，若用刑不平，則枉濫无辜，法失其道，猶水之泛溢而失其常也，故曰「入于坎窞凶」。愚案：

〔一〕「通流」二字原倒誤，據陳校本乙。

説卦曰「巽入也」。坎初巽象半見，陰開象穴，故曰「入于坎窞」。失位无應，故「凶」也。象曰：「習坎入坎，失道凶也。」虞翻曰：習，積也。位下，故「習」。坎爲「入」。坎中小穴稱「窞」。上无其應，初二失正，故曰「失道凶」矣。疏自陽德言「習」爲「常」。自險勢言，「習」爲「積」。故云「習，積也」。坎自初積，故位下稱「習」。説卦言坎「萬物之所歸也」，故曰「入」。字林「窞，坎中小穴也」。兩坎之下，是坎中之窞。初在下，是「入于坎窞」之象。蓋習坎，其位也。入坎，其失道也。陽爲道，初失位，故曰「失道」。四无正應，初與二皆失位，故曰「失道凶也」。言初而及二者，以二「求小得」，亦失道也。九二。

坎有險，求小得。虞翻曰：陽陷陰中，故「有險」。據陰有實，故「求小得」也。疏説卦「坎，陷也」。乾來之坤，是「陽陷陰中」。位在坎，不能自出險中，是坎而又有險，謂上更遇坎也。下據初陰，陽位爲「實」，故云「據陰有實」。陰爻爲「小」，故曰「求小得」。「得」謂得初也。象曰：「求小得，未出中也。」荀爽曰：處中而比初三，未足爲援，雖「求小得」，未出于險中。疏在二爲「處中」，承三爲「比三」。三不得位，「未足爲援」。比三，故「求小得」。失位，故「未出于險中」。此以「得」爲得三，與虞異也。二變正應五，則「往有功」爲出險。今據初而「求小得」，是以「未出于險中」也。虞注未濟〔一〕象傳「未出中」謂「二未變而在坎中」是也。六三。來之坎坎，險且枕。入于坎窞，勿用。虞翻曰：坎在内稱「來」。在坎終坎，故「來之坎坎」。枕，止也。艮爲止。三失位，乘二則「險」。承五隔四，故「險且枕」。「入于坎窞」，體師三「輿尸」，故「勿用」。疏在外曰「往」，在内曰「來」。言内則有外之辭。往來皆坎，故「來之坎坎」。人卧，以枕薦首則止，故云「枕，止也」。以三互艮爲止也。三失正位，二在坎中，故「乘二則險」。三上承五，隔于六四。故「險且枕」。以坎接坎，三居

〔一〕「未濟」原作「既濟」，據象傳正。

上坎之下，故「入于坎窞」。初至四體師，師六三曰「師或輿尸」，象曰「无功」。三應上，上六曰「小人勿用」，謂三也。故坎三亦曰「勿用」，所以戒上也。又三居内坎外坎相交之地，當思出險。乃陰柔之質，不中不正，在險之中，且以爲安枕焉，則終「入于坎窞」而凶矣。「險且枕」，卽安其窞利其危者也。象曰：「來之坎坎，終无功也。」干寶曰：坎，十一月卦也。又失其位，喻殷之執法者，失中之象也。「來之坎坎」者，斥周人觀釁于殷也。枕，安也。「險且枕」者，忍以暴政加民而无哀矜之心。淫刑濫罰，百姓无所措手足，故曰「來之坎坎，終无功也」。**疏** 坎主冬至，故爲十一月。卦三不中不正爲「失位」。十一月天氣閉塞，又失位且失中，坎象執法，故以「喻殷之執法者，失中之象也」。殷法失中爲「坎坎」，周來觀之爲「來之坎坎」。斥，指也。「斥周人觀釁于殷也」者，如泰誓「觀政于商」是也。「枕」所以安首，故云「枕，安也」。居險之中，且安枕焉，故言安「忍以暴政加民而无哀矜之心」。水失位則泛溢，故言「淫刑濫罰，百姓无所措手足」。此所以「來之〔一〕坎坎」而「終无功也」。案：「三與五同功」，三失位不能承五，故「无功」。三應上爲「終」。上「係徽纆」，故「終无功」。又體師，師三象曰「大无功也」。六四。尊酒簋貳用缶，虞翻曰：震主祭器，故有「尊簋」。坎爲酒。簋，黍稷器。二〔二〕至五有頤口象，震獻在中，故爲「簋」。坎爲木，震爲足，坎酒在上，「尊酒」之象。貳，副也。坤爲「缶」。禮有副尊，故「貳用缶」耳。**疏** 序卦曰「主器者莫若長子」，震卦辭曰「不喪匕鬯」，故「震主祭器」。尊、簋、缶，皆祭器也。考工記「旊人爲簋」。簋以瓦爲之，亦缶類，坤象也。震爲稼，故云「簋，黍稷器」。二〔三〕至五有頤口之象，天官膳大「王燕飲酒則爲獻主」。震主器，故爲

〔一〕「之」字原脫，据象傳補。

〔二〕〔三〕「二」，原本作「三」，據卦象正。

獻。獻在頤中，故爲「簋」。坎于木爲堅多心，故爲「木」。謂下坎也。二互震爲足。君尊有豐，以木爲之，若豆而卑。言「震爲足」者，以其在下。坎酒在豐上，「尊酒」之象。「貳，副也」者，坤爲缶，說見比卦注。酒于尊中曰「副」。天官酒正曰「大祭三貳，中祭再貳，小祭一貳」。鄭彼注云「貳，副益之也」。弟子職曰「周旋而貳」，故曰「禮有副尊」。「貳用缶」者，副尊用缶也。

內約自牖，終无咎。 虞翻曰：坎爲「內」也。四陰小，故「約」。艮爲「牖」。坤爲户，艮小光照户，「牖」之象。「貳用缶」，故「內約自牖」。得位承五，故「无咎」。崔覲曰：于重險之時，居多懼之地，近三而得位，比五而承陽。脩其絜誠，進其忠信，則雖祭祀省薄，明德惟馨，故曰「尊酒簋，貳用缶」。「內約」，文王于紂時行此道。從羑里「內約」，卒免于難，故曰「自牖終无咎」也。**疏** 虞注：坎歸爲入，「入」「內」同物，故「坎爲內」也。四陰爲小，小故「約」。又坎信亦爲「約」也。艮「門闕」，故「爲牖」。坤「闔户」爲「户」，艮「小石」爲「小光照户」，皆「牖」之象。詩采蘋曰「于以奠之，宗室牖下」，毛傳云「奠于牖下」，是「內約自牖」之義也。四得位上承九五，故有是象而「无咎」也。崔注：四在兩坎，故云「于重險之時」。四位「多懼」，故云「居多懼之地」。下近三而己得位，雖重險而不險。比五而上承陽，雖多懼而不懼。坎爲心，四居心位，伏巽「絜齊」，故云「脩其絜誠」。中虛象中孚，中，忠也。孚，信也。故云「進其忠信」。祭品雖云省薄，明德可薦馨香，故「尊酒簋，貳用缶」也。史記周本紀「帝紂乃囚西伯于羑里」，漢書景十三王傳「文王拘于牖里」，是「牖」，「羑」古字通也。文王處羑里坎險之時，內其絜誠忠信之道，卒免于難，故曰「內約自牖，終无咎也」。隱二年左傳「苟有明信，澗谿沼沚之毛，蘋蘩薀藻之菜，筐筥錡釜之器，潢汙行潦之水，可薦于鬼神，可羞于王公」，卽「尊酒內約」之義也。

象曰：「尊酒簋，剛柔際也。」 虞翻曰：「乾剛坤柔」，震爲交，故曰「剛柔際也」。**疏**「乾剛坤柔」，雜卦文。屯彖傳曰「剛柔始交而難生」，謂乾剛坤柔始交而成坎也。際，接也。乾交坤自震始，故「震爲交」。四互二三爲震，而上與五接，故曰「剛柔際也」。簋，古音机。𡊄缶、牖爲韻，别本有「貳」字者，衍文也。

九五。坎不盈，禔既平，无咎。虞翻曰：盈，溢也。艮爲止，謂「水流而不盈」。坎爲「平」。禔，安也。艮止坤安，故「禔既平」。得位正中，故「无咎」。**疏**説文「盈，滿器也」，故云「溢也」。祭義「樂主其盈」，鄭注亦云「猶溢也」。體坎互艮，坎流艮止，故「流而不盈」。尚書大傳曰「非水無以準萬里之平」。釋名「水，準也。準，平物也」，故「坎爲平」。京房許慎皆云「禔，安也」。坤卦辭云「安貞吉」，故曰「艮止坤安」。既安且平，水之德也。以九居五，得位得中，故「无咎」。

象曰：「坎不盈，中未光大也。」虞翻曰：體屯五中，故「未光大也」。**疏**屯九五象曰「屯其膏，施未光也」，以在坎中也。二至上體屯，五居屯中，離伏不見，故「中未光大也」。成既濟離出，則光大矣。

上六。係用徽纆，寘于叢棘，三歲不得凶。虞翻曰：徽纆，黑索也。觀巽爲繩，艮爲手，上變入坎，故「係用徽纆」。寘，置也。坎多心，故「叢棘」。獄外種九棘，故稱「叢棘」。二變則五體剥，剥傷坤殺，故「寘于叢棘」也。「不得」謂不得出獄。艮止坎獄，乾爲「歲」，五從乾來，三非其應，故曰「三歲不得，凶」矣。**疏**卦自觀來。「觀巽爲繩」，坤于地爲黑，故云「徽纆，黑索也」。互艮爲手，觀艮上變入坎，故「係用徽纆」也。「寘，置也」，説文文。九家説卦「坎爲叢棘」。坎「于木爲多心」，故稱「叢棘」。哀公八年左傳曰「吴藩衛侯之舍，以將執衛侯，囚邾子益于樓臺，則桰之以棘」。此以棘禁人之始。今云「獄外種九棘」，于經无攷，不審虞何據也。觀上來二，故取二變爲象。葢二變則五體剥，剥滅爲傷，坤陰爲殺。傷而且殺，故必「寘于叢棘也」。口訣義引虞注云「以置九棘，取改過自新」。秋官司圜曰「其不能改而出圜土者殺」。故「不得」謂不能改而不得出獄也。「艮止坎獄」，謂止于獄也。「乾爲天」，天數十二，歲有十二月，故「乾爲歲」。五從乾入坤，三爲敵應，故三歲不得出獄，爲「凶」矣。象曰：「上六失道，凶三歲也。」九家易曰：坎爲叢棘，又爲法律。案：周禮，王之外朝，左九棘、右九棘、面三槐。司寇公卿，議獄于其下。害人者，加明刑，任之以事。上罪三年而舍，中罪二年而舍，下罪一年而舍也。案：坎于木堅而多心，「叢棘」之象也。坎下巽爻，巽爲繩直，「係用徽纆」也。馬融云「徽纆，索也」。劉表云「三股爲徽，兩股爲纆，皆索名，以繫縛其罪人矣」。**疏**九家注：「坎爲叢棘」，又「爲法律」，皆九家說卦文。周禮秋官朝士「掌外朝之法。左九棘，孤卿大夫位焉。右九棘，公侯伯子男位焉。面三槐，三公位焉」。又曰「左嘉石，平罷民焉。右肺石，達窮民焉」。鄭氏謂「罷民，邪惡之民也」。「外朝」爲詢事之處，故使司寇公卿議獄于下。「害人者」以下，皆司圜文也。鄭彼注云「明刑，書其罪惡于大方版，著其背，任之以事，若今時罰作」。舍，釋之也。愚案：論語曰「上失其道，民散久矣。如得其情，則哀矜而勿喜」，爻言「三歲不得」，謂不得其情也。蓋上六陰柔失道，久繫不得其情，故「凶三歲也」。案：叢棘、徽纆，釋已見前。馬氏亦槩言「索」爾。穀梁傳疏陸德明云「三糾繩曰徽，二糾繩曰纆」，與劉注合。字林又以「糾爲兩合繩，纆爲三合繩」，是二股三股，亦无定詁。不如馬氏，槩言「索也」。論語「縲紲」注云「縲，黑索」，疏云「古者以黑索拘攣罪人」。不如虞云「黑索」爲可據也。

序卦曰：「陷必有所麗，故受之以離。離者，麗也。」崔覲曰：物極則反，坎雖陷于地，必有所麗于天，而「受之以離」也。**疏**「物極則反」，故坎極則反離也。乾二五之坤成坎，是陽「陷于地」也。坤二五之乾成離，是陰「麗于天」也。故「陷必有所麗」，而坎受以離也。蓋坎離能用乾坤之中，既未濟則又得坎離之合，而實乾坤之變。故六十四卦，乾坤居其首，坎離居其中，既未濟居其終。而坎離實乾坤之樞紐與。

䷝離下離上離。利貞亨。虞翻曰：坤二五之乾，與坎旁通。于爻，遯初之五。柔麗中正，故「利貞亨」。疏「坤二五之乾」成離，「與坎旁通」，義詳坎卦辭下。若從爻變四陽二陰之例，則「遯初之五」也。坎離二卦，既從乾坤，又云觀遯來者，天地之交，出入无形，其成爻象，必假十二消息。凡乾坤詘信之卦皆同此。五柔麗伏陽中正，故「利貞」。坤通乾，故「亨」也。畜牝牛吉。虞翻曰：畜，養也。坤爲牝牛。乾二五之坤成坎，體頤養象，故「畜牝牛吉」。俗説皆以離爲牝牛，失之矣。疏鄭注周禮「始養曰畜」，故云「畜，養也」。説卦「坤爲子母牛」，又九家説卦「坤爲牝」，故「爲牝牛」。「乾二五之坤成坎」，而離之二五則坤也。坎二至四體頤。坤牛頤養，故「畜牝牛吉」。九家説卦有「離爲牝牛」之文。虞以爲「俗説」者，以離非純陰，不象牝牛至順也。彖曰：「離，麗也。荀爽曰：陰麗于陽，相附麗也。亦爲別離，以陰隔陽也。離者，火也。託于木，是其附麗也。煙燄飛升，炭灰降滯，是其別離也。疏麗，附麗也。陰必麗乎陽也。坤二五之乾，是陰入于陽，相附麗也。又有別離之義者，以一陰別兩陽也。説卦曰「離爲火」，故云「離者，火也」。木生火，故「託于木」。以火附木，是相附麗也。「煙燄飛升」，陽升而上也。「炭灰降滯」，陰降而下也。是別離之象也。日月麗乎天，虞翻曰：乾五之坤，成「坎爲月」，「離爲日」，「日月麗天」也。疏「坎爲月」，「離爲日」，説卦文。乾五伏陽，上出于坤，先成坎月，下仍本離爲日，乾爲天，故「日月麗天也」。百穀草木麗乎地，虞翻曰：震爲「百穀」，巽爲「草木」，坤爲「地」。乾二五之坤，成坎震體屯。「屯者，盈也。盈天地之閒者，唯萬物」。「萬物出震」，故「百穀草木麗乎地」。疏伏坎互震，震驚百里，故爲「百」，又于稼爲反生，故爲「百穀」。離互巽，剛爻爲「木」，柔爻爲「草」，故爲「草木」。卦自坤來，故「坤爲地」。與坎旁通，乾二五之坤，成坎互震則體屯。「屯者，盈也。盈天地之閒者，唯萬物」，序卦文。「萬物出震」，説卦文。「雷雨之動滿形」，則在地者皆生，故「百穀草木麗乎地」。重明以麗乎正，乃化成天下。虞翻曰：兩象，故「重明」。「正」謂五陽。陽變之坤來化乾，以成萬物，謂離日「化成天下」也。疏「兩象」者，上下兩象也。體離伏坎，離日坎月，故曰「重明」。「正」謂乾五陽也。「陽變之坤」，謂坤二五之乾，以麗乾五。繫上〔一〕曰「坤化成物」，故云「化乾」。坤化乾故「以成萬物」。化坎由離，故「謂離日化成天下也」。柔麗乎中正，故亨，虞翻曰：「柔」謂五陰，「中正」謂五伏陽。出在坤中「畜牝牛」，故中正而亨也。疏六五陰不正，故「柔謂五陰」。坎伏離下，故「中正謂五伏陽」。六五出坤中，出離爲坎，故「出在坤中」。乾坤交，又得中正，故「亨」。「畜牝牛」，疑是衍文。是以畜牝牛吉也。」荀爽曰：牛者，土也。生土于火。離者陰卦，牝者陰性，故曰「畜牝牛吉」矣。疏管子曰「凡聽宫聲，如牛鳴窌中」。史記樂書曰「宫土音，牛含宫聲」，故云「牛者，土也」。坤寓離中，故云「生土于火」。離「中女」，故爲「陰卦」。牝母畜，故爲「陰性」，以陰養陰，故「畜牝牛吉矣」。象曰：「明兩作，離。虞翻曰：「兩」謂日與月也。乾五之坤成坎，坤二之乾成離。離坎，日月之象，故「明兩作，離」。作，成也。日月在天，動成萬物，故稱「作」矣。或以日與火，爲「明兩作」也。疏孟子曰「天無二日」，故「兩謂日與月也」。乾五之坤五成坎，坤二之乾二成離。離日坎月，故云「日月之象」。離以麗乾爲義，故「明兩作」謂日月而名「離」也。繫上曰「坤化成物」，姚信云「化當爲作」，故云「作，成也」。乾彖傳曰「大明終始，六位時成」。荀以乾坤坎離爲言，詳見彼注「六位時成」。則資始在是，卽資生在是，故「日月在天，動成萬物」爲「作」矣。「或以日與火爲明兩作」者，亦知「天無二日」也。然不如日

〔一〕「上」，原作「下」，據所引繫上文正。

月爲兩明之義確也。蓋于文，日月合而爲「明」。月无光，以日之光爲光，是「明」者皆離，故「明兩作」而爲「離」也。大人以繼明照于四方。」虞翻曰：陽氣稱「大人」，則乾五「大人」也。乾二五之光，繼日之明。坤爲「方」。二五之坤，震東兑西，離南坎北，故曰「照于四方」。疏「陽氣稱大人」者，謂五伏陽，故云「乾五大人也」。乾二五之坤爲坎，坎月爲「光」。中庸曰「如日月之代明」。「代明」卽「繼明」也。以月繼日，故云「繼日之明」。「坤爲方」，九家説卦文。乾二五之坤，成坎互震。坤二五之乾，成離互兑。故「震東兑西，離南坎北」。周書謚法曰「照臨四方曰明」，故曰「照于四方」也。初九。履錯然，敬之无咎。荀爽曰：火性炎上，故初欲「履錯」于二。二爲三所據，故「敬之」則「无咎」矣。疏洪範曰「火曰炎上」，故云「火性炎上」。初在下爲足，故言「履」。初欲上，則「履錯于二」。乃二爲三所據，據則爭。初本乾爲敬，説見乾卦，故「敬之則无咎矣」。案：卦自遯來，外體本乾，三至五互兑，兑下乾上，其象爲履，序卦曰「履者，禮也」。又曰「有上下，然後禮義有所錯」，錯者，置也。離爲火，火行禮。初得正，履有所錯，故「履錯然」。初乾爲敬，初四皆陽爲敵應，四「焛如其來如」，與禮相犯，故「敬之无咎」。禮以敬爲主也。象曰：「履錯之敬，以辟咎也。」王弼曰：錯然，敬慎之貌也。處離之始，將進其盛，故宜慎所履，以敬爲務，辟其咎也。疏「錯然」者，敬慎之貌。心敬慎，則足盤辟也。初「處離之始」，欲進于盛，四應則將成既濟也。已得位本无咎，四陽敵應來犯爲咎，故「宜慎所履，以敬爲務」，所以辟四咎也。六二。黄離元吉。象曰：「黄離元吉，得中道也。」侯果曰此本坤爻，故云「黄離」。來「得中道」，所以「元吉」也。疏坤二之乾爲離，故云「此本坤爻」。九家説卦「坤爲黄」，故云「黄離」。二來居中，故「來得中道」。上應五，五雖非正，然得中位，二五皆自坤來，坤五曰「黄裳元吉」。二應五，「所以元吉也」。九三。日昃之離，荀爽曰：初爲日出，二爲日中，三爲「日昃」，以喻君道衰也。**疏**「離爲日」，初象日出，二象日中，三象「日昃」。説文曰「日，君象也」。故以日昃喻君道衰也。又説文曰「⿸厂日，日在西方時側〔一〕也」。互兑爲西，巽爲入，日入西方，故爲「日昃」。「昃」，説文引作「⿸厂日」，注云「今俗别作昃，非是」，是「昃」當從説文作「⿸厂日」也。**不鼓缶而歌，則大耋之差凶。**九家易曰：「鼓缶」者，以目下視。離爲大腹，瓦缶之象。謂不取二也。歌者，口仰向上，謂兑爲口而向上取五也。「日昃」者，向下也。今不取二而上取五，則上九耋之。陽稱「大」也。嗟者，謂上被三奪五。憂嗟窮凶也。火性炎上，故三欲取五也。**疏**「鼓缶」者，以離目下視，謂下視二也。離腹爲大腹，缶，腹大虚中象離，故「瓦缶之象」。「不鼓缶」，「謂不取二也」。三至五互兑口在上。歌者，兑口仰而向上，故爲「取五」也。日昃，向下之時。今「不下取二而上取五，則上九耋之」。據文義，當從蜀才本作「咥」。謂兑口向上，上九受其噬咥也。九爲陽，故「稱大也」。三上敵應，「上被三奪五」，故上「憂嗟窮凶也」。「火性炎上」，常欲進取。三與上爲敵應，勢不可取。與五同功，陰陽相承，故「三欲取五也」。愚案：伏艮爲手，離大腹爲「缶」。艮象不見，故「不鼓缶」。互兑口，伏震聲，故「歌」。三在乾終，乾盈將退爲老，故曰「大耋」。又兑口舌，巽呼號，爲「嗟」。二至五體大過，「棺椁」之象，故「大耋之差」。三雖得位，嫌于過剛，又上无正應，故不鼓缶而徒歌。歌者，哀歌也。哀歌者，則以大耋之差而有凶也。**象曰：「日昃之離，何可久也。」**九家易曰：日昃當降，何可久長。三當據二，以爲鼓缶。而今與四同取于五，故曰「不鼓缶而歌」也。**疏**日昃當降于地。乾爲「久」。三處乾終，乾盈將退，故有不可久

〔一〕「時側」二字原倒誤，據陳校本乙。

長之象。餘釋見上。九四。㐬如，其來如。焚如，死如，棄如。荀爽曰：陽升居五，光炎宣揚，故「㐬如」也。陰退居四，灰炭降墜，故「其來如」也。陰以不正，居尊乘陽。厯盡數終，天命所誅。位喪民畔，下離所害，故「焚如」也。以離入坎，故「死如」也。火息灰損，故「棄如」也。疏四五相比，陽升陰降。陽升則「光焱宣揚」，故曰「㐬如」。陰退則「灰炭降墜」，故曰「其來如」。「陰以不正」，居五之尊，乘四之陽。上則「厯盡數終」，爲「天命所誅」。下則「位喪民畔」爲「下離所焚」。四在下離之上，故「焚如」。四五易位，是以離入坎，火爲水滅，故「死如」。「火息灰損」，衆无所容，故「棄如」。案：説文曰「㐬，不順忽出也。從倒子。或從㐬。即古文易突字」。「突」猶衝也。揚子太玄曰「衝衝兒遇，不肖子也」。旁通坎四，當震爲長男，坎爲中男，艮爲少男。四未能變乘乾，三男皆逆棄父，故「㐬如」。上下之交，故「來如」。四互二火閒，故「焚如」。體大過死象，故「死如」。二已正體乾，乾爲野，大過棺椁象毁，四在野上不葬，故「棄如」。焚故死，死故棄。孝經曰「五刑之屬，而罪莫大于不孝」。如淳云「焚如死如棄如，謂不孝子也。不畜于父母，不容于朋友，故焚殺棄之」。秋官掌戮曰「凡弑其親者，焚之」。故鄭氏謂「焚如，殺其親之刑。刑人之喪，不居兆域，不序昭穆，故焚殺棄之，不入于兆也」。説文曰「棄，捐也。從㐬。㐬，逆子也」。四所以取義于子者，火有養母之法。白虎通曰「子養父母何法？法夏養長木」。是以荀爽對策曰「離在地爲火，在天爲日。在天者用其精，在地者用其形。夏則火王，其精在天，温煖之氣，養生百木，是其孝也。冬時則廢，其形在地，酷烈之氣，焚燒山林，是其不孝也」，即此義也。象曰：「㐬如其來如，无所容也。」九家易曰：在五見奪，在四見棄，故「无所容也」。疏陽在五爲陰爻所奪，陽在四爲陰位所棄，故「无所容」。又四爲惡人，來則焚死且棄，故曰「无所容也」。六五。出涕沱若，荀爽曰：六五陰柔，退居于四，出離爲坎，故「出涕沱若」

而下，以順陰陽也。**疏**六五陰柔失位，故「退居于四」，是出乎離而成坎也。離爲目，坎爲水，又爲加憂，故爲「出涕沱若而下」之象。陽當升，陰當降，故云「以順陰陽也」。

戚差若，吉。虞翻曰：坎爲心，震爲聲，兑爲口，故「戚差若」。動而得正，尊麗陽，故「吉」也。**疏**通坎爲心，坎震爲聲，離兑爲口，故有「戚差若」之象。五失位，動得正，居尊麗陽，故「吉也」。愚案：五柔爲四剛所逼，故離目動成坎水，有涕象。坎加憂爲戚象。兑口舌爲嗟象。然已處乎中，五上相麗，五王上公，可用上以服四，故吉也。

象曰：「六五之吉，離王公也。」九家易曰：戚嗟順四，附麗于五，故曰「離王公也」。陽當居五，陰退還四。五當爲王，三則三公也。四處其中，附上下矣。**疏**戚嗟順四，體陰位陽，是附麗于五爲「離王公也」。陽升當居五，陰降當退四。五天子爲王位，三則三公之位也。四處其中，上離五王、下離三公矣。愚案：「離王公」，離上也。王肅注云「離王者之後爲公」是也。

上九。王用出征，有嘉折首，獲匪其醜，无咎。虞翻曰：「王」謂乾。乾二五之坤成坎，體師象。震爲「出」。故「王用出征」。「首」謂坤二五來折乾，故「有嘉折首」。醜，類也。乾征得坤陰類，乾陽物，故「獲非其醜，无咎」矣。**疏**乾爲君，故「王謂乾」。乾二五之坤成坎，初至四體有師象。互震爲「出」。故「王用出征」。「乾爲首」。「坤二五來折乾」者，離之二五也。伏陽出，先折二五，故曰「折首」。二五曾折乾者，故謂之「首」也。陽爲「嘉」，故「有嘉折首」。學記曰「比物醜類」。「醜類」連文，故「醜」訓「類」。周語曰「況爾小醜」，韋注亦云「醜，類也」。「乾征得坤陰類」者，謂五陽既出，初三四上皆變而爲坤，故曰「得坤陰類」。乾陽物而獲陰類，故「獲匪其醜，无咎矣」。

案：「離爲甲冑、爲戈兵」，有「出征」之象。居一卦之上，「近取諸身」，有「首」象。互「兑爲毁折」，有「折首」之象。五當王位，用上九「王者之後爲公」者以出征。有嘉美之意，故「有嘉折首」。爻相應者爲類，上與四不應爲非類，「獲匪其醜」，獲四也。上失位宜有咎，以獲四，則五吉而上亦无咎矣。象曰：「王用出征，以正邦也。」虞翻曰：乾五出征坤，故「正邦也」。**疏**離自坤來，坤土爲「邦」。出離爲坎，乾五出征，坤邦得正，征之爲言正也，故曰「以正邦也」。

周易集解纂疏卷五

下經第五

序卦曰：「有天地，然後有萬物。有萬物，然後有男女。有男女，然後有夫婦。有夫婦，然後有父子。有父子，然後有臣君。有臣君，然後有上下。有上下，然後禮義有所錯。」韓康伯曰：言咸卦之義也。咸「柔上而剛下」，「感應以相與」。夫婦之象，莫美乎斯。人倫之道，莫大夫婦。故夫子慇懃深述其義，以崇人倫之始，而不係之離也。先儒以乾至離爲上經，天道也。咸至未濟爲下經，人事也。夫易六畫成卦，三才必備，錯綜天人，以効變化。豈有天道人事，偏於上下哉。斯蓋守文而不求義，失之遠矣。**疏**此言咸卦之義，而不出其名者，與上經不言乾坤同也。「柔上而剛下」「感應以相與」，咸彖傳文。以「男下女」，故云「夫婦之象，莫美乎斯」。由夫婦而上溯于天地者，溯夫婦所從來也。由夫婦而推之禮義者，推夫婦所終極也。故云「人倫之道，莫大夫婦」。「夫子述其義以崇人倫，而不係之離也」者，離坎合而爲既未濟。既濟以女下男，不合夫婦之正。未濟以男下女，而究爲男之窮。故「不係之離也」。尋上經首乾坤，爲陰陽之分。下經首咸恆，爲陰陽之合。而咸又二少相感，以「男下女」，得夫婦之正，爲人倫之始，故配乾坤而冠下經之首焉。先儒以上經爲明天道，下經爲明人事。韓不取其說者，蓋六畫既成，三才斯備。

天人交錯，變化以生。未有言天而不及人，言人而不及天者也。以天人分爲上下，特泥其辭而未達其理，故云「失之遠矣」。

䷞艮下兑上咸。亨利貞。取女吉。虞翻曰：「咸，感也。」坤三之上成女，乾上之三成男。乾坤氣交以相與，「止而說，男下女」，故「通利貞，取女吉」。鄭玄曰：「咸，感也。」艮爲山，兑爲澤，山氣下，澤氣上，二氣通而相應，以生萬物，故曰「咸」也。其于人也，嘉會禮通，和順于義，幹事能正。三十之男，有此三德，以下二十之女，正而相親說，取之則吉也。**疏**虞注：「咸，感也」，彖傳文。卦自否來，坤三之上成兑女，乾上之三成艮男。三上易位，故云「乾坤氣交以相與」。「止而說，男下女」，彖傳文。乾坤通，故「亨」。二正乎內，五正乎外，故「利貞」。六爻陰陽相應，故「取女吉」。鄭注：「艮爲山」，「兑爲澤」，説卦文。山氣下降，澤氣上升，二氣感通，陰陽相應，萬物以生，感之所以有取於「咸」也。其于人則有三德。「亨者，嘉之會也」。惟「嘉會禮通」，故「亨」。「利者，義之和也」。惟「和順于義」，故「利」。「貞者，事之幹也」。惟「幹事能正」，故「貞」。不言元者，「大哉乾元」，「至哉坤元」，天地之德，存乎物先，故不言也。媒氏令男三十而妻，女二十而嫁。注云「二三者，天地相承覆之數也」。説卦「參天兩地而倚數」，天三覆，地二載，是男三十女二十，合天地「大衍之數五十」。男有「亨利貞」之德，以下于女，內外皆「正而相親說，故取則吉也」。彖曰：「咸，感也。柔上而剛下，二氣感應以相與。蜀才曰：此本否卦。案：六三升上，上九降三，是「柔上而剛下，二氣交感以相與」也。

疏感，陰陽相感也。「咸」「感」古今字也。卦自否來。否六三升上，是爲「柔上」。上九降三，是爲「剛下」。陰陽二氣，交而成咸，故「感應以相與」。鄭注云「與猶親也」。止而說，男下女，是以亨利貞，取女吉也。王肅曰：山澤以氣通，男女以禮感。男而下女，初婚之所以爲禮也。通義正，取女之所以爲吉也。**疏**艮山爲止，兑澤爲説，故云「止而説」。艮男在下，兑女在上，故云「男下女」。乾文言曰「同氣相求」，説卦曰「山澤通氣」，故云「山澤以氣通」。春官大宗伯「以昏冠之禮親成男女」，故云「男女以禮感」。儀禮士昏禮凡「納采、問名、納吉、納徵、請期、親迎」諸禮，皆「男下女」之事。郊特牲曰「男子親迎，男先於女，剛柔之義也」，故云「初昏之所以爲禮也」。「亨利貞」則通其義而得正，故云「取女之所以爲吉也」。**天地感而萬物化生，**荀爽曰：乾下感坤，故萬物化生于山澤。陸績曰：天地因山澤孔竅以通其氣，化生萬物也。**疏**荀注：否上之三，故云「乾下感坤」。中庸言天覆萬物，地載萬物，而歸功於山之廣生，水之不測，故云「萬物化生于山澤」。陸注：説卦曰「天地定位，山澤通氣」，故云「天地因山澤孔竅以通其氣」。説文「山，宣也。宣氣散生萬物」。白虎通「水位在北方，陰氣在黄泉之下，任養萬物」。故云「化生萬物也」。愚案：下經首言夫婦，而必推原于天地萬物，彖辭與序卦，其義一也。先儒謂下經專明人事，韓氏于序卦傳注駁之，是矣。**聖人感人心而天下和平。**虞翻曰：乾爲聖人。初四易位成既濟，坎爲心爲平，故「聖人感人心而天下和平」，此「保合太和」「品物流形」也。**疏**「乾爲聖人」，謂否五也。初四失正，易位成既濟定。既濟有兩坎，坎亟心爲心，體兑爲和，坎水爲平，乾五下感坤衆，故曰「聖人感人心」。否乾天坤下，兑和坎平，故曰「天下和平」。「保合太和」「品物流形」，乾坤交而爲既濟時也。故引乾彖以明「天下和平」之義。**觀其所感，而天地萬物之情可見矣。」**虞翻曰：謂四之初，以離日見天，坎月見地，縣象著明，萬物見離，故「天地萬物之情可見」也。**疏**四之初成既濟，有離日坎月。坤之乾成離，故「以離日見天」。乾之坤成坎，故「坎月見地」。乾天坤地，此「天地之情可見」也。繫上〔一〕曰「縣象箸明，莫大乎日月」。說卦〔二〕曰「離者，明也，萬物皆相見」。此「萬物之情可見」也。**象曰：「山上有澤，咸。」**崔覲曰：山高而降，澤下而升，「山澤通氣」，咸之象也。**疏**山至高，今降在下，降以氣也。澤至下，今升在上，升以氣也。「山澤通氣」，說卦文。通則感，感卽咸，故云「咸之象也」。**君子以虛受人。」**虞翻曰：君子謂否乾。乾爲人，坤爲虛。謂坤虛三受上，故「以虛受人」。艮山在地下爲謙，在澤下爲虛。**疏**乾三爲君子，乾上之三，故「君子謂否乾」。人得陽以生，故「乾爲人」。陽實陰虛，故「坤爲虛」。三自乾上來，是「坤虛三受上」。乾坤感應，陽施陰受，故「以虛受人」。謙咸二卦皆山在下。「山在地下爲謙」者，山卑自牧也。「在澤下爲虛」者，山虛能受也。二卦皆乾上之三，謙指乾上虧盈之義，咸指坤三虛受之義。**初六。咸其母。**

象曰：「咸其母，志在外也。」虞翻曰：母，足大指也。艮爲指，坤爲母，故「咸其母」。失位遠應，之四得正，故「志在外」，謂四也。**疏**「母」，古文「拇」，子夏傳作「踇」，馬鄭薛皆云「足大指也」。繫下曰「近取諸身」，咸言人事，故六爻皆取象于身，而初則象足。「艮爲指」，「坤爲母」，皆說卦文。荀氏云「母，陰位之尊」。「母」「拇」同物。初與四應，四感初，初爲足，故「咸其母」也。六居初爲「失位」，應在四爲「遠應」。初四易位皆得其正，故「之四得正」。初利之四，故「志在外」。「在外」者，四屬外卦也。之四互兩坎，故稱志。**六二。咸其腓，凶。居吉。象曰：「雖凶居吉，順不**

〔一〕「繫上」原作「說卦」，據所引繫上文正。
〔二〕「說卦」，原承上作「又」，據所引說卦文正。

害也。」崔覲曰：腓，腳膞。次于母上，二之象也。得位居中，于五有應，若感應相與，失艮止之禮，故凶。居而承比于三，順止而隨于禮當，故吉也。疏腓，腳膞，卽鄭氏所云「膞腸」是也。腳膞次于母上象二，故二爲腓。六爲「得位」，二爲「居中」。二正應五，故「于五有應」。但二在艮中，宜守艮止。若感應于五，變以相與，是「失艮止之禮」，故凶也。若居而承比于三，以全艮止，是順以止也。三言「執隨」，謂二隨三，故「隨于禮當」，爲吉也。蓋二以陰居陰，爻位相得，宜靜而有常。若虛中易感，動則失正，故感則凶，居則吉也。二本否坤，故曰順。又坤陰爲害，三來坤壞，二在坤中，故曰「順不害也」。

九三。咸其股，執其隨，往吝。崔覲曰：股，䏶而次于腓上，三之象也。剛而得位，雖欲感上，以居艮極，止而不前。二隨于己，志在所隨，故「執其隨」，下比二也。而遂感上，則失其正義，故往吝窮也。疏「股䏶而次于腓上」象三，故三爲股。以九居三，是「剛而得位」。與上應，故「欲感上」。居艮之極，「止而不前」之象。二承三，故「二隨于己」。三乘二，故「志在所隨」。「執其隨」者，下比于二也。不比二而遂感上，失艮止之義，故往則吝窮也。

象曰：「咸其股，亦不處也。志在隨人，所執下也。」虞翻曰：巽爲股，謂二也。巽爲隨。艮爲手，故稱執。三應于上，初四已變歷險，故往吝。巽爲處女也。男已下女，以艮陽入兑陰，故「不處也」。凡士與女未用，皆稱「處」矣。志在于二，故「所執下也」。疏「巽爲股」，說卦文。二三體皆巽，二感三，故「咸其股」。巽象曰「隨風巽」，故「巽爲隨」。「艮爲手」，說卦文。以手執物，故「稱執」。三應于上必歷四。初四易位成坎險，應上則必歷險，「故往吝」也。巽爲伏，故「爲處女」。在咸之家，已有男下女之象，以艮陽上入兑陰，故二三同在巽體，「亦不處也」。士未用稱處士，女未嫁稱處女。二陰爲女，三陽爲士。三乘二，是志在于二，故「所執下也」。愚案：腓股爲物，皆感而易動。五感二，故戒以居吉。上感三，三欲動，故曰「亦不處也」。亦，亦二也。初三易位則體隨，初在下，故「所執下也」。上雖咸其股而不處，已則執其隨而不往，于感應之時，守艮止之義，庶不誤于所感，若不能固執而妄隨，則往見吝矣。**九四。貞吉悔亡。憧憧往來，朋從爾思。**虞翻曰：失位，悔也。應初動得正，故「貞吉而悔亡」矣。憧憧，懷思慮也。之內爲來，之外爲往。欲感上隔五，感初隔三，故「憧憧往來」矣。兑爲朋，少女也。艮初變之四，坎心爲思，故曰「朋從爾思」也。**疏**四失位，宜有悔。與初易位成既濟，六爻皆正，故「貞吉而悔亡矣」。憧憧，說文曰「意不定也」。言懷思慮而不定也。「之內爲來，之外爲往」，易例也。欲感上而隔于五，欲感初而隔于三，故有憧憧之象。四爲咸心，无所不感，初上舉其遠者，故有往來之象。兑以「朋友講習」，故爲朋。三索得女爲少女，謂上也。初四易位，變坎心爲思。四既正，則上亦從四。與上非男女之感，易兑女爲朋象，故曰「朋從爾思也」。**象曰：「貞吉悔亡，未感害也。**虞翻曰：坤爲害也。今未感坤初，體遯弑父，故曰「未感害也」。**疏**否坤陰爲害。初至五體遯，有艮子弑父之害。今未感坤初，不遇遯艮弑父，故曰「未感害也」。愚案：初四易位，各得其正，坤害不見，故曰「未感害」。下繫說此爻曰：「詘信相感而利生焉」，感而利生，故「未感害也」。**憧憧往來，未光大也。」**虞翻曰：未動之離，故「未光大」也。**疏**四〔一〕動則成離，離爲光大。未動，故「未光大」。謂感上亦以求正也。愚案：離爲光，乾爲大。往則成離，來則離毁，故「未光」。往則乾毁，來亦乾毁，故「未大」。**九五。咸其脢，无悔。**虞翻曰：脢，夾脊肉也。謂四已變，坎爲脊，故「咸其脢」。得正，故「无悔」。**疏**「脢，夾脊肉」者，謂在背

〔一〕「四」，原本作「五」，據卦象正。

也。四變則五體坎，坎爲美脊，故「咸其脢」。五得正位，故「无悔」。又王弼注「脢者，心之上、口之下」。孔疏、子夏易傳曰「在脊曰脢」。馬融曰「脢，背也」。鄭玄云「脢，脊肉也」。王肅云「脢在背而夾脊」。說文云「脢，背肉也」。雖諸說不同，大抵皆在心上。輔嗣以四爲心神，上爲輔頰，五在上四之閒，故直云「心之上、口之下」也。案：脢爲不動，故五不應。舍二感上，嫌有悔。得中得位，故无悔。**象曰：「咸其脢，志末也。」**案：末，猶上也。四感于初，三隨其二，五比于上，故「咸其脢」。「志末」者，謂五志感于上也。**疏**大過「本末弱」，繫下「其上易知」，末卽謂上，故云「末猶上也」。四應初，故「感于初」。三乘二，故「隨其二」。五承上，故「比于上」〔一〕，爲「咸其脢」。五志在感上，故曰「志末也」。

上六。咸其輔頰舌。虞翻曰：耳目之閒稱「輔頰」。四變爲目，坎爲耳，兑爲口舌，故曰「咸其輔頰舌」。**疏**輔頰在耳目之閒，與舌不相接而相通。上應三，四變離爲目，坎爲耳，三在離坎之閒，故曰「輔頰」。九家說卦曰「兑爲輔頰」，是也。「兑爲口舌」，說卦文。謂上也。上感于五，不得之三而與三通氣，以言語相感，故曰「咸其輔頰舌」。象曰「媵口說也」，言徒送口說而已。愚案：釋文「輔，虞作酺」。今從虞注，當作「酺」是。**象曰：「咸其輔頰舌，媵口說也。」**虞翻曰：媵，送也。不得之三，「山澤通氣」，故「媵口說也」。**疏**「媵，送也」，釋言文。「媵」當讀爲「騰」。燕禮曰「媵觚于賓」。鄭氏彼注云「媵，送也」。今文「媵」皆作「騰」。是「媵」爲古文「騰」也。淮南子曰「子產騰辭」。上與五比而不應三，故云「不得之三」。然「山澤通氣」，兑說于上而艮不能止于下，故「媵口說」矣。鄭氏云「咸道極薄，徒送口舌言語而已，不復有志

〔一〕「上」，原本作「五」，據陳校本正。

于其閒」。　案：自下而上曰騰。　滕者，騰也。　咸上自否三來，彖傳曰「柔上」是也。　上成兑口，故「滕口説」。　上言「滕」，故三言「不處也」。

序卦曰：「夫婦之道，不可不久也，故受之以恆。　恆者，久也。」鄭玄曰：　言夫婦當有終身之義。「夫婦之道」，謂咸恆也。　**疏**二少相感，男女之新婚。　二長同居，夫婦之偕老。　内則曰「夫婦之禮，唯及七十同藏無閒」，故「言夫婦當有終身之義」，而其道「不可不久也」。　咸言通，恆言久。　咸繼以恆者，繫下所謂「通則久」也。

䷟巽下震上　恆。　亨无咎利貞。　虞翻曰：「恆，久也」。　與益旁通。　乾初之坤四，剛柔皆應，故「通无咎利貞」矣。　鄭玄曰：恆，久也。　巽爲風，震爲雷。　雷風相須而養物，猶長女承長男，夫婦同心而成家，久長之道也。　夫婦以嘉會禮通，故无咎。　其能和順幹事，所行而善矣。　**疏**虞注：「恆，久也」，彖傳文。　「與益旁通」者，恆乾通益坤也。　卦自泰來，故「乾初之坤四，剛柔皆應」。　是乾坤交，故通。　失位，咎也。　剛柔應，故「无咎」。　六爻唯三上得正。　初四二五不正，變而之正，則成既濟定，故「利貞」矣。　鄭注：「巽爲風」，「震爲雷」，説卦文。　又曰「雷以動之，風以散之」。　荀彼注云「謂建卯之月，天地和合，萬物萌動。　建巳之月，萬物上達，布散田野」。　故云「雷風相須而養萬物」。　巽爲長女，震爲長男，震上巽下，是以女承男。　家人彖傳曰「男正位乎外，女正位乎内」。　故云「夫婦同心而成家，久長之道也」。　春官大宗伯「以嘉禮親萬民，以昏冠之禮親成男女」。　乾文言曰「亨者，嘉之會也」。　故云「夫婦以嘉會禮通」。　通故无咎矣。　乾又曰「利者，義之和也。　貞者，事之幹也」。　故云「能和順幹事，所行而善矣」。　利有攸往。　虞翻曰：初利往之四，終變成益，則初四二五皆得其正。　「終則有始」，故「利有攸往」也。　**疏**恆變成益，從初之四始，故云「初利往之四」。　説卦「震究爲健、爲蕃鮮」，「巽究爲躁卦」，謂震究爲巽，巽究爲震也。虞彼注云「震雷巽風无形，故卦特變耳」，今恆體震巽，雷風特變故，「終變成益」。益初四二五〔一〕皆得其正。否泰相尋，恆益反復，是「終則有始，故利有攸往也」。**彖曰：「恆，久也。**

剛上而柔下，王弼曰：剛尊柔卑，得其序也。**疏**孔疏「恆，久也」者，訓釋卦名也。咸明感應，故「柔上而剛下」，取二氣相交也。恆明長久，故「剛上而柔下」，取尊卑得序也。**雷風相與，巽而動，**蜀才曰：此本泰卦。案：六四降初，初九升四，是「剛上而柔下」也。分乾與坤，雷也。分坤與乾，風也。是「雷風相與，巽而動」也。**疏**卦自泰來，六四降初，是「柔下」也，初九升四，是「剛上」也。分乾之初以與坤，則成震而爲雷，分坤之上以與乾，則成巽而爲風，是爲「雷風相與，巽而動也」。又乾文言曰「同聲相應」，虞彼注云「謂震巽也」，「相應」猶「相與」，「與」猶親也。口訣義引褚氏云「雷資風而益遠，風假雷而增威」是也。**剛柔皆應，恆。**九家易曰：初四、二五雖不正，而剛柔皆應，故通无咎矣。**疏**初四、二五位雖不正，而六爻剛柔皆應，故亨通而无咎矣。**恆亨无咎利貞，久於其道也。**荀爽曰：恆，震世也。巽來乘之，陰陽合會，故「通无咎」。長男在上，長女在下，夫婦道正，故「利貞，久於其道也」。**疏**恆，震宫三世卦，故云「震世也」。一世變豫，二世變解，三世而下體變巽，故「巽來乘〔二〕之」。「陰陽會合」「雜而不厭」，故亨通无咎。巽內震外，故云「長男在上，長女在下」。得夫婦之正道，故「利貞」。又乾爲久，爲道。凡事不變則不恆，唯不正者利變之正則久。繫

〔一〕「二」字原脱，據陳校本補。
〔二〕「乘」，原本作「成」，據陳校本正。

下〔一〕曰「變則通，通則久」，故曰「久於其道也」。天地之道，恆久而不已也。虞翻曰：泰乾坤爲天地。謂終則復始，「有親則可久」也。疏泰有乾坤，故「乾坤爲天地」。否泰循環，恆益反復，故云「終則復始」。「有親則可久」，繫上文。虞彼注云「陽道成乾爲父，震坎艮爲子。本乎天者親上，故有親」。此終變成益，乾坤歷生六子，故云「有親」。又荀彼注「陰陽相親，雜而不厭，故可久也」。利有攸往，終則有始也。荀爽曰：謂乾氣下終，始復升上居四也。坤氣上終，始復降下居初者也。疏謂泰乾氣終于下，始復升于四。坤氣終于上，始復降于下。蓋初四易位，不合終始之義，故以泰初升四，上降初爲「終則有始也」。案：「有」讀爲又。「利有攸往」者，利初四、二五變之正，終成益。蓋恆自泰來，益自否來。否終則泰始，泰終則否始。恆與益反覆相循，亦終則又始也。日月得天而能久照。虞翻曰：動初成乾爲天，至二離爲日，至三坎爲月，故「日月得天而能久照」也。疏恆與益通，益變恆從初始。初動成乾，故爲天。變至二成離，故爲日。變至三成坎，故爲月。以乾照坤，乾爲久。故「日月得天而能久照也」。四時變化而能久成。虞翻曰：春夏爲變，秋冬爲化。變至二離夏，至三兌秋，至四震春，至五坎冬，故「四時變化而能久成」，謂乾坤成物也。疏春夏陽信爲變，秋冬陰詘爲化。「至三兌秋，至四震春」誤。此益變成恆，當云初已變，至二成離，是類謀「夏至日在離」。三四五互體兌，「秋分日在兌」。變至三成震，「春分日在震」。變至五成坎，「冬至日在坎」。故「四時變化而能久成」。「兩儀生四象」，四時乃乾坤所生。「乾知大始，坤化成物」，故謂「乾坤成物也」。聖人久於其道，而天下化

〔一〕「下」，原本作「上」，據所引繫下文正。

成。虞翻曰：聖人謂乾，乾爲道。初二已正，四五復位，成既濟定。「乾道變化，各正性命」。有兩離象，「重明麗正」，故「化成天下」。疏「聖人謂乾」者，即乾三君子也。乾道門，故爲道。又可久，故曰久。三不易方，故「久於其道」。以爻變論之。三上得位，三久其道，不與上易，則益「初二已正，四五復位，成既濟定」。「乾道變化，各正性命」，所謂「久於其道」也。既濟互有兩離，「重明麗正，化成天下」，既濟之事，明「天下化成」爲既濟也。觀其所恆，而天地萬物之情可見矣。」虞翻曰：以離日照乾，坎月照坤，萬物出震，故「天地萬物之情可見矣」，與咸同義也。疏變初及二，是「以離日照乾」也。變四及五，是以「坎月照坤」也。體震，是「萬物出震」也。乾天坤地，震爲萬物，窮變通久，故曰「觀其所恆，而天地萬物之情可見矣」。與咸象「觀其所感」，同一義也。象曰：「雷風，恆。宋衷曰：雷以動之，風以散之，二者常相薄而爲萬物用。故君子象之，以立身守節而不易道也。疏「雷以動之，風以散之」，說卦文，又曰「雷風相薄」，又曰「動萬物者莫疾乎雷，撓萬物者莫疾乎風」，故云「二者常相薄而爲萬物用」。蓋雷風至變，而至變之中有不變者存，變而不失其常者也，故曰「雷風恆」。君子象之，以立身守節而不變易其常道也。君子以立不易方。」虞翻曰：君子謂乾三也。乾爲易爲立，坤爲方，乾初之坤四，三正不動，故「立不易方」也。疏三本乾也，故「君子謂乾三」。「乾以易知」爲易，「立天下之大本」爲立。坤「直方大」爲方。泰乾初之坤四，乾爻惟三得其正。三正不動，故曰「立不易方也」。愚案：終變成益，則初四、二五復位。三正不動，故「立不易方」。初六。浚恆貞凶，无攸利。侯果曰：浚，深，恆，久也。初本六四，自四居初，始求深厚之位者也。位既非正，求乃涉邪，以此爲正，凶之道也。故曰「浚恆貞凶，无攸利」矣。疏「浚，深也」，釋言文。浚與濬通。莊九年公羊傳「浚之者何？深之也」，是其義也。「恆，久也」，彖傳文。卦自泰來，故初六自四居初，始求深位。以陰居陽，位既非正。變不當變，求乃涉邪。四不正，之初仍不正，以此求正，凶之道也。故曰「浚恆貞凶，无攸利矣」。　愚案：初失位，變體潛龍在下，故曰「浚恆」。成乾則體大壯，大壯初九曰「壯于趾征凶」。變而无應，故「貞凶」。動而得凶，故「无攸利」。與大壯「征凶」同義。**象曰：「浚恆之凶，始求深也。」**虞翻曰：浚，深也。初下稱浚，故曰「浚恆」。乾初爲淵，故深矣。失位變之正，乾爲始，故曰「始求深也」。**疏**初位在下稱浚，故曰「浚恆」。乾四曰「或躍在淵」，淵謂初。初曰「潛龍勿用」，是初潛爲淵，故稱深矣。初失位變之正，成乾，爲「始求深也」。**九二。悔亡。**虞翻曰：失位，悔也。動而得正，處中多譽，故「悔亡」也。**疏**二失位，宜有悔。動成陰爲「得正」，位在二爲「處中」，二得中爲「多譽」，故宜有悔而「悔亡」也。**象曰：「九二悔亡，能久中也。」**荀爽曰：乾爲久也。能久行中和，以陽據陰，故曰「能久中也」。**疏**乾可久，故爲久。以陽爻據陰位，故曰能久中也。　案：二在中，失位變之正，乃能行中和之道，故曰「能久中」。**九三。不恆其德，或承之羞，貞吝。**荀爽曰：與初同象，欲據初隔二。與五爲兑，欲説之隔四。意无所定，故「不恆其德」。與上相應，欲往承之，爲陰所乘，故「或承之羞」也。「貞吝」者，謂正居其所，不與陰通也。无居自容，故貞吝矣。**疏**初三皆陽位，故云「與初同象」。欲據于初而隔于二。與五互兑，兑爲説。欲説于五而隔于四。是「意无所定」，故「不恆其德」。三與上爲正應，欲往承上，爲上六凶陰所乘，故「或承之羞也」。以九居三，位得其正，是「正居其所」，爲恆之主。上不與凶陰相通，二五、初四爻又不正，是「无居自容」，故以貞而有吝矣。　愚案：陽爲剛德，唯三得正。然正而不中，位又多凶，且居巽極，「其究爲躁卦」，又「爲進退、爲不果」，故有「不恆其德」之象。承四承五，爻皆不正。承上振恆，凶而无功。四五不當承而承，上當承而不獲所承，故有「或承之羞」之象。得正而羞，故曰「貞吝」。象曰：「不恆其德，无所容也。」九家易曰：言三取初隔二，應上見乘，是「无所容」。无居自容，故「貞吝」。

疏 釋已見上。 愚案：恆唯三陽得位。爻不正者，既不見容。爻之正者，隔于不正，又不見容。是以「无所容也」。

九四。田无禽。象曰：「久非其位，安得禽也。」虞翻曰：田謂二也，地上稱田。无禽謂五也。九四失位，利二上之五，已變承之，故曰「田无禽」。言二五皆非其位，故象曰「久非其位，安得禽也」。

疏 二與四同功，故知「田謂二也」。二于三才爲地位，乾九二曰「見龍在田」，故知「地上稱田」也。禽，獲也。四近承五，故知「无禽謂五也」。陰陽相比、相應，陽爲陰得稱禽、稱獲。九四與二五相比皆失位，利二變之五，已亦變正承之。二五易位各得其正，故曰「田无禽」，謂无所得也。言二五失正，皆非其位，故象曰「久非其位，安得禽也」。 案：巽爲雞稱禽，二在地上稱田。二與五應，則巽禽爲五有矣，故九四曰「田无禽」。四互乾，乾可久爲久。乾陽雖久，居非其位，恆而不得其正，故无所得也。又恆自泰來。四之初，故初曰「始求深」。初之四，故曰「久非其位」。

六五。恆其德。貞，婦人吉，夫子凶。虞翻曰：動正成乾，故「恆其德」。婦人謂初，巽爲婦。終變成益，震四復初，婦得歸陽，從一而終，故「貞婦人吉」也。震乾之子而爲巽夫，故曰「夫子」。終變成益，震四從巽，死于坤中，故「夫子凶」也。

疏 動而之正，復成乾五，乾日新爲德，可久爲久，故「恆其德」。「婦人謂初」者，巽初陰也。巽長女故稱婦。終變成益，初四得正，震四復歸于初，是巽婦得歸震陽。震初爲一，巽四從初，故「從一而終」。襄三十年穀梁傳「婦人以貞爲行者也」，故曰「貞婦人吉也」。震爲乾之長子，又爲元夫，故曰「夫子」。終變成益，反震爲巽，互乾爲坤。坤乙爲死魄，震四從巽婦，死于坤中，故曰「夫子凶也」。象曰：「婦人貞吉，從一而終也。」虞翻曰：一謂初。終變成益，以巽應初震，故「從一而終也」。

疏 初九爲元，元即一也，故「一謂初」。終變成益時，巽四正應震初，故云「以巽應初震」。郊特牲曰「壹與之齊，終身不改，故夫死不嫁」。是「從一而終」之義也，所謂恆也。**夫子制義，從婦凶也。」**虞翻曰：震沒從巽，入坤，故「從婦凶」矣。**疏**「巽，德之制」，故爲制。坤爲義門，故爲義。以乾制坤爲制義。終變成益時，震夫沒從巽婦，入于互坤，坤爲死喪，故「從婦凶也」。**上六。震恆，凶。象曰：「震恆在上，大无功也。」**虞翻曰：在震上，故「震恆」。五動乘陽，故「凶」。終在益上，五遠應，故「无功也」。**疏**虞注說卦云「震內體爲專，外體爲躁」。震，動也。在震上，處動極，故「震恆」。五動之正，則上六乘陽，乘陽不敬，故「凶」。五終變成益，故「終在益上」。五多功，遠應二而不近比上，上不得五，故「大无功也」。「震」亦作「振」「祇」，三字同物同音。「祇」有耆音，故說文引作「榰恆」。

序卦曰：「物不可以久居其所，故受之以遯。」韓康伯曰：「夫婦之道，以恆爲貴。而物之所居，不可以恆，宜與世升降，有時而遯者也。**疏**「夫婦之道，以恆爲貴」，自一端言也。「物之所居，不可以恆」，推廣言之也。動極則靜，進極則退，故恆之震動極于上，即遯之艮止返于下，所以「與世升降，有時而遯也」。曲禮曰「七十曰老而傳」，謂血氣既衰，傳家于子，即恆繼以遯之義也。

䷠艮下乾上遯。亨。虞翻曰：陰消姤二也。艮爲山，巽爲入，乾爲遠，遠山入藏，故遯。以陰消陽，子弑其父，小人道長，避之乃通，故遯而通，則當位而應，與時行也。**疏**陰始消姤，及二成遯，與臨旁通。「艮爲山」，說卦文。又「巽，入也」，故「巽爲入」。天道遠，故「乾爲遠」。乾陽爲人，入藏于遠山，故曰遯。艮爲少男，變乾爲艮，故云「以陰消陽，子弑其父」。「小人道長」，否彖傳文。陰消至否，否象曰「君子以儉德避難」。當陽消陰長之時，避之則不成否，是「避之乃通」，故「遯而亨」。當位謂五，應謂二。二陰道長，弑父弑君，由應五利貞，與時偕行，故陽不受傷，「遯而亨也」。小利貞。虞翻曰：小陰謂二，得位浸長，以柔變剛，故「小利貞」。鄭玄曰：遯，逃去之名也。艮爲門闕，乾有健德。互體有巽，巽爲進退。君子出門，行有進退，逃去之象。二五得位而有應，是用正道，得禮見召聘。始仕他國，當尚謙謙，小其和順之道，居小官，幹小事，其進以漸，則遠妒忌之害，昔陳敬仲奔齊辭卿是也。**疏**虞注：陰稱小，故「小陰謂二」。二得位爲貞，浸長則非正。以柔變剛，陰之利也，故小則利。「利貞」者，謂「執用黄牛之革」也。鄭注：「遯」，古文作「遂」，前漢書匈奴傳贊「遂逃竄伏」，故云「遯，逃去〔一〕之名也」。「艮爲門闕」，說卦文。又曰「乾，健也」，故云「乾有健德」。二至四互體巽，「巽爲進退」，說卦文。君子出于艮門而巽象進退，是「逃去之象」也。二五陰陽得位，上下相應，是用得正道，得禮見召聘也。凡始仕他國者，當法「謙謙君子，卑以自牧」。與臨旁通，臨兑爲和，坤爲順，體艮爲小，故云「小其和順之道」。由小官小事以漸進于尊位，則遠妒忌之害，故曰「小利貞」。莊廿二年左傳「陳公子完奔齊，齊侯使敬仲爲卿。辭曰：『羈旅之臣，幸若獲宥，及于寬政，赦其不閑于教訓，而寬于罪戾，弛于負擔，君之惠也，所獲多矣。敢辱高位，以速官謗，請以死告。詩云「翹翹車乘，招我以弓。豈不欲往，畏我友朋」。』使爲工正」。此陳敬仲奔齊辭卿之事也。彖曰：「遯亨，遯而亨也。侯果曰：此本乾卦，陰長剛殞，君子遯避，遯則通也。**疏**此本乾卦，消陽至二。陰長，是小人道長也。剛殞，是君子道消也。小人用事，則君子行遯。序卦曰「遯者，退也」。蓋進則遇難，退則保身，故「遯則通也」。剛當位

〔一〕「去」字原脫，據陳校本補。

而應，與時行也。虞翻曰：剛謂五而應二，艮爲時，故「與時行」矣。疏五陽當位而正應二，故「剛謂五而應二」。艮象曰「動靜不失其時」，故「艮爲時」。通臨爲與，臨震爲行，故「與時行矣」。小利貞，浸而長也。荀爽曰：陰稱小，浸而長，則將消陽，故利正居二，與五相應也。疏泰曰「小往」，否曰「小來」，故知「陰稱小」也。陰消至二，其勢浸長，將欲消陽成否。二與五爲正應，固志守正，遯不成否，「利貞」之義也。遯之時義大矣哉。」陸績曰：謂陽氣退，陰氣將害，隨時遯避，其義大矣。宋衷曰：太公遯殷，四皓遯秦之時也。疏陸注：「陽氣退」，謂乾消至二也。「陰氣將害」，謂消三成否，坤陰爲害也。艮象曰「時止則止」，伏坤爲義，體乾爲大，故云「隨時遯避，其義大矣」。宋注：孟子「太公避紂，居東海之濱」。史記留侯世家「上有不能致者，天下有四人。四人者，年老矣，逃匿山中」。是太公遯殷，四皓遯秦之事也。

象曰：「天下有山，遯。崔覲曰：天喻君子，山比小人。小人浸長，若山之侵天。君子遯避，若天之遠山。故言「天下有山遯」也。疏乾爲天，純陽以喻君子。艮爲山，二陰消陽，以比小人。陰在下而浸長，若山欲侵于天。陽在上而自尊，若天常遠于山。故曰「天下有山，遯」。君子以遠小人，不惡而嚴。」虞翻曰：君子謂乾，乾爲遠、爲嚴。小人謂陰，坤爲惡、爲小人。故「以遠小人，不惡而嚴」也。侯果曰：羣小浸盛，剛德殞削，故君子避之。高尚林野，但矜嚴于外，亦不憎惡于內，所謂「吾家耄遜于荒」也。疏虞注：君子謂乾三也。乾爲天，天道遠，故爲遠。乾位西北，其氣凜冽，故爲嚴。小人爲二陰也。坤陰爲惡，消陽成否爲小人。陰消及三，君子道消，小人道長，「天地閉，賢人隱」，故「以遠小人，不惡而嚴也」。侯注「羣小浸盛」，謂下二陰也。「剛德殞削」，謂上四陽也。是小人在位，君子在野之時，故「君子避之」也。然當其高尚林野，但外示矜嚴以持乎已，實內无憎惡以尤乎人。「吾家耄遜于荒」，書微子文。言吾家老成之人，皆逃遁于荒野之外。引之以明遠小人之義。初六。遯尾，厲，勿用有攸往。陸績曰：陰氣已至于二，而初在其後，故曰「遯尾」也。避難當在前，而在後，故「厲」。往則與災難會，故「勿用有攸往」。疏爻例上爲角，初爲尾。釋水「濮大出尾」，注云「尾，猶底也」，言其源深出於底下者名「濮」。是爻在下，故稱「尾」也。陰氣消陽，已至于二，而初在二後，故曰「遯尾」。避難當蚤，在後則「厲」。「勿用有攸往」者，以往則災難會也。象曰：「遯尾之厲，不往何災也。」虞翻曰：艮爲尾也。初失位，動而得正，故「遯尾厲」。之應成坎爲災，在艮宜靜，若不往于四，則无災矣。疏艮爲黔喙之屬，多長尾，故「爲尾」。以陰居初爲失位。初動得正，則遯去其尾，故曰「遯尾」。所以「厲」者，上與四應，之應成坎，坎爲災，故厲也。艮止宜靜，不往于四，則无災也。六二。執之用黃牛之革，莫之勝說。虞翻曰：艮爲手稱執，否坤爲黃牛，艮爲皮。四變之初，則坎水濡皮，離日乾之，故「執之用黃牛之革」。莫，无也。勝，能。說，解也。乾爲堅剛，巽爲繩，艮爲手，持革縛三在坎中，故「莫之勝說」也。疏「艮爲手稱執」者，二執三也。二執三在成否之後，故取「否坤」。九家說卦曰「坤爲黃」，又「爲子母牛」，故「爲黃牛」。又曰「艮爲膚」，皮膚同義。乾陽爲骨，坤陰爲肉。乾三覆坤成艮，在肉之外，故爲皮。考工記「攻皮之工五，函、鮑、韗、韋、裘」。始析謂之皮，已乾謂之革，既熟謂之韋，其實一物也。「四變之初」，成離互坎。「坎水濡皮，離日乾之，故執之用黃牛之革」也。「莫」訓「无」，「勝」訓「能」，「說」讀若「脫」、訓「解」。乾陽，故爲堅剛。互巽爲繩，體艮爲手。說文「縛，束也」。以艮手持革縛之，四變三在坎中，故无能解說也。

愚案：革自遯來，遯初之上成革，故「黃牛之革」與遯初同辭。二得位得中，正應在五，固志守正，故「莫之勝說」。彖傳「小利貞」，正此義也。象曰：「執用黃牛，固志也。」侯果曰：六二離爻，離爲黃牛。體艮履正，上應貴主，志在輔時，不隨物遯。獨守中直，堅如革束，執此之志，莫之勝說。殷之父師，當此爻矣。**疏** 坤二之乾成離，故「六二爲離爻」。離卦辭曰「畜牝牛吉」，六二爻辭曰「黄離元吉」，故「離爲黄牛」。二體艮位履正。五得中得正，故云「上應貴主」。諸爻皆言遯，二不言遯，故云「志在輔時，不隨物遯」。二在中，坤二曰「直方大」，故云「獨守中直〔一〕」。革柔而堅，居下之中，故云「堅如革束」。得正爲貞，貞固足以幹事，故云「執此之志，莫之勝說」。「殷之父師」，謂箕子也。書微子「父師若曰：自靖人自獻于先王，我不顧行遯」，足以當此爻矣。**九三。係遯，有疾厲，畜臣妾吉。**虞翻曰：厲，危也。巽爲。四變時，九三體坎，坎爲疾，故「有疾厲」。遯陰剥陽，三消成坤，與上易位，坤爲臣，兑爲妾，上來之三，據坤應兑，故「畜臣妾吉」也。**疏** 「厲」訓「危」。「巽爲」，本亦作「巽繩爲係」。三互巽爲繩直，故稱「係」。遯成于二，二陰三陽，二係于三，故稱「係遯」。四變則三體成坎，坎爲心病稱疾，故「有疾厲」。二執用黄牛之革，據上來之三也。遯陰消之卦，故「遯陰剥陽」。三互巽特變，從家人漸之例。三動，上反三，故「三消成坤，與上易位」也。三消成坤，坤爲臣。與上易位，上體兑，兑爲妾。上來之三，據下之坤，應上之兑，故「畜臣妾吉也」。遯上下易位爲大畜，遯三，大畜之上，故言「畜臣妾」也。**象曰：「係遯之厲，有疾憊也。」**王肅曰：三下係于二而獲遯，故曰「係遯」。病此係執而獲危懼，故曰「有疾憊也」。此于六二畜臣妾之象，足以畜其臣妾，不可施爲大事也。**疏** 三比二陰，故係二而獲遯，爲「係遯」。三多凶，係則有疾而厲，因「係執而獲危懼，故曰有疾憊也」。三爲二陰所係，二陰爲小，故但可畜臣妾，而「不可施爲大事也」。**畜臣妾**

〔一〕「直」，原本作「道」，據陳校本正。

吉，不可大事也。」虞翻曰：三動入坤，坤爲事，故「不可大事也」。

荀爽曰：大事謂與五同任天下之政。潛遯之世，但可居家畜養臣妾，不可治國之大事。疏虞注：三動成坤爲否，坤「發于事業」，故爲事。陽稱大，陰稱小，三成否陰，故「不可大事也」。荀注：三與五同功，故「大事謂與五同任天下之政」也。當「潛遯之世」，動而成否，故但可居家養小，不可治國圖大也。

九四。好遯，君子吉，小人否。虞翻曰：否乾爲好，爲君子，陰稱小人。動之初，故「君子吉」。陰在四多懼，故「小人否」。得位承五，故无凶咎矣。疏三消成否，四乃之初，故稱「否乾」。賈逵左傳注「好生于陽」，故「乾爲好」。乾陽故「爲君子」，坤陰故爲小人。四動之初，以乾入坤，故「君子吉」。初陰之四，四位多懼，初本「遯尾厲」，故「小人否」也。動得位上承五，「故无凶咎矣」。

象曰：「君子好遯，小人否也。」侯果曰：不處其位而遯于外，好遯者也。然有應在初，情未能棄。君子剛斷，故能舍之。小人係戀，必不能矣。故君子吉，小人凶矣。疏四與初應，初在內，四在外。四陽當在初，今「不處其位而遯于外」，是「好遯者也」。處于外而有應于內。君子剛斷，故決然遯去。小人係戀，則不能也。故「君子吉，小人凶」也。

九五。嘉遯貞吉。虞翻曰：乾爲嘉。剛當位應二，故貞吉。謂三已變，上來之三成坎，象曰「以正志也」。疏釋詁「嘉，美也」，乾美利，故爲嘉。剛在五爲「當位」，而下正應二，故曰「貞吉」。三已變成否，四已易初，上來之三成坎，坎爲志，故象曰「以正志也」。案：非正應而相昵曰「係」，以中正而相應曰「嘉」。隨九五「孚于嘉」，遯九五「嘉遯」，皆因三之係而見也。

象曰：「嘉遯貞吉，以正志也。」侯果曰：時否德剛，雖遯中正，嘉遯者也，故曰「貞吉」。遯而得正，則羣小應命。所謂紐已紊之綱，正羣小之志。則殷之高宗當此爻矣。疏三消陽爲「時否」，九在五爲「德剛」。所處雖遯，而得乎中正，嘉遯者也，故貞而獲吉。陽正乎上，爲「遯而得正」。陰應于下，爲

「羣小應命」。當遯之世，乾得正，是「紐已紊之綱」也。坤應正，是「正羣小之志」也。書說命曰「台小子舊學于甘盤，既乃遯于荒野」。無逸曰「其在高宗時，舊勞于外，爰曁小人。作其卽位，乃或亮陰，三年不言，言乃雍。不敢荒寧，嘉靖殷邦」。以聖主遯于荒野，卒能嘉靖殷邦，故云「殷之高宗當此爻矣」。

上九。肥遯无不利。虞翻曰：乾盈爲肥，二不及上，故「肥遯无不利」，象曰「无所疑也」。**疏**陽息爲盈，且乾盈于甲，故乾稱盈而爲肥也。上與三爲敵應，无所係戀。二雖執三，不能及上。故上將遠遯，无所疑顧，是以「肥遯」。三有係故疾，上无應故肥。疾故厲，肥故无不利。係則有疑，无應則无疑，故象曰「无所疑也」。

象曰：「肥遯无不利，无所疑也。」侯果曰：最處外極，无應于內，心无疑戀，超世高舉，果行育德，安時无悶，遯之肥也，故曰「肥遯无不利」。則潁濱巢許當此爻矣。**疏**上處最外，內无正應，是以心无疑顧，超然遠遯。體乎乾以果行育德，法乎艮以安時无悶，故云「遯之肥也」。淮南九師訓曰「遯而能肥，吉孰大焉」，故曰「肥遯无不利」。高士傳「巢父，堯時隱人。堯讓位于許由，由以告巢父，巢父責之曰『汝何不隱汝形，藏汝光，非吾友也』。乃過清冷之水洗其耳」。故云「潁濱巢許當此爻矣」。又上之三成坎，坎心爲疑，无應則「无所疑也」。愚案：內卦艮，艮止也，故爲勿往、爲執革、爲係、爲畜。外卦乾，乾陽也，故爲好、爲嘉、爲肥。四五猶有正應，未能脱然遠去。上與三不應，且處乾野而在上極，故曰「肥遯」。古本「肥」作「𩇩」，與「蜚」、「飛」字同。後漢書注引九師訓曰「遯而能飛」。曹植七啓曰「飛遯離俗」。張衡思玄賦曰「欲飛遯以保名」。蓋上變則體小過，小過有飛鳥之象，上六應之，故曰「飛遯」。荀注乾九五云「飛者，喻无所拘也」。无所拘，故「无所疑」云。

序卦曰：「物不可以終遯，故受之以大壯。」韓康伯曰：遯「君子以遠小人」，遯而後通，何可終邪。陽盛陰消，君子道勝也。**疏**當遯之世，君子道消，小人道長，是以「君子遠小人」。必遯而後亨，然遯亦何可終也。蓋陰長則陽退，陽進則陰衰。消息相循，自然之理。遯主退，壯主進。退極必進，故遯受以壯，是陽盛陰消，君子道勝也。愚案：遯主乎退，以艮止也，而遯實全體象艮。大壯主乎進，以震動也，而大壯實全體象震。艮終東北，即震出東方。大壯次遯，即震次艮之義也。

䷡乾下震上大壯。利貞。虞翻曰：陽息泰也。壯，傷也。大謂四。失位爲陰所乘，兑爲毁折，傷。與五易位乃得正，故「利貞」也。**疏**陽自泰三息四成大壯，故云「陽息泰也」。陽息過盛而爲陰傷，故云「壯，傷也」。物過則傷，不云傷而云壯者，陰陽之辭也。揚子方言曰「凡草木刺，北燕朝鮮之閒謂之策，或謂之壯」，郭璞注云「今淮南亦呼壯爲傷」是也。陽大陰小，大謂四，陽息至四也。以陽居四爲「失位」，五陰乘之，陰氣賊害，又互兑爲毁折，故稱傷。四當升五，與五易位，陽乃得正，故「利貞也」。象曰：「大壯，大者壯也。侯果曰：此卦本坤。陰柔消弱，剛大長壯，故曰大壯也。**疏**陽息坤，初漸長至四，故云「此卦本坤」。陽息過泰，是陰柔愈弱，陽剛愈壯。陽爲大，息至四，故曰「大者壯也」。剛以動，故壯。荀爽曰：乾剛震動，陽從下升，陽氣大動，故壯也。**疏**乾剛在下，震動在上，是「陽從下升」也。陽氣至剛，大動于上，故壯。大壯利貞，大者正也。虞翻曰：謂四進之五，乃得正，故「大者正也」。**疏**陽在四爲失位，進而之五，乃得乎正。陽爲大。故曰「大者正也」。正大而天地之情可見矣。」虞翻曰：「正大」謂四，之五成需，以離日見天，坎月見地，故「天地之情可見也矣」。**疏**陽居五爲正爲大。四陽之五成需，需自大壯來也。需體坎互離，互乾成離，故云「離日見天」。乾之坤成坎，故云「坎月見地」。「利貞者，性情也」故「正大而天地之情可見矣」。象曰：「雷在天上，大壯。崔覲曰：乾下震上，故曰「雷在天上」。一曰雷，陽氣也。陽至于上卦，能助于天威，大壯之象也。**疏**乾爲天在下，震爲雷在上。論衡曰「雷者，太陽之激氣」，故云「雷，陽氣也」。陽氣在上，能助天威，剛以動，故有大壯之象。君子以非禮弗履。」陸績曰：天尊雷卑，君子見卑乘尊，終必消除，故象以爲戒，非禮不履。**疏**漢書五行志曰「雷于天地爲長子」，故云「天尊雷卑」。震上乾下，是「以卑乘尊」也。陽長至上，成乾滅震，是「終必消除」也。震爲足，震足履乾，履非所履。陰消至上，震足不見，故君子取以爲戒，而「非禮弗履」。履者，禮也。天在澤上爲履，上下有辯。以坤柔履剛，故嘉會合禮。雷在天上，尊卑倒置，以震剛履乾，故「非禮弗履」。

初九。壯于趾。征凶，有孚。虞翻曰：趾謂四。征，行也。震足爲趾，爲征。初得位，四不征之五，故凶。坎爲孚，謂四上之五成坎，已得應四，故「有孚」。**疏**初應四，故「趾謂四」。「征，行也」，釋言文。震爲足，故「爲趾爲征」。初應四趾，而征則自初始也。初陽爲得位，四失位不應。若初動而四不應則凶，故「征凶」。經言「征」，虞謂「四不征之五故凶」者，非也。唯不動而待四之五成坎，坎爲孚，已得與四爲正應，故「有孚」。象曰：「壯于趾，其孚窮也。」虞翻曰：應在乾終，故「其孚窮也」。**疏**體有兩乾，「應在乾終」者，互乾之終也。終者，窮也。以陽應陽，故孚窮。孚窮，故傷。

九二。貞吉。象曰：「九二貞吉，以中也。」虞翻曰：變得位，故「貞吉」。動體離，故「以中也」。**疏**陽變爲陰得正位，故曰「貞吉」。動則成離，離二象曰「得中道也」，故云「以中」。二宜陰中也。

九三。小人用壯，君子用罔，貞厲。虞翻曰：應在震也。三陽君子，小人謂上。上逆故「用壯」。謂二已變離。離爲罔，三乘二，故「君子用罔」。體乾「夕惕」，故「貞厲」也。**疏**應在震上也。「三陽君子」，謂乾三也。「小人謂上」，決上「小人道消也」。五已正爲決，上陰乘逆，傷陽不正，應之故「用壯」。壯，傷也。二已變，三體離。包犧「作結繩以爲罔罟，蓋取諸離」，故「離爲罔」。上不應三，三下乘二，故「君子用罔」。三體在乾得正，乾九三曰「夕惕若厲」，故雖貞亦厲。三陷于罔，故危也。羝羊觸藩，羸其角。荀爽曰：三與五同功爲兑，故曰「羊」，終始羊位，故曰「羝」，「藩」謂四也。三欲觸四而危之，四反羸其角，「角」謂五也。疏三與五同功，互爲兑，兑爲羊，故曰「羊」。説文「羝，牡羊也」，遯變大壯，初二、五上，有升有降，唯三〔一〕四不變，而三則終始陽位，陽爲牡，故曰「羝」。「藩謂四」，釋具下侯注。三君子不觸四，角亦非五，不如侯注尤合經義也。象曰：「小人用壯，君子罔也。」侯果曰：「藩」謂四也，九四體震爲竹葦，故稱「藩」也。三互乾兑，乾壯兑羊，故曰「羝羊」。四藩未決，三宜勿往，用壯觸藩，求應于上，故角被拘羸矣。案：自三至五體兑爲羊，四既是藩，五爲羊角，即「羝羊觸藩羸其角」之象也。疏侯注：「藩謂四」者，四體震，震爲竹木、爲萑葦，故爲藩。三下互乾，上互兑，乾體壯，兑象羊，故曰「羝羊」。四藩在前，剛而未決，三宜固守勿往。若用壯觸四，求應于上，上欲應三，爲四所隔，故云「角被拘羸矣」。上爲角，文例也。「羸」，釋文鄭虞作「纍」，馬氏以爲大索，是也。與觀旁通，觀巽爲繩。三動互離，羊性喜觸，兑毀而離麗，故有拘羸其角之象。案：以五爲角，從荀義也。九四。貞吉悔亡。藩決不羸，壯于大轝之腹。象曰：「藩決不羸，尚往也。」虞翻曰：失位，悔也。之正得中，故「貞吉」而「悔亡」矣。體夬象，故「藩決」。震四上處五，則藩毁壞，故「藩決不羸」。坤爲大轝、爲腹，四之五折坤，故「壯于大轝之腹」。而象曰「尚往」者，謂上之五。疏九居四爲「失位」，宜有悔也。上之五得中，故「貞吉而悔亡矣」。初至五體象夬，夬者，決也，故

〔一〕「三」，原本作「二」，據卦象正。

曰「藩決」。四體不正，上之五則震體毀，故藩決不能羸也。「坤爲大轝、爲腹」，皆說卦文，謂泰坤也。四之五體坎，坎折坤體，故曰「壯于大轝之腹」也。壯者，傷也。而象曰「尚〔一〕往」者，尚，上也，謂上之五也。**六五。喪羊于易，无悔。**虞翻曰：四動成泰，坤爲喪也。乾爲易，四上之五，兑還屬乾，故「喪羊于易」。動各得正，而處中和，故「无悔」矣。

疏四失位，動成泰體坤，月滅坤乙爲喪。「乾以易知」，故「乾爲易」。鄭注「易，佼易也」。四上之五體坎，坎五，乾也，故「兑還屬乾，喪羊于易」也。四五易位，動而各得其正，五處上中，下應二和，故无悔也。**象曰：「喪羊于易，位不當也。」**案：謂四五陰陽失正。陰陽失正，故曰「位不當也」。**疏**四五陰陽失正，故曰「位不當」。四動之五，各得其正，故勿悔也。**上六。羝羊觸藩，不能退，不能遂，无攸利。艱則吉。**虞翻曰：應在三，故「羝羊觸藩」。遂，進也。謂四已之五體坎，上能變之巽，巽爲進退，故「不能退，不能遂」。退則失位，上則乘剛，故「无攸利」。坎爲艱，得位應三利上，故「艱則吉」。**疏**上正應在三，乃上不應三，使三觸藩，故「无攸利」。明三羝羊，所觸者上也。書仲虺之誥「顯忠遂良」，孔傳「良則進之也」。且對退而言，故訓進。四已之五，其體爲坎。震巽特變，故「上能變之巽」。「巽爲進退」，說卦文。應三隔四，故不能進退。窮于上，故「不能遂」。羸其角之象也。退謂上爲巽，退于四則失位。進于五則乘剛。故「无攸利」。坎陷故爲艱。上不變巽，居坎得位，四藩既決，三自應之，利居五上，故「艱則吉」也。乾鑿度說此爻曰「藩決艱解」，故上與二四同吉。**象曰：「不能退不能遂，不詳也。」**虞翻曰：乾善爲詳。不得三應，故「不詳也」。**疏**「詳」，古文「祥」。

〔一〕「尚」，原本作「上」，據陳校本正。

釋詁云「詳，善也」。「元者善之長」，故「乾善爲詳」。上隔于四，不得三應，不得乾，故「不詳也」。艱則吉，咎不長也。虞翻曰：巽爲長，動失位爲咎。不變之巽，故「咎不長也」。疏「巽爲長」，説卦文。上動失位，故有咎。守正應三，不變之巽，故「咎不長也」。「咎不長」者，卽雜卦所謂「大壯則止」也。

序卦曰：「物不可以終壯，故受之以晉。晉者，進也。」崔覲曰：不可以終壯于陽盛，自取觸藩，當宜柔進而上行，受茲錫馬。疏物壯盛則必進，然壯而進，故「不可以終壯于陽盛」，自取「羝羊觸藩」之咎，宜「柔進而上行」，以受「錫馬蕃庶」之休，晉所以繼大壯也。説文曰「晉，進也」，日出萬物進，故曰「晉者，進也」。

䷢坤下離上晉。康侯用錫馬蕃庶，晝日三接。虞翻曰：觀四之五。晉，進也。坤爲「康」，康，安也。初動體屯，震爲「侯」，故曰「康侯」。震爲「馬」，坤爲「用」，故「用錫馬」。艮爲多，坤爲衆，故「蕃庶」。離日在上，故「晝日」。三陰在下，故「三接」矣。疏從四陰二陽之例，晉自觀來，故云「觀四之五」也。四進居五，柔而上行，故彖曰「晉，進也」。「坤爲康」者，坤靜爲安，安故康。「康，安也」，釋詁文。爻例四爲諸侯，觀之六四「利用賓于王」。四之五皆失位，五之正，以四錫初，則初四易位。初動體屯，初至五象屯也。屯下體震，震爲侯，屯「利建侯」，故曰「康侯」。震爲馬，坤器爲用，故「用錫馬」。蕃，多也，庶，衆也，艮多節爲多，坤數衆爲衆，故稱「蕃庶」。雜卦曰「晉，晝也」，離日在地上，故云「晝日」。觀四之五，以離日接坤，坤三陰在下爲「三接」。三接，三享也。侯氏據周禮大行人言三接，詳見下文。又一説王接諸侯之禮，覲禮延升，一也。覲畢，致享，升，致命，二也。享畢，王勞之，升，成拜，三也。象曰：「晉，進也。明出地上，順而麗乎大明。崔覲曰：渾天之義，日從地出而升于天，故曰「明出地上」。坤，臣道也。日，君德也。臣以功進，君以恩接，是以「順而麗乎大明」。雖以卦名晉而五爻爲主，故言「柔進而上行」也。**疏**晉書天文志曰「言天體者有三家。一曰周髀，二曰宣夜，三曰渾天。宣夜之學，絕無師法。周髀行數具存，驗之天狀，多所違失，故史官不用。唯渾天近得其情」。渾天儀曰「天地各成氣而立，載水而浮，日月星辰繞地下」。故云「日從地出而升于天」爲「明出地上」也。坤文言曰「臣道也」，故云「坤，臣道」。尸子曰「日五色，至陽之精，象君德也」，故云「日，君德也」。坤在下，故云「臣以功進」。離在上，故云「君以恩接」。說卦曰「坤，順也」，「離，麗也」，又曰「離也者，明也」，虞彼注云「離爲日爲火，故明」。坤麗乾爲離，乾藏坤爲坎，離日坎月，得天而能久照，皆天之明也。陽稱大，故乾爲大明。「縣象著明莫大乎日月」，故日月亦爲大明。觀五本乾，觀四之五，離麗乾，故「麗乎大明」。四進五，五爲卦主，故言「柔進而上行」。

柔進而上行，蜀才曰：此本觀卦。案：九五降四，六四進五，是「柔進而上行」。**疏**此本觀五降四，觀四進五。四陰爲柔，故曰「柔進而上行」也。

是以康侯用錫馬蕃庶，荀爽曰：陰進居五，處用事之位。陽中之陰，侯之象也。陰性安靜，故曰「康侯」。馬謂四也。五以下羣陰錫四也。坤爲衆，故曰「蕃庶」矣。**疏**觀以六四陰柔，進居于五，五爲卦主，故云「處用事之位」也。五陽位，于爻例爲天子。陰，臣象也。以陰處陽，爲「陽中之陰」，故云「侯之象也」。陰爲地道，其性安靜，故曰「康侯」。觀四進五，五卽退四，故「馬謂四也」。「羣陰」謂坤五以坤陰錫四。蓋坤「利牝馬」爲馬。坤陰衆，故曰「蕃庶」。

晝日三接也。侯果曰：康，美也。四爲諸侯，五爲天子，坤爲衆，坎爲馬。天子至明于上，公侯謙順于下，美其治物有功，故蕃錫車馬，一晝三覿也。采菽刺幽王侮諸侯，詩曰「雖無與之，路車乘馬」。大行人職曰「諸公三饗三問三勞，諸侯三饗再問再勞，子男三饗一問一勞」，卽天子三接諸侯之禮也。**疏**禮祭統「康周公」，注云「康猶褒大也」，故云「康，美也」。王弼亦云「美之名」是也。爻位四爲諸侯，五爲天子。坤陰爲衆，坎美脊爲馬。「天子至明于上」，謂離也。「公侯謙順于下」，謂坤也。美諸侯有治物之功，故「蕃錫車馬，一日三接也」。采菽，小雅篇名，序曰「刺幽王也。侮慢諸侯，諸侯來朝，不能錫命以禮，數徵會之，而无信義。君子見微而思古焉」。詩曰「君子來朝，何錫予之？雖無予之，路車乘馬」，引之以證康侯錫馬之義也。「大行人」，周禮秋官之職也。「諸公」即上公也。孔安國曲禮注「奉上謂之享」。大行人曰「廟中將幣，三享」，臣享君也。臣享君則君接臣，三享故三接也。據此是以三等之接，爲三享也。不知三享，卽所謂受幣之一接，安得以當三接。若勞問則不接，且侯伯子男之勞問并不三。惟據覲禮釋之，義尤確也，已具前案。以四麗五，柔進上行，以離接乾，是康侯用錫馬于王，晝日三接之象也。

象曰：「明出地上，晉。君子以自照明德。」鄭玄曰：地雖生萬物，日出于上，其功乃著。故君子法之，而以明自照其德。虞翻曰：君子謂觀乾。乾爲德，坤爲自，離爲明。乾五動，以離日自照，故「以自照明德」也。疏鄭注：日出于地，進于天，以照地，故曰「明出地上，晉」。地有生物之功，必得「日以烜之」，長養乃著，故曰「日出地上，其功乃著」。君子以明自照其德，蓋法乎此也。虞注：觀九五曰「觀我生，君子无咎」。「君子謂觀乾」者，乾五也。乾可久爲德，坤成形爲自，離日爲明。乾五動則體離，以離日自照，故「以自照明德也」。俗本「照」作「昭」，孔疏引周氏等爲「照」，之召反。以爲自照己身，是也。

初六。晉如摧如，貞吉。罔孚，裕无咎。虞翻曰：晉，進，摧，憂愁也。應在四，故「晉如」。失位，故「摧如」。動得位，故「貞吉」。應離爲罔，四坎稱孚，坤弱爲裕。欲四之五成巽，初受其命，故「无咎」也。疏「晉進」，本彖傳。以「摧」爲「憂愁」，義複。六二爻辭何妥注云「摧，退也」。初應在四，爻皆失位。初之四爲進，故「晉如」。四之初爲退，故「摧如」。動而得位，故「貞吉」，應在離下，離爲罔罟。四體坎爲孚，坤體柔弱爲裕。四雖孚而在罔，變則四在坤而裕。四之正成巽，巽爲命。初已變震，正位得應。初受其命，故「无咎」矣。象曰：「晉如摧如，獨行正也。」虞翻曰：初動震爲行，初一稱「獨」也。**疏**初動爲震，震足爲行。初卽一也，一卽「獨」也。方言曰「一，蜀也，南楚謂之獨」。郭注「蜀，獨也」。故云「初一稱獨」。初變震得正，故曰「獨行正也」。裕无咎，未受命也。」虞翻曰：五未之巽，故「未受命也」。**疏**四之五體巽爲命，卦辭言錫，命錫自上。五未之正成巽，故初「未受命也」。六二：晉如愁如，貞吉。虞翻曰：震爲。應在坎上，故「愁如」。得位處中，故「貞吉」也。**疏**「震爲」下有脱文，當云「震爲行，故晉如」，謂初已變，二在震也。二應五，在坎上，坎爲加憂，說文「愁，憂也」，故「愁如」。二得位處中，故「貞吉」。又五失位，變之正，與二相應爲「貞吉」。受茲介福，于其王母。虞翻曰：乾爲介福，艮爲手，坤爲虛，故稱受。介，大也。謂五已正中，乾爲王，坤爲母，故「受茲介福，于其王母」。**疏**乾陽爲大善，爲福，故「爲介福」。互艮爲手，坤陰稱虛，手虛能受，故稱受。「介，大也」，本馬訓。五已變正爲乾，乾爲君，故爲王，坤爲母，故爲「王母」。二受五福，故「受茲介福，于其王母」也。象曰：「受茲介福，以中正也。」九家易曰：五動得正中，故二受大福矣。大福謂馬與蕃庶之物是也。**疏**五動成乾，得正得中，二與五應，故「受大福矣」。大福卽卦辭「錫馬蕃庶」之類也。六三：衆允，悔亡。虞翻曰：坤爲衆，允，信也，土性信，故「衆允」。三失正，與上易位則「悔亡」，故象曰「上行也」。此則成小過，小過故有飛鳥之象焉。臼杵之利，見碩鼠出入坎穴，蓋取諸此也。**疏**坤陰爲衆。「允，信也」，釋詁文。坤土爲信。故曰「衆允」。以六居三，失位當有悔。與上易位，各得其正，故「悔亡」。三之上，故象曰「上行也」。三上易位則成小過，小過自晉來，晉離爲雉，故有飛鳥之象。繫下言「臼杵之利取諸小過」。以晉三互艮爲鼠，坎爲穴，見四碩鼠出入坎穴，而制爲臼杵，蓋取晉上之三成小過也。象曰：「衆允之志，上行也。」虞翻曰：坎爲志，三之上成震，故曰「上行也」。疏互坎爲志。三之上則體震，震爲行，故曰「上行也」。九四。晉如碩鼠，貞厲。九家易曰：碩鼠喻貪，謂四也。體離欲升，體坎欲降。游不度瀆，不出坎也。飛不上屋，不至上也。緣不極木，不出離也。穴不掩身，五坤薄也。走不先足，外震在下也。五伎皆劣，四爻當之，故曰「晉如碩鼠」也。疏互艮爲石，爲鼠。「碩」與「石」通，故爲「碩鼠」。詩魏風曰「碩鼠碩鼠，無食我黍」，序曰「貪而畏人若大鼠」。四本諸侯之位，以陽居陰而據坤田，有似碩鼠，故云「碩鼠喻貪，謂四也」。「碩」又與「鼫」通，故本亦作「鼫」。説文「鼫鼠，五伎鼠也」。體離爲火，火炎上，故欲升。互坎爲水，水潤下，故欲降。「游不度瀆」者，四在坎中，不出水，故云「不出坎也」。「飛不上屋」者，四離爲飛，互艮止之，故云「不至上也」。「緣不極木」者，離于木爲折上稾，四在離下，故云「不出離也」。「穴不掩身」者，五止坤陰一爻，四在五下，土氣不厚，故云「五坤薄也」。「走不先足」者，四之初爲震，外應内始成震足，四欲走而足在初，故云「外震在下也」。五伎皆劣，皆四爻當之，故曰「晉如碩鼠」。正居坎中則危，故曰「貞厲」。象曰：「碩鼠貞厲，位不當也。」翟玄曰：碩鼠晝伏夜行，貪猥无已，謂雖進承五，然潛據下陰，久居不正之地，故有危厲也。疏襄廿三年左傳「抑君似鼠，晝伏夜動」，故云「晝伏夜行」。離日爲晝，五離中，故伏于五。坎月爲夜，四坎中，故行于坎。當晉之時，貪猥无已，雖欲進而承上，然實潛而據下，以陽居陰，是「久居不正之位」。四多懼，故有危厲也。六五。悔亡，矢得，勿恤。往吉无不利。荀爽曰：五從坤動而來爲離，離者，射也，故曰「矢得」。陰居尊位，故有悔也。以中盛明，光照四海，故「悔亡」，「勿恤吉无不利」也。疏五從坤動來乾爲離。旅外爲離，六五曰「射雉一矢亡」，故云「離者，射也」。説卦曰「離爲戈兵」，故曰「矢得」。六陰居五尊位，不正宜有悔。然處中向明，光照四海，故「悔亡」。且失位互坎，坎憂爲恤，宜有恤。然離矢得中，故无恤。往變得正，故「吉无不利也」。象曰：「矢得勿恤，往有慶也。」虞翻曰：動之乾，乾爲慶也。「矢」古「誓」字，誓，信也。勿，无，恤，憂也。五變得正，坎象不見，故「誓得勿恤，往有慶也」。疏五動成乾，乾陽故「爲慶」。釋言「矢，誓也」。「矢」「誓」同音同物。書盤庚「出矢言」，詩衞風「永矢弗諼」，論語「夫子矢之」，「矢」皆訓「誓」，故知「矢爲古誓字」。曲禮曰「約信曰誓」，故云「誓，信也」。「勿」訓「无」，「恤」訓「憂」。五體互坎爲加憂，變得正，坎象不見，故「誓得勿恤」。五往成乾，故「往有慶也」。

上九。晉其角，虞翻曰：五已變之乾爲首，位在首上稱「角」，故「晉其角」也。疏五已變正成乾，「乾爲首」，說卦文。位在首上而又陽剛，且爻例亦上爲角，故「晉其角也」。惟用伐邑。厲吉无咎，貞吝。虞翻曰：坤爲「邑」，動成震而體師象，坎爲心，故「惟用伐邑」。得位乘五，故「厲吉无咎」而「貞吝」矣。疏坤土，故「爲邑」。動而成震，自三至上體有師象，互坎亟心爲心，故「惟用伐邑」。惟，思也。謂五，五未正體師，已正體坎，言思欲伐邑，謂五使上之三伐坤也。下乘五，故「厲」。變得位，故「吉无咎」。上變得正，故「貞」。下乘五，故「吝」。又離爲甲冑、爲戈兵，故有伐邑之象。象曰：「惟用伐邑，道未光也。」荀爽曰：陽雖在上，動入冥豫，故「道未光也」。疏陽在離上，動則成豫，豫象曰「利建侯行師」。行師侵伐，故「惟用伐邑」。豫上六曰「冥豫」，故「動入冥豫」。豫成離毀，冥則无光，故「道未光也」。

序卦曰：「進必有所傷，故受之以明夷。夷者，傷也。」九家易曰：日在坤下，其明傷也。言進極當降，復入于地，故曰明夷也。疏日在坤上則明盛，日在坤下則明傷。言進極當降，日中則昃，故復入于地而曰明夷也。

䷣離下坤上明夷。虞翻曰：夷，傷也。臨二之三而反晉也。「明入地中」，故傷矣。疏「夷，傷也」，序卦〔一〕文。從四陰二陽之例，卦自臨來，故云「臨二之三」。上六「初登于天」爲晉時，「後入于地」爲明夷，故云「反晉」。猶艮反震，兑反巽也。「明入地中」則明揜，故傷也。利艱貞。虞翻曰：謂五也。五失位變出，成坎爲艱，故「利艱貞」矣。鄭玄曰：夷，傷也。日出地上，其明乃光，至其入地，明則傷矣，故謂之明夷。日之明傷，猶聖人君子有明德而遭亂世，抑在下位，則宜自艱，无幹事政，以避小人之害也。疏虞注：五爲卦主，故「謂五也」。五失位不正，變而成坎，坎險爲艱，正而在險，不利亦利也。五曰「箕子之明夷」，「内難而能正其志」，「利艱貞」之義也。鄭注：日出地上則明，日入地中則傷，故曰明夷。日有聖人君子之象，明如明德，傷則如遭亂世而在下位也。其明既傷，宜守艱貞，以避小人之害。即象傳所引文王箕子，是其義也。象曰：「明入地中，明夷。」蜀才曰：此本臨卦也。案：夷，滅也。九二升三，六三降二，明入地中也。明入地中，則明滅也。疏卦自臨來，故云「此本臨卦也」。「夷」又訓「滅」者，滅于文从戌，坤土也。从火，離火也。火在土下爲烕。又互坎水，故「夷」訓「滅」。臨九二升三，六三降二，反晉。互坎爲明，入地中也。明入地中，則明滅。内文明而外柔順，以蒙大難，荀爽曰：明在地下，爲坤所蔽，大難之象。大難，文王君臣相事，故言大難也。疏明入地中，爲坤陰所蔽，大難之象也。以文王爲臣，遇紂爲君，故言大難。案：坤爲文，二五之乾成離爲明，故曰「文明」。雜卦曰「乾剛坤柔」，説卦〔二〕曰「坤，順也」，故曰「柔順」。離在内爲文明，坤在外爲柔順，文王有文明柔順之德，而臣事殷紂，幽

〔一〕「序卦」，原本作「説卦」，據所引序卦文正。

〔二〕「説卦」，原本作「序卦」，據所引説卦文正。

囚著易，故曰「以蒙大難」。文王以之。虞翻曰：以，用也。三喻文王。「大難」謂坤，坤爲弒父。迷亂荒淫，若紂殺比干。三幽坎中，象文王之拘羑里。震爲諸侯，喻從文王者。紂懼出之，故「以蒙大難」，得身全矣。疏「以，用也」，王肅謂文王能用之，是也。三爲三公，故喻文王。「大難謂坤」者，坤陰消陽爲弒父。比干，紂之諸父，故云「迷亂荒淫，若紂殺比干」也。三互坎爲獄，三幽坎獄中，故「象文王拘羑里」也。三又互震爲諸侯，襄四年左傳「文王帥殷之叛國以事紂」，故云「喻從文王者」。文王有文明柔順之德，三分有二以服事殷，紂遂出之。雖蒙大難，得身全矣，故曰「文王以之」。利艱貞，晦其明也。内難而能正其志，箕子以之。」虞翻曰：箕子，紂諸父，故稱「内難」。五乾天位，今化爲坤，箕子之象。坤爲晦。箕子正之，出五成坎，體離重明麗正，坎爲志，故「正其志」。「箕子以之」，而紂奴之矣。疏書微子篇稱箕子爲「父師」，故知箕子爲「紂諸父」也。同姓之卿，「故稱内難」。六五稱「箕子之明夷」，故云「五乾天位，今化爲坤，箕子之象」也。月三十日滅坤，故「坤爲晦」。乾爲大明，故「晦其明」。五位不正，箕子以之，故變而成坎爲既濟，體互兩離，重明麗正，坎心爲志，位皆得正，故曰「正其志」。箕子以正自守，未出坎險，故以仁人而爲紂所囚也。象曰：「明入地中，明夷。君子以莅衆，用晦而明。」虞翻曰：而，如也。君子謂三。體師象，以坎莅坤。坤爲衆，爲晦，離爲明，故「用晦如明」也。疏詩小雅「垂帶而厲」，鄭箋「而亦如也」，孟子「望道而未之見」，注云「而通如」，齊策「而此三者」，注云「而猶如也」，故云「而，如也」。臨二之三得正，故「君子謂三」。二至上體師，師彖傳曰「師，衆也」。師衆即坤衆也。師以坎莅坤，明夷體師，亦以坎莅坤。坤陰爲衆，滅乙爲晦，離日爲明。「用晦如明」者，雖在晦，猶自明也。初九。明夷于飛，垂其翼。君子于行，三日不食。荀爽曰：火性炎上，離爲飛鳥，故曰「于飛」。爲坤所抑，故曰「垂其翼」。陽爲君子，三者，陽德成也。日以喻君，不食者，不得食君禄也。陽未居五，陰暗在上，初有明德，恥食其禄，故曰「君子于行，三日不食」也。

疏 離爲火，火曰炎上，本乎天者親上，飛象也。說卦曰「離爲雉」，郭璞洞林曰「離爲朱雀」，故「爲飛鳥」而曰「于飛」也。明入地中，爲坤所抑，故「垂其翼」。昭五年左傳曰「日之謙當鳥，飛不翔，垂不峻，翼不廣」。初體離而在坤下，故有是象也。且晉時離在坤上，今反在坤下，故垂也。泰象傳曰「君子道長」，君子謂三陽。左傳曰「象日之動也，故曰君子于行」，是知「陽爲君子」。春秋元命包曰「陽成于三」，故云「三者，陽德成也」。日象陽，故「喻君」。晉初動，體噬嗑，雜卦曰「噬嗑，食也。」明夷反晉，故「不食」，謂不食君禄也。陽在初，未居于五，坤以陰暗在上，故陽有離明之德，恥食其禄。初應四，震爲行。自初至四，三爻爲三日。故曰「君子于行，三日不食」也。

有攸往，主人有言。九家易曰，四者，初應，衆陰在上爲「主人」也。初欲上居五，則衆陰有言，「言」謂震也。四五體震爲雷聲，故曰「有攸往，主人有言」也。

疏 四者，初之應也。自内曰「往」，故「有攸往」。震主器爲主人，坤衆陰在上，故互震爲主人也。初欲應四，上居于五，四互震而在坤體，「躁人辭多」，故云「衆陰有言，言謂震也」。震雷爲聲，且爲行。應在震，故曰「有攸往，主人有言也」。

象曰：「君子于行，義不食也。」荀爽曰：暗昧在上，有明德者，義不食禄也。

疏「暗昧在上」，謂坤也。「有明德者」，謂離在下也。離初得位，以義自安，不食暗君之禄，故云「義不食禄也」。

六二。明夷于左股，用拯馬壯，吉。九家易曰：左股謂初，爲二所夷也。離爲飛鳥，蓋取小過之義。鳥飛舒翼而行。夷者，傷也。今初傷垂翼在下，故曰「明夷于左股」矣。九三體坎，坎爲馬也。二應與五，三與五同功。二以中和應天，應天合衆。欲升上三，以壯于五，故曰「用拯馬壯，吉」。案：初爲足，二居足上，股也。二互體坎，坎主左方，左股之象也。

疏 九家注：管子宙合曰「君立于左，臣立于右，故君臣之分」，是左陽右陰，故陽稱左，周書武順曰「天道尚左」，初陽爲左，故「左股爲初」。二來初成離，故「爲二所傷」。初四易位爲小過，小過有飛鳥之象，故云「離爲飛鳥，蓋取小過之義」。小過中實，上下皆虛，故象「鳥飛舒翼而行」。初曰「明夷于飛，垂其翼」，是「初傷垂翼在下」，故二曰「明夷左股矣」。二承三，互坎美脊爲馬。三升五，二正應之，故云「二應與五」。「三與五同功」，故得升五。以五虛无君，陽得升也。二執中含和，上應九五，以合衆爻，五爲天位，故云「二以中和應天，應天合衆」也。「拯」，子夏傳作「抍」，說文云「上舉也」，亦引作「抍」。蓋抍之言升。三升五則二得其應，故「欲上升三，以壯于五，而曰用拯馬壯」。五變之正，故吉也。愚案：壯者，傷也。言拯馬之傷，故吉也。案：爻例初爲足，二居足上，故爲股。三互四體坎主左方，故曰左股。愚案：卦自臨來，臨震伏巽，巽爲股，震東方居左，故曰左股。象曰：「六二之吉，順以則也。」九家易曰：二欲上三居五爲天子，坎爲法律，君有法則，衆陰當順從之矣。**疏**二欲三升居五體坎，五位爲天子，坎水平爲法律，天子而有法則，衆陰當順從之。三升則二體坤爲順，故曰「順以則也」。九三，明夷于南狩，得其大首，不可疾貞。九家易曰：歲終田獵名曰狩也。南者，九五。大陽之位，故稱南也。暗昧道終，三可升上而獵于五，得據大陽首位，故曰「明夷于南狩，得其大首」。自暗復明，當以漸次，不可卒正，故曰「不可疾貞」也。**疏**釋天「冬獵爲狩」，故云「歲終田獵名曰狩也」。天子有南面之尊，故云「南者，九五」。九五爲乾，乾陽爲大，故「大陽之位稱南也」。離居坤下爲「暗昧」，三居離上爲「暗昧道終」。三陽五陰，五虛无君，陽主升，三五同功，故「三可升上而獵于五」。得據九五大陽首位，故曰「明夷于南狩，得其大首」。明夷之世，用晦而明，不可驟正五位，故云「自暗復明，當以漸次，不可卒正」。疾，速也，故曰「不可疾貞」。案：二至上體師，以坎征坤，故曰狩。離南方之卦，故曰「南狩」。三本離上也，離上曰「有嘉折首」，故曰「得其大首」。坎爲疾。「疾貞」者，正乎坎也，言當征五成既濟也。左傳季札聞歌周南召南曰「美哉，猶有憾」，謂疾貞也。之五得正，故曰「不可疾貞」也。**象曰：「南狩之志，乃大得也。」**案：冬獵曰狩也。三互離坎，離南坎北，北主于冬，故曰「南狩」。五居暗主，三處明終，履正順時，拯難興衰者也。以臣伐君，故假言狩。既獲五上之大首，而三志「乃大得也」。**疏**「冬獵曰狩」，義本爾雅。三體離互坎。坎居正北，冬至日在坎，坎冬主狩，離位南，故曰「南狩」。坤陰在五，故云「五居暗主」。爻在離三，故云「三處明終」。三得位，故云「履正順時」。上承陰暗，故宜「振難興衰」。以臣伐君，非義之正，故「假言南狩」。三與五同功，又與上應，故「獲五上之大首」。坎爲志，故「三志乃大得也」。言「乃」者，宣八年公羊傳曰「乃難乎而」，亦「不可疾貞」之義也。**六四。入于左腹，獲明夷之心，于出門庭。**荀爽曰：陽稱左，謂九三也。腹者謂五居坤，坤爲腹也。四得位比三，處〔一〕于順首，欲上三居五，以陽爲腹心也，故曰「入于左腹，獲明夷之心」。言三當出門庭，升五君位。干寶曰：一爲室，二爲户，三爲庭，四爲門，故曰「于出門庭」矣。**疏**荀注：三陽稱左，故左「謂九三也」。外坤爲腹，故「腹謂五居坤」也。四得正位，下比于三，居坤之始，故云「處于順首」。欲三上居于五，以陽爲心腹，故曰「入于左腹」。三升五體坎爲心，故曰「獲明夷之心」。三在離明，互震爲出，五虛无君，故「言三當出門庭，升五君位」也。案：坤爲腹，互震爲左，伏巽爲入，故「入于左腹」。初四易位成艮爲門闕，故爲門庭。互震故出。明夷之心，三坎也。三四内外之閒，當門庭之處。故「獲明夷之心，于出門庭」。干注：室在内，故「初一

〔一〕「處」，原本作「應」，據集解及疏引文正。

爲室」。室之口曰户，故「二曰户」。庭在室外，故「三爲庭。」内爲户，外爲門，故「四爲門」。三陽奇，有庭象。四陰偶，有門象。故曰「于出門庭」。**象曰：「入于左腹，獲心意也。」**九家易曰：四欲上三居五爲坎，坎爲心，四以坤爻爲腹，故曰「入于左腹，獲心意也」。**疏** 四比三，欲三上居五成坎。坎亟心爲心，五坤爲腹，坎入居之。故曰「入于左腹，獲心意也」。**六五。箕子之明夷，利貞。**馬融曰：箕子，紂之諸父，明于天道，洪範之九疇，德可以王，故以當五。知紂之惡，無可奈何，同姓恩深，不忍棄去，被髮佯狂，以明爲暗，故曰「箕子之明夷」。卒以全身，爲武王師，名傳無窮，故曰「利貞」矣。**疏** 五君位而以箕子當之者，上六，紂也。六五得中，紂不足以當之。箕子，紂之諸父，同姓之親也。史記「武王克殷，訪問箕子以天道。箕子以洪範陳之」。書洪範曰「禹乃嗣興，天乃錫禹洪範九疇，彝倫攸敘。」故曰「明于天道，洪範之九疇」。箕雖爲臣，然德可以王，故以當五。史記殷世家「紂爲淫泆，箕子諫，不聽。人或曰『可以去矣』。箕子曰『爲人臣，諫不聽而去，是彰君之惡，而自説于民，吾不忍也』。乃披髮佯狂而爲奴」。故「知紂之惡，無可奈何。同姓恩深，不忍棄去，披髮佯狂」也。「以明爲暗」者，即「自晦其明」也。故曰「箕子之明夷」。然明在二而五則晦以全身，傳洪範以爲武王師，名垂无窮，故曰「利貞」也。愚案：「利貞」者，即象傳「利艱貞」也。變正則能正其志，故曰「利貞」。**象曰：「箕子之貞，明不可息也。」**侯果曰：體柔履中，内明外暗。羣陰其掩，以夷其明。然以正爲明而不可息，以爻取象，箕子當之，故曰「箕子之貞，明不可息也」。**疏** 六爲體柔，五爲履中。内應離爲明，外體坤爲暗。坤陰共掩，離明已傷。然二以正爲明，而羣陰不能滅，象取箕子，故曰「箕子之貞，明不可息也」。又五變正則重明麗正，故不息。**上六。不明晦。初登于天，後入于地。**虞翻曰：應在三，離滅坤下，故「不明晦」。晉時在上麗乾，故「登于天」，照四國。今反在下，故「後入于地」，失其則。**疏** 三體居離之上，上正應之，故云「應在三」。坤滅藏于癸，坤上離下，故「離滅坤下」。坤冥爲晦，故「不明而晦」也。晉時明在上而麗于乾，故曰「登天照四國」也。今明夷反晉，明在坤下，故曰「後入于地，失其則」也。

象曰：「初登于天，照四國也。後入于地，失則也。」侯果曰：最遠于陽，故曰「不明晦」也。「初登于天」謂明出地上，下照于坤。坤爲衆國，故曰「照于四國也」。喻陽之初興也。「後入于地」謂明入地中，晝變爲夜，暗晦之甚，故曰「失則也」。況紂之亂世也，此之二象，言晉與明夷，往復不已。故見暗則伐取之，亂則治取之，聖人因象設誡也。**疏**「最遠于陽」，謂遠三也。遠故「不明而晦也」。「初登于天」，謂晉時也。晉時明出地上，下照于坤。坤衆爲國，乾鑿度曰「陽三陰四」，故爲「四國」。離象曰「大人以繼明照于四方」，故曰「照四國也」。所以譬喻陽氣之初興也。「後入于地」，謂明夷也。明入地中，晉晝變而爲夜，暗晦甚矣。三坎爲則，三在下，不應上，上失之，故曰「失則也」。所以比況紂之亂世也。二象，謂坤離也。陰陽遞嬗，晝夜循環，故「晉與明夷，往復不已」也。物極則反，故見君之暗則伐取之，見世之亂則治取之，聖人因二象以設誡也。

序卦曰：「傷於外者，必反於家，故受之以家人。」韓康伯曰：傷於外者，必反諸內也。**疏** 孟子曰「行有不得者，皆反求諸己」，故「傷於外者，必反修諸內也」。家人所以次明夷也。注疏本作「反修諸內」，義更備，故從之。

䷤ 離下巽上 家人。利女貞。虞翻曰：遯初之四也。女謂離巽，二四得正，故「利女貞」也。馬融曰：家人以女爲奧主。長女中女各得其正，故特曰「利女貞」矣。**疏** 虞注：從四陽二陰之例，卦自遯來，故云「遯初之四也」。二位大夫，又在內，故稱家。離二正內，應在乾五，乾陽生爲人，故名家人。「女謂離巽」者，離爲中女，巽爲長女。二體離，四體巽，二四皆得正位，故曰「利女貞」。馬注：禮運「奧者，老婦之祭也」，故云「家人以女爲奧主」。鄭禮注云「奧，當作爨」，非馬義也。離巽各得其正，故「利女貞」也。

象曰：「家人，女正位乎內，男正位乎外。王弼曰：謂二五也。家人之義，以內爲本者也，故先說女矣。疏「女正位乎內」，謂二陰也。「男正位乎外」，謂五陽也。家人之義，始于刑妻，故「以內爲本」而「先說女」也。又易氣從下生，是以彖傳之例，皆先內而後外。亦以卦名家人，故先女而後男也。

男女正，天地之大義也。虞翻曰：遯乾爲天，三動坤爲地。男得天正于五，女得地正于二。故「天地之大義也」。疏卦自遯來，故遯乾爲天，三動成坤爲地。五于三才爲天道，故「男得天正于五」。二于三才爲地道，故「女得地正于二」。乾天坤地，故曰「天地之大義也」。

家人有嚴君焉，父母之謂也。荀爽曰：離巽之中有乾坤，故曰「父母之謂也」。王肅曰：凡男女所以能各得其正者，由「家人有嚴君」也。家人有嚴君，故父子夫婦各得其正。家家咸正，而天下之治大定矣。案：二五相應，爲卦之主。五陽在外，二陰在內，父母之謂也。疏荀注：坤初之乾成巽，坤二之乾成離，故「離巽之中有乾坤」。說卦「乾，天也，故稱乎父。坤，地也，故稱乎母」。離巽成于乾坤，故曰「父母之謂也」。王注：「乾道成男，坤道成女」，乾坤正于上，則男女正乎下，故男女正，由家有父母爲嚴君也。鄭注禮大傳云「嚴猶尊也」，君道嚴威故曰嚴。「乾以君之」，故曰君。孝經曰「親生之膝下，以養父母曰嚴」。泰象傳曰「后以裁成天地之道」，復象傳曰「后不省方」，皆指坤。釋詁曰「后，君也」。故乾父坤母，皆有嚴君之義。家有嚴君，則人各得其正。一家正，則家家正，家家正，則天下之治大定矣。案：二五得位相應，爲卦之主。五陽在外，父象也。二陰在內，母象也。故曰「父母之謂也」。母亦謂之君者，猶父之父爲王父，父之母爲王母，又舅曰君，舅姑曰君姑之義也。

父父子子，兄兄弟弟，虞翻曰：遯乾爲父，艮爲子。三五位正，故「父父子子」。三動時，震爲兄，艮爲弟。初位正，故「兄兄弟弟」。**疏**卦自遯來，故以遯乾五爲父，艮三爲子。三五位皆得正，故曰「父父子子」。家人三動時，震一索得男爲兄，艮三索得男爲弟。初五位得正。不言五者，蒙上省文也。兄先弟後，故曰「兄兄弟弟」。**夫夫婦婦，**虞翻曰：三動時，震爲夫。巽四爲婦。初四位正，故「夫夫婦婦」也。**疏**三動時，震一夫之行故爲夫。四體巽爲婦。初四位皆得正，夫內成，婦外成，故曰「夫夫婦婦」也。**而家道正，正家而天下定矣。」**荀爽曰：父謂五，子謂四。兄謂三，弟謂初。夫謂五，婦謂二也。各得其正，故「天下定矣」。陸績曰：聖人教先從家始，家正而天下化之，「修己以安百姓」者也。**疏**荀注：「父謂五」，乾陽也。「子謂四」，四承五也。兄三弟初，皆陽爻也。「夫謂五」，乾陽也。「婦謂二」，坤陰也。上不得正，故不與。五爻皆得其正，故「天下定矣」。陸注：大學曰「古之欲明明德于天下者，先治其國。欲治其國者，先齊其家」。故「聖人之教，先從家始。家正則天下化之也」。「修己以安百姓」，論語文。引之以明「正家而天下定」也。案：上變則六爻皆正，成既濟定，故曰「正家而天下定矣」。

象曰：「風自火出，家人。」馬融曰：木生火，火以木〔一〕爲家，故曰家人。火生于木，得風而盛，猶夫婦之道，相須而成。**疏**巽爲風，又爲木，巽木生離火，故云「火以木爲家」，而謂之家人也。「火生于木，得風而盛」者，蓋火天氣，風地氣，火生于風，得風而火盛，猶男女之道，相須而成也。**君子以言有物而行有恆。」**荀爽曰：風火相與，必附于物。物大火大，物小火小。君子之言，必因其位。位大言大，位小言小。「不在其位，不謀其政」。故「言有物」也。大暑爍金，火

〔一〕「木」，原本作「本」，據陳校本正。

不增其烈。大寒凝冰，火不損其熱。故曰「行有恆」矣。**疏** 此釋未協經義。愚案：「君子」謂九三，遯艮「賢人」也。三互坎爲法則。禮哀公問「敢問何謂成身」，孔子對曰「不過乎物」。詩蒸民曰「有物有則」。言「物」而「則」在其中也。說文「恆，常也」。禮月令「文繡有恆」，言有常法也。三動成震，震聲爲言，震足爲行。言行未動，法則已具，故「言有物而行有恆」。繫上言「君子居其室，言出乎身加乎民，行發乎邇見乎遠」，故「言行」爲家人之要務。且風火性急，言行應違，見乎千里之外，其機亦速。君子觀風火之象，而知言行不可不慎也。又三與上應，上九象曰「反身之謂也」。故有物有恆以修身端，齊家之本也。**初九。閑有家，悔亡。象曰：「閑有家，志未變也。」**荀爽曰：初在潛位，未干國政，閑習家事而已，未得治官，故悔。居家理治，可移于官，守之以正，故「悔亡」。而未變從國之事，故曰「志未變也」。**疏**乾初九曰「潛龍勿用」，故云「初在潛位」。家人九五曰「王假有家」，國政也。初爲士，遠于五，故云「未干國政」。釋詁「閑，習也」。初爲家人之始，故但「閑習家事而已，未得治官」。其時困，宜有悔。君陳曰「惟孝友于兄弟，施于有政」，孔子曰「是亦爲政」，故云「居家理治，可移于官」。初得正，故「守之以正」，而「悔亡」也。尚未變從國事，故曰「志未變也」。愚案：馬注云「閑，闌也，防也」。說文「閑，闌也。从門中有木」。卦自遯來，遯艮爲門。初四易位成巽，巽木應初，門中有木，艮以止之，故曰閑。王注云「凡教在初而法在始」，故曰「閑有家」。坎險在前，故有悔。體離明，初爻剛得正有應，故「悔亡」也。應在坎，坎爲志，爻皆得正爲閑，故曰「志未變也」。**六二。无〔一〕攸遂，在中饋，貞吉。**荀爽曰：六二處和得正，得

〔一〕「无」，原本作「勿」，據爻辭正。

正有應，有應宥實，陰道之至美者也。坤道順從，故无所得遂。「供肴中饋，酒食是議」，故曰「中饋」。居中守正，永貞其志則吉，故曰「貞吉」也。**疏** 以六居二，處和得正。已得正位，外有正應。陰虛陽實，有應而又有實。故爲「陰道之至美者也。桓八年公羊傳「遂者何？生事也。大夫無遂事」。何休注「專事之辭」。夫子制義，婦道无成。故云「坤道順從，而无所得遂」也。鄭云「爻體離，又互坎。火位在下，水在上，飪之象也」。饋，食也。故云「供肴中饋，酒食是議」，詩斯干文。二在中，故曰「中饋」。二爲居中，六爲守正，與五正應，惟永貞其志，則必獲吉，故曰貞〔一〕吉也」。

象曰：「六二之吉，順以巽也。」 九家易曰謂二居貞，巽順于五，則吉矣。**疏** 二得位爲居貞，外應巽五，剛柔相得，故巽順于五，則吉矣。

九三。家人嗃嗃，悔厲吉。婦子嘻嘻，終吝。 王弼曰：以陽居陽，剛嚴者也。處下體之極，爲一家之長。行與其慢也，寧過乎恭。家與其瀆也，寧過乎嚴。是以家雖嗃嗃，悔厲猶得吉也。婦子嘻嘻，失家節也。侯果曰：嗃嗃，嚴也。嘻嘻，笑也。**疏** 王注：陽爻陽位，故云「以陽居陽」。乾德剛健，乾道威嚴，故云「剛嚴者也」。三處下體之極，爲一家之主，貴乎剛嚴。過恭過嚴，非中和之道。然與其慢，毋寧恭，與其瀆，毋寧嚴，即孔子寧戚寧儉之意。「嗃嗃」，劉作「熇熇」。犍爲舍人爾雅注云「嗃嗃，盛烈也」，內經岐伯言「無制熇熇之熱」是也。「嘻嘻」，張作「嬉嬉」，陸作「喜喜」。鄭注「嗃嗃，苦熱之意。嘻嘻，驕佚自笑之意」。是以家雖嗃嗃，悔其過厲，然終得吉也。若縱其婦子嘻嘻，喜笑失乎家節，故終吝也。侯注：說文「嗃嗃，嚴酷貌」，故云「嗃嗃，嚴也」。史記魏其武安侯傳「夫怒因嘻笑」，故云「嘻嘻〔二〕，笑也」。

〔一〕「貞」上原衍「永」字，據爻辭及荀注删。
〔二〕「嘻」當重文，據爻辭及侯注補。

象曰：「家人嗃嗃，未失也。婦子嘻嘻，失家節也。」九家易曰：別體異家，陰陽相據，喜樂過節也。別體異家，謂三五也。陰陽相據，三五各相據陰，故言婦子也。疏　內外二卦爲「別體異家」。「陰陽相據」則和，和故「喜樂過節也」。三與五同功，而三居內，五居外，故「別體異家，謂三五也」。「陰陽相據」者，三據二，五據四，故「三五各相據陰」。三體離中女爲婦，互坎中男爲子，故「言婦子也」。案：孔疏云「初雖悔厲，似失于猛，終无慢黷，故曰『未失也』。若縱其嘻嘻，初雖懽樂，失家節者也」。六四。富家大吉。象曰：「富家大吉，順在位也。」虞翻曰：三變體艮，艮爲篤實，坤爲大業。得位應初，順五乘三，比據三陽，故曰「富家大吉」。「順在位也」，謂順于五矣。疏　三變則四體艮，艮成始成終，故「爲篤實」。「富有之謂大業」，故「坤爲大業」。禮運曰「天生時而地生財」。誥志曰「地作富」。坤爲地，故富也。六居四爲得位，初正應爲應初。上順五，下乘三。初三五皆陽，故云「比據三陽」。陽爲大、爲吉，故曰「富家大吉」。得位順五，故曰「順在位也，謂順于五矣」。九五。王假有家，勿恤吉。陸績曰：假，大也。五得尊位，據四應二，以天下爲家，故曰「王大有家」。天下正之，故无所憂則吉。疏　「假，大也」，釋詁文。五乾爲君，故云「五得尊位」。近據四，下正應二，羣陰順從。王者以天下爲家，故曰「王大有家」。三坎爲恤，三變則五交二而勿恤。「正家而天下定」，故无所憂而吉也。案：王弼注云「假，至也」。口訣義引先儒云「猶如舜能治家，處于嬀汭，即是歸讓至焉」，義亦可通。象曰：「王假有家，交相愛也。」虞翻曰：乾爲愛也，二稱家。三動成震，五得交二，初得交四，故「交相愛」，震爲交也。疏　乾元爲仁，故「爲愛」。二位大夫，故「稱家」。三動成震，交互其閒。故五陽得交二陰，初陽得交四陰，爲「交相愛也」。乾交坤自震始，故「震爲交」。屯象傳曰「剛柔始交」，是其義也。上九。有孚威如，終吉。虞翻曰：謂三已變，與上易位成坎，坎爲孚，故「有孚」。乾爲威。如，自上之坤，故「威如」。易則得位，故「終吉」也。**疏** 三已變，與上易位成坎，坎卦辭曰「習坎有孚」，故曰「有孚」。遯乾爲君，君德威嚴，故曰威。如，往也。自上之坤，故曰「威如」。易位得正，故「終吉也」。愚案：上應三體坎爲「有孚」，上體乾爲「威如」。敬信之道，所以修身，所以齊家，即所以治國。上爲終，故「終吉」也。

象曰：「威如之吉，反身之謂也。」虞翻曰：謂三動坤爲身，上之三成既濟定，故「反身之謂」。此「家道正，正家而天下定矣」。**疏** 三動成坤，坤形爲身。上之三，三上易位成既濟定。「言有物行有恆」，故曰「反身之謂也」。蹇觀皆上反三，亦云「反身」，是也。「正家而天下定」，上變成既濟時也。故引象傳文以明之。

序卦曰：「家道窮必乖，故受之以睽。睽者，乖也。」崔覲曰：婦子嘻嘻，過在失節，失節則窮，窮則乖，故曰「家道窮必乖」。**疏** 嘻嘻失節，必至蕩檢踰閑，而家道窮矣。窮則家人乖離，故「家道窮必乖」，而「受之以睽」也。

䷥兑下離上 睽。小事吉。虞翻曰：大壯上之三，在繫蓋取无妄二之五也。小謂五，陰稱小。得中應剛，故吉。鄭玄曰：睽，乖也。火欲上，澤欲下，猶人同居而志異也，故謂之睽。二五相應，君陰臣陽，君而應臣，故「小事吉」。**疏** 虞注：從四陽二陰之例，自大壯上之三也。「在繫蓋取」者，在繫辭「蓋取」十三卦也。繫下曰「弦木爲弧，剡木爲矢。弧矢之利，以威天下，蓋取諸睽」。虞彼注云「无妄五之二」。蓋以象傳曰「柔進而上行」，故據「蓋取」以明之也。六五陰爻，故「小謂五」。陽大陰小，故「陰稱小」。五得中位，應乾伏陽，故「小事吉」也。鄭注：「睽，乖也」，序卦文。離火在上，故「欲上」。兑澤在下，故「欲下」。猶二人同居而各異其志也，故謂之睽。二五剛柔相應，五君爲陰，二臣爲陽。陽大陰小，以君應臣，故「小事吉」也。

象曰：「睽，火動而上，澤動而下。」虞翻曰：離火炎上，澤水潤下也。**疏** 洪範曰「火曰炎上，水曰潤下」。卦自无妄來，二上之五，體離爲火，故云「離火炎上」也。五下之二，體兑爲澤，故云「澤水潤下也」。

二女同居，其志不同行。虞翻曰：二女，離兑也。坎爲志，離上兑下。无妄震爲行，巽爲同，艮爲居。二五易位，震巽象壞，故「二女同居，其志不同行」也。**疏** 離爲中女，兑爲少女，故「二女謂離兑也」。互坎爲志。離上兑下，睽也。在无妄震足爲行，巽震「同聲相應」爲同，艮門闕爲居。二五易位，无妄變睽，震巽象壞，故「二女同居，其志不同行也」。

説而麗乎明，柔進而上行，得中而應乎剛，虞翻曰：説，兑。麗，離也。明謂乾，當言大明以麗于晉。柔謂五。无妄巽爲進，從二之五，故「上行」。剛謂應乾五伏陽，非應二也。與鼎五同義也。**疏** 説卦「兑，説也」，故云「説，兑」。「離，麗也」，故云「麗，離也」。乾象傳曰「大明終始」，故「明謂乾」。晉象傳曰「順而麗乎大明」，故云「當言大明以麗于晉」。「麗」訓偶，謂比偶于晉也。柔謂五，五本二也，五從二來。在无妄時，巽進退爲進二之五，故曰「上行」。睽與蹇旁通，故五有伏陽，乾伏五下。六五得中而應乾五伏陽，故曰「得中而應乎剛」。二五皆失位，例變之正，五柔應二剛爲不義之應，故知「剛謂應乾五伏陽，非應二也」。鼎象傳曰「得中而應乎剛」，與屯旁通，剛應伏陽，故「與鼎五同義也」。

是以小事吉。荀爽曰：「小事」者，臣事也。百官異體，四民殊業，故睽而不同。剛者，君也。柔得其中而進于君，故言「小事吉」也。**疏** 以「小事」爲「臣事」者，陰爲小也。百官異體，四民殊業，睽而不同之象也。剛爲天德，乾爲天，爲君，故「剛者，君也」。五柔得中，變正應乎君位。二變應之，陰利承陽，陰爲小，故「小事吉也」。

天地睽而其事同也，王肅曰：高卑雖異，同育萬物。虞翻曰：五動乾爲天，四動坤爲地，故「天地睽」。坤爲「事」也，五動體同人，故「事同」矣。**疏** 王注：天高地卑，勢雖睽異，然天地位而萬物育，是高卑異而育物之事自同也。虞注：五動體乾，虞「乾爲天」。四動互坤，故「坤爲地」。乾上坤下，其象爲否，故曰「天地睽」。坤「發于事業」，故「爲事」。五動體象同人，故「其事同也」。男女睽而其志通也，侯果曰：出處雖殊，情通志合。虞翻曰：四動艮爲男，兑爲女，故「男女睽」。坎爲志、爲通，故「其志通也」。**疏** 侯注：男正位外爲出，女正位内爲處。出處雖睽，而男女之情志則通也。虞注：四動變艮爲少男，體兑爲少女。二少相感，男下乎女，其體爲咸。今上下易位，故曰「男女睽」。互坎心爲志，又爲通，故曰「其志通也」。萬物睽而其事類也，崔覲曰：萬物雖睽于形色，而生性事類，言亦同也。虞翻曰：四動，萬物出乎震，區以别矣，故「萬物睽」。坤爲事、爲類，故「其事類也」。**疏** 崔注：萬物竝育，形色攸殊。而生性一源，其事相類。故「言亦同也」。虞注：四動體震。「萬物出乎震」，説卦文。「區以别矣」，論語文。變震爲生，體兑爲殺，故萬物區别而爲睽也。坤發事業爲事，坤方類聚爲類，故曰「其事類也」。睽之時用大矣哉。」九家易曰：乖離之卦，于義不大。而天地事同，共生萬物，故曰「用大」。盧氏曰：不言「義」而言「用」者，明用睽之義至大矣。**疏** 九家注：乖離之卦，其辭曰「小事吉」，人或以爲「于義不大」。不知天地事同，共生萬物，其用最大。故特著其時，使人不得小視睽用也。盧注：諸卦言「時大」者，如頤解革，皆但言「時」，如豫隨遯姤旅，皆言「時義」，唯睽與坎蹇，皆言「時用」。用者，用其義也，故曰「明用睽之義至大矣」。案：體離爲夏，互坎爲冬，體兑爲秋，四變震爲春，故曰「時」。非常之義，故曰「時用」也。象曰：「上火下澤，睽。荀爽曰：火性炎上，澤性潤下，故曰睽也。**疏** 洪範曰「水曰潤下，火曰炎上」，故云「火性炎上，澤性潤下」。火上水下，其性違異，故曰「睽也」。君子以同而異。」荀爽曰：大歸雖同，小事當異。百官殊職，四民異業，文武竝用，威德相反，共歸于治，故曰「君子以同而異」也。**疏** 夫婦同居，而位内位外，其事則異。官民各有職業，而文武威德，同歸于治，故「君子以同而異也」。　愚案：離兑同得坤氣而成女，然離上澤下，其性迥異，故曰「同而異」。　即象傳所謂「二女同居，其志不同行」也。　君子以之。　如同一行仁，則「親親而仁民，仁民而愛物」。　愛有差等，不敢混施，故曰「君子以同而異」。　又案：天地之理，平陂往復，變動不居。　故象傳于睽時見其同，是以君子不敢小視睽也。　象傳于同中見其異，是以君子不敢苟爲同也。　**初九。悔亡。喪馬，勿逐自復，見惡人无咎。　象曰：「見惡人，以避咎也。」**　虞翻曰：无應，悔也。　四動得位，故「悔亡」。　應在于坎，坎爲馬。　四而失位，之正入坤，坤爲喪，坎象不見，故「喪馬」。　震爲逐，艮爲止，故「勿逐」。　坤爲自。　二至五體復象，故曰復。　四動震馬來，故「勿逐自復」也。　離爲見，惡人謂四，動入坤初，四復正，故「見惡人，以避咎」矣。　**疏**　四失位，初无應，故有悔。　四動得正，下應于初，故「悔亡」。　四互坎，故「應在坎」，坎美脊爲馬。　四變成坤，坤乙爲喪，四變坤，坎象毁，故「喪馬」。　震足奔走爲逐，「艮以止之」，故「勿逐」。　坤身爲自，四已變，二至五體復象，故「自復」。　震爲作足馬，四動，坎馬喪而震馬來，故「勿逐自復也」。　「相見乎離」，故「離爲見」。　離四火不正，焚如棄如，故「惡人謂四」也。　四動當入坤初，易例也。　四入初，則坤初來居四，四復正位，故「見惡人，以避咎矣」。　愚案：睽六爻唯初得正而无應。无應故悔，得正故「悔亡」。　四坎馬不應，故「喪馬」。　初得正不動，故「勿逐」。　初陽體復，故「勿逐自復也」。　四雖惡人，已正，故見之无咎。　當睽不睽，不爲已甚者也。　蓋以動則成未濟，而睽愈甚。　故宜静以鎮之，待諸爻變而成既濟定也。　**九二。遇主于巷，无咎。**　虞翻曰：二動體震，震爲主，爲大塗，艮爲徑路，大道而有徑路，故稱巷。　變而得正，故「无咎」而「未失道也」。　**疏**　二失位當動，動則體震，震長子主器，故爲主。　「震爲大塗」「艮爲徑路」，説卦文。　大塗有徑，故稱巷。　又釋宫曰「宫中巷謂之壼」。　艮爲門闕、爲宫、爲徑路，宫中有徑路，故稱巷也。隱四年穀梁傳曰「遇者，志相得也」。二五相應皆失位，二動，五變應之，故「遇主于巷」。而皆得正，故「无咎」。象曰：「遇主于巷，未失道也。」虞翻曰：動得正，故「未失道」。崔覲曰：處睽之時，與五有應。男女雖隔，其志終通。而三比焉，近不相得。遇者，不期而會。主者，三爲下卦之主。巷者，出門近遇之象。言二遇三，明非背五，未爲失道也。**疏** 虞注：二失位，動得正，故「未失道」。廣雅曰「巷，道也」，故經言「巷」，傳言「道」。崔注：處二應五，所謂「男女睽而其志通也」。三以陰據陽，故「近而不相得」。隱八年穀梁傳曰「不期而會曰遇」，故云「遇者，不期而會」。三居下卦上，故「爲下卦主」。説文「巷，里中道」，故爲「出門近遇之象」。二之遇三，不期而會也，故「非背五，未爲失道」。六三。見輿曳，其牛掣，虞翻曰：離爲「見」，坎爲車爲「曳」，故「見輿曳」。四動坤爲「牛」爲類，牛角一低一仰，故稱「掣」，離上而坎下，「其牛掣」也。**疏**「相見乎離」，故「離爲見」。坎有輿象，故「爲車」。「爲曳」，説卦文。説文曰「曳，臾曳也」。束縛捽抴爲臾。坎于輿多眚，故「見輿曳」。四動體坤，故「爲牛」。「爲類」未詳，疑有誤也。牛角一低一仰爲「掣」。離上爲仰，坎下爲俯，故「其牛掣」。其人天且劓，无初有終。虞翻曰：「其人」謂四，惡人也。黥額爲「天」，割鼻爲「劓」。无妄乾爲天，震二之乾五，以陰墨其天，乾五之震二毁艮，割其鼻也，兑爲刑人，故「其人天且劓」。失位，動得正成乾，故「无初有終」。象曰「遇剛」，是其義也。**疏**「其人謂四，惡人」者，離四焚棄爲惡人，當蒙罪也。馬氏云「剠鑿其額曰天」，「剠」與「黥」同，故「黥額爲天」。説文「劓，刖鼻」，故「割鼻爲劓」。夏之黥，即周之墨。卦自无妄來，无妄乾爲天，震二上之乾五，故「以陰墨其天」。无妄二體艮，艮爲鼻，乾五下之震二，則艮象毁，爲「割其鼻也」。兑西方秋，主殺氣，且爲毁折，故爲「刑人」。五刑有黥鼻之法，加于四之惡人，故「其人天且劓」也。三失位，動得正，居內乾之終。三初本陰，終變成陽，故曰「无初有終」。象曰「遇剛」，謂變陽也。象曰：「見輿曳，位不當也。无初有終，遇剛也。」虞翻曰：動正成乾，故「遇剛」。疏三失位，故「不當」。動正成乾，與上易位。剛謂上，故曰「遇剛」。九四。睽孤。遇元夫。交孚，厲无咎。虞翻曰：孤，顧也。在兩陰閒，睽五顧三，故曰「睽孤」。震爲「元夫」，謂二已變，動而應震，故「遇元夫」也。震爲交，坎爲孚。動而得正，故「交孚，厲无咎」矣。疏「孤，顧也」，釋名文，言顧望无所瞻見也。説文「睽，目不相視也。」體離爲目，四在兩陰之閒，上不承五而睽五，下欲據三而顧三，故曰「睽孤」也。震在復初曰「元吉」，故爲「元」。震一夫之行，故爲「夫」。二已變，初體震，四動應初，故「遇元夫也」。震初陽始交坤，故「爲交」。坎有孚，故「爲孚」。坎動成震，故「交孚」。動而得正，故雖危无咎矣。又中孚五交四爲睽，故四曰「交孚」。象曰：「交孚无咎，志行也。」虞翻曰：坎動成震，故「志行也」。疏坎心爲志，震足爲行，坎動成震，故曰「志行」。六五。悔亡。厥宗噬膚，往何咎。虞翻曰：往得位，「悔亡」也。動而之乾，乾爲「宗」，二體噬嗑，故曰「噬」，四變時，艮爲「膚」，故曰「厥宗噬膚」也。變得正成乾，乾爲慶，故往无咎而有慶矣。疏五失正，往得位，故「悔亡」也。五動成乾，人本乎祖，宗族法天，故「乾爲宗」。厥宗，二之宗也。二動成噬嗑，噬嗑，合也。四變二體艮，艮乾三覆坤，在肉之外，故「爲膚」。五來合二，故「厥宗噬膚也」。二艮爲巷，五乾爲宗，巷者，宮中之道，宗者，廟内之牆。二五易位，五君二臣，君爲元首，臣爲股肱，本一體之親，有肌膚之愛，故曰「噬膚」。變正成乾，乾陽爲慶，故「往无咎而有慶矣」。愚案：同人六二，以九五爲宗，睽六五，以九二爲宗。離于時爲夏，春官大宗伯「夏見曰宗」，二卦皆離，故曰「宗」。且乾中陽爻，變陰成離，故六與九應爲宗，以九自離中往也。虞謂「乾爲宗」，亦以乾中應離中，而與離上下爲宗也。又「厥宗噬膚」，餕禮也。祭畢而食曰餕。特牲之饋者曰舉奠曰長，兄弟佐食，授舉各一膚。「舉奠」者，嗣子也。疏云「上使嗣子及兄弟餕，其惠不過親族」，故曰「厥宗噬膚」。初筵之詩曰「錫爾純嘏子孫其湛，其湛曰樂」，故象曰「往有慶也」。象曰：「厥宗噬膚，往有慶也。」王弼曰：非位，悔也。有應，故「悔亡」。「厥宗」謂二也。「噬膚」者，齧柔也。三雖比二，二之所噬，非妨已應者也。以斯而往，何咎之有。往必見合，故「有慶也」。案：二兑爲口，五爻陰柔，「噬膚」之象也。疏 王注：非位，故悔。正應二，故「悔亡」。二陽自乾中往，故「厥宗謂二也」。「噬膚」謂噬三也。三陰爻柔脆，故「噬柔也」。三雖比二相隔，然三爲二所噬，非有妨于已應者也。故五可往而无咎，言往必合也。案：二體兑，故爲口。五爻陰柔，噬之易合。以二噬五，「噬膚之象也」。上九。睽孤。見豕負塗，載鬼一車。虞翻曰：睽三顧五，故曰「睽孤」也。離爲見，坎爲豕爲雨，四變時，坤爲土，土得雨爲泥塗，四動艮爲背，豕背有泥，故「見豕負塗」矣。坤爲鬼，坎爲車，變在坎上，故「載鬼一車」也。疏 上與三應，三不正，故「睽三」。上據五，故「顧五」。亦曰「睽孤」，與四睽五顧三同也。離目爲見。互坎爲豕。説卦「雨以潤之」，故「坎爲雨」。四變時，體坤爲土，土得雨爲泥塗，禹貢「厥土惟塗泥」是也。四動時體艮，象曰「艮其背」，故「爲背」。豕背有泥，故曰「見豕負塗」矣。坤死魄，故「爲鬼」。坎輿爲車，四變在坎上，故「載鬼一車」。豕鬼皆謂五。五未變，上失正，故所見如此也。鬼車于禮爲魂車，既夕「薦車」，鄭彼注云「今之魂車，載而往，迎而歸，如慕如疑」，乖違之家有是象也。先張之弧後説之壺。虞翻曰：謂五已變，乾爲「先」，應在三，坎爲「弧」，離爲矢，張弓之象也，故「先張之弧」。四動震爲「後」，「説」猶置也。兑爲口，離爲大腹，坤爲器，大腹有口，坎酒在中，壺之象也。之應歷險以與兑，故「後説之壺」矣。疏 五已變體乾，陽主倡，故「爲先」。下應三，三互坎，坎爲弓輪，故「爲弧」。離爲戈兵，故「爲矢」。又「弦木爲弧，蓋取諸睽」，張弓之象也。故「先張之弧」。四動體震，震象曰「後有則」，故「爲後」。釋詁「說，舍也」，郭注「舍，放置」，「說」，「舍」同物，故云，「說猶置也」。「兌爲口」「離爲大腹」，說卦文。坤形下爲器，大腹有口，坎水爲酒，在其中焉，壺象也。阮諶三禮圖曰「方壺受一斛，腹圜足口方。圜壺受一斛，腹方足口圜」，故象兌口離大腹也。昏禮設尊，是爲壺尊。揚子太玄曰「家无壺，婦承之姑」，測曰「家无壺，无以相承也」。若然，「說壺」者，婦承姑之禮與。上之三爲「之應」，中歷坎爲「歷險」，正應三爲「與兌」。三上易位，坎象不見，壺空置矣，故「後說之壺」。　愚案：壺作昏禮壺尊，則說當音悅。「先張之弧」，疑其寇而匪寇，「後說之壺」，以匪寇而爲婚媾也。

匪寇婚媾，往遇雨則吉。」虞翻曰：匪，非。坎爲寇，之三歷坎，故「匪寇」。陰陽相應，故「婚媾」。三在坎下，故「遇雨」。與上易位，坎象不見，各得其正，故「則吉」也。**疏**「匪」「非」古今字。坎爲盜，故「爲寇」。之三雖歷坎，然應兌非應坎，故「匪寇」。三陰上陽，內外相應，故稱「婚媾」。下坎爲雨，三在坎下，上往三，故「遇雨」。與上易位，坎象不見，陰陽和會，各得其正，成既濟定，故吉也。象曰：「遇雨之吉，羣疑亡也。」虞翻曰：物三稱「羣」，坎爲疑，三變坎敗，故「羣疑亡」矣。**疏** 詩吉日「或羣或友」，毛傳「獸三爲羣」，故云「物三稱羣」，謂坎三爻也。坎心爲疑，三變之正，坎象敗毁，故「羣疑亡」。蓋睽終則合，故上獨言吉也。

序卦曰：「乖必有難，故受之以蹇。蹇者，難也。」崔覲曰：二女同居，其志乖而難生，故曰「乖必有難」也。**疏** 家之不和，多起于妻妾娣姒，此二女同居，所以其志乖而難生也，故曰「乖必有難」而「受之以蹇」。坎險在前，故曰「難也」。

䷦艮下坎上蹇。利西南，虞翻曰：觀上反三也。坤，西南卦，五在坤中，坎爲月，月生西南，故「利西南」。「往得中」，謂「西南得朋」也。疏 從二陽四陰之例，卦自觀來，故云「觀上反三也」。乾鑿度曰「坤位在西南」，故曰「西南卦」。五乾入坤成坎。「坎爲月」，說卦文。以納甲言之，月出庚見丁，故云「月生西南」。五「往得中」，故「利西南」也。與睽旁通，往得中，睽兑爲朋，故「西南得朋」也。**不利東北。**虞翻曰：謂三也。艮，東北之卦，月消于艮，喪乙滅癸，故「不利東北，其道窮也」，則「東北喪朋」矣。疏 三體艮，故東北「謂三也」。「艮，東北之卦也」，說卦文。月退辛消丙，故云「消于艮」。乙東癸北，月喪于乙，滅于癸。當月之晦，天道之終，故「不利東北，其道窮也」。「東北喪朋」，謂五六三十度也。**利見大人，**虞翻曰：離爲「見」，「大人」謂五，二得位應五，故「利見大人，往有功也」。疏 相見乎離，互離爲「見」。五居尊位，故爲「大人謂五」。二得中位，上正應五，故「利見大人」。「五多功」，故引象傳「往有功也」以明之。**貞吉。**虞翻曰：謂五當位正邦，故「貞吉」也。疏 五謂乾五也，坤衆爲邦。五當乾位，下正坤邦，羣陰順從，故「貞吉」也。**彖曰：「蹇，難也，險在前也。見險而能止，知矣哉。**虞翻曰：離見坎險，艮爲止。觀乾爲知，故「知矣哉」。疏「前」謂外也。諸爻言「往蹇」，以「險在前也」。外卦互離目，故云「離見」。坎象曰「習坎，重險也」，故云「坎險」。說卦「艮，止也」，故云「艮止」。五體觀乾也，繫上「乾以易知」，故「爲知」。又「夫乾，天下之至健也，德行恆易以知險」，故曰「見險而能止，知矣哉」。六爻皆有蹇象，唯九五當位正邦，餘皆利止，見險而止之義也。**蹇利西南，往得中也。**荀爽曰：西南謂坤。乾動往居坤五，故「得中也」。疏 坤，西南卦也，故「西南謂坤」。乾動往居坤五，故得中，且得位也。**不利東北，其道窮也。**荀爽曰：東北，艮也。艮在坎下，見險而止，故「其道窮也」。疏 艮，東北卦也，故「東北謂艮」。艮居坎下，坎險艮止，故「見險而止」。消息艮在丑，又「成終成始」。天道窮于東北，故曰「其道窮也」。**利見大人，往有功也。**

虞翻曰：「大人」謂五。二往應五，「五多功」，故「往有功也」。**疏** 五爲君位，故「大人謂五」。「往」謂二往應五。「五多功」，繫下文。二正應五，故「往有功也」。

當位貞吉，以正邦也。荀爽曰：謂五當尊位正。居是，羣陰順從，故能正邦國。**疏** 五當尊位，而又得正，故「貞吉」。坤衆爲邦，乾來居之，羣陰順從，故能「正邦」。

蹇之時用大矣哉。」虞翻曰：謂坎月生西南而終東北，震象出庚，兑象見丁，乾象盈甲，巽象退辛，艮象消丙，坤象窮乙，喪滅于癸，終則復始，以生萬物，故「用大矣」。**疏** 此據納甲言也。坎月生西南而終東北，出庚見丁盈甲，退辛消丙，窮乙滅癸。參同契曰「五六三十度，度竟復更始」，故云「終則復始」。終始循環，以生萬物，故用大也。愚案：艮「動靜不失其時」，故言「時」。蹇難之時，人小其用，不知「二多功」，五「正邦」，又初變則成既濟定，象曰「待時」，故曰「蹇之時用大矣哉」。

象曰：「山上有水，蹇。崔覲曰：山上至險，加之以水，蹇之象也。**疏** 地險山川，著于坎象。今山上至險，加以水險，故爲蹇難。

君子以反身修德。」虞翻曰：「君子」謂觀乾，坤爲「身」，觀上反三，故「反身」。陽在三，「進德修業」，故「以反身修德」。孔子曰「德之不修，是吾憂也」。**疏** 「君子謂觀乾」者，觀乾，消卦也，體乾九三，故曰「君子」。坤形爲「身」，觀上反三成蹇，三曰「來反」，故曰「反身」。乾陽在三，「進德修業」，故曰「反身修德」。蓋觀乾德外著，反之于內，體乾夕惕也。「德之不修，是吾憂也」，論語文。蓋蹇難之時，惟以德之不修爲憂，故引孔子之言以明之。

初六。往蹇，來譽。虞翻曰：「譽」謂二，「二多譽」也。失位應陰，往歷坎險，故「往蹇」。變而得位，以陽承二，故來而譽矣。**疏** 「二多譽」，說卦文，故「譽謂二」也。初失正位，上應四陰，坎體爲險，故「往蹇」也。變而之正得位，以初陽比二陰，六爻皆正，故「來譽」也。

象曰：「往蹇來譽，宜待時也。」虞翻曰：艮爲時。謂變之正，以待四也。**疏** 艮動靜不失其時，爲「時」，初變正，以待四應，故「宜待時也」。俗本作「宜待」，張本作「宜時」，鄭本作「宜待時」，虞從鄭本。「時」「尤」「之」古韻通，「待」與「尤」「之」不叶，故知鄭本是也。

六二。王臣蹇蹇，匪躬之故。虞翻曰：觀乾爲「王」，坤爲「臣」爲「躬」，坎爲「蹇」也。之應涉坤，二五俱坎，故「王臣蹇蹇」。觀上之三，折坤之體，臣道得正，故「匪躬之故」，象曰「終无尤也」。**疏**觀五，乾九五也。乾爲君，故「爲王」。坤，臣道也，故「爲臣」。坤形爲身，故「爲躬」。坎，難也，蹇亦難也，故「坎爲蹇也」。五本坤，乾居之，故云「之應涉坤」。五，坎也，二互三，亦爲坎，內外兩坎，二比三應五，正遇坎中，故曰「王臣蹇蹇」。觀上反三，來折坤成艮，二三皆正，故「臣道得正」。艮體不獲其身，故「匪躬之故」。上從王事，故「終无尤也」。

象曰：「王臣蹇蹇，終无尤也。」侯果曰：處艮之二，上應于五，五在坎中，險而又險，志在匡弼，匪惜其躬，故曰「王臣蹇蹇，匪躬之故」。輔臣以此，「終無尤也」。**疏**處艮二應坎五，五在坎中，二又互坎，故「險而又險」。二得中處正，有匡弼之志而不惜其躬者也。故曰「王臣蹇蹇，匪躬之故」。忘身輔君，故「終无尤也」。

九三。往蹇，來反。虞翻曰：應正歷險，故「往蹇」。反身據二，故「來反」也。**疏**三正應上，中歷五坎，故「往蹇」。上反于三，下據二，舍應從比，故曰「來反」，即象傳所云「反身修德」也。

象曰：「往蹇來反，內喜之也。」虞翻曰：「內」謂二陰也。**疏**「內」謂二，二陰爻也。三陽爲「喜」，反身據二，故「喜」也。

六四。往蹇，來連。虞翻曰：連、輦、蹇，難也。在兩坎閒，進則无應，故「往蹇」，退初介三，故「來連」也。**疏**馬云「連亦難也」，「古音輦，輦亦難也，故云「連、輦、蹇、難也」。四在兩坎之閒，進退兩難，進謂往變，初已正則无應，故「往蹇」，退應初而閒于三，故「來連」。終得初應，故象曰「當位實也」。

象曰：「往蹇來連，當位實也。」荀爽曰：蹇難之世，不安其所。欲往之三，不得承陽，故曰「往蹇」也。來還承五，則與至尊相連，故曰「來連」也。處正承陽，故曰「當位實也」。**疏** 當蹇難之世，四居内外之閒，故「不安其所」。欲往三，則不得上承五陽，故「往蹇」。來承五陽，五爲天子，故「與至尊相連」。六居四爲「處正」，上比五爲「承陽」。易積算曰「陽實陰虛」，故曰「當位實也」。

九五。大蹇，朋來。虞翻曰：當位正邦，故「大蹇」。睽兑爲朋，故「朋來」也。**疏** 五當蹇難，處中得正。彖言「當位正邦」，五足當之，故曰「大蹇」。蹇旁通睽，睽體兑，兑象「朋友講習」爲朋，故「朋來也」。

象曰：「大蹇朋來，以中節也。」干寶曰：在險之中而當王位，故曰「大蹇」。此蓋以託文王爲紂所囚也。承上據四應二，衆陰竝至。此蓋以託四臣能以權智相救也。故曰「以中節也」。**疏** 五在坎中，故爲「在險中」。五爲天子，故「當王位」。當王位而遇坎險，故曰「大蹇」。史記周本紀「崇侯虎譖西伯于殷紂，紂乃囚伯于羑里」，故云「此蓋以託文王爲紂所囚也」。上四二皆險，而五承之、據之、應之，故云「衆陰竝至」。史記「西伯之臣，閎夭之徒，求美女奇物善馬以獻紂，紂乃赦西伯」，此「蓋以託四臣能以權智相救也」。史但言「閎夭之徒」，此云「四臣」者，書君奭曰「武王惟兹四人」，注謂虢叔已死，而以四人爲閎夭散宜生泰顛南宫括也。五陽處大蹇之時，而羣陰朋來相濟，故曰「以中節也」。

案：中庸曰「發而皆中節謂之和」，五居中行和，故「中節」。五中節，故能睽而同，是以「朋來」也。

上六。往蹇，來碩。吉，利見大人。虞翻曰：陰在險上，變失位，故「往蹇」。碩謂三，艮爲碩。退來之三，故「來碩」。得位有應，故「吉」也。離爲見，大人謂五，故「利見大人」矣。**疏** 陽陷陰中爲坎，坎爲險，故「陰在險上」。諸爻以遇坎爲蹇，上以乘坎爲蹇。上無所往，故以變爲往。變而失位，故「往蹇」也。「碩謂三」者，應在三，三體艮石爲碩。上退來應三，故「來碩」。六居上爲「得位」，九在三爲「有應」。蹇終則解，故「吉」也。初變成既濟，體離目爲「見」，乾五爲大人，故「大人謂五」，承陽有實，故「利見大人」也。象曰：「往蹇來碩，志在内也。利見大人，以從貴也。」侯果曰：處蹇之極，體猶在坎，水无所之，故曰「往蹇」。來而復位，下應于三，三德碩大，故曰「來碩」。三爲内主，五爲大人。若「志在内」，心附于五，則「利見大人」也。案：三互體離，離爲明目，五爲大人，「利見大人」之象也。**疏**侯注：位處蹇極，體在坎上，水无所往之象，故曰「往蹇」。來應于三，三體陽，陽爲大，三德碩大，故曰「來碩」。三在内卦之上，故爲主。五位天子爲大人。坎心爲志，應三，故「志在于内」。比五，故「志附于五」。是以「利見大人也」。案：三互四五爲離，離明爲目，利見五位大人，故「利見大人」也。愚案：五位貴，爻陽亦貴，上陰利見五陽，故曰「以從貴也」。

序卦曰：「物不可以終難，故受之以解。解者，緩也。」崔覲曰：蹇終則「來碩吉，利見大人」，故言「物不可以終難，故受之以解」。**疏**蹇終「來碩吉」而「利見大人」，蹇已解矣，故言「物不可以終難」而「受之以解」也。緩對急言。詩小雅「兄弟急難」，是難則必急，如周本紀襄王告急于晉，言告難也。難解則緩，故曰「解者，緩也」。

䷧坎下震上解。利西南。虞翻曰：臨初之四。坤，西南卦，初之四得坤衆，故「利西南，往得衆也」。**疏**從二陽四陰之例，卦自臨來，故云「臨初之四」。坤位西南，四體坤，坤廣生爲「衆」，初之四成解，故「得坤衆」。彖傳曰「利西南，往得衆」，是也。无所往，其來復吉。虞翻曰：謂四本從初之四，失位于外而无所應，故「无所往」。宜來反初，復得正位，故「其來復吉」也。二往之五，四來之初，成屯體復象，故稱「來復吉」矣。**疏**四本臨初，之四成解。以陽居陰爲「失位」。初亦失位，不義之應爲「无應」。故「无所往」也。宜來反初，復得正陽之位，故「其來復吉」也。下云「夙吉」，知二已往之五，四乃得來之初，而成屯體，屯初至四體復，故稱「來復」也。有攸往，夙吉。虞翻曰：謂二也。夙，早也。離爲日爲甲，日出甲上，故早也。九二失正，早往之五則吉，故「有攸往夙吉，往有功也」。疏 之外曰往，故「往謂二也」。「夙，早也」，釋詁文。互離爲日。又離爲甲胄，故爲甲。古文「早」作「𣅀」，說文「𣅀，晨也」，故云「日出甲上，故早也」。二既失正，蚤往之五，故吉。四變則離不見，故「有攸往，夙吉」。「五多功」，二據五，故「往有功也」。彖曰：「解，險以動，動而免乎險，解。虞翻曰：險，坎。動，震。解二月，雷以動之，雨以潤之，物咸孚甲，萬物生震。震出險上，故「免乎險」也。疏 「險」謂内坎，「動」謂外震。解于消息，候在二月，漢書五行志「雷以二月出」。「雷以動之，雨以潤之」，說卦文。春分雷動地中，下坎爲雨也。禮月令「其日甲乙」，鄭注「萬物皆解孚甲，自抽軋而出」，故云「物咸孚甲」。說卦曰「萬物出乎震」，故云「萬物生震」。震爲出，震動而出險上，坎解爲雨，故「免乎險」也。解利西南，往得衆也。荀爽曰：乾動之坤而得衆，西南，衆之象也。疏 卦自臨來，初陽乾爻，動之四坤，故曰「往得衆」。坤位西南，故云「衆之象也」。无所往，荀爽曰：陰處尊位，陽无所往也。疏 「陰處尊位」謂五，「陽无所往」謂二也。其來復吉，乃得中也。荀爽曰：來復居二，處中成險，故曰「復吉」也。疏 陽无所往，故「來復居二」。所處得中，雖險亦解，故曰「復吉也」。有攸往夙吉，往有功也。荀爽曰：五位无君，二陽又卑，往居之者則吉。據五解難，故「有功也」。疏 陽實陰虚，五陰位虚，故「无君」。二陽位卑，往居于五，得位則吉。二往據五，坎難已解，「五多功」，故「有功也」。天地解而雷雨作，荀爽曰：謂乾坤交通，動而成解。卦坎下震上，故「雷雨作」也。疏 臨初陽之四，是臨乾解坤，故謂「乾坤交通，動而成解」也。解坎雨在下，震雷在上，雷動而雨隨之，故「雷雨作也」。雷雨作而百果草木皆甲宅，荀爽曰：解者，震世也。仲春之月，草木萌牙。雷以動之，雨以潤之，日以烜之，故「甲宅」也。疏 解，震宮二世卦，故云「解者，震世也」。月令「仲春之月，雷乃發聲」，雷出則萬物隨之而出，故「仲春之月，草木萌牙」也。震動坎潤，五日以烜，故「甲宅也」。案：乾盈數爲「百」，木果爲「果」，故曰「百果」。震者木德，又爲草莽，故曰「草木」。鄭注云「皮曰甲，根曰宅。宅，居也」。說文「甲，東方之孟，陽氣萌動，从木戴孚甲之象」。離剛在外，故爲「甲」。艮爲居，故爲「宅」。萬物出乎震，百果草木甲宅之象也。解之時大矣哉。」王弼曰：无所而不釋也。難解之時，非治難時也，故不言用也。體盡于解之名，无有幽隱，故不曰義也。**疏**「所」，注疏本作「圻」，唯毛晉汲古閣本與此同作「所」，是也。言自天地至百果草木，無所不解釋也。難已解矣。故「不言用」。體无隱矣，故「不言義」。獨言「時大」者，解之時，震時也。萬物出乎震，故曰「時大」。象曰：「雷雨作，解。君子以赦過宥罪。」虞翻曰：「君子」謂三伏陽。出成大過，坎爲罪，入則大過象壞，故「以赦過」。二四失位，皆在坎獄中，三出體乾，兩坎不見，震喜兑説，罪人皆出，故「以宥罪」。謂三入則赦過，出則宥罪，「公用射隼以解悖」，是其義也。**疏**二陽升爲雷，四陰下爲雨，故曰「雷雨作，解」。「君子謂三伏陽」者，臨二陽息，乾三當正，臨來之卦，升明夷皆三正位，故解伏陽出「以解悖也」。三出體乾成大過，卦有兩坎，坎陷爲罪，又「入于坎窞」稱「入」〔一〕，入則大過象壞，故「以赦過」。二四以陽居陰爲「失位」。體有兩坎，坎陷爲獄，故「皆在坎獄中」。三出成乾，兩坎皆壞不見。外體震，震春陽和，故爲「喜」。互體兑，兑，萬物之所説也，故「兑説」。罪人出獄之象也，故「以宥罪」。六爻之義，出乾入坤，三入而大過毁，故「赦過」，三出而坎象毁，故「宥罪」。卦有赦過而無宥罪之象，故引上六爻辭，以證三出坎毁之象，故云「是其義

〔一〕「入」，原本作「人」，據陳校本正。

也」。初六。无咎。虞翻曰：與四易位，體震得正，故「无咎」也。疏 初與四易位，二已之五，故初體震而得位。失位宜咎，之正故「无咎」。初四變不言貞者，解主九二，二貞則諸爻皆正矣。象曰：「剛柔之際，義无咎也。」虞翻曰：體屯初震，「剛柔始交」，故「无咎也」。疏 二五已正，初動體屯，屯象傳曰「剛柔始交」。初動爲震，是乾始交坤。故「无咎也」。

九二。田獲三狐，得黃矢，貞吉。虞翻曰：二稱田，田獵也。變之正，艮爲狐。坎爲弓，離爲黃矢。矢貫狐體，二之五歷三爻，故「田獲三狐，得黃矢」。之正得中，故「貞吉」。疏 乾九二曰「見龍在田」，故「二稱田」。離爲罔罟，故象「田獵」。變之正，互三四爲艮。「艮爲狐」，九家說卦文。坎爲弓輪，故爲弓。離爲戈兵，故爲矢。離二「黃離」，故「爲黃矢」。三體離，四體艮，故「矢貫狐體」。二離黃矢，之正艮體見，故「獲狐」，二上之五，歷艮三爻，故「獲三狐」。三解悖，離復見，故「得黃矢」。變正得中，故「貞吉」也。象曰：「九二貞吉，得中道也。」虞翻曰：動得正，故「得中道」。疏 五乾爲道，二動之五，得正而居中，故曰「得中道也」。

六三。負且乘，虞翻曰：負，倍也。二變時，艮爲背，謂三以四艮倍五也。五來寇三時，坤爲車，三在坤上，故「負且乘」。小人而乘君子之器，故象曰「亦可醜也」。疏 漢書載禹貢「倍尾山」，史記作「負尾」，俗作「陪」，明堂位「負斧依」，「負」又作「倍」，鄭注「負之言背也」，故云「負，倍也」，「倍」即「背」也。二已變體艮，艮卦辭曰「艮其背」，故「爲背」。五在艮後，故「三以四背五也」。「五來寇三」者，繫上曰「作易者，其知盜乎」，虞彼注云「否上之二成困，三暴嫚，以陰乘陽。二變入宮爲萃，五之二而奪三成解」，故云「五來寇三時，坤爲車」，謂萃坤也。此注不言自萃來，從四陰二陽之例也。三不正而乘坤車，故曰「負且乘」。坤形爲器，乾爲君子，乾在坤上，稱「君子德車」。三陰乘坤，是「小人乘君子之器」，故曰「亦可醜也」。致寇至，貞吝。虞翻曰：五之二成坎，坎爲寇盜。上位慢五，下暴于二，「慢藏悔盜」，故「致寇至，貞吝」。象曰「自我致戎，又誰咎也」。**疏** 萃五之二成解，內體坎失正，故「爲寇盜」。繫上曰「上嫚下暴」，又「嫚藏悔盜」。坎爲暴，三上嫚五，下暴二。坎心爲悔，坤爲藏，「嫚藏悔盜」，故「致寇至」。伏陽出三，故「貞」，可醜故「吝」，宜象以「致戎」咎三也。**象曰：「負且乘，亦可醜也。自我致戎，又誰咎也。」**虞翻曰：臨坤爲醜也。坤爲自我。以離兵伐三，故轉寇爲戎，艮手招盜，故「誰咎也」。**疏** 卦自臨來，故「臨坤爲醜」。坤夜爲醜，義詳觀二。三陰乘坤，故「可醜」。坤身，故爲「自我」。離爲戈兵，故爲戎。坎爲寇，離爲戎。經言「寇」，象言「戎」。五以離兵伐三，故轉寇爲戎，甚三之罪也。二變艮爲手，招之伐三，三自致戎，咎將誰歸也。**九四。解而母，朋至斯孚。**虞翻曰：二動時，艮爲指。四變之坤爲母，故「解而母」。臨兌爲朋，坎爲孚。四陽從初，故「朋至斯孚」矣。**疏** 二變體艮。「艮爲指」，說卦文。四變體坤。「坤爲母」，說卦文。「母」同「拇」，大指也。坤艮兼象指母，故稱母。四解坤而成母，故「解而母」。卦自臨來，四本臨之兌，二四同功，四爲二之朋，故「臨兌爲朋」。內體坎爲孚。四，陽爻也，下正應初，故「朋至斯孚矣」。愚案：四震爲足。初應于下，有母象焉。初陰失位爲小人。而，汝也。四往應初，則「解而母」矣。初來應四，體兌爲朋，故「朋至斯孚」。體互兩坎，故孚也。**象曰：「解而拇，未當位也。」**王弼曰：失位不正而比于三，故三得附之爲其拇也。三爲之拇，則失初之應，故「解其拇」，然後「朋至斯孚」而信矣。案：九四體震，震爲足。三在足下，拇之象。**疏** 王注：孔疏「履于不正，與三相比。三從下來附之，如指之附足。四有應在初，若三爲之拇，則失初之應，故必解其拇，然後朋至而信。未當位者，四若當位履正，即三爲邪媚之身，不得附之也。既三不得附四，則无所解。今須解拇，由不當位也」。案：四在外體震初。「震爲足」，說卦文。下比三，故云「三在足下，拇之象」

也。愚案：初四易位，則皆當矣。惟未當位，故宜「解而母」也，是四解初也。六五。君子惟有解吉，有孚于小人。虞翻曰：君子謂二。之五得正成坎，坎爲心。故「君子惟有解，吉」。小人謂五，陰爲小人。君子升位，則小人退在二，故「有孚于小人」，坎爲孚也。疏「君子謂二」者，二陽也。上之五得正位，體成坎，坎爲心，心之官則思。惟，思也。君子思解則解，故吉。「小人謂五」者，五陰也。乾鑿度曰「陰失正爲小人」，故「陰爲小人」也。君子升居于五，則小人退處于二。三陽出，二亦爲坎，坎爲孚，故「有孚于小人」。象曰：「君子有解，小人退也。」虞翻曰：二陽上之五，五陰小人退之二也。疏二陽君子進居于五，則五陰小人退居于二，是五解二也。上六。公用射隼于高庸之上，獲之无不利。虞翻曰：上應在三，公謂三伏陽也。離爲隼。三失位，動出成乾，貫隼，入大過死象。故「公用射隼于高庸之上，獲之无不利」也。案：二變時體艮，艮爲山、爲宮闕，三在山半，高墉之象也。疏虞注：上與三應，三失位，當變正以應上也。三位，三公。六三暴嫚，故知「公謂三伏陽」。三乾君子「赦過宥罪」，謂此也。釋鳥曰「鷹，隼醜。其飛也翬」。離，南方朱雀，故爲隼。三失位，伏陽動出成乾，坎弓離矢，乾人發之，故「貫隼」。五變正體大過，大過象棺椁，故「入大過死象」。馬云「庸，城也」。三動下體巽，巽爲高、爲伏，高而可入伏，城庸之象。故「公用射隼于高庸之上」。虞氏謂三陰小人乘君子器，故上觀三出射去隼，兩坎象壞，故「无不利」也。案：二〔一〕變體艮，艮爲山，又爲門闕，故爲宮闕。庸，牆也。宮闕有牆，故云「三在山半，高庸之象也」。象曰：「公用射隼，以解悖也。」虞翻曰：坎爲悖，三出成乾

〔一〕「二」上原衍「二」字，據陳校本删。

而坎象壞，故「解悖也」。九家易曰：隼，鷙鳥也。今捕食雀者。其性疾害，喻暴君也。陰盜陽位，萬事悖亂，今射去之，故曰「以解悖也」。**疏** 虞注：悖，逆也。以孛从心。坎爲心，其象險，故爲悖。上與三應，三出成乾，射隼而去之，兩坎象毁，故「以解悖也」。九家注：月令「鷹隼蚤鷙」，故云「鷙鳥也」。詩小雅「鴥彼飛隼」，鄭箋「隼，疾急之鳥也」，故云「其性疾害，以喻暴君」。又詩「鴥彼飛隼，載飛載止」。「鴥彼飛隼，載飛載揚」。鄭箋「飛而止，喻諸侯之欲朝不朝，自由無所懼也。飛而揚，喻諸侯出兵，妄相侵伐」也。是詩之取興，亦取其悖也。以六居三，是謂「陰盜陽位」。萬事失正，故云「悖亂」。上六得位，下應六三，射而去之，悖斯解也，是上解三也。

序卦曰：「緩必有所失，故受之以損。」崔覲曰宥罪緩死，失之于僥倖，有損于政刑，故言「緩必有所失，故受之以損」者也。**疏** 解象曰「君子以赦過宥罪」，故言「宥罪緩死。」緩則刑罰不中，故「失之于僥倖，有損于政刑」矣。左傳曰「需者事之賊」，故「緩必有所失」，而「受之以損」也。

䷨ 兑下艮上 損。 鄭玄曰：艮爲山，兑爲澤，互體坤，坤爲地。山在地上，澤在地下，澤以自損，增山之高也。猶諸侯損其國之富，以貢獻于天子，故謂之損矣。**疏** 上山下澤，互體爲坤。「艮爲山，兑爲澤，坤爲地，」皆説卦文。山在澤上，澤愈深則山愈高，故曰「澤以自損，增山之高」。天子以土田封諸侯，諸侯以貢賦獻天子。損國富以益上，即九貢之法也。

有孚，元吉无咎，可貞，利有攸往。 虞翻曰：泰初之上，損下益上以據二陰，故「有孚，元吉无咎」。艮男居上，兑女在下，男女位正，故「可貞，利有攸往」矣。**疏** 從三陽三陰之例，卦自泰來，故云「泰初之上」。損乾之下，以益坤上，下據二陰，體象中孚，故曰「有孚」。孚故吉，泰初乾元之上，故「元吉」。失位宜咎，元吉故「无咎」。繫曰「天地壹壼，萬物化醇。男女搆精，萬物化生」。虞彼注云「艮男兑女，乾爲精。損反成益，萬物出震」。此言「男女位正」者，正明搆精化生所以「可貞」，非謂此爲貞也。「可貞」，謂二五也。二五失位，二當貞五則成益萬物化生，則上益三而亦正也。「利有攸往」謂三也，與上爻辭同義。損家損下，故二益五自二往，上益三則自三往。曷之用？二簋可用享。」崔覲曰：曷，何也。言其道上行，將何所用可用？二簋而享也。以喻損下益上，惟在乎心。何必竭于不足，而補有餘者也。疏「曷，何也」，説文文。言乾初行于坤上，其道將何所用也？可用二簋以享祀也。損益在心，不可益彼虧此。當損之時，雖二簋亦可用享。若竭不足而補有餘，則非善用其損者也。案：互體坤，坤爲用。二正五成益。爻位上爲宗廟，又艮爲門闕，有宗廟之象。坤鬼居之，有祖宗之象。互震爲長子主祭，坤形下爲器，艮手執之，享祭之象也。簋，盛黍稷器，圓曰簋，方曰簠。考工記「旊人爲簋」，則簋以瓦爲之。坤爲土，上之三成兩離，離火燒土而中虛，體乾爲圜，在祭器則簋也。「二簋」者，明堂位曰「周之八簋」，祭義曰「八簋之實」，鄭注「天子之祭八簋」。簋有八而稱二者，三禮圖「簠盛稻粱，簋盛黍稷」，「二簋」者，舉黍與稷也。且震仰似盂，有簋象焉。震稼反生，有簋盛黍稷之象焉。又自初至五爲兼震，有二簋之象焉。謂益道成既濟定，耒耨之利，薦之宗廟。當泰之後，王者治定制禮也。又鄭謂木器而圓，簋象也。震爲木，故曰木器。二升五用二簋以享于上，上右五而益三，乃成既濟。今象注「二簋應有時」謂春秋，「損剛益柔」謂冬夏。既濟既定，四時乃備。二簋之象，明當在上益三之後。象曰：「損，損下益上，其道上行。」蜀才曰：此本泰卦。案：坤之上六下處乾三，乾之九三上升坤六，損下益上者也。陽德上行，故曰「其道上行」也。疏卦自泰來，故云「此本泰卦」。外坤上六之乾三，内乾九三之坤六，故云「損下益上」。以九居上，故云「陽德上行」。乾爲道，震爲行，故「其道上行」也。此云三之上，虞云初之上，當從虞義。**損而有孚，**荀爽曰：謂損乾之三，居上孚二陰也。**疏**損乾之三，上居坤六。下孚二陰，故曰「有孚」。**元吉无咎，**荀爽曰：居上據陰，故「元吉无咎」。以未得位，嫌于咎也。**疏**以乾初元陽，上居于坤，下據二陰，故「元吉」。未得位，嫌于有咎。元吉，故「无咎」也。**可貞，**荀爽曰：少男在上，少女雖年尚幼，必當相承，故曰「可貞」。**疏**少男居少女之上，以女承男，故曰「可貞」。**利有攸往。**荀爽曰：謂陽利往居上。損者，損下益上，故利往居上。**疏**往，往居上。損下之陽，以益上陰，故「陽利往居上」也。**曷之用？二簋可用享。**荀爽曰：「二簋」謂上體二陰也。上爲宗廟。簋者，宗廟之器，故可享獻也。**疏**陰虛能受，故「二簋謂上體二陰也」。爻位上爲宗廟。簋者，宗廟之祭器，故「可用享」也。又王弼注「曷，辭也。曷之用，言何用豐爲也。二簋，質薄之器也。行損以信，雖二簋可用享」。**二簋應有時，**虞翻曰：「時」謂〔一〕春秋也。損二之五，震二月，益正月，春也。損七月，兑八月，秋也。謂「春秋祭祀，以時思之」。艮爲「時」，震爲「應」，故「應有時」也。**疏**「時謂春秋」者，謂春禘秋嘗也。損二之五成益內體震，震，四正卦，值春二月，益于消息爲正〔二〕月卦，故云「春也」。損于消息爲七月卦，內體兑，兑，四正卦，值秋八月，故云「秋也」。「春秋祭祀，以時思之」，孝經文。祭義曰「春禘秋嘗，霜露既降，君子履之，必有悽愴之心，春露既濡，君子履之，必有怵惕之心，如將見之」，此「以時思之」之事也。艮象曰「動靜不失其時」，故「爲時」。震巽「同聲相應」，故「爲應」。上之三成既濟，六爻有應，

〔一〕「謂」，原本作「爲」，據陳校本正。
〔二〕「正」，原本作「二」，據陳校本正。

故「應有時」也。損剛益柔有時，虞翻曰：謂冬夏也。二五巳易成益，坤爲柔。謂損益上之三成既濟，坎冬離夏，故「損剛益柔有時」。疏「謂冬夏」者，體成既濟也。二五易位，體已成益，益互坤爲柔。損上九之剛，益六三之柔，體成既濟，坎北屬冬，離南屬夏，故「損剛益柔有時」也。損益盈虛，與時偕行。」虞翻曰：乾爲「盈」，坤爲「虛」，損剛益柔，」故「損益盈虛」。謂泰初之上，損二之五，益上之三，變通趨時，故「與時偕行」。疏月十五，乾盈于甲，故「乾爲盈」。月虛爲晦，坤喪乙滅癸，故「坤爲虛」。損乾剛以益坤柔，故曰「損益盈虛」。泰初之上成損，損二之五成益，益上之三成既濟。繫下曰「變通者，趨時者也」，唯其變通，故「與時偕行」。象曰：「山下有澤，損。君子以徵忿窒欲。」虞翻曰：君子，泰乾。乾陽剛武爲「忿」，坤陰吝嗇爲「欲」。損乾之初成兑説，故「徵忿」。初上據坤，艮爲山，故「窒欲」也。疏「山下有澤」，潤通乎上，「損下益上」之象也。澤以滌山，山以鎮澤，「徵忿窒欲」之象也。乾爲君子，卦自泰來，故云「君子，泰乾」也。楚語曰「天事武」韋注云「乾稱剛健，故武」。剛武之象，有似于忿，故云「乾陽剛武爲忿」。説卦曰「坤爲吝嗇。」説文曰「欲，貪欲也」。吝嗇之義，近于貪欲，故云「坤陰吝嗇爲欲」。「徵」，劉巘作「懲」，蜀才作「澄」。鄭云「徵猶清也」，劉云「懲，清也」。卦取兑澤，故訓清。欲泰〔一〕乾初九，下體成兑，「説萬物者，莫説乎澤」，澤取乎清，故「徵忿」。乾初之上，據坤體艮，艮爲山，又爲止，窒，塞也，艮象山止，故「窒欲」也。繫下曰「損，德之修也」。修主滅損，故「徵忿窒欲」。初九。祀事遄往，无咎，酌損之。虞翻曰：祀，祭祀，坤爲事，謂二也。遄，速，酌，取也。二失正，初利二速往合志于

〔一〕「泰」下疑脱「坤」字。陳校本删「泰」上「欲」字。

五，得正无咎，已得之應，故「遄往，无咎，酌損之」。象曰「上合志也」。「祀」舊作「巳」也。**疏**釋詁曰「祀，祭也」，故云「祀，祭祀」。坤「發于事業」，故「爲事」。二簋用享，故舉「祀事」。用享者二，故「謂二也」。「遄，速」，釋詁文。坊記「上酌民言」，鄭注云「酌猶取也」。「酌」與「勺」同，説文云「勺，挹取也」，故云「酌，取也」。初應四比二，四得正而二不得正，故「初利二速往合志于五」。二五易位，則二得正无咎，已得之應于四。初曰「遄往」，四曰「遄喜」，皆謂二速往五而喜也。陰陽得正，故「无咎」。二居五，取上益三，故二與上皆云「弗損益之」，謂益三也。酌損上以益三，故曰「酌損之」，象曰「上合志」是也。「祀舊作巳也」者，鄭詩譜云「子思論詩於穆不巳」，孟仲子曰「於穆不祀」，是「巳」「祀」古字通也。劉熙釋名「殷曰祀。祀，巳也」，伊訓「惟元祀」，傳云「取四時祭祀一訖也」，是「祀」有「巳」義，故「巳」與「祀」通。又「巳」本亦作「以」，説文引作「目」。虞因卦辭言「二簋用享」，故不從舊本作「巳」，直從古義作「祀」，訓「祭祀」也。象曰：「祀事遄往，上合志也。」虞翻曰：終成既濟，謂二上合志于五也。**疏**二五易位成益，益三上易位，故「終成既濟」。坎爲志，「二上合志于五」，六爻皆正，初亦得其應矣。九二。利貞，征凶，弗損益之。虞翻曰：失位當之正，故「利貞」。征，行也。震爲「征」。失正毁折，故不征之五則凶。二之五成益，小損大益，故「弗損益之」矣。**疏**以九居二爲「失位」，當變之正，故曰「利貞」。「征，行也」，釋言文。震行爲「征」。二既失正，又體兑爲毁折，二當之五，故云「不征之五則凶」也。二之五成益，二變陰，陰爲小，故「小損。」五變陽，陽爲大，故「大益」。「弗損益之」者，謂弗慮其損，當益五也。愚案：經言「征」，注言「不征」，以征凶與利變之正相反也。不知二失正，與五易位成益，故「利貞」。二乘初，初利二遄往以成益，二不利初征四以成未濟，故「征凶」。初征四，則弗克損益之以成既濟也。象曰：「九二利貞，中以爲志也。」虞翻曰：動體離中，故爲志也。**疏**二利之五，三上易位，六爻皆正，變成既濟。二體離中，故「動體離中」。互體坎爲志，故「中以爲志也」。**六三。三人行，則損一人。**虞翻曰：泰乾三爻爲「三人」，震爲「行」，故「三人行」。損初之上，故「則損一人」。**疏**乾陽生爲人，卦自泰來，故「泰乾三爻爲三人」。震足爲「行」，泰三爻辭曰「以其彙征吉」，故「三人行」。損乾初九以之坤上，故「損一人」。**一人行，則得其友。**虞翻曰：「一人」謂泰初，之上「損剛益柔」，故「一人行」。兑爲「友」，初之上，據坤應兑，故「則得其友」，言致一也。**疏**「一人」謂泰初一爻，之上損初之剛，益上之柔，故「一人行」。三體兑，兑象曰「君子以朋友講習」，故「爲友」。初據坤上，下應兑三，故「得其友」。繫下曰「天地壹壼，萬物化醇，男女搆精，萬物化生」，「天地」謂泰乾坤，「男女」謂損艮兑，天地交則化醇，男女合則化生，故「言致一也」。**象曰：「一人行，三則疑也。」**虞翻曰：坎爲「疑」，上益三成坎，故「三則疑」。荀爽曰：一陽在上則教令行，三陽在下則民衆疑也。**疏**虞注：坎心爲疑。二已之五，上來益三成坎，故「三則疑也」。荀注：「三陽」之「陽」當作陰。一陽在上，下應震行，故「教令行」。三以陰爻在下，上互坤衆，故「民衆疑也」。**六四。損其疾，使遄有喜。无咎。**虞翻曰：四謂二也。四得位，遠應初，二疾上五，已得承之，謂二之五，三上復坎爲疾也。陽在五稱喜，故「損其疾，使遄有喜」。二上體觀，得正承五，故「无咎」矣。**疏**二與四同功，故「四謂二也」。以六居四爲「得位」，遠正應初。二「祀事遄往」，故云「二疾上五」。四比于五，故云「已得承之」。二已之五，三上易位體坎，坎爲疾，陽在五得位稱喜。已成既濟，六爻皆正，則坎不爲害，故「損其疾，使遄有喜」也。二上之五，自二至上體大觀象，四得正承五，故「无咎」。**象曰：「損其疾，亦可喜也。」**蜀才曰：四當承上，而有初應，必上之所疑矣。初，四之疾也，宜損去其初，使上遄喜。虞翻曰：二上之五，體大觀象，故「可喜也」。

疏 蜀才注：泰四應初，三〔一〕已之上成損，故四當承上，而有初應在下，必爲上之所疑矣。上疑四者，疑四應初，故「初爲四疾」。損去初陽以益上，則上喜矣，故「使上遄喜」也。 虞注：二上之五，體象大觀。大觀在上」，故「可喜也」。又成既濟，六爻皆正，坎疾不爲害，繫下曰「損以遠害」，故「可喜也。」

六五。或益之，十朋之龜。弗克違，元吉。虞翻曰：謂二五已變成益，故「或益之」。坤數十，兑爲「朋」。三上失位，三動離爲「龜」，「十」謂神、靈、攝、寶、文、筮、山、澤、水、火之龜也，故「十朋之龜」。三上易位成既濟，故「弗克違，元吉」矣。

疏 二五易位，已變成益，故曰「或益之」。「或」者，不主之辭，不可云上益之，故云「或」也。坤癸數十，兑以「朋友講習」爲「朋」，故曰「十朋」。二五已正，三上失位，三動體離，二至上亦全體似離，「離爲龜」，説卦文。爾雅釋魚曰「一曰神龜，二曰靈龜，三曰攝龜，四曰寶龜，五曰文龜，六曰筮龜，七曰山龜，八曰澤龜，九曰水龜，十曰火龜」，故云「十謂神、靈、攝、寶、文、筮、山、澤、水、火之龜」，爲「十朋之龜」。又漢書食貨志「元龜岠冉長尺二寸，直二千一百六十，爲大貝十朋」。蘇林曰「兩貝爲朋，朋直二百一十六。元龜十朋，故二千一百六十也」。是「十朋」者，元龜之直也，義亦可通。表記曰「不違龜筮」。二五已正，三上易位成既濟，人協龜從，故「弗克違，元吉」也。

象曰：「六五元吉，自上右也。」侯果曰：內柔外剛，龜之象也。又體兑艮，互有坤震，兑爲澤龜，艮爲山龜，坤爲地龜，震爲木龜。坤數又十，故曰「十朋」，朋，類也。六五處尊，損已奉上，人謀允叶，龜墨不違，故能延上九之右，而來十朋之益，所以大吉也。崔覲曰：「或之者，疑之也」，故用元龜價直二十大貝，龜之最神貴者以決之。不能違其

〔一〕「三」，原本作「二」，據陳校本正。

益之義，故獲「元吉」。雙貝曰「朋」也。疏侯注：離内柔外剛，故爲「龜」。頤全體象離，故頤初曰「舍爾靈龜」。損自二至上内柔外剛，亦龜象。又體内兑外艮，内互震，外約坤。兑爲澤，故「爲澤龜」，艮爲山，故「爲山龜」，澤龜、山龜見爾雅。春官龜人曰「地龜曰繹屬」，坤爲地，故云「地龜」，又「東龜曰果屬」，震東方卦，故云「木龜」，攷經傳無木龜，當卽東龜也。坤數十，故曰「十朋」。坤〔一〕象傳曰「西南得朋，乃與類行」，故云「朋，類也」。六五居中處尊，爲損之主，故能損巳以奉上九。洪範「謀及卿士，謀及庶人」，故云「人謀」。春官卜師凡卜事眡高揚火以作龜，致其墨，故云「龜墨」。洪範又曰「龜從，卿士從，庶民從」。故云「人謀允叶，龜墨不違，延上九之右，來十朋之益，所以大吉」。崔注：「或之者，疑之也」，乾文言文。元龜價值二十大貝，兩貝曰朋，故曰「十朋」。爾雅「一曰神龜」，龜之最神者，其直貴，用以決之。不能違其損下益上之義，故獲元吉。雙貝，猶言兩貝也。又兑西爲右。右，助也。上右五益三成既濟定，太平化行，故曰「自上右也」。上九。弗損益之，无咎貞吉。虞翻曰：損上益三也。上失正，之三得位，故「弗損益之，无咎貞吉」。動成既濟，故「大得志」。疏上與三應，故宜損上以益三。上失正有咎，之三得位，故弗損而益三，咎者无咎，得正而吉也。二五巳正，三上易位，是「動成既濟」，故象曰「大得志也」。利有攸往，得臣无家。虞翻曰：謂三往之上，故「利有攸往。」二五巳動成益，坤爲臣。三變據坤成家人，故曰「得臣」。動而應三成既濟，則家人壞，故曰「无家」。王肅曰：處損之極，損極則益，故曰「弗損益之」。非无咎也，爲下所益，故「无咎」。據五應三，三陰上附，外内相應，上下交接，正之吉也，故「利有攸

〔一〕「坤」，原本作「乾」，據所引坤象傳文正。

往」矣。　剛陽居上，羣下共臣，故曰「得臣」矣。　得臣則萬方一軌，故「无家」也。　**疏**虞注：自內曰往。　三在內，至是始往于上，故「利有攸往」。二五已動成益，互體坤，坤，臣道也，故爲臣。三變據坤，體成家人，故曰「得臣」。三已正，上動應之成既濟，則家人象毁，故曰「无家」。　谷永釋此經云「言王者臣天下，无私家」，是也。王注：　上者損之極，損極則益，故「弗損益」，序卦所云「損而不已則益」是也。上失位，非无咎。爲下所益，故得「无咎」。近據五，遠應三，三五互坤，衆陰上附。外內陰陽相應，上下剛柔相接，應得正，故貞。　卦自泰來，「上下交而志同」，故「利有攸往」。　九以陽剛居上，下臨互坤，　羣陰共臣，故曰「得臣」。　得臣則天下一家，故萬方一軌，无私家也。　象曰：「弗損益之，大得志也。」虞翻曰：謂二五已變，上下益三成既濟定，離坎體正，故「大得志」。　**疏**二五已變成益。　上九下益六三，三上易位成既濟定。　離下坎上，六爻皆正，坎爲志，故「大得志」。

序卦曰：「損而不已必益，故受之以益。」崔覲曰：損終則「弗損益之」，故言「損而不已必益」也。　**疏**損上九曰「弗損益之」，故云「損終則弗損益之」。　損益盛衰，循環之道。　損極必益，故言「損而不已必益」，而「受之以益」也。

䷩震下巽上益。　利有攸往，　虞翻曰：否上之初也。「損上益下」，「其道大光」。二利往坎應五，故「利有攸往中正有慶」也。　**疏**從三陽三陰之例，卦自否來，故云「否上之初」。虞注否上九云「否終必傾，下反于初成益」是也。　上之初，故象曰「損上益下」。　三上易位成既濟，二爲離，離日爲光，故曰「其道大光」。五爲坎，二五正應，故云「二利往坎應五」也。　二五得中得正，故曰「利有攸往，中正有慶也。」利涉大川。　虞翻曰：謂三失正，動成坎體渙，坎爲大川，故「利涉大川。」渙，舟楫象，「木道乃行」也。　鄭玄曰：陰陽之義，陽稱爲君，陰稱爲臣。　今震一陽二陰，臣多于君矣。　而四體巽之下，應初，是天子損其所有以下諸侯也。人君之道，以益下爲德，故謂之益也。震爲雷，巽爲風。雷動風行，二者相成，猶人君出教令，臣奉行之，故「利有攸往」。坎爲大川，故「利涉大川」矣。疏虞注：三陰失正，變則成坎。自二至上，其體象渙。坎水爲大川，故「利涉大川」。繫言「舟楫之利，蓋取諸渙」。九家易彼注云「木在水上，流行若風，舟楫之象」，是也。渙象傳曰「乘木有功」，故曰「木道乃行也」。鄭注：「乾以君之」，坤爲臣道，故「陰陽之義，陽稱爲君，陰爲臣」也。震一陽二陰，臣多于君，故其象爲臣。巽二陽一陰，君多于臣，故其象爲君。四居巽體下，應于初，是天子損其所有，以下諸侯之象。人君之道，損己利人，德在益下，故謂之益也。「震爲雷」，「巽爲風」，說卦文。雷生動，風主行，震巽「同聲相應」，故云「二者相成」。震爲出，巽爲令，故「猶人君出教令，臣奉行之」。命出必行，故「利有攸往」也。三上失正，易位成既濟，互兩坎，坎水爲川，故「利涉大川」也。象曰：「益，損上益下，蜀才曰：此本否卦。案：乾之上九下處坤初，坤之初六上升乾四，「損上益下」者也。疏卦自否來，故「此本否卦」。否乾上九之坤初，初六升乾四，損上陽以益下陰，故爲益。

民說无疆。虞翻曰：上之初，坤爲无疆，震爲喜笑。「以貴下賤，大得民」，故「說无疆」矣。疏益本否上之初。坤象曰「德合无疆」。否初坤，故「坤爲无疆」。震春爲喜，震「笑言啞啞」爲笑，喜笑故爲說。否上之初爲「貴下賤」。坤衆爲民，故「大得民」。明王之道，志在惠下，故「民說无疆」矣。自上下下，其道大光。虞翻曰：乾爲大明，以乾照坤，故「其道大光」。或以上之三，離爲大光矣。疏乾象曰「大明終始」，故「乾爲大明」。否乾在上坤在下，故曰「以乾照坤」。乾爲天道，故曰「其道大光」。三上失位，故「或以上之三」成離，「離爲大光」，義亦可通。愚案：否乾上九下居坤初，自初至五有離象，離日爲光，「天道下濟而光明」，故曰「自上下下，其道大光」。利有攸往，中正有慶。虞翻曰：中正謂五，而二應之，乾爲慶也。**疏**五居中得正，故「中正謂五」。而二以中正應之，故「利有攸往」。陽爲慶，五體乾陽，故「乾爲慶也」。

利涉大川，木道乃行。虞翻曰：謂三動成渙，渙舟楫象，巽木得水，故「木道乃行」也。**疏**三失位，動則成渙，渙有舟楫之象，以巽木而得坎水，又內震行，故曰「木道乃行也」。**益動而巽，日進无疆。**虞翻曰：震三動爲離，離爲「日」，巽爲「進」，坤爲「疆」，日與巽俱進，故「日進无疆」也。**疏**震，動也。三失位，動而成離，「離爲日」，說卦文。巽爲進退，故「爲進」。「坤爲疆」當脫「无」字。坤爲地，故「无疆」。以離日與巽俱進，而卦自否來，又本互坤，故「日進无疆也」。

天施地生，其益无方。虞翻曰：乾下之坤，震爲出生，萬物出震，故「天施地生」。陽在坤初爲无方，「日進无疆」故「其益无方」也。**疏**乾交坤爲施，否乾上下之坤初，故曰「天施」。「帝出乎震」，故爲出。震春爲生，又月三日「哉生明」，亦爲生。「萬物出乎震」，說卦文。萬物資始于乾而資生于坤，故曰「天施地生」也。坤文言曰「至靜而德方」，故「陽在坤初爲无方」。惟其「日進无疆」，是以「其益无方」。此損上益下，所以爲益也。**凡益之道，與時偕行。**虞翻曰：上來益三，四時象正。艮爲「時」，震爲「行」，與損同義，故「與時偕行」也。**疏**三上易位成既濟，故云「上來益三」也。益震爲春，損兑爲秋，既濟坎冬離夏，故「四時象正」也。艮「動靜不失其時」，故「爲時」。震作足，故「爲行」。「與損同義」者，損彖曰「損益盈虛，與時偕行」，虞彼注云「損二之五，益上之三。變通趨時，故與時偕行」，是其義也。**象曰：「風雷，益。君子以見善則遷，有過則改。」**虞翻曰：君子謂乾也。上之三，離爲見，乾爲「善」，坤爲「過」，坤三進之乾四，故「見善則遷」。乾上之坤初，改坤之過。體復象，「復以自知」，故「有過則改」也。**疏**子夏傳曰「雷以動之，風以散之，萬物皆益」。稽覽圖曰「降陰下迎，陰起合和而陽氣用，上薄之則爲雷」，鄭注云「陽氣，風也」，是風之益雷，自上下下也。又虞繫注云「益萬物者，莫大乎風雷」，故曰「風雷益」。「君子謂乾」者，謂否乾也。三上失正，易位成離，相見乎離，故「離爲見」。乾元善之長，故爲善。坤積不善，故爲過。上巳之初，故三進居四。四陰得位，故曰遷善。乾上之坤初，坤體毁，故「改坤之過」。初至四體復象，繫曰「復以自知」，又曰「有不善未嘗不知，知之未嘗復行」，故「有過則改也」。遷善改過，益莫大焉。

初九。利用爲大作，元吉无咎。虞翻曰：「大作」謂耕播，「耒耨之利」，蓋取諸此也。坤爲「用」，乾爲「大」，震爲「作」，故「利用爲大作」。體復初得正，「朋來无咎」，故「元吉无咎」。震，二月卦，「日中星鳥」。「敬授民時」，故以耕播也。

疏 周語曰「民之大事在農」，堯典曰「平秩東作」，故曰「大作謂耕播」也。繫下曰「斲木爲耜，揉木爲耒。耒耨之利，以教天下。蓋取諸益」。故云「耒耨之利，蓋取諸此也」。「致役乎坤」，故「坤爲用」。「大哉乾元」，故「乾爲大」。震作足，故「爲作」。否象乾坤，初變成震，故「利用爲大作」。初至四體復象，初以陽居陽爲得正。復曰「朋來无咎」，初九曰「无祇悔，元吉」，益初陽有元象，故曰「元吉无咎」。坎離震兑，四正方伯卦。震春，二月卦也。「日中星鳥」「敬授民時」，皆堯典文。益于消息正月卦，啟蟄而祈穀，農事之始。益民之大莫若農，故引書以明耕種之時也。

象曰：「元吉无咎，下不厚事也。」侯果曰：「大作」謂耕植也。處益之始，居震之初，震爲稼穡，又爲「大作」，益之大者，莫大耕植，故初九之利，利爲大作。若能不厚勞于下民，不奪時于農畯，則大吉无咎矣。

疏「大作謂耕植」，釋已見前。「植」猶播也。「處益之始」，以全卦言也。「居震之初」，以内卦言也。震于稼爲反生，故「爲稼穡」。爲作足，故「又爲大作」。益下莫大于耕植，故初九利于耕植爲大作。否坤爲厚，又爲事，上來益初，坤象不見，是上任其勞而「下不厚事」，故云「若能不厚勞于下民，不奪時于農畯，則大吉无咎也」。

六二。或益之，十朋之龜。弗克違，永貞吉。虞翻曰：謂上從外來益也，故「或益之」。二得正遠應，利三之正，已得承之。坤數十，損兌爲「朋」，謂三變離爲「龜」，故「十朋之龜」。坤爲「永」，上之三得正，故「永貞吉」。**疏**以爻定既濟，則上來益三。以之泰，則上益初。一本作「上從外來益初」，是也。益三、益初，皆自外來，故曰「或益之」。以六居二爲得正，遠應在五。三失位，故「利三之正」。陰利承陽，故「已得承之」。坤癸，故「數十」。損二五變則成益，是益二即損五，故益二爻象與損五同辭。而云「損兌爲朋」，取兌「朋友講習」之義也。三失位，變正成離爲龜。「十朋之龜」詳具損五。坤用六「利永貞」，故「坤爲永」。上三易位皆得正，成既濟定，故「永貞吉」也。愚案：損六五「或益之」，謂二五變成益。五位乾，乾爲元，故「元吉」。益二自損來，居中得正，坤爲永。故初乾陽居始，五乾陽得正，皆稱「元吉」，與損五成益稱「元吉」同義也。

王用享于帝，吉。虞翻曰：震稱「帝」，「王」謂五，否乾爲「王」，體觀象，艮爲宗廟，三變折坤牛，體噬嗑食，故「王用享于帝」。得位，故「吉」。干寶曰：聖王先成其民，而後致力于神，故「王用享于帝」。在巽之宮，處震之象，是則蒼精之帝同始祖矣。**疏**虞注：「帝出乎震」，故「震爲帝」。五天子位，故「五爲王」。「乾以君之」，故「否乾爲王」也。二至上體觀象，祭祀艮爲鬼門，故「爲宗廟」。此享帝而取宗廟，以其祭感生帝也。禮曰「王者禘其祖之所自出，以其祖配之而立四廟」，鄭注云「祖所出謂五帝」，即南郊之祭也。三變折坤牛爲牲，初至五體噬嗑食象，故「用享于帝」，明不王不禘也。乾鑿度説此爻云「益者，正月之卦也。天氣下施，萬物皆益。言王者之法天地施政教，而天下被陽德蒙教化。如美寶莫能違害，永貞其道，咸受吉化。德施四海，能繼天道也。『王用享于帝』者，言祭天也。三王之郊，一用夏正。天道三微而成一著，三著而成一體。方此之時，天地交，萬物通，故泰益之卦，皆夏之正也。此四時之正，不易之道也。故三王之郊，一用夏正，所以順四時法天地之通道也」。六居二得位，故「吉」。干注：桓六年左傳曰「聖王先成民，而後致力于神〔一〕，故「王用享于帝」。益爲巽宮三世卦，故云「在巽之宮」。二在震位，故云「處震之象」。震巽于五行皆屬木，木于時屬春。月令「孟春之月，其帝太皞，其神勾芒」，鄭注「此蒼精之君，木官之臣」。又春官小宗伯「兆五帝于四郊」，鄭注「蒼帝曰靈威仰」。震巽同聲，故曰「蒼精之帝，同始祖矣」。**象曰：「或益之，自外來也。」**虞翻曰：乾上稱「外」，來益三也。**疏**否乾在外，上在外卦之外，故云「乾上稱外」。自外曰「來」，上來益三成既濟。「三」本亦作「初」，益自否來，故云「來益初也」。

六三。益之用凶事，无咎。虞翻曰：坤爲事，三多凶，上來益三得正，故「益用凶事无咎」。**疏**坤「發于事業」，故「坤爲事」。「三多凶」，繫下文。三失正當變，上來益三則得正矣。釋詁曰「凶，咎也」，凶則有咎。得正，故「益用凶事无咎」。案：三爲公位，當益下之時，有拯凶之責。且三變坎難，凡水旱札瘥兵甲之發，皆凶事也。

有孚中行，告公用圭。虞翻曰：「公」謂三伏陽也。三動體坎，故「有孚」。震爲「中行」，爲「告」，位在中，故曰「中行」。三，公位，乾爲「圭」，乾之三，故「告公用圭」。圭，桓圭也。九家易曰：天子以尺二寸玄圭事天，以九寸事地也。上公執桓圭九寸，諸侯執信圭七寸，諸伯執躬圭七寸，諸子執穀璧五寸，諸男執蒲璧五寸。五等諸侯，各執之以朝見天子也。

疏虞注：乾鑿度曰「三爲三公」，故知「公謂三」。與恆旁通，故云「伏陽」。三動成坎，坎故「有孚」。震爲足，故爲「行」。復「中行獨復」，「中行」謂初，初〔一〕至四體復，故曰「中行」。必曰「位在中」者，中爲内，初在内，乃得稱「中行」，明非初，雖震不得爲中行也。震善鳴，故「爲告」。三本公位，故「告公」。乾爲玉，故「爲圭」。上乾之三，故「告公用圭」。公執桓圭，故云

〔一〕「初」，原本作「二」，據陳校本正。

「圭，桓圭也」。九家注：春官典瑞「四圭有邸以祀天，兩圭有邸以祀地」。又考工記「玉人之事，天子圭中必，四圭尺有二寸以祀天」。故曰「天子以尺二寸玄圭事天」。大宗伯「以黄琮祀地」，玉人「璧琮九寸」，故「以九寸事地也」。天十有二時，故以尺二寸事之。地有九州，故以九寸事之。典瑞曰「公執桓圭，侯執信圭，伯執躬圭，子執穀璧，男執蒲璧」。又「九寸謂之桓圭，七寸謂之信圭」，「躬圭」見于玉人。至「穀璧五寸，蒲璧五寸」，經無明文，注云皆徑「五寸」，蓋由典命「子男五命，以五爲節」推之也。五等皆天子所命，故「各執之以朝見天子」。案：典瑞「珍圭以徵守，以恤凶荒」，即「益凶事告公用圭」之事也。或云凶爲喪事，引禮「含者執璧將命，賵者執圭將命」，爲用圭之證，義亦可通。但喪事小，荒事大。當損上益下之時，莫大于荒政救民，故舍此用彼也。

象曰：「益用凶事，固有之矣。」虞翻曰：三上失正當變，是「固有之」。干寶曰：「固有」如桓文之徒，罪近篡弑，功實濟世。六三失位而體姦邪，處震之動，懷巽之權，是矯命之士，爭奪之臣，桓文之爻也，故曰「益之用凶事」。在益之家而居坤中，能保社稷，愛撫人民，故曰「无咎」。既乃中行近仁，故曰「有孚中行」。然後俯列盟會，仰致錫命，故曰「告公用圭」。

疏 虞注：三本陽位，以柔居之爲失正。三上易位，則變得正矣，是「固有之」也。干注：三爲三公之位，故以「固有」爲齊桓公晉文公之徒也。「罪近篡弑」，是凶事也。「功實濟世」，故无咎也。六居三爲失位。震三庚辰，辰主上方。翼奉傳「上方之情樂也」。樂行姦邪，故「而體姦邪」。震動，故云「處震之動」。「巽以行權」，故云「懷巽之權」。行權，故爲「矯命之士」。震動，故爲「爭奪之臣」。桓文挾天子以令諸侯，故以是爻當之，而曰「益之用凶事」也。然在益之家而居互坤之中，坤地爲土，故「能保社稷」。坤衆爲民，故「愛撫人民」。功足補過，故曰「无咎」者也。體震木主春爲仁，三居卦中，故云「中行近仁」。變坎爲孚，故曰「有孚中行」。「俯列盟會」〔一〕，如齊桓盟于首止，會于葵丘。晉文盟于踐土，會于溫之類。「仰致錫命」，如會于葵丘，「王使宰孔賜齊侯胙」，「且有後命，以伯舅耋老，加勞，賜一級，無下拜」。又「作王宮于踐土」，王「策命晉侯爲侯伯，賜之大輅之服，戎輅之服，彤弓一，彤矢百，玈弓矢千，秬鬯一卣，虎賁三百人」之類。二公皆受王命爲侯伯，故引以明「告公用圭」之事。六四。中行，告公從。虞翻曰：「中行」謂震，位在中，震爲行爲從，故曰「中行」。「公」謂三，三上失位，四利三之正，已得以爲實，故曰「告公從」矣。疏「中行謂震」者，謂初也。初內爲中，故云「位在中」，震足爲行，亦爲從，初至四體復，復〔二〕四「中行獨復」，故曰「中行」。嫌與三異義，故更說之也。三爲公位，故「公謂三」。三與上皆失位，四利三變之正，陽爲實，已得乘實。復四象曰「中行獨復，以從道也」，故曰「從」。「告公」者，初也。「從」者，四也。四與初正應，故曰「告公從矣」。利用爲依遷邦。虞翻曰：坤爲邦。遷，徙也。三動坤徙，故「利用爲依遷邦」也。疏坤爲地、爲衆，故爲邦。「遷，徙也」，釋詁文。三體坤，三動則坤徙，故「利用爲依遷邦也」。愚案：周禮小司寇之職，掌外朝之政，以致萬民而詢焉。一曰詢國遷。王南鄉，三公及州長百姓北面，羣臣西面，羣吏東面。小司寇擯，以敍進而問焉，以衆輔志而弊謀」。卽此爻義也。尋四互艮爲門闕，有外朝之象。坤衆爲萬民，震聲爲詢。三變離「嚮明而治」，爲王南鄉。三公爲百官之長，居其首，故爻言公也。州長親民之官，故百姓屬

〔一〕「盟會」二字原倒誤，據陳校本乙。
〔二〕「復」，原作重複號「〻」，同上「復」字，誤爲「二」，據所引復四爻辭正。

焉。三變坎，故北面。坤，臣道，又爲衆，故曰「羣臣」「羣吏」。伏兑，故西面。應震，故東面。「以敍進而問」，必先三公，即「中行告公從」也。以坤衆輔坎志，即象曰「以益志也」。斷其謀而遷國，即「利用爲依遷國」也。且四與初應，「中行」謂初，在益之家四應初，「利用爲大作」，上益下也。初應四「利用爲依遷國」，下益上也。象曰：「告公從，以益志也。」虞翻曰：坎爲志。三之上有兩坎象，故「以益志也」。崔覲曰：益其勤王之志也。居益之時，履當其位，與五近比而四上公，得藩屏之寄，爲依從之國。若周平王之東遷，晉鄭是從也。五爲天子，益其忠志以勅之，故言「中行告公從，利用爲依遷國」矣。**疏**虞注：坎心，故爲志。三上易位成既濟，有兩坎象，小司寇曰「以衆輔志而弊謀」，故曰「以益志也」。崔注：五爲王，四勤之，故云「益其勤王之志也」。居益之時，以六履四爲當位。上承五，故云「與五近比」。四位上公，爲五所乘，故云「得藩屏之寄，爲依從之國」也。隱六年左傳曰「我周之東遷，晉鄭焉依」。周語曰「晉鄭是依」。左傳杜注云「平王東徙，晉文侯鄭武公左右王室，故曰晉鄭焉依」。引之以證「依遷國」之義也。五位爲天子，四益其忠志以勞之，故曰中行告公從，利用爲依遷國矣。」

九五。有孚惠心，勿問元吉。虞翻曰：謂三上也。震爲問。三上易位，三五體坎，已成既濟，坎爲心。故「有孚惠心，勿問元吉」，象曰「勿問之矣」。**疏**「謂三上也」者，卦唯三上失位。五爲卦主，故望三上變正也。震聲爲問。三上易位得正，則三五皆居坎中，以成既濟。坎亟心爲心，又爲孚。損上益下，悳莫大焉。在益之家而爲卦主，故曰「有孚惠心」。「卜不習吉」，故曰「勿問元吉」。復引象曰「勿問之矣」，所以明元吉也。

有孚惠我德。虞翻曰：坤爲我，乾爲德。三之上，體坎爲孚。故「惠我德」，象曰「大得志」。**疏**乾坤，謂否也。坤身爲我，乾陽爲德。三上易位，體坎爲孚。故曰「惠我德」。復引象曰「大得志」者，明既濟功成也。

象曰：「有孚惠心，勿問之矣。惠我

德，大得志也。」崔覲曰：居中履尊，當位有應，而損上之時，自一以損巳爲念。雖有孚于國，惠心及下，終不言以彰巳功，故曰「有孚惠心，勿問」。問猶言也。如是則獲元吉。且爲下所信而懷巳德，故曰「有孚惠我德」。君雖不言，人惠其德，則我「大得志也」。疏五在上中，故云「居中」。五位天子，故云「履尊」。以九居五爲「當位」，于二得六爲「有應」。當損上之時，一以損巳益人爲心。雖有孚于國，惠能逮下，然終不言以彰巳功。蓋五本乾體，乾文言傳曰「乾始能以美利利天下，不言所利大矣哉」。故曰「有孚惠心，勿問」。釋言曰「問，訊也」。又曰「訊，言也」。故云「問猶言也」。利美乾始，元者，始也，故「如是則獲元吉」。五在既濟，坎爲孚，故「爲下所信」。五乾陽爲德，故「懷巳之德」。以信惠物，物亦應之，故曰「有孚惠我德」。蓋君雖不言其德，而人皆自感其惠，則我損上益下之志，于是大得也。此蓋既濟定時也。上九。莫益之，虞翻曰：莫，无也。自非上，无益初者。唯上當无應，故「莫益之」矣。疏詩殷其雷「莫敢或皇」，鄭箋「無敢或閒假時」。故韻會云「莫，無也」。說文「无通無」，故云「莫，无也」。益自否來，否終則傾，自上下下，民說无疆，故「自非上，无益初者」。唯三上失位，失位則不應。當无應之時，體否上「窮災」，「民莫之與」，豈能益人，故莫或益初矣。象言上當益三正位也。或擊之。虞翻曰：謂上不益初，則以剥滅乾。艮爲手，故「或擊之」。疏「傾否」之始，初陽不能獨立，上不益初，則還成坤剥，故云「以剥滅乾」。剥艮爲手，故「或擊之」。謂擊三也。立心勿恆，凶。虞翻曰：上體巽爲進退，故「勿恆」。動成坎心，以陰乘陽，故「立心勿恆，凶」矣。疏上體巽。「巽爲進退」，說卦文。進退，故「勿恆」。上動成坎，坎爲心，以變陰乘五陽，故「立心勿恆」，「凶」可知巳。案：巽下震上爲恆，震下巽上爲益。震巽特變二。之上變爲恆。之三震動，求益而無益，故與恆三之辭相類。「不恆其德」，即「立心勿恆」。「或承之羞貞吝」，即「凶」也。蓋莫益初，或擊三，故

「立心勿恆，凶」也。象曰：「莫益之，偏辭也。虞翻曰：偏，周帀也。三體剛凶，故至上應，乃益之矣。疏說文「徧，帀也」。故孟喜云「徧，周帀也」。虞從孟義也。三爲剛位，且多凶，故云「三體剛凶」。上得正應，乃益之矣。蓋「莫益之」者，莫益初也。上莫益初，與三易位，六爻徧正，故曰「莫益之，偏辭也」。或擊之，自外來也。」虞翻曰：「外」謂上。上來之三，故曰「自外來也」。疏上在外卦之外，故「外謂上」。上自外來擊三，故曰「自外來也」。

周易集解纂疏卷六

下經第六

序卦曰：「益而不已必決，故受之以夬。夬者，決也。」韓康伯曰：「益而不已」則盈，故「必決」矣。

疏「益而不已」，其勢必盈，如水有隄防，盈極「必決矣」。「故受之以夬」。

䷪乾下兑上夬。揚于王庭。虞翻曰：陽決陰，息卦也。剛決柔，與剥旁通。乾爲「揚」爲「王」，剥艮爲「庭」，故「揚于王庭」矣。鄭玄曰：夬，決也。陽氣浸長，至于五，五，尊位也，而陰先之，是猶聖人積德説天下，以漸消去小人，至于受命爲天子，故謂之決。揚，越也。五互體乾，乾爲君，又居尊位，王庭之象也。陰爻越其上，小人乘君子，罪惡上聞于聖人之朝，故曰「夬，揚于王庭」也。**疏**虞注：説卦曰「兑〔一〕爲附決」，五陽決一陰，故云「陽決陰」。自復至乾，皆陽息之卦，故云「息卦也」。剛長則柔消，故云「剛決柔」。剥息于夬，夬消于剥，故「與剥旁通」。乾陽上升爲「揚」，揚，舉也。乾爲君，故「爲王」。上伏剥艮，艮爲門闕，故「爲庭」。以乾居艮，故曰「王庭」。小人陰柔在上，故曰「揚于王庭」。小人乘君子之上，其

〔一〕「兑」，原本作「夬」，據陳校本正。

重難決，故彖曰「柔乘五剛也」。鄭注：「夬，決也」，彖傳文。陽氣由復浸長至五，五爲天子，故云「尊位」。而陰在其上，故云「先之」。自復至乾爲「積善」，「積德」猶積善，內體乾，乾爲德，故言「聖人積德」。外體兌，兌爲悅，故言「悅天下」。以乾陽消坤陰，自初至五，故云「以漸消去小人」。乾息至五，則「受命而爲天子」。陰已決矣，「故謂之夬〔一〕」。「揚，越也」，釋言文。五互三四爲乾。「乾爲君」，說卦文。又居于五爲尊位，王庭之象也。上六以一陰踰越出五陽之上，是小人而乘君子，其罪惡固上聞于聖人之朝矣，故曰「夬，揚于王庭」。**孚號有厲。**虞翻曰：陽在二五稱「孚」，「孚」謂五也。二失位，動體巽，巽爲號，離爲光。不變則危。故「孚號有厲，其危乃光也」。**疏** 陽在二五皆坎體，坎有孚，故「稱孚」。五不變，故「孚謂五也」。二以陽居陰爲失位。動則互體巽，巽申命，故爲號。又動體離，離日爲光。兼釋彖傳也。二不變，失位則危。決上者五，而二輔之。五莧陸于上，二惕號于下。故卦主二五之孚號也。決小人危事，故孚號，恐其有厲。若變正應五，決去上六，不爲所揜，故彖〔二〕曰「其危乃光也」。**告自邑，不利即戎。**虞翻曰：陽息動復，剛長成夬。震爲「告」，坤爲「自邑」。夬從復升，坤逆在上，民衆消滅。二變時，離爲戎，故「不利即戎，所尚乃窮也」。**疏** 陽息之卦，初動爲復。復彖曰「剛長也」，故剛長至五成夬。復內體震，震善鳴爲「告」。外體坤，坤身爲「自」，土爲「邑」，故爲「自邑」。夬陽從復升五，惟剩坤逆一陰在上。坤爲民、爲衆，坤象已毀，故云「民衆消滅」。二變時體離，離爲甲胄、爲戈兵，故爲「戎」。復上六云「用行

〔一〕「夬」，原本作「決」，據陳校本正。

〔二〕「彖」，原本作「象」，據所引夬彖傳文正。

師，終有大敗」。卦有戎象，故戒以所尚在戎，則不利而困窮矣。言君子之去小人，當以陽德漸散其民衆，則去之決。不當尚兵戎，與之争也。**利有攸往**。虞翻曰：陽息陰消，「君子道長」，故「利有攸往，剛長乃終」。**疏**夬爲陽息陰消之卦。「君子道長」，泰彖傳文。言陽長也。陽長，故「利有攸往」。與復卦同辭。剛長至上，終乃成乾，由復初剛長而漸及也。

彖曰：「夬，決也，剛決柔也。虞翻曰：乾決坤也。**疏**乾剛決去坤柔也。鄭云：「以漸消去小人，故謂之決」，是決有去義也。**健而説，決而和**。虞翻曰：健，乾，説，兑也。以乾陽獲陰之和，故「決而和」也。**疏**説卦「乾，健也」，「兑，説也」，故云「健，乾，説，兑也」。乾陽過剛，獲兑陰之和，則剛柔相濟，故「決而和也」。**揚于王庭，柔乘五剛也**。王弼曰：剛德齊長，一柔爲逆，衆所同誅而无忌者也，故可「揚于王庭」。**疏**自初至五皆陽，故云「剛德齊長」。孤陰在上，故云「一柔爲逆」。以五陽誅一陰，是「衆所同誅」。誅而无忌，「故可揚于王庭」。正義云：此因一陰而居五陽之上，釋行決之法，言所以得顯。然「揚于王庭」者，只謂「柔乘五剛也」。**孚號有厲，其危乃光也**。荀爽曰：信其號令于下，衆陽危去上六，陽乃光明也。干寶曰：夬九五則「飛龍在天」之爻也。應天順民，以發號令，故曰「孚號」。以剛決柔，以臣伐君，君子危之，故曰「有厲」。德大而心小，功高而意下，故曰「其危乃光也」。**疏**荀注：「信其號令于下」者，謂五孚衆也。陽爲陰揜，五統衆陽危去上六，陽乃光明，故曰「其危乃光也」。干注：夬九五即乾五也，故云「飛龍在天之爻」。聖人而在天子之位，故云「應天順民，以發號令」。剛正明信，以宣其令，故曰「孚號」。以剛去柔，猶以臣伐君，如武王伐紂是也，故「君子危之」而曰「有厲」也。然武王之德既大而心自小，功雖高而志益下，故曰「其危乃光也」。**告自邑**，翟玄曰：坤稱邑也。干寶曰：殷民告周以紂无道。**疏**翟注：旁通剥坤，故稱邑。干注：書武成曰「天休震動，用附我大邑周」，故云「殷民告周以紂无道」，而云「告自邑」也。不利即戎，所尚乃窮也。荀爽曰：不利即尚兵戎，而與陽争必困窮。疏夬上即復上也，復上六曰「用行師，終有大敗」。以陽息之卦，陰道而負，故「不利即尚兵戎而與陽争」。争則必困，故曰「所尚乃窮也」。利有攸往，剛長乃終也。虞翻曰：乾體大成，以決小人，終乾之剛，故「乃以終也」。疏陽息至上，故「乾體乃成」。陰消已極，故「以決小人」。純乾既成，卦終于上，乾剛既終，故「乃以終也」。愚按：復陽初生，喜陽氣之動，故曰「利有攸往，剛長也」。夬陰將盡，慶陽道之成，故曰「利有攸往，剛長乃終也」。象曰：「澤上於天，夬。陸績曰：水氣上天，決降成雨，故曰夬。疏兑爲澤，澤水上天，陰也。乾陽決之，則降而爲雨，故卦名曰夬。君子以施禄及下，居德則忌」。虞翻曰：「君子」謂乾，乾爲「施禄」。「下」謂剥坤，坤爲衆臣。以乾應坤，故「施禄及下」。乾爲「德」，艮爲「居」，故「居德則忌」。陽極陰生，謂陽忌陰。疏「君子謂乾」者，乾陽爲君子也。天施地生，故「乾爲施禄」以養生。乾生故爲禄。曲禮「士曰不禄」，謂士死不終其禄，故知禄爲乾生也。天上地下，夬伏剥坤，坤爲地而在下，故知「下謂剥坤」也。「坤爲衆」，説卦文。坤文言曰「臣道也」，故爲臣。坤伏乾下，故以乾應坤而曰施禄及下，即剥象「厚下」也。上之所施，下之所天，故記曰「下天上施」也。乾陽爲德，夬伏剥艮，艮門闕爲居，即剥象「安宅」也。夬下伏剥，故「居德則忌」也。夬陽已極成乾，姤陰即生于下而成剥，剥則陽德將食，故謂「陽忌陰」也。初九。壯于前趾，往不勝爲咎。虞翻曰：夬變大壯，大壯震爲趾，位在前，故「壯于前」。剛以應剛，不能克之，往如失位，故「往不勝爲咎」。疏大壯陽息成夬，夬五變成大壯。壯，傷也。初應四，大壯外卦震，震足爲趾，謂四也。大壯初九「壯于前趾」，虞彼注云「謂四，震爲足」。此云「位在前」，亦四也。易位以外爲前，故曰「壯于前」。初四敵剛，是「以剛應剛」，四失位「聞言不信」，兑爲毁折，所以致傷而不能克也。初剛變柔，往而應四，則已失正位，故「往不勝而爲咎」也。象曰：「不勝而往，咎也」。虞翻曰：往失位應陽，故咎矣。疏初剛得正，變往應四，是「失位應陽」，宜有咎也。九二。惕號，莫夜有戎，勿恤。虞翻曰：惕，懼也。二失位故「惕」，變成巽故「號」。剥坤爲「莫夜」。二動成離，離爲「戎」，變而得正，故「有戎」。四變成坎，坎爲憂，坎又得正，故「勿恤」，謂成既濟定也。疏「惕，懼也」，廣雅釋詁文。以九居二失位，故「惕」。變柔成巽，巽爲申命，故「號」。夬伏剥坤，月喪于乙，滅藏于癸，坤納乙癸，故「爲暮夜」。二動體離，離爲甲冑戈兵，故「爲戎」。變柔得正，是有備也，故「有戎」者，謂有守備也。二與五應，四變五成坎，説卦曰「坎爲加憂」，故爲「恤」。坎三爻皆得正，故「勿恤」。二四皆變，故成既濟定也。象曰：「有戎勿恤，得中道也」。虞翻曰：動得正應五，故「得中道」。疏二動得正，上應五剛。乾爲道，二五皆中，故「得中道也」。九三。壯于頄，有凶。翟玄曰：頄，面也。謂上處乾首之前稱頄，頄，頰閒骨。三往壯上，故有凶也。疏頄面，謂面顴也。三與上應，上處乾首之前，故「稱頄」。九家易説卦「兑爲輔頰」，故曰「頄，頰閒骨」也。上陰乘陽，三獨往應于上，爲上所傷，故「壯于頄，有凶」也。君子夬夬，獨行遇雨。荀爽曰：九三體乾，乾爲「君子」。三五同功，二爻俱欲決上。故曰「君子夬夬」也。「獨行」謂一爻獨上，與陰相應，爲陰所施，故遇雨也。疏九三體本乾也。乾三稱君子，故云「乾爲君子」。三五皆陽，故同功。五承上，三應上，二爻皆欲決去上陰。故曰「君子夬夬」。「獨行」謂九三一陽獨上，與兑陰相應，爲兑陰所施，兑爲雨澤，故遇雨也。若濡有愠，无咎。荀爽曰：雖爲陰所濡，能愠不説，得无咎也。疏説卦曰「兑以説之」，兑有説乾之心。三剛得正，雖爲兑陰所霑濡，然能愠其陰柔，不爲所悦，故能決去小人，得无咎也。象曰：「君子夬夬，終无咎也」。王弼曰：頄，面顴也，謂上六也。最處體上，故曰「頄」也。剥之六三，以應陽爲善。夫剛長則君子道興，陰盛則小人道長，然則處陰長而助陽則善，處剛長而助柔則凶矣。而三獨應上助小人，是以凶也。君子處之，必能棄夫情累，決之不疑，故曰「夬夬」也。若不與陽爲羣，而獨行殊志，應于小人，則受其困焉。遇雨若濡有愠，而終无所咎也。疏 頄，面顴，集韻「輔骨曰顴」是也。上六最處體上，故以面顴當之。夬與剥旁通，當剥之世，貴于扶陽，故「六三以應陽爲善」。葢剛長則君子道興，聖人之所喜也，陰盛則小人道長，聖人之所惡也，故「當陰長而助陽爲善，當剛長而助柔爲凶」。今夬爲剛長之卦，而九三獨應上六，是助小人而爲凶也。君子處此，能棄其情累，不受上應，在于決斷而无疑，故曰「夬夬」也。若不能決斷，殊羣陽而獨應小人，必受其困。是濡濕其衣，自取怨恨，而无所歸咎也。　愚案：三能輔五，同心決上，是爲「君子夬夬」。上爲終，陽息成乾，夬陰盡滅，故曰「終无咎也」。

九四。臀无膚，其行次且。虞翻曰：二四已變，坎爲「臀」，剥艮爲「膚」，毁滅不見，故「臀无膚」。大壯震爲「行」，坎爲破爲曳，故「其行次且」。疏 二四已變互兩坎。坎爲隱伏有穴象，故「爲臀」。伏剥艮，「艮爲膚」，九家説卦文。體已成夬，艮象毁滅不見，故「臀无膚」。夬息自大壯，四體震，震足爲「行」，四變坎，説卦曰「坎多眚」，故「爲破又爲曳」，故「其行次且」，馬云「却行不前」，是也。　案：夬四乃姤三之反，姤三居巽股之上，有臀象。夬四與姤三皆變，則「臀无膚」矣。

牽羊悔亡，聞言不信。虞翻曰：兑爲「羊」，二變巽爲繩，剥艮手持繩，故「牽羊」。謂四之正，得位承五，故「悔亡」。震爲「言」，坎爲耳，震坎象不正，故「聞言不信」也。疏 四體兑，兑爲「羊」，二變互巽，巽爲繩，伏剥艮爲手，以艮手持巽繩，故「牽羊」。四變之正，得位應初，上承五陽，同心決上，故「悔亡」。大壯震善鳴爲「言」，變坎爲耳，故爲「聞」。又坎孚爲「信」，息夬則震坎象毁，未返于正，故「聞言不信」。案：四失位，當變之正，變則成坎。「次且」，應初也。「牽羊」，順五也。若過剛不變，坎耳不見，故以「聞言不信」戒之。象曰：「其行次且，位不當也。聞言不信，聰不明也」。虞翻曰：坎耳離目，折入于兑，故「聰不明」矣。　案：兑爲羊，四五體兑故也。凡卦初爲足，二爲腓，三爲股，四爲臀。當陰柔今反剛陽，故曰「臀无膚」。九四震爻，震爲足，足既不正，故「行趑趄」矣。疏虞注：以陽居陰，故「位不當」。四失位，當變之正，則坎耳爲聽，離目爲明。不變則毁折入兑，坎離象壞，故「聽不明」。言聽不聰，則視亦不明也。　案：「兑爲羊」，説卦文。四五體兑，故「牽羊」也。爻例初足，二腓，三股，四臀。四當陰柔之位，反得陽剛之爻。艮爲膚，伏于兑下不見，故「无膚」。「九四震爻」，謂大壯也。震足在四，陽既不正，故「行趑趄」也。九五。莧陸夬夬，荀爽曰：「莧」謂五，「陸」謂三，兩爻決上，故曰「夬夬」也。莧者，葉柔而根堅且赤，以言陰在上六也。陸亦取葉柔根堅也。去陰遠，故言「陸」，言差堅于莧。莧根小，陸根大。五體兑柔居上，莧也。三體乾剛，在下根深，故謂之「陸」也。疏宋云：莧，莧菜也。陸，商陸也。虞云「莧，蕢也。陸，商也」。董遇云「莧，人莧也。陸，商陸也」。莧，陸，二草名，故「莧謂五，陸謂三」。蓋三五兩爻，異性同功，一心決上，故云「夬夬」，與九三同辭。釋草「蕢，赤莧」，郭注「今莧菜之有赤莖者」。以陰在上六，故象葉柔。陽剛在五，且乾爲大赤，故象根堅且赤也。釋草「蓫薚馬尾」，郭注「關西呼爲薚，江東呼爲當陸」。卽商陸也。陸亦取上葉柔根堅之義。但三去陰遠，故云商「差堅于莧」也。兑上陰，陰爲小，故象「莧根小」。乾上陽，陽爲大，故象「陸根大」。五體兑柔，居上爲陰，故曰莧也。三體乾剛，在下根深爲陽，故謂之陸也。中行无咎。虞翻曰：莧，説也，「莧」讀「夫子莧爾而笑」之「莧」。陸，和睦也。震爲笑言，五得正位，兑爲説，故「莧陸夬夬」。大壯震爲行，五在上中，動而得正，故「中行无咎」。舊讀言「莧陸」，字之誤也。馬君荀氏皆從俗言「莧陸」，非也。疏説卦曰「兑，説也」，五居兑體，故以「莧」爲「説」也。「莞爾而笑」，論語文。釋文「莞」作「莧」，云「今作莞」，是古本論語作「莧」。何晏注「莞爾，小笑貌」，故云「莧讀夫子莧爾而笑之莧」也。釋文「莧，一本作莞」，是「莧」作「莞」，字之誤也。「陸」，釋文蜀才作「睦」。「陸」與「睦」古通用，漢嚴舉碑「九族和陸」，郭仲奇碑「崇和陸」，「睦」皆作「陸」，故曰「陸，和睦也」。大壯震笑言啞啞，故「爲笑言」。息五得正成夬，體兑爲説，故曰「莧陸夬夬」，所謂「決而和」是也。震足爲行，五在上卦之中，動而成夬得止，與三同心決上，故「无咎」也。虞讀「莧陸」，故以「莧陸」爲誤，而謂馬荀從俗爲非也。象曰：「中行无咎，中未光也」。虞翻曰：在坎陰中，故「未光也」。王弼曰：莧，草之柔脆者也，決之至易，故曰「夬夬」也。夬之爲義，以剛決柔，以君子除小人也。而五處尊位，最比小人，躬自決者也。夫以至尊而敵于至賤，雖其克勝，未足多也。處中而行，足以免咎而已，未爲光益也。**疏** 虞注：離日爲光。四變離伏坎下，是五在坎陰之中，離伏不見，故「未光也」。王注：子夏傳云「莧陸，木根草莖，剛下柔上也」。馬融鄭玄王肅皆云「莧陸，一名商陸」。是以莧陸爲一物。若荀宋虞董皆以莧陸爲二。今王注直云「草之柔脆」，亦以爲一物，同于子夏等也。夬以剛決柔〔一〕，是「以君子而除小人」。五處尊位，最近小人，躬自決之，如去莧草之易，故曰「夬夬」。然以至尊而敵至賤，雖克致勝，未足爲功。以能處中而行，但得无咎，未足爲光也。案：五弇于上，故未光。三五同心決上，三體乾健，故有愠，雖有凶而終无咎。五體兑説，故莧睦。雖无咎而中未光。與屯五萃五，陽爲陰揜同義。上六。无號，終有凶。虞翻曰：應在于三，三動時體巽，巽爲號令，四已變坎，之應歷險，巽象不見，故「无號」。位極乘陽，故「終有凶」矣。**疏** 上與三應，三動時，互體巽，巽申命，故二曰「惕號」。

〔一〕「以剛決柔」，原本作以「以柔決剛」，據陳校本乙。

今作「三動」，誤也。四已變成坎，上之應三，歷平坎險，巽象已壞，三慍不應，故「无號」也。上位已極而乘五陽，終必消滅，故「有凶」也。**象曰：「无號之凶，終不可長也」。**虞翻曰：陰道消滅，故「不可長也」。**疏**息至上成乾，是「陰道消滅」，「終不可長也」。

序卦曰：「決必有遇，故受之以姤。姤者，遇也」。崔覲曰：「君子夬夬，獨行遇雨」，故言「決必有遇」也。**疏**夬九三曰「君子夬夬，獨行遇雨」，兑澤雨也。三輔五以決兑陰，三獨應上，故曰「遇雨」。然夬陰極于上，則姤陰生于下，故「決必有遇」，而夬次以姤也。

䷫巽下乾上 **姤。女壯，**虞翻曰：消卦也，與復旁通。巽長女，女壯，傷也。陰傷陽，柔消剛，故「女壯」也。**疏**坤消乾自姤始，故云「消卦也」。復姤之初，陰陽互伏，故姤「與復旁通」。內卦巽，巽一索得女爲長女，壯，傷也，故云「女壯，傷也」。陰傷陽，卽柔消剛也。但曰「女壯」，不言傷陽，諱之也。愚案：陽息至四成震，震爲長男，陽也，陽爲大，故稱「大壯」。坤消乾初成巽，巽爲長女，陰也，故稱「女壯」。壯四姤初皆不得正，故稱「壯」，壯者，傷也。**勿用取女。**虞翻曰：陰息剥陽，以柔變剛，故「勿用取女，不可與長也」。**疏**「陰息剥陽」者，積姤成剥也。以柔變剛，則陽爲陰傷，故「勿用取女」。說卦曰「巽爲長」。初當變之四，故「不可與長也」。曲禮「諸侯未及期相見曰遇」，鄭彼注云「未及期，在期日之前也」。**象曰：「姤，遇也，柔遇剛也。勿用取女，**鄭玄曰：姤，遇也。一陰承五陽，一女當五男，苟相遇耳，非禮之正，故謂之「姤」。「女壯」如是，壯健以淫，故不可娶，婦人以婉娩爲其德也。**疏**穀梁傳曰「不期而會曰遇」，姤女以不期而會男，故曰「遇也」。夬陰極于上，歷乾而生姤陰，故曰「柔遇剛也」。「一陰一陽之謂道」，初爲長女，以一陰上承五陽，是以一女而當五男，失乎從一而終之義，故云「苟相遇耳」。遇非其正，故謂之「姤」。「女壯」不守乎禮，是「壯健以淫，故不可娶」也。內則曰「女子十年不出，姆教婉娩聽從」，鄭彼注云「婉謂言語也，娩之言媚也，媚謂容貌」。又鄭注周禮九嬪四德「婦容」云「婦容謂婉娩」，故「婦人以婉娩爲其德也」。**不可與長也。**王肅曰：女不可取，以其不正，不可與長久也。**疏** 以六居初，失位不正。故「女不可取」者，以其始不正，不可與長久也。**天地相遇，品物咸章也。**荀爽曰：謂乾成于巽而舍于離。坤出于離，與乾相遇。南方夏位，萬物章明也。九家易曰：謂陽起子，運行至四月，六爻成乾。巽位在巳，故言「乾成于巽」。既成，轉舍于離。萬物皆盛大，坤從離出，與乾相遇，故言「天地遇」也。**疏** 九家即申荀說也。一陽起于子，歷六爻，至四月成乾。巽巳同宮，故云「巽位在巳」。至巳成乾，故「謂乾成于巽」。乾象既成，一陰復生于午而爲姤。午，南方離位也。故謂「既成，轉舍于離」。陽極陰生，故云「坤從離出，與乾相遇」。以坤一陰遇乾五陽，故曰「天地相遇」。姤生于午，正南方夏位，萬物盛大之時。離爲明，「萬物皆相見」，故「章明也」。**剛遇中正，天下大行也。**翟玄曰：剛謂九五，遇中處正，教化大行于天下也。**疏** 五爲卦主，以九居五，得中得正，故「剛謂九五，遇中處正」也。巽「申命行事」，乾爲天，伏坤爲下，伏震爲行，故「教化大行于天下也」。**姤之時義大矣哉。**陸績曰：天地相遇，萬物亦然，故其義大也。

疏 天地相遇而後化育成，萬物亦相遇而後生長遂。莊二年穀梁傳曰「獨陰不生，獨陽不生」，故「姤之時義大矣哉」。姤具四時，故稱「時義」。詳見下象辭「四方」虞注。姤午復子，巽秋震春，即四時也。**象曰：「天下有風，姤」。**翟玄曰：天下有風，風无不周布，故君以施令，告化四方之民矣。**疏** 風，天氣也而出于土，是「天下有風」也。風周天下，故「施命誥四方」。**后以施命誥四方。**虞翻曰：后，繼體之君。姤陰在下，故稱「后」，與泰稱「后」同義也。乾爲「施」，巽爲「命」，爲「誥」。復震二月東方，姤五月南方，巽八月西方，復十一月北方，皆總在初，故以「誥四方」也。孔子「行夏之時」，經用周家之月，夫子傳彖象以下，皆用夏家月，是故復爲十一月，姤爲五月矣。**疏**乾消，故「后爲繼體之君」。姤陰在下，陰生初〔一〕，不純乎陽，故「稱后」。泰女主稱「后」，此陰生之卦，故「與泰稱后同義也」。「天施地生」，故「乾爲施」。巽申命爲「命」爲「誥」。伏體震，四正方伯卦，震在二月，故「東方」。消息卦姤在五月，故「南方」。又巽爲八月卦，故「西方」。旁通復，消息卦復在十一月，故「北方」。震謂復震，巽謂姤巽，故云「皆總在初」。「行夏之時」，論語文。經用周家之月，如臨「八月有凶」爲遯是也。夫子傳彖象用夏月，如此復爲十一月，姤爲五月是也。

初六。繫于金柅，貞吉。虞翻曰：「柅」謂二也。巽爲繩，故「繫柅」。乾爲金，巽木入金，柅之象也。初四失正，易位乃吉，故貞吉矣。**疏**「柅」，子夏傳作「鑈」，說文作「檷」。二互乾金，故「柅謂二也」。巽繩直，故「爲繩」。初繩二柅，故曰「繫柅」。「乾爲金」，說卦文。巽，入也。以巽木入金，其象爲柅。說文「鑈，絡絲趺也」，「趺」與「跗」同。其位在初，謂出當繫二也。初四皆失位不正，二爻相易，變而得正，故貞吉也。

有攸往，見凶。九家易曰：絲繫于柅，猶女繫于男，故以喻初宜繫二也。若能專心順二則吉，故曰貞吉。今既爲二所據，不可往應四，往則有凶，故曰「有攸往，見凶」也。**疏**巽繩爲陰，乾柅爲陽，陰爲女，陽爲男，故云「絲繫于柅，猶女繫于男」。隨卦三陰三陽，陰皆係陽，故稱「繫」，以喻初宜繫二也。繫二則宜專心順之，故貞吉。蓋初爲二所據，不可往應于四。若「有攸往」，互離爲見，則「見凶」也。

羸豕孚蹢躅。虞翻曰：以陰消陽，「往」謂成坤，遯子弒父，否臣弒君，夬時三動離

〔一〕「初」，原本作「五」，據卦象正。

爲見，故「有攸往，見凶」矣。三，夬之四，在夬動而體坎，坎爲豕爲孚，巽繩操之，故稱「羸」也。巽爲舞爲進退，操而舞，故「羸豕孚蹢躅」。以喻姤女望于五陽，如豕蹢躅也。宋衷曰：羸，大索，所以繫豕者也。巽爲股，又爲進退，股而進退，則蹢躅也。初應于四，爲二所據，不得從應，故不安矣。體巽爲風，動摇之貌也。**疏**虞注：以陰消陽，陽盡成坤，消至二遯，艮子弑乾父，消至三否，坤臣弑乾君。「夬時三動」，「三」當作「四」。姤，倒夬也。夬息自復，坤宫五變卦也。夬決于上，卽游魂于四成需。初與四應，四動成離，離目爲見，故曰：「有攸往，見凶」矣。姤之三卽夬之四，姤九三爻辭與夬正同。夬四動而成需，其體爲坎。「坎爲豕」，説卦文。坎有孚，故「爲孚」。巽爲繩直，故云「巽繩」。二變，艮爲手。「操之」者，二也。繩，故「稱羸」。陸績云「羸讀爲累，卽縲絏之縲，古字通也。巽爲舞，象風也。「爲進退」，説卦文。操，故稱「羸豕」。舞，故稱「孚蹢躅」。蹢躅，釋文云「不静也」。巽爲躁卦，故其象如此。陰陽相求，故姤女以一陰望五陽，如豕蹢躅也。案：序卦曰「決必有遇」。夬九三「獨行遇雨」，三動應上，上陰極則下陰生。姤三已動互離爲見，成坎爲豕。説亦可通。宋注：大壯「羸其角」，釋文「羸，鄭虞作纍，馬君以爲大索」，是也。巽爲繩，故云「羸，大索，所以繫豕者也」。「巽爲股」，「爲進退」，皆説卦文。股而進退，蹢躅之象也。初遠應于四，近爲二所據。不得從應，故蹢躅不安。「巽爲風」，説卦文。其象動摇，故稱「蹢躅」。

象曰：「繫于金柅，柔道牽也」。虞翻曰：陰道柔，巽爲繩，牽于二也。**疏**初陰爲柔，巽也。巽繩爲牽，陰繫于陽，故「牽于二也」。

九二。包有魚，无咎，不利賓。虞翻曰：巽爲白茅，在中稱「包」，詩云「白茅包之」。「魚」謂初陰，巽爲「魚」。二雖失位，陰陽相承，故「包有魚，无咎」。「賓」謂四，乾尊稱「賓」。二據四應，故「不利賓」。或以「包」爲庖厨也。**疏**大過初六「藉用白茅」，初六，巽也，故「巽爲白茅」。説文「包，象人褢妊，已在中」，二在中，故「稱包」。復引詩「白茅包之」，以明在中稱包之義也。魚，陰類，故「初陰謂魚」。「巽爲魚」者，震陽爲龍，巽陰爲蛇爲魚，郭璞曰「魚者，震之廢氣」是也。二雖失位，以陽包陰，陰陽相承，故「包有魚，无咎」。蓋二非陽不能包，故不以失位爲咎也。二包初，初應四，故「賓謂四」。四體乾，乾爲天爲君，位尊稱賓。二據初，四應之，四應初不正，故二包之，不使及賓，以及賓爲不利也。案：一陰在下爲主，故五陽爲賓。樂本于易，姤五月卦，五月律名蕤賓。高氏月令注云「仲夏，陰氣萎蕤在下，象主人。陽氣在上，象賓客」。故參同契曰「姤始紀序，履霜最先，井底寒泉，午爲蕤賓，賓服于陰，陰爲主人」，是其義也。姤陰消陽成坤，故「不利賓」。此初所以宜繫二，而二能包初爲无咎也。「或以包爲庖廚也」者，釋文「包，本亦作庖」者，王弼象傳注是也。

象曰：「包有魚，義不及賓也」。王弼曰：初陰而窮下，故稱「魚」也。不正之陰，處遇之始，不能逆近者也。初自樂來應己之廚，非爲犯奪〔一〕，故无咎也。擅人之物，以爲己惠，義所不爲，故「不及賓」。**疏**正義「初六以陰而處下，故稱魚也。以不正之陰，處遇之始，不能逆于所近，故捨九四之正應，樂充九二之庖廚，故曰『九二庖有魚』。初自樂來爲己之廚，非爲犯奪，故得无咎也。夫擅人之物，以爲己惠，義所不爲，故不利賓也」。案：不當包初。義者，利之和也。故曰「義不及賓也」。

九三。臀无膚，其行次且。厲，无大咎。虞翻曰：夬時動之坎爲臀，艮爲膚。二折艮體，故「臀无膚」。復震爲行，其象不正，故「其行次且」。三得正位，雖則危厲，故无大咎矣。案：巽爲股，三居上，臀也。爻非柔无膚，行趑趄也。**疏**虞注：姤三即夬四也，故爻辭相同。夬時變坎爲「臀」，初消二成艮爲「膚」，二折艮體毀滅，故「臀无膚」。旁

〔一〕「奪」，原本作「應」，據孔疏本正。

通復，震爲「行」，三在夬時，失位不正，故「其行次且」。姤三得正，三多凶，雖危厲，以其得正，故「无大咎」也。案：「巽爲股」，說卦文。三居股上，故爲「臀」。剛主骨，柔主膚。爻非柔，故「无膚」。進退，故「其行趑趄」也。**象曰：「其行次且，行未牽也」。**虞翻曰：在夬失位，故「牽羊」。在姤得正，故「未牽也」。**疏** 九在〔一〕夬四爲失位，爲初所牽故「牽羊」。九在姤三爲得正，故不爲陰所牽也。**九四。包无魚，起凶。**王弼曰：二有其魚，四故失之也。无民而動，失應而作，是以凶矣。**疏** 初陰爲魚，二已有之，四遂失之，故曰「包无魚」也。象曰「遠民」，故知「无魚」是「无民」也。復震爲起。下失初陰，是「无民而動」。不義之應，是「失應而作」。失位无魚，故起則凶也。此即五行志所謂「河魚大上」者也。月令曰「百螣時起」，二者不宜起者也，故凶。**象曰：「无魚之凶，遠民也」。**崔覲曰：雖與初應而失其位，二有其魚而賓不及。若起于競，涉遠必難，終不遂心，故曰「无魚之凶，遠民也」，謂初六矣。**疏** 四與初爲正應，然失位不應，故二有其魚，而己爲賓不及也。若起而爭競，涉遠，涉于初，其行必難，終不遂心，故云「无魚之凶」也。初陰自坤來，坤衆爲民，故「謂初六矣」。愚案：詩小雅無羊曰「牧人乃夢，衆維魚矣」，是魚有民象，故知「无魚」爲「遠民也」。**九五。以杞苞瓜，含章。**虞翻曰：杞，杞柳，木名也。巽爲「杞」爲「苞」，乾圓稱「瓜」，故「以杞苞瓜」矣。「含章」謂五也。五欲使初四易位，以陰含陽，已得乘之，故曰「含章」。初之四，體兌口，故稱「含」也。干寶曰：初二體巽爲草木，二又爲田，田中之果，柔而蔓者，瓜之象也。**疏** 虞注：杞，杞柳，木名，即孟子所謂「杞柳」是也。巽爲木，故爲「杞」。木之柔者，故「爲苞」。乾爲圜，故「稱瓜」，亦木果之屬也。四變五體巽。苞，蔓也。巽瓜蔓于杞，故「以杞苞瓜」。以陰苞陽爲「含章」。「含章謂五」者，五以初四失正，故「欲

〔一〕「在」，原本作「五」，據陳校本正。

使兩爻易位」。四陰含五，是「以陰含陽」。四陰承五，是五得據之，故曰含章。初陰之四，互兑爲口，故有含象也。干注：初二體巽，剛爻爲木，柔爻爲草，故「爲草木」。乾九二曰「見龍在田」，故二又爲田。田中之果，體柔而蔓，其象爲瓜。愚案：五與二應，二巽木爲「杞」，二變艮爲果蓏。瓜，蓏屬，謂初六。五爲姤主，知初必成剥碩果不食，故變而應二，以九二之杞，包初六之瓜。五伏坤爲「章」，説見坤三。變兑爲口，故曰「含章」。五含坤陰，與二制初，皆所以防陰也。**有隕自天。**虞翻曰：隕，落也。乾爲天。謂四隕之初，初上承五，故「有隕自天」象。**疏**「隕，落也」，釋詁文。莊七年穀梁傳曰「著于下，不見于上，謂之隕」。四體乾，乾爲天。四隕之初，則「初上承五」。四在五下，故「有隕自天」也。愚案：乾爲天。「有隕自天」者，謂剥陽已盡，碩果隕于下而復生，即豳風「十月隕籜」之隕也。**象曰：「九五含章，中正也。有隕自天，志不舍命也」。**虞翻曰：巽爲「命」也。欲初之四承己，故不舍命矣。**疏**以九居五，得中得正，故曰「中正」。「巽爲命」，謂初也。五欲初之四承己，故不舍巽，爲「不舍命也」。**上九。姤其角，吝无咎。**虞翻曰：乾爲首，位在首上，故稱「角」。動而得正，故无咎。**疏**「乾爲首」，説卦文。位在首上，故「稱角」。又爻例，亦上爲角也。上九陽剛，君子自處于高亢之地。以我之高，遇彼之觸，故曰「姤其角」。失位无應，故吝。動而得正，故无咎。**象曰：「姤其角，上窮吝也」。**王弼曰：進之于極，无所復遇，遇角而已，故曰「姤其角」也。進而无遇，獨恨而已，不與物牽，故曰「上窮吝也」。**疏**最處上體，進于極而无所復遇。所遇者，角而已，故曰「姤其角」。進而遇角，角非所安，與无遇等，故獨恨而鄙吝也。初曰「柔道牽也」，三〔一〕曰「行未牽也」。三上敵剛，失位无應，又與陰遠，故不與物牽，而曰「上窮吝也」。愚案：「牽」，注疏本作「争」。彼引

〔一〕「三」，原本作「二」，據九三象傳正。

以釋「无咎」，故作「爭」。此引以釋「窮吝」，故作「牽」。蓋陰柔則牽，陽剛則不牽，上九與九三〔一〕同爲陽剛，作「牽」是也。

序卦曰：「物相遇而後聚，故受之以萃。萃者，聚也」。崔覲曰：「天地相遇，品物咸章」，故言「物相遇而後聚」。疏「天地相遇，品物咸章」，姤彖傳文。荀彼注云「乾成于巽而舍于離，坤出于離，與乾相遇。南方夏位，萬物章明」，是萬物會合而成萃矣。故言「物相遇而後聚也」。

䷬坤下兌上萃。王假有廟。虞翻曰：觀上之四也。觀乾爲「王」。假，至也。艮爲「廟」，體觀享祀。上之四，故「假有廟，致〔二〕孝享」矣。疏 二陽四陰之卦自觀來，故云「觀上之四也」。觀，乾宮四世卦。「觀乾爲王」，謂五也。「假，至也」，釋詁文。艮爲門闕，又爲鬼門，故「爲廟」。卦自觀來，又初至五體觀象，觀卦辭曰「觀盥而不薦」，是享祀之象也。上之四體艮，故「假有廟」矣。「致孝享」，彖傳文也。利見大人，亨利貞。虞翻曰：大人謂五。三四失位，利之正，變成離，離爲見，故「利見大人，亨利貞」，「聚以正也」。疏「大人謂五」，謂乾五利見大人也。六居三，九居四，皆失位，利變之正」，三四易位成離。「相見乎離」，故「爲見」。三四得正，相比承五，故「利見大人，亨」。三四正，故「利貞」也。彖傳曰「聚以正」，不言「利貞」。此因卦辭而云「亨利貞」，蓋「利見」由于「利貞」，故變彖傳文也。用大牲吉，利有攸往。虞翻曰：坤爲牛，故曰「大牲」。四之三折坤得正，故「用大牲吉」。三往之四，故「利有攸往順天命也」。鄭玄曰：萃，聚也。坤爲順，

〔一〕「三」，原本作「二」，據九三象傳正。
〔二〕「致」，原本作「至」，據陳校本正。

兑爲説。臣下以順道承事其君，説德居上待之。上下相應，有事而和通，故曰「萃，亨」也。假，至也。互有艮巽，巽爲木，艮爲闕，木在闕上，宫室之象也。四本震爻，震爲長子。五本坎爻，坎爲隱伏，居尊而隱伏，鬼神之象。長子入闕，升堂祭祖禰之禮也。故曰「王假有廟」。二本離爻也，離爲目，居正應五，故「利見大人」矣。大牲，牛也。言大人有嘉會，時可幹事，必殺牛而盟，既盟則可以往，故曰「利往」。案：坤爲牛，巽木下剋坤土，殺牛之象也。**疏** 虞注：「坤爲牛」，説卦文。説文曰「牛，大牲也」。内體坤，故曰「大牲」。四之三離成坤毁，離爲折，三四得正，故云「折坤得正」。坤器爲用，故「用大牲吉」。之〔一〕外曰「往」，三四易位，由三往四，故「利有攸往」。「順天命」，彖傳文也。鄭注：「萃，聚也」，彖傳文。内坤爲順，外兑爲説。「臣下」謂坤也。以順道承事其君，君謂五也。「説德」謂兑，兑居上以待下。二五得正，故曰「上下相應」。坤爲事，兑爲和，故云「有事而和通」。亨者，通也。故曰「萃，亨也」。「假，至」，釋詁文。互體艮，約象巽，巽木在上，艮闕在下，故云「木在闕上，宫室之象也」。四在外初，故爲震爻，震主器爲長子。五在外中，故爲坎爻。「坎爲隱伏」，説卦文。五居尊而隱伏不見，鬼神之象也。震以長子入艮闕，是升廟堂而祭祖禰之禮也。故曰「王假有廟」。二在下中，故爲離爻，離目爲見。二居正爲利見，上應五爲大人，故「利見大人」矣。大牲，牛也。義本説文。大人有嘉會，故亨。時可幹事，故貞。曲禮曰「涖牲曰盟」，故「必殺牛而盟」。周禮春官疏云「盟者，盟將來」，故「既盟〔二〕則可以往」。二往應五，上下皆正，故曰

〔一〕「之」，原本作「自」，據大過卦辭虞注正。
〔二〕「盟」，原本作「明」，據陳校本正。

「利往」。案：下坤爲牛，牛于辰屬丑，土畜也。巽木在上，下尅坤土，故象殺牛。案：兑爲刑殺。殺坤牛以奉宗廟，有用大牲之象。**彖曰：「萃，聚也。順以説，剛中而應，故聚也。**荀爽曰：謂五以剛居中，羣陰順説而從之，故能聚衆也。**疏**坤順兑説，故曰「順以説」。五以剛居中，二率羣陰，順説而從，故曰「剛中而應」。坤衆爲聚，故能聚衆也。**王假有廟，**陸績曰：王，五。廟，上也。王者聚百物以祭其先，諸侯助祭于廟中。假，大也。言五親奉上矣。**疏**五位天子，故王謂五。乾鑿度曰「上爲宗廟」，故廟謂上也。言王者聚物祭先，諸侯助祭，故萃有廟象也。「假，大也」，釋詁文。五近承上，若言五親奉上矣。**致孝享也。**虞翻曰：享，享祀也。五至初有觀象，謂享坤牛，故致孝享矣。**疏**「享，享祀也」者，祭祀也。五至初有觀象，「觀盥而不薦」，明堂郊祀之卦也。郊禘用繭栗，故「享坤牛」。唯聖人爲能饗帝，唯孝子爲能饗親，故「致孝享矣」。**利見大人亨，聚以正也。**虞翻曰：坤爲聚，坤三之四，故「聚以正也」。**疏**坤衆爲聚，三四失位，變之正，故「聚以正也」。**利貞，**九家易曰：五以正聚陽，故曰「利貞」。**疏**五位得正，陽正則陰聚，故曰「利貞」。案：諸本彖傳無「利貞」字，唯此本有之。**用大牲吉，利有攸往，順天命也。**虞翻曰：坤爲「順」，巽爲「命」，三往之四，故「順天命也」。**疏**内坤爲「順」，互巽爲「命」，五乾爲「天」，三往之四，上承五天，故曰「順天命也」。**觀其所聚，而天地萬物之情可見矣」。**虞翻曰：三四易位成離坎，坎月離日，日以見天，月以見地，故「天地之情可見矣」。與大壯咸恆同義也。**疏**三四易位有離坎象，離日見天，坎月見地。「懸象著明，莫大乎日月」，「離也者，明也，萬物皆相見」，故「天地萬物之情可見」。不言「萬物」，脱文也。大壯四之五，咸四之初，恆初二已正，四五復位，皆有離坎象，故云「同義也」。**象曰：「澤上於地，萃。**荀爽曰：澤者卑下，流潦歸之，萬物生焉，故謂之萃也。**疏**澤在地上，其勢卑下，故「流潦日歸之」。

風俗通山澤篇「水草交厝，名之爲澤。澤者，言其潤澤萬物，及阜民用」。故曰「萬物生焉」。周語「澤，水之鍾也」，玉篇「鍾，聚也」，故「謂之萃也」。**君子以除戎器，戒不虞」。**虞翻曰：「君子」謂五。除，脩；戎，兵也。詩曰「脩爾車馬，弓矢戎，兵」。陽在三四爲「脩」，坤爲「器」。三四之正，離爲戎兵、甲胄、飛矢，坎爲弓弧，巽爲繩，艮爲石，謂敹甲胄，鍛厲矛矢，故「除戎器」也。坎爲寇，坤爲亂，故「戒不虞」也。**疏**五陽得正，故「君子謂五」。地官山虞若祭山林，則爲主而脩除」，故云「除，脩也」。「戎，兵也」，說文文。詩大雅抑篇曰「脩爾車馬，弓矢戎兵」，知「脩戎」即「除戎」也。又常武曰「整我六師，以脩我戎」，亦其證也。「陽在三四爲脩」者，乾三曰「進德脩業」是也。坤形爲器。三四變，之正體離，離爲甲胄，爲戈兵，又爲飛爲矢，故「爲戎兵」。坎爲弓，故「爲弓弧」。巽繩直，故「爲繩」。艮小石，故「爲石」。書費誓曰「善敹乃甲胄」，又曰「鍛乃戈矛，厲乃鋒刃」，故「謂敹甲胄，鍛厲戈矛」，鄭彼注云「敹謂穿徹之，謂甲繩有斷絶，當使敹理穿治之」，謂離之甲胄，以巽繩穿治之，故「巽爲繩」。矛矢以離火鍛之，以艮石礪之，故「艮爲石」。皆是脩治之義，故「除戎器」也。坎爲盜，故「爲寇」。坤陰消陽爲亂。故「戒不虞」，虞，度也。案：兌爲金，戎器之象。坤知阻，戒不虞之象。又荀子曰「仁人兵兌，則若莫邪之利鋒」，注云「兌，聚也」。萃之爲萃，以兑故也。

初六。有孚不終，乃亂乃萃。虞翻曰：「孚」謂五也，初四易位，五坎中，故「有孚」。失正當變，坤爲終，故「不終」。萃，聚也。坤爲亂爲聚，故「乃亂乃萃」。失位不變，則相聚爲亂，故象曰「其志亂也」。**疏**「孚謂五也」者，初與四應，易位得正，則五在坎中爲孚，故「有孚」。言五利初易四承己，得爻之正也。以六居初，失正當變。坤文言曰「地道无成而代有終」，故「爲終」。初四易位，則二三與四仍互坤爲「代終」。以三往易四，坎成坤壞，故雖有孚而不終，謂初不能與四易也。坤陰滅陽爲亂，又衆爲聚，故曰「乃亂乃萃」。蓋失位不變，則相聚爲亂，坎爲「志」，故象曰「其志亂也」。若號，一握爲笑，勿恤，往无咎。虞翻曰：巽爲「號」。艮爲手，初稱「一」，故「一握」。初動成震，震爲「笑」。四動成坎，坎爲「恤」。故「若號，一握爲笑，勿恤」。初之四得正，故「往无咎」矣。疏四互巽，巽申命，故「爲號」。四與三易位，初不能上四，四已之正，呼號于初，初乃變震應之。四之三，下成艮，艮爲手，故爲「握」。初稱一，故爲「一握」，猶言艮初也。初自動成震，震笑言，故「爲笑」。四自動成坎，坎加憂爲「恤」。故「若號，一握爲笑，勿恤」。四易三位，嫌无應有咎。初之四，應得正，故「往无咎矣」。象曰：「乃亂乃萃，其志亂也」。虞翻曰：坎爲「志」，初之四，「其志亂也」。疏以爻義證之，「初」下當脱「不」字。初與四應。三已之四，成坎爲「志」。初失位不變，故「不之四」。相聚爲亂，故曰「其志亂也」。六二：引吉无咎，虞翻曰：應巽爲繩，艮爲手，故「引吉」。得正應五故「无咎」。利引四之初使避己，己得之五也。疏二應在五，互巽爲繩，二至四互艮爲手，有引象焉，故「引吉」。以六居二爲得正，上正應五故无咎。九四「大吉」，六二「引吉」，「吉」謂四待三易位，義不之初。四不避二，嫌二不得之五。二利引四之初使避己，己得之五，故无咎也。孚乃利用禴。虞翻曰：「孚」謂五，禴，夏祭也。體觀象，故「利用禴」。四之三，故「用大牲」。離爲夏，故禴祭，詩曰「禴祭烝嘗」，是其義。疏五坎中，二應之，故「孚謂五」也。爾雅「夏祭曰礿」，周禮宗伯「以禴夏享先王」，故云「禴，夏祭也」。體觀，故言祭。坤牛爲「大牲」，四之三，坤體壞，故「不用大牲」，「故」下當脱「不」字。成離爲夏，故禴祭。禴，薄祭也。既濟九五曰「東鄰殺牛，不如西鄰之禴祭」，故知「不用大牲」而「利用禴」也。「禴祠烝嘗」，詩天保文。「祠」誤引作「祭」。二不能引四，五使四之三，二得應五，故曰「孚乃利用禴」也。卦「用大牲」，乃王者所以隨其時。二「孚用禴」，乃臣下所以通乎上。在乎心之萃，非在物之厚薄也。象曰：「引吉无咎，中未變也。」虞翻曰：二得正，故「不變」也。王弼曰："居萃之時，體柔當位，處坤之中，已獨履正，與衆相殊，異操而聚，「民之多僻」，獨正者危，未能變體，以遠于害，故必待五引，然後乃吉而无咎。禴，殷春祭名，四時之祭省者也。居聚之時，處于中正，而行以忠信，可以省薄于鬼神矣。

疏虞注：初三失位，以六居二爲得正，居中不變，故五用禴而得應也。王注：居萃之時，六爲「體柔」，二爲「當位」。處坤之中，初三失位，已獨得正，與衆陰相乖，是「異操而相聚」者也。坤爲民，上下失位，故引大雅板曰「民之多僻」。二處中違衆，故云「獨正者危」。不肯變體失位，求遠于害，故必待五見引然後吉而无咎也。王制「天子四時之祭，春曰禴」，鄭氏以爲夏殷之禮，故云「殷春祭名」。禴，薄也，故云「四時之祭省者也」。二在萃時，居中得正，忠信而行，故「可以省薄祭于鬼神也」。隱三年左傳「苟有明信，澗谿沼沚之毛，蘋蘩薀藻之菜，筐筥錡釜之器，潢汙行潦之水，可薦于鬼神，可羞于王公[一]」，又曰「風有采蘩采蘋，雅有行葦泂酌，昭忠信也」，是其義也。

六三。萃如嗟如，无攸利，往无咎小吝。虞翻曰：坤爲萃，故「萃如」。巽爲號，故「嗟如」。失正，故「无攸利」。動得位，故「往无咎小吝」，謂往之四。**疏**體坤衆爲萃，故「萃如」。互巽申命爲號，陰无應，故「嗟如」。以陰居陽失正，故「无攸利」。動而得位，故「往无咎小吝」也。「謂往之四」者，三之四非正，故「无咎」而「小吝」。「悔吝者，言乎其小疵也」。三陰，故稱小也。

象曰：「往无咎，上巽也」。虞翻曰：動之四，故「上巽」。**疏**四體巽，三動而上之四，故曰「上巽也」。

九四。大吉无咎。象曰：「大吉无咎，位不當也」。虞翻曰：以陽居陰，故「位不當」。動而得正，承五應初，故「大吉」而「无咎」矣。**疏**以陽居陰，其位不當，咎也。動而

[一]「可薦于鬼神，可羞于王公」，原本「薦」與「羞」二字倒誤，據陳校本乙。

得正，上承五，下應初，故「大吉而无咎」。近承五陽，陽爲大，故「大吉」。「无咎」者，善補過者也。變得正，故「无咎」。五得正，故「萃有位」。四不正，故「位不當」。九五。萃有位无咎。匪孚，元永貞，悔亡。虞翻曰：得位居中，故「有位无咎」。「匪孚」謂四也。四變之正，則五體皆正，故「元永貞」。與比彖同義。四動之初，故「悔亡」。**疏**五得正位，居上之中，五爻聚而歸之，故「萃有位」。五乘四剛，宜有咎。已得中，故「无咎」。四當變正，坎爲孚。不變則匪孚，故「匪孚謂四也」。三與四易，初變正應四，則六爻皆正。五，乾陽乾元，故曰元。下應在坤，坤利永貞，比彖辭曰「元永貞」，故「與比彖同義」。詳見彼注。「震无咎者存乎悔」，四動之初，故「悔亡」。象曰：「萃有位，志未光也」。虞翻曰：陽在坎中，故「志未光」。與屯五同義。**疏**三之四，五坎爲「志」，坎陽陷于陰中，故「志未光也」。與屯五「施未光」同義。上六。齎資涕洟，无咎。虞翻曰：齎，持，資，賻也，貨財喪稱賻。自目曰「涕」，自鼻稱「洟」。坤爲財，巽爲進，故「齎資」也。三之四體離坎，艮爲鼻，涕淚流鼻目，故「涕洟」。得位應三，故「无咎」。上體大過死象，故有「齎資涕洟」之哀。**疏**廣韻「齎，持也」，又云「持送人也」。説文「資，貨也」，故云「賻」。以貨財哀喪稱「賻」，隱元年公羊傳「貨財曰賻」是也。坤生萬物爲財，巽進退爲進，故「齎資」也。説文「涕，泣也」，故「自目曰涕」。又曰「洟，鼻液也」，故「自鼻稱洟」。三之四有離坎艮象，離爲目，艮爲鼻，坎爲水流目鼻，故爲「涕洟」。四之三得正，上應之，故「无咎」。上至二體大過，象棺椁爲死，上應在三，死大過中，故齎持資賻以哀之。四三易位，大過象毁，故涕洟而无咎也。象曰：「齎資涕洟，未安上也」。虞翻曰：乘剛遠應，故「未安上也」。荀爽曰：此本否卦。上九陽爻，見滅遷移，以喻夏桀殷紂。以上六陰爻代之，若夏之後封東婁公于杞，殷之後封微子于宋。去其骨肉，臣服異姓，受人封土，未安居位，故曰「齎資涕洟，未安上也」。**疏**虞注：乘五爲乘剛，應三爲遠應。上得位宜安，然以陰乘陽，又无正應，故「未安上也」。荀注：此以卦自否來言也。當否之時，「天下无邦」。上變成萃，上九陽爻，見滅而遷移。爲陰所滅，以喻桀紂。上六以陰代陽，若封夏後東婁公于杞，封殷後微子于宋。史記「夏禹之後，殷時或封或絶。武王克殷，求禹後，得東婁公，封之于杞，以奉夏祀」，樂記「武王下車，投殷之後于宋」，書微子之命「庸建爾于上公，尹茲東夏」，孔傳「宋在京師東」，是封夏殷後之事也。杞宋去其骨肉之親，臣服異姓，自失其國，受人之封，未克安居上位，故曰「齎資涕洟，未安上也」。愚案：當萃之時，初三四不正，宜有咎。五爲萃主，使四之三，初變應之，陰陽皆正，象曰「聚以正」是也，故六爻皆无咎。

序卦曰：「聚而上者謂之升，故受之以升也。」崔覲曰：用大牲而致孝享，故順天子而升爲王矣。故言「聚而上者謂之升」也。**疏**萃用大牲而致孝享，即升卦辭鄭注所謂「聖人在諸侯之中」者也。坤爲順。「子」當從序卦傳作「命」。伏乾爲天，體巽爲命。故「順天命而爲王矣」。此「聚而上」者，所以「謂之升」也。愚案：聖人在上，則衆賢聚而上升。如王制「鄉論秀士，升之司徒」，「大樂正論造士之秀者，以告于王，而升諸司馬」，是也。

䷭巽下坤上升。鄭玄曰：升，上也。坤地巽木，木生地中，日長而上，猶聖人在諸侯之中，明德日益高大也，故謂之「升」。升，進益之象矣。**疏**「聚而上者謂之升」，故云「升，上也」。坤地在下，巽木在上，木生地中，有日長而上之勢。四〔一〕言「王用享于岐山」，故云「猶聖人在諸侯之中」。象言「慎德積小高大」，故云「明德日益高大也」。「謂之升」者，有

〔一〕「四」，原本作「五」，據陳校本正。

進益之象也。**元亨。**虞翻曰：臨初之三，又有臨象，剛中而應，故「元亨」也。**疏**從二陽四陰之例，故云「臨初之三」。二至上，又有臨象，臨卦辭曰「元亨」，乾元正，故曰「元」。彖傳曰「剛中而應」，二剛中五應之，故「亨」。與升象略同，故亦曰「元亨」也。如萃五與比卦同辭，亦以爻略同也。**用見大人，勿恤。**虞翻曰：謂二當之五爲「大人」，離爲「見」，坎爲「恤」，二之五得正，故「用見大人勿恤，有慶也」。**疏**陽主升，陰主降，坤虛无君，故「二當之五」。五君位，故爲「大人」。二之五有離坎象，離相見爲「見」，坎加憂爲「恤」，之五得正，坤器爲「用」，故「用見大人勿恤」。陽稱「慶」，故象曰「有慶也」。愚案：升與萃反，萃見大人，二與五應，故曰「利見」。升見大人，二升五位，故曰「用見」。**南征吉。**虞翻曰：離，南方卦。二之五成離，故「南征吉，志行也」。**疏**說卦曰「離也者，明也。萬物皆相見，南方之卦也」。自二升五成離，故「南征吉」。「志行也」，象傳文。**彖曰：「柔以時升，**虞翻曰：柔謂五，坤也。升謂二。坤邑无君，二當升五虛。震兑爲春秋，二升坎離爲冬夏，四時象正，故「柔以時升」也。**疏**乾剛坤柔，故「柔謂坤五也」。二當升，故「升謂二」。坤地稱邑，又臣道，故「坤邑无君」。陽實陰虛，故「二升五虛」。六五「貞吉升階」，陰爲陽階，使二升五，是「柔以時升」之義也。體互震兑，震春兑秋。二升五，體有離坎，離夏坎冬。四時體正，故「柔以時升」。愚案：升反萃也。萃坤升上爲升，故曰「柔以時升」。**巽而順，剛中而應，是以大亨。**荀爽曰：謂二以剛居中而來應五，故能大亨，上居尊位也。**疏**內體巽，外體坤，說卦「坤，順也」，故曰「巽而順」。二以剛居下中，上應于五陽爲大，故「大亨」。五爲尊，故「上居尊位也」。**用見大人勿恤，有慶也。**荀爽曰：大人，天子，謂升居五見爲大人。羣陰有主，无所復憂而「有慶也」。**疏**王肅曰「大人，聖人在位之目」，故謂「大人爲天子」。二升五位，坤爲「用」，離爲「見」，故「用見大人」。坤虛无君，二升居之，故「羣陰有主」。「勿恤」，故「无所復憂」。陽爲「慶」，坤有陽，故「有慶也」。南征吉，志行也。」虞翻曰：二之五，坎爲志，震爲行。疏二之五變體坎，坎心爲「志」，互體震，震足爲「行」，故曰「志行也」。

象曰：「地中生木，升。荀爽曰：地謂坤，木謂巽。地中生木，以微至著，升之象也。疏上坤，故「地謂坤」。下巽，故「木謂巽」。說文「木，冒也，冒地而生」，故云木生地中。乾鑿度曰「天道三微而成著」，故云「以微至著」。枚乘曰「種樹畜養，不見其益，有時而大」，故云「升之象也」。君子以慎德積小，以成高大。虞翻曰：「君子」謂三。「小」謂陽息復時，復小爲德之本。至二成臨，臨者，大也。臨初之三，巽爲「高」。二之五，艮爲「慎」。坤爲「積」。故「慎德積小成高大」。疏乾三稱「君子」，故「君子謂三」也。升自臨來，臨息自復，故云「小謂陽息復時」。繫下曰「復小而辨于物」，又云「復，德之本也」，故云「復小爲德之本」。陽息至二成臨，「臨者，大也」，序卦文。臨初之三成升，內體巽。「巽爲高」，說卦文。二之五，內體艮，艮陽小爲「慎」。坤文言稱「積」，故「坤爲積」。艮成終成始，君子法地中生木，積微成著，故「慎德積小，以成高大」也。

初六。允升大吉。荀爽曰：謂一體相隨，允然俱升。初欲與巽一體升居坤上，位尊得正，故「大吉」也。疏陽升陰降，陰不獨升。且初爲巽主，卑柔无應，不能自升。惟二三以一體而信初，故必「一體相隨，允然俱升」。蓋初欲與巽二陽同體俱升，居于坤上。以二升五爲位尊，以陽居陽爲得正。體象「大觀在上」，故「大吉」也。象曰：「允升大吉，上合志也。」九家易曰：謂初失正，乃與二陽允然合志，俱升五位，「上合志也」。疏以六居初爲失位，當變之正。乃與二陽一體誠信合志，同升五位。二升五，坎爲志，初隨上之，故曰「上合志也」。

九二。孚乃利用禴，无咎。虞翻曰：禴，夏祭也。孚謂二之五，成坎爲孚。離爲夏，故「乃利用禴」。「无咎」矣。疏禴，夏祭也。詳見萃二。二之五成坎，坎有孚爲孚。互離爲夏，故「乃利用禴」。二失位，宜有咎。升五得正，故「无咎」也。愚案：萃六二「孚乃利用禴」者，二應五故孚。升九二「孚乃利用禴」者，二之五故孚。孚則尚實不尚文，故「利用禴」。禴，薄祭也。

象曰：「九二之孚，有喜也。」虞翻曰：升五得位，故「有喜」。干寶曰：剛中而應，故孚也。又言「乃利用禴」，于春時也，非時而祭曰「禴」。然則文王儉以恤民，四時之祭，皆以禴禮，神享德與信，不求備也，故既濟九五曰「東鄰殺牛，不如西鄰之禴祭，實受其福」。九五坎，坎爲豕。然則禴祭以豕而已，不奢盈于禮，故曰「有喜」矣。**疏**虞注：二與五孚。升五得正，陽爲喜，故「有喜」也。干注：二剛中而應乎五，故孚也。「又言乃利用禴，于春時也」者，王制曰「天子四時之祭，春曰礿」是也。據周禮爾雅，禴爲夏祭，周制也，故鄭氏以「春曰礿」爲夏殷之禮。礿，薄也。四時之祭皆薄，不必春時，故「非時而祭曰禴」。二與四同功，四言文王「用亨」，故引文王以明「用禴」之義。文王儉以恤民，故四時之祭皆尚約不尚奢。蓋「黍稷非馨，明德惟馨」，故神享德與信，不求備物也。既濟九五曰「東鄰殺牛，不如西鄰之禴祭，實受其福」。既濟九五體坎，「坎爲豕」，說卦文。曲禮「凡宗廟之祭，牛曰一元大武，豕曰剛鬣」。首以牛，大牲也。次以豕，禴祭也。故鄭君亦以爲禴祭不殺牛而用豕也。孚以誠信，不尚奢盈，故「有喜也」。

九三。升虛邑。荀爽曰：坤稱邑也。五虛无君，利二上居之。故曰「升虛邑，无所疑也」。**疏**坤土故稱邑。陽實陰虛，陽爲君，五陰虛无君。三利二陽上居于五，且三居下卦之上，互震足爲升，上近坤初，故曰「升虛邑」。三與五皆得正，故象曰「无所疑也」。

象曰：「升虛邑，无所疑也。」虞翻曰：坎爲「疑」，上得中，故「无所疑也」。**疏**二之五體坎，坎心爲「疑」。五得中位，三又同功，故「无所疑也」。

六四。王用亨于岐山，吉无咎。荀爽曰：此本升卦也。巽升坤上，據三成艮，巽爲「岐」，艮爲「山」，「王」謂五也。通有兩體，位正衆服，故吉也。四能與衆陰退避當升者，故「无咎」也。**疏**四與初應，初隨巽體，升居坤上，據三成艮。「岐」古文作「嶅」，巽爲木，木枝岐出，有似于岐，故「巽爲岐」。艮爲「山」，故爲「岐山」。二陽升五，故「王謂五也」。巽居坤上體觀，享祀之象，故「通有兩體」。坤爲「用」，言「王用」此人，「亨于岐山」。五位得正，衆陰皆服，故「吉」也。四順承五，與衆陰退避，二陽當升，故「无咎」也。

象曰：「王用亨于岐山，順事也。」崔覲曰：爲順之初，在升當位，近比于五，乘剛于三，宜以進德，不可脩守。此象太王爲狄所逼，徙居岐山之下，一年成邑，二年成都，三年五倍其初，通而王矣，故曰「王用亨于岐山」。以其用通，避于狄難，順于時事，故「吉无咎」。**疏**外體坤，坤，順也，四在外初，故「爲順之初」。在升之家，以六居四爲當位。上近比于五，下乘剛于三，近比故「宜進德」，乘剛故「不可脩守」。四位諸侯，故「象太王」。近五將化家爲國，乘剛象爲狄所逼。孟子「昔者太王居邠，狄人侵之」，又曰「去邠，踰梁山，邑于岐山之下居焉。邠人曰『仁人也，不可失也』，從之者如歸市」，故云「太王爲狄所逼，徙居岐山之下」。詩「天作高山，太王荒之」，鄭箋「天生此高山，使興雲雨，以利萬物。太王自豳遷焉，則能尊大之，廣其德澤，居之一年成邑，二年成都，三年五倍其初」。亨，通也，亨通而創王業，故曰「王用亨于岐山」。以其用亨通之道，能避狄難，順時而行，故「吉无咎」也。案：坤，順也。又發于事業爲事。二升五王，受命告祭。四率羣陰，以順承之，故曰「順事也」。

六五。貞吉升階。虞翻曰：二之五，故「貞吉」。巽爲高，坤爲土，震升高，故「升階」也。**疏**二失位，之五得正，故曰「貞吉」。「巽爲高」，説卦文。古者土階，故坤土爲階。虞繫上注云「坤爲階」，是也。震足升高，陰爲陽階，故「升階」也。

象曰：「貞吉升階，大得志也。」荀爽曰：陰正居中，爲陽作階，使升居五。己下降二，與陽相應，故吉而得志。**疏**陰居上中，爲二陽作階，使升居五，即「柔以時升」之義也。五下降二，得中得位，正應五陽。陽爲大，體兩坎爲志，故「大得志也」。**上六。冥升，利于不息之貞。**荀爽曰：坤性暗昧，今升在上，故曰「冥升」也。陰用事爲消，陽用事爲息。陰正在上，陽道不息，陰之所利，故曰「利于不息之貞」。**疏**坤喪乙滅癸，故「性暗昧」。今在升家而居于上，故曰「冥升」。陰滅陽，故爲消。陽勝陰，故爲息。六陰在上得正，五陽不息，陰之所利，故「利于不息之貞」。愚案：坤爲冥晦，上處升極而不知止，「冥升」者也。與「冥豫」同義。然上與三爲正應，又皆得位，上陰冥升而不降三，三陽不息而不易上，各得其正，故「利于不息之貞」。**象曰：「冥升在上，消不富也。」**荀爽曰：陰升失實，故「消不富也」。**疏**陽實陰虛，陰升不已，必失三陽，陽息則陰消，坤廣生爲富，故曰「消不富也」。與豫上「冥豫在上，何可長也」同義。

序卦曰：「升而不已必困，故受之以困。」崔覲曰：冥升在上，以消不富則窮，故言「升而不已必困」也。

疏「冥升在上，以消不富」，詳上荀注。不富則困窮矣，故言「升而不已必困也」。

䷮坎下兑上困。亨，鄭玄曰：坎爲月，互體離，離爲日，兑爲暗昧，日所入也。今上弇日月之明，猶君子處亂代，爲小人所不容，故謂之「困」也。君子雖困，居險能説，是以通而无咎也。虞翻曰：否二之上，乾坤交，故通也。**疏**鄭注：內體坎，互體離。「坎爲月，離爲日」，説卦文。兑爲暗昧，日所入者。古文尚書堯典曰「分命和仲，宅西曰昧谷」，鄭彼注云「西者，隴西之西，今人謂之兑山」。兑，西方卦，故云「日所入也」。今在上，弇日月之明，猶君子處亂世，爲小人所不容，故謂之困也。君子所處雖困，然居坎險之中而能安兑説，是以通而无咎也。虞注：三陽三陰之卦自否來，否象曰「天地不交而萬物不通也」。今二上易位，則乾坤交矣。交，故通也。又繫下曰「困窮而通」，謂陽窮否上，變之二成坎，坎爲通，故「窮而通」也。**貞大人吉无咎，**虞翻曰：「貞大人吉」謂五也。在困无應，宜靜則无咎，故「貞大人吉无咎」。

疏乾五大人，故大人謂五也。五本正也，言「貞大人吉」者，否上之二。五在困時，下无正應，宜有咎。宜靜以待二之變，上正應五則无咎，故「貞大人吉无咎」。**有言不信。**虞翻曰：震爲言，折入兑，故「有言不信，尚口乃窮」。**疏**否上當反初，成益體震，震聲爲言。今二上折否，乾爲兑，兑爲毁折也。乾天行至信爲信。乾毁，故「有言不信」。兑爲口，故象曰「尚口乃窮也」。**象曰：「困，剛弇也。**荀爽曰：謂二五爲陰所弇也。**疏**二五皆承柔，故「爲陰所弇也」。又否二之上，弇五之剛，故爲困。**險以説，**荀爽曰：此本否卦，陽降爲險，陰升爲説也。**疏**卦自否來，上陽降二爲坎險，二陰升上爲兑説，故曰「險以説」。**困而不失其所亨，其唯君子乎。**荀爽曰：謂二雖弇陰陷險，猶不失中，與正陰合，故通也。喻君子雖陷險中，不失中和之行也。**疏**言二雖弇于三陰，陷于坎中，猶不失中，上下與二陰合成坎，坎爲通，故通也。喻君子雖陷坎險之中，不失中和之行，故亨也。愚案：坎險故困，兑説故不失所亨。**貞大人吉，以剛中也。**荀爽曰：謂五雖弇于陰，近无所據，遠无所應。體剛得中，正居五位，則「吉无咎」也。**疏**言五雖弇于上陰，四陽故「近无所據」，二陽故「遠无所應」。九爲體剛，五爲得中，以九居五爲「正居五位」。得中得正，故「吉无咎」。洪範所謂「用靜吉」也。**有言不信，尚口乃窮也。」**虞翻曰：兑爲「口」，上變口滅，故「尚口乃窮」。荀爽曰：陰從二升上六，成兑爲「有言」，失中爲「不信」。動而乘陽，故曰「尚口乃窮也」。**疏**虞注：「兑爲口」，説卦文。「滅」下當脱「乾」字，否上變成兑口，滅乾信，故「尚口乃窮」，卦窮于上也。荀注：二陰升上成兑口爲「有言」，下失二中爲「不信」。動而上乘五陽，故「尚口乃窮也」。**象曰：「澤无水，困。**王弼曰：澤无水，則水在澤下也。水在澤下，困之象也。處困而屈其志者，小人也。君子固窮，道可忘乎。**疏**周語「澤，水之鍾也」。水當在澤上，今坎水在兑澤之下，是「澤无水」也。水在澤下，則澤上枯槁，萬物皆困，故云「困之象也」。小人處困，則屈撓其志。君子固窮，故不忘其道。「君子固窮」，論語文，謂固守其窮也。**君子以致命遂志。**虞翻曰：「君子」謂三，伏陽也。否坤爲「致」，巽爲「命」，坎爲「志」，三入陰中，故「致命遂志」也。**疏**乾三君子，伏于否下，故「君子謂三，伏陽也」。否内坤，坤馴致其道爲「致」。互巽申命爲「命」，體坎心爲「志」。三陽伏入陰中，故「致命遂志」。六三既辱且危，此君子小人之别也，故曰「困，德之辨也」。**初六。臀困于株木。**九家易曰：「臀」謂四，株木，三也。三體爲木，澤中无水，兑金傷木，故枯爲株也。初者四應，欲進之四，四困于三，故曰「臀困于株木」。干寶曰：兑爲孔穴，坎爲隱伏。隱伏在下而漏孔穴，臀之象也。**疏**九家注：爻例四在上體之下，象臀，故「臀謂四」，姤九四「臀无〔一〕膚」是也。又互巽爲股，四在股上，亦爲「臀」。株木謂三者，三互巽爲木也。全體澤中无水，上兑爲金，又傷巽木，故枯爲株也。又互離爲木科上槁，故枯也。初應在四，初以陰居陽失位，欲進之四，四〔二〕亦失位，爲三所困，故曰「臀困于株木」。干注：兑上口開爲孔穴。「坎爲隱伏」，説卦文。「隱伏在下」謂初，應在四兑象漏孔穴，故曰「臀之象也」。**入于幽谷，三歲不覿。**九家易曰：幽谷，二也。此本否卦，謂陽來入坎，與初同體，故曰「入幽谷」。三者，陽數。謂陽陷險中，爲陰所弇，終不得見，故曰「三歲不覿」也。**疏**説文曰「泉水出通川爲谷，從水半

〔一〕「无」，原本作「元」，據陳校本正。

〔二〕「四」，原本作重複號「二」，同上「四」字，誤爲「二」，據九家易正。

見，出于口」，二在坎半，故「幽谷謂二」。坎爲隱伏，故稱「幽谷」。此本否卦，上陽來入于二成坎，與初同體，又巽爲「入」，故曰「入于幽谷」。天數三，故「三者，陽數」。謂陽陷坎中，爲初三二陰所弇。伏離目爲「覿」，爲坎所弇，故「終不得見」。又自初至四，三爻爲三歲，故「三歲不覿」也。**象曰：「入于幽谷，幽不明也。」**荀爽曰：爲陰所弇，故不明。**疏**坎爲「幽谷」，初在下爲「入于幽谷」。坎伏離，離日爲「明」，伏藏不見，故「幽不明也」。**九二。困于酒食，朱紱方來。**案：二本陰位，中饋之職。坎爲酒食，上爲宗廟。今二陰升上，則酒食入廟，故「困于酒食」也。上九降二，故「朱紱方來」。朱紱，宗廟之服。乾爲大赤，朱紱之象也。**疏**家人六二曰「在中饋」，故云「二本陰位，中饋之職」。需九五曰「需于酒食」，謂坎也，故曰「坎爲酒食」。乾鑿度「上爲宗廟」今否二陰升上，有酒食入廟之象，故曰「困于酒食也」。否上九降居于二，自外曰來，故曰「朱紱方來」。朱紱，宗廟祭祀之服也。否乾爲大赤，故有「朱紱之象也」。**利用享祀，征凶无咎。**荀爽曰：二升在廟，五親奉之，故「利用享祀」。陰動而上，失中乘陽，陽下而陷，爲陰所弇，故曰「征凶」。陽來降二，雖位不正，得中有實，陰雖去中，上得居正，而皆免咎，故曰「无咎」也。**疏**卦自否來，上爲宗廟，故二升上爲「在廟」。五近承上，故「親奉之」。二與五應，是「利用享祀」謂五也。二陰動而上，內失二中，上乘五陽。上陽下陷于坎中，爲二陰所弇。二上易位皆凶，故曰「征凶」。上陽下降，來居于二，以陽居陰，位雖不正，然在二爲得中，體陽爲有實。陰雖去二之中，然上爲陰位，六居得正。皆免于咎，故「无咎也」。**象曰：「困于酒食，中有慶也。」**翟玄曰：陽從上來，居中得位，富有二陰，故「中有慶也」。**疏**二陽從否上來居于中，爲居中。上不得位，言「得位」者，非也。坤廣生爲富，故「富有二陰」。二位爲中爻，陽爲慶，故「中有慶也」。**六三。困于石，據于蒺蔾。**虞翻曰：二變正時，三在艮山下，故「困于石」。蒺蔾，木名。坎爲蒺蔾。二變艮手據坎，故「據蒺蔾」者也。**疏**二變正時體艮，艮爲「石」，謂四也。三在四下，故「在艮山下」。三失位，又爲不正之陽所據，故「困于石」焉。「臀困于株木」，四爲三所困，今三又「困于石」，陸氏所謂「六爻迭困」是也。釋草「茨，蒺蔾」，今字從「蔾」，故云「木名」。「坎爲蒺蔾」，九家說卦文。三體坎，故曰「蒺蔾」。二變艮爲手，下據坎，故「據蒺蔾」。**入于其宮，不見其妻，凶。**虞翻曰：巽爲「入」，二動艮爲「宮」，兌爲「妻」，謂上无應也。三在陰下，離象毁壞，隱在坤中，死其將至，故「不見其妻凶」也。**疏**三互巽，故「爲入」。二動三互艮，艮爲門闕，故「爲宮」。應在兌，兌少女爲艮妻。與上敵應，故「謂无應也」。「三在陰下」者，謂三伏陽在陰之下也。二動，故「離象毁壞」。三成體坤，故「隱在坤中」。坤喪于乙爲既死霸，故「死其將至」。離目壞，故「不見其妻凶也」。襄廿五年左傳曰「齊棠公之妻，東郭偃之姊也。東郭偃臣崔武子，棠公死，使偃取之。武子筮之，遇困之大過。陳文子曰『困于石，往不濟也。據于蒺蔾，所恃傷也。入于其宮不見其妻凶，無所歸也』。崔子曰『嫠也何害，前夫當之矣』。遂妻之。莊公通焉，遂弒之」。愚案：自內曰往。三往承四，爲四所困，故「往不濟也」。陰當承陽而反據之，爲陽所傷，故「所恃傷也」。三變大過死象，故「无所歸也」。**象曰：「據于蒺蔾，乘剛也。**案：三居坎上，坎爲叢棘而木多心，蒺蔾之象。**疏**三在坎體之上，「坎爲叢棘」，九家說卦文。又爲木堅多心，故有蒺蔾之象。**入于其宮，不見其妻，不詳也。」**九家易曰：此本否卦，二四同功爲艮，艮爲門闕，宮之象也。六三居困而位不正，上困于民，內无仁恩，親戚叛逆，誅將加身，入宮无妻，非常之困，故曰「不詳也」。**疏**此本否卦，否二四同功，互體爲艮。「艮爲門闕」，說卦文。門闕，故有宮象。六三居困，陰處陽位不正。坤爲民，三在坤上，故「上困于民」。不正，故「內无仁恩」。乘承皆剛，故「親戚叛逆」。坤爲身，二變坎爲刑罰，故「誅將及身」。上无匹應，故「入宮无妻」。此爲「非常之困，故曰不詳也」。愚案：三據二陽爲「乘剛」。「詳」「祥」古字通。乾善爲詳，上本否乾。三應上，上之二，乾體壞，故「不詳也」。九四。來荼荼，困于金輿，吝有終。虞翻曰：來，欲之初。荼荼，舒遲也。見險，故「來荼荼」。否乾爲金，坤爲輿。之應歷險，故「困于金輿」。易位得正，故「吝有終」矣。疏自外曰來，四與初應，故「來，欲之初」。禮玉藻「荼前詘後」，鄭注「荼，讀如舒遲之舒」，故云「荼荼，舒遲也」。初體坎爲險，離目爲見，見險，故來舒遲也。否有乾坤，乾爲金，坤爲輿，故有金輿之象。四往應初，歷乎坎險，故曰「困于金輿」。失位宜「吝」，易位得正，故「有終」矣。象曰：「來荼荼，志在下也。王弼曰：下謂初。疏坎心爲志，初在坎下，故曰「志在下也」。雖不當位，有與也。」崔覲曰：位雖不當，故吝也。有與于援，故有終也。疏初四失位不當，故吝。易位得正，陰陽有與，上下相援，故有終也。九五。劓刖，困于赤紱。虞翻曰：割鼻曰劓，斷足曰刖。四動時，震爲足，艮爲鼻。離爲兵，兑爲刑。故「劓刖」也。赤紱謂二。否乾爲朱，故赤。坤爲紱。二未變應五，故「困于赤紱」也。疏說文「劓，刖鼻也。刖，斷足也」。故「割鼻曰劓，斷足曰刖」。四不正當動，三互震爲足，五互艮爲鼻。體互離爲兵。上體兑，西方有肅殺象，又毀折有割斷象，故爲刑。劓刖，刑之小者。于困之時，未得二應，止可行其小刑，故曰「劓刖也」。五應在二，故「赤紱謂二」也。否乾爲大赤，故爲赤。九家說卦「坤爲帛」，故爲紱。二失位，未能變正應五，故「困于赤紱也」。乃徐有說，虞翻曰：兑爲「說」，坤爲「徐」，二動應已，故「乃徐有說」也。疏上體兑，故「爲說」。否坤柔，故「爲徐」。二失正，動應五，故「乃徐有說也」，所謂「貞大人吉」也。利用祭祀。崔覲曰：劓刖，刑之小者也。于困之時，不崇柔德，以剛遇剛，雖行其小刑而失其大柄，故言「劓刖」也。赤紱，天子祭服之飾。所以稱困者，被奪其政，唯得祭祀，若春秋傳曰「政由甯氏，祭則寡人」，故曰「困于赤紱」。居中以直，在困思通，初雖蹔窮，終則必喜，故曰「乃徐有説」。所以險而能説，窮而能通者，在「困于赤紱」乎，故曰「利用祭祀」也。案：五應在二，二互體離，離爲文明，赤紱之象也。**疏**崔注：劓刖，五刑之小者。于困之時，當崇柔德。乃九五剛爻，乘四應二皆剛，故「以剛遇剛」。是施小刑而失大柄，故言「劓刖」也。赤紱，天子祭服之飾。其稱困者，以政被二四失正之剛所奪，故五唯得主祭祀而已。「政由甯氏，祭則寡人」，襄廿六年左傳文。事與爻合，故引之以明「困于赤紱」之義。五居中位，行以正直，在困之時，而思二變應己，必得亨通之道，初窮終喜，是困極必通，「乃徐有説」也。處坎險而獲兑説，當困窮而得亨通，故曰「困于赤紱」。赤紱，祭服。故曰「利用祭祀也」。案：五與二應，二互三四爲離，離南方文明之象，火色赤，故曰「赤紱」。案：二五有剛中之德，明雖困于人事，幽可信于鬼神，故言「享祀」「祭祀」。

象曰：「劓刖，志未得也。」陸績曰：无據无應，故「志未得也」。二言「朱紱」，此言「赤紱」，二言「享祀」，此言「祭祀」，傳互言耳，无他義也。謂二困五，三困四，五初困上，斯乃迭困之義也。**疏**四陽，故「无據」。二陽，故「无應」。坎爲「志」，故「志未得也」。二朱紱，五赤紱，二享祀，五祭祀，謂「傳互言，无他義」，其實非也。説文「天子朱紱，諸侯赤紱」，乾鑿度「天子之朝朱紱，諸侯之朝赤紱」。否上體乾，乾大赤爲朱，且乾君爲天子，下降于二，故曰「朱紱方來」。下體坤，二變成坎，坎爲赤，坤臣爲諸侯，二陽敵五，故「困于赤紱」。春官大宗伯「掌建邦之天神、人鬼、地示之禮」，又曰「凡祀大神、享大鬼、祭大示」。禮運曰「天子祭天地，諸侯祭社稷」。祭兼祀言，是祭天地也。社亦地祭，享兼祀言，是享鬼祀地也。五君位，天子也，故言祭祀。二臣位，諸侯也，故言享祀。二五敵應，故「二困五」。三四皆失位，故「三困四」。否二至上乘陽困五，上至二據陰困初，故「五初困上」。

六爻迭困之義也。乃徐有説，以中直也。崔覲曰：以其居中當位，故有説。疏在五爲居中。繫上曰「乾，其動也直」，洪範曰「平康正直」，坤文言曰「直其正也」，是「中直」猶中也。九五得正爲當位。得中得正，其體爲兑，故「有説」也。利用祭祀，受福也。」荀爽曰：謂五爻合同，據國當位而主祭祀，故「受福也」。疏二剛「利用」，五剛亦「利用」，以剛合剛，故謂「五爻合同」。二變坤爲國，五應之爲「據國」。五乾爲福，禮器曰「祭則受福」。九五當位而主祭祀，故「受福也」。

上六。困于葛藟，于臲卼。虞翻曰：巽爲草莽稱「葛藟」，謂三也。兑爲刑人，故「困于葛藟，于臲卼」也。疏三體互巽，巽剛爻爲木，柔爻爲草，故「巽爲草莽稱葛藟」。葛之附木最出木杪，上六陰柔居卦上，有葛藟延蔓之象。上應三，故「謂三也」。臲卼，荀陸王肅皆云「不安也」。兑折震足爲見刑斷足者，故「爲刑人」。三上皆陰，上无正應，爲三所困，故「困于葛藟，于臲卼也」。曰動悔有悔，征吉。虞翻曰：乘陽，故「動悔」。變而失正，故「有悔」。三已變正，已得應之，故「征吉」也。疏兑爲口，故稱「曰」。否二動之上乘五陽，故「動悔」。上變陽應三則失正，故「有悔」。三失位當變正，上得往應于三，故「征吉」也。六爻惟上言「吉」，亦困極則通也。象曰：「困于葛藟，未當也。虞翻曰：謂三未變當位應上故也。疏上應在三，三未變正當位應上，故上困于三也。動悔有悔，吉行也。」虞翻曰：「行」謂三變，乃得當位之應，故「吉行」者也。疏爻言「征」，象言「行」，釋言「征，行也」。三變正應上，上得當位之應，行有應，故「吉行也」。

序卦曰：「困乎上，必反下，故受之以井。」崔覲曰：困極于劓刖，則反下以求安，故言「困乎上，必反下」也。疏「劓刖」，當從序卦注作「臲卼」，言不安也。困極于上，則反下以求安，井居其所安，道也。「否泰反其類」，困之上反于下爲井，故曰「困乎上，必反下也」。

䷯ 巽下坎上 井。鄭玄曰：坎，水也，巽木，桔槔也。互體離兑，離外堅中虚，瓶也。兑爲暗澤，泉口也。言桔槔引瓶下入泉口，汲水而出，井之象也。井以汲人水无空竭，猶人君以政教養天下，惠澤无窮也。**疏**上坎爲水，下巽爲木。桔槔者，莊子所謂「鑿木爲機，後重前輕，挈水若抽，數如沃湯，其名爲槔」，是也。内互兑，外互離，自二至五，外陽堅，中陰虚也。兑互坎下，故爲暗澤。四即泉口也。桔槔引瓶入泉口之下，汲水而出，其象爲井。井之水給人无窮，猶君子政教養人无窮也。

改邑不改井，虞翻曰：泰初之五也。坤爲邑，乾初之五折坤，故「改邑」。初爲舊井，四應甃之，故「不改井」。**疏**從三陽三陰之例，井自泰來，故「泰初之五也」。坤土爲邑，乾初之五折毁坤象，故「改邑」。乾盈將退爲舊，故「初爲舊井」。四井甃與初應，是「四應甃之」，故「不改井」。繫下曰「井居其所」，周氏云「井以不變更爲義」，是也。

无喪无得，往來井井。虞翻曰：无喪，泰初之五，坤象毁壞，故「无喪」。五來之初，失位无應，故「无得」。坎爲通，故「往來井井」。「往」謂之五，「來」謂之初也。**疏**坤滅于乙爲喪，泰初之五，坤象毁壞，故「无喪」。五陰來初爲失位，與四敵應爲无應，无應故「无得」。上體坎，「坎爲通」，説卦文。繫上曰「往來不窮謂之通」，故「往來井井」。自内曰「往」，謂初之五也。自外曰「來」，謂五之初也。

汔至，亦未繘井，虞翻曰：巽繩爲「繘」。汔，幾也，謂二也。幾至初改，未繘井，未有功也。**疏**鄭氏云「繘，綆也」。揚子方言「關東謂之綆，關西謂之繘」，郭璞注云「汲水索也」。巽爲繩，故「爲繘」。詩民勞曰「汔可小康」，鄭箋云「汔，幾也」。釋詁云「饑，汔也」，孫炎注云「汔，近也」。泉在下，二近泉，故「幾謂二也」。初之五「改邑」，故稱「初改」。二近初，故云「幾至初改」也。卦唯二初失位，二變正爲艮手持繘，未變故「未繘井」。失位，故

「未有功也」。**羸其瓶，凶。**虞翻曰：羸，鉤羅也。艮爲手，巽爲繘，離爲「瓶」，手繘折其中，故「羸其瓶」。體兑毁缺，瓶缺漏，故「凶」矣。干寶曰：水，殷德也。木，周德也。夫井，德之地也，所以養民性命，而清絜之主者也。自震化行至于五世，改殷紂比屋之亂俗，而不易成湯昭假之法度也，故曰「改邑不改井」。二代之制，各因時宜，損益雖異，括囊則同，故曰「无喪无得，往來井井」也。當殷之末，井道之窮，故曰「汔至」。周德雖興，未及革正，故曰「亦未繘井」。井泥爲穢，百姓無聊，比屋之間，交受涂炭，故曰「羸其瓶，凶」矣。**疏** 虞注：「羸，鉤羅也」者，孔穎達謂「鉤羸其瓶而覆之也」。二變艮爲手，體巽繩爲繘，未變艮手不見。故「手繘折其中」，則鉤羅其瓶也。互有兑離，離外實中虚爲瓶，兑爲毁折。瓶缺漏故凶九二「甕敝漏」是也。二與初易位得正，成既濟定，則初吉，二亦不凶也。愚案：說文「汔，涸也」。初二失位，不能正應，坎水涸，斯至矣。故未有繘井之功，而終有羸瓶之凶也。干注：家語「殷人以水德王，色尚白。周人以木德王，色尚赤」。外坎水，殷德，内巽木，周德也。「井，德之地也」，繫下文。水生萬物，養民性命，而性又清絜，德可爲主者也。井，震宫五世卦，故云「自震化行至于五世」。蓋帝出乎震，木道乃行，五變成坎，其象爲井，是「改殷紂比屋之亂俗，而不改成湯昭格之舊法」，故曰「改邑不改井」。二代之制，各因時宜，如尚質尚文之類，論語曰「周因于殷禮，所損益可知也」。損所當損，如井汲而不見竭，益所當益，如井注而不見盈，故「无喪无得」。賈誼過秦「囊括四海之意」，「囊括」猶言包舉。言囊括四海，其理攸同，猶人有往來，而井安其所者，不渝變也。當殷之末，井養之道已窮，故曰「汔至」。詩毛傳「汔，危也」，言危至也。周德雖興，未及革正殷命，故曰「亦未繘井」，言未受命也。初六「井泥不食」，故云「井泥爲穢」。百姓无仰，比屋罹災，故有羸瓶之凶也。**象曰：「巽乎水而上水，井。**荀爽曰：「巽乎水」，謂陰下爲巽也。「而上水」，謂陽上爲坎也。木入水出，井之象也。**疏**莊子「桔槔者，引之則俯，舍之則仰」，巽，入也，俯則巽乎水，仰則上水也。故曰「巽乎水而上水」。泰五之初，故謂「陰下爲巽」。初之五，故謂「陽上爲坎」。巽爲入，故「木入」。坎爲通，故「水出」。鹿盧汲水，「井之象也」。**井養而不窮也。**虞翻曰：兑口飲水，坎爲通，往來井井，故「養不窮也」。**疏**互兑爲口，上承坎水，飲水之象，坎爲通，往來不窮，故「往來井井，養不窮也」。繫下曰「井居其所而遷」，韓彼注云「井所居不移，而能遷其施」，故「養不窮也」。**改邑不改井，乃以剛中也。**荀爽曰：剛得中，故爲「改邑」。柔不得中，故爲「不改井」也。**疏**泰初之五，剛得中位，故爲「改邑」。五之初，柔不得中，故「不改井」。惟剛居尊位，故能不失初陽，是以五「改邑」，竝及初「不改井」也。**无喪无得，**荀爽曰：陰來居初，有實爲「无喪」，失中爲「无得」也。**疏**泰五陰來居井初，五陽「有實爲无喪」，初陰「失中爲无得也」。**往來井井。**荀爽曰：此本泰卦，陽往居五，得坎爲井，陰來在下亦爲井，故曰「往來井井」也。**疏**泰初陽往居于五，成坎爲井。五陰來居于初，在下亦爲井。陽往陰來，皆有井象，故曰「往來井井」。案：王弼本象傳無此二句。**汔至，亦未繘井，**荀爽曰：汔至者，陰來居初，下至汔竟也。繘者，所以出水通井道也。今乃在初，未得應五，故「未繘」也。繘者，綆汲之具也。**疏**汔至者，五陰來居于初，下至盡境，故「下至汔竟也」。繘，所以出水通井。今居初，在五應外，未得應五，故「未繘」也。餘已詳前疏。**未有功也。**虞翻曰：謂二未變應五，故曰「未有功也」。**疏**五多功，二失正，未變應五，故「未有功」。**羸其瓶，是以凶也。」**荀爽曰：井謂二，瓶謂初。初欲應五，今爲二所拘羸，故凶也。孔穎達曰：計覆一瓶之水，何足言凶。但取喻人德行不恆，不能善始令終，故就人言之，凶也。

疏荀注：二應五坎，故「井謂二」。初應四離，故「瓶謂初」。初〔一〕自五來，故「欲往應五」。初不得位，又爲不正之二所拘羸，故凶也。　孔注：即小喻大。故覆一瓶之水，未足言凶。若人之德行不恆，不能善始令終，而有羸瓶之象，則凶也。

按：初二失正，變成既濟定。不變則既濟之功不成，甕敝行惻，无王明受福之事，故凶也。象曰：「木上有水，井。」王弼曰：木上有水，上水之象也。水以養而不窮也。**疏**木上有水，上水之象，故名爲井。「水之象」，當從注疏本作「井之象」。上水以養，取而不窮者也。君子以勞民勸相。」虞翻曰：「君子」謂泰乾也。坤爲「民」，初上成坎爲「勸」，故「勞民勸相」。相，助也，謂以陽助坤矣。**疏**泰乾三君子道長，故「君子謂泰乾也」。坤衆爲「民」，初之上成坎爲「勸」，當作「爲勞」，坎，勞卦也，故「勞民勸相」。鄭注泰「輔相天地之宜」，「輔相，左右，助也」，故云「相，助也」。初陽之坤五，以陽助坤，謂以君助民也。　愚案：掘井出水，即因井制田，皆養民不窮之事。故鄭注井象云「井，法也」。君子取法乎井，以恆產勞民，使之勸勉相助。以君養民，即以陽養陰之義也。初六。井泥不食，舊井无禽。干寶曰：在井之下，體本土爻，故曰「泥」也。井而爲泥，則不可食，故曰「不食」。此託紂之穢政，不可以養民也。「舊井」謂「殷之未喪師」也，亦皆清絜，无水禽之穢，又況泥土乎，故「舊井无禽」矣。**疏**初在井下，巽初辛丑，丑爲土，故體本土爻而象泥也。泥不可食，故曰「不食」。初失位不正，喻紂之穢政，不可養民。「殷之未喪師」，詩文王文。言「舊井」以喻殷德清絜，水禽不穢，何況泥土，故曰「舊井无禽」矣。　愚案：初居井底，六位不正，陰濁象泥，人所不食。廢爲「舊井」，禽亦不嚮。巽雞爲禽，失位无

〔一〕「初」，原本作重複號「二」，同上「初」字，誤作「二」，據陳校本正。

應，故「无禽」也。象曰：「井泥不食，下也。舊井无禽，時舍也。虞翻曰：食，用也。初下稱「泥」。巽爲木果。无噬嗑食象，下而多泥，故「不食」也。乾爲「舊」，位在陰下，故「舊井无禽」。「時舍也」，謂時舍于初，非其位也，與乾二同義。崔覲曰：處井之下，无應于上，則是所用之井不汲，以其多塗，久廢之井不獲，以其時舍，故曰「井泥不食，舊井无禽」。「禽」古「擒」字，「禽」猶獲也。疏虞注：詩天保曰「日用飲食」，蓋飲食爲日用所需，故云「食，用也」。初在坎水之下，故「稱泥」。「木果」當爲「不果」，「巽爲不果」，說卦文。與噬嗑旁通，井成噬嗑象毁，在下多泥，故「不果食也」。初本乾也，故「乾爲舊」。乾位伏在陰下，變正成乾，巽禽不見而寓于乾，故曰「舊井無禽」。「時舍也」，「舍」讀若月令「命田舍東郊」之「舍」，謂初失正當變，不過時舍于初，非其本位也。乾二不正當變，故與乾二「時舍」同義。崔注：初處井下，與四敵應，故「无應于上」。所用之井不汲者，以其在下多塗也。久廢之井无所獲者，以其爲時所舍也。故曰「井泥不食，舊井无禽」。「禽」「擒」古字通。曲禮「不離禽獸」，疏「禽者，擒也」。僖卅三年左傳「外僕髡屯禽之以獻」，蓋戰勝執獲曰禽，故「禽猶獲也」。又展獲字禽，亦其證也。

九二。井谷射鮒，甕敝漏。虞翻曰：巽爲「谷」爲「鮒」，鮒，小鮮也。離爲「甕」，甕瓶毁缺，「羸其瓶凶」，故「甕敝漏」也。疏巽坎水半見于下，故「爲谷」。震陽爲龍，巽陰爲魚，郭璞云「魚者，震之廢氣也」，故「爲鮒」。鮒，小鮮也，王肅曰「小魚」是也。鮒小近泥，二比于初，故有此象。二應五互離，離爲大腹，外實中虛，互兑爲口，象甕，故「爲甕」。甕，瓶類也。二失位无應，又互兑爲毁折，巽下畫斷，故「甕瓶毁缺」。卦辭「羸其瓶凶」，此爻當之，故云「甕敝漏」也。象曰：「井谷射鮒，无與也。」崔覲曰：唯得于鮒，无與于人也。井之爲道，上汲者也。今與五非應，與初比，則是若谷水不注，唯及于魚，故曰「井谷射鮒」也。「甕敝漏」者，取其水下注不汲之義也。

案：魚，陰蟲也。初處井下，體又陰爻，魚之象也。**疏**崔注：二比初泥，唯于鮒相得，而于人无與也。井之爲道，以下給上，故云「上汲者也」。今无應于五，下比于初，猶井谷不注以養人，故曰「井谷射鮒」也。「甕敝漏」者，言水但下注，不上汲以養人也。陰陽相應曰與，二五皆陽，五不應二，故「无與也」。案：中孚「豚魚吉」，王注「魚者，蟲之隱者也」，故云「陰蟲」。又王注此爻云「鮒謂初也」，故云「初處井下」。巽初陰，故云「體又陰爻」。魚陰類，故云「魚之象也」。愚案：巽有禽魚之象，處于井下，初二失位不正。于初求禽，井安得禽，故曰「時舍也」。于二射鮒，井安得鮒，故曰「无與也」。

九三。井渫不食，爲我心惻。荀爽曰：渫去穢濁，清絜之意也。三者得正，故曰「井渫」。不得據陰，喻不得用，故曰「不食」。道既不行，故「我心惻」。**疏**鄭氏謂「已浚渫也」，向氏云「渫者，浚治去泥濁也」，故云「渫去穢濁，清絜之意也」。三爻得正，濁已去也，故曰「井渫」。二未變正，故「不得據陰」。喻不見用于人，故曰「不食」。上應坎爲「心」，爲加憂，三已清絜而不見用，道既不行，故上應坎「爲我心惻」也。**可用汲，王明，並受其福。**荀爽曰：謂五「可用汲」三，則「王」道「明」而天下「並受其福」。**疏**五乾爲「王」爲「福」，互離爲「明」，「三與五同功」，五汲用三，則「王道明于天下」，而諸爻「竝受其福」也。案：二變，艮爲手，持繘爲「汲」。「王」謂五，體離爲「明」。三利二正既濟定，已爲五汲，斯竝受福也。**象曰：「井渫不食，行惻也。求王明，受福也。」**干寶曰：此託殷之公侯，時有賢者，獨守成湯之法度，而不見任，謂微箕之倫也，故曰「井渫不食，爲我心惻」。惻，傷悼也。民乃外附，故曰「可用汲」。周德來被，故曰「王明」。王得其民，民得其王，故曰「求王明，受福也」。**疏**喻殷之末世，賢公侯守舊法而不見用，如微子箕子之倫是也，故曰「井渫不食，爲我心惻」。惻，傷悼也，張璠所謂「惻然傷道未行」是也。三在內，五在外，民外附于周，故曰「可用汲」。

自外曰來，周德來被于三，故曰「王明」。上下相得，故曰「求王明，受福也」。案：旁通噬嗑，震爲行，「井渫不食」，行道之人爲之心惻。噬嗑艮與巽同氣相求，故曰「求王明，受福也」。

六四。井甃无咎。荀爽曰：坎性下降，嫌于從三。能自脩正，以甃輔五，故「无咎」也。疏 水曰潤下，故「坎性下降」。初无正應，故「嫌于從三」。以六居四爲得位，故「能自脩正」。四近承五，故「以甃輔五」。愚案：初舊井與四應，初已變正，四來脩之，故无咎也。王氏謂「得位而无應，自守而不能給上，所以脩井之壞，補過而已」。繫上曰「无咎者，善補過者也」，故曰「无咎」。

象曰：「井甃无咎，脩井也。」虞翻曰：脩，治也。以瓦甓壘井稱「甃」。坤爲土，初之五成離，離火燒土爲瓦治象，故曰「井甃无咎，脩井也」。疏 脩，治，謂甃也，子夏傳謂「甃爲脩治」，是也。馬氏云「甃爲瓦，裹下達上」，故「以瓦甓壘井稱甃」也。泰坤爲土，初之五成坎互離，坎水和土，離火燒之，有瓦象焉。四往脩初，故曰「井甃无咎，脩井也」。

九五。井洌寒泉食。虞翻曰：泉自下出稱「井」。周七月，夏之五月，陰氣在下。二已變，坎十一月爲「寒泉」。初二已變，體噬嗑食，故「洌寒泉食」矣。疏 五在上體，故「泉自下出于上爲井」。周七月，夏五月也。井五月卦，與姤同值夏至，姤一陰初生，故「陰氣在下」。二已變正，應五爲坎，四正卦坎值冬十一月，月令「仲冬之月水泉動」，是「十一月爲寒泉」也。初二變正，體噬嗑，有食象，故「井洌寒泉食」矣。案：參同契曰「姤始紀序，履霜最先，井底寒泉」，五體乾，乾位西北，故曰「寒泉」。井與噬嗑旁通，噬嗑食也，于井言「食」，食小飲也。前漢書于定國傳「食酒至數石不亂」，是「食」即飲也。飲以養陽，初三五皆陽位，故言「食」。初三在巽，巽爲不果，故「不食」。五坎在兑口，故「井洌寒泉食」矣。愚案：井水冬温夏寒，井于消息五月卦，故曰「寒泉」。

象曰：「寒泉之食，中正也。」崔覲曰：洌，清絜也。居中得正，而比于上，則是井渫水清，既寒且絜，汲上可食于人者也。**疏**說文「洌，水清也」，故云「洌，清絜也」。五爲居中，九爲得正，而近比于上，則是井既渫而水清，既寒且絜，汲之而上，可食于人者也。

上六。井收勿幕，有孚元吉。虞翻曰：幕，蓋也。「收」謂以轆轤收繘也。坎爲車，應巽繩爲繘，故「井收勿幕」。「有孚」謂五坎，坎爲孚，故「元吉」也。**疏**幕以覆井，故稱「蓋」也。轆轤，圓木，所以汲水。「收」謂以轆轤收繘而汲水也。坎于輿多眚，故「爲車」。轆轤，車類。應二巽繩爲繘，有井收之象。古者井不汲則幕之。上六居井口，偶畫兩開，有勿幕之象。「井收勿幕」，王氏所謂「不擅其有，不私其利」者也。「有孚謂五坎」者，坎有孚故孚。初二易位，成既濟定，上下相孚，故「有孚元吉」也。**象曰：「元吉在上，大成也。」**虞翻曰：謂初二已變，成既濟定，故「大成也」。干寶曰：處井上位，在瓶之水也，故曰「井收」。幕，覆也。井以養生，政以養德，无覆水泉而不惠民，无蘊典禮而不興教，故曰「井收罔幕」。罔幕則教信于民，民服教則大化成也。**疏**虞注：初二失位當變，變成既濟定，故「大成也」。干注：處井上位，汲而在瓶之水也。馬氏云「收，汲也」。「井收」者，謂汲而收之于瓶也。幕，覆也，即虞云「蓋也」。井以養民之生，政以養民之德，无覆水泉而不惠民，惠而不費者也，无蘊典禮而不興教，大道爲公者也，故曰「井收罔幕」。罔幕則教被于民，天下信之，民服其教，故大化成也。

序卦曰：「井道不可不革也，故受之以革。」韓康伯曰：井久則濁穢，宜革易其故也。**疏**井之爲道，久則濁穢不清，革易其故，則甘洌可食矣，故井受以革也。愚案：淮南子言「八方風至，浚井取新泉，四時皆服之」。後漢書禮儀志引古禮「立秋浚井改水」，此皆井受以革之義也。

䷰離下兑上革。鄭玄曰：革，改也。水火相息而更用事，猶王者受命，改正朔，易服色，故謂之革也。**疏**書堯典「鳥獸希革」，孔傳「革，改也」。息，長也。水火相息，更迭用事，猶王者易姓受命，改正朔，易服色而謂之革，如彖辭「湯武革命」是也。又有三義焉，如水火相息，四時更代，彖辭「天地革而四時成」，象辭「治曆明時」是也。又洪範曰「從革作辛」，馬氏注云「金之性，從火而銷鑠也。兑金離火，兑從離而革是也」。又堯典「鳥獸希革」，孔疏「毛羽希少改易」，說文「獸皮治去其毛，革更之象」，初「鞏用黄牛之革」，五上「虎變」「豹變」是也。

己日乃孚，元亨利貞，悔亡。 虞翻曰：遯上之初，與蒙旁通。「悔亡」謂四也。四失正，動得位，故「悔亡」。離爲日，孚謂坎。四動體離，五在坎中，故「己日乃孚」。以成既濟，「乾道變化，各正性命，保合太和，乃利貞」，故「元亨利貞悔亡」矣。與乾彖同義也。

疏 從二陰四陽之例，遯初之上即遯上之初矣。與蒙爲旁通卦。九四爻辭云「悔亡」，故「悔亡謂四也」。四失正，故悔。動得位，故「悔亡」也。二體離爲日，離納己，故曰「己日」。坎有孚，故「孚謂坎」。四失位，動而成離，五在坎中爲孚，二正應五，故「己日乃孚」。四既變以成既濟。乾道，元也。變化，亨也。各正性命，貞也。保合太和，利也。四改之正，故「元亨利貞悔亡」矣。乾九四文言曰「乾道乃革」，謂四體革而成泰，故「與乾彖傳同義也」。

彖曰：「革，水火相息。 虞翻曰：息，長也。離爲火，兑爲水，繫曰「潤之以風雨」，風，巽，雨，兑也。四革之正坎見，故獨于此稱水也。

疏 乾坤相爲消息，故云「息，長也」。「離爲火」，説卦文。兑坎象半見于上，故「爲水」。周語「澤，水之所鍾也」，故又爲澤。「潤之以風雨」，繫上文。説卦曰「風以散之，雨以潤之」，故巽爲風，而兑爲雨也。此不稱澤，稱雨者，以四革之正，坎象兩見，故稱水也。愚案：「息」説文作「熄」，馬君云「息，滅也」。水火相克，故曰「相息」，義亦可通。

二女同居，其志不相得曰革。 虞翻曰：二女，離兑，體同人象，蒙艮爲「居」，故「二女同居」。四變，體兩坎象，二女有志，離火志上，兑水志下，故「其志不相得」，坎爲「志」也。疏離中女，兑少女，故「二女謂離兑」也。初至五體同人，故曰「同」。旁通蒙，蒙外艮，艮門闕爲「居」，故「二女同居」。四變正，有兩坎象，女各有志，故「二女有志」。火曰炎上，故「離火志上」。水曰潤下，故「兑水志下」。上下異志，故「不相得」。坎心，故「爲志也」。己日乃孚，革而信之。干寶曰：天命已至之日也。乃孚，大信著也。武王陳兵孟津之上，諸侯不期而會者八百國，皆曰「紂可伐矣」，武王曰「爾未知天命，未可也」，還歸。二年，紂殺比干，囚箕子，周乃伐之，所謂「己日乃孚，革而信」也。疏「己日」者，天命已至之日也。「乃孚」者，大信著于天下也。「武王陳兵」云云，説本史記，引之以明「己日孚，革而信也」。舉武，所以該湯也。愚案：「己日」謂二，孚謂五。二與四同功，又與五相應。至四已過離日，乃革而反正。五成坎，孚爲信，故「革而信之」矣。文明以説，大亨以正，革而當，其悔乃亡。虞翻曰：「文明」謂離，説，兑也，「大亨」謂乾。四動成既濟定，故「大亨以正〔一〕」。革而當位，故「悔乃亡」也。疏坤爲文，離中自坤來，故「文」。離嚮明，故「文明謂離」。「兑以説之」，故「説謂兑」也。「乾元者，始而亨者也」，故「大亨謂乾」。乾四「乾道乃革」，當革而變正，革四動成既濟定，六爻皆正，故「大亨以正」。四失位宜悔。動得正，故「革而當位，其悔乃亡也」。天地革而四時成，虞翻曰：謂五位成乾爲「天」，蒙坤爲「地」。震春兑秋，四之正，坎冬離夏，則四時具。坤革而成乾，故「天地革而四時成」也。疏五體乾，故「謂五位成乾爲天」。旁通蒙，互坤爲地。蒙震爲春，革兑爲秋，四變之正，故「坎冬離夏」，是「四時象具」矣。蒙變而爲革，故「坤革而乾成」。乾天坤地，故「天地革而四時成也」。

〔一〕「正」，原本作「五」，據陳校本正。

湯武革命，順乎天而應乎人，虞翻曰：「湯武」謂乾，乾爲聖人。「天」謂五，「人」謂三，四動順五應三，故「順天應人」。巽爲「命」也。疏乾爲君，故「湯武謂乾」。五陽得位，故「乾爲聖人」。五于三才爲天位，故「天謂五」。三于三才爲人位，故「人謂三」。四動得正，上承五，陰順陽爲「順五」，下乘三，以陰應陽爲「應三」，故「順天應人」。巽申命爲「命」，謂二至四互體巽也。孔疏云「王者相承，改正易服，皆有變革，而獨舉湯武者，蓋舜禹禪讓，猶或因循，湯武干戈，極其損益，故取相變甚者，明人革也。

革之時大矣哉。干寶曰：革天地，成四時，誅二叔，除民害，天下定，武功成，故「大矣哉」也。疏此承上文，總論革之時大。彖言「湯武」，注獨言「誅二叔」，舉武以該湯也。

象曰：「澤中有火，革。崔覲曰：「火就燥」，澤資溼，二物不相得，終宜易之，故曰「澤中有火，革」也。疏火性陽，故「就燥」，澤性陰，故「資溼」，即乾文言所謂「水流溼，火就燥」也。二物不同性，故「不相得」。終宜改易，故曰「澤中有火，革也」。

君子以治曆明時。」虞翻曰：君子，遯乾也。曆象謂日月星辰也。離爲「明」，坎爲月，離爲日，蒙艮爲星，四動成坎離，日月得正。「天地革而四時成」，故「君子以治曆明時」也。疏遯外卦乾，乾陽爲君子，故「君子謂遯乾也」。書堯典「乃命羲和，欽若昊天，曆象日月星辰，敬授人時」，故「曆象謂日月星辰也」。四動成兩坎離，離嚮明爲「明」。「坎爲月，離爲日」，說卦文。通蒙有艮，遯亦有艮，艮爲小石，僖十六年左傳「隕石于宋五，隕星也」，故「艮爲星」。四動成坎，離日正于下，坎月正于上，故「日月得正」。天地革變而四時成象。王氏云「曆數時會存乎變」，故「君子以治曆明時也」。

初九。鞏用黄牛之革。干寶曰：鞏，固也。離爲牝牛，離爻本坤，黄牛之象也。在革之初而无應據，未可以動，故曰「鞏用黄牛之革」。此喻文王雖有聖德，天下歸周，三分有二而服事殷，其義也。疏「鞏，固也」，釋詁文。「離爲牝牛」，九家說卦文。離中爻自坤來，坤土色黃，又爲子母牛，故有黃牛之象。卦自遯來，故與遯二同辭，詳見彼注。在革之初，四无正應，下又无據，未可妄動，故曰「鞏用黃牛之革」。喻文王有聖德，固守臣志而不變，詩云「遵養時晦」，論語曰「三分天下有其二，以服事殷」，是其義也。象曰：「鞏用黃牛，不可以有爲也。」虞翻曰：得位无應，動而必凶，故「不可以有爲也」。疏以九居初爲「得位」，與四敵應爲「无應」。无應而動，其動必凶，故「不可以有爲也」。六二。己日乃革之，征吉无咎。荀爽曰：「日」以喻君也。謂五已居位爲君，二乃革，意去三應五，故曰「己日乃革之」。上行應五，去卑事尊，故曰「征吉无咎」也。疏博雅曰「日，君象也」，故「日以喻君」。謂五已居乾位爲君，二乃革之，近去三，遠應五，故曰「己日乃革之」。上行應五，去三之卑，事五之尊，故曰「征吉无咎也」。伏蒙震爲足，故爻言「征」，象言「行」也。案：二體離日納己，故曰「己日」。公羊傳「乃者，難也」。時久而事極，猶難之而後動，不輕革也，故「己日乃革之」。二應于五，爲四所隔，宜有咎。四革之正，二往應五，故「征吉无咎」也。象曰：「己日革之，行有嘉也。」崔覲曰：得位以正，居中有應。則是湯武行善，桀紂行惡，各終其日，然後革之，故曰「己日乃革之」。行此有嘉。虞翻曰：「嘉」謂五，乾爲「嘉」。四動承五，故「行有嘉」矣。疏崔注：以六居二爲「得位以正」，以二應五爲「居中有應」。泰誓「我聞吉人爲善，惟日不足，凶人爲不善，亦惟日不足」，故行善行惡，必各終其日。待善積惡盈，然後善可革惡，故曰「己日乃革之」。日行中正，上應乎五，故「有嘉也」。初雖得位而无正應，故干氏引文王服事，以明「不可有爲」之意。二得位得正，又有正應，故崔氏引湯武革命，以明「征吉无咎」之義也。虞注：「嘉謂五」者，五，乾也。乾文言曰「亨者，嘉之會也」，故「乾爲嘉」。四動承五，二往應之，陰陽相得，五必嘉二，故「行有嘉也」。九三。征凶，貞厲。荀爽曰：三應于上，欲往應之，爲陰所乘，故曰「征凶」。若正居三而據二陰，則五來危之，故曰「貞厲」也。**疏**三與上爲正應，欲往應上，爲四陽所乘。乘者非陰，故知「陰」當作「陽」也。三應上，爲不正之陽所隔，三多凶，故曰「征凶」也。若正居三位而下據二陰，亦云貞矣。乃四承五來危三，故曰「貞厲」也。**革言三就，有孚。**翟玄曰：言三就上二陽，乾得共有，信據于二陰，故曰「革言三就，有孚」于二矣。**疏**三，陽也。言三就上二陽成三陽，互體乾，故乾得共有三陽，實據于二陰，故「革言三就，有孚于二矣」。愚案：上應兑口，有言象，伏蒙震聲，亦有言象。三至五三爻爲「三就」，四變正，三五皆在坎中，坎爲孚，故「革言三就，有孚」。又四在三五之中，革之正，則上下皆孚，故「有孚，改命吉」。五得中得正，居尊有應，三同功而四順承，不言而信，故「未占有孚」。革獨三爻言「有孚」，以兩坎相際也。**象曰：「革言三就，又何之矣。」**崔覲曰：雖得位以正而未可頓革，故以言就之。夫安者，有其危也，故受命之君，雖誅元惡，未改其命者，以即行改命，習俗不安，故曰「征凶」。猶以正自危，故曰「貞厲」。是以武王克紂，不即行周命，乃反商政，一就也，釋箕子囚，封比干墓，式商容閭，二就也，散鹿臺之財，發鉅橋之粟，大賚于四海，三就也，故曰「革言三就」。虞翻曰：四動成既濟定，故「又何之矣」。**疏**崔注：三得正位，未可遽革，故以言就之者，以至四始可革于正也。「君子安而不忘危」，故曰「安者，有其危也」。受命之君，審乎安危之道，故雖誅元惡，不改其命，以遽行改命，則習俗必危而不安，故曰「征凶」。所處雖正，不以爲安而常自危，故曰「貞厲」。復以武王克紂，不即行周命明之。書武成曰「乃反商政，政由舊。釋箕子囚，封比干墓，式商容閭。散鹿臺之財，發鉅橋之粟，大賚于四海，而萬姓悦服」。一就，就其君也，二就，就其臣也，三就，就其民也，故曰「革言三就」。此時尚未可革，故曰「又何之矣」。虞注：改命之吉，在九四一爻，故四動則成既濟定，革道大成。无取之應，故曰「又何之矣」。三比四，四不變，三與上隔，故「征凶」。四既變，六爻皆正，上來應三，故「又何之矣」。九四。悔亡，有孚，改命吉。虞翻曰：「革而當，其悔乃亡」。「孚」謂五也。巽爲命，四動，五坎改巽，故「改命吉」。四乾爲君，「進退无恆」，在離焚棄，體大過死，傳以比桀紂。湯武革命，順天應人，故「改命吉」也。疏四失位當悔，革則悔亡，象傳曰「革而當，其悔乃亡」，謂四也。四變，五在坎中，故「孚謂五也」。互巽申命爲命，四動，坎成巽毀，是五坎改革巽命，故「改命吉」也。四互乾爲君，乾九四文言曰「進退无恆」，「乾道乃革」之象也。外體離，離四亦乾四，離九四曰「焚如死如棄如」，身无所容之象也。自二至上體大過棺槨，死象也。陽剛失位，當革之時，故傳以比桀紂失德之君。而曰「湯武革命，順天應人」，象注云「天謂五，人謂三」，天人順應，故「改命吉也」。愚案：四變得正，成既濟定，故曰「改命吉」。象曰：「改命之吉，信志也。」虞翻曰：四動成坎，故「信志也」。干寶曰：爻入上象，喻紂之郊也。以逆取而四海順之，動凶器而前歌後舞，故曰「悔亡」也。中流而白魚入舟，天命信矣，故曰「有孚」。甲子夜陳雨甚至，水德賓服之祥也，故曰「改命之吉，信志也」。疏虞注：四動成坎，坎孚爲信，坎心爲志，故「信志也」。干注：爻入上象在外，國外曰郊，故「喻紂之郊」，書武成「陳于商郊」是也。又曰「會于牧野」，是「逆取」也。又曰「大賚于四海而萬姓悦服」，是「四國順之」也。兵，凶器也，牧誓曰「稱爾戈，比爾干，立爾矛」，是「動凶器」也。尚書大傳曰「維丙午，王還師前，師乃鼓鈸譟，師乃慆，前歌後舞，極于上天下地」，故云「前歌後舞」也。動而得正，故曰「悔亡也」。史記周本紀「遂興師，渡河，白魚躍入舟中」，是「天命信矣，故曰有孚」。呂氏春秋「武王伐紂，將以甲子至殷郊，天雨日夜不休，武王疾行不輟，至殷郊，因大戰克之」，家語「殷人以水德〔一〕王」，故云「水德賓服之祥

〔一〕「德」字原脫，據陳校本補。

也」。周改殷命，志孚于天，故曰「改命之吉，信志也」。九五。大人虎變，未占有孚。虞翻曰：乾爲「大人」，謂五也。蒙坤爲「虎變」。傳論湯武以坤臣爲君。占，視也，離爲「占」。四未之正，五未在坎，故「未占有孚」也。馬融曰：「大人虎變」，虎變威德，折衝萬里，望風而信，以喻舜舞干羽而有苗自服，周公脩文德，越裳獻雉，故曰「未占有孚」矣。**疏**虞注：乾二五皆稱「大人」，此云「大人〔一〕謂革五」，即乾五也。與蒙旁通，五體互坤，京房易傳「坤爲虎刑」，詳見乾卦。革乾由坤變，故曰「虎變」。「變」謂毛希革而易新，四動改命，其命維新，故五「虎變」也。「傳論湯武」者，謂象傳「湯武革命」也。蒙坤臣變爲革君，故云「以坤臣爲君」，如湯武是也。「占，視也」，揚子方言文。離目，故「爲占」。四雖未變之正，五未成坎，然陽在五，具坎體爲孚，故「未占有孚也」。馬注：虎有威德，故「折衝萬里」。「風從虎」，故「望風而信」。書大禹謨「帝乃誕敷文德，舞干羽于兩階，七旬有苗格」。尚書大傳「成王之時，越裳以三象重九譯而獻白雉。公曰『德澤不加焉，則君子不享其質，政令不施焉，則君子不臣其人，吾何以獲此也』？其使曰『吾受命吾國之黄耇曰「久矣，天之無別風淮雨，意者中國其有聖人乎，有則盍往朝之」』」。周公乃以薦于宗廟」，又見周傳歸禾。蓋大舜周公，皆自脩其德，遠人咸格，不言而信，故曰「未占有孚矣」。象曰：「大人虎變，其文炳也。」宋衷曰：陽稱大，五以陽居中，故曰「大人」。兑爲白虎，九者，變爻，故曰「大人虎變，其文炳也」。虞翻曰：乾爲大明，四動成離，故「其文炳也」。**疏**宋注：陽大陰小，故「陽稱大」。五陽居中，故稱「大人」，與乾五同義。白虎，西方之宿也，兑西方，故爲「白虎」。説文「九者，陽之變也」，

〔一〕「大人」，原本作「人人」，據陳校本正。

故「九者，變爻」。九居兑中，故曰「大人虎變，其文炳也」。虞注：五體乾，乾象曰「大明終始」，故「乾爲大明」。四動，五成離，離自坤來爲「文」，又嚮明爲明，説文「炳，明也」，故曰「其文炳也」。上六。君子豹變，虞翻曰：蒙艮爲「君子」爲「豹」，從乾而更，故「君子豹變」也。疏旁通蒙，上體艮，艮三乾體爲「君子」。艮爲黔喙之屬，故「爲豹」。上由艮變，從乾三而更，故「君子豹變也」。小人革面。征凶，居貞吉。虞翻曰：陰稱「小人」也，「面」謂四，「革」爲離，以順承五，故「小人革面」。乘陽失正，故「征凶」。得位，故「居貞吉」，蒙艮爲「居」也。疏陽大陰小，故「稱小人」。四變，陰爲「小人」。四在乾首中，故「面謂四」。革變爲離，順承五乾，故「小人革面」。上正應三，三爻辭云「征凶」，謂四乘三陽失正，上與三爲四所隔，故「征凶」，與三同辭。然上六得位，故「居貞則吉」也。蒙艮爲門闕，故「爲居也」。三得正而「貞厲」者，革道未成，故守正厲也。上得正而「貞吉」者，革道已成，故守正則吉也。象曰：「君子豹變，其文蔚也。陸績曰：兑之陽爻稱「虎」，陰爻稱「豹」，豹，虎類而小者也。君子小于大人，故曰「豹變，其文蔚也」。虞翻曰：蔚，蔇也。兑小，故「其文蔚也」。疏陸注：兑西方白虎，五陽爻稱「虎」，故「上陰爻稱豹」。説文「豹似虎圜文」，陽大陰小，故云「豹，虎類而小者也」。君子亦大人之類而小于大人，故曰「豹變，其文蔚也」。虞注：倉頡篇「蔚，草木盛貌」，説文「蔚，草多貌」，皆取茂盛之義，故云「蔚，蔇也」。兑少女，故爲小，上體坤陰，亦爲小。地以草木爲文，故「其文蔚也」。小人革面，順以從君也。」虞翻曰：乾君謂五也。四變順五，故「順以從君也」。干寶曰：君子，大賢次聖之人。謂若太公周召之徒也。豹，虎之屬。蔚，炳之次也。君聖臣賢，殷之頑民，皆改志從化，故曰「小人革面」。天下既定，必「倒載干戈，包之以虎皮。將率之士，使爲諸侯」。故曰「征凶，居貞吉」。得正有應，君子之象也。案：兑爲口，乾爲首。今口在首上，面之象也。乾爲「大人虎變」也，兑爲「小人革面」也。**疏**虞注：五位乾爲君，故「乾君謂五也」。四變正，上順五，故「順以從君也」。干注：君子者，大賢之品，次乎聖人。若太公召公之徒是已。孟子稱周公爲古聖人，未可以大賢目之。以武王爲君，稱爲大人，則周公亦君子之屬也。虎大豹小，豹爲虎之屬，故蔚爲「炳之次也」。「君聖」謂五虎變，「臣賢」謂上君子也。「殷之頑民」，謂四小人也。四變坎爲志，故「改志」。「金曰從革」，故云「從化」。四從上革，故曰「小人革面」。「倒載干戈，包之以虎皮。將率之士，使爲諸侯」，樂記文。言武王伐紂，天下既定，不復用兵，故曰「征凶，居貞吉」。蓋上得正位，三應于下，君子之象也。案：上體兑爲口，五互乾爲首。口在首上，有面象焉。五乾陽，「大人虎變」之象也。上兑陰，「小人革面」之象也。

序卦曰：「革物者莫若鼎，故受之以鼎。」韓康伯曰：「革去故，鼎取新。」以去故，則宜制器立法以治新也。鼎所和齊生物，成新之器也，故取象焉。**疏**金從火化，革斯成鼎，故雜卦曰「革，去故也。鼎，取新也。」書胤征曰「舊染污俗，咸與維新」，詩大雅文王曰「周雖舊邦，其命維新」，皆去故取新之意。書盤庚曰「器非求舊，維新」，繫上曰「立成器以爲天下利」，故曰「去故，則宜制器立法以治新也」。鼎之爲用，所以革物，變腥爲熟，易堅爲柔，故云「和齊生物，成新之器也」。革上反下，其象爲鼎，鼎所以次革也。

䷱巽下離上　鼎。鄭玄曰：「鼎，象也。」卦有木火之用，互體乾兑，乾爲金，兑爲澤，澤鍾金而含水，爨以木火，鼎亨孰物之象。鼎亨孰以養人，猶聖君興仁義之道，以教天下也，故謂之鼎矣。**疏**「鼎，象也」，象傳文。內卦木，外卦火，故「有木火之用」。互體乾，約象兑，「乾爲金，兑爲澤」，說卦文。鼎本金也，澤即水也，故云「澤鍾金而含水」。巽下離上，以木生火，故云「爨以木火，鼎亨孰物之象」也。鼎以亨孰養人，猶人君在上，興仁義以教天下。詩既醉曰「既醉以酒，既飽以德」，孟子曰「言飽乎仁義也」。天下飽乎仁義，故「謂之鼎矣」。**元吉亨。**虞翻曰：大壯上之初，與屯旁通。天地交，柔進上行，得中應乾五剛，故「元吉亨」也。**疏**從四陽二陰之例，鼎自大壯來，故曰「大壯上之初」。消息伏屯，以離五應坎五，復生其下，故「與屯旁通」。屯象曰「剛柔始交」，故云「天地交」。鼎象曰「柔進而上行，得中而應乎剛」。虞彼注云「柔謂五，進謂巽，行謂震」。蓋以屯二居五爲「柔進」。以巽通震，故曰「柔進上行」。在五爲得中，應屯乾五剛爻，乾元正，故「元吉亨也」。**象曰：「鼎，象也。以木巽火，亨飪也。**荀爽曰：巽入離下，中有乾象。木火在外，金在其內，鼎鑊亨飪之象也。虞翻曰：六十四卦皆「觀象繫辭」，而獨于鼎言「象」，何也？「象事知器」，故獨言「象」也。九家易曰：鼎言「象」者，卦也木火，互有乾兑。乾金兑澤，澤者，水也。爨以木火，是鼎鑊亨飪之象。亦象三公之位，上則調和陰陽，下而撫毓百姓。鼎能孰物養人，故云「象也」。牛鼎受一斛，天子飾以黄金，諸侯白金。三足以象三台，足上皆作鼻目爲飾也。羊鼎五斗，天子飾以黄金，諸侯白金，大夫以銅。豕鼎三斗，天子飾以黄金，諸侯白金，大夫銅，士鐵。三鼎形同。亨飪，煮肉。上離陰爻爲肉也。**疏**荀注：巽木入離火之下，中互乾象。木火在外，乾金在内，鼎鑊亨飪之象。天官亨人「掌共鼎鑊，以給水火之齊」，是也。虞注：「觀象繫辭」，繫上文。李彼注云「言文王觀六十四卦三百八十四爻之象而繫屬其辭」。「象事知器」，繫下文。虞彼注云「象事謂坤，二爲器。乾五之坤成象，故象事知器」。書曰「器非求舊維新」，故于鼎之取新言「象」也。愚案：宣三年左氏傳曰「鑄鼎象物」，故曰「鼎，象也」。九家注：「木火互有乾兑」云云，即鄭注義也。鼎三足，故「亦象三公之位」，謂太師太傅太保也。書周官曰「惟兹三公，論道經邦，燮理陰陽」，故「上則調和陰陽，下則撫毓百姓」。鼎有孰物養人之用，故云「象也」。「牛鼎」云云，亦見郊祀志。伏坤故象牛鼎，互兑故象羊鼎，伏坎故象豕鼎。亨飪，煮肉也。上體離，陽爲骨，陰爲肉，故「陰爻爲肉也」。聖人亨以享上帝，而大亨以養聖賢。虞翻曰：「聖人」謂乾。初四易位體大畜，震爲帝，在乾天上，故曰「上帝」。體頤象，三動噬嗑食，故「以享上帝」也。「大亨」謂「天地養萬物，聖人養賢，以及萬民」。賢之能者稱「聖人」矣。疏乾九五文言曰「聖人作而萬物覩」，故「聖人謂乾」。六爻惟三得位，餘皆不正，變從初始，故「初四易位則體大畜」。大畜內體乾，互震爲「帝」，在乾天上，故曰「上帝」。大畜三至上體頤象，三動體噬嗑食象，故「以享上帝」也。「天地養萬物，聖人養賢，以及萬民」，頤象傳文。頤之所養者大，故取頤象以明「大亨」也。頤言「養賢」，鼎言「養聖賢」，賢次于聖，故曰「賢之能者稱聖人矣」。巽而耳目聰明，虞翻曰：謂三也。三在巽上，動成坎離，有兩坎兩離象，乃稱「聰明」。「日月相推而明生焉」，故「巽而耳目聰明」。「眇而視，不足以有明」，「聞言不信，聰不明」，皆有一離一坎象故也。疏內體巽。「謂三也」者，三在巽上，動成坎互離，有兩坎離象。坎耳主聰，離目主明，故稱「聰明」。「日月相推而明生焉」，繫下文。離爲日，坎爲月，日月往來而明生，故巽上動而「耳目聰明」。「眇而視，不足以有明」，履六三象傳文。三互離，故言明。不正，故不明。「聞言不信，聰不明」，夬九四象傳文。四變成坎離，故言聰明。虞彼注云「坎耳離目，折入于兑，故『聰不明』也」。引之以明言聰明者，皆有坎離象故也。柔進而上行，得中而應乎剛，是以元亨。虞翻曰：「柔」謂五，得上中，應乾五剛。巽爲「進」，震爲「行」。非謂應二剛，與睽五同義也。疏卦有二柔，得中惟五，故「柔謂五」也。得中而不得正，故謂「上中」。與屯旁通，五爲伏陽，故云「應乾五剛」。屯巽爲「進」，故曰「柔進」，震爲「行」，故曰「上行」。二五皆失位，當變之正。五柔應二剛，爲不義之應，故知應剛爲應屯五乾剛，非應鼎二剛也。睽五應蹇五，故云「與睽五同義」。應乾五剛，「是以元亨」。象曰：「木上有火，鼎。」荀爽曰：木火相因，金在其間，調和五味，所以養人，鼎之象也。疏「木火相因」，謂巽木生離火也。「金居其間」，謂互乾爲金，兑西方亦爲金。故象鼎也。説文「鼎，和五味之寶器也」，故云「調和五味，所以養人，鼎之象也」。君子以正位凝命。」虞翻曰：君子謂三也。鼎五爻失正，獨三得位，故「以正位」。凝，成也。體姤謂陰始凝初，巽爲命。故「君子以正位凝命」也。疏乾三君子，大壯體乾，故「君子謂三也」。鼎五爻皆失正，獨陽爻居三爲得位，故「以正位」。皋陶謨曰「庶績其凝」，鄭注云「凝，成也」。巽在下體姤象，姤初即坤初，坤初象傳曰「陰始凝也」，故云「陰始凝初」也。巽甲命爲命，而陰始凝之。故曰「君子以正位凝命也」。初六。鼎顛趾。虞翻曰：趾，足也。應在四，大壯震爲足，折入大過，「大過，顛也」，故「鼎顛趾」也。疏「趾，足也」，釋言文。卦自大壯來，四震爲足，初應在四，故爲趾。又爻例初爲足，伏震亦爲足，故稱趾也。四互兑爲毀折，折入上成大過，以鼎初本自大壯上來也。「大過，顛也」，雜卦傳文。大過「本末弱」，故顛。鼎初陰爲弱，故「顛趾」也。利出否，得妾以其子，无咎。虞翻曰：初陰在下，故「否」。利出之四，故曰「利出」。兑爲「妾」，四變得正成震，震爲長子，繼世守宗廟而爲祭主，故「得妾以其子，无咎」矣。疏初陰在下，鼎初即否初也，故稱「否」，否，閉也。初失位，與四應，伏震爲出，故「利出之四」，而曰「利出否」也。四互兑爲「妾」，變而得正成震，震爲長子，是妾生子之象也。象曰「亨以享上帝」，故云「繼世守宗廟而爲祭主」也。初失位有咎，之得正，故「得妾以其子，无咎矣」。

象曰：「鼎顛趾，未悖也。」荀爽曰：以陰承陽，故「未悖也」。疏説文「悖，亂也」。以初陰承二陽，初雖失位，未至悖亂也。利出否，以從貴也。」虞翻曰：出初之四，承乾五，故「以從貴也」。疏「利出否」，初之四。上承乾五，謂屯伏陽也。陰賤陽貴，又五位天子亦爲貴，故「以從貴也」。案：公羊傳「母以子貴」，兑雖賤妾，而得震子，故爻言「无咎」，而象言「從貴也」。

九二。鼎有實。我仇有疾，不我能即，吉。虞翻曰：二爲「實」，故「鼎有實」也。坤爲「我」，謂四也。二據四婦，故相與爲「仇」。謂三變時，四體坎，坎爲疾，故「我仇有疾」。四之二歷險，二動得正，故「不我能即，吉」。**疏**陽實陰虚，二陽爲實，故「鼎有實」也。坤身爲「我」，四當變坤，故「我謂四也」。初爲四婦，二據初爲「據四婦」。怨耦曰仇，故「相與爲仇」。三變，四體在坎，坎心病爲疾，故「我仇有疾」。三變，二與四皆在坎中，故「四之二歷險」也。二不變，則與四爭初。二動體艮爲止，故「不我能即」。説文「即，就也」。二動得正，故吉也。

象曰：「鼎有實，慎所之也。虞翻曰：二變之正，艮爲「慎」。**疏**二失位，貴變之正。二變互艮，艮陽小爲慎，故「慎所之也」。我仇有疾，終无尤也。」虞翻曰：「不我能即，吉」，故「終无尤也」。**疏**仇既有疾，不與我就，四動獲吉，故「終无尤也」。

九三。鼎耳革，其行塞，雉膏不食。虞翻曰：動成兩坎，坎爲「耳」，而革在乾，故「鼎耳革」。初四變時，震爲「行」，鼎以耳行。伏坎，震折而入乾，故「其行塞」。離爲「雉」，坎爲「膏」，初四已變，三動體頤，頤中无物，離象不見，故「雉膏不食」。**疏**三動，成兩坎象，「坎爲耳」，説卦文，兩坎象鼎兩耳。鼎下反上爲革，故言「革」。互乾爲金，金從革，故云「革在乾」。序卦曰「革物莫若鼎」，變腥爲孰，故曰「鼎耳革」。初四易位，三互震爲「行」，孰物謂之「革」，鼎耳所以受鉉而行，非以革物也，故云「鼎以耳行」。三不變而初四變，伏坎爲震所折而入乾，禮月令「閉塞成冬」，是「塞」與「閉」同義，故曰「其行塞」。内離爲「雉」，伏坎水爲「膏」，鄭氏云「雉膏，食之美者也」。初四易位，三又變陰，全體象頤，頤中无物，離毁不見，噬嗑无物，故「雉膏不食」。案：高宗祭成湯，飛雉升鼎耳而雊。鼎以耳行，耳革而行塞，雊雉雖有膏，豈得而食。劉歆以爲鼎三是三公象。野鳥居鼎耳，是小人將居公位，敗宗廟之祀，是亦「不食」之義也。**方雨虧悔，終吉。**虞翻曰：謂四已變，三動成坤，坤爲「方」，坎爲「雨」，故曰「方雨」。三動虧乾而失位，悔也。終復之正，故「方雨虧悔，終吉」也。**疏** 初四易位，故「謂四已變」。三動互坤，坤至靜而德方，故「爲方」。四不動而三獨變，體坎爲「雨」，故曰「方雨」。三五體乾，動則虧乾而失位，宜有悔也。終復歸正，故雖方雨虧悔而終必獲吉，以三本正也。**象曰：「鼎耳革，失其義也。」**虞翻曰：鼎以耳行，耳革行塞，故「失其義也」。**疏** 鼎以耳受鉉而行，祭所需也，今革去其耳，是其行閉塞矣。義者，宜也，行塞失宜，故曰「失其義也」。**九四。鼎折足，覆公餗，其刑渥，凶。**虞翻曰：謂四變時，震爲「足」，足折入兑，故「鼎折足」。兑爲「刑」，渥，大刑也。鼎足折，則公餗覆，言不勝任。象入〔一〕大過死，凶，故「鼎折足，覆公餗，其刑渥，凶」。九家易曰：鼎者，三足一體，猶三公承天子也。三公謂調陰陽，鼎謂調五味。足折餗覆，猶三公不勝其任，傾敗天子之美，故曰「覆餗」也。案：餗者，雉膏之屬。公者，四爲諸侯，上公之位，故曰「公餗」。**疏** 虞注：四變互震爲「足」，大壯四震亦爲「足」，互兑爲毁折，震折入兑，故鼎足折也。又四應初，初〔二〕伏震足，初四皆失位，初「顛趾」，故四「折足」也。兑西方金，故「爲刑」。「渥」，鄭作「剭」，前漢書班固敘傳「底剭鼎臣」，服虔注「剭者，厚刑，謂重誅也」，新唐書元載傳贊「鼎折足，其刑剭」，秋官司烜氏「邦若屋誅」，「屋」亦同「剭」，故云「渥，大刑也。」鼎折足，則公餗覆，言不勝其任也。初至五體大

〔一〕「入」，原本作「人」，據陳校本正。
〔二〕「初」，原本作重複號「二」，同上「初」字，誤作「二」，據陳校本正。

過棺椁死象，故凶。四失位，不與初易，故「折足覆餗刑剭」，而凶如此也。九家注：鄭氏云「鼎三足象三公」，故鼎者三足，共爲一體，猶三公共承天子也。三公所以調陰陽，鼎所以調五味。若足折餗覆，猶三公不勝變理之任，而傾敗天子之美也，故曰「覆公餗」。案：鄭氏云「餗是八珍之食」，又云「餗，美饌」。虞氏云「饌，八珍之具也」。故云「餗者，雉膏之屬。」爻例四爲諸侯，上公之位也，故曰「公餗」。象曰：「覆公餗，信如何也。」九家易曰：渥者，厚大，言辠重也。既覆公餗，信有大辠。刑罰當加，无可如何也。**疏** 邶風〔一〕「赫如渥赭」，疏「厚漬之丹赭也」，故「渥言厚大」。服氏云「剭者，厚刑，謂重誅」。故「言辠重也」。三已變，四在坎，孚爲信，故「既覆公餗，信有大罪」。其刑渥凶，故「刑罰當加，无可如何也」。六五。鼎黄耳，金鉉，利貞。虞翻曰：離爲「黄」，三變，坎爲「耳」，故「鼎黄耳」。「鉉」謂三，貫鼎兩耳，乾爲「金」，故「金鉉」。動而得正 故「利貞」。干寶曰：凡舉鼎者，鉉也。尚三公者，王也。金喻可貴，中之美也，故曰「金鉉」。鉉鼎得其物，施令得其道，故曰「利貞」也。**疏** 虞注：九家易説卦曰「坤爲黄」，離中爻自坤來，故亦「爲黄」。三變，成兩坎，坎爲耳，故「鼎黄耳」。三變，在兩耳之閒，故「鉉謂三，貫鼎兩耳」。三互乾爲「金」，故「金鉉」。「動而得正」者，三已變，復之正成既濟，故曰「利貞也」。干注：説文「鉉，舉鼎也」，故「凡舉鼎者，鉉也」。尚，上也。「尚三公者，王也」，謂王用三公也。應在乾金，故「金可喻貴」。五在中，故「中之美也」。貴而且美，故曰「金鉉」。舉鼎得其物，以喻施令得其道，故曰「利貞也」。愚案：伏坎爲耳，體離爲「黄」，故曰「鼎黄耳」。馬氏云「鉉，扛鼎而舉之也」，五柔下應二剛，剛能舉物，故曰

〔一〕「邶」，原本作「邸」，據詩邶風正。

「鉉」。互乾爲金，故曰「金鉉」。鄭氏云「金鉉喻明道，能舉君之職官也」。蓋謂二正應五也。然二五皆不正，爲不義之應，故曰「利貞」，戒之也。**象曰：「鼎黃耳，中以爲實也。」**陸績曰：得中承陽，故曰「中以爲實」。宋衷曰：五當耳，中色黃，故曰「鼎黃耳」。兑爲「金」，又正秋，故曰「金鉉」。公侯，謂五也。上尊故「玉」，下卑故「金」。金和良，可柔屈，喻諸侯順天子。**疏**陸注：位在五爲「得中」，上比九爲「承陽」。陽實，故「中以爲實也」。宋注：五位當耳，中色屬黃，故曰「鼎黃耳」。互兑，兑正秋爲「金」，故曰「金鉉」。上陽爲尊，故「公侯謂五也」。上尊稱「玉」，以其剛也。下卑稱「金」，剛兼柔也。金性和良，可以柔屈，喻諸侯上順天子之象也。愚案：伏屯五陽，陽爲實，其位在中，故「中以爲實也」。**上九。**

鼎玉鉉，大吉，无不利。虞翻曰：「鉉」謂三，乾爲「玉鉉」。體大有上九「自天右之」，位貴據五，三動承上，故「大吉，无不利」。謂三虧悔應上，成未濟，雖不當位，六位相應，故「剛柔節」。象曰「巽耳目聰明」，爲此九三發也。干寶曰：「玉」又貴于「金」者。凡亨飪之事，自鑊升于鼎，載于俎，自俎入于口，馨香上達，動而彌貴，故鼎之義，上爻愈吉也。鼎主亨飪，不失其和，金玉鉉之，不失其所，公卿仁賢，天王聖明之象也。君臣相臨，剛柔得節，故曰「吉无不利」也。**疏**虞注：上應三，故「鉉謂三」。三互乾爲玉，故爲「玉鉉」。自二至上體大有，六十四卦，唯大有鼎自「元亨」「元吉亨」外无餘詞。大有上九曰「自天右之，吉无不利」。蓋在上位貴，近據五陰，三動應上，故「大吉，无不利」。卦辭與大有同，上九爻辭亦同也。謂三虧悔，故動而應上，成未濟，六爻雖不當位，然陰陽相應，故象曰「剛柔節也」。象言「巽動而耳目聰明」，爲此九三動而應上發也。干注：説卦「乾爲玉爲金」，先言「玉」，次言「金」，故云「玉又貴于金者」。少牢饋食禮「雍人陳鼎五，三鼎在羊鑊之西，二鼎在豕鑊之西。司馬升羊右胖，實于一鼎。司士升豕右胖，實于一鼎。雍人倫膚九，實于一鼎」。此烹飪之事，自鑊升于鼎之事也。公食大夫禮「陳鼎于碑南，左人待載。雍人以俎，入陳于鼎南」。又曰「載者西面」。又曰「載體進奏」。又曰「皆横諸俎」。此載鼎實于俎之事也。特牲饋食禮「鼎西面錯，右人抽扃，委于鼎北。贊者錯俎加匕，乃朼，佐食升肵俎」。此自俎入于口之事也。爻在上，故「馨香上達」。上位貴，故「動而彌貴」。古鼎無蓋，鼏卽蓋也。上動，卽特牲「除鼏」之義也。鼏除，則馨香達而誠意申，故「鼎之義，上爻愈吉」。猶井之功，至上而成。皆曰「大吉」，所以著養人之利者也。上臨兑說爲和，故「鼎主亨飪，不失其和」。五上應二三互乾，乾爲金玉，故「金玉鉉之，不失其所」。此「公卿仁賢，天王聖明之象也」。君臣相臨，剛柔相應，故「吉无不利也」。愚案：「玉鉉」謂三也。六爻唯三得正，上變應之，成既濟定，故「大吉，无不利」也。象曰：「玉鉉在上，剛柔節也。」宋衷曰：以金承玉，君臣之節。上體乾爲「玉」，故曰「玉鉉」。雖非其位，陰陽相承，剛柔之節也。疏「以金承玉」，謂五承上也。陰爲臣，陽爲君，故云「君臣之節」。鼎自大壯來，鼎上卽乾上，故「上體乾爲玉」，而曰「玉鉉」也。三變應上成未濟，雖非其位，然陰陽相承，故曰「剛柔節也」。愚案：上變應三，初四易位，二五利貞，成既濟定，故曰「剛柔節也」。

序卦曰：「主器者，莫若長子，故受之以震。震者，動也。」崔覲曰：鼎，所以亨飪，享于上帝。主此器者，莫若冢適，以爲其祭主也，故言「主器者，莫若長子」也。疏鼎，宗廟之祭器，故云「所以亨飪，享于上帝」也。「主此器者，莫若冢適」。冢適，長子也。震一索得男爲長子，傳國家，繼位號，爲祭祀主。故言「主器莫若長子」，而「受之以震」也。

☳☳震下震上震。亨。鄭玄曰：震爲雷，雷，動物之氣也，雷之發聲，猶人君出政教，以動中國之人也，故謂之震。人君有善聲教，則嘉會之禮通矣。疏「震爲雷」，說卦文。又曰「震，動也」，震一陽初生，陽氣萌動，故云「雷，動物之氣也」。雷發聲而物皆動，君發令而民皆從，故「雷之發聲，猶人君出政教，以動國中之人，而謂之震」也。人君有善聲教，則嘉會之禮通，通故「亨」也。**震來虩虩，**虞翻曰：臨二之四。天地交，故通。「虩虩」謂四也，來應初，初命四變而來應己，四失位多懼，故「虩虩」。之內曰「來」也。疏六子皆從乾坤相索，其在六十四卦，又從爻變消息來也。二陽四陰之卦自臨來，故云「臨二之四」。乾初交于坤四，是爲「天地交」。交故通，通故「亨」也。重震，故稱「虩虩」，至四始重，故「虩虩謂四」。初陽得正，四陽失正，初命四應己，故云「來應初，初命四變而來應己」也。四失正，又多懼，鄭氏云「虩虩，恐懼貌」，故云「虩虩」。自外之內曰「來」，易例也。**笑言啞啞，**虞翻曰：啞啞，笑且言，謂初也。得正有則，故「笑言啞啞，後有則也」。疏鄭氏云「啞啞，樂也」。震陽出于地，萬物和樂，故爲「笑」，故馬氏又云「啞啞，笑聲」。震善鳴爲「言」，故云「啞啞，笑且言」。震陽在初，故「謂初也」。以九居初爲「得正」，應四，坎爲則，故「笑言啞啞，後有則也」。**震驚百里，不喪匕鬯。**虞翻曰：謂陽。從臨二陰爲百二十，舉其大數，故當「震百里」也。坎爲棘匕，上震爲「鬯」，坤爲「喪」，二上之坤成震，體坎得其匕鬯，故「不喪匕鬯」也。鄭玄曰：雷發聲聞于百里，古者諸侯之象。諸侯出教令，能警戒其國。內則守其宗廟社稷，爲之祭主，不亡匕與鬯也。人君于祭之禮，匕牲體、薦鬯而已，其餘不親也。升牢于俎，君匕之，臣載之。鬯，秬酒，芬芳條鬯，因名焉。疏虞注：「謂陽」者，謂陽爻也。「從臨二陰爲百二十」者，從臨二息時有五陰，陰爻二十四，五爻故「百二十」。言「百」者，舉其大數。以陽震陰，坤方爲「里」，聲聞乎百里，故當「震驚百里」也。九家說卦曰「坎爲叢棘」，故「坎爲棘匕」。以棘爲匕，取赤心之義，其形似畢桀柄與末，詩曰「有捄棘匕」是也。四互坎棘，又互艮手，有以手持匕之象。長子主祭，故震以繼鼎。祭儀先亯牢于鑊，既納于鼎而加鼏。祭乃啓鼏，而以匕出之，升于俎上。故王氏云「匕，所以載鼎實」。陸氏云「匕者，撓鼎之器也」。説文「鬯，以秬釀鬱草，芬芳攸服，以降神」。震草屬，又爲禾稼，坎水和之爲鬯酒，故「上震爲鬯」。鄭氏云「鬯者，秬黍之酒，其氣調暢，故謂之鬯」，是也。坤滅于乙爲喪。臨二上之坤，外成震互坎，皆在本體，故得其匕鬯而曰不喪也。鄭注：逸禮王度記「諸侯封不過百里，象雷震百里」，故曰「震驚百里」也。象傳言「出可守宗廟社稷，以爲祭主」，即「不喪匕鬯」之義也。大宗伯「以肆獻祼享先王」，鄭注「肆，解牲體也。獻，獻腥也。祼，灌以鬱鬯也」。宗廟之祭，灌鬯以求神，既灌則獻體以薦腥，既獻則解牲體以薦熟。凡匕牲體，薦鬯酒，皆君親爲之，其餘不親也。升鼎牢于俎，君匕之，特牲所謂「贊者，錯俎加匕乃朼」是也。「臣載之」者，公食大夫禮所謂「左人待載」，即鄭注所謂「左人載之」是也。春官鬯人注「鬯，釀秬爲酒，芬香條暢于上下」。「暢」與「鬯」同，故名鬯焉。匕鬯皆君親爲之，故長子主器，「不喪匕鬯」也。

象曰：「震亨。震來虩虩，恐致福也。虞翻曰：懼變，承五應初，故「恐致福也」。

疏 四多懼，又失位，懼而變柔，上承五，下應初，初乾爲「福」，故「恐致福也」。

笑言啞啞，後有則也。虞翻曰：則，法也，坎爲「則」也。

疏 天官冢宰「以八則治都鄙」，鄭注「則，法也」。孫卿子「水主量，必平似法」，故坎爲法。亦爲「則」，而「則」訓法也。初應四，故「後有則也」。

震驚百里，驚遠而懼邇也。虞翻曰：「遠」謂四，「近」謂初，震爲「百」。謂四出驚遠，初應懼近也。

疏 震以二陽爻爲主，四在外，故「遠謂四」。初在內，故「近謂初」。震爲「百」，即從臨二陰爲百二十，舉大數，故「爲百」也。臨二互震，震爲出，自二出居于四爲「驚遠」。初本比二，今又之四爲敵應，故「懼邇也」。

出可以守宗廟社稷，以爲祭主也。」虞翻曰：謂五出之正，震爲「守」，艮爲「宗廟社稷」，長子主祭器，故「以爲祭主也」。

干寶曰：周，木德震之正象也，爲殷諸侯，殷諸侯之制，其地百里，是以文王「小心翼翼，昭事上帝，聿懷多福，厥德不回，以受方國」，故以百里而臣諸侯也。爲諸侯，故主社稷。爲長子，而爲祭主也。祭禮薦陳甚多，而經獨言「不喪匕鬯」者，匕牲體，薦鬯酒，人君所自親也。

疏 虞注：「帝出乎震」，故曰「出」。五伏陽失位，出而變之正。震子繼乾，世守爲「守」。艮爲門闕，又爲鬼門，故爲「宗廟社稷」。長子主器，器，祭器也。震巽相應，震春兑秋，坎冬離夏，春秋享祀，以時思之，故「以爲祭主也」。干注：家語「周人以木德王」，故云「周，木德」。震東方爲木德，故云「震之正象也」。周受殷封，地方百里。「小心翼翼」以下，詩大明文，引之以明恐懼致福之意。孟子曰「文王以百里」，故云「以百里而臣諸侯也」。屯震「利建侯」，故「爲諸侯，主社稷」。又長子主器，故「爲長子，而爲祭主也」。「祭禮薦陳甚多」以下，即前鄭義也。案：王肅云「有靈而尊者，莫若于天，有靈而貴者，莫若于王，有聲而威者，莫若于雷，有政而嚴者，莫若于侯，是以天子當乾，諸侯用震。地不過一同，雷不過百里，政行百里，則匕鬯亦不喪，祭祀，國家大事，不喪，宗廟安矣，處則諸侯執其政，出則長子掌其祀」，義亦可通也。

象曰：「洊雷，震。君子以恐懼脩省。」虞翻曰：「君子」謂臨二。二出之坤四，體以脩身。坤爲身。二之四，以陽照坤，故「以恐懼脩省」。老子曰「脩之身，德乃真」也。

疏 釋言曰「洊，再也」，兩震相重，故曰「洊雷，震」，猶兩坎相重，而曰「水洊至」也。陽爲君子，故「君子謂臨二」。二出之坤四，體應初爲復震，復初象曰「不遠之復，以脩身也」，故曰「脩」。臨坤形爲身。二上之四，以陽德照坤身，故「以恐懼脩省」。此引老子者何也？德經曰「善建者不拔，善抱者不脱，子孫祭祀不輟」，復繼之曰「脩之于身，其德迺真」，蓋「善建不拔」，即震「建侯」也，「善抱不脱」，即「不喪匕鬯」也，「子孫祭祀不輟」，即「出可以守宗廟社稷，以爲祭主也」，而復歸于「脩之身，德乃真」者，言必有德，而後可爲建侯主祭之本也。　愚案：中庸曰「恐懼乎其所不聞」，其有聞而益加恐懼，可知也。雷震善鳴，聲威竝至，君子聞之，故益恐懼而脩省。**初九。震來虩虩，後笑言啞啞，吉。**虞翻曰：「虩虩」謂四也。初位在下，故「後笑言啞啞」。得位，故吉也。干寶曰：得震之正，首震之象者。「震來虩虩」，羑里之戹也。「笑言啞啞」，後受方國也。**疏**虞注：初應四，故「虩虩謂四」。爻例上爲前，下爲後，初位在下，故「後笑言啞啞」。初陽得位，故吉。干注：以九居初，得震之正，首震之象也。始則「震來虩虩」，是文王囚于羑里，恐懼之象也。「後」則「笑言啞啞」，是文王以受方國，致福之象也。**象曰：「震來虩虩，恐致福也。**虞翻曰：陽稱「福」。**疏**初陽爲乾稱「福」，四懼變而應初，故「致福也」。**笑言啞啞，後有則也。」**虞翻曰：得正，故「有則也」。**疏**初陽得正，應坎爲則，故「有則也」。**六二。震來厲，億喪貝，躋于九陵，勿逐，七日得。**虞翻曰：厲，危也，乘剛故「厲」。億，惜辭也。坤爲「喪」。三動，離爲嬴蚌，故稱「貝」。在艮上〔一〕下，故稱「陵」，震爲足，足乘初九，故「躋于九陵」。震爲「逐」，謂四已體復象，故「喪貝勿逐」。三動時，離爲「日」，震數七，故「七日得」者也。**疏**説文「厲，旱石也。从厂蠆省聲」，又曰「厂，山石之厓巖，人可居，象形」，又曰「危，在高而懼也。從𠂆，人在厓上，自卪止之」也。「厲」與「危」皆从「厂」，有高厓恐懼之象，故云「厲，危也」。二自四來，故曰「來」。上无應而下乘剛，有危象焉，故「震來厲」。「億」與「噫」通，二變兑爲口，釋文「億，本亦作噫」，故云「惜辭也」。坤喪于乙，故「爲喪」。三失位，當變體離。説卦「離爲嬴爲蚌爲龜」，説文「貝，海介蟲也」，離陽在外，故「稱貝」。未變爲離，惜其喪

〔一〕「上」當爲「山」，據陳校本正。

貝，故「億喪貝」。體互艮爲山，二在艮山下，故「稱陵」。又「震爲阪生」，阪，陵也，艮三反下，故「爲陵」。「震爲足」，說卦文，二自四來乘初九，故「躋于九陵」。震足動，故「爲逐」。「已」下當脱「變」字，四已變體復。復卦辭曰「七日來復」，故「喪貝勿逐」也。三動時，離爲「日」，震納庚，月七日見庚，故「震數七」，不逐自復，故「七日得」也。復「七日」主六日七分之說，震「七日」主七日見庚之說，義各有當也。**象曰：「震來厲，乘剛也。」**干寶曰：六二木爻，震之身也，得位无應，而以乘剛爲危。此託文王積德累功，以被囚爲禍也，故曰「震來厲」。億，歎辭也。貝，寶貨也，產乎東方，行乎大塗也。此以喻紂拘文王，閎夭之徒乃于江淮之浦，求盈箱之貝，而以賂紂也，故曰「億喪貝」。貝，水物而方升于九陵，今雖喪之，猶外府也，故曰「勿逐，七日得」。「七日得」者，七年之日也，故書曰「誕保文武受命，惟七年」是也。**疏**震本木象，震六二庚寅，寅爲木，故爲「震之身也」。二陰爲得位，五陰爲无應，下乘剛爲危，喻文王有聖德而囚羑里，故曰「震來厲」。「億」與「噫」通，故云「歎辭也」。說文「古者貨貝而寶龜」，故云「貝，寶貨也」。震，東方也，說文「貝，海介虫」，海在東方，故云「產乎東方」。震爲大塗，史記平準書「農工商交易之路通，而龜貝金錢刀布之幣興焉」，大塗爲路，故云「行乎大塗」。尚書大傳「西伯既戡耆，紂囚之牖里。散宜生遂之江淮之浦，取大貝如大車之渠，陳于紂之庭」，故曰「億喪貝」。貝，水物而升于九陵，雖喪必得，猶穀梁傳荀息所謂「我取之中府，而藏之外府」，故云「猶外府也」。不久必復，故曰「勿逐，七日得」。以七日爲七年者，書洛誥曰「惟周公誕保文王受命，惟七年」，鄭注「文王得赤雀，武王俯取白魚，受命皆七年而崩」，言文武皆有七年之得也。**六三。震蘇蘇，震行无眚。象曰：「震蘇蘇，位不當也。」**虞翻曰：死而復生稱「蘇」，三死坤中，動出得正，震爲生，故「蘇蘇」。坎爲「眚」，三出得正，坎象不見，故「无眚」。春秋傳曰「晉獲秦諜，六日而蘇」也。

疏 蘇，死而更生之稱，如孟子「后來其蘇」，以及戰國策「勃然乃蘇」，皆是義也。臨三互坤，坤喪于乙爲死魄，故「三死坤中」。三失位，動出得正，震東方春，故「爲生」。内震按外震，故曰「蘇蘇」。互坎而多眚，三變正，坎象毀，故「无眚」。震足爲「行」，變得正，故「震行无眚」。宣八年左傳「晉人獲秦諜，殺諸絳市，六日而蘇」，引之以申死而復生之義也。陽在坤中，位失正不當，故死也。

九四。震遂泥。 虞翻曰：坤土得雨爲「泥」，位在坎中，故「遂泥」也。**疏** 臨四坤爲土，故云「坤土」，二之四互坎爲雨，故云「得雨爲泥」。四在坎二，故云「位在坎中」。重震不能省改，失正不變，將遂非而陷于坎中。漢書五行志李奇曰「震遂泥者，泥溺于水，不能自拔」，是其義也。

象曰：「震遂泥，未光也。」 虞翻曰：在坎陰中，與屯五同義，故「未光也」。**疏** 坎五象傳虞注云「陽陷陰中，故未光也」。震體象屯，震四即屯五，四又當之五，故「與屯同義」。愚案：坎見離伏，故「未光也」。

六五。震往來厲， 虞翻曰：「往」謂乘陽，「來」謂應陰，失位乘剛，故「往來厲」也。**疏**「往」謂在外，乘四陽也。「來」謂在内，應二陰也。五失正，又乘不正之陽，故往來皆危也。按：二曰「震來厲」，雷也。五曰「往來厲」，洊雷也。**億无喪有事。** 虞翻曰：坤爲「喪」也。「事」謂祭祀之事。出而體隨，「王享于西山」，則可以守宗廟社稷爲祭主，故「无喪有事」也。**疏** 坤喪于乙，故「坤爲喪也」。左傳「國之大事，在祀與戎」，故「事謂祭祀之事」。五變爲陽體隨，隨上爻辭曰「王用享于西山」，故「可以守宗廟社稷爲祭主」。四自臨二來，五變坤毀隨成，故「无喪有事」。億，惜辭也，義同六二。「无喪有事」而復惜之者，惜其不定既濟也，故上取四五易位焉。

象曰：「震往來厲，危行也。」 虞翻曰：乘剛山頂，故「危行也」。**疏** 五乘四剛，四互艮爲山，五在山頂，危象也。「危」從厂，人在厂厓之上，故稱「危」。震爲「行」，故「危行也」。**其事在中，大无喪也。」** 虞翻曰：動出得正，故「无喪」。**疏** 五動陽出成隨，居中得正，陽爲大，故「大无喪也」。上六。震索索，視矍矍，虞翻曰：上謂四也，欲之三隔坎，故「震來索索」。三已動，應在離，故「矍矍」者也。疏「上謂四也」者，上欲應三，隔于四坎，坎爲險，故「震索索」。鄭氏云「索索，猶縮縮，足不正也」。謂四不正，故足索索也。三失正，動成離爲目，上與三應，故「矍矍」。鄭氏云「矍矍，目不正」。三本不正，變成離目，故「視矍矍」也。征凶。震不于其躬于其鄰，无咎。婚媾有言。虞翻曰：上得位，震爲「征」，故「征凶」。四變時，坤爲「躬」，「鄰」謂五也。四上之五，震東兑西，故稱「鄰」。之五得正，故「不于其躬于其鄰，无咎」。謂三已變，上應三，震爲「言」，故「婚媾有言」。疏上陰得位，處震之極，不宜妄動，震動爲「征」，征則凶也。上之凶由四，四變體坤，坤形爲「躬」，謂上也。五比上，故「鄰謂五也」。四體震位東，五出成隨，體兑位西，東西故稱「鄰」。四之五，易位得正，故「震不于其躬于其鄰」，謂己不動而五動，故「无咎」。上與三本爲「婚媾」，兩陰相睽，必三變，上乃應之。震善鳴爲「言」，又三動互兑女爲媒妁，口舌爲言，故「婚媾有言」，謂媒妁之言通，故陰陽相應也。象曰：「震索索，中未得也。虞翻曰：四未之五，故「中未得也」。疏四之五，則中得正，四未之五，故「中未得」，謂中未得正也。雖凶无咎，畏鄰戒也。」虞翻曰：謂五正位，已乘之逆，「畏鄰戒也」。疏四之五得正位，上以陰乘陽爲逆。畏鄰設戒，故「雖凶无咎」。

序卦曰：「物不可以終動，止之，故受之以艮。艮者，止也。」崔覲曰：震極則「征凶，婚媾有言」，當須止之，故言「物不可以終動，止之」矣。疏震上六曰「征凶」，動極當止，征則有凶。上與三爲婚媾，三體震爲言，互艮爲止，故「婚媾有言，當須止之」。震終戒動，故言「不可以終動」而「受之艮」以止之也。

䷳艮下艮上艮其背，鄭玄曰：艮爲山，山立峙各于其所，无相順之時，猶君在上，臣在下，恩敬不相與通，故謂之艮也。疏「艮爲山」，説卦文。山之立峙，各止其所，彼此无相順之時，陽，君象也，一陽在上，猶君在上。陰，臣象也，二陰在下，猶臣在下。君主恩，臣主敬，各盡其道而不相通，故謂之艮也。不獲其身，行其庭，不見其人，无咎。虞翻曰：觀五之三也。艮爲多節，故稱「背」，觀坤爲「身」，觀五之三，折坤爲「背」，故「艮其背」。坤象不見，故「不獲其身」。震爲行人，艮爲「庭」，坎爲隱伏，故「行其庭，不見其人」。三得正，故「无咎」。案：「艮爲門闕」，今純艮，重其門闕，兩門之閒，庭中之象也。疏虞注：從二陽四陰之例，艮自觀來，故云「觀五之三也」。「艮爲多節」，説卦文。背脊骨多節，釋名「脊，積也，積續骨節脈絡上下也」，身背多節，故「稱背」。觀坤形爲「身」，觀五之三，折坤身爲「背」，故「艮其背」。坤毁不見，故「不獲其身」。震足爲行，震生爲人，三互震，故爲「行人」。艮門闕爲「庭」，互坎爲隱伏，互震故「行其庭」，互坎故「不見其人」。六爻敵應，宜有咎，五之三得正，故「无咎」也。案：「艮爲門闕」，説卦文。純艮重門，門内爲庭，故「兩門之閒，庭中之象也」。象曰：「艮，止也。虞翻曰：位窮于上，故止也。疏陽窮于上，无所復之，故止也。

時止則止，時行則行，虞翻曰：「時止」謂上陽窮上，故止。「時行」謂三體處震爲行也。疏艮，物之所成終而成始也，故曰「時」。「時止」者，謂一陽窮于上，故曰「時止」也。「時行」者，三體互震，震爲行，故曰「時行」也。動静不失其時，其道光明。虞翻曰：「動」謂三，「静」謂上。艮止則止，震行則行，故「不失時」。五動成離，故「其道光明」。疏自觀五之三，故「動謂三」。上不動，故「静謂上」也。艮陽止于上，時止則止，震陽動于下，時行則行，故「動静不失其時」。五動，時行也。動成離，爲日爲火，故「其道光明」也。艮其止，止其所也。虞翻曰：謂兩象各止其所。疏内外兩艮，各止其所而不遷。王氏云「易背曰止，以明背卽止也」。上下敵應，不相與也，虞翻曰：「艮其背」，背也。兩象相背，故「不相與」也。疏「艮其背」者，謂兩象各止其所，相違背也。上下陰陽敵應，是爲「兩象相背」，故「不相與」。明傳解「艮其背」也。是以不獲其身，行其庭不見其人，无咎也。」案：其義已見繇辭也。疏其義已詳繇辭，不再釋。象曰：「兼山，艮。君子以思不出其位。」虞翻曰：「君子」謂三也。三君子位，震爲「出」，坎爲隱伏爲「思」，故「以思不出其位」也。疏兩山相竝，故曰「兼山」。止莫如山，故曰「艮」。艮三索成男，自乾來也，乾九三曰「君子終日乾乾」，艮三卽乾三，故「君子謂三也」。三爲君子之位，互震爲「出」，互坎爲隱伏，又坎心爲「思」，坎思震動于中，艮陽限止于外，故「以思不出其位」。艮陽小爲慎，不出，卽中庸所謂「慎思」也。初六。艮其趾，无咎，利永貞。虞翻曰：震爲「趾」，故「艮其趾」矣。失位變得正，故「无咎永貞」也。疏應在震，震足爲「趾」，又爻例初爲趾，在艮之初，故「艮其趾」矣。初失位，宜有咎，變得正，故无咎。觀坤爲「永」，故「利永貞」也。象曰：「艮其趾，未失正也。」虞翻曰：動而得正，故「未失正也」。疏貞者，正也。初不正，動而得正，未失乎正，故「利永貞」也。六二。艮其腓，不拯其隨，其心不快。虞翻曰：巽長爲股，艮小爲「腓」。拯，取也。「隨」謂下二陰。艮爲止，震爲動，故「不拯其隨」。坎爲「心」，故「其心不快」。疏二變，巽爲股。巽爲長，故「爲股」。艮陽小，故「爲腓」。又爻例二亦爲腓，如咸二「咸其腓」是也。艮爲手，故「拯」訓「取」也。卦伏兑互震有隨象，「隨謂下二陰」者，初及二也。艮止爲「不拯」，震動爲「隨」。初二隨三，不能自止。三互坎〔一〕爲心，故

〔一〕「互坎」二字原本倒誤，據陳校本乙。

「不拯其隨」，則「心不快」。坎爲心病，故「不快」也。竝言初者，五正初乃正，故初言「永貞」，與萃四「元永貞」同義也。象曰：「不拯其隨，未違聽也。」虞翻曰：坎爲耳，故「未違聽也」。疏三坎爲耳，故爲聽。趾與腓，聽心者也，故「未違聽也」。

九三。艮其限，裂其夤，厲閽心。虞翻曰：限，要帶處也，坎爲要，五來之三，故「艮其限」。夤，脊肉，艮爲背，坎爲脊，艮爲手，震起艮止，故「裂其夤」。坎爲「心」，厲，危也，艮爲閽，閽，守門人，坎盜動門，故「厲閽心」。古「閽」作「熏」字，馬因言「熏灼其心」，未聞易道以坎水熏灼人也，荀氏以「熏」爲「勳」，讀作動，皆非也。疏「限」在三，三當兩象之中，「限」當一身之中，故云「要帶處也」。互坎爲水，腎象也，內經曰「要者，腎之府」，故「坎爲要」。說文曰「要，身中也」，觀五來之三，三〔一〕當身中爲「限」，馬氏云「限，要也」，故「艮其限」。「夤」，鄭本作「膑」，馬氏以爲夾脊肉，是也。艮有背象，坎陽在中，美脊爲脊，故爲「夤」。說文「列，分解也」，裂從「列」。「艮爲手」，說卦文。震，起也。艮，止也。艮手動而止之，有分解之象，故曰「裂其夤」。艮爲閽寺，故「爲閽」。祭義「閽，守門之賤者也」，故云「守門人」也。互坎爲盜，艮爲門闕，互震爲動，以坎盜動艮門，坎爲「心」，故「厲閽心」。「古熏作閽字」者，漢書百官公卿表「光祿勳」，如淳注「胡公曰『勳之言閽也。光祿，王公門』」，是古「閽」「勳」假借字，「熏」「勳」又通也。虞不取馬荀說，故非之。愚案：坎水固無熏灼之象，然坎爲心，坎下伏離爲火，以水加火，是熏灼其心之象也。「荀讀作動」者，互震爲動。動心爲操心至危，故厲也。二說皆可存。

象曰：「艮其限，危閽心也。」虞翻曰：坎爲心，坎盜動門，故「危閽心也」。疏三坎爲心，又象坎盜動艮門，故

〔一〕「三」，原本作重複號「二」，同上「三」字，誤作「二」。據陳校本正。

「危闇心也」。　愚案：在艮之象，坎陽又陷陰中，危亦甚矣，卽孟子所謂「其操心也危」是也。又坎心伏離火，故有熏心之象。

六四。艮其身，无咎。　虞翻曰：身，腹也。觀坤爲「身」，故「艮其身」。得位承五，故无咎。或謂妊身也。五動則四體離婦，離爲大腹，孕之象也，故「艮其身」。得正承五而受陽施，故「无咎」。詩曰「大任有身，生此文王」也。**疏**說文「腹，厚也」。一曰身中」，故云「身，腹也」。觀坤爲腹，故「爲身」。在艮，故「艮其身」。无應宜咎，六得正位，承五伏陽，故「无咎」。孟子曰「守孰爲大？守身爲大」，「艮其身」者，守身之謂也。守身，故「无咎」也。說文「妊身，懷孕也」，故「謂妊身也」。五失位，動則四體成離，離中女爲婦，「離爲大腹」，說卦文，婦有大腹，懷孕之象也，故曰「艮其身」。得正承五，五伏乾陽，陽爲施，四受陽施，故「无咎」。「大任有身，生此文王」，詩大明文。毛傳云「身，重也」，鄭箋云「重爲懷孕也」。兩艮相重，有兩身象，故謂身爲任，而引詩辭以明其義也。**象曰：「艮其身，止諸躬也。」**虞翻曰：艮爲止，五動乘四則妊身，故「止諸躬也」。

疏艮，止也，故「爲止」。五動乘四，成離爲大腹，又兩艮重，身爲妊，故曰「止諸躬」。五陽動而四有身，言孕在四之躬也。

六五。艮其輔，言有孚，悔亡。　虞翻曰：輔，面頰骨，上頰車者也。三至上體頤象，艮爲止，在坎車上，故「艮其輔」，謂「輔車相依」。震爲「言」，五失位，悔也，動得正，故「言有孚，悔亡」也。**疏**說文「輔，人頰骨也」，故云「輔，面頰骨，上頰車者也」。三至上體頤象，故曰「輔」。坎于輿，故爲車。四互坎，五體艮，艮止在坎車之上，故「艮其輔」。「輔車相依」，僖五年左傳文。杜注「輔，頰輔，車，牙車」。輔車相依，卽「艮其輔」之義也。震聲爲「言」，五失陽位，宜有悔也，動而得正，陽在二五稱「孚」，故「言有孚，悔亡」也。諸本「孚」作「序」，虞義作「孚」，以「序」「孚」形相近而誤也。**象曰：「艮其輔，以中正也。」**虞翻曰：五動之中，故「以中正也」。**疏**以「中」與上「躬」下「終」叶，之象辭當作「正中」。注「動之中」，當作「之正」。蓋五本在中，動而之正，故「以正中也」。**上九。敦艮，吉。**虞翻曰：无應靜止，下據二陰，故「敦艮吉」也。**疏**三敵陽无應，故靜止不動，下據坤陰，有厚象焉，鄭注樂記云「敦，厚也」，故「敦艮吉」，與「敦臨」同義。愚案：釋丘〔一〕「丘一成爲敦丘〔二〕」郭注「成猶重也」，疏云「丘上〔三〕更有一丘相重累者」。上是艮之重，故曰「敦艮」。中庸「敦厚以崇禮」，「敦」有厚義，崇有山象，山止于上，厚則愈崇，詩天保曰「如南山之壽，不騫不崩」，故「敦艮吉也」。又上與三皆爲艮主，三不當止而止，雖得位亦厲，上時止則止，雖失位亦吉。**象曰：「敦艮之吉，以厚終也。」**虞翻曰：坤爲「厚」，陽上據坤，故「以厚終也」。**疏** 坤厚載物，故「坤爲厚」。上爲終，艮爲成終，坤又代終，陽在上，下據坤終，故「以厚終也」。

序卦曰：「物不可以終止，故受之以漸。漸者，進也。」崔覲曰：終止雖獲敦艮，時行須漸進行，故曰「物不可終止，故受之以漸。漸者，進也」。**疏** 敦艮之吉以厚終，是「終止」也，然時止則止，亦時行則行，故「物不可以終止」，而必「受之以漸」也。消息之機，循環不已，震繼以艮，動極必靜也，艮繼以漸，止極必進也，故曰「漸者，進也」。

䷴艮下巽上**漸。女歸吉，利貞。**虞翻曰：否三之四。「女」謂四，歸，嫁也。坤三之四承五，「進得位，往有功」。反成歸妹，兑女歸吉。初上失位，故「利貞」，「可以正邦也」。**疏**三陰三陽之卦自否來，故云「否三之四」，是乾坤交也。離爲中女，故「女謂四」也。隱二年穀梁傳「婦人謂嫁曰歸」，故云「歸，嫁也」。否坤三之四，上承五陽，進得陰位，自

〔一〕「丘」，原本作「山」，據陳校本正。
〔二〕「丘」字原脱，據陳校本補。
〔三〕「上」，原本作「山」，據陳校本正。

內曰「往」，故「往有功也」。「反成歸妹，兑女歸吉」者，歸，自外來也，今四自下往，不可謂歸，故以反成歸妹爲義。雜卦曰「漸，女歸待男行也」，虞彼注云「兑爲女，艮爲男，反成歸妹，巽成兑，故女歸待艮成震乃行，故待男行也」。尋歸妹之義，震兄嫁兑妹，以坎離爲夫婦。漸亦四離三坎爲夫婦，九三「夫征婦孕」是也。三動則五體坎，故亦與四爲夫婦，「婦三歲不孕」是也。四與五三，俱有夫婦之義，四爻注云「四已承五，又顧得三」是也。是女歸之義，仍在漸象。卦有歸妹反象，故取「女歸吉」也。九三雖坎體，權變成震，九三變，則四專承五而上正，五坎爲夫婦，所謂「終莫之勝」者，是亦震兄嫁妹，歸妹之義也。以女无自進之道，歸妹由陽來而漸由陰往，故取義如此，非謂漸當反成歸妹也。若反歸妹，則「利貞」不可通也。當與復反震之象同例。初上失位，利變之正，故「利貞」。初正，三權變坤爲邦，受上易位，成既濟定，故「可以正邦也」。

象曰：「漸之進也，女歸吉也。 虞翻曰：三進四得位，陰陽體正，故吉也。**疏**否三進四，各得其位，陰陽體正，坎離交爲夫婦，故「女歸吉也」。

進得位，往有功也。 虞翻曰：「功」謂五，四進承五，故「往有功」，巽爲「進」也。**疏**「五多功」，故「功謂五」。否三進四得位，以陰承陽，故「往有功也」。巽爲進退，故「爲進」也。

進以正，可以正邦也。其位，剛得中也。 虞翻曰：謂初已變爲家人，四進已正而上不正，三動成坤爲邦，上來反三，故「進以正，可以正邦」。其位，剛得中」。與家人道正同義。三在外體之中，故稱「得中」。乾文言曰「中不在人」，謂三也。此可謂上變既濟定者也。**疏**初上不正當變，初變成家人。四自三進，其位得正。而上猶未反于正。三動互坤爲邦，上與三應，三上易位，是「上來反三」。巽爲進，故「進以正，可以正邦也」。三在六爻之中，又居外卦之中，故曰「其位，剛得中也」。家人道正，以三上易位，六爻皆正，而三亦得中，故云「同義」。「三在外體之中」者，言在內也。在內，故得稱中。乾文言曰「中不在人」，謂九三也。故知漸三爲中也。初已變，待上再變，則六爻正，成既濟定矣。**止而巽，動不窮也。」**虞翻曰：止，艮也。三變，震爲動。上之三據坤，動震成坎，坎爲通，故「動不窮」。「往來不窮謂之通」。**疏**止，艮象也。「三變，震爲動」，謂初已變，故三成震也。三已變互坤，上即之三據坤，則震動成坎矣。「坎爲通」，説卦文。通，故「動不窮也」。「往來不窮謂之通」，繫上文。引之以明通故不窮之義。**象曰：「山上有木，漸。君子以居賢德善俗。」**虞翻曰：「君子」謂否乾。乾爲「賢德」，坤陰小人柔弱爲「俗」。乾四之坤，爲艮爲居，以陽善陰，故「以居賢德善俗」也。**疏**老子曰「合抱之木，生于毫〔一〕末」，枚乘曰「十圍之木，始生如蘖」，木生以漸，故「山上有木，漸」。乾三爲「君子」，故「君子謂否乾」。可久則賢人之德，故「乾爲賢德」。坤陰小人柔弱，陰隨陽轉，故「爲俗」。乾四之坤爲艮，艮爲門闕，故「爲居」。乾元爲善，是以乾陽善坤陰。蓋艮三君子，乾四賢德，是「君子居賢德」也。巽四，坤三也，否坤小人，其俗柔弱，君子居之，能善俗也。君子道長，小人道消，以陽善陰，故曰漸也。**初六。鴻漸于干，小子厲，有言无咎。**虞翻曰：鴻，大雁也。離五，鴻。漸，進也。小水從山流下稱「干」。艮爲山，爲小徑。坎水流下山，故「鴻漸于干」也。艮爲「小子」，初失位，故厲，變得正，三動受上成震，震爲「言」，故「小子厲，有言无咎」也。**疏**小雅「鴻雁于飛」，毛傳「大曰鴻，小曰雁」，故云「鴻，大雁也」。初應四，四與五互離，説卦「離爲雉」，郭璞洞林「離爲朱雀」，法言「時往時來，朱鳥之謂歟」，注「雁也」，鴻，雁類，故離有飛鳥之象，而五爲鴻焉。鴻飛不獨行，有次列者也，五爲鴻，與五爻俱漸也，上體巽爲進，故云

〔一〕「毫」，原本作「亭」，據陳校本正。

「漸，進也」。詩魏風「寘之河之干兮」，毛傳「干，厓也」，小雅「秩秩斯干」，毛傳「干，澗也」，岸从干，亦取水涯之義，故云「小水從山流下稱干」。說卦曰：「艮爲山，爲徑路，爲小石」，故「爲小徑」。三艮體互坎，水流下于山，故「鴻漸于干」也。艮少男，故「爲小子」。初陰失位，變而得正，上不正，三動受上，易位成震，震聲爲「言」，故「小子厲，有言无咎」也。愚案：離有鳥象。書禹貢「陽鳥攸居」，鄭彼注云「陽鳥謂鴻雁之屬，隨陽氣南北」，是鴻者，南北鳥也。三四互坎離，南北之象。三之四成離，自北而南也。四之三成坎，自南而北也。南北有信，故象鴻也。又漸反歸妹，故取女歸之義，士昏禮「下達納采用雁」。又「昏之夕，親迎奠雁」。雁順陰陽往來不再偶，故昏禮用之，而漸六爻皆取象也。鴻本水鳥，初在互坎之下，有水干之象。艮少男伏兑口，是「小子有言」之象。鴻飛長幼有序，長在前，幼在後。惟恐失羣，故危厲而呼號，長者緩飛以俟，初六在後，故爲「小子厲有言」之象。

象曰：「小子之厲，義无咎也。」虞翻曰：動而得正，故「義无咎也」。**疏**失位且无應，故咎。變得正，成既濟定，故「義无咎也」。

六二。鴻漸于磐，飲食衎衎，吉。虞翻曰：艮爲山石，坎爲聚，聚石稱「磐」。初已之正，體噬嗑食，坎水陽物，並在頤中，故「飲食衎衎」。得正應五，故吉。**疏**艮爲山，爲小石，坎水會聚爲聚，磐，大石也，聚小石成大石，故「稱磐」。艮石在坎水下，是磐爲水邊石也。初已變正，自初至五體噬嗑，有食象，坎水一陽爲物，並在頤中，有飲食象，釋詁「衎，樂也」，王氏云「磐，山石之安者」，進而得安，故「飲食衎衎」也。得正且中，上應五陽，故吉也。

象曰：「飲食衎衎，不素飽也。」虞翻曰：素，空也。承三應五，故「不素飽」。**疏**詩魏風「不素餐兮」，毛傳「素，空也」。「素飽」猶「素餐」也。二陰在中，能盡臣道，近承三，遠應五，以陰輔陽，措國家于磐石之安，以功詔禄，故曰「不素飽也」。

九三。鴻漸于陸，虞翻曰：高平稱「陸」。謂初已變，坎水爲平，三動之坤，故「鴻漸于陸」。疏釋地「高平曰陸」，故「高平稱陸」。初未變，三屬艮。初已變，三屬坎。尚書大傳「非水無以準萬里之平」。釋名「水，準也」，準平物，故「坎水爲平」。三動成坤，坤土无水，故陸矣。磐在水邊，陸遠于水，故三變爲「鴻漸于陸」。以水鳥而漸陸，不得其位矣。夫征不復，虞翻曰：謂初已之正，三動成震，震爲「征」爲「夫」而體復象，坎陽死坤中，坎象不見，故「夫征不復」也。疏初已變正，三動則成震，震足爲「征」，國語「震一夫之行」，爲「夫」。初三已變，體有復象，乙喪于坤爲死，坎陽已變，死于坤中，是「坎陽不見」而爲「夫征不復也」。婦孕不育，凶。虞翻曰：孕，妊娠也。育，生也。巽爲「婦」，離爲「孕」，三動成坤，離毀失位，故「婦孕不育，凶」。疏說文「孕，懷子也」。郊特牲「牲孕弗食」，鄭注「孕，妊子也」，鄭易注云「孕，猶娠也」，故云「孕，妊娠也」。中庸「發育萬物」，鄭彼注云「育，生也」。巽長女爲「婦」，互離大腹爲「孕」。三變成坤，離象毀壞，陰又失位，坤雖爲腹而非大腹，故「婦孕不育」。與上无應，故「凶」。案：「夫」謂三坎，「婦」謂離四，以卦取坎離爲夫婦也。鄭君謂「離爲大腹，孕之象也」。又互坎爲丈夫，坎水流而去，是「夫征不復」。夫既不復，則婦人之道顛覆，故孕而不育也。利用禦寇。虞翻曰：禦，當也。坤爲「用」，巽爲高，艮爲山，離爲戈兵甲冑，坎爲「寇」，自上禦下，三動坤順，坎象不見，故「利用禦寇，順相保」。保，大也。疏蒙「禦寇」，虞彼注云「禦，止也」。此云「當也」。當，猶止也。以艮三爲止也。否坤器爲用，外巽爲高，内艮爲山，互離爲戈兵、甲冑，互坎盜爲寇。用兵甲于高山之上，有禦寇之象。「自上禦下」，謂五也。三動成坤，坤爲順，坎象毀壞，故「利用禦寇」也象曰「順相保也」。「保，大也」者，春秋傳所謂「保大定功」是也。象曰：「夫征不復，離羣醜也。虞翻曰：坤三爻爲醜，物三稱羣也。疏三變爲坤，故云「坤三爻」。詩小雅「執訊獲醜」，鄭箋「醜，衆也」。國語「三人爲衆」，故「坤三爻爲醜」。小雅「或羣或友」，毛傳「獸三爲羣」，故「物三稱羣也」。鄭氏云「離，去也」。坎變不復，去乎坤衆，故曰「離羣醜也」。**婦孕不育，失其道也。**虞翻曰：三動離毀，陽隕坤中，故「失其道也」。**疏** 離大腹爲孕。三動離象不見，坎陽隕于坤中，陽爲道，故「失其道也」。四當順五而婦三失其道，宜不育矣。**利用禦寇，順相保也。**虞翻曰：三動坤順，坎象不見，故以「順相保也」。**疏** 三動成坤爲順，坎寇不見，故曰「順相保也」。**六四。鴻漸于木，或得其桷，无咎。**虞翻曰：巽爲「木」。桷，椽也，方者謂之「桷」。巽爲交，爲長木，艮爲小木，坎爲脊，離爲麗，小木麗長木，巽繩束之，象脊之形，椽桷象也，故「或得其桷」。得位順五，故「无咎」。四已承五，又顧得三，故「或得其桷」也矣。**疏** 四直巽爲「木」，故曰「漸于木」。說文「桷，椽也，椽方曰桷」，故云「桷，椽也，方者謂之桷」。坤交乾自巽始，故「巽爲交」。爲長，故「爲長木」。艮爲小石，又木多節，故「爲小木」。坎美脊爲脊。離者，麗也，故「爲麗」。艮巽相麗，故云「小木麗大木」。巽爲繩，故「巽繩束之」。以繩束木，象屋脊之形，故曰「椽桷象也」。四无應宜咎，得位順五，故「无咎」。「木」謂五，「桷」謂三，四已上承五，又下顧得三，故「或得其桷」。四女得兩顧者，坎離爲夫婦之義，三五一坎也，「女歸待男行」，三成震，四然後嫁。卦辭取歸妹者，此也。**象曰：「或得其桷，順以巽也。」**虞翻曰：坤爲「順」，以巽順五。案：四居巽木，爻陰位正直，桷之象也。自二至五體有離坎，離爲飛鳥而居坎水，鴻之象也。鴻，隨陽鳥，喻女從夫。卦明漸義，爻皆稱焉。**疏** 虞注：三變坤爲「順」，巽柔在下亦爲「順」，四順承五，故「順以巽也」。案：巽爲木，爻四爲陰位，巽以下爻稱巽，故云「正直，桷之象也」。自二至五體互離坎兩象。鴻，水鳥也。離爲飛鳥而居坎水，故爲「鴻之象也」。鴻隨陽，象義已見前。以陰隨陽，喻女從夫。卦明漸，取女歸之義，故爻皆稱焉。**九五。鴻漸于陵，婦三歲不孕，**虞翻曰：陵，丘，「婦」謂四也。三動受上時，而四體半艮山，故稱「陵」。巽爲「婦」，離爲「孕」，坎爲

「歲」，三動離壞，故「婦三歲不孕」。疏釋丘「後高陵丘」，又「如陵陵丘」，故云「陵，丘」。巽長女稱「婦」，離中女亦稱「婦」。故「婦謂四也」。初已變，三動受上成震時，四體半在艮山，揚子曰「丘陵學山而不至于山」，故「山半稱陵」也。巽婦，互離大腹爲「孕」，歲始冬至，故「坎爲歲」，三動，離腹不見，故「婦三歲不孕」，自三至上三爻，故稱「三歲」。上三易位，則婦孕矣。終莫之勝，吉。虞翻曰：莫，无，勝，陵也。得正居中，故「莫之勝吉」。上終變之三，成既濟定，坎爲心，故象曰「得所願也」。疏詩殷其靁「莫敢或皇」，鄭箋「無或敢閒暇時」，説文「无」通「無」，故云「莫，无」也。賁九三象曰「終莫之陵」，此云「終莫之勝」，「陵」猶「勝」也，故云「勝，陵也」。「終」謂上也，上以陽陵陽，有勝象焉，五得正居中，故「莫之勝吉」。初上易位，成既濟定，此云「上之三」，蓋初三已變，故「上變之三，成既濟定」也。上變，五坎爲心，坎心爲思，釋詁「願，思也」，故曰「得所願也」。象曰：「終莫之勝吉，得所願也。」虞翻曰：上之三，既濟定，故「得所願也」。疏初三變，上三易位，六爻皆正，成既濟定，故「得所願也」。上九。鴻漸于陸，虞翻曰：「陸」謂三也。三坎爲平，變而成坤，故稱「陸」也。疏上與三應，三言「陸」，故「陸謂三也」。三坎水爲平，變成坤土，故「稱陸也」。其羽可用爲儀，吉。虞翻曰：謂三變受，成既濟，與家人象同義。上之三得正，離爲鳥，故「其羽可用爲儀，吉」。三動失位，坤爲「亂」，乾四止坤，象曰「不可亂」，象曰「進以正邦」，爲此爻發也。三已得位，又變受上，權也。孔子曰「可與適道，未可與權」，宜无怪焉。疏「謂三變受」者，變而受上，易位也。初已變，故「成既濟」。與家人象辭上變成既濟同義。上之三，陽得正位，體離爲鳥，故曰「其羽可用爲儀」。變得正，故吉也。三動失位，成坤爲「亂」。「乾四」謂三也，上來即三出，故云「乾四」。「止」當爲「正」，乾正坤亂，故象曰「不可亂」，象曰「進以正邦」。以三變受上，故云「爲此爻發也」。三已得位，又變陰，受上易位，不當變而變，故云「權也」。「可與適道，未可與權」，論語文。繫下曰「巽以行權」，漸家人皆體巽，故「權變无怪也」。　愚案：隱五年「初獻六羽」，何休注「羽，鴻羽也。所以象文德之風化疾也」，「其羽可用爲儀」者，謂羽舞也。巽爲舞，虞義也，左傳謂「舞行八風」，巽爲風，故爲舞。羽舞，文舞也，考工記「青與赤謂之文」，巽位東南，故爲文舞。儀，容也，保氏「教六儀，一曰祭祀之容」是也。蔡邕月令章句曰「舞者，樂之容也」，故曰「其羽可用爲儀」。**象曰：「其羽可用爲儀吉，不可亂也。」**虞翻曰：坤爲「亂」，上來正坤，六爻得位，成既濟定，故「不可亂也」。干寶曰：處漸高位，斷漸之進，順艮之言，謹巽之全，履坎之通，據離之耀，婦德既終，母教又明，有德而可受，有儀而可象，故曰「其羽可以爲儀，不可亂也」。**疏**虞注：三變，坤陰爲「亂」。受上易位得正，故「上來正坤」。六爻皆正，成既濟定，故曰「不可亂也」。　干注：在上爲「處漸高位」。漸已進極，故「斷漸之進」。上應三艮，艮曰「言有孚」，故云「順艮之言」。巽至上始全，故「謹巽之全」。坎爲通，上履三，故「履坎之通」。上據五互離，離火有耀，故「據離之耀」。女歸在上，故「婦德既終」。長女互離，故「母教又明」。上九以陽剛之德，處謙巽之極，故「有德而可受」。巽爲進退，「容止可觀」，故「有儀而可象」。蔡邕謂舞有俯仰、張翕、行綴、長短之制，羽舞以象德容，故曰「其羽可用爲儀」。「巽德之制」，故「不可亂也」。

序卦曰：「進必有所歸，故受之以歸妹。」崔覲曰：「鴻漸于磐，飲食衎衎」，言六二比三，女漸歸夫之象也，故云「進必有所歸」也。**疏**卦有三陰，初不得正，四不得中，六二得中得正，是「女」謂六二。陽唯三五得正，五遠于二，雖正應，非漸進，故二以三爲夫而言「六二比三，女漸歸夫之象也」。進必有歸，歸妹所以次漸也。

䷵兌下震上歸妹。虞翻曰：歸，嫁也，兌爲「妹」。泰三之四，坎月離日，俱歸妹象。「陰陽之義配日月」，則「天地交而萬物通」，故以嫁娶也。**疏**穀梁傳「婦人謂嫁曰歸」，故云「歸，嫁也」。又自外亦曰「歸」也。震長男爲兄，兑少女，故「爲妹」也。三陽三陰之卦自泰來，故云「泰三之四」，謂乾坤相交，陽往而陰來也。儀禮士昏禮鄭目録云「士娶妻之禮必以昏者，陽往而陰來，日入三商爲昏」，陽往陰來，有昏嫁之象。坎爲月，離爲日，有夫婦之義，震兄嫁妹，坎夫離婦，故云「俱歸妹象」也。「陰陽之義配日月」，繫下文。「天地交而萬物通」，泰彖傳文。陰陽日月，義配夫婦，唯交而後通，故有嫁娶之象也。征凶，虞翻曰：謂四也。震爲「征」，三之四不當位，故「征凶」也。**疏**震在四，故「謂四也」。震足爲「征」，泰三本互震得正，上之四，動不當位，故「征凶」。无攸利。虞翻曰：謂三也。四之三失正无應，以柔乘剛，故「无攸利」也。**疏**三四易位，故「謂三也」。泰四之三，柔失正位，又无正應，三柔乘二不正之剛，故「无攸利」。初上易位成未濟，「男之窮也」，故卦无美辭。象曰：「歸妹，天地之大義也，虞翻曰：乾天坤地，三之四，天地交，以離日坎月戰陰陽，「陰陽之義配日月」，則萬物興，故「天地之大義」。乾主壬，坤主癸，日月會北。「震爲玄黄」，「天地之雜」。震東兑西，離南坎北。六十四卦，此象最備四時正卦，故「天地之大義也」。**疏**泰内乾天，外坤地，三四易位，是「天地交」也。互離日坎月，會于壬癸，故「戰陰陽」也。坤陰乾陽，其義配乎日月。郊特牲「天地合而後萬物興焉」，故曰「天地之大義也」。乾納甲壬，故「主壬」。坤納乙癸，故「主癸」。壬癸水，位北方，日月合朔于壬，故「日月會北」。坤文言「玄黄者，天地之雜也，天玄而地黄」，說卦曰「震爲玄黄」，蓋乾坤會而生震，故云「震爲玄黄，天地之雜」也。震東兑西，離南坎北，四正方伯之卦，六十四卦，唯歸妹備四時正卦之象，故曰「天地之大義也。」天地不交而萬物不興。虞翻曰：乾三之坤四，震爲「興」，天地以離坎交陰陽，故「天地不交則萬物不興」矣。王肅曰：男女交而後人民蕃，天地交然後萬物興，故歸妹以及天地交之義也。**疏**虞注：泰乾三之坤四成震。釋言「興，起也」，雜卦「震，起也」，故「震爲興」。乾陽交坤爲坎，坤陰交乾爲離。「萬物出乎震」，乾初交坤爲震，故天地交則萬物興起，不交則不興也。王注：「男女交而後人民蕃」，所謂「男女搆精，萬物化生」是也。「天地交然後萬物興」，所謂「天地壹壺，萬物化醇」是也。釋歸妹男女交之義，因及天地交之義也。

歸妹，人之終始也。 虞翻曰：人始生乾而終于坤，故「人之終始」。雜卦曰「歸妹女之終」。謂陰終坤癸，則乾始震庚也。干寶曰：歸妹者，衰落之女也。父既没矣，兄主其禮，子續父業，人道所以相終始也。**疏**虞注：乾象傳曰「大哉乾元，萬物資始」，故云「人始生乾」。坤文言曰「地道无成而代有終也」，故云「而終于坤」。乾始坤終，故曰「人之終始」。雜卦但曰「歸妹女之終」，而此言「人之終始」。坤納癸，二十九日，月滅于癸爲死魄，故云「陰終坤癸」。震納庚，月三日魄生于庚，乾陽初動，故云「乾始震庚」。觀坤終卽知乾始，故合終始言之也。干注：兑爲少女，其父已老，故「歸妹者，衰落之女也」。泰乾已毁，故云「父既没矣」。震象已成，故云「兄主其禮」。兑，妹也，震，歸妹者也。以震子續乾父之業，乾終震始，故云「人道所以相終始也」。

説以動，所歸妹也。 虞翻曰：説，兑，動，震也。謂震嫁兑，所歸必妹也。**疏**説謂兑也，動謂震也。女「説而動」，嫁象也。以震兄嫁兑女，故知「所歸必妹也」。

征凶，位不當也。 崔覲曰：中四爻皆失位，以象歸妹非正嫡，故「征凶」也。**疏**中四爻皆失陰陽正位。莊十九年公羊傳「諸侯一聘九女」，兑非長女，取象歸妹，妾媵而已，非正嫡也，故「征凶」。

无攸利，柔乘剛也。 王肅曰：以征則有不正之凶，以處則有乘剛之逆也，故「无所利」矣。**疏**以柔居三〔一〕，承乘皆不正之剛，故征則承凶，處則乘逆，「无所利」也。

象曰：「澤上有雷，歸妹。

〔一〕「三」，原本作「四」，據陳校本正。

干寶曰：雷薄于澤，八月九月，將藏之時也。君子象之，故不敢恃當今之虞，而慮將來禍也。**疏**陽功既成，雷歸于澤，退保蟄蟲。雷出奮陽，雷入成陰，故曰歸妹。歸妹內卦候在八月，外卦候在九月，雷已收聲，故云「雷薄于澤，八月九月，將藏之時也」。虞，安也。「當今之虞」謂九月歸妹，寒露時也。「將來之禍」，謂十一月未濟，大雪時也。天地不通，閉塞成冬，故有禍。君子象之，故雖目前可安，即慮將來之禍也。

君子以永終知敝。

虞翻曰：「君子」謂乾也。坤爲「永終」爲「敝」，乾爲「知」，三之四爲「永終」，四之三兌爲毀折，故「以永終知敝」。崔覲曰：「歸妹，人之始終也」，始則「征凶」，終則「无攸利」，故「君子以永終知敝」，爲戒者也。**疏**虞注：陽爲君子，故「君子謂泰乾也」。坤用六「永貞」，又「地道无成而代有終」，故「坤爲永終」。終故「爲敝」。「乾知大始」，故「爲知」。乾三之四，故「爲永終」。四之三成兌爲毀折。說文「敝，一曰敗象也」。毀折亦敗象也。三四易位，爻皆失正，故以「永終知敝」。泰盡將否，故君子不失其時焉。崔注：歸妹終歸妹有終始之義，中爻不正，故始則「征凶」，終則「无攸利」。凶无攸利，敝象也。雜卦曰「歸妹，女之終也」。二五不正，于女終歸妹之時，卽當知其敝之所在，故君子以是爲戒焉。

初九。歸妹以娣，跛而履，征吉。

虞翻曰：震爲兄，故嫁妹，謂三也。初在三下，動而應四，故稱娣。履，禮也。初九應變成坎，坎爲曳，故「跛而履」。應在震爲「征」，初爲娣，變爲陰，故「征吉」也。**疏**四在震爲兄，故「嫁妹」，「謂三」謂震四嫁三妹也。三，震妹也，初在三下，亦震妹，故動而應四稱「娣」也。春秋公羊傳「諸侯一聘九女」。嫁者一娣一姪，媵者皆一娣一姪，娣亦嫡妹，故「初稱娣也」。四至初有履象，故云「履，禮也」。嘉事，禮之大，娣從媵，禮也。四未反正，故初權變應四成坎，「坎爲曳」，說卦文，曳故「跛能履」。「而履」「而視」，「而」當作「能」，說見乾卦。應在震足，故「爲征」。初爲三娣，變而成陰應四，故「征吉」也。

象曰：「歸妹以

娣，以恆也。跛而履，吉相承也。」虞翻曰：陽得正，故「以恆」。恆動初承二，故「吉相承也」。疏初陽爲三娣，正以得位，不取其變，故「以恆也」。初既得正，又動承二，二未變，初動承之，二變正，初亦正。故「相承也」。愚案：泰初之四成恆，恆初三易位成歸妹，恆巽長女爲嫡，兑少女爲娣，初居恆位，故「以恆也」。

九二。眇而視，利幽人之貞。虞翻曰：視，應五也。震上兑下，離目不正，故「眇而視」。「幽人」謂二，初動二在坎中，故稱「幽人」。變得正，震喜兑説，故「利幽人之貞」，與履二同義也。疏二互離目爲「視」，與五應，故「視，應五也」。外震内兑，上下正象。離目互象不正，爻亦不正。説文「眇，一目小也」，故曰「眇能視」。「幽人謂二」以下，説見履二。「變得正」者，二當與五易位。卦主在四，四正，然後初正，二乃得上之五，爻序蓋如此也。

象曰：「利幽人之貞，未變常也。」虞翻曰：常，恆也。乘初未之五，故「未變常」矣。疏説文「恆，常也」，玉篇「常，恆也」。九家説卦「兑爲常」，二體兑，故稱「常」，謂得正也。初已變，二乘初爲坎，故爲「幽人」。之五正位則爲「常」，未之五故「未變常也」。

六三。歸妹以須，反歸以娣。虞翻曰：須，需也。初至五體需象，故「歸妹以須」。「娣」謂初也。震爲「反」，反馬歸也。三失位，四反得正，兑進在四，見初進之，初在兑後，故「反歸以娣」。疏需象傳曰「需，須也」，故云「須，需也」。「須」與「顉」同，釋詁「顉，待也」，是即需之義也。初至五體需象，故「以須」。卦象震兄嫁妹，則卦有婦无夫，坎離不爲夫婦者，失正故也，故須四反三，三進四，則二五易位，坎在兑三，離在震四，日東月西，夫婦道著，六五「月幾望」是也，故三曰「歸妹以須」。初九「歸妹以娣」，故「娣謂初也」。震于稼爲反生，故「爲反」。春秋宣公五年「冬，齊高固及子叔姬來」，左傳「冬，來，反馬也」，震爲馬，四反，不可仍象震兄，故象反馬，而曰「反馬歸也」。三陰失位，四反于三，乃得正征。兑三進在四，兑爲見。四反正，初六變正，與兑四爲應，故象四嫁妹而進其娣也。禮「嫁女，同姓媵之」，故初娣變應震兄，及見于君，必夫人進之，故初又正應兑而在兑後，故「反歸以娣」也。象曰：「歸妹以須，位未當也。」虞翻曰：三未變之陽，故「位未當」。疏須四反三，三之四，乃得正位。三未變陽，故「位未當也」。九四。歸妹愆期，遲歸有時。虞翻曰：愆，過也。謂二變三動之正，體大過象，坎月離日爲期。三變，日月不見，故「愆期」。坎爲曳，震爲行，行曳，故「遲」也。「歸」謂反三。震春兑秋，坎冬離夏，四時體正，故「歸有時」也。疏「愆，過也」，説文文。二已變正，三復動之正，體大過象，卦互坎月離日。漢書律曆志「以月法日法，定三辰之會」，説文「期，會也」，故云日月爲期。三不待四而自變，日月不見則愆期，故三須四而遲歸也。坎曳震行，故「遲」。在兑爲嫁，在震爲反，故「歸謂反三」也。震春兑秋，坎冬離夏，四時皆備，三四正位，二五升降，坎離時正，故「歸有時也」。象曰：「愆期之志，有待而行也。」虞翻曰：待男行矣。疏坎心爲「志」，故云「愆期之志」。須，待也。四爲卦主，故象獨言「待」。三離待四坎陽，坎中男，震爲「行」，故「待男行矣」。雜卦傳曰「漸，女歸待男行也」，漸反歸妹，巽反成震，互坎在四，故「待男而行也」。六五。帝乙歸妹，其君之袂不如其娣之袂良，虞翻曰：三四已正，震爲「帝」，坤爲「乙」，故曰「帝乙」。泰乾爲「良」爲「君」，乾在下爲小君，則妹也。袂口，袂之飾也，兑爲口，乾爲衣，故稱「袂」。謂三失位无應，「娣袂」謂二，得中應五，三動成乾爲「良」，故「其君之袂，不如其娣之袂良」，故象曰「以貴行也」矣。疏三四反正，三互震，帝出乎震爲帝，四體坤，坤納乙爲乙，故曰「帝乙」。詳見泰五。泰乾爲良馬，虞説卦注云「乾善，故良也」。「乾爲君」，説卦文。「乾在下爲小君，則妹也」者，謂三爲震之妹，居乾位爲小君也。玉篇「袂，袖也」。「袂口」者，衣之飾也，「袂之」當作「衣之」。「兑爲口」，説卦文。「乾爲衣」，九家説卦文。袖口衣飾，故爲袂。「君袂」謂三，陰在三失位，陰在上无應，二在兑，亦三娣也，故「娣袂謂二」，雖失位，然得中，上正應五，三變正成乾，乾善爲「良」，故「君袂不如娣袂良」也，故象曰「以貴行也」。案：三四已正，「帝乙歸妹」，妹歸在四。初正乾衣兑口爲「袂」，泰，女主，五爲小君，失位无實，「娣」謂二，在乾中，故「其君之袂不如其娣之袂良」。謂二當升五，「貴行也」。

月幾望，吉。虞翻曰：幾，其也。坎月離日，兑西震東，日月象對，故曰「幾望」。二之五，四復三，得正，故吉也。與小畜中孚「月幾望」同義也。**疏**此以三四得正，三居兑四居震爲「幾望」。非以五坎二離爲「望」。「幾」「其」古字通，猶云近也。與小畜中孚同義，詳見小畜上九。二變之五，四反于三，成既濟，故吉。愚案：內體兑來自泰乾，月自兑丁至乾甲，故曰「幾望」，與小畜同義。象曰：「帝乙歸妹，不如其娣之袂良也。虞翻曰：三四復正，乾爲「良」。**疏**三四，反正，內成泰乾，乾善爲「良」，故「袂良」也。其位在中，以貴行也。」虞翻曰：三四復，二之五，成既濟，五貴，故「以貴行也」。**疏**三四已復，二五易位，成既濟定。五在上中，其位貴，互震爲「行」，故曰「以貴行也」。

上六。女承筐无實，虞翻曰：「女」謂應三兑也。自下受上稱「承」，震爲「筐」。以陰應陰，三四復位，坤爲虛，故「无實」，象曰「承虛筐也」。**疏**上與三應，故「女謂應三兑也」。三受上稱「承」。海篇「筐，盛物竹器也」，震爲竹，坤爲方，泰有坤體，竹器而方者筐也，故「爲筐」。三以陰應陰，三四反正，上成坤陰爲虛，故曰「承筐无實」，象曰「承虛筐」是已。士刲羊无血，无攸利。虞翻曰：刲，刾也。震爲「士」，兑爲「羊」，離爲刀，故「士刲羊」。三四復位成泰，坎象不見，故「无血」。三柔承剛，故「无攸利」也。**疏**説文「刲，刺也」，史記封禪書「使博士諸生，刾六經中作王制」，注「刾作刺」，故云「刲，刾也」。乾鑿度曰「初爲元士」，乾初爲震，故「震爲士」，謂四反三爲「士」，以應上也。「兑爲羊」，説卦文。離戈兵爲刀，兑金爲刑殺，故曰「士刲羊」。三四復位反泰，坎象毁壞，坎爲血卦，故「无血」。三自以柔承坎剛，不能應上，故「无攸利」也。愚案：卦辭「无攸利」者，謂三乘二剛也，爻辭「无攸利」者，謂三承四剛也，乘承皆不正之剛，故「无攸利」。注皆謂三，无異辭也。又案：女之適人，實筐以贄于舅姑，士之妻女，刲羊以告于祠廟，「筐无實，羊无血」，約婚不終者也。曰「女」曰「士」，未成夫婦之辭。先「女」後「士」，咎在「女」矣。故「无攸利」之占，與彖辭同。僖十五年左傳「初，晉獻公筮嫁伯姬于秦，遇歸妹之睽。史蘇占之，曰不吉。其繇曰『士刲羊，亦無衁也。女承筐，亦無貺也。西鄰責言，不可償也。歸妹之睽，猶無相也』。震之離亦離之震，爲雷爲火，爲嬴敗姬。車說其輹，火焚其旗，不利行師，敗于宗丘」。上變震成離，杜注云「火動熾而害其母，女嫁反害其家之象」，故「无攸利」也。

象曰：「上六无實，承虚筐也。」虞翻曰：泰坤爲虚，故「承虚筐也」。**疏**反泰，坤陰爲虚，故「承虚筐」。二之五則坤實，成既濟定也。

周易集解纂疏卷七

下經第七

序卦曰：「得其所歸者必大，故受之以豐。豐者，大也。」崔覲曰：歸妹者，姪娣媵，國三人，凡九女爲大援，故言「得其所歸者必大」也。**疏**公羊傳「諸侯娶一國，則二國往媵之，以娣姪從。」故「歸妹者，娣姪媵，每國三人，凡九女爲大援」也。九者，陽數，陽爲大，故「得其所歸者必大。」「豐者，大也」，豐所以次歸妹也。 案：「與人同者，物必歸焉」，人歸己也。物「得其所歸者必大」，己歸人也。二者皆足以致事業之大，故大有次同人，豐次歸妹也。

䷶離下震上豐。亨。虞翻曰：此卦三陰三陽之例，當從泰二之四。而豐三從噬嗑上來之三，折四于坎獄中而成豐，故「君子以折獄致刑」。陰陽交故通，噬嗑所謂「利用獄」者，此卦之謂也。**疏**此不用三陰三陽泰二之四例者，以豐「折獄致刑」，自噬嗑「利用獄」來也。噬嗑「利用獄」，虞彼注云「上當之三，蔽四成豐，『折獄致刑』」，故此云「三從噬嗑上來之三」。噬嗑四不正，在坎獄中，上來折之而成豐，故象曰「君子以折獄致刑」。此消息卦變例也。三上易位，是陰陽交，交故通，通故亨。噬嗑云「亨利用獄」，即此卦「上之三，蔽四成豐」之謂也。王假之。虞翻曰：乾爲王。假，至也。謂四宜上至五，動之正成乾，故「王假之，尚大也」。**疏**乾爲君，故「爲王」。「假，至也」，釋詁文。四上至五，動正成乾，乾爲王，故曰「王假之」。「尚」與「上」通，故象曰「尚大也」。勿憂，宜日中。虞翻曰：五動之正，則四變成離，離日中當五，在坎中，坎爲憂，故「勿憂，宜日中」。體兩離象「照天下也」。「日中則昃，月盈則食。天地盈虛，與時消息」。干寶曰：豐，坎宮陰世在五，以其宜中而憂其昃也。坎爲夜，離爲晝，以離變坎，至于天位，日中之〔一〕象也。殷水德，坎象。晝敗而離居之，周伐殷，居王位之象也。聖人德大而心小，既居天位而戒懼不怠，「勿憂」者，勸勉之言也，猶詩曰「上帝臨女，无貳爾心」。言周德當天人之心，宜居王位，故「宜日中」。**疏**虞注：五四失位，五動得正，則四變成離，五互離，故謂「離日中爲當五」也。又離南方午位，故曰「日中」。昭五年左傳「天有十日」，故有十時。而以日中當王，此王之所以宜日中也。互在兩坎之中，又豐本坎宮五世卦，坎加憂爲憂。所以勿憂者，以離日當五也。體互兩離象，故象曰「宜照天下也」。「日中」以下，象辭文。泰初，故明消息。干注：豐，坎宮陰卦五變，故「世在五」也。至五世將游魂，五上中，故「以其宜中而憂其昃也。」坎月爲夜，子也。離日爲晝，午也。坎陽在五爲天位，以離變坎，五位互離，故云「至于天位，日中之象也。」殷以水德王，坎爲水，故坎象也。「晝」當作「紂」。紂〔二〕敗而離日居之，武王伐殷，居王位之象也。「聖人德大」謂「豐亨」，「心小」謂坎憂。故「既居天位而戒懼不怠」也。憂者，聖人之小心。「勿憂」者，占人之勸勉也。「上帝臨女，勿貳爾心」，詩大明文。言周有應天順人之德，宜居九五王位，故曰「宜日中」也。

象曰：「豐，大也。明以動，故豐。崔覲曰：離下震上，「明以動」之象。明則見微，動則成務，故能大矣。**疏**離在下爲「明」，震在上爲「動」，「明以動之象」也。離明則

〔一〕「中之」二字原本倒誤，據陳校本乙。
〔二〕「紂」，原本作重複號「＝」，同上「紂」字，誤作「＝」，今改。

見萬物之微，震動則成天下之務，豐所以能大也。　案：四陽失位，動則五成離爲明，陽爲大，陽動故王假，是以大也。

王假之，尚大也。姚信曰：四體震王。假，大也。四上之五，得其盛位謂之「大」。疏四體震，「帝出乎震」，故爲「王」。「假，大也」，釋詁文。四不正，之五得正，五爲王位，故「得其盛位謂之大」。　案：尚，上也。大，陽也。五本尊位，四陽上之，故曰「王假之，尚大也」。

勿憂宜日中，九家易曰：震帝而上，故「勿憂」也。「日」者君，「中」者五，君宜居五也。謂陰處五日中之位，當傾昃矣。疏四失位當憂，動而上五，故「勿憂」也。「日」者君象，「中」者五位，謂離日當居五位。今陰處五爻，當日中之位，宜有傾昃之憂。若四陽升五，得位得中，故「勿憂宜日中」也。

宜照天下也。虞翻曰：五動成乾，乾爲天，四動成兩離，重明麗正，故「宜照天下」，謂「化成天下」也。疏五陽自動成乾，乾爲天。四動成兩離，離爲日，即離象「重明以麗乎正」也。「宜照天下」，即離象「化成天下」也。六爻皆正，成既濟定，故「化成天下也」。

日中則昃，荀爽曰：豐者，至盛，故「日中」。下居四，日昃之象也。疏豐者，至盛之象，故曰「日中」。離下居四，故曰日昃也。案：四五正，重離，故爲「日中」。上變成家人，離變巽，巽，入也，日入，故昃也。

月盈則食，虞翻曰：月之行，生震見兑，盈于乾甲。五動成乾，故「月盈」。四變，體噬嗑食，故「則食」。此「豐其屋，蔀其家」也。疏坎爲月，月之行，三日生于震庚，七日見于兑丁，十五日盈于乾甲。五動成乾，故「月盈」也。上已變，四復變，體噬嗑食象，故食。唐傅仁均三大三小曆，「日食常在朔，月食常在望。」故月盈乾甲則食。上變成家人，故上六曰「豐其屋，蔀其家」也。

天地盈虛，與時消息。而況於人乎！況於鬼神乎！虞翻曰：五息成乾爲盈，四消入坤爲虛，故「天地盈虛」也。豐之既濟，四時象具。乾爲神人，坤爲鬼。鬼神與人，亦隨時消息，謂「人謀鬼謀，百姓與能」，「與時消息」。疏陽息五成乾，乾盈甲爲盈。陰消四入坤，坤陰虛爲虛。故曰「天地盈虛」。豐震春兑秋，既濟坎冬離夏，故「豐之既濟，四時象具。」陽之信爲神，得陽以生爲人，故「乾爲神人」。陰之詘爲鬼，故「坤爲鬼」。人謂三。乾由上之三爲神。鬼謂上。坤變之巽，皆「與時消息」者也。「人謀鬼謀，百姓與能」，繫下文。義詳彼注。史記曆書「皇帝考定星曆，建立五行，起消息。」皇侃注「乾者陽生爲息，坤者陰死爲消」，故以乾盈坤虛爲消息。「與時消息」，謂十二月消息也。

象曰：「雷電皆至，豐。」荀爽曰：豐者，陰據不正，奪陽之位而行以豐。故「折獄致刑」，以討除之也。**疏**雷電陽威之大，故皆至爲豐。五爲豐主，以陰據不正，奪陽之位。震爲行，故「行以豐」。「折獄致刑」，所以討除不正之陰也。

君子以折獄致刑。虞翻曰：「君子」謂三。噬嗑四失正，繫在坎獄中。故上之三折四入大過死象，故以「折獄致刑」。兑折爲刑。賁三得正，故「无敢折獄」也。**疏**「君子謂三」，陽也。卦自噬嗑來，四失正互坎，繫在坎獄中。上來之三，自二至五〔一〕體大過，是折四入大過棺椁死象，故以「折獄致刑」。兑爲毁折，又秋金殺象，故爲刑。噬嗑四不正，故「利用獄」。賁三得正，故「无敢折獄」。二卦皆中互坎獄，一得正，一不得正。豐則三四皆陽，兑成坎毁，以兑刑折坎獄，故以「折獄致刑」也。

初九。遇其妃主。虞翻曰：妃嬪謂四也。四失位，在震爲主。五動體姤遇，故「遇其妃主」也。**疏**鄭注「嘉耦曰妃」。初應四，故「妃嬪謂四也」。以九居四爲失位。震長子主器，故「在震爲主」。五動爲陽，四不變二至五體姤，「姤者，遇也」。以初遇四，故「遇其妃主也」。

雖旬无咎，往有尚。虞翻曰：謂四失位，變成坤應初，坤數十。四上之五成離，離爲日。**疏**四失位，當變成坤，

〔一〕「五」，原本作「四」，據陳校本正。

下應初陽，坤癸數十。變則上之五成離日。説文「十日爲旬」，坤數十，離爲日，故稱旬。荀本「旬」作「均」。地官均人「豐年則公旬用三日焉」，鄭注「旬，均也。易坤爲均，今書亦有作旬者」，是坤亦爲旬也。先言假遇其妃主，是四先動，以初爲夷主，嫌不免咎，故曰「雖旬无咎」。案：遇者，不期而會。四變，坤爲十日。十，數之窮也。四變應初，初往遇之，故雖窮「无咎」。自内曰往。「无咎」，故「往有尚」也。又鄭氏云「初脩禮，上朝四。四以匹敵恩厚待之，雖畱十日不爲咎」，義亦可通。愚案：震納庚，離納己，自庚至己，適得十日，故稱旬。**象曰：「雖旬无咎，過旬災也。」**虞翻曰：體大過，故過旬災。四上之五，坎爲災也。**疏**二至五[一]體大過，大過死象，故「過旬災」也。四上之五成坎，坎多眚爲災。四不應初，則坎爲災矣。案：自離初己至震四庚，過庚復己，爲離之四，當有焚棄之災，故曰「過旬災也」。**六二。豐其蔀，日中見斗，往得疑疾。**虞翻曰：日蔽雲中稱蔀。蔀小，謂四也。二利四之五，故「豐其蔀」。噬嗑離爲見，象在上爲日中，艮爲斗。斗，七星也。噬嗑艮爲星，爲止，坎爲北中，巽爲高舞。星止于中而舞者，北斗之象也。離上之三，隱坎雲下，故「日中見斗」。四往之五，得正成坎，坎爲疑疾，故「往得疑疾」也。**疏**體離爲日，故「日蔽雲中稱蔀」。馬氏云「蔀，小也」。鄭氏云「蔀，小席」。薛氏亦同。上爻虞注云「豐大蔀小」。在五則大爲豐，在四則小爲蔀，故「蔀謂四也」。二利四之五，已得正應。「豐其蔀」者，欲去四之蔽也。卦自噬嗑來，噬嗑體離，「相見乎離」，故爲見。噬嗑離在上體，故爲「日中」。艮「萬物之所成終而成始也」，斗建四時，故「艮爲斗」。又説卦「艮爲狗」，大戴禮易本命「斗主狗」，故曰「艮爲

[一]「五」，原本作「四」，據陳校本正。

斗」也。春秋運斗樞「第一至第四爲魁，第五至第七爲杓，合爲斗。居陰播陽，故稱北斗。」合魁與杓，故「斗，七星也」。噬嗑互艮爲石。僖十六年左傳「隕石于宋五，隕星也」。在地爲石，在天爲星，故「艮爲星」。艮又爲止。坎，「正北方之卦也」，故「爲北中」。「巽爲高」，説卦文。又行八風，故爲舞。星止于天中，應八風而舞者，北斗之象也。噬嗑上之三，是離日隱于坎雲之下，故「日中見斗」。四噬嗑互艮離，日隱而艮星見，故「見斗」謂四也。豐四往之五，得正成坎，坎心爲疑，坎病爲疾，故爲「疑疾」。日中无見斗之理，故曰「往得疑疾也」。

有孚發若，吉。 虞翻曰：坎爲孚。四發之五成坎孚，動而得位，故「有孚發若吉」也。**疏** 坎有孚，故爲孚。説卦「發揮于剛柔而生爻」，虞彼注謂發爲動。四體震，震，動也，故動之五，成坎爲孚。又五陽自動亦成坎，五動得正，故「有孚發若吉」也。書堯典孔傳訓「若」爲「順」，謂二應五，順之也。

象曰：「有孚發若，信以發志也。」 虞翻曰：四發之五，坎爲志也。九家易曰：信著于五，然後乃可發其順志。**疏** 虞注：四[一]動之五成坎，坎心爲志，又坎孚爲志，故「信以發志也」。九家注：四動成坎，故「信著于五」。坎爲志，信著，故「可發其順志」也。

九三。豐其沛，日中見沬。 虞翻曰：日在雲下稱沛。沛，不明也。沬，小星也。噬嗑離爲日，艮爲沬，故「日中見沬」。上之三，日入坎雲下，故見沬也。九家易曰：大暗謂之沛。沬，斗杓後小星也。**疏** 虞注：孟子曰「天油然作雲，沛然下雨」。上坎爲雲，下坎爲雨，故「日在雲下亦稱沛」，謂四也。雨雲蒙翳，故「沛，不明也」。「沬」，他本多作「昧」，子夏馬融皆云「星之小者」，薛氏云「昧，輔星也」，

[一]「四」下原衍「四」字，據陳校本刪。

星經曰「北斗七星，輔一星，在大微北，北斗第六星旁」，陸希聲云「沬者，斗槩，謂斗之輔星。斗以象大臣，槩以象家臣」，故曰「沬，小星也」。噬嗑離日在上爲「日中」。艮爲星，爲小，沬，小星，故爲沬。以離互艮，故「日中見沬」。三本離日，故見艮爲沬，二陰見之則爲斗，皆謂四也。離上之三入坎，故「日入坎雲下」。內體離爲見，故「見沬也」。三利四之陰，故象與二同。九家注：姚信云「沛，滂沛也」，漢書五行志「沛然自大」，故云「大暗謂之沛」。輔星在北斗第六星闓陽旁。五至七爲杓，六在杓中，故云「沬，斗杓後小星也」。愚案：二三皆爲四所蔽，二遠于四，三近于四，故沛之蔽明甚于蔀，見沬之暗甚于見斗也。折其右肱，无咎。虞翻曰：兑爲折，爲右，噬嗑艮爲肱。上來之三，折艮入兑，故「折其右肱」。之三得正，故「无咎」也。疏兑爲毀折，故爲折。震東兑西，故兑爲右。噬嗑互艮手，故爲肱。上來之三成豐，折艮手入兑，故曰「折其右肱」。日隱有咎。上之三得正，故「无咎」。案：上六極暗，「不可大事」。三「折其右肱」，示不可用，故得「无咎」。象曰：「豐其沛，不可大事也。虞翻曰：利四之陰，故「不可大事」。疏三利四之陰，陰爲小，故「不可大事也」。折其右肱，終不可用也。」虞翻曰：四死大過，故「終不可用」。疏二至五體大過死象，四不變，死大過中，故「終不可用也」。愚案：三雖得正，爲四所蔽，不能應上，上陰爲小，故「不可大事」。三肱已折，上失所應，上爲終，故「終不可用」。九四。豐其蔀，虞翻曰：蔀，蔽也。噬嗑離日之坎雲中，故「豐其蔀」。象曰「位不當也」。疏「蔀，蔽也」者，即陸希聲云「蔀，茂盛周匝之義也」。四在噬嗑爲坎，上之三爲「離日之坎雲中」。四蔽三，故曰「豐其蔀」。四失正，故象曰「位不當也」。日中見斗。虞翻曰：噬嗑日在上爲中。上之三爲巽，巽爲入。日入坎雲下，幽伏不明，故「日中見斗」。象曰「幽不明」，是其義也。疏噬嗑離在上體，故爲「日中」。上之三，互巽爲入，四本互坎爲雲。日入坎雲下，有幽伏不明之象，故「日中見斗」，而象特明其義也。二與四同功，故兩爻辭亦相類。**遇其夷主，吉。**虞翻曰：震爲主，四行之正成明夷，則三體震爲夷主，故「遇其夷主，吉」也。　案：四處上卦之下，以陽居陰，履非其位，而比于五，故曰遇也。「夷者，傷也」。主者，五也。謂四不期相遇而能上行傷五則吉，故曰「遇其夷主，吉行也」。**疏**虞注：震主器，故爲主。又爲行。四行變正成明夷，則三互震，故「三體震爲夷主」，而爲「遇其夷主」也。變得正，故「吉」。　案：四以陽居陰，失其正位，而近比于五，故曰遇也。「夷者，傷也」，序卦文。五爲卦主，故云「主者，五也」。隱八年穀梁傳「不期而會曰遇」。謂四與五不期相遇，而能上行傷五，使五退居四，四進居五，成既濟定則吉。故曰「遇其夷主，吉行也」。　愚案：四與初應，四變正體明夷。明夷初九曰「主人有言」，故曰「夷主」。變正應陽，故「吉」。初遇「妃主」，亦以四變應初也。**象曰：「豐其蔀，位不當也。日中見斗，幽不明也。**虞翻曰：離上變入坎雲下，故「幽不明」。坎，幽也。**疏**四失正，故「不當」。噬嗑上之三，離日變入坎雲中，故「幽不明」。坎以一陽陷于二陰，故稱幽也。**遇其夷主，吉行也。**虞翻曰：動體明夷，震爲行，故曰「吉行」。**疏**四震爲動，體變明夷，震足爲行，故「吉行也」。**六五。來章，有慶譽，吉。**虞翻曰：在内稱來。章，顯也。慶謂五，陽出稱慶也。譽謂二，二多譽。五發得正，則來應二，故「來章，有慶譽，吉」也。**疏**在内稱來，五陽在内也。姤「品物咸章」，荀氏云「章，明也」。書泰誓曰「天有顯道」，孔傳「言天有明道」，是顯亦明也。「章」與「顯」皆訓明，故云「章，顯也」。陽，故爲顯也。陽爲慶。五陽動出，故「有慶也」。五與二應，故「譽謂二」。「二多譽」，繫下文。五動得正，來應于二，故「來章，有慶譽，吉也」。**象曰：「六五之吉，有慶也。」**虞翻曰：動而成乾，乾爲慶。**疏**五動，互體成乾，乾陽爲慶，故「有慶也」。**上六。豐其屋，蔀其家。**虞翻曰：豐大，蔀小也。三至上體大壯屋象，故「豐其屋」。謂四五已變，上動成家人。大屋見則家人壞，故「蔀其家」。與泰二同義。故象曰「天際〔一〕祥」，明以大壯爲屋象故也。**疏** 序卦曰「豐者，大也」，故云「豐大」。鄭氏云「蔀，小席也」，故云「蔀小」。三至上體大壯，大壯宮室象，故稱屋。在豐家，故稱「豐其屋」。四五失正易位，上動則成家人。大壯屋見，則家人象壞，故曰「蔀其家」。泰二終變成坎，爻辭曰「包巟」，巟，大川也，謂陽息二，包坎體也。豐上六終變成家人，今體大壯故「豐其屋，蔀其家」，與泰二同義。大壯乾爲天，震動爲祥，故「象曰，天際祥」。「明以大壯爲屋象故也」。**闚其户，闃其无人。三歲不覿，凶。** 虞翻曰：謂從外闚三應。闃，空也。四動時，坤爲闔。户闔，故「闚其户」。坤爲空虛，三隱伏坎中，故「闃其无人」，象曰「自藏也」。四五易位，噬嗑離目〔二〕爲闚。闚人者，言皆不見。坎爲三歲，坤冥在上，離象不見，故「三歲不覿，凶」。干寶曰：在豐之家，居乾之位，乾爲屋宇，故曰「豐其屋」。此蓋託紂之侈，造爲璿室玉臺也。「蔀其家」者，以託紂多傾國之女也。社稷既亡，宮〔三〕室虛曠，故曰「闚其户，闃其无人」。闃，无人貌也。三者，天地人之數也。凡國于天地，有興亡焉。故王者之亡其家也，必天示其祥，地出其妖，人反其常。非斯三者，亦弗之亡也，故曰「三歲不覿，凶」。然則璿室之成，三年而後亡國矣。案：上應于三，三互離，巽爲户，離爲目，目而近户，闚之象也。既屋豐家蔀，若闚

〔一〕「際」，原本作「降」，據陳校本正。
〔二〕「目」，原本作「日」，據陳校本正。
〔三〕「宮」，原本作「官」，據陳校本正。

其户，闃寂无人。震木數三，故三歲致凶于災。**疏**虞注：上與三應，故「從外闚三應」。説文「闃，静也」。玉篇「静無人也」。无人，故訓空也。四動外體坤，「闔户謂之坤」，故爲闔也。户闔，故闚其户。陽實陰虛，坤陰，故「爲空虛」。坎爲隱伏，三在噬嗑坎下，故「三隱伏坎中」。伏，故「闃其无人」。象曰「自藏」，言三不應上也。四五易位非噬嗑，此有錯誤，當云四五易位，離目爲覿，今无人，故不見也。坎上曰「三歲不得」，故「坎爲三歲」。坤晦爲冥，詳〔一〕見「冥豫」。上體坤，故「坤冥在上」。坤成離毁，故「離象不見」，而曰「三歲不覿，凶」也。干注：六居豐上，故「在豐之家」。震上六庚戌，戌爲乾位，故「居乾之位」。艮爲門闕，取乾上一陽也，故「乾爲屋宇」。在豐之上，故曰「豐其屋」。竹書紀年「商王辛作瓊室，立玉門」，故謂「豐其屋蓋託紂之侈，造爲璿室玉臺也。」晉語「殷辛伐有蘇，有蘇氏以妲己女焉。妲己有寵」。故謂「蔀其家者，以託紂多傾國之女也。」史記「武王伐紂，紂兵皆崩，畔紂，紂走，反入，登鹿臺，蒙衣其珠玉，自燔于火而死」，故以「社稷既亡，宫室虛曠」，爲「闚其户，闃其无人」也。馬氏鄭氏皆云「闃，无人貌」。天地人爲三才，故「三者，天地人之數也」。國之興亡，與天地相感召，故王者亡家，必天示祥，地出妖，人反常焉，非三者具，亦弗亡，故曰「三歲不覿，凶」。據通鑑，紂作瓊室玉門在甲寅八祀，紂之亡也，在己卯三十三祀，兹云「璿室之成，三年而後亡國」，蓋因經「三歲不覿」而爲之辭，未可以爲實據。案：上應三，三互離，巽陰爻爲户，離目近户，闚象也。屋豐家蔀，目无所見。若闚其〔二〕户，闃寂无人。上繫「天三」，木數也，體震爲木，故「三歲致凶于災」。象曰：「豐其屋，天際祥也。」孟喜曰：天降下惡祥也。

〔一〕「詳」，原本作「祥」，據陳校本正。
〔二〕「其」，原本作「地」，據干注正。

疏 昭十八年左傳「鄭之未災也，里析曰『將有大祥』」。漢書五行志「妖孽自外來謂之祥」。是「祥」亦惡徵也。「際」猶降也。故曰「天降下惡祥也」。闚其户，闃其无人，自藏也。」虞翻曰：謂三隱伏坎中，故「自藏」者也。**疏** 豐自噬嗑來，三與上應。三在噬嗑坎下，坎爲隱伏，故以「三隱伏坎中」爲「自藏」，言不與上應也。

序卦曰：「窮大者必失其居，故受之以旅。」崔覲曰：諺云「作者不居，況窮大甚，而能久處乎」。故必獲罪去邦，羇旅于外矣。**疏** 諺語本北史斛律金傳，引之以明窮大失居之意。「作者」，即邶〔一〕風「作于楚宫」之「作」。言作者且不得居，況窮大太甚，而能久處此乎。窮大必獲罪，失居必去邦，故受以旅而羇于外矣。愚案：「豐者，大也。」至上則窮乎大矣。豐屋蔀家，闚户无人，失居之象也。故「窮大者必失其居」。豐上反下成旅，旅内艮爲居，外離爲麗，失乎内即麗乎外，旅所以次豐也。

䷷艮下離上旅。小亨。旅貞吉。虞翻曰：賁初之四，否三之五，非乾坤往來也。與噬嗑之豐同義。小謂柔，得貴位而順剛，麗乎大明，故「旅小亨，旅貞吉」。再言「旅」者，謂四凶惡，進退无恆，無所容處。故再言「旅」，惡而愍之。**疏** 此賁初之四成旅也，亦即否三之五。不從三陰三陽之例者，以艮離易位，非乾坤往來也。猶豐不自泰來而自噬嗑，故與噬嗑之豐同義。陽大陰小，五陰，柔也，故「小謂柔」。五得貴位而順上剛，五體離，離，麗也。乾爲大明，離麗乾中得正，故「麗乎大明」。以坤柔通乾五，得正而亨，故曰「小亨」。旅唯二三兩爻得正，二中而得正，是「貞吉」謂二，言足

〔一〕「邶」，原本作「邯」，據詩邶風正。

爲旅之貞吉而已。再言「旅」者，四在離爲焚棄惡人，故「謂四凶惡」。四互巽爲進退，在乾四爲「進退无恆」，故无所容處而爲旅也。「再言旅，惡而愍之」者，惡其无恆，愍其无容也。**象曰：「旅小亨，**姚信曰：此本否卦，三五交易，去其本體，故曰客旅。荀爽曰：謂陰升居五，與陽通者也。**疏**姚注：三陰三陽之卦自否來，三五易位。五本乾，之三仍乾，是去本體而客他所，故獨取象客旅。荀注：否三陰爲小，升居于五，五陽降居于三，陰與陽通，故亨。愚案：震主器，震陽在內爲主，故艮陽在外爲旅。離者，麗也。陽在外而得所麗，故其卦爲旅也。否象不通。三陰爲小，上通于五，故「小亨」也。**柔得中乎外而順乎剛。止而麗乎明，是以小亨旅貞吉也。**蜀才曰：否三升五，柔得中于外，上順于剛。九五降三，降不失正。止而麗乎明，所以「小亨，旅貞吉」也。**疏**否三陰升五，五爲中，是「柔得中于外卦」。以陰承陽，是「上順于九剛」。九五降居于三，仍不失正。艮爲止，離爲麗，又爲順，故「止而麗乎明」。麗明，故「小亨」。止而不失其正，故「旅貞吉」也。**旅之時義大矣哉。」**虞翻曰：以離日麗天，「縣象著明，莫大日月，」故「義大」也。王弼曰：旅者，物失其所居之時也。物失所居，則咸願有附，豈非智者有爲之時，故曰「旅之時義大矣哉」。**疏**虞注：繫上曰「縣象著明，莫大乎日月」。離日麗天，順莫大焉，故「義大」也。賁震春坎冬，旅兑秋離夏，故曰「時義大」也。王注：孔疏「此歎美寄旅之時。屋皆失其所居，若能與物爲附，使旅者獲安，非小才可濟，惟大智能然，故曰『旅之時義大矣哉』」。**象曰：「山上有火，旅。**侯果曰：火在山上，勢非長久，旅之象也。**疏**孔疏「火在山上，逐草而行，勢不久畱，故爲旅象」。案：山上有火，陽寄于地，旅之象也。火焚萬物，故取于「明慎用獄」。**君子以明慎用刑而不留獄。」**虞翻曰：君子謂三。離爲明，艮爲慎，兑爲刑，坎爲獄。賁初之四，獄象不見，故以「明慎用刑而不畱獄」，與豐「折獄」同義者也。**疏**艮三即乾三，乾九三稱

「君子」，故「君子謂三」。離嚮明爲明，艮陽小爲愼，兑西方金爲刑殺。九家易坎爲律、爲叢棘、爲桎梏，故爲獄。賁三互坎，初之四，旅成賁滅，故「獄象不見」。互兑爲折，獄折則不留，故以「明愼用刑而不留獄」也。噬嗑亦以豐上〔一〕之三爲「折獄」，故云「同義」。初六。旅瑣瑣，斯其所取災。陸績曰：瑣瑣，小也。艮爲小石，故曰「旅瑣瑣」也。履非其正，應離之始，離爲火。艮爲山以應火，災焚自取也，故曰「斯其所取災」也。**疏**「瑣瑣，小也」，釋言文。「艮爲小石」，説卦文。小，故「旅瑣瑣」也。初失位，故「履非其正」。應四爲離初，離火在上。四性凶惡不正，艮初應之，取離四焚如之災，故曰「斯其所取災也」。象曰：「旅瑣瑣，志窮災也。」虞翻曰：瑣瑣，最蔽之貌也。失位遠應，之正介坎。坎爲災眚，艮手爲取。謂三動應坎。坎爲志，坤稱窮，故曰「志窮災也」。**疏**馬氏云「瑣瑣，疲弊貌」，故云「瑣瑣，最蔽之貌」。「蔽」當從馬作「弊」是也。初失位，遠應四，與四易位，變而得正，介乎坎上。坎爲多眚，故爲災眚。又言三動則四在坎中。艮手在初，往應于四爲取災。雜〔二〕卦曰「親寡，旅也」，言不應也。坎心爲志，三已變坤終爲窮，故曰「志窮災也」。六二。旅即次，懷其資，得僮僕貞。九家易曰：即，就。次，舍。資，財也。以陰居二，即就其舍，故「旅即次」。承陽有實，故「懷其資」。初者卑賤，二得履之，故「得僮僕」。處和得位，正居，是故曰「得僮僕貞」矣。**疏**説文「即，一曰就也」，故云「即，就」。天官「宮正以時比宮中之官府，次舍之寡衆」，又「宮伯授八次八舍之職事」，故云「次，舍」。大雅板「喪亂蔑資」，毛傳「資，財也」。二以陰居

〔一〕「上」，原本作「止」，據陳校本正。

〔二〕「雜卦」，原本作「離卦」，據陳校本正。

陰，爲「即就其舍」，故曰「旅即次」。上承三陽，陽實爲「有實」，故曰「懷其資」。又互巽爲近市利三倍，懷資之象也。初曰「瑣瑣」，細小卑賤之稱，故云「初者卑賤」。二得履初，故曰「得其僮僕」。郎次旅所安，財貨旅所資，僮僕旅所役。二柔爲「處和」，在二爲「得位」，得正爲「正居」。故曰「得僮僕貞矣」。象曰：「得僮僕貞，終无尤也。」虞翻曰：艮爲僮僕，得正承三，故「得僮僕貞」而「終无尤也」。案：六二履正體艮，艮爲閽寺，「僮僕貞」之象也。**疏**虞注：艮少男，故爲僮僕，謂三也。二得正，上承三，三亦得貞，故「得僮僕貞」。賁坎爲尤，初之四坎象毁，故「无尤也」。案：六二得位爲履正。體在艮，「艮爲閽寺」，説卦文。得正，故有「僮僕貞」之象也。九三。旅焚其次，喪其僮僕，貞厲。虞翻曰：離爲火，艮爲僮僕。三動艮壞，故「焚其次」。坤爲喪。三動艮滅入坤，故「喪其僮僕」。動而失正，故「貞厲」矣。**疏**應離爲火，體艮爲僮僕。三欲應上故動，動則艮體壞，艮舍爲次，故「焚其次」。卦唯二三得正，故皆言「次」。坤喪于乙爲喪。三動艮僮滅而入坤喪，故「喪其僮僕」。正不當動，動而失正，故「貞厲矣」。象曰：旅焚其次，亦以傷矣。虞翻曰：三動體剥，故傷也。**疏**三動，初至四體剥。剥有傷害象，故曰「亦以傷矣」。以旅與下，其義喪也。虞翻曰：三變成坤，坤爲下、爲喪，故「其義喪也」。**疏**三變成坤地爲下，故曰「以旅與下」。坤又爲喪。故曰「其義喪也」。九四。旅于處，得其資斧，我心不快。虞翻曰：巽爲處。四焚棄惡人，失位遠應，故「旅于處」，言无所從也。離爲資斧，故「得其資斧」。三動，四坎爲心，其位未正，故「我心不快」也。**疏**四互體巽，巽爲入、爲伏，故爲處。四在離爲焚棄惡人，已失位，遠應于初，故「旅于處」。言若寄處于人家者然，故云「无所從也」。離爲戈兵，故爲資斧。陸氏釋文出「資斧」，云子夏傳及衆家並作「齊斧」。漢書王莽傳引巽爻之文曰「喪其齊斧」，應劭云「齊，利也」。張軌云「齊斧，蓋黄鉞斧也」。「得其齊斧」，謂得利斧也。三已動，四在坎中爲心病，四失位不正，故「我心不快也」。象曰：「旅于處，未得位也。得其資斧，心未快也。」王弼曰：斧所以斫除荆棘，以安其舍者也。雖處上體之下，不先于物，然而不得其位，不獲平坦之地者也。客子所處，不得其次，而得其資斧之地，故其心不快。案：〔一〕九四失位而居艮上，艮爲山，山非平坦之地也。四體兑巽，巽爲木，兑爲金，木貫于金，卽資斧斫除荆棘之象者也。疏王注：斧爲斫除荆棘，以安其舍之用。四處上體之下，不先于物，爲「旅于處」。然不得其正位，不獲平坦之地，以用其斧。猶客于所處，不得其次舍，而但得資斧之地，所以「其心不快」也。「客子」當從注疏本，作「客于」爲是。案：九四以陽處陰，是失位而居艮山之上。山非平坦之地，當用資斧以除荆棘。四互兑巽，以巽木貫于兑金，斧象也，故有斫除荆棘之用。六五。射雉，一矢亡。虞翻曰：三變坎爲弓，離爲矢，故「射雉」。五變體乾，矢動雉飛，雉象不見，故「一矢亡」矣。疏三變，五互坎弓輪爲弓。體離戈兵爲矢。以坎弓離矢而射離雉，故曰「射雉」。五變體成乾象，離矢動而雉飛，則乾成離毁，「雉象不見，故一矢亡矣。」終以譽命。虞翻曰：譽謂二，巽爲命。五終變成乾，則二來應已，故「終以譽命」。疏「二多譽」，故「譽謂二」。二互巽申命爲命。五失位，終變成乾，則二陰應已，故「終以譽命」。案：五有中和文明之德，象出疆載贄執雉相見之士也。變乾得正，則矢亡雉得，應二上逮矣。譽謂聲譽，命謂爵命。卦唯二五柔順得中，故二貞吉而五譽命也。象曰：「終以譽命，上逮也。」虞翻曰：逮，及也。謂二上及也。干寶曰：離爲雉、爲矢，巽爲木、爲進退，艮爲手，兑爲決。有木在手，進退其體，矢決于外，

〔一〕「案」上原衍「坦」字，據陳校本删。

射之象也。一陰升乾，故曰「一矢」。履非其位，下又无應，雖復「射雉」，終亦失之，故曰「一矢亡」也。「一矢亡」者，喻有損而小也。此託禄父爲王者後，雖小叛擾，終逮安周室，故曰「終以譽命」矣。疏虞注：「逮，及也」，説文文。謂二命上及五也。干注：體離爲雉，又戈兵爲矢。互巽爲木，有笴象。又爲進退，有張弓象。内艮爲手，互兑爲決。決，開也。鄉射禮「袒決遂」，詩車攻「決拾既佽」，是也。巽木在内，艮爲手，而巽進退之，故離矢兑決于外體，有射象焉。離六五一陰入乾中，是「一陰升乾」，故曰「一矢」。六在五爲「履非其位」，六在下二，又无正應，雖射亦失，故「一矢亡也」。喻雖有損而所失小也。史記殷世家「武王封紂子武庚禄父，管叔蔡叔乃與武庚作亂。周公以成王命興師伐殷，殺武庚。」是禄父爲商王之後，小有叛擾，終逮安周室，故曰「終以譽命矣」。

上九。鳥焚其巢，旅人先笑後號咷。虞翻曰：離爲鳥、爲火，巽爲木爲高。四失位變，震爲筐，巢之象也。今巢象不見，故「鳥焚其巢」。震爲笑，震在前，故「先笑」。應在巽，巽爲號咷，巽象在後，故「後號咷」。疏離爲雉，又南方朱雀，故爲鳥。又爲火。四互巽爲木、爲高。四陽失位變正，三互震爲筐。説見歸妹上六。巽木高而震筐在上，有巢象焉。此即賁時也。旅成賁毁，巢象不見，且離火出于巽木之上，故曰「鳥焚其巢」。震聲爲笑，賁震在前，故「先笑」。應在三，三互巽申命爲號，旅巽在後，故「後號咷」。震雷巽風，「同聲相應」。震陽故爲喜笑，巽陰故爲號咷也。喪牛于易，凶。虞翻曰：謂三動時，坤爲牛。五動成乾，乾爲易。上失三，五動應二，故「喪牛于易」。失位无應，故凶也。五動成遯，六二「執之用黄牛之革」，則旅家所喪牛也。疏三動應上，變坤爲牛。五動應二，互體成乾。「乾以易知」，故爲易。上不應三，故「失三」。五動正應二，二在坤爲喪。三不動則坤牛毁，五動則三乾易成，故「喪牛于易」。上失正位，三陽无應，故「凶」也。五動應二成遯，遯六二「執之用黄牛之革」，遯二執三，三艮成坤毁，與上不應，牛喪于三，故云「旅家所喪牛也」。象曰：「以旅在上，其義焚也。」虞翻曰：離火焚巢，故「其義焚也」。**疏**巽木互于離火，九處其上，失位宜焚。馬氏云「義，宜也」。言其焚宜也。釋文云「一本作『宜其焚也』」，即「義焚」之謂也。喪牛之凶，終莫之聞也。」虞翻曰：坎耳入兑，故「終莫之聞」。侯果曰：離爲鳥、爲火，巽爲木、爲風。鳥居木上，巢之象也。旅而贍資，物之所惡也。喪牛甚易，求之也難。雖有智者，莫之吉也。**疏**虞注：上應三，三在賁爲坎耳。初之四，則「坎耳入兑」。兑爲毁折，故「終莫之聞」。侯注：以離鳥居巽木，巢之象也。以巽風入離火，焚巢之象也。旅而多資，物之所惡，故喪之甚易，求之則難。雖有智者，莫之能及。「吉」，當作「及」，即「終莫之聞也」。

序卦曰：「旅无所容，故受之以巽。巽者，入也。」崔覲曰：旅寄于外而无所容，則必入矣，故曰「旅无所容，受之以巽」。**疏**羈旅親寡，宜无所容。唯巽順而後有所入也，故旅次以巽。

䷸巽下巽上巽。小亨。利有攸往，利見大人。虞翻曰：遯二之四。柔得位而順五剛，故「小亨」也。大人謂五，離目爲見。二失位利正，往應五，故「利有攸往，利見大人」矣。**疏**從四陽二陰之例，巽自遯來，故云「遯二之四」。四柔得位而上順五剛，四陰爲小，故「小亨也」。乾五爲大人，故「大人謂五」。互離目爲見。二陽失位，利變之正，自内曰往，往應五，故「利有攸往」。往必歷離，離爲見，故「利見大人矣」。象曰：「重巽以申命，」陸績〔一〕曰：巽爲命令。

〔一〕「績」，原本作「續」，據陳校本正。

重命令者，欲丁寧也。疏「乾道變化，各正性命」，謂陽爲乾性，陰爲坤命。巽坤元，故爲命。又震巽同聲相應，陰宜陽命，故「巽爲命令」。書堯典「申命羲叔」，孔傳「申，重也」。重故申。重申者，丁寧之意。後漢書郎顗傳「丁寧再三，留神于此」，彼此相屬之謂也。剛巽乎中正而志行。陸績曰：二得中，五得正，體兩巽，故曰「剛巽乎中正」也。皆據陰，故「志行」也。虞翻曰：剛中正，謂五也。二失位，動成坎，坎爲志。終變成震，震爲行也。疏陸注：二雖不正得中，五得中得正。內外兩巽，巽者，入也。剛入乎二五，故曰「剛巽乎中正也」。初四皆陰，二五據之，故「志行也」。虞注：五陽得中得正，故「剛中正謂五也」。二失位，當變應五，故「動成坎體」。坎心爲志。「其究爲躁卦」，故「終變成震」。震足爲行，故「志行」也。柔皆順乎剛，是以小亨，陸績曰：陰爲卦主，故「小亨」。疏乾體而坤陰入之爲巽，故「陰爲卦主」。陽大陰小，故「小亨」。利有攸往，利見大人。案：其義已見繇辭。疏虞義已詳，不再釋。象曰：「隨風，巽。君子以申命行事。」虞翻曰：「君子」謂遯乾也。巽爲命，重象，故「申命」。變至三，坤爲事，震爲行，故「行事」也。荀爽曰：巽爲號令，兩巽相隨，故「申命」也。法教百端，令行爲上，貴其必從，故曰「行事」也。疏虞注：風者，天之號令。隨，從也。風從地，所以散布陰氣也。以巽隨巽，重，故稱「隨」。巽陰卦，故知「君子謂遯乾也」。巽爲命令，重巽，故「申命」。初已變二至三，互四成坤，坤發事業爲事，初陽震足爲行，故「行事也」。荀注：巽風爲號命，畢命曰「樹之風聲」是也。重巽相隨，故曰「申命」。法教雖有百端，以令行爲上，令出惟行，弗惟反，故「貴其必從」而曰「行事也」。初六。進退，利武人之貞。虞翻曰：巽爲「進退」，乾爲「武人」。初失位，利之正爲乾，故「利武人之貞」矣。疏陽由震而入伏于巽爲退，由巽而反于震爲進，故「巽爲進退」。皆在于初，故初稱「進退」。其在爻，則二退初進亦是也。楚語曰「天事武」，韋注「乾稱剛健，故武」，乾爲人爲武，故爲「武人」。初陰失位，利變之正成乾，故「利武人之貞矣」。蓋巽初陰柔，故進退不果。變乾則健而正也。案：巽在卦氣，内卦主七月，外卦主八月。初在卦内，七月也。禮記月令「立秋之日，賞軍帥武人于朝」，故曰「利武人之貞」。

象曰：「進退，志疑也。荀爽曰：風性動進退，欲承五，爲二所據，故志以疑也。疏風性之動，其行无常，進退之象。欲上承五，近爲二據，故「志疑也」。案：坎爲「疑」爲「志」，上應伏坎，故「志疑也」。

利武人之貞，志治也。」虞翻曰：動而成乾，乾爲大明，故「志治」，「乾元用九，天下治」，是其義也。疏初動成乾，乾有大明之象，故曰「志治」。乾文言曰「乾元用九，天下治也」，即「志治」之義。震巽陰陽出入，故象乾坤。愚案：進退之義，取震巽一陽出入。巽究爲躁卦，與震旁通。初欲變陽應四，四伏坎爲「志」爲「疑」，伏坎不應初變，故「志疑也」。初動成乾，利于得正，四坎出，則全體皆乾，故有取于「乾元用九」，而志在「天下治也」。

九二。巽在牀下。宋衷曰：巽爲木，二陽在上，初陰在下，牀之象也。二无應于上，退而據初，心在于下，故曰「巽在牀下」也。荀爽曰：牀下，以喻近也。二者軍帥，三者號令，故言「牀下」，以明將之所專，不過軍中事也。疏宋注：體巽爲木，又爲股，二陽覆上而横列，牀之幹也。一陰承上而對峙，牀之足也。故有牀象。二失位，无應于五，退據初陰，初爲下，二動之初，故「心在于下」而曰「巽在牀下」也。四爻虞注所謂「欲二之初」，是也。荀注：牀下，至近之地，故「以喻近也」。師以九二陽爻爲主，爻辭曰「在師中吉」，故云「二者軍帥」。至三成巽，故云「三者號令」。「言牀下」者，明將專軍中之事，令不及遠也。

用史巫紛若，吉无咎。荀爽曰：史以書勳，巫以告廟。紛，變，若，順也。謂二以陽應陽，君所不臣，軍帥之象。征伐既畢，書勳告廟，當變而順五則吉，故曰「用史巫紛若，吉无咎」矣。疏夏官司勳「凡有功者，銘書于王之大常，祭于大烝，司勳詔之。大功，司勳藏其貳」，其官則「史四人」，故云「史以書勳」，其實卜史祝史之類皆是。世本「巫咸始作巫」，周禮春官「司巫掌羣巫之政令」，又有男巫女巫，即楚語所謂「在男曰覡，在女曰巫」是也。神明降之，故云「巫以告廟」。「紛」訓「變」者，説文「變，更也」，即紛更之意也。若，順也，堯典「欽若昊天」，孔傳以爲「敬順」是也。五君位，二臣位，二以陽應陽，君所不臣。將在外，君命有所不受，故曰「軍帥之象」。若征伐既畢，史書勳，巫告廟，當變剛爲柔，上順五陽則吉，故曰「用史巫紛若，吉无咎矣」。案：兑爲巫，巽爲命令，兑又爲書契，史象也，二人坤用之，故「用史巫」。失位有咎，變而順五，則吉且无咎。**象曰：「紛若之吉，得中也。」**荀爽曰：謂二以處中和，故能變。**疏**二處中和，變而得位，故曰「得中也」。案：巽在牀下，謂一陰伏于二陽，伏慝之象，愚夫婦之所驚也。于是乎用史巫，紛以祈禳之。所以吉而无咎者，鬼神生于人心，安其心而慝去矣。用之得中，雖史巫瑣屑之事，亦中也。**九三。頻巽，吝。**虞翻曰：頻，頞也。謂二已變，三體坎艮，坎爲憂，艮爲鼻，故「頻巽」。无應在險，故「吝」也。**疏**復六三「頻復」，虞彼注云「頻，蹙也」，孟子「疾首蹙頞而相告」，莊子「深矉蹙頞」，頞言頻蹙，故曰「頻，頞也」。玉篇「頞，鼻莖也」。二變應五，三互坎成艮。坎加憂爲憂。艮「山澤通氣」，以虚受澤，故爲鼻。憂見于鼻，故有「頻巽」之象。上无正應，坎爲在險，故「吝也」。**象曰：「頻巽之吝，志窮也。」**荀爽曰：乘陽无據，爲陰所乘，號令不行，故「志窮也」。**疏**以三陽乘二不正之陽，非所據而據，故「无據」。上爲四陰所乘，三之號令不行。二動，三險坎中。故「志窮也」。在坎爲志，不變爲窮。上爻「貞凶」謂此也。**六四。悔亡，田獲三品。**虞翻曰：「田」謂二也，地中稱「田」。初失位无應，悔也，欲二之初，已得應之，故「悔亡」。二動得正，處中應五，五多功，故象曰「有功也」。二動，艮爲手，故稱「獲」，謂艮爲狼，坎爲豕，艮二之初，離爲雉，故「獲三品」矣。翟玄曰：「田獲三品」，下三爻也。謂初巽爲雞，二兑爲羊，三離爲雉也。案：穀梁傳曰「春獵曰田，夏曰苗，秋曰蒐，冬曰狩」，田獲三品，「一爲乾豆，二爲賓客，三爲充君之庖」，注云「上殺中心乾之爲豆實。次殺中髀骼，以供賓客。下殺中腹，充君之庖廚。尊神敬客之義也。」**疏**虞注：二位在田，故「田謂二也」。二于三才爲地道，田在地上，故「地中稱田」，與乾九二「見龍在田」同義。又離爲罔罟，互離有田象。下與初應，初陰失位，四无正應，故悔。四欲二動之初，已得正應，故「悔亡」。二動成陰得正，處下之中，上應五陽。「五多功」，繫下文。近承五，故象曰「有功」。二動，初在艮爲手，以手取物，故「稱獲」。艮黔喙之屬，故「爲狼」。二變，互坎爲豕。「艮」字衍，巽二之初，體離爲雉，故「獲三品矣」。翟注：四應初，初在下體，故「田獲三品」謂下三爻。初體巽爲雞，一也。二互三四兑爲羊，二也。三互四五離爲雉，三也。案：「春獵曰田，夏曰苗，秋曰蒐，冬曰狩」，桓四年傳。「一爲乾豆，二爲賓客，三爲充君之庖」，穀梁本王制也。注，范甯注也。注云「上殺中心，乾之爲豆實」，楊士勛釋曰「何休云『自左膘射之，達于右腢，中心死疾，故乾而豆之，以薦宗廟。豆，祭器名，狀如鐙，天子二十有六，諸公十有六，諸侯十有二，卿上大夫八，下大夫六，士三也。』」又云「次殺中髀骼，以供賓客」，釋曰「何休云『自左膘射之，達于右脾，遠〔一〕心死難，故爲次殺』，毛傳云『次殺者，射右耳，本次之』，今注云射髀骼，則與彼異也。」髀骼者，案儀禮『髀骨，膝以上者』是也。」又云「下殺中腸〔二〕，充君之庖廚，尊神敬客之義也」，釋曰「何休云『自左膘射之，達于右髃』，毛傳云『左髀達于右髃爲下殺』。此云中腸〔三〕，同彼二說，並无妨也」。象曰：「田獲三品，有功

〔一〕「遠」，原本作「達」，據陳校本正。

〔二〕〔三〕「腸」，原本作「腹」，據陳校本正。

也。」王弼曰：得位承五而依尊履正。以斯行命，必能獲彊暴，遠不仁者也。獲而有益，莫若三品，故曰「有功也」。**疏**四得位，即「履正」。上承五，即「依尊」。以此行命，故「能獲彊暴而遠不仁」。譬諸田獵，獲而有益，莫若三品。承五多功，故「有功也」。

九五。貞吉悔亡，无不利。无初有終。虞翻曰：得位處中，故「貞吉悔亡，无不利」也。震巽相薄，雷風无形，當變之震矣。巽究爲躁卦，故「无初有終」也。**疏**九爲得位，五爲處中。得正，故「貞吉」。无應有悔，得正，故「悔亡」。二變應五，故「无不利」。震雷巽風，相薄无形，故卦特變。巽變之震，説卦所謂「巽究爲躁卦」是也。初二上皆失正，初變及二以應五，五亦使上終變應三，終上成震得位，故「无初有終」也。

先庚三日，後庚三日，吉。虞翻曰：震，庚也。謂變初至二成離，至三成震，震主庚，離爲日，震三爻在前，故「先庚三日」，謂益時也。動四至五成離，終上成震，震爻在後，故「後庚三日」也。巽初失正，終變成震得位，故「无初有終吉」。震究爲蕃鮮白，謂巽白，巽究爲躁卦，躁卦謂震也。與蠱「先甲三日，後甲三日」同義。五動成蠱，乾成于甲，震成于庚。陰陽，天地之始終，故經舉甲庚于蠱彖巽五也。**疏**震納庚，故云「震，庚也」。巽之變震從初始，初變成陽，變至二成陰爲離，變至三成陰〔一〕爲震。震主庚，故言庚。離爲日，故言日。「震三爻在前」者，對後震爲前，故曰「先庚三日」。前三爻皆變成益，故「謂益時也」。四動成陽，動至五成陰爲離，動終于上成陰〔二〕爲震。前震已成，外震在外，故曰「後庚三日」。巽初陰失正，終變成震，初終皆得正位，故「无初有終」而獲吉也。震其究爲蕃鮮，蕃鮮者，白也。巽爲白，「謂巽白」者，究爲巽也。巽究爲躁卦，

〔一〕〔二〕「陰」，原本作「陽」，據卦象正。

「謂震也」者，震在上躁動也。「與蠱同義」者，巽五動成蠱。蠱初變成乾，乾納甲，故「乾成于甲」而曰「先甲三日，後甲三日」也。巽終變成震，震納庚，故「震成于庚」而曰「先庚三日，後庚三日」也。乾陽爲始，坤陰爲終，故曰「陰陽，天地之始終」。舉甲于蠱象，舉庚於巽五，以有陰陽始終之義也。象曰：「九五之吉，位正中也。」虞翻曰：居中得正，故吉也。疏五居中，九得正。中正，故吉也。上九。巽在牀下。虞翻曰：「牀下」謂初也。窮上反下成震，故「巽在牀下」。象曰「上窮也」，明當變窮上而復初者也。九家易曰：上爲宗廟。禮封賞出軍，皆先告廟，然後受行。三軍之命，將之所專，故曰「巽在牀下」也。疏虞注：二「牀下」謂初，上「牀下」亦謂初也。陽失位，窮于上，反下成震，故曰「巽在牀下」。象曰「上窮」，言上窮則當變而復初也。巽上復震，猶否上復泰也。九家注：爻例上爲宗廟。夏官司勳「凡有功者，祭于大烝，司勳詔之。大功，司勳藏其貳，賞地之政」。大祝大師宜于社造于祖。故曰「封賞出軍，皆先告廟，然後受行」。巽爲命，故曰「三軍之命，將之所專」。與九二同義，故亦曰「巽在牀下也」。喪其齊斧，貞凶。虞翻曰：變至三時，離毁入坤，坤爲「喪」，巽爲「齊」，離爲「斧」，故「喪其齊斧」。三變失位，故「貞凶」。荀爽曰：軍罷師旋，亦告于廟。還斧于君，故「喪齊斧」。正如其故，不執臣節，則凶。故曰「喪其齊斧，貞凶」。疏虞注：巽究爲震，變至三時，互離毁，入變坤，坤喪于乙爲「喪」，齊乎巽爲「齊」，離戈兵爲「斧」，故「喪其齊斧」。諸本皆作「資斧」。漢書王莽傳引此爻曰「喪其齊斧」，應劭曰「齊，利也。亡其利斧，言无以復斷斬也」。虞從古本，故作「齊」也。三變成震，失乎正位，故「貞凶」。荀注：古者飲至策勳，皆在于廟，賜弓矢斧鉞，然後得專征伐。故出則授斧，入則還斧，還斧于君，故「喪齊斧」，已喪齊斧，若正如其故，是不執臣節，則凶矣，故曰「喪其齊斧，貞凶」。愚案：九二「巽在牀下」，雖失正，然得中，變而應五，故吉。上位爲廟，史巫所以告廟。應五承上，故「用史巫」，變順爲吉也。上九「巽在牀下」，既失正，又過卑，三變應上亦凶。三離齊斧，變坤爲喪，失其齊斷，故「喪齊斧」，變正亦凶也。**象曰：「巽在牀下，上窮也。」**虞翻曰：陽窮上反下，故曰「上窮也」。**疏**陽窮巽上，反于震下，故曰「上窮也」。**喪其齊斧，正乎凶也。」**虞翻曰：上應于三，三動失正，故曰「正乎凶也」。**疏**上與三應，三陽得正，動而應上，失乎正位，故曰「正乎凶也」。

序卦曰：「入而後說之，故受之以兑。兑者，說也。」崔覲曰：巽以申命行事，入于刑者也。入刑而後說之，所謂人忘其勞死也。**疏**申命行事，莫大乎政刑。巽者，入也，互兑爲刑，故「入于刑者也」。入刑而說，即彖傳所謂「忘勞」「忘死」者也。按：虞注云「兑爲講習，故『學而時習之，不亦說乎』」，義尤精確。詳見序卦傳，兹不録。

䷹兑下兑上**兑。亨利貞。**虞翻曰：大壯五之三也。剛中而柔外，二失正動，應五承三，故「亨利貞」也。**疏**從四陽例，宜三之五，此云「五之三」，變也。「剛中」謂二五，而「柔外」謂三上。二失正位，動而成陰，遠應五，近承三，二承三則三正可知，二正則四亦正，故「亨利貞也」。**彖曰：「兑，說也。」**虞翻曰：兑口，故說也。**疏**兑爲口，故「爲說」。劉勰文心雕龍曰「說者，悦也。兑爲口舌，故言咨悦懌。過說必僞，故舜驚讒說」，是「說」「悦」同義，故謂兑爲口說也。**剛中而柔外，說以利貞，**虞翻曰：「剛中」謂二五，「柔外」謂三上也。二三四利之正，故「說以利貞」也。**疏**二五皆剛，故「剛中」。三上皆柔，故「柔外」。三在二外，上在五外也。二三四不正，利變之正，故「說以利貞」。**是以順乎天而應乎人。**虞翻曰：大壯乾爲「天」，謂五也，「人」謂三矣。二變順五承三，故「順乎天，應乎人」，坤爲「順」也。**疏**大壯内乾爲天，三上之五，五于三才爲天位，故「天謂五也」。五下之三，三爲人位，故「人謂三矣」。三正，則乾三君子也。

二變正，上順五，近承三，動正，故曰「順乎天，應乎人」。二四變互坤，故「爲順」。說以先民，民忘其勞。虞翻曰：謂二四已變成屯，坎爲「勞」，震喜兑説，坤爲「民」，坎爲心，民心喜説，有順比象，故「忘其勞」也。疏二四失位，變成屯體，屯外坎勞卦爲「勞」，内震春陽爲喜，體兑爲「説」，屯互坤衆爲「民」，又坎亟心爲心，屯〔一〕二至上有比象，比象傳曰「下順從也」，是「民心喜説，有順比之象」，故「民忘其勞也」。説以犯難，民忘其死。虞翻曰：體屯，故難也。三至上體大過死，變成屯，民説无疆，故「民忘其死」。坎心爲「忘」，或以坤爲「死」也。疏屯彖傳曰「剛柔始交而難生」，二四變，故體屯爲難也。三至上體大過棺椁死象，變屯互坤，坤曰「應地无疆」，是「民説无疆」，故「忘其死」也。坎爲心，故「爲忘」。坤喪于乙，死魄爲「死」，故「或以坤爲死也」。説之大，民勸矣哉。虞翻曰：體比順象，故勞而不怨。震爲喜笑，故人勸也。疏屯二至上體比，比象傳曰「下順從也」，故有順象，順，故「勞而不怨」。震春，陽爲喜笑，故「人勸也」。象曰：「麗澤，兑。君子以朋友講習。」虞翻曰：君子，大壯乾也。陽息見兑，「學以聚之，問以辯之」。兑二陽同類爲「朋」，伏艮爲「友」，坎爲「習」，震爲「講」，兑兩口對，故「朋友講習」也。疏互離爲麗，兑爲澤，兑陰麗陽，故曰「麗澤，兑」。「君子，大壯乾」，謂五也。雜卦稱「兑見」，陽息至二見兑，乾九二「見龍在田」是也。「學以聚之問以辯之」，乾二文言文。體在乾二，故引之以明講習之事也。體有二陽同類，故「爲朋」。兑與艮「山澤通氣」，故「伏艮爲友」。二四已變，習坎爲「習」，震聲爲「講」，四亦伏坎震爲講習也。兑上陰開，兩口相對，故象「朋友講習」。初九。和兑，吉。虞翻

〔一〕「屯」，原本作「坎」，據陳校本正。

曰：得位，四變應已，故「和兑吉」矣。疏初得正位，上應于四，四剛不和，變而應已，故「和兑吉矣」。象曰：「和兑之吉，行未疑也。」虞翻曰：四變應初，震爲「行」，坎爲疑，故「行未疑」。疏四變應初，互震足爲「行」，坎心爲疑。初行而後四之坎，變而得正，故「行未疑也」。

九二。孚兑，吉，悔亡。虞翻曰：「孚」謂五也。四已變，五在坎中稱「孚」。二動，得位應之，故「孚兑，吉，悔亡」矣。疏「孚謂五也」者，初令四變正，五在坎中，坎有孚稱「孚」。二失正有悔，動而得位，上應于五，故「孚兑，吉，悔亡」也。象曰：「孚兑之吉，信志也。」虞翻曰：二變應五，謂四已變，坎爲「志」，故「信志也」。疏二變正應五，謂四已應初，變坎心爲「志」，又坎孚爲「信」，故「信志也」。

六三。來兑，凶。虞翻曰：從大壯來。失位，故「來兑凶」矣。疏兑三從大壯五來，在五失位，在三亦失位，故「來兑凶矣」。不言正者，兑家陰説陽，三无應，故不變，上變陽，與三易位，然後變也。三不變而上能變者，兑有伏艮，艮兑之卦，皆以上爲主也。案：三曰「來兑」，來上六也。上曰「引兑」，引六三也。致彼曰來，汲下曰引。小人合則君危，故凶。三伏震足，故有來象。象曰：「來兑之凶，位不當也。」案：以陰居陽，故「位不當」。諂邪求悦，所以必凶」。疏以陰爻居陽位，故曰「不當」。兑本以陰説陽，又失正位，是「諂邪求悦」，其凶必矣。

九四。商兑未寧，介疾有喜。虞翻曰：「巽爲近利市三倍」，故稱「商兑」。變之坎，水性流，震爲行。謂二已變，體比象，故「未寧」，與比「不寧方來」同義也。坎爲疾，故「介疾」。得位承五，故「有喜」。疏「巽爲近利市三倍」，説卦文。互巽近市，故稱「商兑」。四變正成坎，坎水性流，互震爲行。二已變，至上體比，比卦辭曰「不寧方來」，故「未寧」，虞彼注云「水性流動，故不寧」，亦取坎象也。坎心病爲「疾」，介，纖也，變互艮爲小，故曰「介疾」。變得正位，上承五陽，陽爲「喜」，纖小之疾，勿藥有喜，故「有喜」。象曰：「九四之喜，有慶也。」虞翻曰：陽爲「慶」，謂五也。**疏**陽爲喜，陽亦爲「慶」，承陽而有慶，故「慶謂五也」。

九五。孚于剥有厲。虞翻曰：「孚」謂五也。二四變，體剥象，故「孚于剥」。在坎未光，「有厲」也。**疏**坎爲孚，「孚謂五也」者，四已變也。二四變，五體剥象，故曰「孚于剥」。在坎，伏離未光，故「有厲也」。案：兑爲夬，夬極必剥，况六三以兑説而來，上六以兑説而引，若輕信陰，則剥之兆成矣，故「有厲」。**象曰：「孚于剥，位正當也。」**案：以陽居尊位，應二比四，孚剥有厲，「位正當也」。**疏**以陽爻居尊位，二四已變，故「應二比四」。「孚剥有厲」者，二四變，五位在剥，故「位正當也」。

上六。引兑。虞翻曰：无應乘陽，動而之巽爲繩。艮爲手。應在三，三未之正，故「引兑」也。**疏**上〔一〕无正應，近乘五陽，兑上極而下，之巽爲繩，三至五亦互巽爲繩。伏艮爲手，以手挽繩，有引象焉。上應在三，三未之正。上動，與三易位，乃各正，故「引兑也」。案：巽卦初四皆陰而吉，兑卦三上皆陰而凶。巽伏于内，君子之道。兑見于外，小人之道也。**象曰：「上六引兑，未光也。」**虞翻曰：二四已變而體屯，上三未爲離，故「未光也」。**疏**二四已變，體屯象。上應三，屯成離毁，離日爲光，故「未光」。

序卦曰：「説而後散之，故受之以涣。涣者，離也。」崔覲曰：人説，忘其勞死，而後可散之以征役，離之以家邦，故曰「説而後散之，故受之以涣。涣者，離也」。**疏**人説其上，至忘勞死，而後身可用。故散以征役，離其家邦，皆所不惜。蓋説而後散，故説繼以涣，而義取諸離也。愚案：兑言乎見，説見乎外，故易散。樂記曰「樂必發于聲音，

〔一〕「上」，原本作「二」，據陳校本正。

形于動静」，孟子曰「樂斯二者，樂則生矣，生則惡可已也，惡可已則不知手之舞之，足之蹈之」，説而後散之義也。又論語曰「學而時習之，不亦説乎」，是入而後説也。「有朋自遠方來，不亦樂乎」，是説而後散也。

䷺坎下巽上 **渙。亨。** 虞翻曰：否四之二，成坎巽，天地交，故亨也。**疏** 從三陽三陰之例，卦自否來，故曰「否四之二」。以陽渙陰，故「成坎巽」。當否塞之時，二之四得正，以復散其否，是「天地交」，故通，通，故「亨也」。案：渙，散也。鄭風「溱與洧，方渙渙兮」，鄭箋「仲春之時，冰已釋，水則渙渙然」。否時天地不通，閉塞成冬，四「渙其羣」，散乾冰爲坎水，有冰釋之象，故謂之渙也。老子「渙若冰將釋」，是也。 **王假有廟。** 虞翻曰：乾爲「王」，假，至也。否體觀，艮爲宗廟。乾四之坤二，故「王假有廟，王乃在中也」。**疏** 否乾爲君，故「爲王」。「假，至也」，釋詁文。否初至五體觀，觀艮爲門闕，又爲鬼門，故「爲宗廟」。四之二，是乾王至觀艮，故「王假有廟」。在二，故彖〔一〕曰「王乃在中也」。 **利涉大川，利貞。** 虞翻曰：坎爲「大川」，渙舟楫象，故「涉大川，乘木有功」。二失正，變應五，故「利貞」也。**疏** 坎爲水，故「爲大川」。繫下「舟楫之利，蓋取諸渙」，渙有舟楫象，故「涉大川」。以巽木乘坎水，故「乘木有功」。二失位，利變正應五，故「利貞也」。

彖曰：「渙亨，剛來而不窮，柔得位乎外而上同。 盧氏曰：此本否卦，乾之九四，來居坤中，剛來成坎，水流而不窮也。坤之六二，上升乾四，「柔得位乎外」，上承貴王，與上同也。**疏** 否乾九四，剛也。自外曰「來」，在二爲「居坤中」。來成坎水，流而不窮。又坎爲通，「往來不窮謂之通」。通，故不窮也。六二自内上升于四。以柔居四爲「得位乎外」，

〔一〕「彖」，原本作「象」，據所引彖文正。

上承五貴爲王，故曰「上同」。孔疏引先儒云「剛來而不窮釋亨德，柔得位乎外釋利貞」是也。**王假有廟，王乃在中也。**荀爽曰：謂陽來居二，在坤之中爲立廟。「假，大也」。言受命之王，居五大位，上體之中，上享天帝，下立宗廟也。**疏** 四陽來居于二，在坤之中，體象觀艮，故「爲立廟」。「假，大也」，釋詁文。乾爲君，故言「受命之王」。五陽爲大，故言「居五大位」。荀意以陽在二爲立廟，陽在五爲在中，故曰「上體之中，上享天帝，下立宗廟也」。**利涉大川，乘木有功也」。**虞翻曰：巽爲木，坎爲水，故「乘木有功也」。**疏** 巽在上爲木，坎在下爲水。巽木下應坎二，五多功，故「乘木有功」。謂聖人作舟楫，取諸渙也。

象曰：「風行水上，渙。先王以享于帝立廟」。荀爽曰：謂受命之王，收集散民，上享天帝，下立宗廟也。陰上至四承五爲「享帝」，陽下至二爲「立廟」也。離日上爲宗廟，而謂天帝。宗廟之神所配食者，王者所奉，故繼于上。至于宗廟，其實在地，地者，陰中之陽，有似廟中之神。虞翻曰：否乾爲先王。享，祭也。震爲帝爲祭，艮爲廟，四之二殺坤大牲，故以「享帝立廟」，謂成既濟，有噬嗑食象故也。**疏** 荀注：「風行水上，陰散而陽聚，故取渙象以立廟。「受命之王」，謂否乾爲王也。「收集散民」，謂否坤爲民也。「上享天帝」，謂上。「下立宗廟」，謂二。陰上至四，承五享上，爲「享帝」。陽下至二，二體艮，爲「立廟」也。卦无離日，疑有誤字。「上爲宗廟」，乾鑿度文。「上爻爲宗廟而謂天帝」者，孝經曰「昔者周公郊祀后稷以配天，宗祀文王于明堂，以配上帝」，故云「宗廟之神所配食」也。天帝，「王者所奉，故繼于上」。二于三才爲地，故「至于宗廟，其實在地」。坎二陽爻，居于地上，故云「地者，陰中之陽」。廟者，陰象，陽之信者爲神，故「陰中之陽，有似廟中之神」。以上爲天帝，二爲宗廟，此又爻位變例也。虞注：乾爲君，故爲王。已消則爲先王，否，消卦也，故「否乾爲先王」也。虞萃象注云「享，享祀也」，祀，祭也，故「享」亦云「祭也」。「帝出乎震」，故「震爲帝」。震主器爲祭，艮門闕爲廟，坤爲牛。四之二，成坎伏離，離爲戈兵，故殺大牲。二應五，故「以享帝立廟」。二之初，上之三，變正成既濟，初〔一〕至五有噬嗑食象，故云「享帝立廟」也。蓋「祭則鬼享之」，故以成既濟爲象也。「享于帝立廟」，謂立新廟也。「享于帝」者，告于南郊而謚之。渙，否泰之交，象嗣君正位繼體也。初六。用拯馬壯，吉。虞翻曰：坎爲「馬」，初失正動，體大壯得位，故「拯馬壯吉」，悔亡之矣。疏　坎美脊，故「爲馬」。初陰失正已動，至四體大壯，故言壯。「拯」，子夏傳作「抍」，取也。初應在四，互艮爲手，互坤爲用，四拯于初，初動得正，故「拯馬壯而吉」也。「悔亡之矣」四字蓋衍文，否則虞氏本經有「悔亡」字也。初不言渙者，拯之于早，不至于渙也。象曰：「初六之吉，順也」。虞翻曰：承二，故「順也」。疏　二失正，將變互坤，初變正承之，坤爲「順」，故「順也」。九二。渙奔其机，悔亡。虞翻曰：震爲「奔」，坎爲棘爲矯輮，震爲足，輮棘有足，艮肱據之，凴机之象也。渙宗廟中故設机，二失位變得正，故「渙奔其机，悔亡」也。疏　互震足爲「奔」。九家易說卦曰「坎爲叢棘」，故「爲棘」。「坎爲矯輮」，「震爲足」，皆說卦文。矯輮棘下而有足，机之象。互艮手爲肱，據之，凴机之象也。「机」與「几」通。春官司几筵「掌五几五席之名物」，皆廟中大朝覲、大饗射所用。二自四來爲「王假有廟」，故設机。二失位有悔，變陰得正，故「渙奔其机，悔亡也」。象曰：「渙奔其机，得願也」。虞翻曰：動而得位，故「得願也」。疏　坎心爲「願」。動而得乎正位，故「得願也」。六三。渙其躬，无悔。荀爽曰：體中曰「躬」。謂渙三。使承上爲「志在外」，故「无悔」。疏　三在體中，否坤形爲「躬」。三與上應，故「謂三」。使承上，上在外，爲

〔一〕「初」，原本作「二」，據卦象正。

「志在外」，故「无悔」。　愚案：二已變，坤形爲躬，故曰「渙其躬」。失正宜悔，與上易位得正，故「无悔」。象曰：「渙其躬，志在外也」。王弼曰：渙之爲義，內險而外安者也。散躬志外，不固所守，與剛合志，故得无咎。疏渙之爲義，內坎水爲險，外巽木乘舟爲安。六三內不比二爲「散躬」，外應上九爲「志外」。內不固所守，外與上剛合志，故得「无悔」，而曰「志在外也」。　愚案：三在坎爲志，志在與上易位，各得其正，故曰「志在外也」。六四。渙其羣，元吉。虞翻曰：謂二已變成坤，坤三爻稱「羣」。得位順五，故「元吉」也。疏二陽已變，四互成坤。物三稱「羣」，故「坤三爻稱羣」。四得正位，上順承五，故「元吉也」。渙有丘，匪夷所思。虞翻曰：位半艮山，故稱「丘」。匪，非也。「夷」謂震，四應在初，三變，坎爲「思」，故「匪夷所思」也。　盧氏曰：自二居四，離其羣侶，「渙其羣」也。得位承尊，故「元吉」也。互體有艮，艮爲山丘。渙羣雖則光大，有丘則非平易，故有匪夷之思也。疏虞注：互艮爲山，四位山半故「稱丘」。揚子曰「丘陵學山而不至于山」，故山半稱「丘」也。「匪」「非」古今字。唐韻「夷，平也」，震爲大塗，故「夷謂震」，四互震也。四應在初，初二三皆不正，初二易位，三亦變正，坎爲「思」，故「匪夷所思」，謂有非夷之思也。　盧注：自否二來居于四，離其羣侶，故曰「渙其羣」。四得正位，上承五尊，故「元吉」。呂氏春秋「渙者，賢也」。羣者，衆也。元者，吉之始也。渙其羣元吉者，其左多賢也。周語「人三爲衆」。其左多賢者，亦謂坤三爻也。互三五爲艮，四在艮山之半故稱丘。自二渙羣，雖有光大之象。至四有丘，則非平易之塗，故曰「匪夷之思」。　愚案：否坤三陰爲羣，自二之四則「渙其羣」矣。之四得位則否散，故「元吉」。近互五成艮爲丘，遠互二成震爲夷。二陽失正，已之舊位，故離羣而居山丘。震雖夷，匪所思也。象曰：「渙其羣元吉，光大也」。虞翻曰：謂三已變成離，故四「光大也」。疏三不正已變，四互離日爲光，故「光大」。九五。渙汗其大號。九家易曰：謂五建二爲諸侯，使下君國，故宣布號令，百姓被澤，若汗之出身，不還反也。此本否卦，體乾爲首，來下處二，成坎水，汗之象也。陽稱大，故曰「涣汗其大號」也。**疏**五與二應，二互震爲侯，故謂「五建二爲諸侯」。否坤爲國，故「使下君國」。巽爲號令，故「宣布號令」。坤民爲百姓，坎水爲澤，故「百姓被澤」。坤爲身，震爲出，故「若汗之出身，不還反也」。虞云「否四之二」，此云「否乾首，下處二，成坎水，爲汗象」，蓋謂止居二也。五乾陽爲大，故曰「涣汗其大號」。

涣王居，无咎。荀爽曰：布其德教，王居其所，故「无咎」矣。**疏**涣，散也。故「布其德教」。五位天子，故「王居其所」。當涣之時，王居正位，二變應五，故「无咎」。案：王者居中以御，撫臨四方謂之「涣」。「王居」者，逸禮有王居明堂篇。又月令「天子春居青陽，夏居明堂，秋居總章，冬居玄堂」。明堂者，廟也。艮爲廟。亦爲門。閏月則王居于門，故閏之文爲王在門。象曰：「王居无咎，正位也」。虞翻曰：五爲「王」，艮爲「居」，正位居五，四陰順命，故「王居无咎，正位也」。**疏**五位天子，故「爲王」。艮爲門闕，故「爲居」。乾陽正位居五，四陰承之，二變應之，順其命令，故曰「王居无咎，正位也」。

上九。涣其血去逖出，无咎。虞翻曰：應在三，坎爲「血」爲「逖」，逖，憂也。二變爲觀，坎象不見，故「其血去逖出，无咎」。**疏**上應在三，坎血卦爲血，加憂爲逖。「逖」借作「惕」。漢書王商傳「無怵惕憂」，作「無怵愁憂」。「惕」「逖」「愁」古字通。與小畜「血去惕出」同物，故云「逖，憂也」。二變正應五，體觀象，坎血與逖，毁壞不見，故「其血去逖出」。去險出險，故「无咎」。象曰：「涣其血，遠害也」。虞翻曰：乾爲遠，坤爲害。體遯上，故「遠害也」。**疏**左傳曰「天道遠」，故乾爲遠。坤陰慝爲害。涣上即否上，否上即遯上，故「體遯上」。遯象曰「遠小人」，又遯亦訓遠，故曰「遠害也」。

序卦曰：「物不可以終離，故受之以節。」崔覲曰：離散之道，不可終行，當宜節止之，故言「物不可以終離，受之以節」。**疏** 否泰剝復，天理循環，故「離散之道，不可終行，宜當節以止之」，庶渙者不終渙矣。彖傳曰「節以制度」，禮樂記曰「天高地下，萬物散殊，而禮制行矣」。因高下散殊而制禮，即渙受以節之義也。

䷻兑下坎上節。亨。虞翻曰：泰三之五，天地交也。五「當位以節，中正以通」，故「節亨」也。**疏** 從三陽三陰之例，卦自泰來，故「泰三之五」。以乾交坤，故「天地交也」。五得正，互艮爲止。「節，止也」。又艮爲堅多節。故「五當位以節」。得中得正，體坎爲通，故「中正以通」。交故通，通故亨也。苦節不可貞。虞翻曰：謂上也。應在三，三變，成離火，「炎上作苦」。位在火上，故「苦節」。雖得位乘陽，故「不可貞」。**疏** 上六言「苦節」，故「苦節謂上也」。上應在三，三變，互成離火。「炎上作苦」，洪範文。三變，至五互離，位在火上，故言「苦節」。上陰雖得正位，然近乘五陽，在上過節，故「不可貞」。彖曰：「節亨，剛柔分而剛得中。盧氏曰：此本泰卦。分乾九三升坤五，分坤六五下處乾三，是「剛柔分而剛得中」也。**疏** 泰卦上坤下乾，三五易位，是「剛柔分」而「天地交」也。二五皆剛得中，而五尤得正也。苦節不可貞，其道窮也。虞翻曰：位極于上，乘陽，故窮也。**疏** 上六位極于上，下乘五陽，泰時已極，故「道窮也」。說以行險，虞翻曰：兑說坎險，震爲行，故「說以行險」也。**疏** 内兑爲說，外坎爲險，互震爲行，故「說以行險也」。當位以節，中正以通。虞翻曰：中正謂五，坎爲通也。**疏** 五得中得正，故「中正謂五」。五體坎爲通，故「中正以通」。天地節而四時成，虞翻曰：泰乾天坤地。震春兑秋坎冬，三動離爲夏。故「天地節而四時成」也。**疏** 泰乾爲天，坤爲地。泰節皆互震爲春。節兑爲秋，坎爲冬，三變離爲夏。天地之數以六十爲節，故易卦至六十而爲節。月有中氣，有節氣，節以損其過而歸之中，故「天地節而四時成也」。節以制度，不傷財，不害民」。虞翻曰：艮手稱「制」，坤數十爲「度」。坤又爲「害」爲「民」爲「財」，二動體剥，剥爲「傷」。三出復位成既濟定，坤剥不見，故「節以制度，不傷財，不害民」。**疏** 説文「制，裁也」。裁物以手，體互艮爲手，故「艮手稱制」。舜典「同律度量衡」，孔傳「度，丈尺也」。十寸爲尺，十尺爲丈。坤癸數十，故爲度。又坤陰慝爲害，衆爲民，富有爲財。二動至五體象剥，故爲傷。三陽出，復正位，成既濟定，坤害剥傷，毁滅不見，故「節以制度，不傷財，不害民」。三所以「嗟若无咎」也。鄭氏云「空府藏則傷財，力役繁則害民。二者，奢泰之所致。故「節以制度」，則無傷財害民之事矣。象曰：「澤上有水，節。侯果曰：澤上有水，以隄防爲節。**疏** 隄防，所以節水者也，故「澤上有水」，則「以隄防爲節，」不節則潰矣。君子以制數度，議德行」。虞翻曰：君子，泰乾也。艮止爲「制」，坤爲「度」，震爲「議」爲「行」，乾爲「德」，故「以制數度，議德行」。乾三之五爲「制數度」，坤五之乾爲「議德行」也。**疏** 乾三爲「君子」，故「君子謂泰乾也」。艮手止，故稱「制」。坤十爲度，故爲「數度」。互震聲爲「議」，震足爲「行」，乾盛德爲「德」，故「以制數度，議德行」。坤爲「數度」，乾三之五成艮，故爲「制數度」。乾爲「德行」，坤五之乾成震，爲「議德行」也。初九。不出户庭，无咎。虞翻曰：泰坤爲「户」，艮爲「庭」，震爲「出」。初得位應四，故「不出户庭，无咎」矣。**疏** 泰坤闔户爲「户」，節互艮門闕爲「庭」，帝出乎震爲「出」。初陽得位，上應四陰爲「户庭」，初不變，故「不出户庭」。比陽宜有咎，得正，故「无咎」矣。象曰：「不出户庭，知通塞也」。虞翻曰：坎爲「通」。二變，坤土壅初爲「塞」。崔覲曰：爲節之始，有應于四，四爲坎險，不通之象。以節崇塞，雖不通，可謂「知通塞」矣。户庭，室庭也。慎密守節，故不出焉而无咎也。案：初九應四，四互坎艮，艮爲門闕，四居艮中，是爲内户，户庭之象也。**疏** 虞注：應坎爲「通」。二變則互坤土，壅初爲「塞」。

通塞皆節澤之道也。崔注：初居節始，正應在四，四坎爲險，不通之象。不通則不宜崇塞。苟節其崇塞，雖不通，可謂「知通塞」矣。蓋初本泰乾，繫上曰「乾以易知」，下曰「德行恆易以知險」。四在坎爲通，險則不通。互艮止爲塞。初陽守正不出，「易以知險」，故「知通塞也」。户内有庭，即「室庭也」。艮陽小爲慎，應艮，故慎密不出。守節，故无咎也。案：初應四互艮，四在艮中爲内户，故曰户庭。愚案：節爲坎宮初世卦，初變成兑，塞其下流，左傳所謂「川壅爲澤」是也。象澤注水，故名曰節。初陽得正，取其不變，故「不出户庭，无咎」。下坎，通也。通而塞之，故曰「知通塞也」。九二。不出門庭，凶。虞翻曰：變而之坤，艮爲「門庭」。二失位，不變出門應五則凶，故言「不出門庭，凶」矣。**疏** 二動成坤，上應五艮爲「門庭」。二失正位，若不變而出門應五則凶。蓋初得正，不變故无咎。二失位，不變則「不出門庭，凶矣」。

象曰：「不出門庭凶，失時極也」。虞翻曰：極，中也。未變之正，失時極矣。**疏** 説文「極，棟也」，釋宫「棟謂之桴」，郭注「即屋脊也」，逸雅「棟，中也，居屋之中也」，又周頌毛傳天官鄭注皆云「極，中也」，故云「極，中也」。二位在中失正，時當變而未變，故曰「失時極也」。六三。不節若，則差若，无咎。虞翻曰：三，節家君子也，失位，故「節若」。嗟，哀號聲。震爲音聲，爲出。三動得正而體離坎，涕流出目，故「則嗟若」。得位乘二，故「无咎」也。**疏** 三本泰乾，乾三，君子之位，故「三爲節家君子也」。三失位當變，成既濟定，則「節若」矣。不節則嗟，終當變也。釋詁「嗟，咨嗟也」，故云「哀號聲」。震善鳴爲聲音，故曰「嗟」，又三在兑口，亦爲「嗟」。萬物出乎震爲出。三失位，動得正，體互坎離，坎水爲涕，流出離目，故「則嗟若」。失位宜咎，二已變，三變得位乘二，故「无咎也」。象曰：「不節之差，又誰咎也」。王弼曰：若，辭也。以陰處陽，以柔乘剛，違節之道，以至哀嗟，自己所致，无所怨咎，故曰「又誰咎」矣。**疏**「若，辭也」者，語助辭也。

以六陰處三陽，以六柔乘二剛，不知節以制度而違其道，侈汰已甚，禍將及已，必至哀嗟，咎由自取，又誰怨乎。愚案。三失正位，不節之嗟，懼有咎而自悔矣。變而得正，又誰咎乎。言人不能咎三者，以三變得正，故无咎也。**六四。安節，亨。**虞翻曰：二已變，艮止坤安，得正承五，有應于初，故「安節亨」。**疏**二已變正，不言三變者，三節若，其常也。互艮爲止，互坤靜爲安，三得正位，上承五陽，初陽正應爲「有應于初」，故「安節亨」。**象曰：「安節之亨，承上道也」。**九家易曰：言四得正奉五，上通于君，故曰「承上道也」。**疏**五自乾升，上居君位。四得正奉五，上通于君，乾爲道，故曰「承上道也」。**九五。甘節吉。往有尚。**虞翻曰：得正居中，坎爲美，故「甘節吉」。「往」謂二，二失正，變往應五，故「往有尚」也。**疏**以九居五，九爲得正，五爲得中。說文「甘，美也」。坎美脊爲美，故爲「甘節吉」。二應五，自內曰「往」。二失正，變正上應于五，「尚」與「上」同，故「往有尚」。愚案：「甘」本作「曰」，于文，口含一物之甘美。兑爲口，上含坎之一陽，故取象焉。**象曰：「甘節之吉，居位中也」。**虞翻曰：艮爲居，五爲中，故「居位中也」。**疏**互艮止爲居，在五爲中，故曰「居位中也」。象傳曰「當位以節，中正以通」，謂此爻也。**上六。苦節，貞凶，悔亡。**虞翻曰：二三變有兩離，火「炎上作苦」，故「苦節」。乘陽，故「貞凶」。得位，故「悔亡」。干寶曰：象稱「苦節不可貞」，在此爻也。禀險伏之教，懷貪狼之志，以苦節之性而遇甘節之主，必受其誅，華士少正卯之爻也，故曰「貞凶」。苦節既凶，甘節志得，故曰「悔亡」。

疏虞注：二三易位成既濟，體互兩離，火性「炎上作苦」，故上曰「苦節」。上乘五陽，雖貞亦凶。六得正位，其悔乃亡。干注：苦節雖貞亦凶，故象曰「苦節不可貞」。坎爲險，又爲隱伏，故「禀險伏之教」。坎上戊子，子主北方，翼奉傳「北方之情好也，好行貪狼」，故「懷貪狼之志」。上六苦節之性，遇九五甘節之主，以小人遇君子，故「必受其誅」。云「華士少正卯之爻」

者，家語「孔子爲魯大司寇，攝朝政七日而誅亂政大夫少正卯于兩觀之下」，故曰「貞凶」。誅上者，五也，上既凶，五志得，故「悔亡」。　愚案：此爻與大過上六「過涉滅頂，凶无咎」同義。　蓋仗節死義之臣，所守甚正，所遇則凶，然義實无咎，如「比干諫而死」之類是也。　象曰：「苦節貞凶，其道窮也」。　荀爽曰：乘陽于上，无應于下，故「其道窮也」。　**疏**　五陽剛，故「乘陽于上」。三敵應，故「无應于下」。乘陽无應，位極于上，故曰「其道窮也」。

序卦曰：「節而信之，故受之以中孚」。崔覲曰：「節以制度，不傷財，不害民」，則人信之，故言「節而信之，故受之中孚」也。　**疏**　坎孚爲信，節以制度，則人受其利而信之矣，故「受之以中孚」。　愚案：節有符節之義，八卦中，唯澤水同物，分之則二，合之則一，且體坎爲信，互震爲竹，所謂「若合符節」是也，故曰「節而信之，故受之以中孚」。

䷼兑下巽上　中孚。　虞翻曰：訟四之初也。　坎孚象在中，謂二也，故稱中孚。　此當從四陽二陰之例，遯陰未及三，而大壯陽已至四，故從訟來。　二在訟時，體離爲鶴，在坎陰中，有「鳴鶴在陰」之義也。　**疏**　訟四之初成中孚。　坎有孚爲「孚象在下中」，故「謂二也」。二本訟坎，今在二中，坎象半見，故稱中孚。　四陽二陰之例，當從遯大壯來。　但二陰在中，遯陰未及三，大壯陽已至四，不能兩爻並動以成之卦，故不從二卦來而從訟來。　此與小過二陽在中，不從臨觀來，而從晉來同義也。　二在訟時，體互離飛鳥爲鶴，一陽在坎二陰中，故有「鳴鶴在陰」之義。　此又以爻辭證卦從訟來也。　豚魚吉。案：坎爲豕，訟四降初，折坎稱豚。　初陰升四，體巽爲魚。　中，二。　孚，信也。　謂二變應五，化坤成邦，故「信及豚魚」，吉矣。　虞氏以三至上體遯，便以豚魚爲遯魚。　雖生曲象之異見，乃失化邦之中信也。　**疏**　「坎爲豕」，説卦文。　訟二，坎豕也。　四降居初，折坎爲豚。　説文「豚，小豕也」。初陰升四，體巽爲魚。　震陽爲龍，巽陰爲魚。　郭璞云「魚者，震之廢氣」是也。中，下之中，謂二也。說文「孚，信也」。禮聘義「孚尹旁達，信也」，是其義也。坤爲邦，二變正應五，故「化坤成邦」。有中孚化邦之德，則物无不格，故「信及豚魚，吉矣」。尋虞氏之義，以三至上體遯，巽魚在遯，故爲「遯魚」。遯弒父，大壯陽來止之，兑爲澤，遯魚得澤故吉，義亦可通。李氏以爲曲象，失化邦之中信，故不取也。愚案：爾雅翼「䱐，今之河豚，冬至日輒至，應中孚十一月卦」。「信及豚魚」，河豚也。又山海經「鯆鯆之魚」，卽河豚魚也。或曰「豚魚生澤中而性好風，向東則東風，向西則西風，舟人以之候風焉。當其什百爲羣，一浮一没，謂之拜風。拜風之時，見其背而不見其鼻。鼻出于水，則風立至矣。中孚之爲卦也，下兑而上巽，當風與澤之閒，而象之以豚魚，互艮又爲鼻」。此象之至精者也，存之以備一說。利涉大川，虞翻曰：坎爲「大川」，謂二已化邦，三利出，涉坎得正，體涣，涣，舟楫象，故「利涉大川，乘木舟虚也」。疏 坎水爲大川。二已變正應五，化坤爲邦。三陰失位，陽利動出成坎，故云「涉坎得正」。自二至上，下坎上巽體涣象，「舟楫之利，蓋取諸涣」，故「利涉大川」，象傳曰「乘木舟虚」是也。利貞。虞翻曰：謂二利之正而應五也。「中孚以利貞，乃應于天也」。疏 二變，與五爲正應，故「二利之正而應五也」。卽象傳所謂「中孚以利貞，乃應于天也」。象曰：「中孚柔在内而剛得中，說而巽，孚，王肅曰：三四在内，二五得中，兑說而巽順，故孚也。疏「柔在内」，謂三四在内也。「剛得中」，謂二五得中也。内兑說而外巽順，故孚也。案：剛柔皆謂二也。二變應五，故「柔在内」。四外體，不得云「四在内也」。兑說謂二，巽孚謂五，故「乃化邦也」。乃化邦也。虞翻曰：二化應五成坤，坤爲邦，故「化邦也」。疏 二變應五，互三四成坤，坤土爲邦，又「坤化成物」，故「化邦也」。豚魚吉，信及豚魚也。荀爽曰：豚魚謂四三也。四爲山陸，豚所處。三爲兑澤，魚所在。豚者卑賤，魚者幽隱。中信之道，皆及之矣。疏「豚魚謂三四也」者，四互艮爲山陸，山，豚所處也，故豚謂四。三體爲兑澤，澤，魚所在也，故魚謂三。豚者，獸之卑賤。魚者，蟲之幽隱。王氏云「爭競之道不興，中信之德淳著。則雖幽隱之物，信皆及之」矣。**利涉大川，乘木舟虛也。** 王肅曰：中孚之象，外實内虛，有似可乘，虛木之舟也。**疏** 中孚之象，四陽在外爲實，二陰在内爲虛，有舟象焉，故曰「有似可乘，虛木之舟也」。蓋三出體渙，故象舟楫，而曰「乘木舟虛也」。**中孚以利貞，乃應乎天也。** 虞翻曰：訟乾爲天，二動應乾，故「乃應乎天也」。

疏 訟乾五爲天，二動之正，上應乎乾爲應天，故曰「乃應乎天也」。**象曰：「澤上有風，中孚。** 崔覲曰：流風令于上，布澤惠于下，中孚之象也。**疏** 上巽爲風，故「流風令于上」。下兑爲澤，故「布澤惠于下」。上下交孚，「中孚之象也」。案：風生乎澤，風行澤上，以陽散陰，澤上有風，以陰應陽，中孚之義也。澤者，恩澤，風者，號令，「議獄緩死」之義。**君子以議獄緩死」。** 虞翻曰：「君子」謂乾也。訟坎爲「獄」，震爲「議」爲「緩」，坤爲「死」。乾四之初，則二出坎獄，兑説震喜，坎獄不見，故「議獄緩死」也。**疏** 「君子」謂訟乾也。訟坎陷爲「獄」。震聲爲「議」，震木德寬仁爲「緩」，坤滅于乙爲「死」。訟乾四之初，兑成坎毁，則二互震爲「出坎獄」。兑爲説，震陽爲喜，坎象不見，故「議獄緩死也」。**初九。虞吉，有它不燕。** 荀爽曰：虞，安也。初應于四，宜自安虞，无意于四則吉，故曰「虞吉」也。四者承五，有它意于四則不安，故曰「有它不燕」也。**疏** 士虞禮鄭目録云「虞，安也」。初應于四，彼此皆正，故初宜安虞，无意于四而不妄動則吉，故曰「虞吉」。四自訟初來，上正承五，若初有它意，變不應四，于〔一〕四則不安，故曰「有它不燕」。釋詁「燕，安也」，詩鄭箋亦云「燕，安也」，

〔一〕「于」，原本作「子」，據陳校本正。

「燕」與「宴」通，故亦訓安也。象曰：「初九虞吉，志未變也」。荀爽曰：初位潛藏，未得變而應四也。疏乾初九曰「陽氣潛藏」，故「初位潛藏」。與四正應，故「不得變而應四也」。愚案：訟坎爲志。四已之初，宜安其位，不可有它，故曰「志未變也」。

九二。鳴鶴在陰，其子和之。我有好爵，吾與爾靡之。虞翻曰：靡，共也。震爲「鳴」，訟離爲「鶴」，坎爲陰夜，「鶴知夜半」，故「鳴鶴在陰」。二動成坤體益，五艮爲「子」，震巽同聲者相應，故「其子和之」。坤爲身，故稱「我」。吾，謂五也。離爲「爵」，爵，位也。坤爲邦國。五在艮閽寺，庭闕之象，故稱「好爵」。五利二變之正應以，故「吾與爾靡之」矣。疏「靡，共也」，本孟喜易注。互震善鳴爲「鳴」。訟互離爲飛鳥，故「爲鶴」，又全體似離，亦「爲鶴」。坎在子中爲陰夜。「鶴知夜半」，淮南子文。夜半，故「鳴鶴在陰」。二動互坤爲母，全體成益，五體艮爲少子。又説文「卵，孚也」，故有孚取鶴子之象。中互震巽，同聲相應，故「其子和之」也。坤形爲身，故「爲我」。二應五，故「吾謂五也」。孟子「爲叢敺爵者，鸇也」注云「爵，鳥名」。説文「爵，禮器也。所以飲器象爵者，取其鳴節節足足也」。祭統曰「尸飲五，君洗玉爵獻卿。尸飲七，以瑶爵獻大夫。尸飲九，以散爵獻士及羣有司」。凡有爵于廟，則有位于朝，無位則无爵，亦遂以位爲爵。天官太宰「以八柄詔王，馭羣臣。一曰爵」，卽此義也。蓋古者爵位，取義于酒爵。酒爵之義，又取爵鳴節節足足。訟離爲飛鳥，故「離爲爵」，而爵曰位也。坤土爲邦國。五位在艮，有閽寺闕庭之象。人臣食爵于朝，故稱「好爵」。「以」當作「己」，五利二變正應己，好爵與共，故曰「吾與爾靡之矣」。象曰：「其子和之，中心願也」。虞翻曰：坎爲「心」，動得正應五，故「中心願也」。疏訟坎爲「心」，動而得正，上應五陽，二在下中，故曰「中心願也」。

六三。得敵。或鼓或罷，或泣或歌。荀爽曰：三四俱陰，故稱「敵」也。四得位，有位故鼓而歌。三失位無實，故罷而泣之也。疏三四俱陰，以陰承陰，故「稱敵」。以六居四爲得位，有位，故「鼓而歌」。以六居三爲失位，陽爲實，失陽無實，故「罷而泣之也」。

案：上與四互震聲爲「鼓」，又互艮止爲「罷」，故「或鼓或罷」。下乘二在訟坎爲「泣」，二變震聲爲「歌」，故「或泣或歌」。或之者，无常度也，以陰不中正故也。象曰：「或鼓或罷，位不當也。」王弼曰：三四俱陰，金木異性，敵之謂也。以陰居陽，自彊而進，進而閡敵，故「或鼓」也。四履正位，非己敵所克，故「或罷」也。不勝而退，懼見侵陵，故「或泣」也。四履謙巽，不報讐敵，故「或歌」也。歌泣无恆，位不當也。疏 三四俱陰，兑金巽木既異，其性金又剋木，故曰「得敵」。孔疏「欲進礙四，恐其害己，故或鼓而攻之。而四履正承尊，非己所勝，故或罷而退敗也。不勝而退，懼見侵陵，故或泣而憂悲也。四履于順，不與物校，退不見害，故或歌而歡樂也。進退无恆者，止爲不當其位，妄進故也」。案：三失位，不能自正，應在上登天，不下與三易位，故曰「位不當也」。六四。月幾望，馬匹亡。无咎。虞翻曰：訟坎爲月，離爲日。兑西震東，月在兑二，離在震三。日月象對，故「月幾望」。乾坎兩馬匹。初四易位，震爲奔走，體遯山中，乾坎不見，故「馬匹亡」。初四易位，故「无咎」矣。疏 訟坎爲月，謂二也。離爲日，謂四也。中孚體兑爲西，互震爲東。坎月在兑二，離日在震三，即訟四也。月西日東，兩象相對，故曰「月幾望」。幾，近也。不在二五不正望，中孚坎離之合，故發此象。訟乾爲馬，坎亦爲馬，兩馬相匹。匹，配也。在訟，乾四與坎初爲匹也。初四易位，四互震足爲奔走，三至上體遯山中，乾坎皆壞，故「馬匹亡」也。初四易位得正，故「无咎矣」。愚案：月至兑丁爲上弦，盈乾甲爲望。內體兑，四本訟乾，故月自兑丁至乾爲幾望。與小畜歸妹同義。象曰：「馬匹亡，絶類上也」。虞翻曰：訟初之四，體與上絶，故「絶類上也」。疏 四在上體，訟初之四，四即之初，體與上絶，故「馬匹亡」。「上」謂乾，故「絶類上也」。九五。有孚攣如，无咎。虞翻曰：孚，信也，謂二在坎爲「孚」。巽繩艮手，故攣二，使化爲邦，得正應己，故无咎也。**疏**「孚，信也」，說文文。五應二，二在訟坎爲「孚」。五體巽爲繩，互艮爲手，故曰「攣」。說文「攣，係也」，凡拘牽連繫者，皆曰「攣」。「攣如」者，蓋取中孚固結約束，不可解之義也。二敵應有咎，故五攣二，使化坤爲邦，變正得位，上來應五，故「无咎也」。**象曰：「有孚攣如，位正當也」。**案：以陽居五，有信攣二，使變己，是「位正當也」。**疏** 以陽居五，得中得正，故能有孚，下攣于二，使之變正應己，故曰「位正當也」。

上九。翰音登于天，貞凶。虞翻曰：巽爲雞，應在震，震爲「音」，翰，高也。巽爲高，乾爲「天」，故「翰音登于天」。失位，故「貞凶」。禮薦牲，雞稱「翰音」也。**疏**「巽爲雞」，說卦文。應在互震，震善鳴爲「音」。「翰，高也」者，即王注所謂「高飛」是也。「巽爲高」，「乾爲天」，皆說卦文。體本訟乾，又上于三才爲天位，故曰「翰音登于天」。上失正位，故「貞凶」。曲禮曰「雞曰翰音」。蓋祭宗廟所用，故云「禮薦牲，雞〔一〕稱翰音也」。案：體巽爲雞，雞鳴必振其羽，故有翰音之象。夫豚魚知風，鶴知夜半，雞知旦，皆物之有信者，故周禮雞人亦取孚義。然雞能鳴不能上飛，叫旦雖不失時，欲使羽翰之音，登聞于天，豈能久乎，孟子所謂「聲聞過情」者也。三陰爲不義之應，上宜與三易位，正乎凶，卦辭「利涉大川」是也。**象曰：「翰音登于天，何可長也」。**侯果曰：窮上失位，信不由中，以此申命，有聲無實，中實內喪，虛華外揚，是「翰音登天」也。巽爲雞，雞曰「翰音」。虛音登天，何可久也。**疏** 陽窮于上，又失正位，所處過中，是「信不由中」者也。巽爲申命，以此申命，有虛聲而無實行。內應在三，三陰无實，故「中實內喪」。以陽居陰，處外卦之上，

〔一〕「雞」字原脫，據陳校本補。

故「虛華外揚」，是「翰音登天」之象也。虛音登天，聲不能久，巽爲長，故曰「何可長也」。

序卦曰：「有其信者必行之，故受之以小過」。韓康伯曰：守其信者，則失貞而不諒之道，而以信爲過也，故曰小過。**疏** 孚爲信，中孚爲「有其信」。互震爲行，故曰「必行之」。又互艮，止守之象也。守其信而行，則「失貞而不諒之道」。所謂言必信，行必果，守硜硜之節，而不知大體，以信爲過者也。「可小事」，故曰小過。

䷽艮下震上小過。亨利貞。虞翻曰：晉上之三。當從四陰二陽臨觀之例，臨陽未至三，而觀四已消也。又有飛鳥之象，故知從晉來。杵臼之利，蓋取諸此。柔得中而應乾剛，故亨。五失正，故利貞。「過以利貞，與時行也」。**疏** 晉上之三成小過。從四陰二陽之例，自臨觀來。但二陽在中，臨陽未至三，而觀四已消。不能兩爻並動以成之卦，與訟四之初成中孚同例也。晉體離爲飛鳥。從晉來者，晉，乾宮遊魂卦也。臨否泰具乾坤義，晉三象曰「上行也」，虞彼注云「此則成小過，故有飛鳥之象焉」。杵臼之利，見碩鼠出入坎穴，蓋取諸此也」。柔得中，謂五也。乾剛，謂五伏陽也。體震與巽同聲相應，故「柔得中而應乾剛」。過恭、過哀、過儉，過乎柔者也。然柔得中而應乾剛，得乎禮之本意。「嘉會足以合禮」，故亨也。五陰失正，利變之貞，故彖曰「過以利貞，與時行也」。可小事，虞翻曰：「小」謂五，晉坤爲「事」，柔得中，故「可小事」也。**疏** 五陰爲小，故「小謂五」也。晉坤發于事業爲事。五得中，故「可小事也」。不可大事。虞翻曰「大」謂四，剛失位而不中，故「不可大事」也。**疏** 大事謂四，四剛失位而不得中，故「不可大事也」。飛鳥遺之音，不宜上宜下，大吉。虞翻曰：離爲「飛鳥」，震爲「音」，艮爲止。晉上之三，離去震在，鳥飛而音止，故「飛鳥遺之音」。上陰乘陽，故「不宜上」。下陰順陽，故「宜下大吉」。俗說或以卦象二陽在內，四陰在外，有似飛鳥之象，妄矣。**疏** 晉離爲雉，故「爲飛鳥」。小過震善鳴爲「音」，艮止爲止。晉上之三，離象毁，震艮象成，是「鳥飛去而音止」也，故曰「飛鳥遺之音」。遺，存也。上陰乘四陽謂五，故「不宜上」。謂五當變。下陰順三陽謂二，故「宜下大吉」。謂二「遇其臣」。俗説，宋衷説也。易无此象，故曰「妄矣」。彖曰：「小過，小者過而亨也。過以利貞，與時行也。荀爽曰：陰稱「小」。謂四應初，過二而去，三應上，過五而去，五處中，見過不見應，故曰「小者，過而亨也」。疏 陽大陰小，故「陰稱小」。四應初，陰過二而去，三應上，陰過五而去，五處上中，見陰之過而不見陽之應，故曰「小者過而亨也」。案：小陰謂五，五過乎陽而應乾剛，故「過而亨」。艮爲「時」，震爲「行」，過五利變之正成咸，泰否相反，「終則有始」，「與時偕行」，故「過以利貞，與時行也」。柔得中，是以小事吉也。虞翻曰：謂五也。陰稱「小」，故「小事吉也」。疏 五柔得正，故「謂五也」。陰柔稱「小」，柔而得中，故「小事吉也」。剛失位而不中，是以不可大事也。虞翻曰：謂四也。陽稱「大」，故「不可大事也」。疏 剛失位，謂四也。陽剛稱「大」，失位不中，故「不可大事也」。有飛鳥之象焉，飛鳥遺之音，宋衷曰：二陽在内，上下各陰，有似飛鳥舒翮之象，故曰「飛鳥」。震爲聲音，飛而且鳴，鳥去而音止，故曰「遺之音」也。疏 二陽在内，象鳥之身。四陰在外，象翅與足。有似飛鳥舒翮之象，故曰「飛鳥」。此即虞君所謂「俗説」也。震善鳴爲「聲音」，「飛而且鳴」謂震。鳥去而音止謂艮，故曰「遺之音」。不宜上宜下大吉，上逆而下順也。」王肅曰四五失位，故曰「上逆」。二三得正，故曰「下順也」。疏 四陽五陰爲「失位」，四五在上，故曰「上逆」。二陰三陽爲得正，二三在下，故曰「下順也」。案：陰在陽上爲逆，故五宜正。陰在陽下爲順，故二不變。象曰：「山上有雷，小過。侯果曰：山大而雷小，山上有雷，小過于大，故曰小過。疏 艮一陽在上，陽爲大，故曰「山大」。震重陰在上，陰爲小，故曰「雷小」。今「山上有雷」，是小過于大也，故曰小過。　愚案：艮止所以節禮，震動于上而過之，陰過于陽，故曰小過，陰，柔也。過恭、過哀、過儉，皆過于柔而不失乎禮之本者也。其過爲小，故君子以之。**君子以行過乎恭，**虞翻曰：「君子」謂三也。上貴三賤，晉上之三，震爲「行」，故「行過乎恭」。謂三「致恭以存其位」，與謙三同義。**疏** 艮三即乾三，乾三稱君子，故「君子謂三也」。上位貴，三位賤，晉上之三，是貴下于賤也。震足爲「行」，故「行過乎恭」。繫上曰「謙也者，致恭以存其位者也」。剥上之三成謙，故「與謙三同義」。**喪過乎哀，**虞翻曰：晉坤爲「喪」，離爲目，艮爲鼻，坎爲涕洟，震爲出。涕洟出鼻目，體大過遭死，「喪過乎哀」也。**疏** 晉坤喪于乙爲「喪」，又晉離爲目。體艮互兑，「山澤通氣」，以虚受澤，故「爲鼻」。坎水爲「涕洟」。萃上虞注云「自目曰涕，自鼻曰洟」。萬物出震爲「出」。涕洟出于鼻自爲「哀」。自二至四體大過，遭死象，故「喪過乎哀」。**用過乎儉。**虞翻曰：坤爲財用，爲吝嗇，艮爲止，兑爲小。小用止，「密雲不雨」，故「用過乎儉」也。**疏** 晉坤土生萬物爲財，「致役乎坤」爲用，故「爲財用」。「坤爲吝嗇」，説卦文。兩體有艮爲止。小過互兑少女爲「小」，「小」謂五陰。小用而止，即六五「密雲不雨」之象也，故「用過乎儉」。**初六。飛鳥以凶。**虞翻曰：應四離爲「飛鳥」，上之三，則四折入大過死，故「飛鳥以凶」。**疏** 初應晉四，離爲飛鳥。晉上之三，成艮互兑，兑爲毁折，故「四折入大過死」。謂二至五〔一〕體大過死象也，故「飛鳥以凶」。初失正，利四來易位，四死大過，故以初凶也。　按：初在艮下當止，失位故不止而飛。宜下不宜上，故凶也。**象曰：「飛鳥以凶，不可如何也」。**虞翻曰：四死大過，故「不可如何也」。**疏** 初應在四，四死大

〔一〕「五」，原本作「四」，據卦象正。

過，故「不可如何也」。

六二。過其祖，遇其妣。虞翻曰：「祖」謂祖母，初也。母死稱「妣」，謂三。坤爲喪爲母，折入大過死，故稱「祖妣」也。二過初，故「過其祖」。五變，三體姤遇，故「遇妣」也。**疏** 對妣言，故知「謂祖母」。二過初，故「祖母謂初也」。説文「妣，殁母」，曲禮「生曰父母，死曰考妣」，故「母死稱妣」。二遇三，故「妣謂三也」。晉坤爲喪爲母，故二稱「王母」。今上折入大過，故「稱祖妣也」。二在巽三爲長女，三本晉坤，故三爲二母，死大過，故「稱妣也」。初，坤體之始，故爲祖母也。二在初上爲過初，故「過其祖」。五失位當變，二至五體姤，「姤，遇也」。三在二上，故「遇妣」也。

不及其君，遇其臣，无咎。虞翻曰：五動爲「君」，晉坤爲「臣」。二之五隔三，艮爲止，故「不及其君」。止如承三，得正體姤遇象，故「遇其臣，无咎」也。**疏** 二應五，五不正，五動陽出，互乾爲「君」。晉内坤爲「臣」。二往應五隔三，互艮爲止，故「不及其君」。「如」與「而」通。近比艮止，止而承三；陰陽得正，體姤稱遇，故「遇其臣〔一〕」。小過之時順陽，故「无咎也」。

象曰：「不及其君，臣不可過也」。虞翻曰：體大過下，止舍巽下，故「不可過」。與隨三同義。**疏** 二至五體大過，下體艮，互體巽，二止舍巽下，五君隔于三艮，二臣不應，故「臣不可過」。隨家陰隨陽，六三之上无應，承四互艮，故係于四。小過之時，陰過陽，以順陽爲吉，故「與隨三同義」。

九三。弗過防之，從或戕之，凶。虞翻曰：防，防四也。失位，從或而欲折之初。戕，殺也。離爲戈兵。三從離上入坤，折四死大過中，故「從或戕之，凶」也。**疏** 尋虞義，當作「弗過」句，「防之」句，「從或」句，「戕之凶」句。「防，防四」者，謂三弗過四，應上而防四也。四失位應初，故「從或而欲折

〔一〕「臣」，原本作「君」，據陳校本正。

之初」，或卽初也。宣十八年公羊傳「戕鄫子于鄫者何？殘賊而殺之也」，故云「戕，殺也」。晉離爲戈兵，故爲「戕」。三從離上入坤成小過，折四至二象死大過中，故「從或戕之，凶」也。「凶」謂四也，四之凶，不當見于三，謂三不防四，四折之初，則體飛鳥而成明夷，三離災眚，故致凶耳。

象曰：「從或戕之，凶如何也」。虞翻曰：三來戕四，故「凶如何也」。**疏** 三不防四，四從初受傷，是「三來戕四」，而三亦受傷，故「凶如何也」。

九四。无咎，弗過遇之。九家易曰：以陽居陰，「行過乎恭」。今雖失位，進則遇五，故无咎也。四體震動，位既不正，當動上居五，不復過五，故曰「弗過遇之」矣。**疏** 以九居四爲陽居陰，「行過乎恭」。失位有咎，今進而遇五得正，故无咎。四體震初爲動，位既不正，當動而上居于五，不復過五而遇五，故曰「弗過遇之矣」。愚案：失位，咎也。下正應初，故无咎。然亦不義之應也，故四弗過三之初，而待五陽反正，體姤爲遇，故曰「弗過遇之」。

往厲必戒，勿用永貞。荀爽曰：四往危五，戒備于三，故曰「往厲必戒」也。勿長居四，當動上五，故曰「勿用永貞」。**疏** 四陽不正，往必危五。「戒備于三」者，謂三當防四，故曰「往厲必戒也」。然長居于四，失位非宜，故勿長居于四，當動而上五，故曰「勿用永貞」。愚案：四有正應，五陽當自出，得正應二。四往五失應則危，故必戒也。待五正，然後初四易位，成既濟定。四之初，則「潛龍勿用」之爻也。既濟定，則永得其正，故曰「勿用永貞」。

象曰：「弗過遇之，位不當也。往厲必戒，終不可長也。」虞翻曰：體否上傾，故「終不可長」矣。**疏** 四失位，故當欲過三之初。五正體否，否上象曰「否終則傾，何可長也」。又體巽爲長，故「終不可長也」。

六五。密雲不雨，自我西郊。虞翻曰：密，小也。晉坎在天爲「雲」，墜地成「雨」，上來之三，折坎入兑小爲「密」，坤爲「自我」，兑爲「西」，五動乾爲「郊」，故「密雲不雨，自我西郊」也。**疏** 小畜小過皆稱「密雲」，故云「密，小也」。互兑少女，故稱小也。

晉互坎水，在天爲「雲」，如需「雲上于天」是也。墜地成「雨」，如解「雷雨作」是也。晉上之三，變坎成兑，兑小，故「爲密」。坤形爲「自」爲「我」，故爲「自我」。兑，方伯正西卦，故「爲西」。五動互乾，乾，西北，野外稱「郊」。故「密雲不雨，自我西郊」。「不雨」者，體互巽艮，艮止而風散之也。

公弋取彼在穴。虞翻曰：「公」謂三也。弋，矰繳射也。坎爲弓彈，離爲鳥矢，弋，無矢也。巽繩連鳥，弋人鳥之象。艮爲手，二爲「穴」，手入穴中，故「公弋取彼在穴」也。**疏** 爻例三爲公位，故「公謂三也」。夏官司弓矢「矰矢茀矢，用諸弋射」。鄭注「結繳于矢謂之矰矢」，故云「弋，繒繳射也」。晉坎爲弓輪，故爲弓彈。離爲飛鳥，又爲弋兵，故爲鳥矢。謂三弋取初，而正四成既濟，亦體具坎離也。「无」當作「弓」。言弋者，用弓矢也。又互巽繩，連繫于鳥，是弋人取鳥之象也。「人」下當脱「取」字。三艮爲手。二互巽伏艮山下，陰爻兩畫爲「穴」。初在穴中，艮手入穴中，故「公弋取彼在穴」也。　愚案：五在晉爲互坎，上坎爲雲，故曰「密雲」。晉上之三，下坎爲雨，坎象毁，故「不雨」。五不正，四亦不正，四互兑爲西，陰過而上，由四過五，故「自我西郊」。尋小過象取飛鳥，初凶失正，在穴之鳥也。五變正，三爲公位，上承五志，取初易四，則六爻皆正。五陰小過，故「密雲不雨」，利變得正，故使三取初易四，「密雲不雨」即「不宜上」，「弋彼在穴」即「宜下大吉」也。蓋小過取象在五，故爻辭與卦辭同義。

象曰：「密雲不雨，已上也」。虞翻曰：謂三坎水已之上六，故「已上也」。**疏** 晉三坎水，已之上六，故「不雨」。

上六。弗遇過之，飛鳥離之，凶。是謂災眚。虞翻曰：謂四已變之坤，上得之三，故「弗遇過之」。離爲「飛鳥」，公弋得之，鳥下入艮手而死，故「飛鳥離之，凶」。晉坎爲「災眚」，故「是謂災眚」矣。**疏** 四失正，已變之坤，故「上得之三」。謂上弗待五正，遇三而過五應三，「弗遇過之」。上在晉，體離爲「飛鳥」。之三爲公位，故「公弋得之」。上爲飛鳥，下居于三，入坤死而成艮手，是「鳥下入艮手而死」

也。故「飛鳥離之，凶」矣。「離」如「鴻則離之」之「離」也。三在晉，互坎爲「災眚」，今居于上，故「是謂災眚」。案：二五居中，三上已過，故皆凶。象曰：「弗遇過之，已亢也」。虞翻曰：飛下稱「亢」，晉上之三，故「已亢也」。**疏**說文「頏，人頸也，本作亢」，是「頏」「亢」古字通也。邶風「頡之頏之」，毛傳「飛而上曰頡，飛而下曰頏」，故曰「飛下稱亢」。晉上飛而下，三不與上應，故曰「已亢也」。陽言亢，陰不言亢，故不從俗說也。

序卦曰：「有過物者必濟，故受之以既濟」。韓康伯曰：行過乎恭，禮過乎儉，可以矯世厲俗，有所濟也。

疏小過之「過」，論語所謂「觀過斯知仁矣」之「過」也。如「行過乎恭，喪過乎哀，用過乎儉」，皆過所當過，而不失乎禮之本者也。故「可以矯世厲俗，有所濟也」。蓋大過必至于陷，故受之以坎，小過或有可觀，故受之以既濟。

䷾離下坎上既濟。亨小，利貞。虞翻曰：泰五之二，「小」謂二也。柔得中，故「亨小」。六爻得位，「各正性命，保合太和」，故「利貞」矣。**疏**三陽三陰之卦自泰來，故「泰五之二」。陽大陰小，二陰，故「小謂二也」。于例，當二之五，而五之二者，泰坤女主，下交于二，故卦主「柔得中」而「亨小」也。六爻陰陽各正，故云「得位」，六爻正，則陰陽和矣。「各正性命，保合太和」，乾彖傳文，貞者，正也，利，和也，各正故貞，太和故「利貞」，即乾彖傳所謂「乃利貞」也。初吉，虞翻曰：初，始也，謂泰乾，「乾知大始」，故稱「初」。坤五之乾二，得正處中，故「初吉，柔得中也」。**疏**「初，始也」，說文文。初始于乾，故「初謂泰乾」。「乾知大始」，繫上文。九家易彼注云「始謂乾稟元氣，萬物資始」，故「稱初」也。坤五下之乾二，得正處中，始无不吉，故「初吉」，彖傳曰「柔得中」是也。終亂。虞翻曰：泰坤稱「亂」，二上之五，終止于泰，則反成否。子弑其父，臣弑其君，天下无邦，終窮成坤，故亂，其道窮。**疏**坤代終稱「終」，上終于坤，故「泰坤稱亂」，坤陰消故「亂」。既濟者，已濟也。其濟在泰，至既濟而盡。盡則二復于五，終止于泰而反成否。遯艮子弑父，否坤臣弑君。否象曰「天下无邦」，是終窮于上，變坤成亂，故彖曰「其道窮也」。

象曰：「既濟亨，小者亨也。」荀爽曰：天地既交，陽升陰降，故「小者亨也」。**疏**泰本天地交也，既濟則陰陽又交，二陽升于五，五陰降于二，二陰得正，故稱「小者」。交故通，通故亨也。

利貞，剛柔正而位當也。侯果曰：此本泰卦，六五降二，九二升五，是剛柔正當位也。**疏**卦自泰來，五降二升，是剛柔各正，而陰陽位當也。

初吉，柔得中也。虞翻曰：「中」謂二。**疏**二在下中，故「中謂二」也。

終止則亂，其道窮也。」虞翻曰：反否終坤，故「其道窮也」。侯果曰：剛得正，柔得中，故「初吉」也。正有終極，濟有息止，止則窮亂，故曰「終止則亂，其道窮也」。一曰殷亡周興之卦也。成湯應天，「初吉」也，商辛毒痛，「終止」也，由止，故物亂而窮也。物不可窮，窮則復始，周受其未濟而興焉。乾鑿度曰「既濟未濟者，所以明戒慎，全王道」也。**疏**虞注：泰極反否，終成坤亂。乾爲「道」，坤爲「窮」，乾極反坤，故「其道窮也」。侯注：剛皆得正，二柔得中，故「初吉」。正極必反，故「正有終極」。濟極必衰，故「濟有息止」。濟止則窮亂生焉，故曰「終止則亂，其道窮也」。謂「殷亡周興之卦也」者，成湯奉若天命，是「初吉」也。商辛毒痛四海，是「終止」也。終止則物亂而道窮也。濟極必窮，窮極復始。否泰循環，自然之運。周承殷後，受其未濟而興焉。乾鑿度曰「既濟未濟爲最終者，所以明戒慎而存王道」，鄭彼注云「夫物不可窮，理不可極。故王者亦常則天而行，與時消息。不可安而忘危，存而忘亡。未濟亦無窮極之謂者也」。

象曰：「水在火上，既濟。君子以思患而豫防之。」荀爽曰：六爻既正，必當復亂，故君子象之，思患而豫防之，治不忘亂也。**疏**治亂相循，自然之運，故「六爻既正，必當復亂」。亂者，患也，君子象之，思患之必至而豫爲防之，繫下所謂「治不忘亂」者也。案：水性趨下，火性炎上，水在火上則相濟以成其用，故曰「既濟」。不相濟則患生焉。「君子」謂泰乾三也。坤亂爲「患」，既濟坎心爲「思」。泰天地交，物所以濟，「終止則亂」。乾九三曰「君子終日乾乾，夕惕若」。使二升五以正坤，故曰「思患而豫防之」，謂防否也。

初九。曳其輪，濡其尾，无咎。象曰：「曳其輪，義无咎也。」宋衷曰：離者，兩陽一陰，陰方陽圓，輿輪之象也。其一在坎中，以火入水必敗，故曰「曳其輪」也。初在後稱「尾」。尾濡輪曳，咎也。得正有應，于義可以危而无咎矣。**疏** 內體離，離兩陽一陰之卦也。考工記「輪崇輿廣」，鄭注云「載物爲輿，行地爲輪。輿方象陰，輪圓象陽」，故云「輿輪之象也」。二互三四又爲坎，三在坎中，以火入水，必敗之象，故曰「曳其輪」也。爻例上爲首，初在下爲尾。尾濡輪曳似咎。初得正，四有應，雖危无咎矣。案：說卦曰：「坎爲輪，爲曳」，宋彼注云「水摩地而行曰曳」，故曰「曳其輪」。泰初在否爲四，否四體艮爲狐，爲尾，未濟之「小狐濡尾」是也。初應在四，之歷坎水，坎水爲濡，故「曳其輪，濡其尾」。濡曳，咎也。得正故无咎。既濟六爻各正，不取相應，雖二五亦然，故二主承三也。

六二。婦喪其髴，勿逐，七日得。虞翻曰：離爲「婦」，泰坤爲「喪」，髴髮謂鬒髮也，一名婦人之首飾，坎爲玄雲，故稱「髴」，詩曰「鬒髮如雲」。乾爲首，坎爲美，五取乾二之坤爲坎，坎爲盜，故「婦喪其髴」。泰震爲七，故「勿逐七日得」，與睽「喪馬勿逐」同義。「髴」或作「茀」，俗說以「髴」爲婦人蔽膝之「茀」，非也。**疏** 離中女，故「爲婦」。泰坤喪于乙爲「喪其髴」，從子夏傳也。「髴髮謂鬒髮」，言鬒黑髮也。「一名婦人之首飾」者，所謂被后夫人之燕服也。上坎爲雲，又坎水北方色黑，故云「玄雲」。「稱髴」者，如詩鄘風曰「鬒髮如雲」是也。泰乾爲首，既濟坎美脊爲美，五取乾二之坤成坎，說卦「坎爲盜」，故「婦喪其髴」。泰震謂三也。繫上曰「天七」，謂庚也。震納庚，故「震爲七」。震足爲逐，離成震毀，故「勿逐」。離爲日，震變爲離〔一〕，二又互坎，故「七日得」。得其髴者，言當順三也。睽初喪坎馬，得震馬，故與「喪馬勿逐」同義也。「髴」諸本皆作「茀」，或作「茀」作「弗」作「髢」，荀作「紱」。又云「以髴爲婦人蔽膝」，卦无膝象，故知非也。象曰：「七日得，以中道也。」王肅曰：體柔應五，履順承剛，婦人之義也。髴，首飾。坎爲盜，離爲婦。「喪其髴」，鄰于盜也。「勿逐」自得，履中道也。二五相應，故「七日得」也。**疏** 二體柔，上應五。體柔爲履順，應五爲承剛。二順五剛，婦人之義也。髴，首飾，馬君義也。外坎爲盜，内離爲婦。内婦喪髴，外鄰坎盜也。「勿逐自得」者，以二履中道也。二五相應，以二加五爲七，故「七日得也」。案：二中宜柔，道乃然也。

九三。高宗伐鬼方，三年克之，小人勿用。虞翻曰：高宗，殷王武丁。鬼方，國名。乾爲高宗，坤爲鬼方，乾二之坤五，故「高宗伐鬼方」。坤爲「年」，位在三，故「三年」。坤爲「小人」，二上克五，故「三年克之，小人勿用」，象曰「憊也」。干寶曰：高宗，殷中興之君。鬼方，北方國也。高宗嘗伐鬼方，三年而後克之。離爲戈兵，故稱「伐」。坎當北方，故稱「鬼」。在既濟之家而述先代之功，以明周因于殷，有所弗革也。**疏** 虞注：喪服四制「武丁者，殷之賢王也，繼世即位而慈良于喪。當此之時，殷衰而復興，禮廢而復起，故善之。善之，故載之書中而高之，故謂之高宗」，故云「高宗，殷王武丁」也。乾鑿度曰「九月之時，陽失正位，盛德既衰，而九三得正，下陰能終其道，濟成萬物。猶殷道中衰，王道陵遲，至于高宗，内理其國，以得民心，扶救衰微，伐征遠方，三年而惡消滅，成王道，殷人高而宗之。文王挺以挍

〔一〕「離」，原本作「雷」，據陳校本正。

易，勸德也」。泰乾爲君，三在震帝，君配天，故稱高宗。後漢書西羌傳「殷室中衰，諸侯皆叛，至高宗征西戎鬼方，三年乃克」。或曰鬼方，南方之國，國語「九黎亂德，民神雜糅」，又曰「三苗復九黎之德」，是以三苗爲鬼方也。干氏又以爲北方國。詩大雅「覃及鬼方」，毛傳「鬼方，遠方也」。漢書匡衡傳「成湯化夷俗而懷鬼方」，應劭云「鬼方，遠方也。」于西、于南、于北，皆無所指。坤死爲鬼，至静德方爲方，故爲鬼方。乾二上之坤五，故「高宗伐鬼方」。三爲高宗者，既濟，泰乾之坤，以乾爲君，乾三得位，使二上五征坤，故三爲高宗。象曰「君子思患而豫防之」，謂三也。日周爲歲，陽也。月十二會爲年，陰也，故「坤爲年」。爻位在三，故曰「三年」。坤陰爲「小人」，謂上也。二上克五，二至五亦三爻，故「三年克之」。坤小人，又爲用，坤象不見，故「小人勿用」。坎爲勞卦，故象曰「憊也」。干注：殷衰而復興，故云「高宗，殷中興之君」。坎在北，故云「鬼方，北方國也」。內體離爲戈兵，故「稱伐」。外體坎位北方陰象，故「稱鬼」。乾爲先，既濟三在乾，故云「述先代之功」。後漢書又曰「季歷遂伐西落鬼戎」，故云「以明周因于殷，有所弗革也」。象曰：「三年克之，憊也。」侯果曰：伐鬼方者，興衰除闇之征也。上六闇極，九三征之，三舉方及，故曰「三年克之」。興役動衆，聖猶疲憊，則非小人能爲，故曰「小人勿用」。虞翻曰：坎爲勞，故憊也。**疏** 侯注：三陽體剛，則能興衰，在離爲明，則能除闇，故「伐鬼方者，興衰除闇之征也」。六陰爲闇，處上爲極。三往征之，自四至上，三舉方及，故曰「三年克之」。泰上體坤，「致役乎坤」爲役，坤三體爲衆稱衆，又互震起而興爲動，故云「興役動衆」。聖人當此，猶有疲憊，況小人乎，故曰「小人勿用」。虞注：坎勞卦，故爲勞。疲極曰憊。勞故憊也。

六四。繻有衣袽，終日戒。 虞翻曰：乾爲衣，故稱「繻」。袽，敗衣也。乾二之五，衣象裂壞，故「繻有衣袽」。離爲日，坎爲盜，在兩坎閒，故「終日戒」。謂伐鬼方，三年乃克，旅人勤勞，衣服皆敗，鬼方之民，猶或寇竊，故「終日戒」也。**疏**「乾爲衣」，九家説卦文。「繻」，子夏傳作「襦」，故「稱繻」也。袽，敗衣，玉篇「袾袽敝衣」是也。乾二之五，乾象不見，故衣象裂壞，而曰「繻有衣袽」。内離爲日，外坎爲盜，互離在兩坎之閒，故「終日戒」也。言遠征懃勞，衣服已敗，猶有鬼方寇盜之虞，故「終日戒也」。案：説文「采繒爲繻，敝衣爲袽」，引易辭「繻有衣袽」爲證。夫「繻有衣袽」者，謂采繒而繼以敗衣，已盛將衰，既濟過中之象也。可不「終日戒」乎。泰乾衣互兑，兑爲毁折，又離成乾毁，故有衣袽之象。離爲日，四出離外，有終日之象。蓋三定既濟之難，四則既濟不可恃，故「終日戒」也。**象曰：**「終日戒，有所疑也。」盧氏曰：繻者，布帛端末之識也。袽者，殘幣帛，可拂拭器物也。繻有爲衣袽之道也。四處明闇之際，貴賤无恆，猶或爲衣，或爲袽也。履多懼之地，上承帝主，故終日戒愼，有所疑懼也。**疏**漢書終軍傳「關吏與軍繻」，蘇林云「繻，帛邊也。舊關出入皆以傳。傳還，因裂繻頭，合以符信也」。繻頭，卽帛邊，卽「端末之識也」。袽者殘幣帛，卽虞氏敗衣之意也。帛殘，祇可供拂拭器物之用也。繻新則爲衣，敗則爲袽，故云「有爲衣袽之道也」。離中虛爲明，坎中實爲闇，故「四處明闇之際」。衣貴袽賤，故「貴賤无恆」。一物而可貴可賤，故「猶或爲衣，或爲袽也」。「四多懼」，故「履多懼之地」。五位天子，故「上承帝主」。近尊多懼，故「終日戒愼」。處兩坎之閒，坎心爲疑，故「有所疑懼也」。九五。東鄰殺牛，不如西鄰之禴祭，實受其福。虞翻曰：泰震爲「東」，兑爲「西」，坤爲「牛」，震動五殺坤，故「東鄰殺牛」。在坎多眚，爲陰所乘，故「不如西鄰之禴祭」。禴，夏祭也。離爲夏。兑動，二體離明，得正承五順三，故「實受其福，吉大來也」。**疏**泰互震爲「東」，互兑爲「西」，東西稱「鄰」。震動至五成陽，互兑金爲殺坤，故曰「東鄰殺牛」。既濟五在坎爲多眚，爲上陰所乘，故「不如西鄰之禴祭」。五在震爲「東鄰」，二在兑爲「西鄰」。泰成既濟，四時象正。左傳

「國之大事，在祀與戎」，故三言「伐鬼方」，五言祭祀也。「禴」同「礿」，爾雅「夏祭曰礿」，春官宗伯「以禴夏享先王」，故曰「禴，夏祭也」。離南方之卦，于時爲夏。泰二互兑，二動體離爲明。二陰得正，上承五陽，近順三陽，陽實陰虚，又乾陽爲福，故「實受其福」。蓋五當既濟之盛而陷乎險，不如二當始濟之時麗乎文明，爲「實受其福」，故象曰「吉大來也」。象曰：「東鄰殺牛，不如西鄰之時也。」崔覲曰：居中當位于既濟之時，則當是周受命之日也。五坎爲月，月出西方，西鄰之謂也。二應在離，離爲日，日出東方，東鄰之謂也。離又爲牛。坎水克離火，「東鄰殺牛」之象。禴，殷春祭之名。案尚書克殷之歲，「厥四月，哉生明，王來自商，至于豐。丁未，祀于周廟」，四月，殷之三月春也。則明西鄰之禴祭，得其時而受祉福也。疏 五爲居中，九爲當位。處既濟而履尊位，是周受命之日也。五在坎爲月。祭義曰「月生于西」，故「月出西方，西鄰之謂也。」五與二應，二在離爲日。祭義曰「日生于東」，故「日出東方，東鄰之謂也」。九家説卦「離爲牝牛」，故又爲牛。五坎水下克離火，「東鄰殺牛之象」也。王制「天子四時之祭，春曰礿」。鄭氏以爲夏殷之禮，故曰「禴，殷春祭之名」。「厥四月」至「祀于周廟」，皆書武成文，引之以明周四月，即殷之三月春時也。言周克殷之歲，四月祀廟，是「西鄰之禴，得其時而受福祉也」。按：既濟亨小，故西鄰時也。實受其福，吉大來也。」盧氏曰：明鬼享德不享味也。故德厚者，「吉大來也」。疏 書君陳「黍稷非馨，明德惟馨」，故「享德不享味」。德厚，則「吉大來也」。按：乾爲福，故「實受其福」。陽爲大，故「吉大來也」。上六。濡其首，厲。虞翻曰：乾爲首，五從二上在坎中，故「濡其首厲」。位極乘陽，故「何可久」。疏 五自乾來，故「乾爲首」。五從二上，成坎爲水，故「濡其首」。濟極終亂，故「厲」也。位極乘陽，象上濡五，濟不可久，泰所以終否也。象曰：「濡其首厲，何可久也。」荀爽曰：居上濡五，處高居盛，必當復危，故曰「何可久也」。**疏** 居坎之上，下濡五陽，處高位而居極盛，泰極必否，故云「必當復危」。乾爲久，故曰「何可久」，即終亂之義也。

序卦曰：「物不可窮也，故受之以未濟終焉。」崔覲曰：夫易之爲道，「窮則變，變則通」，而「以未濟終」者，亦「物不可窮也」。**疏**「易窮則變，變則通」，繫下文。陸績彼注云「陰窮則變爲陽，陽窮則變爲陰，天之道也」。夫陰陽變化，往來不窮，故「變則通」矣。既濟必盛，盛極必衰。于數窮之時而得變通之道，故「受之未濟」，以明「物不可窮也」。蓋未濟，冬十一月卦也，于時天地閉藏，而萬物發生之機已伏，君子知之，故制治于未亂，保邦于未危。因鑒既濟之凶，常存未濟之心，書所謂「滿招損，謙受益」，家語所謂「滿則覆，中則正，虚則欹」者，皆此義也。如是則窮不終窮，而天下國家可長保矣。六十四卦終以未濟，聖人示戒之意深矣哉。

䷿ 坎下離上 未濟亨。虞翻曰：否二之五也。柔得中，天地交，故亨。濟，成也。六爻皆錯，故稱未濟也。**疏** 三陰三陽之卦自否來，故「否二之五也」。柔在五爲「得中」，二五易位是「天地交」。交故通，通故亨。書君陳「必有忍，其乃有濟」，孔傳「必有所含忍，其乃有所成」，故云「濟，成也」。六爻陰陽失位，故云「皆錯」。錯，故「稱未濟也」。小狐汔濟，虞翻曰：否艮爲小狐。汔，幾也。濟，濟渡。狐濟幾渡而「濡其尾」，「未出中也」。**疏** 説卦「艮爲小石」，九家説卦「艮爲狐」，故云「否艮爲小狐」。謂四也。詩民勞曰「汔可小康」，鄭箋「汔，幾也」。楊子方言「過渡謂之涉濟」，故云「濟，濟渡」也。艮爲狐，二上之五，五未成坎水，坎心爲疑，狐性疑，幾渡而坎水濡二，故曰「濡其尾」。象曰「未出中」者，未出下中也。濡尾，故未濟。古諺云「狐欲渡河，無柰尾何」，即汔濟濡尾之義也。濡其尾，无攸利。虞翻曰：艮爲「尾」，狐，獸之長尾者也。「尾」謂二，在坎水中，故「濡其尾」。失位，故「无攸利，不續終也」。干寶曰坎爲狐。說文曰「汔，涸也」。案剛柔失正，故未濟也。五居中應剛，故亨也。小狐力弱，汔乃可濟，水既未涸而乃濟之，故尾濡而无所利也。**疏**虞注：黔喙之屬多長尾，故艮爲尾，而狐尾尤長。否二至四互艮爲狐，故「尾謂二」。二在坎水中，故曰「濡其尾」。初陰失位，故「无攸利」。未濟非可終之道，故象曰「不續終也」。干注：「坎爲狐」，九家說卦文。說文「汔，小涸也」。六爻剛柔失正，故曰未濟。五柔居中，下應二剛，故「亨」。小狐力弱，涸而後濟，水未涸而濟之，故「濡其尾而无所利也」。象曰：「未濟亨，柔得中也。

亨，柔得中也。荀爽曰：柔上居五，與陽合同，故亨也。**疏**否二柔上居五，五陽位，故「與陽合同」。天地交，故亨也。

小狐汔濟，未出中也。虞翻曰：謂二未變，在坎中也。干寶曰：狐，野獸之妖者，以喻祿父。「中」謂二也，困而猶處中故也。此以託紂雖亡國，祿父猶得封矣。**疏**虞注：二以上體既濟，故幾濟也。二未變，在坎中，故曰「未出中也」。干注：說文「狐，妖獸也」，故云「狐，野獸之妖者」。祿父，紂子。其位不正，故「以喻祿父」。二在下中，故「中謂二也」。困而處中，故「未出中也」。史記殷世家「武王已克殷，復以殷餘民封紂子武庚祿父，比諸侯，以奉其先祀」，故云「此以託紂雖亡國，祿父猶得封矣」。

濡其尾，无攸利，不續終也。虞翻曰：否陰消陽，至剥終坤，「終止則亂，其道窮也」。乾五之二，坤殺不行，故「不續終也」。干寶曰：言祿父不能敬奉天命，以續既終之禮，謂叛而被誅也。**疏**虞注：否，陰消卦也。陰之消陽，至剥而陰盛，終坤而亂成。既濟彖傳曰「終止則亂，其道窮也」。即反否終坤之謂也。坤弑爲殺。否乾五之坤二，坤象不見，故「坤殺不行」而曰「不續終也」。戰國策「易曰狐濡其尾，此言始之易，終之難也」。坤終不見，故「不續終也」。案：序卦曰「受之以未濟終焉」，既濟卦辭曰「初吉終亂」，終謂上也。既濟自以濡首終，未濟自以濡尾終。不相續，故曰「不續終也」。干注：祿父，紂子也。受周之封，不能敬奉天命，以續商家既終之祀，宜其叛而被誅，「无攸利」也。**雖不當位，剛柔應也。」**荀爽曰：雖剛柔相應而不以正，由未能濟也。干寶曰：六爻皆相應，故微子更得爲客也。

疏 荀注：剛柔雖應而爻皆不正，不義之應，由未能濟，重釋未濟之義也。干注：未濟之世，義不續終。然六爻陰陽皆應，雖不當位，猶有終而復續之理。書序「成王既黜殷命，殺武庚，命微子啓代殷後，作微子之命」，詩序「有客，微子來見廟也」，故云「微子更得爲客也」。**象曰：「火在水上，未濟。**侯果曰：火性炎上，水性潤下，雖復同體，功不相成，所以未濟也。故君子慎辨物宜，居之以道，令其功用相得，則物咸濟矣。**疏** 洪範曰「火曰炎上，水曰潤下」，其性相反，雖同居一體之中，然火在水上，不能成烹飪之功，所以名未濟也。故君子象之，慎辨物宜而居之以道，令水火相交，功用相得，則物各咸宜，未濟者可濟矣。**君子以慎辨物居方。」**虞翻曰：君子，否乾也。艮爲「慎」，辨，辨別也，「物」謂「乾，陽物也，坤，陰也」，艮爲「居」，坤爲「方」，乾別五以居坤二，故「以慎辨物居方」也。**疏** 陽爲君子，故「君子謂否乾也」。艮陽小爲「慎」。說文「辨，判也」，取判別之義，故云「辨別也」。「乾，陽物也，坤，陰物也」，繫下文，「陰」下當脫「物」字。艮止爲「居」，坤爲靜而德方爲「方」。乾上別五，下居坤二〔一〕，故「以慎辨物居方」，令各得其所也。以陽爲主，故「乾別五」也。又繫上曰「方以類聚，物以羣分」，卦之類聚者，至乾坤極矣，卦之羣分者，至既未濟亦極矣。未濟殿六十四卦之終，故特舉類聚羣分之義，以發其凡也。**初六。濡其尾，吝。**虞翻曰：應在四，故「濡其尾」。失位，故「吝」。**疏** 初應在四，

〔一〕「二」，原本作「乙」，據陳校本正。

四在否艮，故爲「尾」。四居互坎之中，坎爲水，故「濡其尾」。初陰居陽失位，故「吝」。象曰：「濡其尾，亦不知極也。」案：四在五後，故稱「尾」。極，中也。謂四居坎中，以「濡其尾」，是「不知極也」。**疏**初應四，四在五後，故「稱尾」。說文「極，棟也」，逸雅「棟，中也，居屋之中也」，故「極」訓「中」也。四居互坎之中，水濡其尾，是「不知極」，言不知陷于坎中也。九二。曳其輪，貞吉。姚信曰：坎爲曳爲輪，兩陰夾陽，輪之象也。二應于五而隔于四，止而據初，故「曳其輪」。處中而行，故曰「貞吉」。干寶曰：坎爲「輪」，離爲牛，牛曳輪，上以承五命，猶東蕃之諸侯，共攻三監，以康周道，故曰「貞吉」也。**疏**姚注：「坎爲曳爲輪」，說卦文。坎兩陰在外，一陽在中，輪之象也。二應于五，而中隔于四，且未濟之家，不正相應，故皆不取應爻。止〔一〕而據初，故「曳其輪」也。雖不得位，處中而行，亦「貞吉」也。干注：內坎爲「輪」，外離牝牛爲牛。離牛曳坎輪，二上應五，故云「上承五命」。史記殷世家「武王封紂子武庚祿父，乃令其弟管叔蔡叔傅相武庚。武王既崩，管叔蔡叔疑周公，乃與武庚作亂。周公以成王命，興師伐殷，殺武庚管叔，放蔡叔，以武庚殷餘民，封康叔爲衛君」，此「東蕃諸侯，其攻三監，以康周道」之事也，故曰「貞吉」。象曰：「九二貞吉，中以行正也。」虞翻曰：謂初已正，二動成震，故「行正」。**疏**六爻當反之正。初已變正，二動成震，震足爲行，故曰「中以行正也」。六三。未濟征凶，利涉大川。荀爽曰：「未濟」者，未成也。女在外，男在內，婚姻未成，征上從四則凶。利下從坎，故「利涉大川」矣。**疏**濟者，成也，「未濟」者，言陰陽不當，婚姻未成也。離中女在外，坎中男在內，陰陽易位，是婚姻未成之象也。男

〔一〕「止」，原本作「正」，據陳校本正。

女不正，雜卦「未濟，男之窮也」。故三往從四則凶。利下從坎，坎爲大川，故「利涉大川矣」。案：三在兩坎之中，故獨象未濟。陸行爲征，水行爲涉，三既失位，初二又不變正，震足大塗不見，故「征凶」。內坎接外坎，故「利涉大川」。象曰：「未濟征凶，位不當也。」干寶曰：「吉凶者，言乎其失得也」。祿父反叛，管蔡與亂，兵連三年，誅及骨肉，故曰「未濟征凶」。平克四國，以濟大難，故曰「利涉大川」。坎也。以六居三，不當其位，猶周公以臣而君，故流言作矣。**疏**「吉凶者，言乎其失得也」，繫上文，虞注「得正言吉，失正言凶」是也。武庚祿父叛周，管叔蔡叔實與其亂，周公誅祿父管叔，詩東征曰「自我不見，于今三年」，故云「兵連三年，誅及骨肉」，此未濟所以征凶也。周公滅殷，並及三監，故云「克平四國，以濟大難」。體坎爲川，故「利涉大川」也。六三以陰居陽，爲不當其位，猶周公居攝，以臣代君，故流言作而有東征之凶也。案：六爻皆不當位，三言「未濟」，故于此爻發之。九四。貞吉悔亡，虞翻曰：動正得位，故吉而悔亡矣。**疏**四失正，變而之正爲得位，故「吉而悔亡」。震用伐鬼方，三年有賞于大邦。虞翻曰：變之震體師，坤爲鬼方，故「震用伐鬼方」。坤爲「年」爲「大邦」，陽稱「賞」。四在坤中，體既濟離三，故「三年有賞于大邦」。**疏** 四變，互二三爲震，故云「變之震」。自初至五體師象，坤爲鬼方，釋見既濟，故曰「震用伐鬼方」。坤爲「年」，亦見既濟。坤衆，故「爲大邦」。司勳掌于夏官，管子曰「夏賞五德」，故「陽稱賞」。四于變坤中，在既濟離三，故「三年有賞于大邦」。愚案：既濟稱「高宗伐鬼方」，此不言高宗，高宗，殷主也，又何大邦有賞焉。考後漢書西羌傳曰「高宗征西戎鬼方，三年乃克」。此即既濟「高宗伐鬼方」是也。又曰「武乙暴虐，犬戎寇邊，周古公踰梁山而避于岐下，及子季歷，遂伐西落鬼戎」，章懷引竹書注之曰「武乙三十五年，周王季歷伐西落鬼戎，俘二十翟王」，據此則「震用伐鬼方」，當指季歷无疑。蓋四變互震爲侯，故曰「震用」。又紀年稱「周公季歷來朝，王賜地三十里，玉十瑴，馬十匹」，故曰「三年有賞于大邦」。即干氏既濟注亦云「周因于殷，有所弗革」，意謂此也。象曰：「貞吉悔亡，志行也。」案：坎爲「志」，震爲「行」，四坎變震，故「志行也」。疏互坎爲「志」，變震爲「行」，故「志行也」。六五。貞吉无悔。虞翻曰：之正則吉，故「貞吉无悔」。疏五失位，互坎心爲「悔」，變正則吉，故「貞吉无悔」。君子之光，有孚吉。虞翻曰：動之乾，離爲光，故「君子之光」也。「孚」謂二，二變應，已得有之，故「有孚吉」，坎稱「孚」也。干寶曰：以六居五，周公攝政之象也，故曰「貞吉无悔」。制禮作樂，復子明辟，天下乃明其道，乃信其誠，故「君子之光，有孚吉」矣。疏虞注：三四已正，故云「動之乾」。變正成離爲光，故云「君子之光也」。五與二應，故「孚謂二」。二亦變正應五，已得有之，故曰「有孚吉」。三四已正，二亦在坎，故「坎稱孚也」。干注：以陰居陽，是以臣代君，爲周公攝政之象，故「貞吉无悔」也。明堂位「昔者周公朝諸侯于明堂之位，天子負扆南鄉而立」，又曰「六年，朝諸侯于明堂，制禮作樂」，書洛誥曰「朕復子明辟」，故天下〔一〕明其攝政之道，信其復辟之誠。此「君子之光」，所以「有孚吉」也。象曰：「君子之光，其暉吉也。」虞翻曰：動之正，乾爲大明，故「其暉吉也」。疏五動之正成乾，乾象傳曰「大明終始」，故「乾爲大明」。五麗乎大明，故「其暉吉也」。上九。有孚于飲酒，无咎。濡其首，有孚失是。虞翻曰：坎爲「孚」，謂四也。上之三介四，故「有孚」。坎酒流頤中，故「有孚于飲酒」。終變之正，故「无咎」。乾爲「首」，五動，首在酒中，失位，故「濡其首」矣。孚，信，是，正也。六位失正，故「有孚失是」。謂若殷紂沈湎于

〔一〕「下」字原脫，據陳校本補。

酒，以失天下也。**疏** 四互坎爲孚，故「孚謂四也」。三與上應，上之三介四坎孚，故「有孚」。坎水爲酒，二至上有頤象，四坎在中，是「坎酒流于頤中」，故「有孚于飲酒」。失正，咎也，上終變正，故「无咎」。否乾爲「首」，爻例上亦爲「首」。坤二之五是「五動」，爲「首在酒中」。動而失位，故「濡其首」矣。「孚，信」，說文文。又說文曰「是從日從正」，故曰「是，正也」。六位陰陽皆失其正，故「有孚失是〔一〕也」。書泰誓稱「商王受沈湎冒色」，故云「若殷紂沈湎于酒，以失天下也」。

象曰：「飲酒濡首，亦不知節也。」虞翻曰：節，止也，艮爲「節」。「飲酒濡首」，故「不知節」矣。**疏** 「節，止也」，雜卦文。艮多節，故「爲節」。上四易位，得正爲節，四上不正，故「飲酒濡首，不知節也」。案：初曰「不知極」，上曰「不知節」。事不過中之謂「節」，事協于中之謂「極」。初上二爻，孔子皆以「不知」責之，蓋卦體兩離爲明，宜知極知節矣，爻皆不正，故不知也。

〔一〕「是」，原本作「正」，據爻辭正。

周易集解纂疏卷八

繫辭上第八

天尊地卑，乾坤定矣。虞翻曰：天貴故「尊」，地賤故「卑」，「定」謂成列。荀爽曰：謂否卦也。否七月，萬物已成，乾坤各得其位，定矣。**疏**虞注：易緯乾鑿度〔一〕曰：「一者，形變之始。清輕者上爲天，濁重者下爲地」。又曰：「乾坤相並俱生。」鄭彼注云：「天地開闢，乾坤卦象立焉」。孔氏云：「天以剛陽而尊，地以柔陰而卑。」又云：「乾健與天陽同，坤順與地陰同，故得乾坤定矣。」「定謂成列」者，乾坤列乎上下而八卦成列，亦由是定矣。荀注：上乾下坤爲否，故「謂否卦也」。否于消息卦在七月，是時萬物已成，故云「乾坤各得其位，定矣」。案：此言乾坤之德，非以否上乾下坤爲定位也。荀氏之説，未應經義。**卑高以陳，貴賤位矣。**虞翻曰：乾高貴五，坤卑賤二，「列貴賤者存乎位」也。荀爽曰：謂泰卦也。侯果曰：天地卑高，義既陳矣。萬物貴賤，位宜差矣。**疏**虞注：下文〔二〕云「崇效天，卑法地」。坤

〔一〕易緯乾鑿度，書名，原缺「緯」字，今補。

〔二〕「文」字原作「傳」。所引「崇效天，卑法地」，繫上文。據疏前後體例，應作「文」，今改。

自上降，乾自下升，故先言「卑」而後言「高」也。「乾高貴謂五」者，乾二升五也。「坤卑賤謂二」者，坤五降二也。「列貴賤者存乎位」，下傳文。乾以上爲尊，故五爲天位。坤以下爲卑，故二爲地位。乾坤正位二五，故「貴賤位矣」。荀注：坤卑在上，乾尊在下，「天地交泰」，故「謂泰卦也」。侯注：王氏云：「天尊地卑之義既列，則涉乎萬物貴賤之位，明矣」。即侯氏義也。

動靜有常，剛柔斷矣。虞翻曰：斷，分也。乾剛常動，坤柔常靜。「分陰分陽，迭用柔剛」。疏釋名「斷，段也，分爲異段也」，故云「斷，分也」。乾鑿度曰「天動而施曰仁，地靜而理曰義」，故「乾剛常動，坤柔常靜」。庖犧既定乾坤六位，又分乾陽坤陰各爲六畫，然後可以「迭用柔剛」，故曰「剛柔斷矣」，即下傳所謂「剛柔者，立本者也」。

方以類聚，九家易曰：謂姤卦，陽爻聚于午也。方，道也。謂陽道施生，萬物各聚其所也。疏姤，五月午卦也。其卦五陽一陰，故云「陽爻聚于午也」。樂記「樂行而民鄉方」，鄭注「方猶道也」，故云「方，道也」。五月正萬物極盛之時，陽道主施，故「謂陽道施生，萬物各聚其所也」。

物以羣分，九家易曰：謂復卦，陰爻聚于子也。陰主成物，故曰「物」也。至于萬物一成，分散天下也以周人用，故曰「物以羣分」也。疏復，十一月子卦也。其卦五陰一陽，故云「陰爻聚于子也」。陰主成物，即下傳「坤化成物」，故曰「物」也。萬物既成，即當分散天下，以周人用，故曰「物以羣分」也。

吉凶生矣。虞翻曰：物三稱「羣」。坤方道靜，故「以類聚」。乾物動行，故「以羣分」。乾生故吉，坤殺故凶，則「吉凶生矣」。疏詩吉日「或羣或友」，毛傳「獸三爲羣」，故云「物三稱羣」。「坤至靜而德方」，故云「坤方道靜」。道靜則聚，故「以類聚」。「精氣爲物」，陽動而施，故云「乾物動行」。物動則分，故「以羣分」。言乾坤各以三爲六。陽生陰殺，陽吉陰凶，乾爲生故吉，坤爲殺故凶。乾坤各六畫，有正有不正，故「吉凶生」，下注云「得正言吉，失位言凶」是也。

在天成象，在地成形，變化

見矣。虞翻曰：謂日月在天成八卦，震象出庚，兑象見丁，乾象盈甲，巽象伏辛，艮象消丙，坤象喪乙，坎象流戊，離象就己，故「在天成象」也。「在地成形」謂震竹巽木、坎水離火、艮山兑澤、乾金坤土。在天爲「變」，在地爲「化」，「剛柔相推而生變化」矣。**疏**「謂日月在天成八卦」者，以納甲言也。月三日暮出震，震納庚，故「震象出庚」。八日見兑，兑納丁，故「兑象見丁」。十五日盈乾，乾納甲壬，故「乾象盈甲」。月盈則食，十六日退巽，巽納辛，故「巽象伏辛」。二十三日消艮，艮納丙，故「艮象消丙」。三十日滅坤，坤納乙癸，故「坤象喪乙」。坎離，日月之本體，坎納戊，離納己，故「坎象流戊，離象就己」。此在天成象之義也。九家易云「地有八卦之形，卽所謂震竹巽木、坎水離火、艮山兑澤、乾金坤土」是也。虞義蓋本說卦也。不舉震雷巽風者，雷風皆在天也。離象傳云：「百穀草木麗乎土」。故震舉竹，巽舉木也。攷工記曰：「天時變」。故「在天爲變」。下傳曰：「坤化成物」。故「在地爲化」。引下文「剛柔相推而生變化」者，謂以乾坤爲六子也。樂記禮樂章引此傳曰：「天地之別也」。是言尊卑、貴賤、動靜、類聚、羣分、在天、在地之別異，先王法之以制禮，故云「天地之別也」。

是故剛柔相摩，八卦相蕩。虞翻曰：旋轉稱「摩」，薄也。乾以二五摩坤，成震坎艮，坤以二五摩乾，成巽離兑，故「剛柔相摩」，則「八卦相蕩」也。**疏**「剛柔」謂乾坤十二爻也。乾鑿度曰：「乾貞于十一月子，左行陽時六；坤貞于六月未，右行陰時六」。蓋乾左旋，坤右轉，故「旋轉稱摩」。樂記：「陽陰相摩」。鄭注：「摩，猶迫也」。「薄」有「迫」義，故云「薄也」，謂陰陽相薄也。以已成八卦言之，故云「二五」。乾以二五摩坤成坎，互震艮，故「成震坎艮」。坤以二五摩乾成離，互巽兑，故「成巽離兑」。言「二五」者，舉其中氣也。二五相摩而成八卦，故「剛柔相摩」則「八卦相蕩」。樂記鄭注云：「蕩，猶動也。」虞下注云：「乾坤與六子，因名八卦而小成也」。

鼓之以雷霆，潤之以風雨。虞翻曰：鼓，動，潤，澤也。雷，震，霆，艮，風，巽，雨，兑也。疏「鼓」猶鼓動，「澤」猶潤澤，故云「鼓，動，潤，澤也」。説卦：「震爲雷。」故云「雷，震」。説文：「霆，餘聲也」。京氏曰：「霆者，雷之餘氣」。震，起也，艮，止也，雷起于震之初陽，止于艮之上陽，是艮爲震之餘氣，故云「霆，艮」。又艮門闕爲庭，庭與霆通，如漢楚相孫君碑「庭堅」作「霆堅」是也。説卦：「巽爲風。」故云「風，巽」。兑澤爲雨，祭義云：「天時雨澤。」故云「雨兑」。風生于水，故巽坎半見于下，雨隕于雲，故兑坎半見于上。風雨皆含坎象，故曰「潤」也。日月運行，一寒一暑。虞翻曰：日，離，月，坎，寒，乾，暑，坤也。運行往來，「日月相推而明生焉，寒暑相推而歲成焉」，故「一寒一暑」也。疏説卦「離爲日，坎爲月」，故「日，離，月，坎」。乾一陽生于冬至寒時，故云「寒，乾」。坤一陰生于夏至暑時，故云「暑，坤」。又乾位西北亦爲寒，坤位西南亦爲暑也。「運行往來」者，即下傳所謂「日月相推而明生焉，寒暑相推而歲成焉」，故曰「一寒一暑也」。此謂六子成乾坤之功也。乾道成男，坤道成女。荀爽曰：「男」謂乾初適坤爲震，二適坤爲坎，三適坤爲艮，以成三男也。「女」謂坤初適乾爲巽，二適乾爲離，三適乾爲兑，以成三女也。疏此言乾坤統六子也。乾初適坤爲震，所謂初索得男爲長男；二適坤爲坎，所謂再索得男爲中男；三適坤爲艮，所謂三索得男爲少男。震坎艮皆陽，故云「以成三男也」。坤初適乾爲巽，所謂初索得女爲長女；二適乾爲離，所謂再索得女爲中女；三適乾爲兑，所謂三索得女爲少女。巽離兑皆陰，故云「以成三女也」。八卦相摩而成者，變化之義，天之道也；相索而得者，父母之義，人之道也。乾知大始，九家易曰：「始」謂乾稟元氣，「萬物資始」也。疏乾鑿度曰：「太初者，氣之始也」。鄭注：「元氣之所本始」。故「始謂乾稟元氣」。乾彖傳曰：「大哉乾元，萬物資始」。陽稱「大」，資始未來，故曰「知」，「神以知來」，故「乾知大始」。坤化成物。荀爽曰：物謂坤任育體，「萬物資生」。疏中庸曰：「發育萬物。」鄭注：「育，生也。」故「物謂坤任育體」。坤象傳曰：「至哉坤元，萬物資生。」大戴禮天圓云：「曾子曰：『吐氣者施而含氣者化』。」陽施而陰化，故「坤稱化」。「地道无成而代有終」，承乾成物，故曰「坤化成物」。樂記云：「地氣上齊，天氣下降，陰陽相摩，天地相蕩，鼓之以雷霆，奮之以風雨，動之以四時，煖之以日月，而萬化興焉」。蓋據此傳爲言。而云「天地之和也」，先王法之以作樂，「天地訢合」，故和爲天地之合也。

乾以易知，坤以簡能。虞翻曰：陽見稱「易」，陰藏爲「簡」，簡，閱也。乾息昭物，天下文明，故「以易知」，坤閱藏物，故「以簡能」矣。疏陽見于外，故「稱易」。陰藏于中，故「爲簡」。桓六年左傳：「大閱，簡車馬也」。是「簡」「閱」同義，故云「簡，閱也」。乾爲大明，陽息則能明照萬物。「天下文明」，乾文言文。謂乾以息陽而知大始，故曰「易知」。閱有容義，坤虛能容，說卦曰「坤以藏之」，故「藏物」。坤以牝陽而化成物，故曰「簡能」。愚案：老子曰：「天得一以清」，故「乾以易知」；「地得一以寧」，故「坤以簡能」。又樂記曰：「大樂必易，大禮必簡。」又曰：「樂著大始，而禮居成物。」又曰：「樂由天作，禮以地制。」蓋樂出于自然，故象乾之易知，而曰必易，禮起于微渺，故象坤之簡能，而曰必簡。易，故著乎「乾知大始」之初，簡，故居乎「坤化成物」之位。記又曰：「聖人作樂以應天，制禮以配地，禮樂明備，天地官矣」。故觀乎禮樂，而乾坤之易簡，思過半矣。

易則易知，簡則易從。虞翻曰：乾縣象著明，故「易知」；坤陰陽動闢，故「易從」。「不習无不利，地道光也」。疏傳言「縣象著明」，謂日月也。此云「縣象」，即「天垂象」也，「著明」即「大明終始」也。書泰誓云：「天有顯道，厥類維彰」。故曰「易知」。坤有動靜，即有陰陽，陽唱陰和，故曰「從」。坤本靜翕，動而從陽則闢，故曰「易從」。「不習」言其簡，「无不利」言其易從，故復引坤六二爻辭，以明地道也。

易知則有親，易從則有功。虞翻曰：陽道成乾爲父，震坎艮爲子，本乎天者親上，故「易知則有親」。以陽從陰，至五多功，故「易從則有功」矣。蜀才曰：以其易知，故物親而附之。以其易從，故物法而有功也。**疏**虞注：乾陽道，故「爲父」。震坎艮皆陽，故「爲子」。「本乎天者親上」，乾文言文。又曰：「本乎地者親下」，獨言乾者，巽離兑陰卦皆麗陽，故震通巽，坎正離，艮伏兑，三女外成，坤无親也。三男則本天親上，故曰「易知則有親」。「以陽從陰」，當作「以陰從陽」。五爲陽位，五多功，泰陰至五正位，坤化則成，故「易從則有功」矣。蜀才注：易知則無險巇，故「物皆親而附之」。易從則無阻滯，故「物皆法而有功」。**有親則可久，有功則可大。**荀爽曰：陰陽相親，雜而不厭，故「可久」也。萬物生息，種類繁滋，故「可大」也。**疏**「立天之道，曰陰與陽」。陰陽雖雜，親而不厭，且乾德健，健故「可久也」。坤有生息萬物之功，種類至爲繁滋，蓋坤德廣，廣故「可大也」。案：以陽正陰，終則又始，故「有親則可久」，坤用六「利永貞」是也。以陰牝陽，動出至五則復乾，故「有功則可大」，陽爲大是也。**可久則賢人之德，可大則賢人之業。**姚信曰：賢人，乾坤也。言乾以日新爲德，坤以富有爲業也。**疏**乾文言曰：「賢人在下位而无輔」。坤文言曰：「天地閉，賢人隱」。故「賢人謂乾坤也」。「乾以日新爲德」，即「日新之謂盛德」也。乾爲德，「終日乾乾」，故「以日新爲德」。「坤以富有爲業」，即「富有之謂大業」也。坤爲業，坤含萬物，故「富有之謂大業」。乾文言上九曰：「賢人在下位」。謂九三也。乾上應三，「終日乾乾」，忠信進德，故曰「可久則賢人之德」。坤文言曰：「賢人隱」。謂六四也。四近承五，「美在其中而暢于四支，發于事業」，故曰「可大則賢人之業」。**易簡而天下之理得矣。**虞翻曰：「易」爲乾息，「簡」爲坤消。乾坤變通，窮理以盡性，故「天下之理得矣」。**疏**陽主生長，不假作爲，故「易爲乾息」。陰主收藏，不尚煩擾，故「簡爲坤消」。乾極則變而通坤，坤極則變而通乾，故云「乾坤變通」。「窮理以盡性」，說卦文，虞彼注云「以乾推坤，謂之窮理。以坤變乾，謂之盡性」。易知爲乾之事，故曰「窮理」。簡能爲坤之事，故曰「盡性」。乾坤消息既正，六十四卦皆出于此，故「天下之理得矣」。愚案：「簡」「易」，一也。老子曰：「天得一以清，地得一以寧，神得一以靈，谷得一以盈，萬物得一以生，侯王得一以爲天下正」。故曰「天下之理得矣」。**天下之理得，而易成位乎其中矣。**荀爽曰：陽位成于五，五爲上中，陰位成于二，二爲下中，故「易成位乎其中」也。**疏**五爲陽位之中，故「陽成位于五」。「上中」者，既濟坎五也。二爲陰位之中，故「陰成位于二」。「下中」者，既濟離二也。坎離，天地之心，二五，天地之中，坎五離二，成位于上下之中，天下之理，不外一中，故「易成位乎其中矣」。

聖人設卦，案：「聖人」謂伏羲也。始作八卦，重爲六十四卦矣。**疏**禮緯含文嘉「伏羲德洽上下，天應以鳥獸文章，地應以河圖洛書，則而象之乃作易」，故「聖人謂伏羲也」。仰觀象于天，俯觀法于地，中觀萬物之宜，始畫八卦，卦有三爻，因而重之，爲卦六十有四，故曰「設卦」。**觀象繫辭焉，**案：文王觀六十四卦三百八十四爻之象，而系屬其辭。**疏**下傳曰：「易之興也，其當殷之末世，周之盛德邪，當文王與紂之事邪」。帝王世紀曰：「文王在羑里，演六十四卦，著七八九六之爻，謂之周易」。下〔一〕又曰「八卦以象告」，故云「文王觀六十四卦三百八十四爻之象，而系屬其辭」也。**而明吉凶。**荀爽曰：因得明吉，因失明凶也。**疏**三百八十四爻有得有失，卽有吉有凶，故「因得明吉，因失明凶」。愚案：釋文稱虞本更有「悔吝」二字。以下文「悔吝者」證之，當從虞本補入爲是。**剛柔相推，而生變化。**虞翻曰：剛推

〔一〕「下」指繫辭下傳。

柔生變，柔推剛生化也。疏六爻之剛柔也，一往一來曰「推」，陽稱「變」，陰稱「化」。陽來陰往，則剛推柔生變，陰來陽往，則柔推剛生化。剛柔相推，消息之象也，文王因之，而爲九六變化。是故吉凶者，失得之象也。虞翻曰：吉則象得，凶則象失也。疏「失得」謂陰陽失位得位，言文王觀象以正人事，謂易辭之吉凶，象人事之失得也。悔吝者，憂虞之象也。荀爽曰：憂虞小疵，故悔吝也。虞翻曰：悔則象憂，吝則象虞也。干寶曰：悔亡則虞，有小吝則憂。憂虞未至于失得，悔吝不入于吉凶。事有小大，故辭有緩急，各象其意也。疏荀注：下文云：「悔吝者，言乎其小疵也」。故云「憂虞小疵，故悔吝也」。虞注。悔自内生，故「象憂」。憂者，思也，思其内之可媿者也。吝自外至，故「象虞」。虞者，度也，度其外之可羞者也。謂易辭之悔吝，象人事之憂虞也。干注：虞，驩虞也，故「悔亡則虞，有小吝則憂」。此又以悔象虞，吝象憂也。憂近失，虞近得，故「憂虞未至于失得」。悔近吉，吝近凶，故「悔吝不入于吉凶」。吉凶，失得大而急；悔吝，憂虞小而緩。故「事有小大，則辭有緩急」，蓋各象其意而屬辭也。變化者，進退之象也。荀爽曰：春夏爲「變」，秋冬爲「化」，息卦爲「進」，消卦爲「退」也。疏陽稱變，春夏陽，故「爲變」。陰稱化，秋冬陰，故「爲化」。陽息而進，故「息卦爲進」。陰消而退，故「消卦爲退」。乾鑿度曰「陽動而進，陰動而退」，蓋陽動爲變，陰動爲化，故曰「變化者，進退之象也」。剛柔者，晝夜之象也。荀爽曰：「剛」爲乾，「柔」爲坤。乾爲「晝」，坤爲「夜」，晝以喻君，夜以喻臣也。疏雜卦曰：「乾剛坤柔」。故「剛謂乾，柔謂坤」。乾陽爲「晝」，坤陰爲「夜」。乾爲君，故「晝陽以喻君」。坤臣道，故「夜陰以喻臣也」。六爻之動，陸績曰：天有陰陽二氣，地有剛柔二性，人有仁義二行。六爻之動，法乎此也。疏說卦：「立天之道，曰陰與陽。」故云「天有陰陽二氣」。「立地之道，曰柔與剛」。故云「地有剛柔二性」。「立人之道，曰仁與義」。故云「人有仁義二行」。六爻之動，兼乎三才，故云「法乎此也」。**三極之道也。**陸績曰：此三才極至之道也。初四下極，二五中極，三上上極也。

疏此言六爻爲三才極至之道，以初四爲下極，二五爲中極，三上爲上極。分内外爲三極，不應經義。蓋極者，中也。說文：「極，棟也」。逸雅：「棟，中也。居屋之中也」。故洪範：「建用皇極。」周禮：「設官分職，以爲民極。」鄭氏皆訓「極」爲「中」也。鄭易注「三極，三才也」。周書小開武曰：「三極，一維天九星，二維地九州，三維人四虞」。故鄭以三極爲三才也。以五行言，則五六爲天地之中；以姤復言，則二至爲天地之中；以四時言，則春秋爲天地之中；以爻位言，則二五爲天地之中也。春秋傳曰：「民受天地之中以生。」天地人，故稱「三極」。六爻兼三才而兩之，故曰「三極之道也」。**是故君子所居而安者，易之象也。**虞翻曰：君子謂文王。象謂乾二之坤，成坎月離日，日月爲象。「君子黄中通理，正位居體」，故「居而安者，易之象也」。舊讀「象」誤作「厚」，或作「序」，非也。

疏「君子謂文王」者，以其繫辭，謂之「聖人」；以法後世，謂之「君子」。「二」當作「五」。乾五變之坤，成大有，坎伏比成離，坎爲月，離爲日。日月在天，成八卦象，故「日月爲象」，詳見「在天成象」注。因下文引大有上九爻辭，故以乾五變坤爲說，舉一以例其餘也。「君子黄中通理，正位居體」，坤六五文言文。坤色「黄」，五位「中」，以乾通坤爲「通理」，五正陽位爲「正位」，互艮止爲「居體」。引此文者，蓋以乾五通坤，坤爲安，互艮爲居，五得正，故曰「居而安者，易之象也」。舊讀「象」作「厚」，「厚」字無說。俗本作「序」，虞亦不用，故云「非也」。蓋以下文「居則觀其象」，故知「序」爲「象」也。**所變而玩者，爻之辭也。**虞翻曰：「爻者，言乎變者也」。謂乾五之坤，坤五動則觀其變，舊作「樂」，字之誤。

疏「爻」謂九六相變，故「爻者，言乎變者也」。坤五動之乾爲大有，坤五之動，由乾五之坤，故「坤五動則觀其變」。此玩爻之例也。

「變」舊作「樂」，虞不用，故云「字之誤」。蓋以下「動則觀其變」，故知「樂」爲「變」也。是故君子居則觀其象而翫其辭，虞翻曰：翫，弄也。謂乾五動成大有，以離之目，觀天之象。兑口翫習所繫之辭，故「翫其辭」。**疏**「玩，弄也」，説文文。乾五動之坤成大有，上離下乾，離爲目，乾爲天，故「以離之目，觀天之象」，謂天三爻之象也。五體互兑爲口，又兑以「朋友講習」，故以「兑口玩習所繫之辭」也。觀象玩辭，如左傳「蔡墨云在乾之姤」，「知莊子云在師之臨」之類是也。動則觀其變而翫其占，虞翻曰：謂觀爻動也。「以動者尚其變」。「占事知來」，故「翫其占」。**疏**乾五之坤爲坤五動，故「謂觀爻動也」。九六發動揮變，故「以動者尚其變」。乾以知來，乾動成離而未來之事可言，故「占事知來」。「玩其占」者，謂玩三百八十四爻之占動也。觀變玩占，如「陳侯遇觀之否」，「晉侯遇大有之睽」之類是也。是以「自天右之，吉无不利。」虞翻曰：謂乾五變之坤成大有，有天地日月之象。文王則庖犧，亦與天地合德，日月合明。「天道助順，人道助信，履信思順」，故「自天右之，吉无不利」也。**疏**乾五變之坤成大有，大有通比，大有離爲日，乾爲天，比坎爲月，坤爲地，故「有天地日月之象」。文王上則伏羲，有乾坤之德，具坎離之明，故「亦與天地合德，日月合明」。「天道助順」以下，亦繫傳文也。前言吉凶悔吝者，聖人繫辭，以著人事之常。此言「吉无不利」者，君子觀變，以盡天理之正。傳獨引此爻辭者，乾之通坤，得尊位大中，自大有五爻始，而乾天所右，實在上爻，故特舉以爲例。虞注自「居而安者」以下，皆據乾五之坤爲言，蓋三百八十四爻，皆有觀象觀變翫辭翫占之事，故舉首以例其餘也。

彖者，言乎象者也。虞翻曰：「在天成象」，「八卦以象告」。彖説三才，故「言乎象也」。**疏**「在天成象」，未畫之象也。「八卦以象告」，既畫之象也。彖言兩象，故「説三才」。彖兼三才而説兩象，故「言乎其象也」。爻者，言乎變者也。虞翻曰：爻有六畫，所變而玩者，爻之辭也，謂九六變化，故「言乎變者也」。疏六畫稱爻，爻皆有變，變可觀辭，故「所變者，爻之辭也」。下傳曰：「道有變動，故曰爻」。爻之九六，陰陽相變，故「言乎變者也」。吉凶者，言乎其失得也。虞翻曰：得正言吉，失正言凶也。疏正，陰陽正位也。或言正，或言位，互辭也。得乎正位則言吉，失乎正位則言凶，故「吉凶者，言乎其失得也」。悔吝者，言乎其小疵也。崔覲曰：繫辭著悔吝之言，則異凶咎。有其小病，比于凶咎，若疾病之與小疵。疏說文「疵，病也」。繫辭但稱悔吝者，異乎凶咎之甚者也。「小病比于凶咎，若疾病之與小疵」，所謂事有小大，故辭有緩急是也。无咎者，善補過也。虞翻曰：失位爲咎。悔，變而之正，故「善補過」，孔子曰「退思補過」者也。疏王弼略例曰：「凡言无咎者，本皆有咎者也。防得其道，故得无咎」。咎在陰陽失位，故云「失位爲咎」。若能悔焉，變而之正，則咎者可以无咎矣。過而能改，故曰「善補過者也」。孔子曰：「退思補過」。孝經及宣十二年左傳文。論語曰：「假我數年，五十以學易，可以無大過矣」。是周易爲補過之書，而補過之道，在乎无咎。无咎之道，存乎能悔，悔則咎之所由无，而過之所由補者也。三百八十四爻，一言以蔽之，曰「善補過」。是故列貴賤者，存乎位。侯果曰：二五爲功譽位，三四爲凶懼位。凡爻得位則貴，失位則賤，故曰「列貴賤者存乎位」矣。

疏下傳曰：「二多譽，四多懼」。又：「三多凶，五多功，貴賤之等也」。故云「二五爲功譽位，三四爲凶懼位」。凡爻，陰陽得位爲貴，失位爲賤。尋貴賤之義不一，上傳云：「卑高以陳，貴賤位矣」。虞注云：「乾高貴五，坤卑賤二」。謂九五貴，六二賤，此貴賤之正位也。若陽貴陰賤，則爻在下者，亦得言貴，如屯初九傳曰「以貴下賤，大得民」是也。若陽而无德，居正亦賤，如頤初九傳曰「觀我朶頤，亦不足貴」是也。若兩爻本皆陽位，則上貴下賤，如三爲下體之君，對五亦爲賤，即三五「貴賤之等」是也。合茲數説，其義始備，故曰「列貴賤者存乎位」。**齊小大者，存乎卦。**王肅曰：「齊」猶正也。陽卦大，陰卦小，卦列則小大分，故曰「齊小大者存乎卦」也。**疏**詩小宛「人之齊聖」，毛傳「齊，正也」，故云「齊猶正也」。陽大陰小，故「陽卦大，陰卦小」。陳列卦象，有小有大，如臨陽息之卦，「臨者，大也」，是臨爲大卦也。遯陰消之卦，遯「小利貞」，是遯爲小卦也。泰「小往大來」，爲大卦。否「大往小來」，爲小卦。又小畜大畜小過大過大有大壯，皆以大爲陽，小爲陰，其卦可例推也。正其小大，截然不紊，故曰「齊小大者存乎卦」。**辯吉凶者，存乎辭。**韓康伯曰：辭，爻辭也，即「爻者，言乎變也」。言象，所以明小大，言變，所以明吉凶，故大小之義存乎卦，吉凶之狀見乎爻。至于悔吝无咎，其例一也。吉凶悔吝，小疵无咎，皆生乎變，事有小大，故下歷言五者之差也。**疏**辭，六爻之辭也。九六變則有辭，故「即爻者，言乎變也」。象有陰陽，故「言象，所以明小大」。變有得失，故「言變，所以明吉凶」。卦統全體，故大小之義，存乎卦象。爻著一端，故吉凶之狀，見乎爻辭。「至于悔吝无咎」，皆吉凶之類，故「其例一也」。吉凶悔吝，小疵无咎，其辭皆生于九六之變。「事有小大」者，孔云「大則爲吉凶，小則爲悔吝无咎也」。「故下歷言五者之差」者，孔氏謂「吉一，凶二，悔三，吝四，无咎五」也。愚案：京氏云「辯，明也」。虞董諸家皆云「辯，別也」。陰陽得位則吉，失位則凶。有應則吉，无應則凶。故曰「辯吉凶者存乎辭」。**憂悔吝者，存乎介。**虞翻曰：介，纖也。「介如石焉，斷可識也」，故「存乎介」，謂識小疵。**疏**漢書元后傳「不以往事爲纖介」，故云「介，纖也」。下傳曰「介如石焉，寧用終日，斷可識矣」，蓋釋豫二爻辭，以明「見幾而作，不俟終日」之義也。知幾故微，微故「存乎介」，舉豫二以爲則也。王氏云「憂悔吝之時，其介不可慢也」，即「悔吝者，言乎其小疵也」。參同契曰「纖介不正，悔吝爲賊」，故「憂悔吝者存乎介」。**震无咎者，存乎**

悔。虞翻曰：震，動也。「有不善，未嘗不知之，知之，未嘗復行」，「无咎者，善補過」，故「存乎悔」也。疏序卦曰「震者，動也」，復初爲震，故云「震，動也」。「有不善，未嘗不知，知之，未嘗復行也」，下傳文。蓋復時，坤亂于上，故「有不善」。「復以自知」，故「未嘗不知」。「克己復禮」，故「知之，未嘗復行也」。舉復初以爲則也。无咎由于補過，補過由于能悔，復初爻辭曰「不遠復，无祇悔，元吉」。惟能悔，斯无悔，故「震无咎者，存乎悔」。是故卦有小大，辭也者，各指其所之。虞翻曰：陽易指天，陰險指地。「聖人之情見乎辭」，故「指所之」。疏「齊小大者存乎卦」，故曰「卦有小大」，謂全體也。「辨吉凶者存乎辭」，故「辭有險易」，「險易」即吉凶也，謂一爻也。京氏云「易，善也，險，惡也」，乾積陽爲善，故「陽易指天」，坤積陰爲惡，故「陰險指地」。「聖人之情見乎辭」，下傳文。「各指所之」者，王氏謂「之泰則其辭易，之否則其辭險」是也。易與天地準，故能彌綸天下之道。虞翻曰：準，同也。彌，大。綸，絡。謂易在天下，包絡萬物，「以言乎天地之間則備矣」，故「與天地準」也。疏京氏云「準，等也」，曲禮曰「見同等不起」，「等」有「同」義，故云「準，同也」。京氏云「彌，偏也」，春官「眡祲七曰彌」，鄭注「彌者，白虹彌天也」，故云「彌，大」。王肅云「綸，纏裹也」，揚子解難曰「宓犧氏之作易也，緜絡天地，經以八卦」，注「包絡之也」，故云「綸，絡」。乾鑿度曰「爲道德苞籥」，故「謂易在天下，包絡萬物」。「以言天地之間則備矣」，下傳文。又曰「易之爲書，廣大悉備」，荀彼注云「以陰易陽謂之廣，以陽易陰謂之大。易與天地準，固悉備也」，是其義也。仰以觀于天文，俯以察于地理，荀爽曰：謂陰升之陽，則成天之文也。陽降之陰，則成地之理也。疏升降，謂二五也。否變未濟，則陰升之陽，有仰象焉。賁象傳曰「觀乎天文，以察時變」，故「成天之文」。泰變既濟，則陽降之陰，有俯象焉。乾鑿度曰「地靜而理曰義」，故「成地之理」。愚案：荀易皆主乾升坤降。此言陰升陽降者，蓋乾二文言曰「天下文明」，以二變陰，離爲明也。二升之五，則仰觀乎天文。以坤五文言曰「黄中通理」，以五變陽，坎爲通也。五降之二，則俯察乎地理矣。離目坎耳，耳目聰明，故言「觀察」。是故知幽明之故。荀爽曰：「幽」謂天上地下，不可得覩者也，謂否卦變成未濟也。「明」謂天地之閒，萬物陳列，著于耳目者，謂泰卦變成既濟也。疏說文「幽，隱也」。謂「天上地下」者，天地不分，其象爲否，故六合之外，不可得覩也。否變未濟，離日坎月失位，故幽。說文「明，照也」。謂「天地之閒」者，天地交，其象爲泰，故「萬物陳列，著于耳目」也。泰變既濟，離日坎月得正，故明。既未濟皆有坎離象，日月爲明，故「知幽明之故」。案：吴君高越紐曰「陽動於上，以成天文，陰變于下，以成地理」，卽虞氏說卦注云「乾三畫成天文，坤三畫成地理」是也。吕氏春秋曰「陰陽變化，一上一下，合而成章」，「章」卽天文地理也，「陰陽卽幽明也。觀震巽出入，則知日月之行，察五位方隅，則知山川維絡之紀，乾坤代序，則知温涼寒暑之候，六位成章，則知太和保合之理，「故知幽明之故」也。原始及終，故知死生之說。九家易曰：陰陽交合，物之始也，陰陽分離，物之終也。合則生，離則死，故「原始及終，故知死生之說」矣。交合，泰時春也，分離，否時秋也。疏陰陽交合，其象爲泰，萬物發生，故云「物之始也」。陰陽分離，其象爲否，萬物收成，故云「物之終也」。乾坤交則互震，「萬物出乎震」，故「合則生」。乾坤離則互艮成終，又爲鬼門，故「離則死」。管子戒篇「春出原農事之不本者」，注云「原，察也」，王氏云「死生者，始終之數」，故「原始及終，故知死生之說矣」。消息泰爲正月卦，故「交合，泰時春也」。否爲七月卦，故「分離，否時秋也」。愚案：乾彖傳曰「大哉乾元，萬物資始」，是「始」謂乾也。坤文言曰「地道无成而代有終也」，是「終」謂坤也。故虞君下傳注云「以乾原始，以坤要終，謂原始及終，以知死生之說」，又云「出陽知生，入陰懼死」，是其義也。**精氣爲物，遊魂爲變。**虞翻曰：魂，陽物，謂乾神也。變謂坤鬼。乾純粹精，故主爲物。乾流坤體，變成萬物，故「遊魂爲變」也。**疏**昭七年左傳「人生始化爲魄。既生魄，陽曰魂」，説文「魂，陽氣也」，故云「魂，陽物」。淮南子説山訓「魄問于魂」，注云「魂，人陽神」，故「謂乾神也」。坤无魂，坤魂亦乾也。「變謂坤鬼」者，鬼亦神爲之，故言「神无方」，不言鬼也。乾文言曰「純粹精也」，萬物資始乾元，故「主爲物」。夏小正曰「魂者動也」，乾之精氣，流于坤體，變成萬物，故「遊魂爲變」。越紐録曰「神主生氣之精，魂主死氣之舍」，故精氣則物成其形，魂遊則物變其故也。**是故知鬼神之情狀，與天地相似，故不違。**虞翻曰：乾神似天，坤鬼似地。聖人與天地合德，鬼神合吉凶，故「不違」。

鄭玄曰：「精氣」謂七八也，「遊魂」謂九六也。七八，木火之數，九六，金水之數。木火用事而物生，故曰「精氣爲物」，金水用事而物變，故曰「遊魂爲變」。精氣謂之「神」，遊魂謂之「鬼」。木火生物，金水終物，二物變化，其情與天地相似，故無所差違之也。**疏**虞注：乾爲「神」爲「天」，故「乾神似天」。坤爲「鬼」爲「地」，故「坤鬼似地」。乾神坤鬼，卽天地之用也，故「相似」。聖人卽大人。文言荀氏注云「與天合德謂居五，與地合德謂居二」。虞又云「乾神合吉，坤鬼合凶，故與鬼神合其吉凶」。天且弗違，而況于鬼神，故「不違」。鄭注：乾鑿度曰「陽變七之九，陰變八之六」，七少陽，八少陰，故「精氣謂七八」，九老陽，六老陰，故「遊魂謂九六」。天七屬火，地八屬木，故「七八，木火之數」。天九屬金，地六屬水，故「九六，金水之數」。木屬春，火屬夏，木火用事，生物之時，故曰「精氣爲物」。金屬秋，水屬冬，金水用事，變物之時，故曰「遊魂爲變」。鄭氏又云「遊魂謂之鬼」，物終所歸，「精氣謂之神」，物生所信也。言木火之神，生物東南，金水之鬼，終物西北。二者之情，其狀與春夏生物秋冬終物相似，故云「二物變化，其情與天地相似，故无所差違之也」。**知周乎萬物**荀爽曰

「二篇之册，萬有一千五百二十，當萬物之數」，故曰「知周乎萬物」也。**疏**「二篇」謂上下經六十四卦之册。傳以爻册當萬物之數，故曰「知周乎萬物也」。

而道濟天下，故不過。九家易曰言乾坤道，濟成天下而不過也。王凱沖曰：知周道濟，洪纖不遺，亦不過差也。**疏**九家注：言乾坤之道，交易成既濟定，故云「濟成天下而不過也」。王注：知周萬物，言其微無不入，道濟天下，言其大無不包，故云「洪纖不遺，亦不過差也」。愚按：坤爲知，乾爲道，皆虞義也。萬物致養乎坤，故曰「知周萬物」。乾爲天，故曰「天下」。陽道制命，坤化成物，天地交泰，乾二升五，坤五降二，成既濟定，保合太和，故「道濟天下」也。六爻皆正而无過失，故「不過」。

旁行而不流。九家易曰：旁行，周合。六十四卦月主五卦，爻主一日，歲既周而復始也。侯果曰：應變旁行，周被萬物而不流淫也。**疏**九家注：稽覽圖消息六十卦，小過蒙益漸泰屬寅，需隨晉解大壯屬卯，豫訟蠱革夬屬辰，旅師比小畜乾屬巳，大有家人井咸姤屬午，鼎豐渙履遯屬未，恆節同人損否屬申，巽萃大畜賁觀屬酉，歸妹无妄明夷困剥屬戌，艮既濟噬嗑大過坤屬亥，未濟蹇頤中孚復屬子，屯謙睽升臨屬丑。坎冬、震春、離夏、兑秋爲四正卦。「旁行」爲「周合」者，謂由復而坤，由坎而兑，周行六十四卦也。每月五卦，卦主六日七分，是「爻主一日」也。六十而一周，六六三百六十爻，值六六三百六十日，故云「歲既周而復始也」。侯注：旁行，旁通也。消息之卦，應變旁通，以濟成乾坤，「周被萬物而不流淫也」。

樂天知命，故不憂。荀爽曰：坤建于亥，乾立于巳。陰陽孤絶，其法宜憂。坤下有伏乾爲「樂天」，乾下有伏巽爲「知命」。陰陽合居，故「不憂」。**疏**消息之卦，坤純陰在十月亥。乾純陽在四月巳。純陰純陽，故云「陰陽孤絶，其法宜憂」。坤下有伏乾，謂乾伏坤初爲震。震爲樂，初九乾也，故爲天，是「樂天」也。乾下有伏巽，謂巽伏乾初。巽爲命，故「知命」。消息坤在十月亥，亥居西北乾方，坤下有乾，故云「陰陽合居」。孤絶則憂，合居則不憂。且坎爲加憂，十二消息不見坎象，故「不憂」。安土敦乎仁，故能愛。荀爽曰：「安土」謂否卦，乾坤相據，故「安土」。「敦仁」謂泰卦，天氣下降，以生萬物，故「敦仁」。生息萬物，故謂之愛」也。**疏**坤爲安，又爲地，否卦以乾據坤，故曰「安土」。坤厚爲敦，乾復震爲仁。泰卦内乾，故爲「天氣下降」。坤爲萬物，互震爲生，故「以生萬物」。以坤乘乾，故曰「敦仁」。乾仁博施，生息萬物，故「能愛」也。範圍天地之化而不過，九家易曰：範者，法也。圍者，周也。言乾坤消息，法周天地，而不過于十二辰也。辰，日月所會之宿，謂諏訾、降婁、大梁、實沈、鶉首、鶉火、鶉尾、壽星、大火、析木、星紀、玄枵之屬是也。**疏**釋詁云「法，範，常也」，「法」「範」同訓常，故云「範，法也」。圍，古文作囗，説文云「囗，回也」，漢書劉向傳「周回五百里」，「囗」「周」同訓回，故云「圍，周也」。陽主息，陰主消，故「言乾坤消息」。歷十二爻而歲一周，故云「法周天地」。十二爻爻主一辰，故「不過十二辰也」。昭七年左傳「日月之會是謂辰」，故云「辰，日月所會之宿」，杜預謂「一歲日月十二會，所會謂之辰」是也。皇甫謐帝王世紀曰「自危十七度至奎四度曰諏訾之次。于辰在亥，謂之大淵獻。斗建在寅。自奎五度至胃六度曰降婁之次。于辰在戌，謂之閹茂。斗建在卯。自胃七度至畢十一度曰大梁之次。于辰在酉，謂之作噩。斗建在辰。自畢十二度至東井十五度曰實沈之次。于辰在申，謂之涒灘。斗建在巳。自井十六度至柳八度曰鶉首之次。于辰在未，謂之協洽。斗建在午。自柳九度至張十七度曰鶉火之次。于辰在午，謂之敦牂。斗建在未。自張十八度至軫十一度曰鶉尾之次。于辰在巳，謂之大荒落。斗建在申。自軫十二度至氐四度曰壽星之次。于辰在辰，謂之執徐。斗建在酉。自氐五度至尾九度曰大火之次。于辰在卯，謂之單閼。斗建在戌。自尾十度至斗十度曰析木之次。于辰在寅，謂之攝提格。斗建在亥。自斗十一度至婺女七度曰星紀之次。于辰在丑，謂之赤奮若。斗建在子。自婺女八度至危十六度曰玄枵之次。于辰在子，謂之困敦。斗建在丑。凡天十有二次，日月之所纏。子丑等十二辰在地。娵訾等十二次在天」。此言天地之化，故舉十二次也。曲成萬物而不遺，荀爽曰：謂二篇之冊，曲成萬物无遺失也。侯果曰：言陰陽二氣，委曲成物，不遺微細也。疏荀注：二篇萬有一千五百二十，當萬物之數，故「曲成萬物无遺失也」。侯注：萬物資始于乾，資生于坤。一物之微，莫不稟受陰陽之氣。説文曰「委，隨也」。又曰「曲，象器受物之形」。言陰陽二氣，隨物付形，不遺微細。中庸言「鬼神之德，體物不遺」，是其義也。通乎晝夜之道而知，荀爽曰：「晝」者謂乾，「夜」者坤也。通于乾坤之道，無所不知矣。疏乾陽爲「晝」，坤陰爲「夜」，故「晝者謂乾，夜者坤也」。「通乎晝夜之道」，則于幽明死生鬼神之事，无所不知矣。愚案：範圍天地舉其大，曲成萬物舉其細，通乎晝夜舉其流行。論語「子在川上曰『逝者如斯夫，不舍晝夜』」，言其道之流行不息也。通乎道之流行，則陰陽消息，往復平陂，一以貫之矣，故曰「通乎晝夜之道而知」。故神无方而易无體。干寶曰：否泰盈虛者，神也，變而周流者，易也。言神之鼓萬物無常方，易之應變化無定體也。疏神本「陰陽不測」，故「否泰盈虛者，神也」。易則「唯變所適」，故「變而周流者易也」。自陰陽言之謂之「神」，故「神之鼓萬物无常方」。自乾坤言之謂之「易」，故「易之應變化无定體」。「神无方」故「易无體」，謂出乾入坤，「上下无常，周流六虛」者也。一陰一陽之謂道，韓康伯曰：「道」者何？无之稱也。无不通也，无不由也，況之曰「道」。寂然无體，不可爲象，必有之用極，而无之功顯，故至乎「神无方而易无體」而道可見矣。故窮變以盡神，因神以明道。陰陽雖殊，無一以待之。在陰爲無陰，陰以之生，在陽爲無陽，陽以之成，故曰「一陰一陽」也。疏孔疏曰「云『道者何？无之稱』者，此韓氏自問其道而釋之也。

「道」是虛无之稱。以虛无能開通于物，故稱之曰「道」。云『无不通，无不由』者，若處于有，有則爲物礙難，不可常通。道既虛无爲體，則不爲礙難，故『无不通也』。『无不由』者，言萬物皆因之而通，由之而有。云『況之曰道』者，比況道路以爲稱也。『寂然无體，不可爲象』者，謂寂然幽靜而无體，不可以形象求，是『不可爲象』。至如天覆地載，日照月臨，冬寒夏暑，春生秋殺，萬物運動，皆由道而然，豈見其所營，知其所爲。是『寂然爲體，不可爲象』也。云『必有之用極，而无之功顯』者，猶若風雨，是有之所用。當用之時，以物爲心。風雨既極之後，萬物賴此風雨，而得生育。是生育之功，由風雨无心而成。是『有之用極，而无之功顯』。是神之發作動用，以生萬物，其功成乃在于无形。應機變化，雖有功用，本其用之所以，亦在于无也。故至乎神无方而易无體，自然无爲之道，可顯見矣。當其有用之時，道未見也。云『故窮變以盡神』者，神則杳然不測，千變萬化。聖人則窮此千變萬化，以盡神之妙理，故云『窮變化以盡神』。云『因神以明道』者，謂盡神之理，唯在虛无。因此虛无之神，以明道之所在亦虛无，故云『因神以明道』也。『陰陽雖殊，无一以待之』者，言陰之與陽，雖有兩氣，恆用虛无之一以擬待之。言在陽之時，亦以爲虛无，无此陽也。在陰之時，亦以爲虛无，无此陰也。云『在陰爲无陰，陰以之生』者，謂道雖在于陰，而于陰言，道所生皆无陰也。雖无于陰，陰終由道而生，故言陰以生之也。『在陽爲无陽，陽以之成』者，謂道雖在陽，陽中必无道也。雖无于陽，陽必由道而成，故言陽以成之也。道雖无于陰陽，然亦不離于陰陽，陰陽雖由道成，卽陰陽亦非道，故曰『一陰一陽』也。 愚案：說卦曰「立天之道，曰陰與陽」，乾彖傳曰「乾道變化，各正性命，保合太和」，蓋一陰一陽，相並俱生，陽稱「變」，陰稱「化」，故乾道變化而陰陽之理已備，三極各正，保合太和，道之所由立也。王韓以虛无言道，失其旨矣。**繼之者善也，成之者性也。**虞翻曰：繼，統也。謂乾能統天生物，坤合乾性，養化成之，故「繼之者善，成之者性也」。**疏**孟子「君子創業垂統，爲可繼也」，乾彖傳曰「乃統天」，九家易注云「乾之爲德，乃統繼天道」，是「統」有「繼」義，故云「繼，統也」。一陰一陽，皆統于乾元，卽彖傳曰「大哉乾元，萬物資始，乃統天」是也。乾元善長，故曰「善也」。乾各正性命爲「性」。乾非坤化，性亦不成，故云「坤合乾性，養化成之」。人得乾善之統，資坤之化以成性，故曰「繼之者善，成之者性」，卽中庸「天命之謂性，率性之謂道」是也。仁者見之謂之仁，知者見之謂之知。侯果曰：仁者見道，謂道有仁。知者見道，謂道有知也。**疏**仁者偏于陽，見陽之息謂之仁，故仁者觀道，謂道爲仁。知者偏于陰，見陰之藏謂之知，故知者觀道，謂道爲知也。百姓日用而不知，侯果曰：用道以濟，然不知其力。**疏**百姓顓蒙，日用此道以濟，而不知道之功力也。故君子之道鮮矣。韓康伯曰：君子體道以爲用。仁知則滯于所見，百姓日用而不知，體斯道者，不亦鮮矣乎。故常無欲以觀妙，可以語至而言極矣。**疏**君子超乎百姓，而合仁知之全，故能「體道以爲用」。仁知雖賢，猶有偏見。謂仁謂知，不能偏曉，是「滯于所見」也。詩天保曰「日用飲食，民之質矣」。論語曰「民可使由之，不可使知之」。故「日用而不知」也。仁知之偏過于道，百姓之不知不及乎道，故自君子而外，體斯道者，尟矣。「尟」與「鮮」同。說文「尟，是少也」。「常無欲以觀妙」，老子道經文。言能寂然无欲，以觀此道之妙，則可以語說其至理，而言其極趣矣。顯諸仁，藏諸用。王凱沖曰：萬物皆成，仁功著也。不見所爲，「藏諸用」也。**疏**仁育萬物，故「萬物皆成，仁功著也」。無爲而成，故「不見所爲，藏諸用也」。愚案：乾體仁爲仁，傳又曰「顯道神德行」，神謂乾也，故曰「顯諸仁」。坤致役爲用，說卦曰「坤以藏之」，故曰「藏諸用」。且陽息出震，乾元顯見于德爲仁，是顯其所藏之仁，萬物之出機也。陽消入巽，乾元退于坤爲仁之用，是藏其所顯之用，萬物之入機也。

鼓萬物而不與聖人同憂，侯果曰：聖人成務，不能無心，故有憂。神道鼓物，寂然無情，故無憂也。**疏**論語「堯舜其猶病諸」。孟子「聖人之憂民如此」。蓋聖人開物成務，不能无心。有心則有迹，有迹故有憂也。若道，則物物而不物于物者也。故天地以「神道鼓物，寂然无情」。无情則无累，无累故無憂也。案：「萬物出乎震」，震雷爲鼓，「動萬物者，莫疾乎雷」，故曰「鼓萬物」。乾五爲聖人，五在坎中爲憂，下傳曰「作易者其有憂患乎」。乾元消息，保合太和，各正性命，故「不同憂」。**盛德大業至矣哉。**荀爽曰：盛德者天，大業者地也。**疏**盛德者天，謂乾爲「德」，乾易顯仁，故「盛德」。大業者地，謂坤爲「業」，坤簡藏用，故「大業」也。**富有之謂大業，日新之謂盛德。**王凱沖曰：物無不備，故曰「富有」。變化不息，故曰「日新」。**疏**坤廣生爲「富」，一消一息，萬彙豐殖，故「物莫不備，而曰富有」也。乾五動之坤成離，離爲「日」，以乾變坤，以坤化乾，故「變化不息，而曰日新」也。**生生之謂易。**荀爽曰：陰陽相易，轉相生也。**疏**陽極生陰，陰極生陽，一消一息，轉易相生，故謂之「易」。京氏云「八卦相盪，陽入陰，陰入陽，二氣交互不停，故曰『生生之謂易』」。**成象之謂乾，**案：「道生一，一生二，二生三。」三才既備，以成乾象也。**疏**「道生一，一生二，二生三」，老子德經文。三才，天地人也。乾象六畫，實兼三才。故云「三才既備，以成乾象也」。蓋「在天成象」，八卦皆陽象也。自顯至藏，乾象可見，故以立三才之象矣。**爻法之謂坤。**案：「爻」謂效也。效乾三天之法，而兩地成坤之卦象也。**疏**下傳曰「爻也者，效此者也」，故云「爻猶效也」。乾天三畫之卦，兼三才而兩之爲六爻，六陰數爲坤，故云「效乾三天之法，而兩地成坤之卦象也」。**極數知來之謂占，**孔穎達曰：謂窮極蓍策之數，逆知將來之事，占其吉凶也。**疏**蓍策極六畫之數，知來事之吉凶，故謂之「占」。**通變之謂事。**虞翻曰：「事」謂變通趨時，以盡利天下之民，謂之事業也。**疏**下傳曰「變通者，趣時者也」。變通趣時，民不失利，故「謂之事業」。**陰陽不測之謂神。**韓康伯曰：神也者，變化之極，妙萬物而爲言，不可以形詰者也，故「陰陽不測」。嘗試論之曰原夫兩儀之運，萬物之動，豈有使之然哉。莫不獨化于太虛，欻爾而自造矣。造之非我，理自玄應。化之無主，數自冥運。故不知所以然，而況之神矣。是以明兩儀以太極爲始，言變化而稱極乎神也。夫唯知〔一〕天之所爲者，窮理體化，坐忘遺照。至虛而善應，則以道爲稱。不思而〔二〕玄覽，則以神爲名。蓋資道而同乎道，由神而冥于神者也。**疏**孔疏云『神也者，變化之極』者，言神之施爲自將，變化之極，以爲名也。云『妙萬物而爲言』者，妙謂微妙也。萬物之體，有變象可尋。神則微妙于萬物而爲言也，謂不可尋求也。云『不可以形詰』者，杳寂不測，无形无體，不可以物之形容，所求而窮詰也。云『造之非我，理自玄應』者，此言神力也。我謂宰主之名也。言物之造作，非由我之主宰所爲。其造化之理，自然玄冥相應，而自然造作也。云『是以明兩儀以太極爲始』者，言欲明兩儀天地之體，必以太極虛无爲初始。不知所以然，將何爲始也。云『言變化而稱極乎神』者，欲言論變化之理，不知涯際，唯稱極乎神。神則不可神也。云『夫唯知天之所爲者，窮理體化，坐忘遺照』者，言數能知天之所造爲者，會能窮其物理，體其變化，靜坐而忘其事，及遺棄所照之物。任其自然之理，不以他事係心，端然玄寂。如此者，乃能知天之所爲也。言天之道亦如此也。坐忘遺照之言，事出莊子大宗師篇也。云『至虛而善應，則以道爲稱』者，此解道之目也。言至極冥虛而善應于物，則乃目之爲道，故云則以道爲稱。云『不思而玄覽，則以神爲名』者，謂不可

〔一〕「知」字原脱，據孔疏補。
〔二〕「而」字原脱，據孔疏補。

思量而玄遠覽見者，乃目之爲神，故云則以神爲名也。云『蓋資道而同乎道』者，此謂聖人設教，資取乎道。行无爲之化，積化而遂同于道。內外皆无也。云『由神而冥于神也』者，言聖人謂教，法此神之不測，无體无方，以垂于教。久能積漸而冥合于神，不可測〔一〕也。此皆謂聖人初時，雖法道法神以爲无，體未能全无。但行之不已，遂至全无不測。故云『資道而同于道，由神而冥于神也』。案：神者，乾元之運，出陽入陰，變化不測，易則神之所爲也，故曰「陰陽不測之謂神」。又案：「富有」以下至此，所以申釋前義也。上云「盛德大業」，故曰「富有之謂大業，日新之謂盛德」。「所居而安者，易之象也」，故曰「成象之謂乾」。「所變而翫者，爻之辭也」，故曰「爻法之謂坤」。「動則觀其變而翫其占」，故曰「極數知來之謂占，通變之謂事」。「神无方而易无體」，故曰「生生之謂易，陰陽不測之謂神」。

夫易，廣矣，大矣。虞翻曰：乾象動直，故「大」。坤形動闢，故「廣」也。**疏**「在天成象」，故云「乾象」。「在地成形」故云「坤形」。下論廣生大生，故探以爲説也。**以言乎遠則不禦，**虞翻曰：禦，止也。「遠」謂乾，天高，不禦也。**疏**釋言「禦，禁也」，「禁」有「止」義，故云「禦，止也」。左傳曰「天道遠」，故「遠謂乾」。天高且遠，故「不禦」也。**以言乎邇則靜而正，**虞翻曰：「邇」謂坤。坤「至靜而德方」，故「正」也。**疏**説文「邇，近也」。揚子法言「聖人之言遠如天，賢人之言邇如地」，故「邇謂坤」也。「至靜而德方」，坤文言文。坤翕故靜，德方故正。**以言乎天地之閒則備矣。**虞翻曰：謂易廣大悉備，有天地人道焉，故稱「備」也。**疏**乾天爲大，坤地爲廣，故云「廣大悉備」。言天地之閒，而人在其

〔一〕「測」，原本作「漸」，據陳校本正。

中矣，故「有天道焉，有地道焉，有人道焉」。易該三才，故「稱備也」。夫乾，其靜也專，其動也直，是以大生焉。宋衷曰：乾靜不用事，則清靜專一，含養萬物矣。動而用事，則直道而行，導出萬物矣。一專一直，動靜有時，而物無夭瘁，是以大生也。疏乾奇爲一，一故專，專則愈直。當其靜不用事，則清靜專一，專者，一之存也，故有含養萬物之德。及其動而用事，則直道而行，直者，一之發也，故有導出萬物之功。靜專動直，皆氣之至健者爲之，故物无夭瘁，而乾之所以大生者在是焉。夫坤，其靜也翕，其動也闢，是以廣生焉。宋衷曰：「翕」猶閉也。坤靜不用事，閉藏微伏，應育萬物矣。動而用事，則開闢羣蟄，敬導沈滯矣。一翕一闢，動靜不失時，而物無災害，是以廣生也。疏釋詁「翕，合也」，漢書兒寬傳「合祛于天地神明」，李奇曰「合，閉也」，合有閉義，故曰「翕，閉也」。坤偶爲兩，兩故翕，翕則必闢。當其靜不用事，閉藏微伏，翕者，兩之合也，故有應育萬物之德。及其動而用事，則開闢羣蟄，闢者，兩之分也，故有敬導沈滯之功。靜翕動闢，皆體之至順者爲之，故物无災害，而坤之所以廣生者在是焉。廣大配天地，荀爽曰：陰廣陽大配天地。疏坤陰爲「廣」，乾陽爲「大」。「易與天地準」，故「廣大配天地」。變通配四時。虞翻曰：變通趨時，謂十二月消息也。泰大壯夬配春，乾姤遯配夏，否觀剥配秋，坤復臨配冬。謂十二月消息，相變通而周于四時也。疏下傳云「變通者，趨時者也」，「時」謂四時，「變通」謂乾坤通變十二消息，即十二辟卦也。泰，乾三也，大壯，乾四也，夬，乾五也，皆春時卦，故「配春」。乾，乾上也，姤，坤初也，遯，坤二也，皆夏時卦，故「配夏」。否，坤三也，〔一〕觀，坤四也，剥，

〔一〕「皆夏時卦，故『配夏』。否，坤三也」，十一字原脱，據陳校本補。

坤五也，皆秋時卦，故「配秋」。坤，坤上也，復，乾初也，臨，乾二也，皆冬時卦，故「配冬」。十二月陽息陰消，周于四時，故「變通配四時」。**陰陽之義配日月，**荀爽曰：謂乾舍于離，配日而居，坤舍于坎，配月而居之義是也。**疏**此據鬼易。乾歸合離，坤歸合坎也。坤二五之乾成離，故謂「乾舍于離」。離爲日，故陽配日而居。乾二五之坤成坎，故謂「坤舍于坎」。坎爲月，故陰配月而居。案：陽息稱日，復「七日來復」是也。陰消稱月，臨「八月有凶」是也。詩七月「一之日」「二之日」「三之日」「四之日」，皆陽息之月，故稱日。「五月斯螽動股，六月莎雞振羽，七月在野，八月在宇」，皆陰消之月，故稱月。乾陽主息，坤陰主消，故「陰陽之義配日月」。**易簡之善配至德。**荀爽曰：乾德至健，坤德至順。乾坤簡易，相配于天地，故「易簡之善配至德」。**疏**乾有至健之德，故「易知」，坤有至順之德，故「簡能」。乾象傳曰「天德不可爲首也」，坤象傳曰「德合无疆」，乾至健，坤至順，故曰「至德」。乾坤，天地之象，易簡，天地之性，故乾坤易簡，配于天地。乾文言曰「元者，善之長也」。乾元稱善。坤象傳曰「至哉坤元」，坤元即乾元，乾善即坤善，故曰「易簡之善配至德」。**子曰：「易其至矣乎。**崔覲曰：夫言「子曰」，皆是語之別端，此更美易之至極也。**疏**更端起義，故言「子曰」。易配至德，故曰「至矣乎」。**夫易，聖人之所以崇德而廣業也。**虞翻曰：崇德效乾，廣業法坤也。**疏**乾爲「德」，坤爲「業」，天高故「崇」，地博故「廣」。崇德效乾，廣業法坤，探下文言之也。**知崇體卑。崇效天，卑法地。**虞翻曰：「知」謂乾，效天崇，「體」謂坤，法地卑也。**疏**乾「神以知來」，故「知謂乾」。知崇所以崇德，故「效天崇」。坤「正位居體」，故「體謂坤」。體卑所以廣業，故「法地卑也」。**天地設位，而易行乎其中矣。**虞翻曰：「位」謂六畫之位。乾坤各三爻，故「天地設位」。易出乾入坤，上下無常，周流六虛，故「易行乎其中」也。**疏**「位」者，天一地二，天三地四，天五地六，陰陽配合，卽「六畫之位」也。「乾坤各三爻」者，謂泰也，故云「天地設位」。言庖犧「參天兩地」，立此六爻之位也。泰二出乾，上入坤五，坎離交易，成既濟定。乾在下而二之五爲在上，坤在上而五之二爲在下，故「上下无常」。「六虚」謂六位，各得其正，故「周流六虚」。泰互震爲「行」，二五爲「中」，故「易行乎其中矣」。成性存存，道義之門。」虞翻曰：「知終終之，可與存義也」。乾爲道門，坤爲義門。「成性」謂「成之者性也」。陽在道門，陰在義門，「其易之門邪」。

疏「知終終之，可與存義也」，乾九三文言文，三當乾終，故曰「知終終之」，乾三卽泰三也，泰坤爲義，故曰「可與存義」。茲引乾三文言者，蓋此章言「崇德廣業」，乾九三「子曰君子進德脩業」，虞彼注云「乾爲德，坤爲業。以乾通坤，爲進德脩業」，而知終存義，卽進脩之事也。下傳曰「乾坤其易之門邪」，乾象傳曰「乾道變化」，故出乾爲道門。乾鑿度曰「地靜而理曰義」，故入坤爲義門。「成之者性」，上傳文。天地消息，乾坤相續，易以坤成乾之性，故「成性謂成之者性也」。乾性常存，道義出焉，乾爲陽，故「陽在道門」，坤爲陰，故「陰在義門」，「其易之門」，謂乾坤也。

聖人有以見天下之嘖。而擬諸其形容，虞翻曰：乾稱「聖人」，謂庖犧也。「嘖」謂初。自上議下稱「擬」。「形容」謂陰，「在地成形」者也。**疏**乾五文言曰「聖人作而萬物覩」，故「乾稱聖人」。庖犧以聖人而居天子之位，故「謂庖犧也」。易之屯，太玄準爲礥，初一曰「黄純于潛」，測曰「化在嘖也」，范望注云「陽氣潛在地下，養萬物之根荄，故云化在嘖」，由是言之，嘖者，陽氣之始生也。乾鑿度曰「太初者，氣之始也」，故「嘖謂初」。天下之嘖，謂萬物之初也。乾上坤下，以乾擬坤，故自上議下曰「擬」。易之大義，上經終坎離，下經終既未濟，上繫終乾坤，下繫終六子，則上下經與上下繫，實相表裏也。上經象陽，下經法陰，復爲陽初，姤爲陰初。六日七分之法，陽起中孚，陰起咸，乾元坤元，天地之心，爲易之本，故上繫七爻，起于中孚「鳴鶴在陰」，下繫十一爻，起于咸「憧憧往來」。此傳發端，言聖人見天下之賾，謂中孚咸也。參同契曰「天道甚浩廣，太玄無形容」，故「形容謂陰」。以其「在地成形」，有容有可儗，故「擬諸其形容」。象其物宜，是故謂之象。虞翻曰：「物宜」謂陽，「遠取諸物」，「在天成象」，故「象其物宜」。「象」謂三才，八卦在天也。庖犧重爲六畫也。疏 春官保章氏「以五雲之物，辨吉凶水旱，降豐荒之祲象」，桓六年左傳曰「是其生也，與吾同物」，杜注「謂同日」，周語曰「神之見也，不過其物」，泰象曰「輔相天地之宜」，是天亦言宜也，故曰「物宜謂陽」。「陽」卽乾也。天道遠，故「遠取諸物」。以其「在天成象」，故「象其物宜」也。日月在天，成八卦象，謂天三爻，故云「三才，八卦在天也」。以地兩之，故謂「庖犧重爲六畫也」。重爲六畫，仍是三才之象，故六十四卦皆謂之象。聖人有以見天下之動，虞翻曰：重言「聖人」，謂文王也。「動」謂六爻矣。疏 前之「聖人」謂庖犧，此言「聖人」謂文王也。「道有變動故曰爻」，知「動謂六爻」也。而觀其會通，荀爽曰：謂三百八十四爻，陰陽動移，各有所會，各有所通。張璠曰：會者，陰陽合會，若蒙九二也。通者，乾坤交通，既濟是也。疏 荀注：三百八十四爻，陰陽各半，互相動移。各有所會，謂陰陽相會合也。「各有所通」，謂陰陽相變通也。合以觀其統體，通以觀其散殊。張注：乾坤陰陽純，屯蒙則陰陽交矣。易氣自下生，故象于蒙二以陽會陰，而曰「剛柔接也」，雜卦曰「蒙雜而著」，故「會者，陰陽合會」之義。特舉蒙二，以例其餘也。乾二四上通坤，成既濟，故「通者，乾坤交通」之義。特舉既濟，以例其餘也。以行其典禮，繫辭焉以斷其吉凶，孔穎達曰：既觀其會通，而行其典禮，以定一爻之通變，而有三百八十四。于此爻下，繫屬文辭，以斷其吉凶。若會通典禮得，則爲吉也。若會通典禮失，則爲凶矣。疏 夫既觀其會合通變，而施行其典法禮儀，則爻之通變于是定。六爻之通變定，而三百八十四爻亦由是定矣。爻位既定，卽于各爻之下，繫屬其辭，以斷定吉凶。會通典禮得，謂陰陽得位也。失，謂失位也。得位則吉，失位則凶也。愚案：樂記曰「天高地下，萬物散殊，而禮制行矣」。又曰「天尊地卑，君臣定矣。卑高以陳，貴賤位矣。動静有常，小大殊矣。方以類聚，物以羣分，則性命不同矣。在天成象，在地成形，如此則禮者，天地之別也」。蓋「方以類聚」，卽觀其會也。「物以羣分」，卽觀其通也。惟性命不同，故必觀會通，以行典禮。上傳云「方以類聚，物以羣分，吉凶生矣」。故必「繫辭焉以斷其吉凶」，而「謂之爻」也。**是故謂之爻。**孔穎達曰：謂此會通之事而爲爻也。爻者，效也，效諸物之變通，故上章云「爻者，言乎變也」。**疏** 前言「謂之象」者，結成卦象之義也。此言「謂之爻」者，結爻義也。

言天下之至嘖，而不可惡也。虞翻曰：至嘖无情。陰陽會通，品物流宕，以乾開坤，易之至也。元善之長，故「不可惡也」。**疏** 虞訓「嘖」爲初，初隱不見，故「无情」。京氏云「嘖，情也」，此云「至嘖无情」，微破其義也。乾彖曰「雲行雨施，品物流形」，虞彼注云「乾以雲雨，流坤之形」，故云「陰陽會通，品物流宕，以乾開坤，易之至也」。「開」或作「闢」，字之誤也。至嘖，元善也，元爲善長，善，故「不可惡也」。

言天下之至動，而不可亂也。虞翻曰：以陽動陰，萬物以生，故「不可亂」。「六二之動，直以方」，「動」舊誤作「嘖」也。**疏**「以陽動陰」，卽以陽開陰之意也。陽施陰生，故「萬物以生」。「行其典禮」，故「不可亂」。「六二之動，直以方」，坤六二象傳文，引之證以陽動陰之義也。「動」舊作「嘖」，鄭本也。九家本亦作「册」。皆誤，故不從。

擬之而後言，議之而後動，虞翻曰：以陽擬坤而成震，震爲「言」「議」，爲「後」「動」，故「擬之而後言，議之而後動」。「安其身而後動」，謂當時也矣。**疏**「至嘖」「至動」皆乾元，乾元，震初也，故云「以陽擬陰而成震」。震聲，故「爲言爲議」。震「後有則」，故「爲後」。震，動也，故「爲動」。震爲言動，乾元在先，故擬乾元而後言，既有言而後動也。時，消息之時也。坤静爲安，坤形爲身，乾元牝坤，當時出震，故「安其身而後動」。三百八十四爻皆言時，故「謂當時也矣」。**擬議以成其變化。**虞翻曰：議天成變，擬地成化。「天施地生，其益無方」也。

疏 議天成變，乾二五通坤也。擬地成化，坤二五息乾也。陽已出震，故天稱議。陰方牝陽，故地稱擬也。「天施地生，其益无方」，益彖傳文。虞彼注云「乾下之坤，震爲出生，萬物出震，故『天施地生』」。陽在坤初爲无方」。注引益彖者，下説中孚成益，故本益卦言之也。**「鳴鶴在陰，其子和之。我有好爵，吾與爾靡之」。**孔穎達曰：上略明擬議而動，故引「鳴鶴在陰」，取「同類相應」以證之。此中孚九二爻辭也。

疏 中孚九二爻辭文。虞彼注云「中孚，訟四之初。二在訟時，體離爲鶴。在坎陰中，有鳴鶴在陰之象。二動成坤體益，五艮爲子，震巽同聲相應，故『其子和之』。靡，共也。吾，謂五也。離爲爵。爵，位也。五利二變之正應已，故『吾與爾靡之』矣」。此下引七爻，略明擬議之變化也。**子曰：「君子居其室，出其言善，**虞翻曰：君子，謂初也。二變，五來應之，艮爲居。初在艮內，故「居其室」。震爲出言，訟乾爲善，故「出言善」。此亦成益卦也。

疏 二變體復初陽正，故「君子謂初也」。二變得正，五來應二，三至五互艮門闕爲室，爲居。初在艮卦之內，故曰「居其室」。「帝出乎震」，故震爲出。震善鳴爲言。中孚自訟來，訟外體乾乾元爲善。二已變，初以乾體震，故「出言善」。「此亦成益卦」，謂二已變也。**則千里之外應之，況其邇者乎。**虞翻曰：謂二變，則五來應之，體益卦，坤數十。震爲百里，十之，千里也。外謂巽。震巽同聲，同聲者相應，故「千里之外應之」。邇謂坤。坤爲順，二變順初，故「況其邇者乎」。此信及豚魚者也。

疏 二變五應，卦體成益。益互坤，坤癸數十。內體震，震驚百里，故「震爲百里」。以坤乘震，十之，故「千里」。外者，在坤震之外，謂五也，其體巽。「雷風相薄」，故「震巽同聲」。「同聲相應」，故「千里之外應之」，謂巽應震也。法言曰「近如地」，故「邇謂坤」。坤，順也，故爲順。中孚二變，成益順初，故曰「況其邇者乎」。巽爲魚，魚謂五。二動五應，故云「此信及豚魚者也」。虞本「豚」作「遯」。三至上體遯，故云「信及遯魚」。居其室，出其言不善，虞翻曰：謂初陽動，入陰成坤，坤爲不善也。**疏** 謂益初陽，既動則入陰成坤。坤文言曰「積不善之家，必有餘殃」，虞彼注云「坤積不善」，故知「坤爲不善也」。則千里之外違之，況其邇者乎。虞翻曰：謂初變體剝，弑父弑君。二陽「肥遯」，則坤違之而承于五，故「千里之外違之，況其邇者乎」。**疏** 謂益初已變，至五體剝。初變，姤時也。消至二陰成遯，艮子弑父。消至三陰成否，坤臣弑君。二陽已消，內不順初，外與三四互坤，二與互坤違初而上承于五。初體本坤，與四敵應，是「千里之外」謂四也。四與互坤，承五而不應初，故「千里之外違之」。四且違初，而況二乎。蓋邇謂二，坤也。言出乎身，加乎民，虞翻曰：震爲出、爲言，坤爲身、爲民也。**疏** 帝出震爲出，善鳴爲言。坤形爲身，坤衆爲民也。謂益震互坤，故「言出乎身而加乎民」也。行發乎邇，見乎遠。虞翻曰：震爲行，坤爲邇，乾爲遠，兑爲見。謂二發應五，則千里之外，故「行發邇見遠」也。**疏** 益震足爲行，互坤地爲邇。訟乾天爲遠。中孚兑見爲見。中孚二發爲陰，上應五陽，二至四爲坤，五在坤外爲「千里之外」。二體坤爲邇，五體乾爲遠，故曰「行發乎邇，見乎遠」也。言行，君子之樞機。樞機之發，榮辱之主也。荀爽曰：艮爲門，故曰樞。震爲動，故曰機也。翟玄曰：樞主開閉，機主發動。開閉有明暗，發動有中否，主于榮辱也。**疏** 荀注：說文「樞，户樞也」。益互艮爲門闕，故曰樞也。說文「主發謂之機」。大學「其機如此」，鄭注「發動所由」。益内震爲動，故曰機也。翟注：鄭氏云「樞，户樞也。機，弩牙也。户樞之發，或明或闇。弩牙之發，或中或否。以譬言語之發，有榮有辱」。此卽翟氏所本也。案：乾坤其易之門耶。乾動入坤爲震，故震爲樞機。乾陽息卦，乾初積善有餘慶，是陽息爲榮也。坤陰消卦，坤初積不善有餘殃，是陰消爲辱也。震爲長子主器，故發動，爲榮辱之主也。言行，君子之所以動天地也，可不慎乎。」虞翻曰：二已變成益，巽四以風動天，震初以雷動地。中孚十一月，雷動地中。艮爲慎，故「可不慎乎」。疏 中孚二變成益，外體巽，四坤入乾，乾爲天，巽爲風，故「以風動天」。內體震，初乾入坤，坤爲地，震爲雷，故「以雷動地」。中孚在卦氣爲子十一月卦，一陽初復，故「雷動地中」。上動天，下動地，故云「動天地」。互艮陽小爲慎，故曰「可不慎乎」。易遺文曰「正其始，萬物理，君子慎始。差以毫氂，繆以千里」。又參同契述此義云「君子居其室，出其言善，則千里之外應之。謂萬乘之主，處九重之位，發號出令，順陰陽節。藏器俟時，勿違卦月。謹候日辰，審察消息。纖介不正，悔吝爲賊。二至改度，乖錯委曲。陰冬大暑，盛夏霜雪。二分縱横，不應漏刻。水旱相伐，風雨不節。蝗蟲湧沸，羣異旁出」。言卦氣不效也，卽發明此傳之義也。「同人先號咷而後笑」。侯果曰：同人九五爻辭也。言九五與六二初未好合，故先號咷。而後得同心，故笑也。引者喻擬議于事，未有不應也。疏 此同人九五爻辭也。五與二應，乃三敵四攻，所處失義，兩爻不言同人，所以「初未好合而先號咷」。應在互巽，巽聲，故號咷也。爻又曰「大師克相遇」，言二三四既克而後二五同心相遇，故後笑。同人伏震，震爲後，爲笑也。震巽「同聲相應」，故爲「同心之言」。前言中孚二動應五，卽言同人二往應五，以明「千里之外應之」之義。故云「引者喻擬議于事，未有不應者也」。子曰：「君子之道，或出或處，或默或語。」虞翻曰：乾爲道，故稱君子也。同人反師，震爲出，爲語，坤爲默，巽爲處，故「或出或處，或默或語」也。疏 同人伏師，師二乾爻爲道，乾陽君子，故曰「君子之道」。同人反師，謂旁通師也。師在震爲出，爲語，師坤閉爲默，同人二在巽，巽陽藏室爲處，故「或出或處，或默或語也」。二人同心，其利斷金。虞翻曰：二人謂夫婦，師震爲夫，巽爲婦。坎爲心，巽爲同。六二震巽，俱體師坎，故「二人同心」。巽爲利，乾爲金。以離斷金，故「其利斷金」。謂夫出婦處，婦默夫語，故同心也。

疏 二人者，夫婦之稱也。師互震長男爲夫，同人互巽長女爲婦。師坎爲心。震巽同聲，故爲同。同人六二，以巽伏震，而師坎具焉，故云「震巽俱體師坎」。震巽夫婦而同坎心，故曰「二人同心」。巽爲近利市三倍，故爲利。「乾爲金」，說卦文。乾二爻變離則爲同人，是以離火斷金，故曰「其利斷金」。震爲出，故云「夫出」。巽爲處，故云「婦處」。坤爲默，故云「婦默」。震爲語，故云「夫語」。夫婦陰陽相應，故曰「同心也」。

同心之言，其臭如蘭。虞翻曰：臭，氣也。蘭，香草。震爲言，巽爲蘭。離日燥之，故「其臭如蘭」也。案：六二互巽，巽爲臭也。斷金之言，良藥苦口，故香若蘭矣。

疏 虞注：說卦曰「巽爲臭」，虞彼注云「臭，氣也。風至知氣，巽二入艮鼻，故爲臭。繫曰『其臭如蘭』」。是臭氣即巽也。說文「蘭，香草也」。震聲爲言。巽柔爻爲草，故爲蘭。「燥萬物者，莫熯乎火」。離日燥之，芳香發越，故「其臭如蘭」也。桓譚新論曰「蘭可焚而不可滅其馨」，義亦取諸離火也。案：二互三四〔一〕爲巽，「巽爲臭」，說卦文。家語曰「良藥苦口利于病，忠言逆耳利于行」。故以斷金之言，爲良藥苦口。素問曰「治之以蘭除陳氣」，是蘭亦藥也。故以良藥爲「香若蘭矣」。

「初六。藉用白茅，无咎。」孔穎達曰：欲求外物來應，必須擬議謹慎，則物來應之。故引大過「初六藉用白茅无咎」之事，以證謹慎之理也。虞翻曰：「其初難知」，陰又失正，故獨舉初六。

疏 孔注：此大過初六爻辭也。初六與九四爲不

〔一〕「二互三四」，原本作「三互四五」，據卦象及虞注正。

義之應，須擬議謹慎，易位相應，則无咎矣。故引之以證謹慎之理也。虞注：「其初難知」，下傳文。初隱不見，故難知。以六居初，陰又失正。虞大過初六爻辭注云「位在下稱藉，巽柔白爲茅，故藉用白茅。失位，咎也。承二過四，應五士夫，故无咎矣」。愚案：中孚初陽得正，且不可不慎。大過初陰失正，愈不可不慎。故次中孚，而獨舉大過初六也。

子曰：「苟錯諸地而可矣。藉之用茅，何咎之有，慎之至也。虞翻曰：苟，或。錯，置也。頤坤爲地，故「苟錯諸地」。今藉以茅，故无咎也。疏 苟或皆語辭。楚詞九章「萬民之生，各有所錯兮」，注云「錯，安也」。玉篇「置，安置也」。故錯訓置也。大過與頤旁通，頤互坤爲地。地有安象，故置諸地而可矣。初陰失位，上承二陽。二應五，初應四。今過四應五，得所藉矣。故「藉之用茅，何咎之有」。五頤在艮，艮陽小爲慎，故「慎之至也」。夫茅之爲物薄，虞翻曰：陰道柔賤，故薄也。疏 大過初，陰也。陽剛陰柔，陽貴陰賤，故「陰道柔賤」。巽柔爻爲草，故初柔爲茅。賤從戔，集韻「戔有淺小之意」，故「爲物薄」也。而用可重也。虞翻曰：香絜可貴，故可重也。疏 用以藉四，與四易位，則可以薦鬼神，羞王公，故「香絜可貴」。頤坤爲用，艮山爲重，故「用可重也」。慎斯術也以往，其无所失矣。」侯果曰：言初六柔而在下，苟能恭慎誠絜，雖置羞于地，神亦享矣。此章明但能重慎卑退，則悔吝無從而生。術，道也。疏 大過初六象傳曰「柔在下也」，故「言初六柔而在下」。巽柔有恭慎之象，巽白有誠絜之象，故雖置羞于地下，神亦來享矣。蓋「重慎卑退」，即悔吝不生之道也。説文「術，邑中道也」。鄭注亦云「術，道」。故云「術，道也」。自内曰往。過四應五，初得所藉，故「无所失矣」。

「勞謙君子有終吉」。孔穎達曰：欲求外物之應，非唯謹慎，又須謙以下人，故引謙卦九三爻辭以證之矣。疏 謙卦九三爻辭也。此亦承「千里應之」而言。非惟藉之用茅，慎乃无咎。又必卑以下衆，謙斯有終。謙三象傳曰「勞謙君子，萬民服也」。蓋勞謙民服，即外物來應之徵，故特引之，以證其義也。子曰：「勞而不伐，有功而不德，厚之至也。虞翻曰：坎爲勞，五多功。乾爲德，德言至。以上之貴，下居三賤，故「勞而不伐，有功而不德」艮爲厚，坤爲至，故「厚之至也」。疏三互坎爲勞卦，故爲勞。三當升五，故多功。卦自乾上來居于三，故「乾爲德」。乾德入居于坤，坤爲至，故「德言至」。以乾上之貴，下居坤三之賤。上降體坎，故「勞而不伐」。五爲乾位，三可居而不居，故「有功而不德」。三體艮「厚終」爲厚，應在坤「至哉坤元」爲至，故「厚之至也」。語以其功下人者也。虞翻曰：震爲語，五多功。下居三，故「以其功下人者也」。疏互震聲爲語，五位多功。上不居五而下居三，故曰「以其功下人者也」。德言盛，禮言恭。虞翻曰：謙旁通履，乾爲盛德，坤爲禮。「天道虧盈而益謙」，三從上來，同之盛德，故恭。震爲言，故「德言盛，禮言恭」。疏謙與履旁通，履外體乾。上傳曰「盛德大業」，荀彼注云「盛德者天」，故「乾爲盛德」。上傳又曰「知崇禮卑，崇效天，卑法地」，故「坤爲禮」。「天道虧盈而益謙」，謙彖傳文。虞彼注云「乾盈履上，虧之坤三，故虧盈。貴處賤位，故益謙」。今三從上來同之，是上之盛德，而下于三爲盛德，故恭也。震聲爲言，履離日新，故「德言盛」。「謙以制禮」，故「禮言恭」也。謙也者，致恭以存其位者也。」虞翻曰：坎爲勞，故能恭。三得位，故「以存其位者也」。疏三互坎爲勞，「勞謙」，故能「致恭」。以九居三爲得位，故曰「以存其位者也」。「亢龍有悔」。孔穎達曰：上既以謙得保安，此明無謙則有悔。故引乾之上九「亢龍有悔」，證驕亢不謙之義也。疏此乾上九爻辭也。承上文而言，謙則有終，亢則有悔。謙之九三，即乾之上九也。下于謙三，則爲君子。反于乾上，則爲亢龍。故引乾上爻辭，以「證驕亢不謙之義也」。子曰：「貴而无位，虞翻曰：天尊，故貴。以陽居陰，故无位。疏天位乎上，其位至尊，故貴。上爲陰位，以陽居之，是夫位也，故无位。高而无民。虞翻曰：在上，故高。无陰，故无民也。疏位在上，故高。坤陰爲民，純陽无民。驕亢已極，民不之與，故无民也。賢人在下位，虞翻曰：乾稱賢人，下位謂初也。「遯世無悶」，故賢人在下位而不憂也。疏乾陽君子，故「稱賢人」。初在下，故「下位謂初」。「遯世无悶」，乾初文言文。「在下位而不憂」，乾三文言文。虞彼注云「隱于初，憂則違之，故不憂」。蓋上應在三，三息自下，故曰「賢人在下位」。而无輔，是以動而有悔也。」虞翻曰：謂上无民，故「无輔」。乾盈動傾，故「有悔」。文王居三，紂亢極上，故以爲誡也。疏上亢无民，故「无輔」。乾盈于上，動則必傾，動而入剥，故「有悔」。「文王居三」，爲「賢人在下位」。「紂亢極上」，爲「无輔」。故「以動而有悔」爲誡也。「不出户庭，无咎。」孔穎達曰：又明擬議之道，非但謙而不驕，又當謹慎周密，故引節初周密之事以明之也。疏此節初爻辭也。擬議以成變化，變化則擬議之道，非一端可盡。故既引謙三乾上，以明謙而不亢之義。又引「不出户庭」，以明謙性周密之事也。前言乾初，遯在下位。乾初卽泰初也。節自泰來，故繼論節初義。詳節卦虞注。子曰：「亂之所生也，則言語以爲階。虞翻曰：節本泰卦，坤爲亂，震爲生，爲言語，坤稱階，故「亂之所生，則言語以爲階」也。疏泰三之五成節。泰坤陰爲亂，互震爲生。震善鳴，故爲言語。坤土，故「稱階」。泰三互坤爲震，故「亂之所生，則言語以爲階也」。君不密則失臣，臣不密則失身。虞翻曰：泰乾爲君，坤爲臣。爲閉，故稱密。乾三之坤五，君臣毁賊，故「君不密則失臣」。坤五之乾三，坤體毁壞，故「臣不密則失身」。坤爲身也。疏乾坤，謂泰也。「乾爲君」，説卦文。坤文言曰「臣道也」，故爲臣。「坤以藏之」，故稱閉。閉則「退藏于密」，故稱密。乾三之坤五，是君之臣也。乾毁坤賊，是「君不密」爲「失臣」也。坤五之乾三，是臣之君也。坤體毁，乾亦壞。不言乾者，君臣之辭也。是「臣不密」而「失身」也。坤形爲身，故「失身」。

幾事不密則害成，虞翻曰：幾，初也。謂二已變成坤，坤爲事，故「幾事不密」。初利居貞，不密初動，則體剥，子弑其父，臣弑其君，故「害成」。疏 鄭注云「幾，微也」。「幾者，動之微」，故幾謂初。二變互坤，坤「發事業」爲事，故言「幾事不密」。其實不密者，初也。節初陽利居貞，若不密而妄動，二已變，初至五則體剥也。遯子弑父，否臣弑君，皆初陰消陽而成，故「害成」也。

是以君子愼密而不出也。」虞翻曰：君子謂初，二動坤爲密，故「君子愼密」。體屯，「盤桓，利居貞」，故「不出也」。疏 初陽得正，故「君子謂初」。二動，互坤爲密。互艮陽小爲愼。故曰「君子愼密」。且二動體屯，屯初九曰「盤桓，利居貞」。內體震爲出，外互艮爲居，爲止，故「不出也」。

子曰「爲易者，其知盜乎。虞翻曰：「爲易者」謂文王。否上之二成困，三暴慢，以陰乘陽。二變，入宮爲萃。五之二，奪之成解，坎爲盜。故「爲易者，其知盜乎」。疏 將釋解三爻辭也。爻變，故謂「爲易者」爲文王。六十四卦消息。萃，觀上之四。解，臨初之四。從四陰二陽之例。此説文王爻變之例，故不從消息而從爻例也。三陰三陽之例，否上之二成困。困三不正，下暴二，上慢五，故云「三暴慢」。困三象傳曰「據于蒺蔾，乘剛也」。故云「以陰乘陽」。二變體萃，困三曰「入于其宮」。互艮爲宮，互巽爲入，故云「入宮爲萃」。萃五之二，奪三成解，體坎爲盜。故曰「爲易者，其知盜乎」。

易曰：『負且乘，致寇至』。」孔穎達曰：此又明擬議之道，當量身而行，不可以小處大，以賤貪貴，故引解六三爻辭以明之矣。疏 此解三爻辭也。承前擬議而言，凡事當量身而行，不可小處大，賤貪貴。若以小人而居貴位，驕矜而不謹愼，必有致寇之患。故引此以明之，義詳解卦虞注。

負也者，小人之事也。虞翻曰：陰稱小人，坤爲事。以賤倍貴，違禮悖義，故「小人之事也」。疏 三陰失正，故爲小人。困二變入宮，成坤爲事。「負」讀爲「倍」。

三以四艮倍五，故云「以賤倍貴」。賤而倍貴，是爲「違禮悖義」，故曰「小人之事也」。**乘也者，君子之器也。**虞翻曰：君子謂五。器，坤也。坤爲大車，故乘「君子之器也」。**疏** 否困萃五，皆陽爻得正，故「君子謂五」。「形而下者謂之器」，坤「在地成形」，故器謂坤也。坤爲大轝，三乘其上，故「乘君子之器也」。**小人而乘君子之器，盜思奪之矣。**虞翻曰：小人謂三，既違禮倍五，復乘其車。五來之二成坎，坎爲盜，思奪之矣。「爲易者，知盜乎」，此之謂也。**疏** 三陰失位，故「小人謂三」。違禮失正，上倍乎五。五乾乘坤，爲「君子得車」。三復乘之，是「小人而乘君子之器」矣。萃五之二成解，體坎爲盜，又爲思，故「盜思奪之矣」。五之二失正，故「乘君子之器」者，盜也。「奪之」者，亦盜也。故云「爲易者，其知盜乎，此之謂也」。**上慢下暴，盜思伐之矣。**虞翻曰：三倍五，上慢乾君而乘其器，下暴于二。二藏于坤，五來寇二，以離戈兵，故稱「伐之」，坎爲暴也。**疏** 上謂五，下謂二。五體乾，君象也。三倍五，是「上慢乾君」也。二應五，爲三所乘，是「乘其器而下暴于二」也。困二變，三入宮，互坤爲藏，故「二藏于坤」。萃五之二，寇三成解，故「五來寇三」。「三」誤作「二」也。折三入離，離爲戈兵，以離兵劫取，故稱「伐之」。坎爲盜，故爲暴也。**慢藏悔盜，野容悔淫。**虞翻曰：坎心爲悔，坤爲藏，兑爲見。藏而見，故「慢藏」。三動成乾爲野，坎水爲淫。二變藏坤，則五來奪之，故「慢藏悔盜，野容悔淫」。**疏** 二體坎，坎心爲悔。萃坤爲藏，上體兑爲見。藏而見。是「慢藏」也。三互離爲中女，動而成乾。乾爲野，故爲「野容」。鄭氏云「飾其容而見于外曰野」。列女傳載「華孟姬曰『車奔』，姬墮，使侍御者舒幃以自障蔽。曰『妾聞野處，則幃裳擁蔽，所以正心一意，自斂制也』」，頌曰。孟姬好禮，執節甚公，避嫌遠別，終不野容」，是其義也。坎心爲欲，又爲水，故云「坎水爲淫」。謂五來成坎也。二變藏坤，五來奪之，謂二藏五來坎淫中也。慢藏野容者，三也。盜淫者，五也。故曰「慢藏悔盜，野容悔淫」。易曰：『負且乘，致寇至』。盜之招也」。虞翻曰：五來奪三，以離兵伐之。故變寇言戎，以成三惡。二藏坤時，艮手招盜，故「盜之招」。**疏** 萃五來二奪三，三互離兵伐之。解象傳曰「自我致戎」，故「變寇言戎」。三陰爲惡，故云「以成三惡」。二變藏坤，四互艮手。艮手招盜，故曰「盜之招也」。

大衍之數五十，其用四十有九。 干寶曰：衍，合也。崔覲曰：案說卦云「昔者聖人之作易也，幽贊于神明而生蓍，參天兩地而倚數」。既言「蓍數」，則是說「大衍之數」也。明倚數之法，當參天兩地。參天者，謂從三始，順數而至五七九，不取于一也。兩地者，謂從二起，逆數而至十八六，不取于四也。此因天地數上以配八卦而取其數也。艮爲少陽，其數三。坎爲中陽，其數五。震爲長陽，其數七。乾爲老陽，其數九。兑爲少陰，其數二。離爲中陰，其數十。巽爲長陰，其數八。坤爲老陰，其數六。八卦之數，總有五十，故云「大衍之數五十」也。不取天數一地數四者，此數八卦之外，大衍所不管也。「其用四十有九」者，法長陽七七之數也。六十四卦既法長陰八八之數，故四十九蓍則法長陽七七之數焉。蓍圓而神象天，卦方而智象地，陰陽之別也。舍一不用者，以象太極，虛而不用也。且天地各得其數，以守其位，故太一亦爲一數而守其位也。王輔嗣云「演天地之數，所賴者五十，其用四十有九，其一不用也。不用而用以之通，非數而數以之成，卽易之太極也。四十有九，數之極也」。但言所賴五十，不釋其所從來，則是億度而言，非有實據。其一不用，將爲法，象太極，理縱可通，以爲非數而成，義則未允。何則？不可以有對無，五稱五十也。孔疏釋「賴五十」，以爲「萬物之策，凡有萬一千五百二十，其用此策，大推演天地之數，唯用五十策也」。又釋「其用四十九，則有其一不用」，以爲「策中其所揲蓍者，唯四十有九。其一不用，以其虛无，非所用也，故不數矣」。又引顧歡同王弼所說，而顧歡云「立此五十數以數神，神雖非數，因數而著，故虛其一數，以明不可言之義」也。案：崔氏探玄，病諸先達，及乎自料，未免小疵。既將八卦陰陽，以配五十之數，餘其天一地四，無所稟承，而云「八卦之外，在衍之所不管」者，斯乃談何容易哉。且聖人之言，連環可解，約文申義，須窮指歸。即此章云「天數五，地數五，五位相得而各有合。天數二十有五，地數三十，凡天地之數五十有五。此所以成變化而行鬼神」。是結大衍之前義也。既云「五位相得而各有合」，即將五合之數配屬五行也。故云「大衍之數五十」也。「其用四十有九」者，更減一以并五，備設六爻之位，蓍卦兩兼終極天地五十五之數也。自然窮理盡性，神妙無方，藏往知來，以前民用斯之謂矣。**疏** 干注：說文曰「衍，水朝宗于海也」。「衍」于文爲水行，水行歸海，合之象也。故云「衍，合也」。言合天地之數而用之，即下經所謂「五位相得而各有合」也。又鄭氏云「衍，演也」。王廙蜀才皆云「衍，廣也」。蓋惟合天地之數，而後可以推演而廣大之也。崔注：此據下經「參天兩地」，以說「大衍之數」。謂艮三，坎五，震七；乾九，兌二，離十，巽八，坤六，合之得五十，故曰「大衍之數五十」也。合之天數一、地數四，爲五十有五。以一四不在八卦之列，止有五十。故云「此八卦之外，大衍所不管也」。蓍圓象天，故法震長陽七七之數，而爲四十有九。卦方象地，故法巽長陰八八之數，而爲六十四也。蓍數取乎陽，卦數取乎陰，故云「陰陽之別也」。捨一不用，「以太極虛而不用」者，太極，理之始，故不用也。「天地各得其數，以守其位」者，謂天一地四，守其位不用也。太極，理之始，故「虛而不用」。太一，數之始，故亦守其位而不用也。王注「所賴五十」，出于臆度。孔疏所釋，以「萬物之策，唯用五十」，又謂「其一虛無非所用」，竝引顧說，以神超乎數，故虛一不用，皆無確據。然崔氏所論，亦未協經旨。故李氏復申其說也。案：崔氏著有周易探玄，故云「崔氏探玄」。既病崔氏，未免小疵，卽據下經「五位相得而各有合」，以釋「大衍之數五十」。其云「將五合之數，配屬五行」者，卽鄭氏舊義也。鄭注云「天一生水于北，地二生火于南，天三生木于東，地四生金于西，天五生土于中。陽无耦，陰无配，未得相成。地六成水于北，與天一竝。天七成火于南，與地二竝。地八成木于東，與天三竝。天九成金于西，與地四竝。地十成土于中，與天五竝。大衍之數五十有五。又明堂月令曰「春，其數八。夏，其數七。秋，其數九。冬，其數六。中央土其數五。一水二火三木四金五土。水火木金，得土而成。故一二三四，得五，爲六七八九。土生數五，成數五，五五爲十，故有地十。揚子太玄曰「一六爲水，二七爲火，三八爲木，四九爲金，五五爲土」。天地之數，五十有五，而五在地之中，故「大衍之數五十」，五爲虛也。其用四十有九，更減以一，竝五，備設六爻之位者，天地之數五十有五，用四十有九，則減五十之一，以竝五十所餘之五，而爲六爻之位。故云「蓍卦兩兼終極天地之五十五之數也」。此本姚信董遇所云，天地之數五十有五者，其六以象六畫之數，故減之而用四十九。然不知鄭注，尤爲明確。鄭氏云大衍之數五十有五，五行各氣竝，氣竝而減五，惟有五十。以五十之數，不可以爲七八九六。卜筮之占以用之，更減其一，故四十九也。愚案：說文曰「惟初大始，道立于一，造分天地，成化萬物」。蓋一者，道之始。卽老子德經所謂「道生一，一生二，二生三，三生萬物」。三統曆所謂「太極元氣，含三爲一」是也。蓋天一生水于北，北爲空虛无用之地。一卽乾元，藏于復始，虛而不用，實道之主。荀君云「乾初九，潛龍勿用」，故用四十九得其解矣。「天地之數五十有五」，「大衍之數五十」者，虛其中不用也。「大衍之數五十其用四十有九」者，虛其始不用也。虛其中，所以四達而不悖。虛其始，所以百變而不窮。

分爲二以象兩。崔覲曰：四十九數，合而未分，是象太極也。今分而爲二，以象兩儀矣。

疏　衍，合也。故云「四十九數，合而未分」。太極含三爲一，故云「是象太極也」。兩，兩儀也。謂天地分而爲二，值左右兩儀，左象天，右象地，故「以象兩儀矣」。**掛一以象三。**孔穎達曰：就兩儀之中，分掛其一于最小指閒，而配兩儀，以象三才。**疏** 三，三才，謂天地人也。就兩儀之閒，于天數中，分掛其一于小指閒以象人，所以配兩儀而象三才也。虞氏下注云「扐竝合掛左手之小指」，則此掛一，不在左手，當在右手小指也。**揲之以四以象四時。**崔覲曰：分揲其蓍，皆以四爲數。一策一時，故四策「以象四時」也。**疏** 天有四時，地有四方，人有四德。故「分揲其蓍，皆以四爲數」。乾鑿度所謂「文王推爻，四乃術數」是也。以一策象一時，故「分四策以象四時也」。**歸奇于扐以象閏。**虞翻曰：奇，所掛一策。扐，所揲之餘。不一則二，不三則四也。取奇以歸扐，扐竝合掛左手之小指爲一扐，則「以閏月定四時成歲」，故「歸奇于扐以象閏」者也。**疏** 奇，所掛之一策，以象三才者也。王制曰「祭用數之扐」，又曰「喪用三年之扐」，考工記「以其圍之防捎其藪」，皆數之餘也。扐者，左右手四揲之餘也。既數四，四之後必有餘數，或一或二或三或四，故「不一則二，不三則四也」。取兩手所掛之奇，以歸于所揲之扐，竝合兩揲之餘，掛左手小指爲一扐。「以閏月定四時成歲」，堯典文。孔傳「歲十二月，月三十日，正三百六十日。除小月爲六日，是爲一歲有餘十二日。未盈三歲，是得一月。則置閏焉以定四時之氣節，成一歲之曆象。文元年左傳曰「履端于始，舉正于中，歸餘于終」。歸奇于扐，即歸餘于終也。蓋以揲四象四時，以扐象歲，以歸奇象閏。故「以閏月定四時成歲」，而「歸奇于扐以象閏」也。**五歲再閏，故再扐而後掛。**虞翻曰：謂已一扐，復分掛，如初揲之歸奇于初扐。竝掛左手次小指閒爲再扐，則再閏也。又分掛揲之如初，而掛左手第三指閒成一變，則布掛之一爻，謂已二扐，又加一爲三，竝重合前二扐爲五歲，故「五歲再閏，再扐而後掛」，此「參五以變」。據此爲三扐，不言三閏者，閏歲餘十日，五歲閏六十日盡矣。後扐閏餘分，不得言三扐二閏，故從言

「再扐而後掛」者也。**疏** 經文「後掛」，乾鑿度說文引作「再扐而後卦」。京氏曰「再扐而後布掛」，是「掛」當作「卦」。虞注「布掛之一爻」，以及「再扐後掛」，尋其文義，亦當作「卦」。作「掛」者，皆傳抄之誤也。「謂已扐復分卦」者，取前過揲之策，復分二掛一也。「如初揲之歸奇于初扐」者，省文也。先竝所揲之餘于初扐，乃取奇歸之，故云「歸奇于初扐」也。初掛一在右手，今則竝掛于左手次小指閒爲再扐，以象再閏也。又分掛揲之，如初揲儀，而竝所揲之餘掛左手第三指閒爲成一變，則布卦之一爻，如七八九六是也。謂前已二扐，又加一爲三扐，並重合前二扐爲五歲，蓋一扐，一歲也。歸奇，一閏。再扐，二歲也。合初扐，三歲也。歸奇，再閏也。三扐，四歲也。合再扐，五歲也。不歸奇，故「五歲再閏」。「五歲再閏，故再扐而後卦」也。以三爲五而成一變，故云「此參五以變」也。據此爲三扐當言三閏，不言者，以閏歲尚餘十日也。素問曰「日行一度，月行十三度而有奇焉，故大小月三百六十五日而成歲，積氣餘而盈閏矣」。謂三百六十五度四分度之一，積三十日爲一月。氣盈五日有奇，朔虛五日有奇，故月大小常差六日。約其大數，歲餘十日也。五歲餘五十日，再閏六十日已侵下餘分，故云「五歲閏六十日，盡矣」。又云「後扐閏餘分」者，閏月不能恰盡，必有餘分，故虛三扐象之。然則四時終而計餘，餘分定乃成歲。竝扐象計餘成歲，歸奇則象閏也。不得言三扐二閏者，若言三扐，則似有三歸奇也，故從言「再扐而後卦」。

天數五，地數五，虞翻曰：天數五，謂一三五七九。地數五，謂二四六八十也。**疏** 即下傳「天一、地二、天三、地四、天五、地六、天七、地八、天九、地十也」。五奇爲陽，故曰「天數」。五耦爲陰，故曰「地數」。

五位相得而各有合。虞翻曰：五位，謂五行之位。甲乾乙坤，相得合木，謂「天地定位」也。丙艮丁兑，相得合火，「山澤通氣」也。戊坎己離，相得合土，「水火相逮」也。庚震辛巽，相得合金，「雷風相薄」也。天壬地癸，相得合水，言陰陽相薄而戰于乾。故「五位相得而各有合」。或以一六合水，二七合火，三八合木，四九合金，五十合土也。**疏** 鄭氏云「天地之氣，各有五行」，故「五位謂五行之位」。乾納甲，坤納乙，甲一乙二相得則合木。乾爲天，坤爲地，故謂「天地定位也」。艮納丙，兑納丁，丙三丁四相得而合火。艮爲山，兑爲澤，故「山澤通氣也」。坎納戊，離納己，坎五離六相得而合土。坎爲水，離爲火，故「水火相逮也」。震納庚，巽納辛，震七巽八相得而合金。震爲雷，巽爲風，故「雷風相薄也」。乾天納壬，坤地納癸，壬九癸十相得而合水。天陽地陰，故「陰陽相薄而戰于乾」也。故曰「五位相得而各有合」。此以納甲言之也。「或以」云云者，五行生成之數也。太玄曰「一與六共宗，二與七共朋，三與八成友，四與九同道，五與五相守」。一六爲水，二七爲火，三八爲木，四九爲金，五五〔一〕爲土是也。五五則十也。「相得」謂一得五爲六，二得五爲七，三得五爲八，四得五爲九，五得五爲十。昭八年左傳「妃以五成」，皇侃以爲「金木水火得土而成」是也。「有合」者，鄭氏云「五行之次，一曰水，天數也。二曰火，地數也。三曰木，天數也。四曰金，地數也。五曰土，天數也。此五者，陰无匹，陽无耦，故又合之。地六爲天一匹也，天七爲地二耦也，地八爲天三匹也，天九爲地四耦也，地十爲天五匹也。二五陰陽各有合，然後氣相得，施化行」是也。此五行相合天地之數，卽大衍之數也。

天數二十有五，虞翻曰：一三五七九，故二十五也。**疏** 一三五七九，五奇數合而爲二十五。

地數三十。虞翻曰：二四六八十，故三十也。**疏** 二四六八十，五耦數合而爲三十。

凡天地之數五十有五，虞翻曰：天

〔一〕「五」當重文，據陳校本補。

二十五，地三十，故五十有五。天地數見于此，故大衍之數，略其奇五而言五十也。疏 合天地奇耦之數，故五十有五。「天地之數見于此，大衍之數略奇五而言五十」者，太玄曰「五與五相守」。地之十仍是五，故略之也。此所以成變化而行鬼神也。荀爽曰：在天爲變，在地爲化。在地爲鬼，在天爲神。姚信曰：此天地之數，五十有五，分爲爻者，故能成就乾坤之變化，能知鬼神之所爲也。侯果曰：夫通變化，行鬼神，莫近于數。故老聃謂子曰「汝何求道」？對曰「吾求諸數」，明數之妙，通于鬼神矣。疏 荀注：在天爲變，陽也。在地爲化，陰也。在地爲鬼，陰也。在天爲神，陽也。姚注：分爲七八九六之爻，一合六，二合七，三合八，四合九，五合十爲十五，共爲五十有五。由七八九六，而乾坤之變化以成，鬼神之情狀可知。侯注：通天地之變化，行天地之鬼神，總不外乎天地之數。故復引孔子「吾求諸數」之言，以明數之爲用，變而无窮，神而莫測。上傳言「極數知來之謂占」，即繼以「通變之謂事」，「陰陽不測之謂神」，是其義也。乾之册，二百一十有六。荀爽曰：陽爻之册三十有六，乾六爻皆陽，三六一百八十，六六三十六，合二百一十有六也。陽爻九合四時，四九三十六，是其義也。疏 老陽之册以九起數，四九故三十有六。乾之六爻皆陽也。一爻三十六，以三六一百八十乘六六三十六，合之爲二百一十有六也。陽爻九，四九三十六，合之爲四時。若少陽以七起數，一爻二十八册，六爻則有一百六十八册也。坤之册，百四十有四。荀爽曰：陰爻之册二十有四，坤六爻皆陰，二六一百二十，四六二十四，合一百四十有四也。陰爻六，合二十四氣，四六二百四十也。疏 老陰之册以六起數，四六故二十有四。坤之六爻皆陰也。一爻二十四，以二六一百二十乘四六二十四，合之爲一百四十有四也。陰爻六，四六二十四，合之爲二十四氣焉。氣，中氣也。若少陰以八起數，一爻三十二，六爻則有一百九十二册也。凡三百有六十，當期之日。陸績曰：日月十二交會，積三百五十四日有奇爲一會。今云「三百六十當期」，則八十三月六日也。十二月爲一期，故云「當期之日」也。**疏** 日月合朔爲交會。每歲有十二交會。除小盡六日，積三百五十四日有奇爲一會。堯典曰「朞三百有六旬有六日」，故云「三百六十當期積之八十三月六日所以生閏。書孔傳「四時曰朞」。四時十二月，故「十二月爲一期」。册數與日數相當，故曰「當期之日」。案：乾鑿度云「二卦十二爻而期一歲」，故云「當期之日」。又云「曆」以三百六十五日四分度之一爲一歲，易以三百六十析當期之日，此曆律數也。五歲再閏，故再扐而後卦，以應曆律之數」。二篇之册，萬有一千五百二十，當萬物之數也。侯果曰：「二篇」謂上下經也。共六十四卦，合三百八十四爻。陰陽各半，則陽爻一百九十二。每爻三十六册，合六千九百一十二册。陰爻亦一百九十二。每爻二十四册，合四千六百八册。則二篇之册，合萬一千五百二十，當萬物之數也。**疏** 乾鑿度「孔子曰。陽三陰四，位之正也。故易卦六十四，分而爲上下。陽道純而奇，故上篇三十。陰道不純而偶，故下篇三十四。乾坤，陰陽之本始，故爲上篇之始。坎離，始終萬物，故爲上篇之終也。咸恆者，男女之始，故爲下篇之始。既濟未濟爲最終」。故知「二篇，謂上下經也」。合二篇陰陽三百八十四爻，其册有萬一千五百二十。下傳云「庖犧始作八卦，以類萬物之情」，九家注云「六十四卦，凡有萬一千五百二十册，册類一物，類萬物之情」，故「當萬物之數」。説苑「孔子曰。察變之動，莫著于五星。天之五星，運氣于五行。其初猶發于陰陽，而化極于萬一千五百二十。蓋萬物之精，上爲列星，故天有萬一千五百二十星，地有萬一千五百二十物。聖人仰觀俯察，「幽贊于神明而生蓍，觀變于陰陽而立卦，發揮于剛柔而生爻」。故卦爻之册，亦萬有一千五百二十。乾元「萬物資始」，坤元「萬物資生」。乾爲天，坤爲地，艮爲人。艮主星，星主斗，斗合于人，統三才之義。天之五星，運氣于五行，而化極于萬一千五百二十。大衍之數五十，三才五行之合，得有此數也。是故四營而成易，荀爽曰：營者，謂七八九六也。陸績曰：「分而爲二以象兩」，一營也。「掛一以象三」，二營也。「揲之以四以象四時」，三營也。「歸奇于扐以象閏」，四營也。謂四度營爲，方成易之一爻者也。疏荀注：營之而少陽少陰成老陽老陰，故「營者，謂七八九六也」。陸注：此釋四營成易一爻之義也。乾鑿度曰「易變而爲一，一變而爲七，七變而爲九。九者，氣變之究也。乃復變而爲一」。此一卽太極，易也。「四營」者，四變也。又曰「陰陽相竝俱生，陽動而進，陰動而退」。八麗于七，六依于九，九六七八，故成易也。

十有八變而成卦。荀爽曰：二揲册，掛左手一指閒。三指間滿，而成一爻。卦六爻，三六十八，故「十有八變而成卦」也。疏二揲之册，掛左手一指間。三扐滿，然後成一爻。六爻，然後成一卦。六爻則三六一十八變，故「十有八變而成卦也」。八卦而小成，侯果曰：謂三畫成天地、雷風、日月、山澤之象。此八卦未盡萬物情理，故曰「小成」也。疏謂三畫已成，則乾天坤地，震雷巽風，離日坎月，艮山兑澤之象著。然此八卦，未嘗引伸觸類而重之，則未盡萬物之情理，故曰「八卦小成」也。引而信之，觸類而長之，虞翻曰：引謂庖犧引信三才，兼而兩之以六畫。觸，動也。謂六畫以成六十四卦。故「引而信之，觸類而長之」。「其取類也大」，則「發揮剛柔而生爻」也。疏「引謂庖犧引信三才」者，上五爲天位，四三爲人位，二初爲地位是也。「兼而兩之爲六畫」者，「因而重之」，兼三才爲六畫，如八純卦是也。觸，動。謂六爻變動，以成六十四卦。是「引伸」謂重爲八卦，「觸類」謂變動爲六十四卦也。「稱名也小」，虞彼注云謂「小成」。明取類六十四卦爲大成也。發，動。揮，變。變剛生柔爻，變柔生剛爻。八純卦變爲六十四卦，是「發揮于剛柔而生爻也」。

天下之能事畢矣。虞翻曰：謂「乾以簡能」，「能說諸心，能研諸侯之慮」，故「能事畢」。疏「乾」當作「坤」，「蓍之德圓而神」，乾道也，「卦之德方以知〔一〕」，坤道也，故言「坤以簡能」。「能説諸心，能研諸侯之慮」，下傳文。虞彼注云「乾五之坤，坎爲心，兑爲説，故能説諸心」。「坎心爲慮，乾初之坤爲〔二〕震，爲諸侯，故能研諸侯之慮」。諸侯則通乎天下，故「天下之能事畢矣」。　愚案「天地設位，聖人成能」。「天下之能事畢」，即「言乎邇則不禦，言乎遠則不禦，言乎天地之閒則備矣」，是也。

顯道神德行，虞翻曰：顯道神德行，乾二五之坤，成離日坎月，日月在天，運行照物，故「顯道神德行」。「默而成，不言而信，存于德行」者也。　**疏**乾二五之坤，乾成離，坤成坎，故云「成離日坎月」。日月麗天，運行不息，照臨萬物，故曰「顯道」。「默而成，不言而信，存乎德行」，上〔三〕傳文。九家彼注云「默而成，謂陰陽相處也。不言而信，謂陰陽相應也。德者，有實。行者，相應也」。言德行皆陰陽之所爲，故曰「神德行」也。　愚案：乾爲道，故曰道。又爲德，震爲行，故曰「德行」。　蓋道，至隱也。易則「八卦以象告」，故曰「顯道」。德行，至常也。易則「成變化而行鬼神」，故曰「神德行」。顯則微者使著，神則著者使微，皆易之所爲也。

是故可與酬酢，可與祐神矣。九家易曰：陽往爲酬，陰來爲酢。陰陽相配，謂之祐神也。　孔子言「大衍」以下，至于「能事畢矣」。此足以顯明易道，又神易德行。可與經義相斟酌也，故喻以賓主酬酢之禮。所以助前聖，發見于神，祕矣。　禮飲酒主人酌賓爲獻，賓酌主人爲酢。主人飲之，又酌賓爲酬也。先舉爲酢，答報爲酬，酬取其報。以象陽唱陰和，變化相配。是助天地，明其鬼神者也。　**疏**

〔一〕「以知」，原本作「而義」，據陳校本正。

〔二〕「初之坤爲」四字，原本作「五之」，據陳校本補正。

〔三〕「上」，原本作「下」，據所引繫上文正。

道生一，一生二，是陽爲主而陰爲客也。倉頡篇「主答客曰酬」，故「陽往爲酬」。又曰「客報主人曰酢」，故「陰來爲酢」。陰陽皆神之所爲。馬氏云「祐，配也」。故「陰陽相配，謂之祐神也」。自「大衍」至「能事畢」，皆足以顯明易道，而神其德行。可與六十四卦經義相斟酌，故「喻以賓主酬酢之禮」，而曰「可與酬酢」矣。「祐」與「佑」通。佑者，助也。所以助前聖，發見易道，于神尤祕，故曰「可與祐神矣」。儀禮鄉飲酒「主人坐取爵，實之。賓之席前，西北面獻賓」，故云「主人酌賓爲獻」也。又曰「賓實爵。主人之席前，東南面酢主人」，故云「賓酌主人爲酢」。又曰「卒洗，揖讓升。賓西階上疑立，主人實觶酬賓」，故曰「主人又酌賓爲酬也」。論酬酢之義，則賓先酢而主後酬，酬所以報酢。論飲酒之義，則始于主人獻賓，而後賓酢，故「以象陽唱陰和」。賓既酢而主人又酬，故云「變化相配」。陽爲天、爲神，陰爲地、爲鬼。陽往陰來，「是助天地，明其鬼神」也。　愚案：顯，「故可與酬酢」，因其著而著之也。神，「故可與祐神」，因其微而微之也。中庸曰「莫顯乎微」是微者，顯之基也。故下言「神之所爲」。

子曰：「知變化之道者，其知神之所爲乎。」虞翻曰：在陽稱變，乾二之坤。在陰稱化，坤五之乾。「陰陽不測之謂神」，「知變化之道者」，故「知神之所爲」。諸儒皆上「子曰」爲章首，而荀馬又從之，甚非者矣。

疏　荀前注云「在天爲變」，故云「在陽稱變」。陽變，故「乾二之坤」。又云「在地爲化」，故云「在陰稱化」。陰化，故「坤五之乾」。「陰陽不測之謂神」，上傳文。韓彼注稱神爲「變化之極」是也。「變化之道」，即九六消息之道。一陰一陽，變化不測。知陰陽變化之道，故「知神之所爲」。蓋大衍之數，成變化而行鬼神，故知變化之道者，即知神之所爲。諸儒皆以此節爲下章之首，而荀爽馬融從之，故虞君以爲甚非。虞君別傳云「仲翔奏上易注曰經之大者，莫過于易。自漢以來，其讀易者，解之率少。至孝靈之際，潁川荀諝，號爲知易。臣得其注，有愈俗儒。至所謂「西南得朋，東北喪朋」，顛倒反覆，了不可知。孔子歎易曰「知變化之道，其知神之所爲乎」，以美大衍四象之作，而上爲章首，尤可怪笑。又南郡太守馬融，名有俊才。其所解，復不及謂。孔子曰。可與共學，未可與適道。豈不其然」。是其事也。謂一名爽。易有聖人之道四焉。崔覲曰：聖人德合天地，智周萬物，故能用此易道，大略有四，謂尚辭、尚變、尚象、尚占也。疏「範圍天地之化而不過」，故「德合天地」。「曲成萬物而不遺」，故「智周萬物」。聖人仰觀天文，俯察地理，中取物象，故「能用此易道，大略有四」。即下文尚辭、尚變、尚象、尚占是也。以言者尚其辭，虞翻曰：「聖人之情見乎辭」，繫辭焉以盡言也。疏「聖人之情見乎辭」者，蓋誠于中，形于外，卽春秋傳所謂「言以足志也」。「繫辭」謂爻象之辭。「書不盡言」，故繫辭以盡其言，所謂「文以足言也」。擬之後言，故「尚其辭」。愚案：說文「辭，說也」。玉篇「說，言也」。是辭卽言也。辭有險易，各指所之。擬之後言，則无辭慚、辭枝、辭多、辭游、辭屈之患。故「以言者尚其辭」。以動者尚其變，陸績曰：變謂爻之變化，當「議之而後動」矣。疏「變動不居」，動卽變也。爻者言乎其變，故「變爲爻之變化」。動則觀變，是議之後動，動罔不臧矣。故「以動者尚其變」。以制器者尚其象，荀爽曰：結繩爲网罟，蓋取諸離，此類是也。疏象其物宜，言器皆有象，鄭氏謂「存乎器象」是也。十二「蓋取」，皆觀象以造器。荀舉罔罟取離，以類其餘也。故「以制器者尚其象」。以卜筮者尚其占。虞翻曰：乾蓍稱筮，動離爲龜，龜稱卜。動則翫其占，故「尚其占」者也。疏白虎通引禮雜記曰「蓍，陽之老也」。蓍數百，乾爲百。蓍所以筮者，故「乾蓍爲筮」。乾二五動爲離，離爲龜。龜所以卜，故「龜稱卜」。古者卜筮皆出于易，而所以占異。祭義曰「易抱龜前南面」。鄭注周禮云「龜知生數一二三四五之神，蓍知成數六七八九十之神」。是卜筮皆不外大衍之數也。洪範曰「立時人作卜筮，三人占」。是卜筮卽占也。「占事知來」，動則玩其占，故「以卜筮者尚其占」也。是故君子將有爲也，將有行也，問焉而以言。虞翻曰：「有爲」謂「建侯」，「有行」謂「行師」也。乾二五之坤，成震有師象，震爲行、爲言、問。故有爲、有行，凡應九筮之法則筮之。謂問于蓍龜，以言其吉凶。爻象動内，吉凶見外。蓍德圓神，卦德方智。故史擬神智，以斷吉凶也。疏「有爲謂建侯」者，屯震也。「有行謂行師」者，師坎也。乾元動震，二動坎互震，故就震言之，舉例也。又乾二五之坤，成坎互震，有師象，而震侯在其中。震足爲行，震聲爲言、問。有爲有行，謂凡爲與行皆震象，故震神盡知之。春官「筮人掌三易，以辨九筮之名。一曰筮更，二曰筮咸，三曰筮式，四曰筮目，五曰筮易，六曰筮比，七曰筮祠，八曰筮參，九曰筮環」。應此九筮之法，則加之筮也。「問」謂問于蓍龜，「言」謂言其吉凶。陽吉陰凶，陽動則吉，陰動則凶，故「爻象動内，吉凶見外」。卦由蓍而成，故言「蓍德圓神」，竝及「卦德方智」。「史」謂筮史。史擬蓍卦之神智，以斷其吉凶也。其受命也如嚮，虞翻曰：言神不疾而速，不行而至，不言善應。乾二五之坤成震巽，巽爲命，震爲嚮，故「受命」。同聲相應，故「如嚮」也。疏「知幾其神」，故「不疾而速，不行而至」。蓍龜不言，而示以吉凶，故「不言善應」。乾二五之坤成震，則坤二五之乾成巽，故震巽常相應。巽申命爲命，震善鳴故爲嚮。「嚮」本或作「響」，古字通也。「命」謂命蓍命龜之辭。巽爲命，故「受命」。震巽同聲相應，故「受命如嚮」也。无有遠近幽深，遂知來物。虞翻曰：遠謂天，近謂地。幽謂陰，深謂陽。「來物」謂乾神。「神以知來」，「感而遂通」，謂「幽贊神明而生蓍」也。疏左傳「天道遠」，故「遠謂天」。法言「近如地」，故「近謂地」。說文「幽，隱也。陰，闇也」。陰闇，故「幽謂陰」。釋言「濬，深也」。「陽氣濬藏」，故「深謂陽」。「來物謂乾神」者，乾神知來，故「知來物」。「感而遂通」，故「遂知來物」。所以知者，知以蓍也。乾爲蓍，故謂「幽贊神明而生蓍也」。非天下之至精，其孰能與於此。虞翻曰：「至精」謂乾，純粹精也。疏 乾本純粹至精，故「至精謂乾，純粹精也」。昭七年左傳「是以有精爽，至于神明」。蓋惟精，故明。「受命如嚮」，「遂知來物」，可謂神明之至矣。故曰「非天下之至精，其孰能與于斯」。參五以變，錯綜其數。虞翻曰：逆上稱錯。綜，理也。謂「五歲再閏，再扐而後掛」，以成一爻之變，而倚六畫之數。卦從下升，故「錯綜其數」，則「三天兩地而倚數」者也。疏 說卦曰：「易，逆數也」，故「錯稱逆上」。劉向列女傳「推而往，引而來，綜也」。綜有文理，易順性命之理，有陰陽往來之義，故云「綜，理也」。參，三也。一掛兩揲兩扐爲「五歲再閏」。「掛」當爲「卦」。「再扐而後卦」，凡三變而成一爻，是三其五以成一爻之變，故曰「參五以變」。倚，立也。一爻之變，七九八六也。易始于一，壯于七，究于九，故三畫而成乾。陰竝陽生，一而二，七而八，九而六，故「參天兩地」，以立六畫之數也。易氣從下生，以下爻爲始，故云「卦從下升」，即所謂「逆上稱錯」也。錯爲六畫，綜爲參兩，故「參天兩地而倚數」也。通其變，遂成天地之文。虞翻曰：變而通之，觀變陰陽始立卦。乾坤相親，故「成天地之文」。「物相雜，故曰文」。疏 「易窮則變，變則通」，故「通其變」，謂「變而通之」也。卦謂「八卦而小成」也。乾陽變而成震坎艮，坤陰變而成巽離兑，故「觀變陰陽始立卦」也。獨陽不生，獨陰不生，故乾坤不親則文不生。乾坤相親則陰陽雜，故「成天地之文」也。「物相雜，故曰文」，下傳文。虞彼注云「乾，陽物。坤，陰物。純乾純坤之時，未有文章。陽物入坤，陰物入乾，更相雜，成六十四卦，乃有文章，故曰文」。極其數，遂定天下之象。虞翻曰：數，六畫之數。「六爻之動，三極之道」，故定天下吉凶之象也。疏 言六畫之數，而三百八十四爻皆在其中。「兼三才而兩之，故六」。三極，三才也。故「六爻之動，三極之道也」。爻有陰陽，陽吉陰凶，故「定天下吉凶之象也」。非天下之至變，

其孰能與於此。虞翻曰：謂「參五以變」，故能成六爻之義，「六爻之義易以貢」也。**疏** 參其五，以成一爻之變，故變謂「參五以變」。「兼三才而兩之」，故「能成六爻之義」。「引而伸之，觸類而長之」，爲六十四卦，則六爻變易，告以吉凶，故曰「非天下之至變，其孰能與于斯」。**易无思也，无爲也，**虞翻曰：「天下何思何慮，同歸而殊塗，一致而百慮」。故无所爲，謂「其静也專」。**疏** 此引下傳文，以釋「无思无爲也」。乾伏坤初，何思何慮，故「无思」。塗雖殊而歸則同，慮雖百而致則一，故「无爲」。蓋乾元未動，「潛龍勿用」，故「无思无爲也」。陽奇故一，一故專。「陽氣潛藏」，故「其静也專」。

寂然不動，虞翻曰：謂隱藏坤初，機息矣。專，故「不動」者也。**疏** 乾元隱藏坤初，寂然无爲，其機息矣。「其静也專」，故「不動」也。**感而遂通天下之故。**虞翻曰：感，動也。以陽變陰，通天下之故，謂「發揮剛柔而生爻」者也。**疏** 乾鑿度曰「虚无感動」，鄭氏謂「虚无也，故能感天下之動」。乾動坤初，以陽變陰。變則通，故能「通天下之故」。虞注説卦傳云「發，動。揮，變。變剛生柔爻，變柔生剛爻，以三爲六」。故謂「發揮剛柔而生爻」也。**非天下之至神，其孰能與於此。**虞翻曰：至神謂易，隱初入微，「知幾其神乎」。韓康伯曰：非忘象者，則无以制象。非遺數者，則无以極數。至精者，无籌策而不可亂。至變者，體一而无不周。至神者，寂然而无不應。斯蓋功用之母，象數所由立，故曰非至精、至變、至神，則不能與于此也。**疏** 虞注：乾元隱初入微，「幾者動之微」，君子知微，故曰「知幾其神」。易以至无含至有神則「妙萬物而爲言者也」，故「非天下之至神，其孰能與于斯」。韓注：孔氏正義曰「云夫『非忘象者則无以制象』者，凡自有形象者，不可制他物之形象。猶若海不能制山之形象，山不能制海之形象。遺忘己象者，乃能制衆物之形象也。『非遺數者无以極數』者，若以數數物，則不能極其物數。猶若以萬而數，則不能苞億。以一億而數，則不能苞千億萬億。遺去數名者，則无所不苞。是非遺去其數，无以極盡于數也。言『至精者，无籌策而不可亂』者，以其心之至精，理在玄通，无不記憶，雖无籌策而不可亂也。言『至變者，體一而无不周』者，言至極曉達變理者，能體于純一之理，其變通无不周徧。言雖萬類之變，同歸于一變也。『斯蓋功用之母，象數所由立』者，言至精、至變、至神三者，是物之功用之母。物之功用，象之與數。由此至精、至變、至神所由來，故云『象數所由立』也。言象之所以有象者，豈由象而來，由太虛自然而有象也。數之所以有數者，豈由數而來，由太虛自然而有數也。是太虛之象，太虛之數，是其至精，至變也。由其至精，故能制數。由其至變故能制象。若非至精、至變、至神，則不得參與妙極之主理也。夫易，聖人之所以極深而研幾也。荀爽曰：謂伏羲畫卦，窮極易幽深。文王繫辭，研盡易幾微者也。疏伏羲畫六十四卦，窮極易之幽深。文王繫爻象之辭，研盡易之幾微。故曰「聖人之所以極深而研幾也」。案：王注「極未形之理則曰深，適動微之會則曰幾」。孔疏「極深」者，則前經初一節云「君子將有爲，將有行問焉而以言。其受命如響，无有遠近幽深」，是「極深」也。「研幾」者，上經次節云「參伍以變，錯綜其數。通其變，遂成天地之文。極其數，遂定天下之象」，是「研幾」也。唯深也，故能通天下之志。虞翻曰：深謂「幽贊神明」。「无有遠近幽深，遂知來物」，故「通天下之志」，謂蓍也。疏深謂「幽贊于神明而生蓍」也。蓍圓而神，神以知來，故「无有遠近幽深，遂知來物」。志藏于深，故「唯深，能通天下之志」。蓍由聖人幽贊而生，故深「謂蓍也」。此所謂至精也。唯幾也，故能成天下之務。虞翻曰：務，事也。謂易研幾開物，故「成天下之務」，謂卦者也。疏說文「務，趣也。从力，敄聲」。訓事者，謂趣赴此事也。「夫易，開物成務」，虞彼注云「以陽闢坤，謂之開物。以陰翕乾，謂之成務」。蓋幾者動之微，乾陽研幾，故能開物。務則由微而著矣。坤陰成乾，故成天下之務。卦方以知，知以藏往，其幾隱矣。故幾「謂卦也」。此所謂至變也。

唯神也，故不疾而速，不行而至。虞翻曰：神謂易也，謂日月斗在天。日行一度，月行十三度，從天西轉，故「不疾而速」。星「寂然不動」，隨天右周，「感而遂通」，故「不行而至」者也。**疏**「神謂易也」者，陰陽不測，是乃易也。易有天道焉，有地道焉，有人道焉。日合于天統，月合于地統，斗合于人統。「六爻之動，三極之道」，故舉「日月斗在天」，以言神之用也。賈逵論曆曰「五紀論日月循黃道，南至牽牛，北至東井，率日，日行一度，月行十三度十九分度七也」。周書武順曰「天道尚左，日月西移」，故「從天西轉」。續漢書律曆志曰「天之動也，一晝一夜而運過周。日之所行與運周。日月相推，日舒月速」。案：漢法天一日一夜過周一度。日亦一日一夜起度端，終度端。月又速于日，故「不疾而速」也。星寂然不動，謂斗也。太玄曰「斗振天而進」，范望注云「振，動也。斗衡隨天左回，故言進」。又曰「斗之南，左行而右還」，故「隨天右周」也。漢書天文志曰「斗爲帝車，運于中央，臨制四海，分陰陽，建四時，均五行，移節度，定諸紀，皆繫于斗」。故「感而遂通，不行而至也」。又日月者，六十四卦消息所出。斗與日月相會，正建十二次，卦氣消息出焉。曆家以斗爲陽氣，皆神之可見者也。上注「寂然不動，感而遂通」，謂陽隱藏坤中，以陽動陰，發揮剛柔，是言乾元，非言星也。以斗隨天，故以斗爲天之消息耳。乾道復子姤午，出震入兑，唯斗可見，故言之也。北辰在斗，是天之太極也。

子曰：「易有聖人之道四焉者，此之謂也。」侯果曰：言易唯深，唯神，蘊此四道。因聖人以章，故曰「聖人之道」矣。**疏**言此以结上經尚辭、尚變、尚象、尚占之道也。不言「唯幾」，當是脱文。言惟深、唯幾、唯神，故能蘊此四道。四道因聖人之至精、至變、至神以章，故曰「聖人之道」。

天一，水甲。疏鄭氏所謂「天一生水于北」是也。日行青道，甲一乙二。地二，火乙。疏「地二生火于南」，甲乾乙坤，相得合木。天三，木丙。疏「天三生木于東」，日行赤道，丙三丁四。地四，金丁。疏「地四生金于西」，丙艮丁兑，相得合火。天五，土戊。疏「天五生土于中」，日行黃道，戊五巳六。地六，水巳。疏「地六成水于北」，一六合水。戊坎巳離，相得合土。天七，火庚。疏「天七成火于南」，二七合火也。日行白道，庚七辛八。地八，木辛。疏「地八成木于東」，三八合木也。庚震辛巽，相得合金。天九，金壬。疏「天九成金于西」，四九合金也。日行黑道，壬九癸十。地十。土癸。此則大衍之數五十有五，蓍龜所從生。聖人「以通神明之德，以類萬物之情」。此上虞翻義也。疏「地十成土于中」，五十合土也。天壬地癸，相得合水。陽數奇，一三五七九，合之二十五。陰數偶，二四六八十，合之爲三十。總之爲大衍之數五十有五也。「幽贊神明而生蓍」，以此生之。鄭注周禮云「龜知生數一二三四五之神，蓍知成數六七八九之神」。是卜筮皆不外大衍之數，故云「蓍龜所從生」也。聖人隱以通神明之德，顯以類萬物之情，皆恃此數也。子曰：「夫易，何爲而作也？虞翻曰：問易何爲取天地之數也。疏設問以起義也。天地之數，即七八九六之數。夫易，開物成務，陸績曰：開物謂庖犧引信八卦，重以爲六十四，觸長爻冊，至于萬一千五百二十，以當萬物之數，故曰「開物」。聖人觀象而制网罟耒耜之屬，以成天下之務，故曰「成務」也。疏引伸，卦變也。故爲六十四卦。觸長，爻變也。故爻冊至于萬一千五百二十，以當萬物之數。以爻冊當物，故曰「開物」。「以制器者尚其象」，故聖人觀象而制网罟之屬，卽十二「蓋取」是也。天下之務皆由此成，故曰「成務」。冒天下之道，如斯而已者也。」虞翻曰：以陽闢坤，謂之「開物」。以陰翕乾，謂之「成務」。冒，觸也。「觸類而長之」，如此也。疏「夫乾，其動也闢」，以乾闢坤，故曰「開物」。「夫坤，其靜也翕」，以坤翕乾，故曰「成務」。周語曰「宜觸冒人」，故云「冒，觸也」。「觸類而長之」，以成六十四卦，「天下之能事畢矣」。故曰「冒天下之道，如斯而已者也」。又以陽闢坤，息而出震，震在庚，其數七，是陽象數也。以陰翕乾，消而退巽，巽在辛，其數八，是陰象數也。息變而進七之九，消變而退八之六。九六相變，所以觸類而長。易變而爲一，一變而爲七，七變而爲九。陰竝陽一而二，七而八，九而六。七八九六而天地之數備。一三五，九也。二四，六也。五，九也。十，六也。故曰「如斯而已者也」。**是故聖人以通天下之志，**九家易曰：凡言「是故」者，承上之辭也。謂「以動者尚其變」。變而通之，「以通天下之志」也。疏「是故」爲承上之辭，釋其凡也。承上文「以動者尚其變」也。變而通之，故能「通天下之志」。案：虞上「通天下之志」注云「謂蓍也」。聖人「幽贊于神明而生蓍」，故能開物，而通天下之志，所謂「深」也。**以定天下之業，**九家易曰：謂「以制器者尚其象」也。凡事業之未立，以易道決之，故言「以定天下之業」。疏承上文「以制器者尚其象」也。「立成器以爲天下利」，故凡事業未立，則取象于易以決之。決則定矣，故「以定天下之業」。案：虞注「成天下之務」：「謂卦也」。務，事務，即事業也。「八卦生吉凶，吉凶生大業」，故能成務，以定天下之業，所謂「幾」也。**以斷天下之疑。**九家易曰謂「卜筮者尚其占」也。「占事知來」，故「斷天下之疑」。疏承上文「以卜筮者尚其占」也。「占事知來」則无疑，故「斷天下之疑」。「斷」或作定者，誤也。案：虞「冒天下之道」注云「冒，觸也」。觸類而長，以成六十四卦，三百八十四爻，故能觸類旁通，「以斷天下之疑」，所謂「神」也。**是故蓍之德圓而神，卦之德方以知，**崔覲曰：蓍之數，七七四十九，象陽圓。其爲用也，變通不定，因之以知來物，是「蓍之德圓而神」也。卦之數，八八六十四，象陰方。其爲用也，爻位有分，因之以藏往知事，是「卦之德方以知」也。疏

「大衍之數五十，其用四十有九」，是蓍之數七也。七七四十九，陽數也，乾爲圜，故象陽之圓也。蓍之用，變通无定，「无有遠近幽深，遂知來物」，是「蓍之德圓而神」，即下文所謂「神以知來」是也。「四營而成易，十有八變而成卦，八卦而小成」，是卦之數八也。八八六十四，陰數也，坤爲方，故象陰之方也。卦之用，位列爻分，以定天下吉凶之象，是「卦之德方以知」，即下文「知以藏往」是也。

六爻之義易以貢。韓康伯曰：貢，告也。六爻之變易，以告吉凶也。疏「八卦以象告」，故云「貢，告也」。蓍七卦八，「爻者，言乎變者也」。六爻之義，九六相變易，則吉凶自見，故曰「易以貢」。

聖人以此先心，韓康伯曰：洗濯萬物之心者也。疏「先」，劉瓛王肅韓康伯本作「洗」，故云「洗濯萬物之心」。尋古洗濯字皆作「洒」，無作「洗」者，蔡邕石經及京荀虞董遇張璠蜀才皆作「先」，今從之。下云「神以知來」，祭義曰「昔者聖人建陰陽天地之情，立以爲易。易抱龜南面，天子卷冕北面。雖有明知之心，必進斷其志焉，示不敢專，以尊天也」。是「聖人以此先心」之義也。

退藏於密，陸績曰：受蓍龜之報應，決而退藏之于心也。疏聖人以吉凶命蓍龜，而蓍龜報應之，聖人則受而「退藏于密」。「密」即「心」也，故云「決而退藏之于心也」。此兩節以虞義爲長，說具下。

吉凶與民同患。虞翻曰：「聖人」謂庖犧。以蓍神知來，故以先心。陽動入巽，巽爲退伏，坤爲閉户，故「藏密」。謂齊于巽以神明其德。陽吉陰凶，坤爲民，故「吉凶與民同患」，謂「作易者，其有憂患」也。疏畫卦始于庖犧，故「聖人謂庖犧」。下云「神以知來」，故云「以蓍神知來」。乾爲蓍。復之一陽，即乾初也。復見天地之心，乾神知來，故「以此先心」。乾陽初動，入陰成巽。雜卦曰「兌見而巽伏」，又巽象退辛，故爲退伏。由巽入坤，「闔户謂之坤」，故爲閉户。退伏爲藏，閉户爲密，故「退藏于密」。說卦曰「齊乎巽。齊也者，言萬物之絜齊也」。巽陽藏室，神明在內，故「齊于巽以神明其德」，謂以卦德藏往，巽八之智也。乾陽爲吉，坤陰爲凶，坤衆爲民。表吉凶之象，以同民所憂患之事。蓋作易者本有憂患，故卽九六變易，以定吉凶，與民同患也。蓋先心則无思，藏密則无爲，「吉凶與民同患」，則「感而遂通天下之故」也。神以知來，知以藏往。虞翻曰：乾神知來，坤知藏往，「來」謂先心，「往」謂藏密也。疏「乾神知來」，謂「蓍之德圓而神」也。「坤知藏往」謂「卦之德方以知」也。聖人取七八九六之數，知來而藏往。未來者以此知之，故「來謂先心」。已往者以此藏之，故「往謂藏密」。蓋易例，以未來者屬乾，已往者屬坤也。其孰能與於此哉，虞翻曰：誰乎能爲此哉？謂古聰明睿知之君也。疏孰，誰也。言誰能爲此者，以起下文「古之聰明睿知」之義也。古之聰明睿知，神武而不殺者夫。虞翻曰：謂大人也。庖犧在乾五，動而之坤，與天地合聰明。在坎則聰，在離則明。神武謂乾，睿知謂坤。乾坤坎離，反復不衰，故「而不殺者夫」。疏「大人」謂九五大人也。乾「利見大人」，虞彼注云「謂若庖犧觀象于天，造作八卦」，又下注云「文王書經，繫庖犧于乾五」，故云「庖犧在乾五」。乾五動之坤，卽坤五動之乾。乾爲天，坤爲地。故「與天地合聰明」者，乾五之坤，成坎體比，故「在坎則聰」。坤五之乾，成離體大有，故「在離則明」。乾陽爲神，乾剛爲武，故「神武謂乾」。洪範曰「思曰睿」，思于五行屬土，坤地爲土，坤知藏往，故「睿知謂坤」。「殺」讀爲衰。士冠禮曰「以官爵人，德之殺也」。鄭彼注云「殺猶衰也」。反覆不衰之卦有八：乾坤頤大過坎離中孚小過。今乾坤動成坎離，故云「乾坤坎離，反覆不衰」。「殺」，馬鄭王肅讀所戒反，義與虞同。陸績韓康伯讀如字者，誤也。是以明於天之道，而察於民之故，虞翻曰：乾五之坤，以離日照天，故「明天之道」。以坎月照坤，故「察民之故」。坤爲民。疏「乾五之坤」，離上乾下，故「以離日照天」。乾爲天爲道，故「明天之道」。坤五之乾，坎上坤下，故「以坎月照坤」。坤爲民，故「察民之故」。下傳曰「又明于憂患與故」，虞彼注云「知以藏往，故知事故」，而稱「民之故」也。是興神物，以前民用。陸績曰：神物，蓍也。聖人興蓍，以別吉凶，先民而用之，民皆從焉，故曰「以前民用」也。**疏**乾爲神、爲物，又爲蓍，故「神物謂蓍也」。興神物，謂「幽贊于神明而生蓍」也。管子曰「能存能亡者，蓍龜與龍也。爲萬物先，爲禍福正」，「爲禍福正」，即「別吉凶」也，「爲萬物先」，即「先民用而皆從也」。乾伏坤，坤爲民爲用，乾在坤先，故曰「以前民用」。聖人以此齊戒，韓康伯曰：洗心曰齊，防患曰戒。**疏**此亦取乾坤坎離之義也。坤初四之乾成巽，巽絜齊相見，故曰齊。坎離相合成既濟，既濟「思患豫防」，故曰戒。以神明其德夫。陸績曰：聖人以蓍能逆知吉凶，除害就利，清絜其身，故曰「以此齊戒」也。吉而後行，舉不違失。其德富盛，見稱神明，故曰「神明其德」也。**疏**聖以蓍神知來，趨吉避凶，即以此絜齊其身，故曰「以此齊戒」也。惟其吉而後行，故「舉无違失」。所以「其德富盛，見稱神明」，謂爲神明所歆享，故曰「神明其德」。案：乾爲神、爲大明，故曰神明。「聖人幽贊于神明而生蓍」，「始作八卦，以通神明之德」，故曰「神明其德夫」。又案：「前民用」，即「以此先心」。「齊戒」「神明」，即「退藏于密」也。是故闔户謂之坤，虞翻曰：闔，閉翕也。謂從巽之坤。坤柔象夜，故以閉户者也。**疏**説文「闔，閉也」。「坤其静也翕」，故云「闔，閉翕也」。「從巽之坤」，謂從午至亥。剛柔者，晝夜之道，故「坤陰柔象夜」。「乾坤，易之門」，「故以閉户」。此少陰八，不變者也。闢户謂之乾。虞翻曰：闢，開也。謂從震之乾。乾剛象晝，故以開户也。**疏**「闢，開也」，説文文。「從震之乾」，謂從子至巳。乾陽剛象晝，「故以開户」。此少陽七，不變者也。一闔一闢謂之變，虞翻曰：陽變闔陰，陰變闢陽。「剛柔相推，而生變化」也。**疏**「陽」謂老陽，九也。陽變爲陰，故闔。「陰」謂老陰，六也。陰變爲陽，故闢。陽主變，陰主化。剛推柔生變，柔推剛生化。故「剛柔相推，而生變化也」。往來不窮謂之通。荀爽曰：謂一冬一夏，陰陽相變易也。十二消息，陰陽往來无窮已，故通也。疏陰常居大冬，然一陽生于冬至。陽常居大夏，然一陰生于夏至。故云「一冬一夏，陰陽相變易也」。「十二消息」者，復臨泰大壯夬乾，陽息之卦也。姤遯否觀剥坤，陰消之卦也。乾坤十二畫，一往一來，循環无已，陽息陰消，推而行之，故「謂之通」也。見乃謂之象，形乃謂之器。荀爽曰：謂日月星辰，光見在天而成象也。萬物生長，在地成形，可以爲器用者也。疏日月星辰，光見于天，是「在天而成象」者也。「天垂象，見吉凶」，故「見乃謂之象」。萬物生長，皆在于地，是「在地成形」，可爲器用者也。坤爲器，「形而下者謂之器」，故「形乃謂之器」。制而用之謂之法，荀爽曰：謂觀象于天，觀形于地。制而用之，可以爲法。疏法莫大乎規矩。觀象于天，取其大規在上也。觀形于地，取其大矩在下也。因其規矩，制爲方圓而用之，故「可以爲法」。「法象莫大乎天地」，故「謂之法」也。利用出入，民咸用之謂之神。陸績曰：聖人制器以周民用，用之不遺，故曰「利用出入」也。民皆用之而不知所由來，故「謂之神」也。疏「立成器以爲天下利」。「制器以周民用」，即「立成器」也。用之不遺，故「利用出入」，即「以爲天下利」也。乾爲美利，故曰利。坤爲用，故曰用。出乾爲復，入坤爲姤。乾坤出入，其用无窮，故曰「利用出入」。「民皆用之而不知所由來」，即「百姓日用而不知」，故「謂之神」也。是故易有太極，是生兩儀，干寶曰：發初言「是故」，總衆篇之義也。虞翻曰：太極，太一。分爲天地，故「生兩儀」也。疏干注：總衆篇之義，故以「是故」發端，釋凡例也。虞注：馬氏云「易有太極，謂北辰也」。「太極，太一」者，乾鑿度曰「太一取七八九六之數，以行九宮。四正四維，皆合于十五」。鄭彼注云「太一者，北辰之神名也。居其所，曰太一。常行于八卦日辰之閒，曰天一」。又引星經曰「天一，太一，主氣之神」。然則太一即乾元也。在天爲北辰，在易爲神。虞注「斗，寂然不動，感而遂通」，卽指此也。太一者，極大曰太，未分曰一，鄭氏所謂「未分之道」是也。太極者，說文「極，棟也」。逸雅「棟，中也。居屋之中也」。是極者，中也。未分曰一，故謂之太一。未發爲中，故謂之太極。在人爲皇極，卽鄭氏所謂「極中之道」是也。釋詁曰「儀，匹也」，天地相配，故稱「兩儀」。禮運曰「夫禮，必本于太一，分爲兩儀」。呂氏春秋曰「太一出兩儀」，卽分爲天地，故生兩儀之義也。鄭氏又云「太極函三爲一，相竝俱生」，是太極生兩儀而三才已具矣。**兩儀生四象，**虞翻曰：四象，四時也。「兩儀」謂乾坤也。乾二五之坤，成坎離震兌。震春兌秋，坎冬離夏，故「兩儀生四象」。歸妹卦備，故象獨稱「天地之大義也」。**疏**「四象，四時也」者，謂日月之行，春甲乙，夏丙丁，秋庚辛，冬壬癸，四時之閒戊己。甲丙戊庚壬，陽也，爲天象。乙丁己辛癸，陰也，爲地象。月令「春其日甲乙，夏其日丙丁，秋其日庚辛，冬其日壬癸，中央其日戊己」。鄭彼注云「日之行春，東從青道，發生萬物。月爲之佐。時萬物皆解孚甲，自抽軋而出，故名甲乙。日之行夏，南從赤道，長育萬物。月爲之佐。時萬物皆炳然著見而彊大，故名丙丁。日之行四時之閒，從黃道。月爲之佐。至此萬物皆枝葉茂盛，其含秀者，抑屈而起，故名戊己。日之行秋，西從白道，成熟萬物。月爲之佐。萬物皆肅然改更，秀實新成，故名庚辛。日之行冬，北從黑道，閉藏萬物。月爲之佐。時萬物懷任于下，揆然萌芽，故名壬癸」。此四時之象也。又言「兩儀謂乾坤也」者，謂庖犧觀天象以畫卦，幽贊神明以擬太極，乃立乾坤以象天地。以太極之一七九爲乾坤之三畫，是亦太極生兩儀也。此與天地四時之文不屬，每句各具二義耳。云「乾二五之坤」者，遂言庖犧四象也。二五中氣卽太極，非爻名也。云「成坎離震兌」者，太極乾元，一施爲坎，再施爲離。一息爲震，再息爲兌也。云「震春、兌秋、坎冬、離夏者」，此庖犧所定，以則四象也。離以象日，晝中正南，故爲夏。坎以象月，夜中正北，故爲冬。震陽出以象雷，故爲春。兑陽成以象雨，故爲秋也。故「兩儀生四象」者，言有乾坤，然後生震兑坎離四象也。歸妹象曰「歸妹，天地之大義也」。歸妹自泰來，備震兑坎離四象，故引以明之。虞彼注云「乾天坤地，三之四，天地交」。又云「震東、兑西、離南、坎北，六十四卦，此象最備四時正卦，故天地之大義也」。

四象生八卦。虞翻曰：乾二五之坤，則生震坎艮。坤二五之乾，則生巽離兑。故「四象生八卦」，乾坤生春，艮兑生夏，震巽生秋，坎離生冬者也。**疏**此言乾生震坎艮，坤生巽離兑者，蒙上注義，先言庖犧八卦也。既象乾之息，乃復象其消，反兑爲巽以象風，反震爲艮以象霆。消息既備，則乾退而就坎，坤進而就離，故分震坎艮屬天，巽離兑屬地。三索交乾坤，以成六子之爻。十五日，乾象西北，西北坎前。坤陰所積，乾就坤以交陰，則生三男也。坤不位東南者，陽先陰後，不敢敵陽，故位離後西南。震兑之閒，陽盛之位。坤亦就乾以交陽，則生三女也。艮在甲癸之閒，故位東北。震巽相薄，陽動入巽，故位乎東南以受震。此乾坤生六子之義也。云「故四象生八卦」者，下傳注云「乾坤與六子，俱名八卦而小成」，謂此也。云「乾坤生春」者，此乃言在天八卦，生于四時也。「生春」猶言生乎春也。月行至甲乙，而乾坤象見，是乾坤生乎春也。云「艮兑生夏」者，月行至丙丁，艮兑象見也。云「震巽生秋」者，月行至庚辛，震巽象見也。云「坎離生冬」者，坎離在中不可象，日月會于壬癸，而坎離象見，故生乎冬也。

八卦定吉凶，虞翻曰：陽生則吉，陰生則凶。謂「方以類聚，物以羣分，吉凶生矣」。已言于上，故不言「生」而獨言「定吉凶」也。**疏**「陽生則吉」者，陽主息，故吉也。「陰生則凶」者，陰主消，故凶也。引上傳文以明吉凶者，八卦六位有正有不正，故吉凶生。虞上注云「得正言吉，失正言凶」是也。云「已言于上」者，已言繫初也。前既言「生」，故此獨言「定」也。

吉凶生大業。荀爽曰：一消一息，萬物豐殖，「富有之謂大業」。**疏**春夏生物，秋冬成物，故

「一消一息，萬物豐殖」。乾主施，坤主生，「坤化成物」，故「富有之謂大業」。吉凶相推，萬物成化，若觸類而長，備六十四卦，三百八十四爻之義也。**是故法象莫大乎天地。**翟玄曰：見象立法，莫過天地也。**疏**「成象之謂乾，效法之謂坤」，乾言象，坤言法，故「見象立法，莫過于天地」，所謂「太極生兩儀」也。**變通莫大乎四時。**荀爽曰：四時相變，終而復始也。**疏**「變通者，趣時者也」，故配四時。「窮則變，變則通」，四序推遷，終而復始，故「變通莫大乎四時」，所謂「兩儀生四象」也。**縣象著明，莫大乎日月。**虞翻曰：謂日月縣天，成八卦象。三日莫，震象出庚，八日，兑象見丁，十五日，乾象盈甲，十七日旦，巽象退辛，二十三日，艮象消丙，三十日，坤象滅乙，晦夕朔旦，坎象流戊，日中則離，離象就己，戊己土位，象見于中。日月相推而明生焉，故「縣象著明，莫大乎日月」者也。**疏**此以納甲言之也。日月之晦朔弦望有八卦象，故「謂日月縣天，成八卦象」也。震納庚，月三日哉生明，故「震象出庚」。兑納丁，月八日上弦，故「兑象見丁」。乾納甲，月十五日望，故「乾象盈甲」。皆在暮也。巽納辛，月十七日哉生魄，故「巽象退辛」。艮納丙，月二十三日下弦，故「艮象消丙」。坤納乙，月三十日晦。故「坤象滅乙」。皆在旦也。此云「三十日」，以大分言之。文言注作「二十九日」是也。二十九日、三十日爲晦夕，一日爲朔旦，故「坎象流戊」。晝爲日中，故「日中則離，離象就己」。戊己中央土位，故「象見于中」。參同契所謂「晦朔之閒，合符行中」。此天地雜，保太和，日月戰，陰陽合德之時也。「明兩作」，「日月相推而明生焉」，故「縣象著明，莫大乎日月」，所謂「四象生八卦」也。**崇高莫大乎富貴。**虞翻曰：謂乾正位于五，五貴坤富。以乾通坤，故「崇高莫大乎富貴」也。**疏**乾正位于五，五位天子，坤爲富，故「五貴坤富」。乾五即太極之神也。「探嘖索隱」，則爲乾初。正位則爲乾五。變化消息，皆乾五所爲。以乾之貴，據坤之富，爲「以乾通坤」。山在地上稱崇，是崇謂坤。謂天蓋高，是高謂乾。釋詁「崇，重也」，坤爲重。鄭儀禮注「崇，充也」，謂相充實也。崇言富，高言貴，故「崇高莫大乎富貴」。此下皆言「吉凶生大業」也。**備物致用，立成器以爲天下利，莫大乎聖人。**虞翻曰：神農黄帝堯舜也。民多否閉。取乾之坤，謂之備物。以坤之乾，謂之致用。乾爲物，坤爲器用。否四之初，耕稼之利。否五之初，市井之利。否四之二，舟楫之利。否上之初，牛馬之利。謂十二「蓋取」，以利天下。通其變，使民不倦。神而化之，使民宜之。聖人作而萬物覩，故曰「莫大乎聖人」者也。**疏**古者庖犧氏始作八卦，包犧氏没，神農氏作，神農氏没，黄帝堯舜氏作，故聖人謂神農以下也。中古之世，草昧初開，民多否閉。乾爲物，取乾之坤爲「備物」。坤爲用，以坤之乾爲「致用」。乾爲物者，「精氣爲物」也。坤爲器用者，形下爲器，致役爲用也。天地不交，其象爲否，故制器尚象，多因否來。否四之初爲益，「利用大作」，故云「耕稼之利」。否五之初爲噬嗑，「日中爲市」，故云「市井之利」。風俗通曰「古者二十五畝爲一井，因爲市」，交易，故稱市井也。否四之二爲涣，「挎木爲舟，掞木爲楫」，故云「舟楫之利」。否上之初爲隨，「服牛乘馬」，故云「牛馬之利」。十二「蓋取」，謂自離以下也。自否變而外，總不外乎乾坤六位往來也。十三卦皆利天下之事，故云「以利天下」。陽窮變陰，陰窮變陽，通乾坤之變，故「使民不倦」。乾爲神，坤爲化，乾神之坤，坤化萬物，故「使民宜之」。神農以下，皆聖人有制作，而爲天下所利見者也。故曰「聖人作而萬物覩」。乾五大人，聖人而在天子之位者也。故「莫大乎聖人」。

探嘖索隱，鉤深致遠，以定天下之吉凶，成天下之娓娓者，莫善乎蓍龜。虞翻曰：探，取，嘖，初也。初隱未見，故「探嘖索隱」，則「幽贊神明而生蓍」。初深，故曰鉤深。致遠謂乾。乾爲蓍。乾五之坤，大有離爲龜。乾生知吉，坤殺知凶，故「定天下之吉凶，莫善于蓍龜」也。侯果曰：亹，勉也。夫幽隱深遠之情，吉凶未兆之事，物皆勉勉然願知之，然不能也。及蓍成卦，龜成兆也，雖神道之幽密，未然之吉凶，坐可觀也。是蓍龜成天下勉勉之聖也。

疏虞注：「探，取」，釋詁文。「嘖，初也」，詳前「見天下之嘖」注，謂乾初也。「索」亦取也。乾初隱于坤下，伏而未見，故必探其嘖，索其隱。乾爲神明，爲蓍，乾伏坤初，故「幽贊于神明而生蓍」。乾初九曰「潛龍勿用」，釋言「潛，深也」。初深故曰「鉤深」。說文「鉤，曲也」。曲以取之，故曰鉤深也。天道遠，故遠。謂乾致遠，謂陽息也。雜記曰「蓍，陽之老也」，故「乾爲蓍」。乾五之坤體大有，外卦離，離爲龜。乾陽生物，故「知吉」。坤陰殺物，故「知凶」。所以「定天下之吉凶，莫大乎蓍龜也」。侯注：「娓娓」諸本皆作「亹亹」。虞君章末注云「娓娓，進也」，是虞本原作「娓娓」。陸氏釋文，亦未詳也。釋詁「亹亹，勉也」，故云「亹，勉也」。言未來之事，人皆勉勉然願〔一〕知之，必蓍成卦，龜成兆，然後幽遠難窺、吉凶未著者，可坐而觀也。故趨吉避凶，勉勉爲善，優人于聖域而無難，是蓍龜能成天下勉勉之聖也。白虎通曰「聖人獨見先睹，必問蓍龜何？或曰清微無端緒，非聖人所及，聖人亦疑之」，洪範曰「七稽疑，汝則有大疑，謀及卜筮」，皆成天下娓娓之事也。娓，說文「美也」，義亦可通。前皆言大，此獨言善者，蓍龜皆始于乾坤之元。「元者善之長」，故曰「莫善乎蓍龜」。

是故天生神物，聖人則之。孔穎達曰：謂生蓍龜，聖人法則之，以爲卜筮者也。

疏「神物」，蓍龜也。法龜以爲卜，法蓍以爲筮。神物，天之所生。法物，實法天也。

天地變化，聖人效之。陸績曰：天有晝夜四時變化之道，聖人設三百八十四爻以效之矣。

疏「剛柔者，晝夜之象也」，故云「天有晝夜」。「變通配四時」，故云「四

〔一〕「願」字原脫，據侯注補。

時」。晝陽爲「變」，夜陰爲「化」，春夏爲「變」，秋冬爲「化」，故云「晝夜四時變化之道」。剛柔變化，而後有爻，「爻也者，效此者也」。故云「聖人設三百八十四爻以效之矣」。**天垂象，見吉凶，聖人象之。**荀爽曰：謂「在旋機玉衡，以齊七政」也。宋衷曰：天垂陰陽之象，以見吉凶，謂日月薄蝕，五星亂行。聖人象之，亦著九六爻位，得失示人，所以有吉凶之占也。

疏荀注：虞書「在璿璣玉衡，以齊七政」，孔傳「在，察也。璿，美玉。機衡，正天文之器，可轉運者。七政，日月五星各異政」。五星異政，是「天垂象，見吉凶」也。作機衡以齊七政，是「聖人象之」也。宋注：春官保章氏「掌天星，以志星辰日月之變動，以觀天下之遷，辨其吉凶」。蓋陽生爲吉，陰殺爲凶，故「天垂陰陽之象，以見吉凶」。吉謂日月合璧，五星聯珠。凶即「日月薄蝕，五星亂行」。聖人法天之象，著爲「九六爻位」。陰陽變化，得正則吉，失正則凶，故「得失示人，所以有吉凶之占也」。案：「天垂象」，即天有八卦之象也。「八卦定吉凶」，故曰「見吉凶」。聖人則之，謂陰陽消息，剛柔變化，而成六十四卦也。**河出圖，洛出書，聖人則之。**鄭玄曰：春秋緯云「河以通乾出天苞，洛以流坤吐地符」。河龍圖發，洛龜書成。河圖有九篇，洛書有六篇也。孔安國曰：河圖，則八卦也。洛書，則九疇也。侯果曰：聖人法河圖洛書，制曆象以示天下也。

疏鄭注：「河以通乾出天苞」，所謂天不愛其道也。「洛以流坤吐地符」，所謂地不愛其寶也。乾鑿度曰「河圖龍出，洛書龜予」。茲云「河龍圖發」，即「河出圖」也。「洛龜書成」，即「洛出書」也。河圖洛書者，王者受命之符，聖人據之以立易軌，故曰「聖人則之」。河圖九篇，洛書六篇，緯書之數。孔注：河圖者，一六居北爲水，二七居南爲火，三八居東爲木，四九居西爲金，五十居中爲土。此即大衍之數五十，其用四十有九，分掛揲歸以成八卦，故云「河圖，則八卦也」。洛書者，戴九履一，左三右七，二四爲肩，六八爲足，五居中。此即乾鑿度太乙下行九宮之法，而箕子據之以衍洪範，故云「洛書，則九疇也」。侯注：「天數五，地數五，五位相得而各有合」者，河圖也。變之而縱横皆十五，所謂「參伍以變」，即「太乙下行九宮法」者，洛書也。其實洛書即從河圖變出，皆不外天地奇耦之數。由天地奇耦之數，揲之而爲爻，而曆象具焉。乾鑿度曰「曆以三百六十五日四分度之一爲一歲，易以三百六十析當期之日，此律曆數也」。故云「聖人法河圖洛書，制曆象以示天下也」。愚案：萬物生于天，故生神物者，天也。天交于地，而變化生焉。天變于上則見吉凶，地化于下則出圖書。變化，承神物言之。吉凶圖書，又承變化言之也。易有四象，所以示也。侯果曰：「四象」謂上「神物」也，「變化」也、「垂象」也、「圖書」也。四者治人之洪範，易有此象，所以示人也。

疏 何氏云「四象謂『天生神物，聖人則之』，一也。『天地變化，聖人效之』，二也。『天垂象，見吉凶，聖人象之』，三也。『河出圖，洛出書，聖人則之』，四也」。此與侯氏義同。四者皆治人之大法，故即此象以示人也。案：鄭氏曰「布六于北方以象水，布八于東方以象木，布九于西方以象金，布七于南方以象火」。孔氏謂「諸儒有以四象爲七八九六」者，此也。又案：大衍之數分二象兩，掛一象三，揲四象時，歸奇象閏，是謂四象。謂七八九六四營而成一變，十有八變而成卦。卦者，掛也。乾鑿度「掛示萬物」，故曰「所以示也」。蓋言大衍四象，而七八九六在其中矣。繫辭焉，所以告也。虞翻曰：謂繫彖象之辭，「八卦以象告」也。疏「繫辭」者，謂文王所作彖辭象辭也。「八卦以象告」，下傳文。虞彼注云「在天成象，乾二五之坤，則八卦象成。兑口震言，故以象告也」。定之以吉凶，所以斷也。虞翻曰：「繫辭焉以斷其吉凶」，「八卦定吉凶」，「以斷天下之疑」也。疏 彖爻之辭，皆有吉有凶。辨吉凶者存乎辭，故「繫辭焉斷其吉凶」。七八九六得正吉，失正凶，故「八卦定吉凶」。易「以斷天下之疑」，故「所以斷也」。易曰：「自天右之，吉无不利。」

侯果曰：此引大有上九辭以證之義也。大有上九，「履信思順」，「自天右之」。言人能依四象所示，繫辭所告，又能思順，則天及人皆共右之，「吉无不利」者也。**疏**章首言「天生神物」，故又引大有上九爻辭，以證則天之義也。惟其「履信思順」，是以「自天右之」。言人能依四象所示，繫辭所告，則爲履信而不疑矣。又能思順乎天，則天及人共右，吉且无不利，又何凶之有焉。

子曰：「右者，助也。虞翻曰：大有兑爲口，口助稱右。**疏**大有五承上九，互兑爲口。説文曰「右，手口相助也」。故云「口助稱右」。天之所助者，順也。虞翻曰：大有五以陰順上，故爲「天所助者，順也」。**疏**大有本乾，上于三才爲天位。五自坤來，坤爲順，故「以陰順上」。五雖失位，而爲上所助者，以其順也。又下注云「比坤爲順」，則此謂大有通比。五本比坤二，順上而乾應之爲兑，故曰「天所助者，順也」。人所助者，信也。虞翻曰：信，謂二也。乾爲人、爲信，「庸言之信」也。**疏**「信，謂二也」者，以二體乾也。乾陽生爲人。天行至信爲信，故乾九二曰「庸言之信」。體乾九二，謂二應乎五，而三與之成兑，故曰「人之所助者，信也」。履信思乎順，有以尚賢也。虞翻曰：大有五應二而順上，故「履信思順」。比坤爲順，坎爲思。乾爲賢人，坤伏乾下，故「有以尚賢」者也。**疏**大有二五相應以順上。大有與比旁通，坤爲履乾。「比坤爲順」，比内體坤爲順。外體坎，坎心，故爲思。乾上九曰「賢人在下位」，謂乾三也，故「乾爲賢人」。大有成比，故「坤伏乾下」。「有」讀爲「又」，别本亦作「又」。以乾在坤上，故「又以尚賢也」。是以『自天右之，吉无不利』也。」崔覲曰：言上九履五「厥孚」，履人事以信也。比五而不應三，思天道之順也。崇四「匪彭」，「明辯」于五，「又以尚賢也」。以「自天右之，吉无不利」，重引易文以證成其義。**疏**大有六五「厥孚交如」，虞彼注云「孚，信也」。上九下履五孚，是「履人事以信也」。陰與陽比，故「比五」。上與三爲敵應，故「不應三」。五陰爲順而承陽，是「思天道之順也」。九四「匪其彭无咎」，象曰「明辯晳也」。彭，三也。四不比三爲「匪彭」。由四至上體離爲「明辯」。故云「崇四匪彭，明辯于五」。四承五明，上來比之，故「又以尚賢也」。乘五孚爲「履信」，比五陰爲「思順」，崇五明爲「尚賢」。蓋「大有柔得尊位大中，而上下應之」，五爲卦主故也。此章始言「天生神物」，終言「天右」，則天之聖，故重引易文「自天右之，吉无不利」，以證成其義也。繫上下凡三引大有上九爻辭，以見列聖用易，皆獲天人之助，致既濟之功，是所謂易之道也。

子曰：「書不盡言，言不盡意。」虞翻曰：謂書易之動，九六之變，不足以盡易之所言。言之，則不足以盡庖犧之意也。**疏**下〔一〕傳云「易之爲書也」，故「書」謂易。乾陽六爻，動而成六十四卦，故云「書易之動」。書有盡而言无盡，故「九六之變，不足以盡易之所言」。言有盡而意无盡，故「言之，不足以盡庖犧之意也」。然則聖人之意，其不可見乎？侯果曰：設疑而問也。欲明立象可以盡聖人言意也。**疏**欲明立象以盡言盡意之義，故設疑問以發端也。子曰：「聖人立象以盡意，崔覲曰：言伏羲仰觀俯察，而立八卦之象，以盡其意。**疏**伏羲仰觀天文，俯察地理，立爲八卦之象。陰陽變化，盡在其中。而聖人之意，盡于象矣，故曰「立象以盡意」。設卦以盡情僞，崔覲曰：「設卦」謂「因而重之」爲六十四。卦之情僞，盡在其中矣。**疏**「設卦」謂因八卦重之爲六十四卦。虞下傳注云「情，陽，僞，陰也」。三百八十四爻陰陽變化，而易之情僞，盡在其中，故曰「設卦以盡情僞」。繫辭焉以盡其言，崔覲曰：文王作卦爻之

〔一〕「下」，原本作「上」，據所引繫下文正。

辭，以繫伏羲立卦之象。象既盡意，故辭亦盡言也。疏立卦象者，伏羲也。因卦象而繫彖爻之辭者，文王也。陰陽變化，无所不備，故立象足以盡意。吉凶悔吝，无所不有，故繫辭亦足以盡言也。**變而通之以盡利，**陸績曰：變三百八十四爻，使相交通，以盡天下之利。疏因八卦四十八爻，變而爲三百八十四爻。九六之變，使相交通，所謂「六爻發揮，旁通情也」，「變通者，趣時者也」，又「易窮則變，變則通，通則久」，故「變通以盡利」也。**鼓之舞之以盡神。」**虞翻曰：神，易也。陽息震爲鼓，陰消巽爲舞，故「鼓之舞之以盡神」。荀爽曰：鼓者，動也。舞者，行也。謂三百八十四爻，動行相反其卦，所以盡易之神也。疏虞注：「易无思也，无爲也，寂然不動，感而遂通天下之故，非天下之至神，其孰能與于斯」，故云「神，易也」。揚子曰「鼓舞萬物者，其風雷乎」。陽初息震，震爲雷，雷聲動萬物，故言爲鼓。陰初消巽，巽爲風，風散動萬物，故言爲舞也。鼓舞者，消息也。消息明則言意盡，言意盡則神盡，故曰「鼓之舞之以盡神」。荀注：上〔一〕傳曰「鼓天下之動者存乎辭」，故云「鼓者，動也」。隱五年左傳曰「夫舞，所以節八音而行八風」，故云「舞者，行也」。「三百八十四爻，動行相反其卦」者，如「否泰反其類」是也。六十四卦皆有反對，言卦及反對，始盡易之神也。**乾坤，其易之緼邪？**虞翻曰：緼，藏也。易麗乾藏坤，故爲「易之緼」也。疏論語「韞匵而藏諸」，馬注云「韞，藏也」。「韞」與「緼」古今字，故云「緼，藏也」。易，交易也。乾坤易則成坎離，離麗乾，坎藏坤。坎離爲乾坤二用，故爲「易之緼」。此下言盡神在乾坤，故言乾坤爲易緼，以起其端也。**乾坤成列，而易立乎其中矣。**侯果曰：緼，淵隩也。六子因之而

〔一〕「上」，原本作「下」，據所引繫上文正。

生，故云「立乎其中矣」。疏王注亦云「緼，淵奧也」。孔疏謂爲「易之川府奧藏」是也。乾坤成列，而六子因之以生，六子生而六十四卦定，故曰「易立乎其中」。又「成列」謂乾坤各三爻，「天尊地卑，乾坤定矣」。中，正也。一陰一陽，各正性命，故「易立乎其中」也。**乾坤毁，則无以見易。**荀爽曰：毁乾坤之體，則无以見陰陽之交易也。疏陰陽交則易立。若乾坤體毁，則陰陽不交，故「无以見易」也。謂分陰分陽，重爲六爻。乾成則坤毁，坤成則乾毁，六位不皆正，則易道不見也。**易不可見，則乾坤或幾乎息矣。**侯果曰：乾坤者，動用之物也。物既動用，則不能无毁息矣。夫動極復靜，靜極復動。雖天地至此，不違變化也。疏「乾，陽物也。坤，陰物也」。「夫乾，其動也專」，「坤，其動也闢」。故云「乾坤者，動用之物也」。物有動而无靜，則陰陽不交，而乾坤或幾乎息絶。蓋動極復靜，靜極復動。故天地至此，不能違乎變化。此九六變化，所以爲「易之緼」也。**是故形而上者謂之道，形而下者謂之器。**崔覲曰：此結上文，兼明易之形器，變通之事業也。凡天地萬物，皆有形質。就形質之中，有體有用。體者，即形質也。用者，即形質上之妙用也。言有妙理之用，以扶其體，則是道也。其體比用，若器之于物。則是體爲形之下，謂之爲器也。假令天地圓蓋方軫，爲體爲器，以萬物資始資生，爲用爲道。動物以形軀爲體爲器，以靈識爲用爲道。植物以枝幹爲器爲體，以生性爲道爲用。疏經言「是故」，故云「此結上文」。「易之形器」，即下文「變通事業」所由始，故言「兼明易之形器，變通之事業也」。天地萬物有形質，即有體用。體用有二，以本末言，則體爲本而用爲末。以頑靈言，則體爲頑而用爲靈。今云「體者即形質」，其頑然者也。「用者即形質上之妙用」，其靈然者也。妙理，即道也。故「言有妙理之用，以扶其質，則是道也」。其體之比用，猶器之于物。故體爲形之下，而謂之器也。天地之方圓，動植之形軀枝幹，爲體爲器，皆形而下者也。天地之資始資生，動植之靈識生性，皆形而上者也。形而上者，無形者也，故謂之道。形而下者，有形者也，故謂之器。案：乾爲道，天成位于上，垂象爲道，故「形而上者謂之道」。坤爲形，爲器，地成位于下，五行之用爲器，故「形而下者謂之器」。**化而財之謂之變，**翟玄曰：化變剛柔而財之，故謂之變也。**疏**「財」與裁通。陽變陰化，陽剛陰柔，故云「化變剛柔」。財，財成也。「天地交泰，后以財成天地之道」，泰坤女主，故稱后。陰化承陽之變，以財成其道，故「化而財之謂之變」。此承上文形上之道，寓乎形下之器，是乾坤交矣。坤爲形，故言化以成變也。**推而行之謂之通。**翟玄曰：推行陰陽，故謂之通也。**疏**「泰者，通也」。伏艮手爲推，互震足爲行。乾陽坤陰，故推行陰陽謂之通也。**舉而措之天下之民，謂之事業。**陸績曰：變通盡利，觀象制器，舉而措之于天下。民咸用之，以爲事業。九家易曰：謂聖人畫卦爲萬民事業之象，故天下之民尊之，得爲事業矣。**疏**陸注：變通以盡利，觀象以制器，立成器以爲天下利，故曰「舉而錯之天下」。坤爲民、爲用、爲事業，故「民咸用之，以爲事業」。所謂「通變之謂事」也。蓋當泰交之時，地平天成，事業丕著，財成乎后，左右乎民。故終言事業，以結章首形器之義。而形上之道，即寓其中矣。九家注：「謂聖人畫卦爲萬民〔一〕事業之象」者，即「太極生兩儀，兩儀生四象，四象生八卦」是也。故「天下之民尊之，得爲事業」者，即「八卦定吉凶，吉凶生大業」是也。**是故夫象，聖人有以見天下之賾，**崔覲曰：此重明易之縕，更引易象及辭以釋之。言伏羲見天下之深賾，即易之縕者也。**疏**此重明乾坤爲易之縕，更引易象及爻卦與辭以釋其義也。虞訓「賾」爲「初」。

〔一〕「民」，原本作「物」，據陳校本正。

在初爲深，故云「深嘖」。蓋乾伏坤初，爲易之緼，故「言伏羲見天下之深嘖，即易之緼也」。而擬諸其形容，象其物宜，是故謂之象。陸績曰：此明說立象盡意，設卦盡情僞之意也。**疏**嘖，至深也。形容物宜，至顯也。「聖人見天下之嘖，而擬諸形容，象其物宜」，則无微不顯矣，「是故謂之象」。故云「此明說立象盡意，設卦盡情僞之意也」。聖人有以見天下之動，而觀其會通，以行其典禮。侯果曰：典禮有時而用，有時而去，故曰「觀其會通」也。**疏**樂記曰「三王異世，不相襲禮」，故「典禮有時而用，有時而去」。非「見天下之動而觀其會通」者，不能行也。繫辭焉以斷其吉凶，是故謂之爻。崔覲曰：言文王見天下之動，所以繫象而爲其辭，謂之爲爻。**疏**畫卦象之聖人，伏羲也。繫爻辭之聖人，文王也。「爻也者，效天下之動者也」，故文王見天下之動，因其象而繫之辭也。「辨吉凶者存乎辭」，故「繫辭以斷其吉凶」，而謂之爻也。極天下之嘖者，存乎卦。陸績曰：言卦象極盡天下之深情也。**疏**京氏云「嘖，情也」。在初，故爲「深情」。咸恆萃象傳言「觀其所感、所恆、所聚，而天地萬物之情可見矣」。大壯象傳曰「正大而天地之情可見矣」。是「卦象極天下之深情也」。故曰「極天下之嘖者，存乎卦」，所謂「設卦以盡情僞」也。鼓天下之動者，存乎辭。宋衷曰：欲知天下之動者，在于六爻之辭也。**疏**「吉凶悔吝生乎動」，三百八十四爻，吉凶悔吝之辭，皆所謂鼓天下之至動也。故「欲知天下之動者，在于六爻之辭」，所謂「繫辭以盡言」也。化而財之存乎變，推而行之存乎通。崔覲曰：言易道陳陰陽變化之事，而裁成之，存乎其變。推理達本而行之，在乎其通。**疏**陽變陰化，言「化」以該變也。而財成，則存乎變。推陰陽之理，以達變化之本，而行之，則存乎通。所謂「鼓之舞之以盡神」也。神而明之，存乎其人。荀爽曰：「苟非其人，道不虛行」也。崔覲曰：言易神无不通，明无不照。能達此理者，「存乎其人」，謂文王，述易之聖人。**疏**荀注：「苟非其人，道不虛行」，下傳文，虞彼注云「其人，謂乾爲賢人。神而明之，存乎其人。不言而信，謂之德行，故不虛行也」。崔注：乾爲神，故「神无不通」。又爲大明，故「明无不照」。能達此作易之理者，常「存乎其人」。「其人」謂誰？謂文王，繫辭爲述易之聖人也。案：「聖人之作易也，幽贊于神明而生蓍」。管子曰「獨則明，明則神」。由明而神，卽中庸所謂「自明誠」。賢人之學，反之者也。「神而明之」，卽中庸所謂「自誠明」，聖人之德，性之者也。「存乎其人」，謂「待其人而後行」也。**默而成，不言而信，存乎德行。**九家易曰：「默而成」，謂陰陽相處也。「不言而信」，謂陰陽相應也。德者，有實。行者，相應也。崔覲曰：言伏羲成六十四卦，不有言述，而以卦象明之。而人信之，在乎合天地之德，聖人之行也。**疏**九家注：「默而成，謂陰陽相處也」者，董子曰「陽常居大夏，陰常居大冬」是也。「不言而信，謂陰陽相應也」者，乾鑿度曰「動于地之下，則應于天之下。動于地之中，則應于天之中。動于地之上，則應于天之上。初以四，二以五，三以上，此之謂應」是也。「陰陽相處」，言其德也，故「德者，有實」。「陰陽相應」，言其行也，故「行者，相應也」。崔注：言伏羲仰觀俯察，成六十四卦，未有言述，是「默而成」也。但示以六十四卦之象，而人皆信之，是「不言而信」也。合乎聖人之德，天地之行。聖人而與天地參，故能如此，是「存乎德行」也。案：乾伏坤初，坤爲默。乾「在天成象」，坤「在地成形」，故爲成。乾初震，震爲言，乾爲信。又爲德，震爲行。乾元伏于坤初，寂然不動，乾體自正。故「默而成，不言而信，存乎德行」也。

周易集解纂疏卷九

繫辭下第九

八卦成列，象在其中矣。虞翻曰：「象」謂三才成八卦之象。乾坤列東，艮兑列南，震巽列西，坎離在中，故八卦成列，則象在其中。「天垂象，見吉凶，聖人象之」是也。**疏** 三才謂三畫象一七九，以成八卦之象。乾納甲，坤納乙，甲乙東方木，故「乾坤列東」。艮納丙，兑納丁，丙丁南方火，故「艮兑列南」。震納庚，巽納辛，庚辛西方金，故「震巽列西」。坎納戊，離納己，戊己中央土，故「坎離在中」。乾天坤地，艮山兑澤，震雷巽風，坎月离日，故「八卦成列，象在其中」。「天垂象」者，震象出庚，兑象見丁，乾象盈甲，巽象伏辛，艮象消丙，坤象喪乙，坎象流戊，離象就己也。「見吉凶」者，陽生則吉，陰滅則凶也。「聖人象之」者，謂作八卦，以定吉凶也。

因而重之，爻在其中矣。虞翻曰：謂參重三才爲六爻。發揮剛柔，則爻在其中。六畫稱爻。「六爻之動，三極之道也」。**疏**「兼三才而兩之，故六」，故「謂參重三才爲六爻」，而成六十四卦也。「發揮于剛柔而生爻」，故「發揮剛柔，則爻在其中」，而成三百八十四爻也。以三爲六，故「六畫稱爻」。六爻兼乎三才，故「六爻之動，三極之道也」。

剛柔相推，變在其中矣。虞翻曰：謂十二消息，九六相變。剛柔相推，而生變化」，故「變在其中矣」。**疏** 乾陽六爻，自復至乾爲息。坤陰六爻，自姤至坤爲消。故「謂十二消息」。老陽變陰，老陰變陽，故謂「九六相變」。一往一來曰推。剛推柔生變，柔推剛生化，故「剛柔相推，而生變化」。「爻也者，言乎其變者也，」故「變在其中矣」。**繫辭焉而命之，動在其中矣。**虞翻曰：謂繫彖象九六之辭，故「動在其中」。「鼓天下之動者，存乎辭」者也。**疏**謂文王繫六十四卦彖辭，三百八十四爻象辭。周書召誥曰「命吉凶」，繫辭有吉有凶，故「繫辭焉而命之」。下云「吉凶悔吝，生乎動者也」。動然後繫之辭，故「動在其中矣」。乾初動震爲鼓，爲言辭，故「鼓天下之動者，存乎辭者也」。**吉凶悔吝者，生乎動者也。**虞翻曰：動謂爻也。爻者，效天下之動者也。爻象動內，吉凶見外。吉凶生而悔吝著，故「生乎動」也。**疏**「道有變動故曰爻」，故「動謂爻也」。「發揮于剛柔而生爻」，發，動也。故「爻也者，效天下之動者也」。八卦定吉凶，故「爻象動內，吉凶見外」也。悔則吉，吝則凶，故「吉凶生而悔吝著」也。不動則吉凶悔吝无由見，故「吉凶悔吝，生乎動者也」。**剛柔者，立本者也。**虞翻曰：「乾剛坤柔」，爲六子父母。乾天稱父，坤地稱母。本天親上，本地親下，故「立本者也」。**疏**「乾剛坤柔」，雜卦文。虞彼注云「乾陽金堅故剛，坤陰和順故柔」。六子索于乾坤，故「爲六子父母」也。乾陽爲天，故「稱父」，坤陰爲地，故「稱母」也。震坎艮皆出乎乾而與乾親，故曰「本天者親上」。巽離兑皆出乎坤而與坤親，故曰「本地者親下」。乾坤立六子之本，故曰「剛柔者，立本者也」。**變通者，趣時者也。**虞翻曰：「變通配四時」，故「趣時者也」。**疏**「變通」，謂消息十二卦也。泰大壯夬配春，乾姤遯配夏，否觀剥配秋，坤復臨配冬。陽息陰消，變通周乎四時，故曰「趣時者也」。**吉凶者，貞勝者也。**虞翻曰：「貞，正也。」勝，滅也。陽生則吉，陰消則凶者也。**疏**「貞，正也」，師彖傳文。「滅」从水从火，水勝火則火滅，故云「勝，滅也」。陽生主吉，陰消主凶。陰生滅陽，陽動正，之正則吉勝乎凶，故曰「吉凶者，貞勝者也」。按：姚本作「貞稱」。攷工記曰「角不勝幹，幹不勝筋，謂之不參」，注云「故書勝，或作稱」，晉語曰「中不勝貌」，韋注云「勝當爲稱」，是古文通也。釋言「稱，好也」，注云「物稱人意亦爲好」。陽吉陰凶，各稱其常。管子論著龜曰「爲萬物先，爲禍福正」，吉凶以貞爲「稱」，故「貞稱者也」。孟子曰「莫非命也，順受其正」，曾子曰「吾得正而斃焉，斯已矣」，「知進退存亡而不失其正」，是貞稱之義也。

天地之道，貞觀者也。 陸績曰：言天地正，可以觀瞻爲道也。**疏** 言天地正位，可以觀瞻爲道。蓋「天尊地卑」，天正位于五，地正位于二。「中正以觀天下」，故「貞觀者也」。

日月之道，貞明者也。 荀爽曰：離爲日。日中之時，正當離位，然後明也。月者，坎也。坎〔一〕正位衡離，衡爲十五日，月當日衡，正值坎位，亦大圓明。故曰「日月之道，貞明者也」。言日月正當其位，乃大明也。陸績曰：言日月正，以明照爲道矣。**疏** 荀注：「离爲日」，説卦文。日中，正當南方離位，其明正盛，故云「正當離位，然後明也」。坎爲月，故云「月者，坎也」。坎正衡離，十五日也。月當日衡，其明正盈。故云「正值坎位，亦大圓明」也。「日月之道貞明」者，日月正當坎離之位，乃大明也。參同契曰「十五乾體就，盛滿甲東方，蟾蜍與月兔，日月氣雙明」，是貞明之義也。陸注：謂日月之道，以明照爲正也。

天下之動，貞夫一者也。 虞翻曰：「一」謂乾元。萬物之動，各資天一陽氣以生，故「天下之動，貞夫一者也」。**疏**「一謂乾元」者，即天一也。「萬物之動，各資天一陽氣以生」者，天一即大乙也。乾鑿度曰「太一取其數，以行九宮」，鄭注「太一，北辰之神名也。居其所曰太一，常行于八卦日辰之閒曰天一」。星經曰「天一，太一，主氣之神」。以其居中不動，故云正也。蓋「大哉乾元，萬物資

〔一〕「坎」，原本作「地」，據陳校本正。

始」，「至哉坤元，萬物資生」。坤元即乾元，故萬物皆資天一陽氣以生也。三〔一〕百八十四爻，皆以乾元消息，故「天下之動，貞夫一者也」。**夫乾，確然示人易矣。**虞翻曰：陽在初弗用，確然无爲，潛龍時也。不易世，不成名，故「示人易」者也。**疏** 乾初九曰「潛龍勿用」，故云「陽在初弗用」也。文言曰「確乎其不可拔，潛龍也」，故云「確然无爲，潛龍時也」。坤亂于上，故「不易世」。行而未成，故「不成名」。是「示人易者也」。案：乾以易知，不在震初，而在潛龍。「示人易」者，所謂乾元也。**夫坤，隤然示人簡矣。**虞翻曰：隤，安。簡，閱也。「坤以簡能」，閱內萬物，故「示人簡」者也。

疏 「隤」從阜，釋地「大陸曰阜」，釋名「土山曰阜」，「安土敦乎仁」，故「隤」訓爲「安」。桓六年左傳「大閱，簡車馬也」。故云「簡，閱也」。「坤以簡能」，不在動闢，而在靜翕，故「閱內萬物，示人以簡」，所謂坤元也。「閱內萬物」者，詩衛風「我躬不閱」，毛傳「閱，容也」。「內」讀若「納」。「坤以藏之」，言坤能容納萬物也。**爻也者，效此者也。**虞翻曰：「效法之謂坤」，謂效三才以爲六畫。**疏** 「效法之謂坤」，上傳文。謂效乾三天之法，而兩地成坤之卦象也。「兼三才而兩之，故六」。六，陰數也。故謂「效三才以爲六畫」也。此謂乾元也。坤凝乾元，相竝俱生，故效乾而參兩也。由兩地而有效，故主坤言也。**象也者，象此者也。**虞翻曰：「成象之謂乾」，謂聖人則天之象，分爲三才也。**疏** 「成象之謂乾」，上傳文。謂「道生一，一生二，二生三」。三才既備，以成乾象，故曰「聖人則天之象，分爲三才也」。此亦謂乾元也。日月之象，皆示乾元，故「聖人則之」。象者三才，故主乾言也。**爻象動乎內，吉凶見乎外。**虞翻曰：內，初。外，上也。陽象

〔一〕「三」，原本作「二」，據陳校本正。

動内，則吉見外。陰爻動内，則凶見外也。**疏**内謂初，外謂上也。「其初難知，其上易知」，以動内則見外也。陽生吉，故「陽動内，則吉見外」。陰滅凶，故「陰動内，則凶見外也」。案：内外，謂内外卦也。乾鑿度曰「三畫以下爲地，四畫以上爲天。易氣從下生，動于地之下，則應于天之下。動于地之中，則應于天之中。動于地之上，則應于天之上。初以四，二以五，三以上，此之謂應」是也。

功業見乎變，荀爽曰：陰陽相變，功業乃成者也。**疏**上言吉凶，此言功業，是「吉凶生大業」也。言人建功立業，必「謀及卜筮」。變者，動也。陰陽動内，吉凶見外。趨吉避凶，遂生大業。是「陰陽相變，功業乃成」，故曰「功業見乎變」也。

聖人之情見乎辭。崔覲曰：言文王作卦爻之辭，所以明聖人之情，陳于易象。**疏**全卦爲象，故有象辭。析卦爲爻，故有爻辭。皆文王所作。「聖人」謂文王，是聖人之情，見于易象之辭矣。蓋「爻象以情言，」「辭也者，各指其所之」。繫辭盡言，故「情見乎辭」也。

天地之大德曰生，孔穎達曰：自此以下，欲明聖人同天地之德，廣生萬物之意也。言天地之盛德，常生萬物而不有生，是其大德也。**疏**以上皆言天地、爻象、吉凶，而終以「聖人之情見乎辭」。以下欲明聖人同天地之德，廣生萬物之意。故先言天地盛德，常生萬物而不有其生，是爲大德也。蓋乾坤合元以生萬物，故「大德曰生」。

聖人之大寶曰位。崔覲曰：言聖人行易之道，當須法天地之大德，寶萬乘之天位。謂以道濟天下爲寶，而不有位，是其大寶也。**疏**「言聖人行易之道，當須法天地之大德，寶萬乘之天〔一〕位」者，蓋非大德，則易之道不立。非天位，則易之道不行。故上言「大德曰生」，即繼言「大寶曰位」也。「謂以道濟天下

〔一〕「天」，原本作「大」，據崔注正。

爲寶」者，所謂「崇高莫大乎富貴」是也。「而不有位」者，卽「巍巍乎舜禹之有天下也而不與焉」是也。志在道濟而不在有位，故云「是其大寶也」。案：乾爲聖人。位在九五，乾爲金、爲玉，故「大寶曰位」。何以守位？曰仁。宋衷曰：守位當得士、大夫、公、侯，有其仁賢，兼濟天下。**疏**五位天子，初爲元士，二爲大夫，三爲侯，四爲公。蓋五守天子之位，必得士、大夫、公、侯之仁賢，然後可以兼濟天下也。案：乾初動震體復，震出守爲守，復初爲仁。乾五出坤自震始，故「守位曰仁」也。何以聚人？曰財。陸績曰：人非財不聚，故聖人觀象制器，備物盡利，以業萬民，而聚之也。蓋取聚人之本矣。**疏**大學曰「財散則民聚」，故云「人非財不聚」。中庸曰「來百工則財用足」，故「聖人觀象制器〔二〕，備物盡利，以業萬民而聚之」。此下十二傳「蓋取」，所以爲「聚人之本矣」。案：坤「富有之謂大業」，故爲財。乾人生于震，初乾人坤出震，故「聚人曰財」。理財正辭，禁民爲非，曰義。荀爽曰：尊卑貴賤，衣食有差，謂之「理財」。名實相應，萬事得正，謂之「正辭」。咸得其宜，故謂之義也。崔覲曰：夫財貨，人所貪愛。不以義理之，則必有敗也。言辭，人之樞要。不以義正之，則必有辱也。百姓有非，不以義禁之，則必不改也。此三者，皆資于義。以此行之，得其宜也。故知仁義與財，聖人寶位之所要也。**疏**荀注：「尊卑貴賤，衣食有差」，則用之有節矣，故謂之「理財」。「名實相應，萬事得正」，則言无不信矣，故謂之「正辭」。義者，宜也。「咸得其宜，故謂之義也」。崔注：貨財，人所貪愛，必見利不虧其義。若不以義理之，則財必敗。言辭，人之樞要，必使信近于義。若不以義正之，則言必辱。百姓有非，由于不畏不義。若不

〔二〕「觀象制器」，原本作「觀器制象」，據陸注乙。

以義禁之，則過不改。財也，辭也，民也，皆資于義。以義行之，則三者得其宜矣。「仁義與財，寶位所要」，總結通章之義。案：坤爲財，以乾通坤爲「理財」。乾爲言，以坤翕乾爲「正辭」。坤爲民，陰爲非，以乾制坤爲「禁民爲非」。謂消息旁通，終成既濟，「美利利天下」，「利物足以和義」，故曰義也。

古者庖犧氏之王天下也，虞翻曰：庖犧太昊氏以木德王天下，位乎乾五，五動見離，離生于木，故知火化。炮啖犧牲，號庖犧氏也。**疏** 三皇始于庖犧太昊氏，象日月之明，故曰太昊。昊亦作皞，取元氣皞皞之義也。云「以木德王天下」者，家語曰「太皞配木」。又曰「五行用事，先起于木。木，東方，萬物之初皆出焉。是故王者則之而首以木德王天下」。所謂「帝出乎震」是也。「位乎乾五」者，虞別注「謂文王書經，繫庖犧于乾五」是也。乾五動成離，「相見乎離」，故「五動見離」。帝木德，離火生于木，故「知火化」。禮運曰「古者先王未有火化，食草木之實，鳥獸之肉。飲其血，茹其毛。後聖有作，然後脩火之利，以炮以燔，以亨以炙，以爲醴酪」，故云「炮啖犧牲，號庖犧也」。愚案：庖犧之說不一。作「庖犧」者，世紀謂「取犧牲以充庖廚」也。又作「包犧」，鄭氏云「包，取也。鳥獸全具曰犧」是也。又作「伏犧」，謂服牛乘馬，因號伏羲也。又禮緯含文嘉曰「伏，別也。羲，獻也」。又作「伏戲」，孟喜京房竝云「伏，服也。戲，化也」。謂天下服而化之。此說近正。又「伏」亦作「宓」「虙」。仰則觀象於天，荀爽曰：震巽爲雷風，离坎爲日月也。**疏** 謂雷風日月在天，故「觀象于天」。然「在天成象」，不獨此也。天有八卦之象，如「震象出庚，兑象見丁，乾象盈甲」之類是也。俯則觀法於地。九家易曰：艮兑爲山澤也。地有水火五行，八卦之形者也。**疏** 山澤在地，故取法于地。又地有五行，爲八卦之形。如震巽木，離火，坤艮土，兑乾金，坎水是也。然「在地成形」，不獨此也。如震竹巽木之類，皆是「法象莫大乎天地。」「成象之謂乾，效法之謂坤」，故天稱象，地稱法也。**觀鳥獸之文，**荀爽曰：「乾爲馬，坤爲牛，震爲龍，巽爲雞」之屬是也。陸績曰：謂朱鳥、白虎、蒼龍、玄武四方二十八宿經緯之文。**疏**荀注：皆說卦文。舉此以例其餘也。陸注：南方朱鳥七宿，西方白虎七宿，東方蒼龍七宿，北方玄武七宿。分主春秋冬夏，故「四方二十八宿」。五星爲經，二十八宿爲緯，故云「經緯之文」。**與地之宜。**九家易曰：謂四方四維，八卦之位，山澤高卑，五土之宜也。**疏**「四方」謂坎離震兌，「四維」謂乾坤艮巽，故云「八卦之位」。「山澤」謂山林川澤，「高卑」謂丘陵墳衍原隰。地官大司徒「以土會之法，辨五地之物生。一曰山林。其動物宜毛物，其植物宜皁物。二曰川〔一〕澤。其動物宜鱗物，其植物宜膏物。三曰丘陵。其動物宜羽物，其植物宜覈物。四曰墳衍。其動物宜介物，其植物宜莢物。五曰原隰。其動物宜贏物，其植物宜叢物」。故云「五土〔二〕之宜也」。**近取諸身，**荀爽曰：乾爲首，坤爲腹，震爲足，巽爲股也。**疏**皆說卦文。**遠取諸物。**荀爽曰：乾爲金玉，坤爲布釜之類是也。**疏**說卦備焉。舉四者，以例其餘也。**於是始作八卦，**虞翻曰：謂庖犧觀鳥獸之文，則天八卦效之。「易有太極，是生兩儀，兩儀生四象，四象生八卦」。八卦乃四象所生，非庖犧之所造也。故曰「象者，象此者也」。則大人造爻象以象天，卦可知也。而讀易者咸以爲庖犧之時，天未有八卦，恐失之矣。「天垂象，示吉凶，聖人象之」，則天已有八卦之象。**疏**獨言「庖犧觀鳥獸之文」者，史稱太昊造甲子，作旋蓋，箸躔舍。隋志云「蓋天者，周髀是也。本庖犧氏立周天度，其傳則周公受之于商，周人制之，謂之周髀」。蓋天本無度，聖人以日行天三百六十

〔一〕「川」，原本作「山」，據陳校本正。
〔二〕「土」原本，作「士」，據陳校本正。

五度有奇而一周，故分天度以爲之數，以記日之所行。既分天度，乃假物以誌之。二十八宿列布四方，故以是爲當度之星，是二十八宿始于庖犧，故特言「鳥獸之文」也。又禮緯含文嘉曰「伏犧德洽上下，天應以鳥獸文章，地應以河圖洛書，則而象之乃作易」。故云「觀鳥獸之文，則天八卦效之」也。復引「易有太極」云云者，言「八卦乃四象所生」，四象即二十八宿，列于四方者是也。八卦生于四象，明非庖犧所意造也。「象者，象此」，謂象二十八宿鳥獸之文也。天本有卦，大人特造爻象以象之。而讀易者以爲庖犧時，天未有八卦者，非也。「天垂象」，即垂八卦之象，聖人特象而畫之也。天有八卦之象，即震春、兑秋、坎冬、離夏四象生八卦是也。庖犧重六十四卦，言八卦者，本其象于天也。**以通神明之德，**荀爽曰：乾坤爲天地，離坎爲日月，巽震爲雷風，艮兑爲山澤。此皆神明之德也。**疏** 此以八卦取象于日月天地雷風山澤，爲「通神明之德」也。案：庖犧始作八卦，「幽贊于神明而生蓍」，是「通神明之德」也。**以類萬物之情。**九家易〔一〕曰「六十四卦，凡有萬一〔二〕千五百二十册。「册」「類」一物，故曰「類萬物之情」。以此庖犧重爲六十四卦明矣。**疏** 六十四卦有萬一〔三〕千五百二十册。二篇之册，當萬物之數。九家又云「聖人有以見天下之册，而擬諸其形容，象其物宜」，故云「册類一物」，而曰「類萬物之情」。前言始作八卦，由類萬物之情推之，則知庖犧已重爲六十四卦矣。愚案：「通神明之德」，達諸幽也。「類萬物之情」，宣諸顯也。「類情」，故「可與酬酢」。「通德」，故「可與右神」。所謂「顯道神德行」也。漢書贊曰「易本隱以之顯」，張揖注云「作八卦，以通神明之德，是本隱也。有天道焉，有地道焉，有人道焉，以類萬物之情，

〔一〕「易」，原本作「象」，據陳校本正。

〔二〕〔三〕「一」，原本作「二」，據陳校本正。

是之顯也」。得其解矣。作結繩而爲罟，以田以魚，蓋取諸離。虞翻曰：離爲目，巽爲繩。目之重者唯罟，故「結繩爲罟」。坤二五之乾成離，巽爲魚。坤二稱田，以罟取獸曰田。故「取諸離」也。疏以下十二「蓋取」，皆制器尚象之事。上傳云「備物致用，立成器爲天下利，莫大乎聖人」，「聖人」謂庖犧以下也。體離爲目〔一〕，互巽爲繩。「罟」讀爲「网古」，古文二字并，故誤也。鐘鼎文皆然。說文云「罟，罔也」。罟多目，故云「目之重者唯罟」。以巽繩結爲離目，故「結繩爲罟」。坤二五之乾，體離互巽，震爲龍，郭璞謂「巽，震之餘氣也」，故爲魚。乾九二稱田，在坤二也，故「坤二稱田」。「田」讀爲畋。「魚」讀爲漁。馬氏云「取獸曰畋，取魚曰漁」。「取諸離」者，「離，麗也」。取離目巽繩，而獸魚麗于网古也。庖犧氏没，神農氏作。虞翻曰：没，終，作，起也。神農以火德，繼庖犧王。火生土，故知土，則利民播種，號神農氏也。疏「没」本作歾，說文「歾，終也」，經傳通用「没」。大學曰「没世而不忘」是也。書堯典「平秩東作」，孔傳「歲起于東」，故云「作，起也」，謂興起也。家語曰「炎帝配火」，炎帝神農氏也。庖犧以木德王，故云「神農以火德，繼包犧」也。火能生土，故「知土」。土生萬物，故「利民播種」而教之樹藝，「號爲神農氏也」。斲木爲耜，揉木爲耒。耒耨之利，以教天下，蓋取諸益。虞翻曰：否四之初也。巽爲木、爲入，艮爲手，乾爲金。手持金以入木，故「斲木爲耜」。耜止所踰，因名曰耜。艮爲小木，手以撓之，故「揉木爲耒」。耒耜，耔器也。巽爲號令，乾爲天，故「以教天下」。坤爲地，巽爲股，進退。震足動耜，艮手持耒，進退田中，耕〔二〕之象也。益萬物者，莫若雷風，故法風雷而作耒耜。疏否上之初

〔一〕「目」，原本作「日」，據陳校本正。

〔二〕「耕」，原本作「耜」，據陳校本正。

成益，「四」字誤。外體巽爲木。「巽，入也」，故爲入。互艮爲手。否乾爲金。攷工記「匠人曰耜廣五寸，二耜爲耦」。鄭彼注云「古者耜一金，兩人竝發之」。京氏云「耜，耒下耓也。」三倉云「耒，頭鐵也」。蓋耜爲耒金，金廣五寸。耒面謂之庇，鄭氏讀棘刺之刺。刺，耒下前曲，接耜者。說文「相，从木」。以艮手持乾金入巽木，是「斲木爲耜」之象也。庇隨耜入地。攷工記「車人曰車人爲耒，庇長尺有一寸。自其庇，緣其外，以至于首，以弦其內，六尺有六寸，與步相中」。步六尺，耒與步相中，亦六尺，故云「耜止所蹈，因名曰耜」。耒有直者，有句者。中地之耒，倨句磬折。京氏云「耒，耜上句木也」。皆須揉木爲之。艮爲小石，其于木也，爲堅多節，故小木。又艮爲手以撓之，故有「揉木爲耒」之象也。詩大田「或芸或耔」。亦作「芓」。班固謂「芓附根，每耨輒附根，皆用耒耜爲之」。故曰「耒耜，耨器也」。巽申命爲號令，否乾爲天，坤爲下，故「以教天下」也。互坤爲田。巽爲股，又爲進退。內體震爲足，又動也。故震足動耜，互艮手持耒，進退坤田，耕之象也。益象傳曰「天施地生，其益无方」，故云「益萬物者，莫若雷風」。震巽東方，木旺之時。平秩東作，故「法風雷而作耒耜」。上之初，「利用爲大作」，虞彼注云「大作謂耕播，故耒耨之利取諸此也」。又由否之益象一推，由益而損象再推，由損而泰象三推，則耕時也。所謂「三之日于耜」也。天子耕籍，有祈穀之祭，故益之二遂曰「王用享于帝」也。

日中爲市，致天下之民，聚天下之貨。交易而退，各得其所，蓋取諸噬嗑。

虞翻曰：否五之初也。離象正上，故稱「日中」也。震爲足，艮爲徑路，震又爲大塗，否乾爲天，坤爲民，致天下民之象也。坎水艮山，羣珍所出，聚天下貨之象也。震升坎降，交易而退，各得其所。「噬嗑，食也」。市井交易，飲食之道，故取諸此也。

疏否五之初成噬嗑。離日正居上中，故稱「日中」。否巽爲近市利三倍，故曰「日中爲市」。互艮爲徑路。內震爲足，又爲大塗。否乾爲天。坤馴致其道爲致。故有「致天下民之象也」。中庸曰「今夫山，及其廣大，寶藏興焉。今夫水，及其不測，貨財殖焉」。故云「坎水艮山，羣珍所出」。坤西南方以類聚，坤化成物。古「貨」字作「化」，皐陶謨「懋遷有無化居」是也。故有「聚天下貨之象也」。震雷主升，坎雨主降。否天地不通，五之初交易，雷雨滿形，故「各得其所」。愚案：「日中爲市」，市在外離。三往交四，四退于三，五往交上，上〔一〕退于五，故曰「交易而退」。六爻皆正，成既濟定，故曰「各得其所」。噬嗑「頤中有物」，故曰「食也」。市井交易，皆爲飲食，故「取諸噬嗑」。又王氏云「噬嗑，合也。市人之所聚，異方之所合，設法以合物，噬嗑之義也」。說亦可通。孟子稱許行爲神農之言，有竝耕一價之說，知耕市皆始神農，宋氏謂祝融爲市者非也。**神農氏没，黄帝堯舜氏作。通其變，使民不倦。**虞翻曰：「變而通之以盡利」，謂作舟楫，服牛乘馬之類，故「使民不倦」也。**疏**繼神農而王天下者，黄帝堯舜也。「變而通之以盡利」，故曰「通其變」也。作舟檝，服牛乘馬，通物之變，故民樂其器用，自不解倦也。愚案：乾變坤化，「通變」謂通乾也。如「治曆明時」，與民變革。乾健不息，故使民樂事趨功，自不倦也。**神而化之，使民宜之。**虞翻曰：神謂乾。乾動之坤，化成萬物，以利天下。坤爲民也。「象其物宜」，故「使民宜之」也。**疏**乾陽爲神，故「神謂乾」也。乾五動之坤，謂大有也。「坤化成物」，故「化成萬物，以利天下」也。坤衆爲民。此言「象其物宜」者，謂五土〔二〕之物宜也，故曰「使民宜之」。愚案：上言「通其變」，坤通變乾也，此言「神而化」，乾神化坤也，蓋探下文「取諸乾坤」以立言也。坤爲義，義者，宜也，故「使民宜之」。**易窮則變，變則通，**

〔一〕「上」，原本作「下」，據陳校本正。
〔二〕「土」，原本作「士」，據陳校本正。

通則久，是以「自天右之，吉无不利」也。陸績曰：陰窮則變爲陽，陽窮則變爲陰，天之道也。庖犧作网罟，教民取禽獸，以充民食。民衆獸少其道窮，則神農教播殖以變之。此窮變之大要也。「窮則變，變則通」，與天終始，故「可久」。民得其用，故无所不利也。疏 陰窮則變爲陽，陽窮則變爲陰。剥極必復，復極必剥。皆天道自然之運也。庖犧教民取禽獸，民衆獸少，其道易窮。神農則教民播殖，以養其生。是血食窮則變而爲穀食，此窮變之大要也。「化而裁之存乎變」，故「窮則變」。「推而行之存乎通」，故「變則通」。蠱彖傳曰「終則有始，天行也」。與天終始則可久，故「通則久」。窮變通久，「民得其用，故无所不利也」。案：黄帝堯舜，亦位乾五，五動之坤爲大有，故「自天右之，吉无不利」。黄帝堯舜，垂衣裳而天下治，蓋取諸乾坤。九家易曰黄帝以上，羽皮革木，以禦寒暑。至乎黄帝，始制衣裳，垂示天下。衣取象乾，居上覆物。裳取象坤，在下含物也。虞翻曰：乾爲治，在上爲衣。坤下爲裳。乾坤，萬物之緼，故以象衣裳。乾爲明君，坤爲順臣。百官以治，萬民以察，故天下治，蓋取諸此也。疏 九家注：鄭氏云「金天高陽高辛，遵黄帝之道，無所改作，故不述」。此申黄帝而下，即繼以堯舜之義也。黄帝以上，草昧初開，民皆羽皮革木，以禦寒暑。至黄帝有熊氏作，始去羽毛，法乾坤，以正衣裳，垂示天下。衣取乎乾，居上覆物之象。裳取乎坤，在下含物之象。鄭氏云「其服皆玄上纁下，託位南方。南方色赤，黄而兼赤，故爲纁也」。衣裳所在而凶惡不起，蓋法乾坤易簡，故「垂衣裳而天下治」也。虞注：「乾元用九，天下治也」，故「乾爲治」。乾在上爲衣，坤在下爲裳。「乾坤，其易之緼耶」，故爲「萬物之緼」，以象衣裳。」乾爲大明，爲君，故爲「明君」。坤，順也，臣道也，故爲「順臣」。王注所謂「垂衣裳以辨貴賤，乾尊坤卑之義也」。坤由夬入乾，故取書契。百官以治，萬民以察，爲天下治之象。取諸夬，蓋取諸乾坤也。案：九家説卦曰「乾爲衣，坤爲裳」。世本曰「伯余作衣裳」，宋衷彼注云「黃帝臣也」。揚子法言曰「法始于伏羲，成于堯舜。黃帝作衣裳，衣裳之制，取諸乾坤」。書皋陶謨曰「予欲觀古人之象。日月星辰，山龍華蟲，作會。宗彝藻火粉米，黼黻絺繡，以五采章，施于五色，作服。女明」。象卽易象也。乾衣坤裳，乾坤各六畫，衣用會，裳用繡，亦各六。乾坤十二爻，衣裳亦十二章。是取象乾坤之義也。

挎木爲舟，掞木爲楫。舟楫之利，以濟不通，致遠以利天下，蓋取諸渙。九家易曰：木在水上，流行若風，舟楫之象也。此本否卦，九四之二。挎，除也。巽爲長、爲木，艮爲手，乾爲金。艮手持金，故「挎木爲舟，掞木爲楫」也。乾爲遠、天，故「濟不通，致遠以利天下」矣。法渙而作舟楫，蓋取斯義也。**疏**渙巽木在坎水之上，互震爲行，巽又爲風，故「流行若風，舟楫之象也」。否卦九四之二成渙。「挎」亦作「刳」。說文「刳，判也」。今云「挎，除也」者，小雅「何福不除」，毛傳「除，開也」。開亦判分之義，是「除」卽判也。字林「掞，銳也，亦作剡」。外巽爲長、爲高，互艮爲手，否乾爲金。以艮手持乾金，故有「挎木爲舟，掞木爲楫」之象也。卦辭曰「利涉大川」，故曰「舟楫之利」。否時天地閉塞，故不通。四來二，通坤成坎，坎爲通，故「濟不通」。乾爲天，爲遠，又爲利，故「致遠以利天下」。「利涉大川，乘木有功」，故「法渙而作舟楫，蓋取斯義也」。

服牛乘馬，引重致遠，以利天下，蓋取諸隨。虞翻曰：否上之初也。否乾爲馬、爲遠，坤爲牛、爲重。坤初之上爲「引重」，乾上之初爲「致遠」。艮爲背，巽爲股。在馬上，故「乘馬」。巽爲繩。繩束縛物，在牛背上，故「服牛」。出否之隨，「引重致遠，以利天下」，故取諸隨。**疏**否上之初成隨。否乾爲馬，天道爲遠。坤爲牛，地道爲重。坤重在下，初在上，是「引重」也。乾遠在上，上之初，卽初之上也，故爲「致遠」。互艮爲背，互巽爲股，初乾爲馬。股在馬上爲「乘馬」。又巽爲繩，二三本坤牛。以繩縛物，加于牛背爲「服牛」。否上之初，故云「出否之隨」。牛馬循服，皆隨人意，故「引重致遠，以利天下」，取諸此也。案：乾馬坤牛。變乾上爲初，變坤初爲上，制而御之之妙也。制御之法，不過拘之、繫之、維之而已。拘繫者，控之于前。維者，周之于後。初之一爻，在牛爲軛，在馬爲衡，故「服牛乘馬」，取諸隨也。

重門擊柝，以待暴客，干寶曰：卒暴之客，爲奸寇也。**疏**「卒暴之客」，謂卒急凶暴。互坎爲盜，故「爲奸寇也」。**蓋取諸豫。**九家易曰：下有艮象。從外示之，震復爲艮。兩艮對合，重門之象也。柝者，兩木相擊以行夜也。艮爲手，爲小木，又爲上持。震爲足，又爲木，爲行。坤爲夜。即手持柝木夜行，擊門之象也。坎爲盜暴水暴長无常，故「以待暴客」。既有不虞之備，故取諸豫矣。**疏**復初之坤四爲豫，互體艮。外體震，震反艮也，故云「從外示之，震復爲艮」。「示」古「視」字也。艮爲門闕，故云「兩艮對合，重門之象也」。馬氏亦云「柝者，兩木相擊以行夜」。互艮爲手，又爲小木，艮陽在上爲上持。體震爲足，又東方爲木，爲足故爲行。坤陰爲夜。艮小木，又震木，兩木之象。艮手持之，震又爲聲，擊柝之象。震行坤夜，故爲「兩木相擊行夜」之象。坎爲盜，又爲水，水暴長无常，故爲「暴客」。坤爲闔户，震爲行人，爲開户，艮止爲待，故「以待暴客」。其卦爲豫，豫備不虞，擊柝爲手備警戒，故取諸豫也。

斷木爲杵，闕地爲臼。臼杵之利，萬民以濟，蓋取諸小過。虞翻曰：晉上之三也。艮爲小木。上來之三斷艮，故「斷木爲杵」。坤爲地。艮手持木，以闕坤三，故「闕地爲臼」。艮止于下，臼之象也。震動而上，杵之象也。震出巽入。艮手持杵，出入臼中，舂之象也。故取諸小過。本无〔一〕乾象，故不言「以利天下」也。**疏**晉上之三成小過，內艮爲小木。晉上

〔一〕「无」，原本作「有」，據陳校本正。

來之三互兑，兑西方金，以金斷艮，故曰「斷木爲杵」。晉坤爲地，小過艮爲手。「掘」从手。艮手持木，以掘坤土，故曰「掘地爲臼」。世本曰「雍父作臼」，宋衷云「黄帝臣」。説文曰「古者掘地爲臼，其後穿木石。象形，中象米」。臼象坤土在下而止，故云「艮止于下，臼之象也」。杵象震木在上而動，故云「震動而上，杵之象也」。體震爲出，互巽爲入。艮手持震木，出入臼中，春之象也。坤爲萬民，故曰萬民。「有過物者必濟」，故曰「萬民以濟」。以小用而濟物，故取諸小過也。乾「以美利利天下」，小過无乾象，故不云「以利天下也」。**弦木爲弧，剡木爲矢。弧矢之利，以威天下，蓋取諸睽。**虞翻曰：无妄五之二也。巽爲繩、爲木，坎爲弧，離爲矢，故「弦木爲弧」。乾爲金，艮爲小木。五之二，以金剡艮，故「剡木爲矢」。乾爲威，五之二，故「以威天下」。弓發矢應而坎雨集，故「取諸睽」也。**疏**无妄五之二成睽。无妄互巽爲繩、爲木。睽互坎爲弓，故爲弧。體離爲矢。説文「弧，木弓也」，故「弦木爲弧」。无妄互艮爲小木，乾爲金。乾五之艮二，以乾金剡艮木，故「剡木爲矢」。乾剛爲威，乾五之二，故「以威天下」。坎弓發，離矢應。「而」古通〔一〕「如」，坎爲雨，故如雨集「睽，乖也」。物乖則爭興，弧矢以威乖爭，故「取諸睽也」。**上古穴居而野處。後世聖人，易之以宫室。上棟下宇，以待風雨，蓋取諸大壯。**虞翻曰：无妄兩象易也。无妄乾在上，故稱「上古」。艮爲穴居，乾爲野，巽爲處，无妄乾人在路，故「穴居野處」。震爲「後世」，乾爲「聖人」。「後世聖人」，謂黄帝也。艮爲「宫室」，變成大壯，乾人入宫，故「易以宫室」。艮爲待，巽爲風，兑爲雨。乾爲高。巽爲長木，反在上爲棟。震陽動起爲「上棟」。

〔一〕「通如」二字原倒誤，據湖北叢書本乙。

宇，謂屋邊也。兑澤動下爲「下宇」。无妄之大壯，巽風不見，兑雨隔震，與乾絶體，故「上棟下宇，以待風雨，蓋取諸大壯」者也。**疏** 震下乾上爲无妄，乾下震上爲大壯，故云「兩象易也」。先言「上古」，下言「易之」，故取兩象易例也。无妄乾在上，乾爲天，周書周祝曰「天爲古」，尚書堯典「粤若稽古帝堯」，鄭彼注云「稽，同也。古，天也。言能順天而行，與之同功」，是乾爲古，在上，故稱「上古」。艮山下開爲穴，又爲居，故爲「穴居」。乾位西北爲野。巽陽藏室爲伏，故爲處。无妄震大塗爲路，乾陽生爲人，故「乾人在路」。是「穴居野處」之象也。震長子繼世爲「後世」，乾五聖人作爲「聖人」。前言「黄帝堯舜氏作」，故知「後世聖人，謂黄帝也」。艮爲門闕，故爲「宮室」。无妄上下相易，變成大壯。无妄體艮變大壯乾體在下，是乾人入宮之象。乾在上則爲穴居，乾入居則爲宮室，故曰「易以宮室」。无妄互艮止爲待，无妄互巽爲風，大壯互兑爲雨。説卦「巽爲高」，虞彼注云「乾陽在上，長故高」。又詩曰「謂天蓋高」。故爲高。巽爲長木，大壯外象震，震反巽也，故「反在上爲棟」。震，起也。无妄震陽在下，動起成大壯，故爲「上棟」。「宇，屋邊也」，説文文。大壯互兑，兑澤動而下，故爲「下宇」。无妄體巽，變之大壯，故「巽風不見」。大壯五互兑，四體震，乾別體在下，象乾人伏棟下，故「兑雨隔震，與乾絶體」。宮室壯大于穴居，故「上棟下宇，以待風雨，取諸大壯也。」

古之葬者，厚衣之以薪，葬之中野，不封不樹，喪期无數。後世聖人，易之以棺椁，蓋取諸大過。虞翻曰：中孚上下易象也。本无乾象，故不言「上古」。大過乾在中，故但言古者。巽爲薪，艮爲厚，乾爲衣，爲野。乾象在中，故「厚衣之以薪，葬之中野」。穿土稱封，「封」古「窆」字也。聚土爲樹。中孚无坤坎象，故「不封不樹」。坤爲喪。期，謂從斬衰至緦麻，日月之期數。无坎離日月坤象，故「喪期无數」。巽爲木、爲入處，兑爲口，乾爲人。木而有口，乾人入處，棺斂之象。中孚艮爲山丘，巽木在裏，棺藏山陵，椁之象也。故取諸大過。疏 兑下巽上爲中孚，巽下兑上爲大過，是上下兩象易也。中孚本无乾象，故不言「上古」。大過互乾在中，乾爲古，故「但言古者」。巽柔爻爲草，故爲薪。艮「敦艮之吉，以厚終也」，故爲厚。「乾爲衣」，九家説卦文。乾又爲野。乾象在大過中。又中孚之卦，遯陰未至三，而大壯陽已至四，是乾已在中孚中。故「厚衣之薪，葬之中野」。周禮冢人曰「以爵等爲丘封之度，與其樹數」，鄭彼注云「王公曰丘，諸臣曰封」。檀弓曰「懸棺而封」，鄭彼注云「封當爲窆。窆，下棺也」。遂人曰「及窆陳役」，先鄭云「窆，謂下棺時」。春秋傳曰「朝而堋」，説文「堋，葬下土也」。春秋謂之「堋」，禮記謂之「封」，周官謂之「窆」，是「封」與「窆」同物，故云「穿土稱封，封古窆字也」。檀弓曰「衣足以飾身，棺周于衣，椁周于棺，土周于椁，反壤樹之哉」，故云「聚土爲樹」。必知非聚土爲封者，以殷人尚墓而不墳，不必上古也。坎爲穿土，坤爲聚土。中孚无坤坎象，故「不封不樹」。坤喪于乙爲喪。喪服斬衰、齊衰、大功、小功、緦麻爲五服。其期數斬衰三年。齊衰有三年、有期、有三月者。其大功以下，則九月、五月、三月爲數也。日謂三日而斂，三日而食粥，及祥禫之日也。月謂三月而沐，期十三月而練冠，三年而祥，中月而禫之月數也。坤爲喪，坎爲月，離爲日。「无坎離日月坤象，故喪期无數」。中孚上下相易，變成大過，巽在下爲木、爲入、爲處，兑在上爲口，乾人在中。巽木而有兑口，乾人入處其中，是棺斂之象也。中孚艮爲山，半山稱丘。荀注中孚曰「兩巽對合」，故「巽木在裏」。漢時天子所葬曰山陵，故曰「棺藏山陵，椁之象也」。中孚變爲大過，故「易之以棺椁，取諸大過」者，取其過厚也。上古結繩而治。後世聖人，易之以書契。百官以治，萬民以察，蓋取諸夬。九家易曰：古者无文字，其有約誓之事，事大大其繩，事小小其繩。結之多少，隨物衆寡，各執以相考，亦足以相治也。夬本坤世，下有伏坤，書之象也。上又見乾，契之象也。以乾照坤，察之象也。夬者，決也。取百官以書治職，萬民以契明其事。契，刻也。大壯進而成夬，金決竹木爲書契象，故法夬而作書契矣。虞翻曰：履上下象易也。乾象在上，故復言「上古」。巽爲繩，離爲罟，乾爲治，故「結繩以治」。「後世聖人」，謂黄帝堯舜也。夬旁通剥，剥坤爲書，兑爲契，故「易之以書契」。乾爲百，剥艮爲官。坤爲衆臣，爲萬民，爲迷暗。乾爲治。夬反剥，以乾照坤，故「百官以治，萬民以察」。故取諸夬。大壯大過夬此三「蓋取」，直兩象上下相易，故俱言「易之」。大壯本无妄，夬本履卦，乾象俱在上，故言「上古」。中孚本无乾象，大過乾不在上，故但言「古者」。大過亦言「後世聖人易之」，明上古時也。**疏** 九家注：古者未有文字，凡有約誓之事，事大大結其繩，事小小結其繩。所結多少，隨物衆寡爲準，彼此各執以相考合，上古風淳事簡，故亦足以相治也。夬本坤宫五世卦，陽爻之下，伏有全坤。「坤爲文」，書之象也。下有坤，上見乾金刻木，契之象也。乾大明，坤先迷，故「以乾照坤，察之象也」。「夬決也」，彖傳文。百官在上，則以書治其職，謂典禮之類。萬民在下，則以契明其事，謂約信之類。列子曰「宋人有遊于道，得人遺契者，密數其齒」，張湛注云「刻處似齒」，故云「契，刻也」。大壯陽進成夬，乾爲金，大壯震爲竹木，故「金決竹木爲書契象」。「法夬而作書契者」，以夬善決也。虞注：兑下乾上爲履，乾下兑上爲夬，爲上下兩象易也。乾爲古，乾象在上，與无妄同，故「復言上古」。履互巽爲繩，互離爲网罟。「乾元用九，天下治也」，爲治。故「結繩以治」。前言「黄帝堯舜作」，故「後世聖人謂黄帝堯舜也」。夬旁通剥，剥坤文爲書，夬兑金爲契，故「易之以書契」。乾三爻之册，皆三十六，略其奇，就盈數爲百。剥艮賢人爲官。坤爲衆，又臣道，故「爲衆臣」。坤爲民，又爲衆，故「爲萬民」。坤先迷，又爲冥、爲晦，故「爲迷暗」。「乾元用九」，故「爲治」。夬内乾，剥内坤，故「以乾照坤」。乾，故「百官治」照，故「萬民察」也。書契所以斷決萬事，故「取諸夬也」。大壯大過夬俱言「易之」，故取兩象上下相易以明之。或稱「上古」，或稱「古者」，義俱詳前，不再釋也。

是故易者，象也。干寶曰：言「是故」，又總結上義也。虞翻曰：「易」謂日月在天，成八卦象。「縣象著明，莫大日月」是也。**疏**干注：結上文爻象吉凶悔吝，而竝及彖辭也。虞注：「日月在天，成八卦象」者，即震出庚，兑見丁，乾盈甲之類。故曰「縣象著明，莫大日月」是也。**象也者，象也。**崔覲曰：上明取象以制器之義，故以此重釋于象。言易者，象于萬物。象者，形象之象也。**疏**上言聖人觀象制器，故重釋所以言象之義。言十二「蓋取」，皆象于萬物。故象者，即「在天成象，在地成形」之象也。案：虞云「日月爲易」，故上言「易」即日月之象。此言八卦之象，即在天之象。蓋聖人造爻象以象天，故曰「象者，象也。」**象者，材也。**虞翻曰：象說三才，則三分天象，以爲三才，謂天地人道也。**疏**「材」當讀爲「才」，即三才也。象言乎象，卦有兩象，兼三才而兩之，象說兩象，是說三才也，故云「象說三才」。三才皆本于天象，故云「三分天象，以爲三才」。下傳云「易之爲書也，廣大悉備。有天道焉，有人道焉，有地道焉」，故「謂天地人道也」。**爻也者，效天下之動者也。**虞翻曰：動，發也。謂兩三才爲六畫，則「發揮剛柔而生爻」也。**疏**虞訓「發揮」之「發」爲「動」，故此訓「動」爲「發也」。「兼三才而兩之，故六」，故「謂兩三才爲六畫」也。「因而重之，爻在其中」。剛爻變柔，柔爻變剛，故「發揮于剛柔而生爻也」。**是故吉凶生而悔吝著也。**虞翻曰：爻象動內，則吉凶見外。吉凶悔吝者，生乎動者也，故曰著。**疏**釋已見前。**陽卦多陰，陰卦多陽，其故何也？**崔覲曰：此明卦象陰陽與德行也。「陽卦多陰」，謂震坎艮，一陽而二陰。「陰卦多陽」，謂巽離兑，一陰而二陽也。**疏**此明卦象陰陽德行之事。震坎艮皆自乾來，故曰「陽卦」。皆一陽而二陰，故曰「多陰」。巽離兑皆自坤來，故曰「陰卦」。皆一陰而二陽，故曰「多陽」。設問以起下意，故曰「其故何也」。陽卦奇，陰卦耦。其德行何也？虞翻曰：陽卦一陽，故奇。陰卦二陰，故耦。謂德行何者可也。**疏**震坎艮皆一陽，故曰「陽卦奇」。巽離兑皆二陰，故曰「陰卦耦」。陽主善，陰主惡，故問德行何者爲可也。陽一君而二民，君子之道也。陰二君而一民，小人之道也。韓康伯曰：陽，君道也。陰，臣道也。君以无爲統衆，无爲則一也。臣以有事代終，有事則二也。故陽爻畫一，以明君道必一。陰爻畫兩，以明臣體必二。斯陰陽之數，君臣之辯也。以一爲君，君之德也。二居君位，非其道也。故陽卦曰「君子之道也」，陰卦曰「小人之道也」。

疏乾爲君，故「陽，君道也」。坤臣道，故「陰，臣道也」。論語曰「爲政以德，譬如北辰，居其所，而衆星共之」。是「君以无爲統衆」。无爲則静專，專則一也。「地道无成而代有終」，是「臣以有事代終」。有事則動闢，闢則二也。陽爻畫一，明君道必一，故曰「陽一君」。陰爻畫兩，以明臣體必二，故曰「陰二民」。「陰陽之數」謂一二，「君臣之辯」謂君民也。上傳曰「天下之動貞夫一」，老子曰「侯王得一，以爲天下正」，故「以一爲君，君之德也」。荀子曰「權出于一者强，權出于二者弱」，故「二居君位，非其道也。」泰「内陽而外陰，君子道長，小人道消也」。否「内陰而外陽，小人道長，君子道消也」。故「陽卦曰君子之道也，陰卦曰「小人之道也」。案：乾爲君，坤爲民，二民共事一君，是純臣之義，君子之道也。一民兼事二君，是懷二心于君者，小人之道也。昭十三年左傳「子服惠伯曰『諺曰臣一主二』」。彼謂主不能撫其臣，故有是語，實非事君之正也。

易曰：「憧憧往來，朋從爾思。」翟玄曰：此咸之九四辭也。咸之爲卦，三君三民，四獨遠陰，思慮之爻也。韓康伯曰：天下之動，必歸于一。思以求朋未能寂，寂以感物，不思而至也。**疏**翟注：此咸九四爻辭也。咸之爲卦，艮下兑上，三陽三陰，故「三君三民」。五陽承上陰，三陽乘初二皆陰，四乘承皆剛，故「獨遠陰」。虞咸四注云「欲感上隔五，感初隔三，故憧憧往來矣」。遠陰則思，故「思慮之爻也」。韓注：「天下之動貞夫一」，故「天下之動，必歸于一」。「思以求朋」則未能虛寂以純一。若能寂以感物，則不思而自至矣。虞注云「兑爲朋。艮初變之四，坎心爲思。故朋從爾思也」。案：上繫七爻首中孚，下繫十一爻首咸，皆復姤時也。**子曰：「天下何思何慮。天下同歸而殊塗，一致而百慮，**韓康伯曰：夫「少則得，多則惑」。塗雖殊，其歸則同。慮雖百，其致不二。苟識其要，不在博求。一以貫之，百慮而盡矣。**疏** 老子曰「少則得，多則惑」。是以聖人抱一爲天下式」，王弼注「一，少之極也」。引之以明聖人貴守一也。故始雖殊其塗，其歸則同。人雖百其慮，其致不二。論語曰「賜也，女以予爲多學而識之者與」。又曰「非也，予一以貫之。」殊塗百慮，是多學而識也。故「苟識其要，不在博求。」知「天下之動貞夫一」，則「一以貫之，不慮而盡」，所謂不思而得是也。「百慮而盡」，當從孔本作「不慮」。**天下何思何慮。**虞翻曰：易无思也。既濟定，六位得正，故「何思何慮」。**疏** 乾爲易，隱藏坤初，「其靜也專」，故「无思也」。四不得正，故「朋從爾思」，殊塗百慮矣。下應于初，則往來得正，同歸一致矣。虞咸彖傳注云「初四易位成既濟」，故「既濟定」。六位剛柔正而位當，故「得正」。「乾元用九，而天下治」，故「何思何慮」。**日往則月來，**虞翻曰：謂咸初往之四，與五成離，故「日往」。與二成坎，故「月來」。之外曰往，在內月來，此就爻之正者也。**疏** 初四易位，成既濟定，故「謂咸初往之四」。與五互成離離爲日，故曰「日往」。四與二互成坎，坎爲月，故曰「月來」。在外曰往，故「曰往」。在內曰來，故「月來」。「此就爻之正者」，言所謂既濟，體兩離坎也。又「月來」謂震也。三日月出震在庚，八日兑見丁，皆于暮見之。日暮而月生，故「日往則月來」也。**月往則日來，**虞翻曰：初變之四，與上成坎，故「月往」。四變之初，與三成離，故「日來」者也。**疏** 初上之四，與上成坎，體自內往，故曰

「月往」。四下之初，與三成離，體自外來，故曰「日來」。又「月往」謂巽也。十六日巽退辛，二十三日艮消丙，皆在旦，故「月往則日來」。日月相推而明生焉。虞翻曰：既濟體兩離坎象，故「明生」也。疏何休云「一往一來曰推」。初四互易成既濟，既濟當望，有兩離坎象。日月雙明，故「明生焉」。寒往則暑來，虞翻曰：乾爲寒，坤爲暑。謂陰息陽消，從姤至否，故「寒往暑來」也。疏冬至復初九，乾也，故「爲寒」。夏至姤初六，坤也，故「爲暑」。稽覽圖曰「冬至之後三十日極寒，夏至之後三十日極暑」，故「乾爲寒，坤爲暑」。陰息陽消，從姤至否，故「寒往則暑來」也。案：卦變咸從否來，坤三之上，乾上之三。卦氣咸在姤前，夏至六日七分卦也。故于咸明陰陽消長之義。上繫七爻首中孚，中孚冬至六日七分卦也。與此十一爻首咸，皆消息自然之序。陽息于復，至泰反否。陰消于姤，至否反泰。咸，否天地交，反泰之始也。暑往則寒來，虞翻曰：陰詘陽信，從復至泰，故「暑往寒來」也。疏陰消爲詘，陽息爲信。從復至泰，故「暑往則寒來」也。否爲「暑往」，成乾下三爲「寒來」，即姤復之義也。寒暑相推而歲成焉。崔覲曰：言日月寒暑，往來雖多，而明生歲成。相推則一，何思何慮于其間哉。疏言日月寒暑，循環之序，往來雖多，而明生歲成。自然之理，相推則一，何容思慮于其間哉。案：復姤爲陰陽始，泰否爲陰陽中，春秋冬夏于是具矣，故「寒暑相推而歲成焉」。往者詘也，荀爽曰：陰氣往，則萬物詘者也。疏「陰氣往，則萬物詘」者，陰主消，消故詘也。來者信也，荀爽曰：陽氣來，則萬物信者也。疏「陽氣來，則萬物信」者，陽主息，息故信也。詘信相感而利生焉。虞翻曰：感，咸象，故「相感」也。「天地感而萬物化生，聖人感人心而天下和平」，故「利生」。「利生」謂陽出震，陰伏藏也。疏咸，感也，故「相感」。「天地感而萬物化生」者，卦自否來，有天地象。荀彼注云「乾下感坤，故萬物化生于山澤」。「聖人感人心而天下和平」者，虞彼注云「乾爲聖人，初四易位成既濟，坎爲心、爲平。故『聖人感人心而天下和平』。此『保合太和』，『品物流形』也。」「故利生」者，咸卦辭曰「咸亨利貞」，四象曰「未感害也。」「未感害」，故「利生」也。象傳注云「成既濟」，此云「陽出震，陰伏藏」者，既濟「六位時成」，乾元至正，自然陽出震，陰伏藏，所謂「復見天地之心」者也。又云「陽常主動，陰常主静」，故謂陽出陰藏。又云「陽常主吉，陰常主凶。」陽出陰藏，故利生焉。**尺蠖之詘，以求信也。**荀爽曰：以喻陰陽氣，屈以求信也。**疏**陰詘陽信，故「喻陰陽氣，詘以求信也」。案：説文「尺蠖，詘信蟲也」。説卦「巽爲風」。大戴禮易本命曰「風主蟲」。王充論衡曰「夫蟲，風氣所生，倉頡知之，故凡蟲爲風之字，取氣于風」。此下皆言陽出震，陰伏藏姤，姤初巽，巽爲風，風主蟲，是巽蟲爲尺蠖也。陰未遇姤，巽體未成，不曰蛇，而曰尺蠖，咸卦時也。咸時尺蠖詘，至姤則信。又巽爲進退，似尺蠖之詘信，故曰「尺蠖之詘，以求信也」。**龍蛇之蟄，以存身也。**虞翻曰：蟄，潛藏也。龍潛而蛇藏。陰息初，巽爲蛇。陽息初，震爲龍。十月坤成，十一月復生。姤巽在下，龍蛇俱蟄。初坤爲身，故「龍蛇之蟄，以存身也」。侯果曰：不詘則不信，不蟄則无存。則屈蟄相感，而後利生矣。以況无思得一，則萬物歸思矣。莊子曰「古之畜天下者，其治一也。記曰『通于一，萬事畢。无心得，鬼神服』」，此之謂矣。蠖，詘行蟲。郭璞云「蝍蝛」也。**疏**虞注：渾言之，則曰「蟄，潛藏也」。分言之，則曰「龍潛而蛇藏」。月令「孟春曰其蟲鱗」，鄭氏謂「龍蛇之屬」。又曰「蟄蟲始振」，則十一月時，龍蛇皆蟄，至正月而始振也。説文「蟄，藏也」，乾文言曰「潛龍勿用，陽氣潛藏」，龍亦得稱藏。今言「龍潛而蛇藏」者，説卦曰「坤以藏之」，上〔一〕傳曰「藏諸用」，謂巽陽藏室，故陽言潛，陰言藏也。巽四月卦值巳，説文曰「四月陽氣已出，陰氣已藏，萬物

〔一〕「上」，原本作「下」，據陳校本正。

見〔一〕成文章，故已爲蛇，象形」。巽陰息初，故爲蛇。説卦「震爲龍」。震陽息初，故爲龍。陰終于亥，故「十月坤成」。陽息于子，故「十一月復生」。復時震初動，巽卽伏震，陰陽相竝俱生，故「姤巽在復下」。龍蟄震初，蛇蟄巽初，故「龍蛇俱蟄」，初復體坤，姤初坤，坤形爲身，陽息爲存，故「龍蛇之蟄，以存身也」。侯注：詘者信之幾，蟄者存之本，故「不詘則不信，不蟄則无存」也。信與存，利也。然非詘蟄，則利不生。故必「詘蟄相感，而後利生矣」。況，比也。以比无思則心得其一，得一則萬物歸思之。故復引莊子之言以明之也。莊子天地曰「萬物雖多，其治一也」。又曰「古之畜天下者，無欲而天下足，無爲而萬物化，淵靜而百姓定。記曰『通于一而萬事畢，无心得而鬼神服』」。郭注云「一無爲而羣理都擧。記，書名也。云老子所作」。今撮其辭，以明得一之旨，故云「此之謂矣」。尺蠖屈信而行，故云「蠖，屈行蟲」。釋蟲「蠖，尺蠖」，郭璞注云「蝍蝛」。又揚子方言「蝍蝛謂之尺蠖」。**精義入神，以致用也。**姚信曰：陽稱精，陰爲義，入在初也。陰陽在初，深不可測，故謂之神。變爲姤復，故曰「致用也」。韓康伯曰：精義，物理之微者也。神，寂然不動，感而遂通者也。理入寂一，則精義斯得，乃用无極也。干寶曰：能精義理之微，以得未然之事，是以涉于神道，而逆禍福也。**疏**姚注：乾純粹精，故「陽稱精」。周書「地道曰義」，乾鑿度曰「地靜而理曰義」，故「陰爲義」。陽息初巽，陰息初震，故云「入在初也」。「陰陽在初，深不可測」，所謂乾元也。「陰陽不測之謂神」，故「在初謂之神」也。陰初動爲姤，陽初動爲復。坤爲致，爲用。六日七分，咸時至姤。姤坤陰初動，故曰「致用也」。韓注：荀子賦云「精微而無形」，故精義爲物理之

〔一〕「見」，原本作「皆」，據陳校本正。

微。「寂然不動，感而遂通」者，神也。神謂隱初入微，知幾其神也。「理入寂一，則精義斯得」，所謂「寂然不動」。「乃用无極」，所謂「感而遂通」也。干注：管子曰「獨則明，明則神」，「故，能精義理之微，以得未然之事」，「神以知來」，「是以涉于神道，而逆禍福也」。利用安身，以崇德也。九家易曰：利用，陰道用也，謂姤時也。陰升上究，則乾伏坤中，詘以求信。陽當復升，安身嘿處也。時既潛藏，故利用安身，以崇其德。崇德，體卑而德高也。韓康伯曰：利用之道，皆「安其身而後動」也。精義由于入神以致其用，利用由于安身以崇其德。理必由乎其宗，事各本乎其根。歸根則寧，天下之理得也。若役其思慮，以求動用，忘其安身，以殉功美，則僞彌多而理愈失，名彌美而累愈彰矣。疏九家注：咸至姤六日七分，坤爲用，故云「利用，陰道用也，謂姤時也」。乾鑿度「物有始、有壯、有究」。陰至上，故云「陰升上究」。陰究成坤，則「乾伏坤中」。剥極則復，詘極則信，故云「詘以求信」。復震成乾。故云「陽當復升」也。坤爲安、爲身、爲嘿，故「安身嘿處也」。「時既潛藏」，謂乾伏坤初。其時潛德勿用，惟「利用安身」而已。文言曰「龍德而隱者也」，故言「以崇其德」。上傳曰「夫易，聖人之所以崇德而廣業也」。知崇體卑，崇效天，卑法地。陽伏坤中，坤身爲體，故「體卑」。滅出復震，故德崇。此因姤初消乾而究言之，故云「體卑而德高也」。韓注：危以動，則民不與，故「利用之道皆由安其身而後動也」。精義者，由于入神以致用，故「理必由乎其宗」。利用者，由于安身以崇德，故「事各本乎其根」。根，本也。左傳曰「絶其本根」是也。寧，安也。書康誥「裕乃以民寧」，孔傳「行寬政，乃以民安」是也。大學曰「壹是皆以脩身爲本」，是身者，天下國家之本。易逸文曰「正其本，萬物理」，故云「歸根則寧，天下之理得也」。若役思求動，必僞彌多而理愈失。忘身殉功，必名彌美而累愈彰矣。案：致用崇德，皆承龍蛇蟄初言之也。乾爲精、爲神，坤爲義、爲致、爲用。乾藏坤中，以陽動陰，是「精義入神」，所以致坤之用也。乾爲利、爲崇、爲德，坤爲用、爲安、爲身。巽伏乾下，以陰牝陽，是「利用安身」，所以崇乾之德也。上言「致用」，下言「利用」。以咸將至姤，姤陰體坤，故再言坤用，以明其旨也。**過此以往，未之或知也。**荀爽曰：出乾之外，无有知之。**疏**「出乾之外」，謂初已動也。則陰陽消息，變化不一，故「无有知之」。**窮神知化，德之盛也。」**虞翻曰：以坤變乾，謂之「窮神」。以乾通坤，謂之「知化」。乾爲盛德，故「德之盛」。侯果曰：夫精義入神，利用崇德，亦一致之道極矣。過斯以往，則未之能知也。若窮于神理，通于變化，則德之盛者能矣。**疏**虞注：乾爲神，故「以坤變乾，謂之窮神」，卽消卦也。坤爲化，故「以乾通坤，謂之知化」，卽息卦也。乾爲盛、爲德，故曰「德之盛也」。消息變化，所謂「未之或知」。一消一息，成「既濟定」。乾元盛德，則「殊塗同歸，百慮一致，天下何思何慮」也。侯注：「入神」則神一，「安身」則身一。一致之道，至斯極矣。斯二者，人也。過斯二者，則天矣，故「未之或知也」。若「窮神」則無聲，「知化」則無臭。「上天之載，無聲無臭，至矣」。非天下之盛德，其孰能與于斯。

易曰：「困于石，據于蒺蔾，入于其宮，不見其妻，凶。」孔穎達曰：上章先言利用安身，可以崇德。若身危辱，何崇之有，此章引困之六三，履非其位。欲上于四，四自應初，不納于己，是困于九四之石也。三又乘二，二是剛物，非己所乘，是據于九二之蒺蔾也。又有「入于其宮，不見其妻，凶」之象也。**疏**此困六三爻辭也。上言利用安身，可以崇德。若自危辱，則德不可崇。故引此以明之也。以六居三，爲「履非其位」。三欲上四，四與初應，不納于三。困自否來，否四互艮爲小石，是「困九四之石也」。三下乘二，二在坎中爲剛物，非己所乘。九家易說卦曰「坎爲蒺蔾」，是「困于九二之疾蔾也」。否艮爲宮，體互巽爲入。互離目爲見，中女爲妻，坎爲中男。不正當變，變則離毀，故「不見其妻，凶」也。子曰：「非所困而困焉，名必辱。虞翻曰：困本咸，咸三入宫，以陽之陰，則二制坤，故以次咸。爲四所困，四失位惡人，故「非所困而困焉」。陽稱名，陰爲辱。以陽之陰下，故「名必辱」也。疏虞注困卦，謂「否二之上」。今云「困本咸」，葢咸困皆自否來，而繫引此爻，又承咸四言之也。咸下體艮爲宫，咸三之二〔一〕互巽入，故「咸三入宫」。以咸九三入六二成困，故云「以陽之陰」。咸三變陽，則二制爲坎。崔駰達旨「陰陽始分，天地始制」，故云「制坎」也。「坤」當作「坎」。咸艮變坎成困，故以次咸。虞上傳注云「否上之二成困，三暴慢，以陰乘陽」。二變，入宫爲萃。五之二，奪之成解」，亦爲此困解相次而言。皆非正義也。二之三，「爲四所困」。四失位困，惡人者。睽初九曰「見惡人」，虞彼注云「惡人謂四」，以睽四失正也。故困四失位，亦爲惡人。咸三得位，非四所困。今之二失位，故「非所困而困焉」。「善不積，不足以成名」。陽爲善，故「陽稱名」。陰賊爲辱。三之二是「陽之陰下」，「名必辱」也。此以咸變爲義，故不與經注同訓。非所據而據焉，身必危。虞翻曰：謂據二。二失位，故「非所據而據焉」。二變時，坤爲身。二折坤體，故「身必危」。疏陽據陰，陰承〔二〕陽，易之大義也。三失位據二，二亦失位，以陽據陰，故「非所據而據焉」。二變入宫爲萃，萃下體坤，坤腹爲身。二困時，折坤體，故「身必危」。既辱且危，死其將至，妻其可得見邪？」陸績曰：六三從困辱之家，變之大過，爲棺椁死喪之象，故曰「死其將至」，妻不可得見。疏三失正，變大過，故云「三困辱之家，變之大

〔一〕「二」，原本作「四」，據陳校本正。
〔二〕「承」，原本作「乘」，據陳校本正。

過」也。棺椁取諸大過，有死喪之象，故曰「死其將至」。坎中男，離中女。三變則離女不見，故曰「妻其可得見邪」。易曰：「公用射隼于高庸之上，獲之，无不利。」孔穎達曰：前章先須安身，可以崇德，故此明藏器于身，待時而動，是有利也。故引解之上六以證之矣。**疏**此解上六爻辭也。前言安身可以崇德，次言「非所據而據焉，身必危」，故必「藏器于身，待時而動」，自无不利。故復引此以證之也。子曰：「隼者，禽也。虞翻曰：離爲「隼」，故稱「禽」。言其行野容，如禽獸焉。**疏**解上應三，三體互離，離爲飛鳥，故「爲隼」。釋鳥曰「二足而羽謂之禽」，故「隼稱禽」焉。上傳曰「野容悔淫」，謂解三也，「野容」義詳彼注。管子「道路無行禽」。三有鳥獸行，故「言其行野容，如禽獸焉」。弓矢者，器也。虞翻曰：離爲矢，坎爲弓，坤爲器。**疏**解互離爲矢，互坎爲弓。解自臨來，臨上體坤，故「坤爲器」。射禮有射器，謂弓矢，決拾旌中籌楅豐，故曰「弓矢者，器也」。射之者，人也。虞翻曰：人，賢人也。謂乾三伏陽，出而成乾，故曰「射之者人」。人則公。三應上，故上令三出而射隼也。**疏**人，賢人，謂乾也。乾陽伏于三下，出而互上四成乾。乾爲人，故曰「射之者人」。三爲三公，出而成人則公。三與上應，故上令三陽出而射隼也。君子藏器於身，待時而動，何不利之有。虞翻曰：三伏陽爲君子。二變時，坤爲身爲藏器，爲藏弓矢以待射隼。艮爲待爲時。三待五來之二，弓張矢發，動出成乾，貫隼，入大過死，兩坎象壞，故「何不利之有」，象曰「以解悖」。三陰小人乘君子器，故上觀三出，射去隼也。**疏**陽爲君子，故「三伏陽爲君子」。二變時體坤，所謂「二變，入宮爲萃」是也。坤形爲身，「坤以藏之」爲藏，形下爲器，故謂「藏弓矢以待射隼」也。艮止爲待，「時止則止」爲時，爻以時動，故「待時而動」。五失位，當之二，故「三待五來之二」。二動之五，體坎弓張，互離矢發。五得正，三動陽出成乾，離鳥體壞，故貫隼體，入大過棺椁死象。體有兩坎，三動則兩象俱壞，故「何不利之有」。坎心爲悖，兩坎象壞，故象曰「以解悖也」。六體陰，小人象也。三位陽，君子器也。以六乘三，是「小人乘君子之器」。上以三爲象，故云「觀三出，射去隼也」。乾鑿度曰「二陰之精射三陽，當卦是掃」。知陰陽動出，皆爲射也。動而不括，是以出而有獲，語成器而動者也。」虞翻曰：括，作也。震爲語。乾五之坤二，成坎弓離矢。動以貫隼，故「語成器而動者也」。疏待時而動，不見作爲，故云「括，作也」。動而無作，是以陽出射隼而有獲也。解震爲語，困五下二則震成，故「語成器」。困二變，入宮爲萃。萃五之二，奪之成解。是「萃乾五之坤二，而成坎弓離矢」。三動貫隼，故「語成器而動者也」。子曰：「小人不恥不仁，不畏不義，虞翻曰：謂否也。以坤滅乾，爲「不仁」，「不義」。坤爲恥、爲義，乾爲仁，爲畏者也。疏下引噬嗑爻辭。噬嗑自否來，故云「謂否也」。否「小人道長」，故曰「小人」。否以坤陰滅乾陽，爲「不仁」、「不義」。坤辱爲恥，陰爲義。乾陽爲仁，惕爲畏。乾爲仁，坤陰滅乾，是不仁也。不以滅陽爲不仁，是「不恥不仁」也。坤爲義，乾陽滅于坤，是不義也。不以滅陽爲不義，是「不畏不義」也。不見利不動，不威不徵。虞翻曰：否乾爲威、爲利，巽爲近利。謂否五之初，成噬嗑市。離日見乾爲見利，震爲動，故「不見利不動」。五之初，以乾威坤，故「不威不徵」，震爲徵也。疏乾君威嚴，故爲威。乾「以美利利天下」，故爲利。巽「近利市三倍」，故爲近利。「日中爲市，取諸噬嗑」，故「否五之初，成噬嗑市」。噬嗑離爲日，「相見乎離」，乾變成離，故「離日見乾爲見利」。說卦「震，動也。動萬物者莫疾乎雷」。樂緯動聲儀曰「風雨動魚龍，仁義動君子，財色動小人」。故「不見利不動」。乾五之坤初，是「以乾威坤」也。五不之初，則離不成日，震不成動，乾不威坤，震不成徵，故「不見利不動，不威不徵」。「徵」古文「懲」。震恐懼虩虩，故爲徵也。小徵而大戒，此小人之福也。虞翻曰：艮爲小，乾爲大。五下威初，坤殺不行。震懼虩虩，故「小懲大戒」。坤爲小人，乾爲福。以陽下陰，「民説无疆」，故「小人之福也」。**疏**否艮小石，故爲小。乾陽爲大。乾五下威坤初，則「坤弑不行」。「殺」讀爲「弑」，謂否坤臣弑君也。虩虩，鄭云「恐懼貌」。否五之初，初上應四，四艮小，故「小懲」。初乾大，故「大誡」也。否坤陰爲小人，乾善爲福。以乾陽下于坤陰，坤爲民，爲无疆，兑象半見，故「民説无疆」。震「恐致福」，是「小人之福也」。易曰：『屨校滅趾，无咎。』此之謂也。」九家易曰：噬嗑六五，本先在初，處非其位，小人者也。故歷説小人所以爲罪，終以致害，雖欲爲惡，能止不行，則「无咎」。侯果曰：噬嗑初九爻辭也。校者，以木夾足止行也。此明小人因小刑而大戒，乃福也。**疏**九家注：噬嗑六五，本在否初。初不得位，處五亦非其位。陰本小人，又不得位，始終小人者也。故歷説小人不恥、不畏、不動、不徵，所以爲罪，終以致害之故。然雖欲爲惡，能「小懲大誡」，止而不行，則亦「无咎」矣。侯注：孔氏云「此亦證前章安身之事，故引易噬嗑初九以證之」。説文「校，木囚也」。震東方木，爲足、爲行，應艮爲止，故「以木夾足止行也」。校爲小刑。初陽得正，若因小刑，顧震知懼，是「小懲大誡」，「小人之福也」。

「善不積，不足以成名。惡不積，不足以滅身。虞翻曰：乾爲積善，陽稱名。坤爲積惡，爲身。以乾滅坤，故「滅身」者也。**疏**噬嗑自否來。否陰消陽，弑父弑君。噬嗑曰「明罰敕法」。五來滅初，小懲大誡，以辨之早辨也。上六「迷復」，辠大惡極，故發其義于噬嗑上九也。乾元爲善，自復至乾爲「積善」。初不成名，陽成于三爲「成名」。坤陰爲惡，自姤至坤爲「積惡」。坤形爲身。坤消至上，窮上反下，乾來滅坤，故「滅身」也。

小人以小善爲无益而弗爲也，虞翻曰：小善謂復初。**疏**乾陽息于復初，善端猶微，故「小善謂復初」。以小惡爲无傷而弗去也。虞翻曰：小惡謂姤初。**疏**坤陰消自姤初，惡念始萌，故「小惡謂姤初」。淮南繆稱曰「君子不謂小善不足爲也而舍之，小善積而爲大善。不謂小不善爲無傷也而爲之，小不善積而爲大不善。是故積羽沈舟，羣輕折軸，故君子禁于微」。禮經解曰「禮之教化也微，其止邪也于未形，使人日徙善遠罪而不自知也」。易曰「君子慎始，差以毫釐，繆以千里」，此之謂也」。小人惟不知此，故「以小善爲无益而弗爲，以小惡爲无傷而弗去也」。故惡積而不可弇，虞翻曰：謂陰息姤至遯，子弑其父，故「惡積而不可弇」。疏陰生亦稱息。陰生姤初，至二成遯。艮爲少子，乾爲父。以艮陰消乾陽，故爲「子弑其父」。姤陰始動，「其初難知」。陰消至二，則「惡積而不可弇」也。罪大而不可解。虞翻曰：陰息遯成否，以臣弑君，故「罪大而不可解」也。疏陰息至三，消遯成否。否坤爲臣，乾爲君。以坤陰消乾陽，故爲「臣弑其君」。「否之匪人」，故「罪大而不可解也」。易曰：「何校滅耳，凶。」九家易曰：噬嗑上九爻辭也。陰自初升五，所在失正，積惡而罪大，故爲上所滅。「善不積」，斥五陰爻也。「聰不明」者，聞善不聽，聞戒不改，故凶也。疏孔氏云「此結前章不能安身之事，故引噬嗑上九之義以證之」。否陰自初升五，在初失正，在五亦失正，故「所在失正」。五積惡而罪大，故「爲上所滅」也。五陰積惡，故知「善不積，指五陰爻也。」坎耳不正，故「聰不明」。聞善不聽，則不能遷善。聞戒不改，則不能遠罪。所以有「何校滅耳」之凶。案：否陰既成，上九當下之初，成益反泰。上九安于不正，惡積罪大，故五之初，小懲大戒以救之。五下，則坎爲校、爲耳。否乾爲首，坎成橫貫其中，故「何校滅耳，凶」也。子曰：「危者，安其位者也。崔覲曰：言有危之慮，則能安其位不失也。疏孔氏云「以上章有安身之事，故此節恒須謹慎，可以安身。故引否之九五以證之」。否上以陽居陰，體乾亢龍，「盈不可久」，故危。內坤爲安。言上能慮其危，「則能安其位不失也」。亡者，保其存者也。崔覲曰：言有亡之慮，則能「保其存者也」。疏坤陰爲亡，乾陽爲存。文言曰「知進退存亡而不失其正者，其唯聖人乎」。言能慮其亡，則能長保其存也。亂者，有其治者也。崔覲曰：言有防亂之慮，則能「有其治者也」。疏坤爲亂乾爲治。言慮亂，能防，則能有其治也。是故君子安而不忘危，虞翻曰：君子，大人，謂否五也。否坤爲安，危謂上也。翟玄曰：在安而慮危。疏虞注：否九五曰「休否，大人吉」，故知「君子，大人，謂否五也」。坤靜爲安。上亢則危，故「危謂上也」。五在否家，常自危懼，是不忘之義也。翟注：「在安而能慮危」，即保邦于未危也。存而不忘亡，荀爽曰：謂「除戎器，戒不虞」也。翟玄曰：在存而慮亡。疏荀注：「除戎器，戒不虞」。萃象辭也。萃自觀來，觀爲陰消卦，故「戒不虞」。否卦亦陰消陽也。陽息則存，陰消則亡，故引萃象辭以證之。翟注：「在存而慮亡」，則不至如乾之過亢，「知存而不知亡」也。治而不忘亂，荀爽曰：謂思患而逆防之。翟玄曰：在治而慮亂。疏荀注：「思患而逆防之」，即既濟象辭「思患而豫防之」也。上亢下初成益，否則反泰。泰二五易位，成「既濟定」。當既濟之時，治不忘亂，謂不忘否上，故引既濟象辭證之。翟注：「在治而慮亂」，即制治于未亂也。是以身安而國家可保也。虞翻曰：坤爲身。謂否反成泰，君位定于內，而臣忠于外，故「身安而國家可保也」。疏坤爲身，又爲安，故曰「身安」。「否終則傾」，成益反泰，乾君在內，是君位于內而國可保也。坤臣在外，是臣忠于外而家可保也。易曰：『其亡其亡，荀爽曰：存不忘亡也。疏否陰消陽，由四漸及于五。「存不忘亡」，故曰「其亡其亡」。繫于包桑。』荀爽曰：桑者，上玄下黃。乾坤相包以正，故不可忘也。陸績曰：自此以上，皆謂否陰滅陽之卦。五在否家，雖得中正，常自懼以危亡之事者也。疏荀注：「桑者，上元下黃」，色象乾坤。天位乎上，地位乎下，故「乾坤相包以正」。荀否五注云「乾職在上，坤體在下，雖欲消乾，繫其本體，不能亡也」，故「不可忘」。陸注：自此以上，蓋謂「危者，安其位者也」。以下非總上困解噬嗑而言也。否，陰消陽之卦，特舉之以示慎始之義。否五雖得中得正，然時當否閉，必常以危亡爲懼，則位可安而存可保也。子曰：「德薄而位尊，虞翻曰：鼎四也。則離九四凶惡小人，故「德薄」。四在乾位，故「位尊」。疏釋下鼎四爻辭，故云「鼎四也」。鼎外體離，鼎四卽離四。離四「突如」无容，故云「凶惡小人」。四互乾上，乾爲德，乾位尊。四在乾體失正，故「德薄而位尊」也。知少而謀大，虞翻曰：兑爲少知，乾爲大謀。四在乾體，故「謀大」矣。疏互兑爲少女，故爲「少知」。互乾陽爲大，故爲「大謀」。四居兑乾之閒，故「知少而謀大」。力少而任重，虞翻曰：五至初體大過，「本末弱」，故「力少」也。乾爲仁，故「任重」。「以爲己任，不亦重乎」。疏五至初體大過象。大過象曰「本末弱也」，故「力少也」。乾元爲仁。論語曰「仁以爲己任，不亦重乎」。禮表記曰「仁之爲器重，舉者莫能勝也」。乾能任重，非鼎四能任仁也。尟不及矣。虞翻曰：尟，少也。及及于刑矣。疏「尟」亦作「尠」。釋詁曰「尠，寡也」，郭注云「謂少」，故云「少也」。刑卽「其刑渥」也。謂四不得正，尟不及于刑也。易曰：『鼎折足，覆公餗，其刑渥，凶。』言不勝其任也。」孔穎達曰：言不能安身，智小謀大，而遇禍也。故引鼎九四以證之矣。疏言不能安身，則智小謀大，必遇刑禍，故引鼎九四爻辭證之。虞彼注云「四變時，震爲足。足折入兑，故『鼎折足』。兑爲刑。渥，大刑也。鼎折足則公餗覆，言不勝任。象入大過死凶，故『鼎折足，覆公餗，其刑渥，凶』」。子曰：「知幾，其神乎？虞翻曰：「幾」謂陽也，陽在復初稱「幾」。此謂豫四也。惡鼎四折足，故以此次。言豫四知幾而反復初也。疏「幾謂陽也」者，謂微陽初動也。一陽動震，復見天心，故「陽在復初稱幾」。下釋豫六二爻辭，云「此謂豫四也」者，二欲四復初，故「謂豫四」。四與初應。鼎四不知幾，故折足。豫四知幾而反初，故以此次之。復初之四成豫，豫四反復初通小畜。上傳云

「寂然不動，感而遂通天下之故。非天下之至神，其孰能與于此」。陽伏坤初，其幾息矣，故「寂然不動」。變而成震，其幾生矣，故「感而遂通」。隱初入微爲「至神」，故「知幾其神乎」。**君子上交不諂，下交不瀆，**虞翻曰：豫二謂四也。四失位諂瀆。上謂交五。五貴，震爲笑言。笑且言，諂也。故「上交不諂」。下謂交三，坎爲瀆，故「下交不瀆」。欲其復初得正元吉，故「其知幾乎」。**疏** 虞豫六二注云「欲四急復初，已得休之」，故「豫二謂四也」。四失正位，有諂瀆之象。四承五，故「上謂交五」也。五位天子，故貴。震善鳴，故「爲笑言」。論語曰「巧言令色足恭」，孟子曰「脅肩諂笑」。笑而且言，是爲諂也。二欲四復初，初上四得正，「二與四同功」，是「上交不諂」也。四乘三，故「下謂交三」。互坎爲溝瀆，故「爲瀆」。初得正，二乘之，故「下交不瀆」也。復初九曰「不遠復，无祇悔，元吉」，故二欲四之復初得正元吉。下云「幾者，動之微，吉之先見者也」，故曰「其知幾乎」。**其知幾乎？**侯果曰：上謂王侯，下謂凡庶。君子上交不至諂媚，下交不至瀆慢，悔吝无從而生，豈非知微者乎。**疏** 上貴，故「謂王侯」。下賤，故「謂凡庶」。六二中正，故爲「君子」。得中得正，故「上交不諂，下交不瀆」。悔吝之生，由于諂瀆。不諂不瀆，故「悔吝无從而生」。此非知微之君子不能也。

幾者，動之微，吉之先見者也。虞翻曰：陽見初成震，故「動之微」。復初元吉，「吉之先見者也」。韓康伯曰：幾者，去无入有，理而未形者。不可以名尋，不可以形覩也。唯神也，不疾而速，感而遂通，故能玄照，鑒于未形也。合抱之木，起于毫末。吉凶之章，始乎微兆。故言「吉之先見」。**疏** 虞注：一陽初動成震。震，動也。初動，故曰「動之微」。復初九曰「元吉」。初陽得正，故曰「吉之先見者也」。韓注：已著則有形，未動則无跡，皆不得謂之「幾」。故幾者，去无入有，有其理而无其形。雖名爲「幾」，而究不可以名尋。雖形爲動，而究不可以形睹也。幾動于此，即形見于彼，知幾其神。故「唯神也，則不疾而速，感而遂通」。故能朗然玄照，鑒于未形。太玄曰「天以不見爲玄，地以不形爲玄，人以心腹爲玄。天奧西北，鬱化精也。地奧黃泉，隱魄榮也。人奧思慮，含至精也」。故玄照朗然，能鑒未形也。觀合抱之木，起于毫末。知吉凶之彰，始于微兆。故君子慎微。虞書曰「道心惟微」。道經曰「道心之微」。微者，道心之動也。道心動則吉，故曰「吉之先見者也」。他本「吉」下有「凶字者，誤也。

君子見幾而作，不俟終日。易曰：『介于石，不終日，貞吉。』介如石焉，寧用終日，斷可識矣。

孔穎達曰：前章言「精義入神」，此明知幾入神之事，故引豫之六二以證之。崔覲曰：此爻得位居中，于豫之時，能「順以動」而防于豫。如石之耿介，守志不移，雖暫豫樂，以其見微，而不終日，則能貞吉，斷可知矣。

疏孔注：前言「精義入神」，此言「知幾其神」。蓋知幾爲入神之事，故引豫六二爻辭以證之。崔注：豫六二象曰「以中正也」。以六居二，故「得位居中」。豫下體坤順，上體震動，是「于豫之時，能順以動」。得正无應，樂不可極，故「防之于豫」。二與四互艮，艮爲小石，故「如石之耿介」。應坎爲志，應震爲守，故守志不移」也。樂可暫而不可極，惟知幾者，能見其微也。故雖暫豫樂而不終日，則正而獲吉，「斷可識矣」。案：虞注云「介，纖也。二互艮，艮爲石，故『介于石』。與小畜通，應在五，終變成離，離爲日。得位，欲四急復初，已得休之，故『不終日，貞吉』。尋四在艮，則知當復初，不待終變也。小畜離相見爲見，震作足爲作，艮待爲俟，故「見幾而作，不俟終日」。坤爲用。終變成離，離爲日。「憂悔吝者存乎介」，能識小疵。故「介如石焉，寧用終日，斷可識矣」。

君子知微知章，知柔知剛，

姚信曰：此謂豫二也。二下交初，故曰「知微」。上交于三，故曰「知章」。體坤處和，故曰「知柔」。與四同功，故曰「知剛」。

疏二乘初，故「下交初」。動于初爲微，故曰「知微」。二承三，故「上交三」。成于三爲章，故曰「知章」。二處坤體中和得柔之正，故曰「知柔」。與四同功，四體陽剛，故曰「知剛」。**萬夫之望。」**荀爽曰：「聖人作而萬物覩」。干寶曰：言君子苟達于此，則「萬夫之望」矣。周公聞齊魯之政，知後世彊弱之勢。辛有見被髮而祭，則知爲戎狄之居。凡若此類，可謂「知幾」也，皆稱「君子」。君子則以得幾，不必聖者也。**疏** 荀注：「聖人作而萬物覩」，乾文言文。「萬物」即「萬夫」，「覩」即「望」，故曰「萬夫之望」。案：坤爲萬，震爲夫，離目爲望。小畜以離畜陽，故「萬夫之望」。干注：言君子于微章剛柔，无所不達，則爲「萬夫之望」。史記魯世家「伯禽之魯，三年而後報政。周公曰『何遲也？』伯禽曰『變其俗，革其禮，故遲』。太公封于齊，五月而報政。周公曰『何疾也？』曰『吾簡其君臣禮，從其俗爲也。』周公歎曰『魯後世其北面事齊矣』」。此周公聞齊魯之政，知後世彊弱之勢也。僖二十二〔一〕年左傳「初，平王之東遷也，辛有適伊川，見被髮而祭于野者。曰『不及百年，此其戎乎，其禮先亡矣』。秋，晉遷陸渾之戎于伊川」。此辛有見被髮而祭，則知爲戎狄之居也。此皆知幾之類也。「皆稱君子」者，以君子亦能得幾，不必聖者也。

子曰：「顏氏之子，其殆庶幾乎！虞翻曰：幾者，神妙也。顏子知微，故「殆庶幾」。孔子曰「回也，其庶幾乎」！**疏** 上曰「知幾其神乎」，說卦曰「神也者，妙萬物而爲言者也」，故云「幾者，神妙也」。荀子解蔽篇曰「道經曰『人心之危，道心之微』，危微之幾，惟明君子而後能知之」。顏子惟知危，故「殆庶幾」。論語曰「回也，其庶乎」，無「幾」字，蓋虞所見本異也。

有不善，未嘗不知。虞翻曰：「復以自知」，老子曰「自知者明」。**疏** 復本純坤，坤積不善。「復亨」，剛「窮上反下」，知不善而反于善，故「復以自知」。坤爲自。復初，乾也，

〔一〕「二」，原本作「三」，據所引左傳僖二十二年文正。

「乾知大始」。故曰「自知」。「自知者明」，老子道經文。乾爲知、爲大明，故「自知者明」也。知之，未嘗復行也。虞翻曰：謂「顔回不遷怒，不貳過」。「克己復禮，天下歸仁」。疏皆論語文。怒也、過也、己也，皆不善也。不遷、不貳克己而復乎禮，皆「未嘗復行」之事也。震爲行。剥上反初成震行，反初得位，故不善未嘗復行也。復彖曰「復亨」，「亨者，嘉之會。嘉會足以合禮」，故曰「復禮」。復初曰「元吉」，「元者，善之長。君子體仁，足以長人」，故曰「天下歸仁」。昭十二年左傳「仲尼曰『古也有志，克己復禮，仁也』」，則古有是語。「天下歸仁」，爲仁之效也。皆引之，以證顔子知幾之事。易曰：『不遠復，无祇悔，元吉。』」侯果曰：復初九爻辭。殆，近也。庶，冀也。此明知微之難，則知微者，唯聖人耳。顔子亞聖，但冀近于知微而未得也。在微則昧，理章而悟，失在未形。故有不善，知則速改，故无大過。疏此復初九爻辭也。詩小雅「無小人殆」，鄭箋「言無與小人近」，故云「殆，近也」。釋言「庶，幸也」。「冀」與「覬」同音。説文「覬」作「𣢾」，「𣢾，幸也」。是同音同物，故云「庶，冀也」。知微最難，唯聖人能之。顔子亞聖，亞，次也，謂次于聖人。但冀近于知微而未得，揚子謂「未達一間」是也。「在微則昧，理彰而悟」，人之恆情。唯顔子能知「失在未形」，故幾有不善，知則速改，所以无大過而獲元吉也。案：「七日來復」，故「不遠復」。坎爲悔，「出入无疾」，故「无祇悔」。乾元，故「元吉」。「天地壹壺，萬物化醇。」虞翻曰：謂泰上也。先説否，否反成泰，故不説泰。天地交，萬物通，故「化醇」。孔穎達曰：以前章「利用安身，以崇德也」。安身之道，在于得一。若己能得一，則可以安身。故此章明得一之事也。絪縕，氣附著之義。言天地无心，自然得一。唯二氣絪縕，共相和會，感應變化，而有精醇之生，萬物自化。若天地有心爲一，則不能使萬物化醇者也。疏虞注：此明所説十一爻之序也。此章主論陽吉陰凶，故明姤復否泰之幾。陰生于姤，成乎否。陽生于復，成乎泰。泰反否，非姤而有姤道。否反泰，非復而有復道。咸者，姤前卦也。前說咸不說姤，此說損不說泰，互見也。咸困噬嗑皆否來，解自臨來，鼎自大壯來，此引則皆爲否消也。咸三入宮，上慢下暴，則乾三伏陽出射之。其本由否不反泰，故五降爲噬嗑以救之。否五知存亡，故損上益下而反泰也。鼎，息卦也。陽新之時，五爻皆吉，唯四以不正處高位獨凶，故次否五，以起豫四也。豫四反復道，息泰成，故說損也。損泰交坤，將又反否，故更以益終焉。皆「窮神知化」之事也。損本泰初之上，故「謂泰上也」。上說否五，故「先說否」。「否反成泰」，「否泰反其類也」，故「不說泰」，而說損也。廣雅「壹壺，元氣也」。說文「壹从壺，吉聲」。又云「壺，壹壺也。从凶从壺」。是蓋天陽主吉，地陰主凶。壹壺吉凶，已藏于內。泰本陰陽交通之卦，損又初上易位，是陰陽再交而爲「天地壹壺」也。「泰者，通也」。泰初之上，乾交于坤，是「天地交而萬物通」，故曰「化醇」也。孔注：前章言「利用安身，以崇德」。蓋安身之事，在于得一。老子德經曰「天得一以清，地得一以寧，神得一以靈，谷得一以盈萬物得一以生，侯王得一以爲天下貞」。呂覽論人曰「知神之謂得一。凡彼萬形，得一後成」。故曰「若已得一，則可以安身」。下云「言致一也」，故云「此章明得一之事也」。「氤氳」亦作「絪緼」，玉篇「元氣也」，集韻「天地合氣也」。元氣會合，故云「氣附著之義」。三統曆「太極元氣，含三爲一」。後漢書郅惲曰「含元包一」。故云「天地无心，自然得一」。老子德經曰「一生二」。故「唯二氣氤氳，共相和會」。又曰「二生三，三生萬物」，故「感應變化，而有精醇之生，萬物自化」。此乃天地自然之氣，一其化端。若「有心爲一」，則不能使萬物化醇」矣。「有心爲一」，疏本作「爲二」，誤。

男女搆精，萬物化生。

虞翻曰：謂泰初之上成損。艮爲男，兑爲女，故「男女搆精」。乾爲精。損反成益，萬物出震，故「萬物化生」也。干寶曰：男女，猶陰陽也，故「萬物化生」。不言陰陽而言男女者，以指釋損卦六三之辭，主于人事也。疏虞注：泰初之上成損。損外艮爲男，内兑爲女，二少相合，故曰「男女搆精」。乾「純粹精」，故爲精。損與益反，故「損反成益」。此亦以卦次爲義，非經旨也。益初爲震，「萬物出乎震」，故曰「萬物化生也」。干注：下言萬物，故言陰陽。「乾道成男，坤道成女」，故云「男女，猶陰陽也」。淮南天文曰「道曰規，始于一。一而不生，故分而爲陰陽。陰陽合和，而萬物生」，故曰「萬物化生」也。「不言陰陽言男女」者，以損六三爻辭，言人事也。愚案：「醇」與「純」通。梅福傳「一色成體謂之醇」，言醇一也。壹壺者，元氣也。元氣无形，故「化醇」。醇則不雜而一也。搆精者，精氣也。精氣有象，故「化生」。生則有醇有雜而不一也。化醇者，即「形而上者謂之道」。化生者，即「形而下者謂之器」。故下言「物情相感，當法壹壺化醇，致一之道」也。易曰：『三人行，則損一人。一人行，則得其友。』言致一也。」侯果曰：損六三爻辭也。象云「一人行，三則疑」，是衆不如寡，三不及一。此明物情相感，當上法絪緼化醇，致一之道，則无患累者也。疏此損六三爻辭也。虞彼注云「泰乾三爻爲三人，震爲行，故三人行。損初之上，故則損一人。一人謂泰初之上。損剛益柔，故一人行。兑爲友。初之上，據坤應兑，則得其友」。象曰「一人行，三則疑也」，虞彼注云「坎爲疑。上益三成坎，故三則疑」，是以「衆不如寡，三不及一」也。蓋化生有形、有醇、有雜，故「物情相感，當上法氤氳化醇，致一之道」。「天下之動貞夫一」，故「无患累」。言少則得，不至多則惑也。子曰：「君子安其身而後動，虞翻曰：謂反損成益。君子，益初也。坤爲安身，震爲後動。崔覲曰：君子將動有所爲，必自揣安危之理，在于己身，然後動也。疏虞注：上言損，此言益。益與損反，故「謂反損成益」。初陽得正爲君子，故「君子謂益初也」。互坤爲安、爲身，體震爲後、爲動，故曰「安其身而後動」。崔注：震，動也。君子將動而有爲，自揣安危之理，必使安在于己，然後動，則動有益也。易其心而後語，虞翻曰：乾爲易，益初體復心，震爲後語。崔覲曰：君子恕己及物。若于事，心難不可出語，必和易其心而後言。疏虞注益自否來，否乾易知爲易。益初至四體復，「復見天地之心」，故云「體復心」也。震爲後，爲語，故「易其心而後語」。崔注：「恕己及物」，謂推己及物也。若于應事之際，心有所難，不可出語，必和易其心而後言，則言有益也。定其交而後求，虞翻曰：震專爲定，爲後，交謂剛柔始交，艮爲求也。崔覲曰：先「定其交」，知其才行，若好施與吝，然後可以事求之。疏虞注：說卦曰「震爲專」，故爲定。又爲後。震初剛始交柔，故「交謂剛柔始交」。艮兑「同氣相求」，互艮爲求。故「定其交而後求」也。崔注：先定其交，知其人之才行，或施與否，然後可以事求之，則求有益也。君子脩此三者，故全也。虞翻曰：謂否上之初。「損上益下，其道大光」。自上下下，民說无疆」，「故全也」。疏謂否上反初成益。「損上益下」以下，皆益彖傳文。危以動，則民不與也。虞翻曰：謂否上九。「高而无位」，故危。坤民否閉，故弗與也。疏否上九即乾上九也。陽亢失位，故「高而无位」，與乾上同義。孝經曰「高而不危」。說文曰「危，在高而懼也」。上九「高而无位」，故危。否坤爲民，「天地不交」爲閉。无民，故「民不與也」。懼以語，則民不應也。虞翻曰：否上窮災，故懼。不下之初成益，故「民不應」。坤爲民，震爲應也。疏乾上九文言曰「亢龍有悔，窮之災也」。否上同乾，故懼。上不之初，則不能「損上益下」。不能「損上益下」，則不能「民說无疆」，故「民不應也」。否坤爲民，蓋震巽「同聲相應」爲應。不成震，故不應也。无交而求，則民不與也。虞翻曰：上來之初，故交。坤民否閉，故「不與」。震爲交。疏上之初爲交。否上不之坤初，四互艮求，是「无交而求」也。坤民否閉，剛柔不交，是「坤民不與」。震爲交也。莫之與，則傷之者至矣。虞翻曰：上不之初，否消滅乾，則體剝傷，臣弑君，子弑父，故「傷之至矣」。**疏**益自否來。上不之初，則否陰消滅乾陽。至五體剥，剥爛則體傷。上與三應，三在否爲坤臣弑君，三在遯爲艮子弑父。「莫益之」，故「莫之與」。「或擊之」，故「傷之者至矣」。易曰：『莫益之，或擊之，立心勿恆，凶。』」侯果曰：益上九爻辭也。此明先安身易心，則羣善自應。若危動懼語，則物所不與，故凶也。**疏**此益上九爻辭也。言「安身易心」，而定交在其中矣，故云「羣善自應」。言「危動懼語」，而妄求在其中矣，故云「物所不與」。物不與，故凶也。虞經注云「自非上无益初者，唯上當无應，故莫益之。上不益初，則以剥滅乾，艮爲手，故或擊之。上體巽爲進退，故勿恆。動成坎心，以陰乘陽，故立心勿恆凶矣」。蓋益上九，即否九五也。言當「益初」者，益道反泰，三陽以次下初則泰成。故益上九象，以否上爲説也。

子曰：「乾坤，其易之門邪。」荀爽曰：陰陽相易，出于乾坤，故曰門。

疏易有六十四卦三百八十四爻，陰陽皆出入于乾坤。闔户謂之坤，闢户謂之乾。故乾坤爲易之門。

乾，陽物也。坤，陰物也。荀爽曰：陽物天，陰物地也。**疏**乾爲天，故陽物爲天。坤爲地，故陰物爲地。謂純乾純坤時也。

陰陽合德而剛柔有體，虞翻曰：「合德」謂天地雜，保太和，日月戰。乾剛以體天，坤柔以體地也。**疏**坤文言曰「夫玄黄者，天地之雜也」。荀彼注云「坤位在亥，下有伏乾，陰陽相和，故言天地之雜」是也。乾彖傳曰「乾道變化，各正性命，保合太和，乃利貞」。陽變陰化，成既濟定，剛柔位當，「陰陽合德」，故「各正性命，保合太和」。此之「陰陽合德」，即彼之「保合太和」也。納甲坎月離日，三十日會于壬。虞注師彖傳云「以離日坎月戰陰陽」，是「日月戰」也。皆「陰陽合德」之事。説卦曰「乾爲天，坤爲地」。雜卦曰「乾剛坤柔」。陰陽同處則合德。分之則乾以剛體天，坤以柔體地也。

以體天地之撰，九家易曰：撰，數也。萬物形體，皆受天地之數也。謂九天數，六地數也。剛柔得以爲體矣。**疏**夏官大司馬「羣吏撰車徒」。鄭注「撰，讀曰算，謂數擇之也」，故云「撰，數也」。「天地之數」，即大衍之數。陽數剛，陰數柔。萬物形體，莫不受天剛地柔之數以生。天數剛，九是也。地數柔，六是也。天剛地柔，物得之以爲體也。蓋大衍之數，取天地之數，演之爲五十，用四十九以作易。蓍七卦八，爻以九六，「參天兩地而倚數」，故曰「以體天地之撰」。

以通神明之德。九家易曰：隱藏謂之神，著見謂之明。陰陽交通，乃謂之德。疏神者隱藏，陰之德也。明者著見，陽之德也。陰陽相交，則神明之德通矣。「聖人探嘖索隱」，「幽贊於神明而生蓍」，故曰「以通神明之德」。

其稱名也，雜而不越。九家易曰：陰陽，雜也。名，謂卦名。陰陽雖錯，而卦象各有次序，不相踰越。疏下傳曰「六爻相雜」，虞彼注云「陰陽錯居曰雜」。故云「陰陽雜也」。名，謂六十四卦之名。六十四卦，陰陽雖錯，各有次序。如屯坎二之初，蒙艮三之二，此之卦之次序也。如中孚爲十一月，升爲十二月，此卦氣之次序也。如姤爲乾世，復爲坤世，此八宮之次序也。如序卦所陳，則上下二篇之次序也。故云「卦象各有次序，不相踰越也」。

於稽其類，其衰世之意邪。虞翻曰：稽，考也。三稱盛德，上稱末世。乾終上九，動則入坤。坤弑其君父，故爲亂世。陽出復震，入坤出坤，故「衰世之意邪」。侯果曰：於，嗟也。稽，考也。易象考其事類，但以吉凶得失爲主，則非淳古之時也，故云「衰世之意」耳。言「邪」示疑，不欲切指也。疏虞注：堯典「若稽古帝堯」，孔傳「稽，考也」。上云「雜而不越」，是類也。荀子曰「以類行雜」，是類者，雜之反也。乾爲積德，陽數起于一，成于三，故「三稱盛德」。大過彖傳「本末弱也」，王彼注云「初爲本而上爲末」。下傳曰「其初難知，其上易知，本末也」。說文曰「木下曰本，从木，一在其下。木上曰末，从木，一在其上」。故上爲末而稱末世。乾陽終于上九，初陰動下入坤。坤消至二成遯，艮子弑父，至三成否，坤臣弑君，故爲亂世。陽出復初爲震。乾入坤，伏也，爲消卦。乾出坤，動也，爲息卦。消息皆始于初，意動于微，故曰「衰世之意邪」。謂庖犧作易，處盛慮衰，爲後世法。「易窮則變，變則通，通則久」，是「衰世」之意，非取「殷之末世，周之盛德」也。侯注：「於」本作「烏」，隸變作「於」。烏有聲，故云嗟。又與「于」通。經文「於」皆作「于」，此獨作「於」，知爲「烏」而訓嗟也。易之有象，皆稽考其事類，而吉凶得失形焉。淳古之世，熙皞相忘。後世聖人，有憂患而後作易。但以吉凶得失爲主，故云「衰世之意耳」。邪，疑辭。恐人以易作於衰世爲疑，故言不欲切指也。

夫易，章往而察來，而微顯闡幽，開而當名。虞翻曰：「神以知來，知以藏往」。微者顯之，謂從復成乾，是「察來」也。闡者幽之，謂從姤之坤，是「章往」也。陽息出初，故「開而當名」。疏「神以知來」，乾也。「知以藏往」，坤也。復初爲「微」，至三成乾，易本隱以之顯，故「微者顯之」。以乾照坤，故「謂從復至乾，是察來也」。倉頡篇曰「闡，開也。幽，隱也」。幽者，闡之反，呂氏春秋曰「隱則勝闡」是也。乾終上九，動而入坤，故「闡者幽之」。「幽」，謂坤也。坤消乾自姤始，故「謂從姤之坤，是章往也」。「陽息出初」，謂乾元也。乾元出于坤初，「坤其動也闢」，故爲開。名，卽前「稱名」，謂六十四卦之名也。乾動坤闢，六十四卦由此生，故「當名」也。

辯物，正言，斷辭，則備矣。干寶曰：「辯物」，辯物類也。「正言」，言正義也。「斷辭」，斷吉凶也。如此，則備于經矣。疏辯，別也。「乾，陽物也。坤，陰物也」，各有其類。乾元出坤，陰陽以別。乾出坤初爲復，「復小而辯于物」，故曰「辯物」也。震爲言，陽出初爲「正言」。言必有義，故「正義也」。辭有吉凶，故「斷辭」爲「斷吉凶」。上傳曰繫〔一〕辭焉，所以告也。定之以吉凶，所以斷也」，如

〔一〕「繫」上原衍「正言」二字，據陳校本删。

此者，皆備于經矣。其稱名也小，虞翻曰：謂乾坤與六子，俱名八卦而小成，故小。「復小而辯于物」者矣。疏乾坤爲易之門，而乾元尤尊，乃稱名則與六子竝列，爲八卦而小成，故曰「小」。陽出坤初爲復，復陽小而辯于物。陽物陰物，別自乾元，而六十四卦稱名由復始，故曰「其稱名也小」。其取類也大。虞翻曰：謂乾陽也。爲天爲父，「觸類而長之」，故大也。疏陽稱大，故「謂乾陽也」。「觸類而長之」，成六十四卦，皆乾元所爲。「爲天爲父」，言其大生，故「觸類而長之」爲大。非以說卦所屬，爲取類也。其旨遠，其辭文，虞翻曰：「遠」謂乾，文謂坤也。疏左傳曰「天道遠」，故「遠謂乾」。說卦曰「坤爲文」，故「文謂坤」。蓋乾元知來，故「旨遠」。坤知章往，故「辭文」。其言曲而中，其事肆而隱。虞翻曰：曲，詘。肆，直也。陽曲初，震爲言，故「其言曲而中」。坤爲事，隱未見，故「肆而隱」也。疏說文「詘，詰詘也。一曰屈襞」，又曰「屈，曲也」，故云「曲，詘」。樂記曰「肆直而慈愛」，故云「肆，直也」。陽曲于初爲震，震聲爲言，故稱「言」。月令「律中太簇」，鄭注「中猶應也」。震巽同聲相應，詘于內而應于外，故曰「其言曲而中」也。坤「發于事業」爲事。巽初，坤也。「巽稱而隱」，故「隱未見」。發于外而隱于內，故曰「其事肆而隱」也。稱名小謂「當名」，取類大謂「辯物」，旨遠辭文謂「斷辭」，言曲事肆謂「正言」。皆陽道開，坤出乾，「通神明之德」也。因貳以濟民行，以明失得之報。虞翻曰：「二」謂乾與坤也。坤爲民，乾爲行。行得則乾報以吉，行失則坤報以凶也。疏鄭氏云「貳當爲弍」。「弍」爲古文「二」。一生二，故「二謂乾與坤也」。坤衆爲民。天行健，故爲行，失謂坤，得謂乾，乾陽吉，坤陰凶，故「行得則乾報以吉，行失則坤報以凶也」。

易之興也，其於中古乎。虞翻曰：興易者，謂庖犧也。文王書經，繫庖犧于乾五。乾爲古，五在乾中，故「興于中古」。繫以黃帝堯舜，爲後世聖人，庖犧爲中古，則庖犧以前爲上古。**疏**畫卦始于庖犧，故「興易者，謂庖犧也」。乾五動成離，庖犧木德王，「帝出乎震」，震東方木，木生火，故「文王書經，繫庖犧于乾五」。乾爲天，故爲古。詳前「上古」虞注。五居上乾之中，故「興于中古」。上傳以黃帝堯舜，爲後世聖人，其爲下古可知矣。今以庖犧爲中古，則庖犧以前爲上古可知矣。

作易者，其有憂患乎。虞翻曰：謂憂患百姓，未知興利遠害，不行禮義，茹毛飲血，衣食不足。庖犧則天八卦，通爲六十四，以德化之。「吉凶與民同患」，故「有憂患」。**疏**憂患，謂「憂患百姓」也。不知取諸噬嗑，取渙取隨是「未知興利」也。不知取豫取睽，是未知「遠害」也。不知宮室、棺椁、書契，是「不行禮義」也。不知取離取益，取小過乾坤，是「茹毛飲血，衣食不足」也。庖犧則天，畫爲八卦。引伸觸類，爲六十四卦。通變宜民，「以德化之」。觀十二「蓋取」，皆「吉凶與民同患」之意，故曰「作易者，其有憂患乎」。案：漢書藝文志曰「易道深矣。人更三聖，世歷三古」，孟康云「伏羲爲上古，文王爲中古，孔子爲下古」。下傳云「易之興也，其當殷之末世，周之盛德邪。當文王與紂之事邪」。明夷象傳曰「內文明而外柔順，以蒙大難，文王以之」。傳謂「作易者，其有憂患乎」，正謂文王。庖犧之世，時樸風淳，安有憂患。馬氏荀氏鄭氏，皆以文王爲中古，與虞異說，義亦可從。

是故履，德之基也。虞翻曰：乾爲德。履與謙旁通，坤柔履剛，故「德之基」。坤爲基。侯果曰：履禮蹈禮不倦，德之基也。自下九卦，是復道之最，故特言矣**疏**虞注：乾陽爲德，六十四卦皆乾元，故言德。此九卦之德，皆指陽爻也。履與謙通，謙外坤柔，履外乾剛，以剛履柔，故曰「德之基」。坤土，故爲基也。侯注：仲尼燕居「言而履之，禮也」，故「履禮」謂「蹈禮不倦」也。成十三年左傳「禮，人之幹也。敬，身之基也。郤子無基」。言郤錡不敬，故無基。明履爲「德之基也」。

謙，德之柄也。虞翻曰：坤爲柄。柄，本也。凡言德，皆陽爻也。干寶曰：柄所以持物，謙所以持禮者也。疏虞注：「坤爲柄」，說卦文。萬物本乎地，故云「柄，本也」。「凡言德皆陽爻」，謂九三也。乾上九反三，陽德皆本乎此，故謙爲「德之柄也」。干注：祭統「尸酢夫人，執柄」，故「柄所以持物」。史記樂書「君子以謙退爲禮」，故「謙所以持禮者也」。復，德之本也。虞翻曰：復初，乾之元，故「德之本也」。疏陽動于初爲復，故云「復初，乾之元」也。「其初難知，其上易知，本末也」，是初爲本，故曰「德之本也」。恆，德之固也。虞翻曰：「立不易方」，守德之堅固。疏恆自泰來，乾初之四，唯三爻得正不動，故「立不易方」。震世守爲守，故云「守德」。「貞固足以幹事」，故曰「德之固也」。損，德之脩也。荀爽曰：「徵忿窒慾」，所以脩德。疏說文「損，減也」。周禮天官「掌百官之誓戒，與其具脩」，鄭注「脩，掃除糞灑」，是「脩」主于減損其惡。故云「徵忿窒欲，所以脩德」。蓋忿欲皆足以累德，故君子法乎損而徵忿窒欲。唯損之又損，以至于无，則德成矣，故曰「德之脩也」。益，德之裕也。荀爽曰：「見善則遷，有過則改」，德之優裕也。疏唐韻「益，饒也」。說文「裕，衣物饒也」，是「裕」主乎增益其德。故「益動而巽，日進无疆，天施地生，其益无方」。周語曰「布施優裕」，故云「德之優裕」。損象專言「徵忿窒欲」，益象先言遷善，後言改過。蓋遷善則過自改。孟子曰「好善優于天下」，故曰「德之裕也」。困，德之辯也。鄭玄曰：辯，別也。遭困之時，君子固窮，小人窮則濫，德于是別也。疏說文「辯，判也」。又曰「判，分也」。又曰「別，分解也」。「辯，別也」，言分別也。否上之二成困，困象傳曰「困而不失其所亨，其唯君子乎」，謂九二也。九二中正，遭困之時，不失其所亨，「君子固窮」者也。若小人，則「窮斯濫矣」。君子小人之德，于是乎別，故引論語文以證之。井，德之地也。姚信曰：「井養而不窮」，德居地也。疏「井養而不窮」，井象傳文。下傳曰「井居其所而遷」，韓云「所居不移而能遷其施，故井養而不窮也」。養而不窮，其德可居之地也。井自泰來，泰初之五，居中得正，取法乎井而制爲田。「勞民勸相」，以陽助坤，坤爲地，故曰「德之地也」。巽，德之制也。虞翻曰：巽風爲號令，所以制下，故曰「德之制也」。孔穎達曰：此上九卦，各以德爲用也。**疏**虞注：巽風有聲，故「爲號令」。號令卽命令，上所以制下也。曲禮「士死制」，鄭注「制謂君命」。巽五中正，「申命行事」，故曰「德之制也」。孔注：以上九卦，皆取用於陽爻。乾陽爲德，故「各以德爲用也」。履和而至。虞翻曰：謙與履通，謙坤柔和，故「履和而至」。「禮之用，和爲貴」者也。**疏**履旁通謙，謙坤爲柔，又爲和順。履剛而行，故至。「至哉坤元」，故「履和而至」也。「禮之用，和爲貴」，論語文。謙尊而光。荀爽曰：「自上下下，其道大光」也。**疏**謙彖傳曰「天道下濟而光明」，謙三自乾來，故荀彼注云「乾來之坤，故下濟。陰去爲離，陽來成坎，日月之象，故光明」。蓋天在上，故尊。「下濟」成坎離，日月象，故「光明」。益彖傳曰「自上下下，其道大光」，義與此合，故備引以證之也。復小而辯於物。虞翻曰：陽始見，故小。乾陽物，坤陰物。以乾居坤，故稱別物。**疏**一陽始見於復初，故曰小。乾爲陽物，坤爲陰物。辯，別也。以陽居陰，故云「別物」。乾陽物在初爲善，辯之早也。坤陰物在初爲不善，由「辯之不早辯也」。「有不善，未嘗不知」，辯之早，故「辯於物」也。恆雜而不厭。荀爽曰：夫婦雖錯居，不厭之道也。**疏**震爲長男，巽爲長女，故稱夫婦。恆自泰來，泰初四易位而成二長。虞下注云「陰陽錯居稱雜」是也。乾坤交，故雜。「終則有始」「恆久而不已」，故「不厭之道也」。損先難而後易。虞翻曰：損初之上，失正，故「先難」。終反成益，得位於初，故「後易」。「易其心而後語」。**疏**損自泰來，泰初之上，以陽居陰爲「失正」，故曰「先難」。損極則終反於下以成益，益初得正，故「後易」。「易其心而後語」，下〔一〕傳文。虞彼注云「乾爲易，益初體復心，震爲後語」。蓋據益以釋彼，故引之以證「後易」也。

益長裕而不設。虞翻曰：謂「天施地生，其益无方，凡益之道，與時偕行」，故「不設」也。疏益者，德之裕，益外體巽爲長，故曰「長裕」。説文「設，施陳也」。自然饒裕，不待設施。彖傳曰「天施地生，其益无方，凡益之道，與時偕行」，即「不設」之義也。

困窮而通。虞翻曰：陽窮否上，變之坤二成坎，坎爲通，故「困窮而通」也。疏否二之上成困，否時陽窮於上，故「變之坤二成坎」。「坎爲通」，説卦文。經曰「困亨」，亨，通也。虞彼注云「否二之上，乾坤交，故通」。彖傳曰「困而不失其所亨」，故「困窮而通」也。愚案：否窮於上而通於二爲困，猶泰居於初而遷於五爲井也。

井居其所而遷。韓康伯曰：「改邑不改井」，井所居不移，而能遷其施也。疏泰初之五爲井，五折坤爲「改邑」，初「舊井」爲「不改井」。遷，改也。舊井在初不改，爲「所居不移」。在初爲「井泥不食」，改之五爲寒泉之食，是「能遷其施也」。故「居其所而遷」也。

巽稱而隱。崔覲曰：言巽「申命行事」，是稱揚也。陰助德化，是微隱也。自此以下，明九卦德之體者也。疏即王氏所謂「稱揚命令，而百姓不知其由也」。有此九卦德之體，然後有前九卦德之用，故云「明九卦德之體」也。愚案：「稱」从禾，説文「禾，木也。木王而生。从木，从𠂹」。巽爲木，故言「稱」。説文「稱，銓也」。春分而禾生。夏至晷景可度，禾有秒。秋分而秒定。巽在卦氣爲八月卦，秋分而秒定，可稱度也，故巽言「稱」。虞注「齊乎巽」云「巽陽隱初」。蓋乾伏巽初，龍德而隱，故爲隱也。又震隱巽初，「其究爲躁卦」是也。震春分卦，禾始生於震，故「稱而隱」也。

履以和行。虞翻曰：「禮之用，和爲貴」，謙震爲行，故「以和行」也。疏「禮之用，和爲貴」，論語文。「履者，

〔一〕「下」，原本作「上」，據所引繫下文正。

禮也」。禮勝則離，故貴於和。履與謙通，謙坤爲和，震爲行，故「以和行也」。

謙以制禮。虞翻曰：陰稱禮。謙三以一陽制五陰，萬民服，故「以制禮」也。疏坤陰稱禮。樂記曰「大禮必簡」，又曰「禮以地制」，故「陰稱禮」也。虞書曰「脩五禮」，謙有五陰爲五禮。三以一陽制五陰，卽制五禮也。坤爲萬民，故三象曰「萬民服也」。以陽制陰，故「以制禮也」。

復以自知。虞翻曰：「有不善，未嘗不知」，故「自知」也。疏復初有不善，未嘗不知，故言知。蓋乾以知來，坤爲自。以乾通坤，故「自知也」。

恆以一德。虞翻曰：「恆德之固」，「立不易方」，「從一而終」，故「一德」者也疏從一故固，從一故不易。「從一而終」，故曰「一德」。愚案：恆自泰來，泰乾爲德，五爲卦主，五爻辭曰「恆其德」。象曰「從一而終」，虞彼注云「一謂初。終變成益，以巽應初震，故從一〔一〕而終」。恆德從一，故曰「恆以一德」。

損以遠害。虞翻曰：坤爲害。泰以初止坤上，故「遠害」。乾爲遠。疏損自泰來，泰坤陰爲害。泰初之坤上成艮，艮爲止，故云「以初止坤上」。以乾止坤，乾爲遠，故「遠害」也。

益以興利。荀爽曰：「天施地生，其益无方」，故「興利」也。疏益自否來，乾下之坤爲「天施」，之坤成震爲「地生」。「日進无疆」，故「其益无方」。愚案：釋言「興，起也」。內體「震，起也」，故曰興。外體「巽，爲近利市三倍」，故以「興利」。

困以寡怨。虞翻曰：坤爲怨。否弒父與君，乾來上折坤二，故「寡怨」。坎水性通，故不怨也。疏坤陰爲怨。困自否來，否三弒父與君，否乾下折坤二，則不弒逆，怨讟不作，故「寡怨」。二體坎，坎水性通，「困窮而通」，故不怨也。愚案：困象傳曰「險以說」，五象曰「乃徐有說」。二坎爲險不正，故困二變應五，五兑爲說，說則不怨，故「困以寡怨」。

井以辨義。虞翻曰：坤爲義。以乾別坤，故「辨義」也。疏坤爲義門，故爲義。

〔一〕「一」字原脱，據陳校本補。

泰初之五成井，以乾初別坤五，故曰「辨義也」。巽以行權。九家易曰：巽象號令，又爲近利。人君政教，進退擇利，而爲權也。春秋傳曰「權者，反於經，然後有善者也」。此所以説九卦者，聖人履憂，濟民之所急行也。故先陳其德，中言其性，後叙其用，以詳之也。西伯「勞謙」，殷紂驕暴。臣子之禮有常，故創易道，以輔濟君父者也。然其意義，廣遠幽微。孔子指撮解此九卦之德，合三復之道。明西伯之于紂，不失上下。**疏**巽風有聲，故「象號令」。近利市三倍，故「又爲近利」。人君德教，即「象號令」者也。巽爲進退，故言「進退擇利，而爲權也」。「權者，反於經，然後有善者也」。桓十一年公羊傳文。王注「權反經而合道」。蓋巽陽隱初，震巽特變，巽其究成震，以消爲息，故曰「巽以行權」。此以下，釋所以説九卦之義也。始於「履以和行」，終於「巽以行權」。上云「作易者，其有憂患乎」，又曰「因貳以濟民行」，故云「聖人履憂，濟民之所急行也」。先言九卦，陳其德也。中言九卦，言其性也。後言九卦，叙其用也。次言謙爲德柄，驕與謙反，故言西伯「勞謙」，以事殷紂驕暴之主。尋九卦所自來，皆不外乾坤。乾爲君爲父，則坤有臣道子道。「謙以制禮」，故言「臣子之禮有常，創易道，以輔濟君父者也」。叙其用，故「廣遠」。陳其德，言其性，故「幽微」。孔子指撮九卦解之，始陳德，中言性，終叙用，合三復之道。首言上天下澤爲履，故明西伯之于紂，不失上下之常也。愚案：玉篇「權，稱錘也」。前言「巽稱而隱」，此云「巽以行權」，皆取於巽木爲禾，禾秒起分之義。説文「稱」字云「律數十二秒當一分，十分爲寸。其重以十二粟爲一分，十二分爲銖。故諸程品皆从禾」。是「稱」之有權，皆取於巽木爲禾之義。又巽爲進退，孟子曰「權，然後知輕重」。蓋一進一退，則輕重可知。反震爲行，故曰「巽以行權」。

易之爲書也，不可遠。侯果曰：居則觀象，動則玩占，故「不可遠」也。**疏**「書」謂文王所書六爻之辭。「遠」，馬王肅韓袁萬反，謂遠之也。如論語「敬鬼神而遠之」之「遠」也。君子居則觀其象而翫其辭，動則觀其變而翫其占」，故「不可遠也」。**爲道也，婁遷。**虞翻曰：遷，徙也。日月周流，上下無常，故「婁遷」也。疏「遷，徙」，釋詁文。「日月」謂坎離，爲乾坤二用。日月周流六位，如出震、見兑、盈乾、退巽、消艮、滅坤之類，故「婁遷也」。**變動不居，周流六虚。**虞翻曰：變，易。動，行。六虚，六位也。日月周流，「終則復始」，故「周流六虚」。謂甲子之旬辰巳虚。坎戊爲月，離己爲日，入在中宫，其處空虚，故稱「六虚」。五甲如次者也。疏夏官司爟「四時變國火」，鄭注「變，猶易也」。震，動也。震爲足，爲行，故云「動，行」。六虚，謂六爻之位也。參同契曰「日合五行精，月受六律紀，五六三十度，度竟復更始」，故云「日月周流，終則復始」。「六位」謂之「六虚」者，六甲孤虚法也。天有六甲，地有五子。日辰不全，故有孤虚。裴駰云「甲子旬中无戌亥，戌亥爲孤，辰巳爲虚」。坎納戊，離納己。參同契曰「天地設位，而易行乎其中矣。易謂坎離。坎離者，乾坤二用。二用无爻位，周流行六虚，往來既不定，上下亦无常。幽潛淪匿，變化於中，包囊萬物，爲道紀綱。以无制有，器用者空，故推消息，坎離滅亡」。又云「坎戊月精，離己日光。日月爲易，剛柔相當。土王四季，羅絡始終，青赤黑白，各居一方，皆稟中宫，戊己之功」。故云「入在中宫，其處空虚」。故稱六虚也。「五甲如次」者，謂甲戌旬中无申酉，申酉爲孤，寅卯爲虚。甲申旬中无午未，午未爲孤，子丑爲虚。甲午旬中无辰巳，辰巳爲孤，戌亥爲虚。甲辰旬中无寅卯，寅卯爲孤，申酉爲虚。甲寅旬中无子丑，子丑爲孤，午未爲虚。故云「五甲如次者也」。**上下无常，剛柔相易。**虞翻曰：「剛柔者，晝夜之象也」。在天稱上，入地爲下，故「上下无常」也。疏日月出入，以成晝夜，故曰「剛柔者，晝夜之象也」。「在天稱上，在地稱下」，指日月也。謂易爻相易位，法日月之晝夜。乾三晝法天，坤三晝法地。六爻之變，剛動柔應，柔動剛應，常二五、初

四、三上上下相易。如日月之晝夜互在天，故曰「上下无常，剛柔相易」也。**不可爲典要，唯變所適。**虞翻曰：典要，道也。上下无常，故「不可爲典要」。適乾爲晝，適坤爲夜。侯果曰：謂六爻剛柔相易，遠近恆唯變所適，非有典要。

疏 虞注：釋言「典，經也」。舜典「愼徽五典」，孔傳「五典，五常之教」，即下傳「既有典常」是也。孝經曰「先王有至德要道」，故云「典要，道也」。六爻之變，「上下无常」，故不可以常道拘也。鄭注大學云「之，適也」。是「適」謂之卦也。如乾五變之大有，故云「唯變所適」。剛柔者，晝夜之道。故云「適乾爲晝，適坤爲夜」。柔變剛，適乾也。剛變柔，適坤也。侯注：下傳云「遠近相取」，崔彼注云「遠謂應與不應，近謂比與不比。或取遠應而舍近比，或取近比而舍遠應」。故謂六爻之動，剛柔相易，或遠應，或近比，唯變爻所適，不可執以常法也。**其出入以度，外內使知懼，**虞翻曰：出乾爲外，入坤爲內。日行一度，故「出入以度」。出陽知生，入陰懼死，「使知懼」也。韓康伯曰：明出入之度，使物知外內之戒也。「出入」猶行藏，「外內」猶隱顯。遯以遠時爲吉，豐以幽隱致凶，漸以高顯爲美，明夷以處昧利貞，此外內之戒也。**疏** 虞注：月三日出震爲「出乾」，十六日退巽爲「入坤」。出震明在外，是「出乾爲外」也。入巽明在內，是「入坤爲內」也。六十卦三百六十爻，爻當一日，法日月之行度，故「出入以度」。爻變雖无典要，常依日月消息，出入陰陽，而死生分焉。「出陽」謂出震，出震爲生明，故「出陽知生」明〔一〕。「入陰」爲〔二〕入巽，至坤爲死魄，故「入陰懼死」。出外知生，入內懼死，庶「知進退存亡，而不失其正」也。韓注：此以行藏隱顯，明出入外內之義。言行藏各有常度，不可不明其度而知外內之戒也。如遯時「與時行

〔一〕「明」字衍，據陳校本刪。

〔二〕「爲」當爲「謂」，據陳校本正。

也」，則當入在內，故「以遠時爲吉」。如豐時「宜照天下也」，則當出在外，故「以幽隱致凶」。如漸時「往有功也」，則當出在外，故「以高顯爲美」。如明夷時「晦其明也」，則當入在內，故「以處昧利貞」。是出入有度。而或外或內，當使知而懼之，乃不失其常也。

又明於憂患與故。 虞翻曰「神以知來」，故「明憂患」。「知以藏往」，故知事故。「作易者，其有憂患乎」。

疏 「神以知來」，乾也。憂患，未來者也。乾神，故「明憂患」。「知以藏往」，坤也。事故，已往者也。坤知，故明事故。作易者有憂患，故「又明于憂患與故」。

无有師保，如臨父母。 虞翻曰：臨，見也。言陰陽施行，以生萬物。无有師保，生成之者。萬物出生，皆如父母。孔子曰「父母之道天地」。乾爲父，坤爲母。干寶曰：言易道以戒懼爲本，所謂「懼以終始」，歸无咎也。外爲丈夫之從王事，則「夕惕若厲」。內爲婦人之居室，則「无攸遂」也。雖无師保切磋之訓，其心敬戒，常如父母之臨己者也。

疏 虞注：釋詁「臨，視也」。説文「見，視也」。故云「臨，見也」。易道變化，則陰陽施行，以生萬物，盡有乾坤之德。師保，亦乾坤也。乾嚴爲師，坤安爲保。謂六十四卦，无乾坤之生成。萬物資之，皆如乾父坤母。孔子曰「父母之道天地」，即泰誓所謂「惟天地萬物父母」是也。乾爲父，坤爲母，故曰「如臨父母」。干注：中庸曰「戒慎乎其所不睹，恐懼乎其所不聞」。乾初憂違，坤初早辨，故「言易道以戒懼爲本」。下傳云「懼以終始，其要无咎」，虞彼注云「乾道終日乾乾，故无咎」。所謂「懼以終始，歸无咎也」。在外則爲丈夫之從王事，如乾之九三「夕惕若厲」是也。在內爲婦人之居室，如家人之六二「无攸遂」是也。雖无師保之訓，而心常戒懼，如父母之臨己，所以終无咎也。

初帥其辭而揆其方， 虞翻曰：初，始，下也。帥，正也。謂脩辭立誠。方，謂坤也。以乾通坤，故「初帥其辭而揆其方」。侯果曰：率，脩。方，道也。言脩易初首之辭，而度其終末之道。盡有典常，非虛設也。

疏 虞注：陽始於初九，故云「初，始」。易氣自下生，初陽在下，故云「下也」。

論語曰「子帥以正」，故云「帥，正也」。「帥其辭」，謂「修辭立誠」也。坤六二曰「直方大」，故「方，謂坤也」。「以乾通坤」，初變爲震，震爲辭。乾元正於復初，是「初帥其辭」也。揆，度也。復體本坤，乾元正之，故「揆其方」也。侯注：乾曰「脩辭立其誠」，故訓「帥」爲「脩」。鄭注周禮「帥，循也」。「脩」「循」隸相近，疑「脩」當作「循」也。方，道也。從馬訓也。言帥循其初首之辭，而揆度其終末之道。則知易盡有典常，辭非虛設也。**既有典常。苟非其人，道不虛行。**虞翻曰：其出入以度，故有典常。苟，誠也。其人，謂乾爲賢人。「神而明之，存乎其人」，不言而信，謂之德行，故「不虛行」也。崔覲曰：言易道深遠，若非聖人，則不能明其道。故知易道不虛而自行，必文王然後能弘也。**疏**虞注：乾元正初，通坤爲復，則陰陽消息，出入各以常度。既，盡也。故盡有典常也。郭璞三倉解詁曰「苟，誠也」。「其人謂乾爲賢人」者，乾初爲賢人也。乾爲神、爲大明，故「神而明之，存乎其人」。乾爲德、爲行，震爲言行。陽潛不動，故「不言而信，存乎德行」。中庸曰「待其人而後行」，故「不虛行也」。崔注：易道深遠，非聖人不能明，即非聖人不能行。論語曰「人能弘道，非道弘人」。故必文王，然後能弘也。

易之爲書也，干寶曰：重發「易」者，別殊旨也。**疏**重發「易之爲書」，與前殊旨也。此下皆言六爻之辭。

原始要終，以爲質也。虞翻曰：質，本也。以乾原始，以坤要終。謂「原始及終，以知死生之説」。崔覲曰：質，體也。言易之書，原窮其事之初，若初九「潛龍勿用」，是「原始」也。又要會其事之末，若上九「亢龍有悔」，是「要終」也。易原始潛龍之勿用，要終亢龍之有悔，復相明以爲體也。諸卦亦然，若「大畜而後通」之類是也。**疏**虞注：樂記「禮之質也」，鄭注「質，猶本也」。乾元「萬物資始」，故「以乾原始」。坤用六「以大終」，故「以坤要終」。乾爲生，坤爲死，故「原始及終，以知死生之説」。引上傳文，以證其義也。「爲質也」者，謂出入知懼也。崔注：孔疏義與此同。正義云「質，體也」。言易之爲書，原窮其事之初始，乾初九「潛龍勿用」，是「原始」也。又要會其事之末〔一〕終，若上九「亢龍有悔」，是「要終」也。言易以原始要終，以爲體質也。此潛龍亢龍，是一卦之始終也。諸卦亦然。若大畜初畜而後通，皆是也。亦有一爻之中，原始要終也。故坤卦之初六「履霜堅冰至」，履霜，是原始也。堅冰至，是要終也。　愚案：「帝出乎震」，原始也。「成言乎艮」要終也。詩毛傳云「質，成也」。謂艮成終而成始也。故曰「原始要終，以爲質也」。

六爻相雜，唯其時物也。

虞翻曰：陰陽錯居稱雜。時陽則陽，時陰則陰，故「唯其時物」。乾陽物，坤陰物。　干寶曰：一卦六爻，則皆雜有八卦之氣。若初九爲震爻，九二爲坎爻也。或若見辰戌言艮，巳亥言兑也。或若以甲壬名乾，以乙癸名坤也。或若以午位名離，以子位名坎。或若德來爲好物，刑來爲惡物。王相爲興，休廢爲衰。**疏**虞注：六爻有陰有陽，故云「陰陽錯居稱雜」。「剛柔者，晝夜之象也」，故「時陽則陽，時陰則陰」。「乾，陽物也。坤，陰物也」。陰陽錯雜，有時有物，故曰「唯其時物也」。　干注：一卦六爻，而八卦之氣相雜。若乾初九之坤爲震爻，九二之坤爲坎爻之類也。或若艮宮內丙辰，外丙戌，故「見辰戌言艮」。兑宮內丁巳，外丁亥，故「巳亥言兑也」。或若乾納甲壬，故「以甲壬名乾」。坤納乙癸，故「以乙癸名坤也」。或若離南方之卦，午位南，故「以午位名離」。坎正北方之卦，子位北，故「以子位名坎」。或若受生爲德，爲好，故「德來爲好物」。克害爲刑，爲惡，故「刑來爲惡物」。八卦分屬五行，有興有衰，故「王相爲興，休廢爲衰」。

其初難知，其上易知，本末也。

侯果曰：「本末」，初上也。初則事微，故「難知」。上則事彰，故「易知」。**疏**大過彖傳曰「本末弱也」，向秀彼注云「由於初上兩爻陰也」，故「本末」謂「初上也」。「幾者，動之微」，幾謂初。初則事微，故「難知」。「爻象動於內，吉凶見於外」，外謂上。

〔一〕「末」，原本作「未」，據陳校本正。

上則事彰，故「易知」也。**初辭擬之，卒成之終。**干寶曰：初擬議之，故難知。卒終成之，故易知。本末勢然也。侯果曰：失在初微，猶可擬議而之福。過在卒成事之終極，非擬議所及，故曰「卒成之終」。假如乾之九三，噬嗑初九，猶可擬議而之善至。上九則凶災不移，是事之「卒成之終」，極凶不變也。疏干注：初辭擬議未定，故難知。上爲卦終，事皆成著，故易知。承上本末言之，其勢然也。侯注：失在初微，猶可擬議，變而之福。如「不遠復，无祇悔」是也。若過在卒成事已終極，則非擬議所及，所謂「成事不説」，故曰「卒成之終」。如下所引乾與噬嗑是也。乾之九三，噬嗑初九，皆言无咎。「无咎者，善補過者也」，故猶可擬議而之善。乾至上九，則「亢龍有悔，窮之災也」。噬嗑至上九，則「何校滅耳，凶」。故曰「凶災不移，是事之卒成之終，極凶不變也」。愚案：上傳曰「擬之而後言」。虞彼注云「以陽擬坤而成震，震爲言，故擬之而後言」。蓋震陽動於初擬之後言，故曰「初辭擬之」。説卦曰「艮，東北之卦也。萬物之所成終而成始也，故曰成言乎艮」。虞彼注云「萬物成始乾甲，成終坤癸。艮東北是甲癸之閒，故萬物之所成終而成始也」。蓋艮陽終於上，萬物成終，故曰「卒成之終」。卽前「原始要終以爲質」也。**若夫雜物撰德，辨是與非，則非其中爻不備。**虞翻曰：撰德謂乾。辨，別也。是謂陽，非謂陰也。中，正。乾六爻，二四上非正。坤六爻，初三五非正。故雜物「因而重之，爻在其中」。故非其中，則爻辭不備。「道有變動，故曰爻」也。崔覲曰：上既具論初上二爻，次又以明其四爻也。言中四爻雜合所主之事，撰集所陳之德，能辨其是非，備在卦中四爻也。疏虞注：「撰德謂乾」者，撰，數也。乾爲德。數乾之德也。辨，分別也。陽善陰惡，故「是謂陽，非謂陰也」。六爻不皆正，故中謂正也。乾六爻，二四上失位。坤六爻，初三五失位。皆不正。乾鑿度曰「陰陽失位爲不正」是也。陰陽錯居，故曰「雜物」也。因而重之，爲六十四卦。爻貴得中，故位「非其中，則爻辭不備」。謂有凶悔吝也。「道有變動故曰爻」，下傳文。爻不中則有變動，謂六爻時物也。崔注：此備論「六爻相雜，惟其時物」之義。上言本末，止論初上二爻。此明中四爻，所以備六爻也。蓋中四爻雜合所主之事物，撰集所陳之德行，合初上二爻，以辨其是非，故非卦中四爻不備，若互卦約象是也。以互卦説易，始於左氏，其義最古。後儒欲矯而廢之，遂並經文之言互象者亦疑之。此傳明云「非其中爻不備」，孔子之言，確有明徵。後儒之疑，不獨背左氏，且畔孔子矣不亦過乎。

噫！亦要存亡吉凶，則居可知矣。虞翻曰：謂知存知亡，要終者也。居乾吉則存，居坤凶則亡，故曰「居可知矣」。崔覲曰：噫，歎聲也。言中四爻，亦能要定卦中存亡吉凶之事，居然可知矣。孔疏扶王弼義，以此「中爻」爲二五之爻，居中无偏，能統一卦之義，事必不然矣。何則？上文云「六爻相雜，唯其時物」，言雖錯雜而各獨會於時，獨主於物。豈可以二五之爻，而兼其雜物撰德、是非存亡吉凶之事乎。且二五之撰德與是，要存與吉則可矣。若主物與非，要亡與凶，則非其所象，故知其不可也。且上論初上二爻，則此「中」總言四爻矣。下論二四三五，則是重述其功位者也。**疏**虞注：謂「知存知亡」爲「要終」者，「原始要終」，則知存亡也。乾爲吉，陽爲存，故「居乾吉則存」。坤爲凶，陰爲亡，故「居坤凶則亡」。謂要卦之終，以知存亡。視爻所居，以知吉凶也。崔注：周頌「噫嘻成王」，毛傳「噫，歎也」，故云「歎聲」。中四爻得位與否，亦能要定存亡吉凶之事，故居然可知也。孔扶王義，以二居下中，五居上中，故云「居中无偏，能統一卦之義」。然上文云「六爻相雜，唯其時物」，則不能一爻獨會於時，獨主於物。豈可以二五兩爻，兼雜物撰德，是非存亡吉凶之事乎。且二五得中得正，撰德與是，要存與吉，義猶可矣。即不得正，而猶得乎中，又何至有主物與非，要亡與凶乎。故非其所象，而知其不可也。且上論初上二爻，此論中四爻。下論二與四，三與五，則是承中爻之義，而重述其功位。以此證之，則中爻爲中四爻，益无疑矣。　愚案：上傳曰「君子所居而安者，易之象也」。又曰「居則觀其象而翫其辭」，蓋吉凶存亡，存乎其辭。居而不動則翫辭，故「居可知矣」。下言觀辭，卽觀象翫辭之事也。**智者觀其彖辭，則思過半矣。**韓康伯曰：夫彖舉立象之統，論中爻之義，約以存博，簡以兼衆，雜物撰德，而一以貫之者也。形之所宗者道，衆之所歸者一。其事彌繁，則愈滯乎有。其理彌約，則轉近乎道。彖之爲義，存乎一也。一之爲用，同乎道矣。形而上者，可以觀道。過半之益，不亦宜乎。**疏**王韓之義，蓋以中爻爲二五得中。謂一爻可貫六爻，故云「一以貫之」也。意求玄渺，辭愈支離。雖經孔疏詳釋，然於觀象過半之義，究屬難通，今不取也。上傳曰「象者，言乎象者也」，又曰「君子居則觀其象而翫其辭」。下傳曰「彖者，材也」，虞彼注云「彖説三才，則三分天象以爲三才」。蓋彖辭總論一卦六爻之義。未動爲居，故居則觀其全象而翫其彖辭。卽其彖辭，可得全卦之義。如屯以初爲侯，蒙以二爲師，師以二爲丈人，比以五爲君，六爻之辭，皆因此而推廣之。故「觀其彖辭，則思過半矣」。

二與四同功韓康伯曰：同陰功也。崔覲曰：此重釋中四爻，功位所宜也。二主士、大夫位，佐于一國。四主三孤、三公、牧伯之位，佐于天子。皆同有助理之功也。**疏**韓注：二與四皆陰，故云「同陰功也」。五，陽也。二應五，四承五，同有助陽之功，故曰「同功」。崔注：此承前「非其中爻不備」，故云「重釋中四爻，功位所宜也」。爻位二爲大夫位，三爲諸侯位。二所以助三，舉大夫而兼士，以助國君于三。四爲諸公位，五爲天子位。四所以助五，舉三公而兼及三孤、牧伯，以佐天子于五。「同有助理之功」，故曰「同功」。**而異位。**韓康伯曰：有外内也。崔覲曰：二士大夫位卑，四孤公牧伯位尊，故有異也。**疏**韓注：二在内體，四在外體，故云「有外内也」。崔注：士大夫位卑，孤公牧伯位尊，故云「異位」也。

愚案：二至四爲互象，故曰「同功」。不同內卦，故曰「異位」也。其善不同。二多譽，四多懼，近也。韓康伯曰：二處中和，故「多譽」也。四近于君，故「多懼」也。疏二處中和之位，上應乎五，故爻辭「多譽」。四近天子之位，又不得中，上逼于五，故爻辭「多懼」。柔之爲道，不利遠者，崔覲曰：此言二四皆陰位，陰之爲道，近比承陽，故不利遠矣。疏意以二四皆陰，比陽爲利，故「不利遠者」。愚案：二本陰位在內爲近，四在外體則遠矣。四多懼，故「不利遠者」。其要无咎，其用柔中也。崔覲曰：言二是陰，遠陽雖則不利，其要或有无咎者。以二柔居中，異于四也。疏意謂二雖遠陽，亦无不利。以柔中，異四也。愚案：此承「二多譽」言也。二「要无咎」者，以六居二，得中得位，故曰「其用柔中」。若九在二而亦无咎者，以變陰得正而善用柔中也。三與五同功而異位。韓康伯曰：有貴賤也。崔覲曰：三諸侯之位，五天子之位。同有理人之功，而君臣之位異者也。疏韓注：三賤五貴，故有貴賤也。崔注：爻位三爲諸侯，五爲天子。同有理人之功，故「同功」。五天子爲君，三諸侯爲臣。君臣之位異，故曰「異位」。愚案：三至五爲約象，故曰「同功」。不同外卦，故曰「異位」。三多凶，五多功，貴賤之等也。崔覲曰：三處下卦之極，居上卦之下。爲一國之君，有威權之重。而上承天子，若无含章之美，則必致凶。五既居中不偏，貴乘天位，以道濟物，廣被寰中，故「多功」也。疏此言三爲諸侯，居臣位以治乎國。上制天子之命，故「多凶」。五爲天子，居天位以治天下。下得諸侯之助，故「多功」。愚案：三失中，故爻辭「多凶」。五得中，故爻辭「多功」。「列貴賤者存乎位」，五爲君位，三爲臣位，故曰「貴賤之等也」。其柔危，其剛勝邪。侯果曰：三五陽位，陰柔處之，則多凶危。剛正居之，則勝其任。言「邪」者，不定之辭也。或有柔居而吉者，居其時也。剛居而凶者，失其應也。疏三五陽位，以陰柔處之爲失正，故多凶危。以陽剛居之爲得正，故勝其任。復言

「邪」以示不定之辭者，或有柔居之而亦吉者，時當柔也。否則善變。得正也。或有剛居之而亦凶者，失正應也。否則私其所應。如乾鑿度所云，其應實而有之皆失義是也。**易之爲書，廣大悉備。**荀爽曰：以陰易陽謂之廣，以陽易陰謂之大。「易與天地準」，固「悉備」也。**疏**易，交易也。坤廣生，故「以陰易陽謂之廣」。乾大生，故「以陽易陰謂之大」。「易與天地準」，上傳文。虞彼注云「準，同也」。上傳又曰「夫易廣矣大矣，以言乎天地之間則備矣」。故「悉備也」。**有天道焉，有人道焉，有地道焉。**崔覲曰：言易之爲書明三才。廣无不被，大无不包。悉備有萬物之象者也。**疏**說卦曰「立天之道曰陰與陽，立地之道曰柔與剛，立人之道曰仁與義」。故「言易之爲書明三才」也。廣，故无不被。大，故无不包。悉備，故有萬物之象也。**兼三才而兩之，故六。六者非它也，三才之道也。**崔覲曰：言重卦六爻，亦兼天地人道。兩爻爲一才，六爻爲三才，則是「兼三才而兩之，故六」。六者，即三才之道也。**疏**三畫備三才之道，重卦六爻亦兼天地人之道。初二爲地道，三四爲人道，五上爲天道，故云「兩爻爲一才，六爻爲三才」。說卦曰「兼三才而兩之，故易六畫而成卦」。虞彼注云「謂參天兩地，乾坤各三，而成六畫之卦數也」。蓋庖犧分天象爲三才，以地兩之。所謂「因而重之，爻在其中」。六爻之動，還依三才，故「六者非他，即三才之道也」。**道有變動，故曰爻。**陸績曰：天道有晝夜日月之變，地道有剛柔燥溼之變，人道有行止動靜吉凶善惡之變。聖人設爻，以效三者之變動，故謂之爻者也。**疏**「道」即三才之道，故歷言天地人之變以明之。下〔一〕傳曰「爻也者，效天下之動者也」。虞彼注云「動，發〔二〕也」，故云「聖人設爻，以

〔一〕「下」，原本作「上」，據所引繫下文。

〔二〕「發」，原本作「變」，據虞「爻也者，效天下之動者也」注正。

效三者之變動」。「兩三才爲六畫，則發揮於剛柔而生爻」，故謂之爻也。

爻有等，故曰物。干寶曰：等，羣也。爻中之義，羣物交集。五星、四氣、六親、九族、福德、刑殺、衆刑萬類，皆來發於爻，故總謂之物也。象「頤中有物曰噬嗑」，是其義也。**疏** 曲禮曰「見同等不起」，故謂等爲羣也。言乎天地之間則備，故「爻中之義，羣物交集」。五星，謂金木水火土，天之經星也。四氣，亥卯未木也，寅午戌火也，巳酉丑金也，申子辰水也。土兼其中，故四。六親、九族，即火珠林法也。京房積算法，天地爲義爻，陸績謂即父母也。同氣爲專爻，即兄弟也。福德爲寶爻，即子孫也。以及官爲夫，即鬼爲繫爻。財爲妻，即財爲制爻。福，即德也。刑，即殺也。「地成形」，故曰「衆形」。「方以類聚」，故曰「萬類」。其象「皆來發於爻，故總謂之物也」。「頤中有物曰噬嗑」，噬嗑象傳文。引之以明爻亦名物之義。案：王氏注「等，類也」。「乾，陽物也。坤，陰物也」。爻有陰陽之類，而後有剛柔之用，故曰「爻有等故曰物」。

物相雜，故曰文。虞翻曰：乾，陽物。坤，陰物。純乾純坤之時，未有文章。陽物入坤，陰物入乾，更相雜成六十四卦，乃有文章，「故曰文」。**疏**「乾，陽物。坤，陰物」，上傳文。純乾純坤，陰陽未變，其時未有文章。鄭語曰「物一無文」是也。乾坤交通，故「陽物入坤，陰物入乾」，而成六子。八卦更相錯雜，成六十四卦，剛文柔，柔文剛而文章成焉。說文曰「文，錯畫也」。蓋即「物相雜，故曰文」之義也。

文不當，故吉凶生焉。干寶曰：其辭爲文也。動作云爲，必考其事，令與爻義相稱也。事不稱義，雖有吉凶，則非今日之吉凶也。故「元亨利貞」而穆姜以死，「黃裳元吉」南蒯以敗。是所謂「文不當」也。故於經，則有「君子吉，小人否」。於占，則王相之氣，君子以遷官，小人以遇罪也。**疏** 襄二十五年左傳「非文辭不爲功」，故云「其辭爲文也」。凡「動作云爲」，必事與義稱，吉凶乃協。若事不稱義，其吉凶不足憑也。襄九年傳「穆姜薨於東宮。始往而筮之，遇艮之八。史曰『是謂艮之隨，隨其出也』。姜曰『亡是。於周易曰「隨元亨利貞无咎」。有四德者，隨而无咎。我皆無之，豈隨也哉。必死於此，弗得出矣』」，故云「元亨利貞而穆姜以死」。昭十二年傳「南蒯之將叛也，枚筮之，遇坤之比。曰『黃裳元吉』，以爲大吉也。惠伯曰『吾嘗學此矣。忠信之事則可，不然必敗』」。故云「黃裳元吉南蒯以敗」。二者皆所謂「文不當」也。「君子吉，小人否」，遯九四爻辭。言君子遇之則吉，小人則否也。「於占則王相之氣」，此火珠林法。言五行四氣之王，君子占之則遷官，小人占之則遇罪也。皆引之以明事必稱義之義。案：義不當，謂陰陽不當位。當則生吉，不當則生凶，故「吉凶生焉」。

易之興也，其當殷之末世，周之盛德邪，當文王與紂之事邪。

虞翻曰：謂文王書易六爻之辭也。末世，乾上。盛德，乾三也。文王三分天下而有其二，以服事殷，周德其可謂至德也，故「周之盛德」。紂窮否上，「知存而不知亡」，知得而不知喪」，終以焚死，故「殷之末世」也。而馬荀鄭君從俗，以文王爲中古，失之遠矣。

疏 六十四卦畫於庖犧，至文王始書易六爻之辭，以明吉凶悔吝。「末世」謂乾上，「亢龍有悔」，紂是也。「盛德」謂乾三，「君子終日乾乾」，文王是也。庖犧位乾五，文王位乾三也。「三分」至「至德矣」，論語文。「至德」即「盛德」，故曰「周之盛德」。否上即乾上，故云「紂窮否上」。「知存而不知亡，知得而不知喪」，乾上九文言文。史記周本紀「武王使師尚父致師，以大卒馳紂師。紂兵皆奔，畔紂，紂走，反入，登鹿臺，蒙衣其珠玉，自燔於火」，故云「終以焚死」。當殷之末世，正周之盛德，是當文王與紂之事也。馬融荀爽鄭玄從三古之說，謂文王爲中古，虞氏不取，故云「失之遠矣」。

是故其辭危。

虞翻曰：「危」謂乾三。「夕惕若厲」，故「辭危」也。

疏 此承上「周之盛德」，文王位乾三，故「危謂乾三」也。乾三爻辭曰「夕惕若厲」。文言曰「乾乾因其時而惕，雖危无咎矣」。文王處惕厲之時，故「辭危也」。

危者使平，

陸績曰：文王在紂世，有危亾之患，故於易辭，多趨危亡。本自免濟，建成王業，故易爻辭，「危者使平」，以象其事。否卦九五「其亡其亡，繫于包桑」之屬是也。疏危則能平，文王之事也。文在紂世，囚於羑里。蒙難艱貞，當有危亡之患。故於易辭，多以危亡爲戒。文王之意，本自免濟，以建成王業，故於爻辭，皆「危者使平」，以象其事。否九五曰「其亡其亡，繫于包桑」，荀彼注云「陰欲消陽，由四及五，故曰其亡其亡。桑者，上玄下黃，以象乾坤。乾職在上，坤體在下。雖欲消乾，繫其本體，不能亡也」。此卽「危者使平」之意。舉否五以例其餘。如乾三文言曰「終日乾乾，與時偕行」，皆是也。易者使傾。陸績曰易，平易也。紂安其位，自謂平易，而反傾覆。故易爻辭「易者使傾」，以象其事。明夷上六「初登于天，後入于地」之屬是也。疏釋詁「平、均、夷、弟，易也」。莊子刻意篇「聖人休休焉，則平易矣」，故云「易，平易也」。易則必傾，紂之事也。紂安其位，乃曰「吾有民有命」，卒至商罪貫盈，天命誅之，是「自謂平易，而反傾覆」。故于爻辭，必「易者使傾」，以象其事。明夷上六曰「初登于天，後入于地」。明夷自晉來，虞彼注云「晉時在上麗乾，故『登于天，照四國』。今反在下，故『後入于地，失其則』」。侯注云「況紂之時也」。此卽「易者使傾」之意，舉明夷以概其餘也。如乾上九「亢龍有悔，盈不可久也」，皆是也。案：泰九三曰「无平不陂」，虞彼注「陂，傾，謂否上也。平謂三。天地分，故平。天成地平，謂『危者使平，易者使傾』」。其道甚大，百物不廢。虞翻曰：「大」謂乾道。乾三爻三十六物，故有百物。略其奇八，與大衍之五十同義。疏乾彖曰「大哉乾元」，又曰「乾道變化」，故「大謂乾道」。乾陽爻九，四之爲三十六，三爻積爲一百八，略其奇數八，一爻當一物，故稱百物。與天地之數五十有五，大衍略其奇五爲五十，其義同也。愚案：乾之一陽始出于震，震初以恐懼致福，有危象焉。陽息至三，內乾已成，厲而得正，故「雖危无咎」。乾三，卽泰三也。三言往復平陂，而易之大道備矣。陂往，卽危傾也。平復，卽平易也。「无往不復」，卽「危者使平」也。「无平不陂」，即「易者使傾」也。蓋「易窮則變，變則通，通則久」，故曰「其道甚大，百物不廢」也。**懼以終始，其要无咎。此之謂易之道也。**虞翻曰：乾稱易道。「終日乾乾」，故无咎。「危者使平，易者使傾」，「惡盈」「福謙」，故「易之道」者也。

疏 易者乾元，易道即乾道，故「乾稱易道」。乾九三「君子終日乾乾，夕惕若，厲无咎」。三居內卦之終，接外卦之始，而能惕厲，故曰「懼以終始」。「雖危无咎」，故曰「其要无咎」。蓋「懼以終始」，三百八十四爻皆然，而其要歸于无咎。「无咎者，善補過者也」。天道福謙，故「危者使平」。「地道變盈」，「人道惡盈」，故「易者使傾」。謙自乾來，上九降三，乾爲易道，故云「易之道也」。

夫乾，天下之至健也，德行恆易以知險。虞翻曰：險，謂坎也。謂乾二五之坤成坎離，「日月麗天」，「天險不可升」，故「知險」者也。**疏** 習坎，重險也，故「險謂坎也」。乾二五之坤成坎，即坤二五之乾成離。坎月離日，故「日月麗天」。論語曰「仲尼，日月也，無得而踰焉」。又曰「夫子之不可及也，猶天之不可階而升也」。故云「天險不可升也」。「乾以易知」，故「知險」也。**夫坤，天下之至順也，德行恆簡以知阻。**虞翻曰：阻，險阻也。謂坤二五之乾，艮爲山陵，坎爲水，巽高兑下。「地險山川〔一〕丘陵」，故「以知阻」也。**疏** 釋名「水出其後曰阻丘」，此以水爲險也，故云「阻，險阻也」，亦謂坎也。坤二五之乾成離，即乾二五之坤成坎。互艮爲山陵，體坎爲水。離互巽爲高，互兑爲澤。澤動而下，故云「兑下」。坤爲地，故「地險山川丘陵也」。「坤以簡能」，故「知阻也」。**能説諸心，**虞翻曰：乾五之坤，坎爲心，兑爲説，故「能説諸心」。**疏** 乾坤二五交易，坎爲心，離互兑爲説，故「能説諸心」。**能研諸侯之慮。**虞翻曰：坎心爲「慮」，乾初

〔一〕「川」，原本作「田」，據陳校本正。

之坤爲震，震爲「諸侯」，故「能研諸侯之慮」。疏坎亟心，故「爲慮」，乾初動之坤爲震，「震驚百里」，逸禮王度記「諸侯封不過百里」，故「爲諸侯」，故「能研諸侯之慮」。「能研諸侯之慮」，故能「定天下之吉凶」。「能研諸侯之慮」，故能「成天下之娓娓」，所謂「聖人成能」也。案：人謀鬼謀，百姓且與焉，未有諸侯而不與者。愛惡相攻，遠近相取，情僞相感，所謂險阻者也，則皆諸侯之險阻者也。研於慮則知，不研則不知。戲之盟，鄭惟可以庇民者是從，「將叛者其辭慚」也，非諸侯而何叛也？「叔兮伯兮，靡所與同」。叔兮伯兮，褎如充耳」，「失其守者其辭屈」也，非諸侯而何失守也？

定天下之吉凶，成天下之娓娓者。

虞翻曰：謂乾二五之坤，成离日坎月，則八卦象具。「八卦定吉凶」，故能「定天下之吉凶」。娓娓，進也。离爲龜，乾爲蓍。月生震初，故「成天下之娓娓者」，謂莫善蓍龜也。荀爽曰：娓娓者，陰陽之微，可成可敗也。順時者成，逆時者敗也。疏虞注：乾坤二五交易成坎離，坎離互艮兑震巽，則八卦象具，是亦「四象生八卦」也。陽生則吉，陰生則凶，是「八卦定吉凶」，故能定天下之吉凶」也。「娓」同「亹」。詩大雅「亹亹文王，令聞不已」。不已則進，故「亹」訓「進」也。凡事進乃成，故下言成也。「離爲龜」，說卦文。雜記曰「蓍，陽之老也」，故「乾爲蓍」。「月生震初」，是乾元也。「知險知阻」，皆以此耳。故「成天下之娓娓者，謂莫善蓍龜也」。荀注：「娓」从尾，說文「尾，微也」。論語「微生高」，國策作「尾生高」。又莊子盜跖注漢書人表注東方朔傳注，俱云「尾生卽微生高」。又漢書「尾生晦」注云「卽微生畝」。是「尾」「微」古文通，且同物。「娓」从尾，故「娓娓者，陰陽之微」。王弼云「娓娓，微妙之意」，是也。陰陽初動，成敗未形。如陽生於復，由子歷巳成乾。陰生於姤，由午歷亥成坤。是「順時者成」也。若冬行春令，夏行秋令，如月令所紀，是「逆時者敗」也。董子繁露云「春秋至意有二端，小大微著之分也。夫覽求細微於無端之處，誠知小之爲大也，微之將爲著也，吉凶未形，聖人所獨立也」，又「聖人能繫心於微而致之者也。是故春秋之道，以元之氣，正天之端，以天之端，正王之政，以王之政，正諸侯之位，五者俱正而化大行」，故曰「成天下之娓娓者」。是故變化云爲，吉事有祥，虞翻曰：祥，幾祥也，「吉之先見者也」。陽出，「變化云爲，吉事爲祥」，謂復初乾元者也。**疏** 説文「祥，福也。一云善也」。幾初動而祥已兆，故云「祥，幾祥也」。卽上傳所謂「幾者動之微，吉之先見者也」。元陽初出，「變化云爲」，由是始焉。陽爲吉爲善，故「吉事爲祥」。陽初爲復，復初卽乾，「元者，善之長」，故謂「復初乾元者也」。象事知器，占事知來。虞翻曰：「象事」謂坤，坤爲器。乾五之坤成象，故「象事知器」也。「占事」謂乾以知來。乾五動成離則翫其占，故「知來」。侯果曰：易之云爲，唯變所適。爲善則吉事必應，觀象則用器可爲，求吉則未形可覩者也。**疏** 虞注：坤發事業爲事，故「象事謂坤」。坤形爲器。乾五之坤成坎離，日月在天成象，故「象事知器」。卽「以制器者尚其象」也。乾神知來，故「占事謂乾以知來」。乾五動成離目，動則翫其占，故「知來」。卽「極數知來之謂占」也。侯注：卽韓〔一〕注所謂「變化云爲者，行其吉事，則獲嘉〔二〕祥之應。觀其象事，則知制器之方。翫其占事，則覩方來之驗」是也。天地設位，聖人成能。虞翻曰：天尊五，地卑二，故「設位」。乾爲「聖人」，「成能」，謂「能説諸心，能研諸侯之慮」，故「成能」也。崔觀曰：言易擬天地設乾坤二位，以明重卦之義，所以成聖人伏羲文王之能事者也。**疏** 虞注：天尊五，謂乾五。地卑二，謂坤二。「列貴賤者存乎位」，故設位。成能，謂能説心，能研慮。聖人體乾元，故成能也。崔注：「易與天地準」，故「言易擬天地」。易設乾坤二位。「因而重之」，爲六十四卦，「引而伸之，

〔一〕「韓」，原本作「王」，據陳校本正。

〔二〕「嘉」字原脱，據陳校本補。

觸類而長之，天下之能事畢矣」，故云「所以成聖人伏羲文王之能事者也」。人謀鬼謀，百姓與能。虞翻曰：乾爲人，坤爲鬼。乾二五之坤，坎爲謀。乾爲百，坤爲姓。故「人謀鬼謀，百姓與能」。朱仰之曰：「人謀」，謀及卿士。「鬼謀」，謀及卜筮也。又謀及庶民，故曰「百姓與能」也。疏 虞注：乾陽信爲人，坤陰詘爲鬼。乾二五之坤，成坎聰作謀，坎主耳，故爲謀也。乾册爻一百八，略奇爲百。「姓」从女生，坤爲母，故爲姓。乾坤合而成易，故「人謀鬼謀，百姓與能」。唯「聖人成能」，故「百姓與能」也。朱注：書洪範曰「謀及卿士，謀及庶人，謀及卜筮」。故以「人謀」爲卿士，「鬼謀」爲卜筮，「百姓與能」爲謀及庶人也。八卦以象告，虞翻曰：「在天成象」，乾二五之坤則八卦象成。兑口震言，故「以象告」也。疏「在天成象」，如出震見庚之類是也。乾坤二五交易成坎離，坎互震艮，離互巽兑，故「八卦象成」。兑爲口，震爲言，故「以象告也」。爻象以情言，崔覲曰：伏羲始畫八卦，因而重之，以備萬物，而告於人也。「爻」謂爻下辭，「象」謂卦下辭。皆是聖人之情，見乎繫辭，而假爻象以言，故曰「爻象以情言」。疏 伏羲始畫八卦，因而重之，爲六十四卦，三百八十四爻，萬有一千五百二十册，以備萬物之數，而告於人也。爻，爻辭也。象，卦辭也。「聖人之情見乎辭」，而假爻象以言其情，故曰「爻象以情言」。案：乾文言曰「利貞者，性情也」，是象有情也。「六爻發揮，旁通情也」，是爻有情也。乾初動爲震，震聲爲言，故「以情言」也。剛柔雜居，而吉凶可見矣。虞翻曰：乾二之坤成坎，坤五之乾成離，故「剛柔雜居」。艮爲居。「離有巽兑，坎有震艮，八卦體備，故「吉凶可見」也。崔覲曰：言文王以六爻剛柔相推，而物雜居。得理則吉，失理則凶，故「吉凶可見」也。疏 虞注：陽主升，故乾二升坤五成坎。陰主降，故坤五降乾二成離。「乾剛坤柔」，往來升降，故「剛柔雜居」。坎互艮止爲居。乾坤二五交易，成兩坎離，離互巽兑，坎互震艮。「八卦小成」，故「八卦體備」。「八卦定吉凶」，離爲見，故「吉凶可見也」。崔注：何休云「一往一來爲推」。文王以六爻剛柔相往來，而陰物陽物相雜而居。得乎易簡之理則吉，失乎易簡之理則凶，故「吉凶可見也」。**變動以利言，**虞翻曰：乾變之坤成震，震爲言，故「變動以利言」也。**疏**乾元也，變動自乾初始。乾初變之坤成震，震聲爲言。「變而通之以盡利」，故「以利言」也。如「利見大人」、「利有攸往」之類是也。**吉凶以情遷。**虞翻曰：乾吉坤凶。「六爻發揮，旁通情也」，故「以情遷」。**疏**釋詁「遷，徙也」。乾陽爲吉，坤陰爲凶。陸績乾文言注云「乾六爻發揮變動，旁通于坤，坤來入乾，以成六十四卦，故曰旁通情也」。旁通則遷，遷則吉凶之情生，故曰「吉凶以情遷」。**是以愛惡相攻而吉凶生。**虞翻曰攻，摩也。乾爲愛，坤爲惡。謂「剛柔相摩」。以愛攻惡生吉，以惡攻愛生凶，故「吉凶生也」。**疏**説文「攻，擊也」。「摩，硏也」。摩擊義相近，故云「攻，摩也」。乾體仁，故爲愛。賈逵云「惡生于陰」，坤陰，故爲惡。「乾剛坤柔」，「愛惡相攻」，即「剛柔相摩」。故訓「攻」爲「摩」也。以愛攻惡，陽之息也。陰得正則麗陽，故亦生吉。以惡攻愛，陰之消也。陽失正則碩果消，故亦生凶。陽息吉，陰消凶，故「吉凶生也」。**遠近相取而悔吝生。**虞翻曰：遠陽謂乾，近陰謂坤。陽取陰生悔，陰取陽生吝。悔吝言小疵。崔覲曰：遠謂應與不應，近謂比與不比。或取遠應而舍近比，或取近比而舍遠應，由此遠近相取，所以生悔吝于繫辭矣。**疏**虞注：左傳曰「天道遠」，故「遠陽謂乾」也。法言曰「近如地」，故「近陰謂坤」也。陽之情相遠，陰之情相近，此謂爻位遠近也。陽居陰位失正，故「陽取陰生悔」。陰居陽失正，故「陰取陽生吝」。參同契曰「纖介不正，悔吝爲賊」。遠近相取，不得其正，則悔吝生也。纖介，故「言小疵」也。崔注：內外相應爲遠，乘承相比爲近。遠謂陰陽有應與不應，近謂陰陽有比與不比。或遠取陰陽相應，而舍近陰陽不相比者。或取近陰陽相比，而舍遠陰陽不相應者。由此遠近相取，而陰陽不相應者，故悔吝生于所繫之辭矣。情僞相感而利害生。虞翻曰：情陽僞陰也。情感僞生利，僞感情生害。乾爲利，坤爲害。疏「情」謂實情，陽實，故云「情陽」。「僞」謂虚僞，陰虚，故云「僞陰也」。情感僞，乾之息也。太玄所謂「離乎情者，必著乎僞。離乎僞者，必著乎情」，是也。乾爲利，故生利。僞感情，坤之消也。坤爲害，故生害。凡易之情，近而不相得則凶，韓康伯曰：近，況比爻也。易之情剛柔相摩，變動相逼者也。近而不相得，必有乖違之患也。或有相違而无患者，得其應也。相須而偕凶，乖于時也。隨事以考之，義可見矣。疏況，譬也。近，所以況上下比爻也。鄭注樂記「摩，猶迫也」，故「易之情剛柔相摩」，即「變動相逼迫者也」。兩爻相比迫，而陰陽不相得，必有乖違之患，而凶生矣。或有比相違而无患者，以陰陽得遠應也。亦有比相須而偕凶者，陰陽乖時位也。義隨爻變，不可一例拘也。或害之，悔且吝。虞翻曰：坤爲害。以陰居陽，以陽居陰，爲「悔且吝」也。疏坤陰爲害。以陰居陽，以陽居陰，陽皆受陰之害，故「悔且吝」。悔吝，小疵。由悔吝，且入吉凶矣。將叛者其辭慙，荀爽曰：謂屯六三「往吝」之屬也。虞翻曰：坎人之辭也。近而不相得，故叛。坎爲隱伏，將叛。坎爲心，故慚也。侯果曰：凡心不相得，將懷叛逆者，辭必慙恧。疏荀注：去此往彼，有叛象焉。吝，故「其辭慙」。凡不當往而往者皆是，故「謂屯六三往吝之屬也」。虞注：此下明六人之辭，皆近而不相得也。辭，爻辭也。六子稱人者，乾鑿度十二辟卦皆稱表。復表日角，鄭注云「表者，人形體之章識也」。注中皆稱「復人」、「臨人」，故六子亦稱人也。此坎人之辭也。坎爲隱伏，又爲盜，故有將叛之象。「慙」从心，坎爲心，故「辭慙」也。侯注：凡人心不相得，將懷叛逆，辭必慙恧。所謂誠于中，形于外也。中心疑者其辭枝。荀爽曰：「或從王事无成」之屬也。虞翻曰：離人之辭也。火性枝分，故枝疑也。侯果曰：中心疑貳，則失得无從，故枝分不一也。疏荀注：坤六三「或從王事，无成有終」。

「或之者，疑之也」。專則成，枝則无成，故謂「或從王事无成之屬也」。虞注：此離人之辭也。離爲火。太玄應準離，初一曰「六幹羅如，五枝離如」，故知「火性枝分」也。枝分不一，故「枝疑」也。侯注：中懷疑貳，得失无主，故其辭枝分不一。所謂心「有所恐懼，則不得其正」也。**吉人之辭寡**，虞翻曰：艮人之辭也。**疏**此艮人之辭也。艮六五曰「艮其輔，言有孚」，艮陽小爲慎，故「辭寡」也。**躁人之辭多**。荀爽曰：謂睽上九之屬也。虞翻曰：震人之辭也。震爲決躁，恐懼虩虩，笑言啞啞，故多辭。侯果曰：躁人煩急，故辭多。**疏**荀注：睽上九言豕言塗，言鬼言車，言弧言壺，言婚媾，言遇言雨，其辭多矣。故「謂睽上九之屬也」。虞注：此震人之辭也。巽究爲躁卦，謂震也。震剛在下而動，故「爲決躁」。震聲爲笑言，震卦辭曰「震來虩虩，笑言啞啞」，故辭多也。侯注：躁人之性煩急，故辭多。所謂「口費而煩，易出難悔，易以溺人」是也。**誣善之人其辭游**，荀爽曰：「游豫」之屬也。虞翻曰：兑人之辭也。兑爲口舌誣乾，乾爲善人也。崔覲曰：妄稱有善，故自敍其美，而辭必浮游不實。**疏**荀注：「游豫」當是「盱豫」之訛。豫六三曰「盱豫悔，遲有悔」。言睢盱而豫有悔，遲而不從亦有悔焉，故其辭游也。虞注：此兑人之辭也。兑爲巫，又爲口舌。月見兑丁，卽盈乾甲，是兑乾通氣，故「口舌誣乾」。乾爲善人，故「誣善」也。游，浮游也。兑爲澤，故「其辭游」。崔注：妄自稱善，辭必浮游不實，所謂「美言不信」是也。**失其守者其辭詘**。荀爽曰：謂泰上六「城復于皇」之屬也。侯果曰：失守則沮辱而不信，故「其辭詘」也。爻有此象，故占辭亦從矣。虞翻曰：巽人之辭也。巽詰詘，陽在初守巽，初陽人伏陰下，故「其辭詘」。此六子也，離上坎下，震起艮止，兑見巽伏。上經終坎離，則下經終既濟未濟。上繫終乾坤，則下繫終六子。此易之大義者也。**疏**荀注：泰上六爻辭曰「城復于隍」，是「失其守」也。象曰「其命亂也」，陽信爲治，陰詘爲亂，故「其辭詘」也。侯注：「信」與申同。人失其守，則沮辱不信，故「辭詘」。所謂「遁辭知其所窮」也。虞注：此巽人之辭也。說文「詘，詰詘也」。下〔一〕傳「其言曲而中」，虞彼注云「曲，詘。陽曲初」。「巽詰詘」，亦謂曲也。乾初在下，故「陽在初守巽」。陽伏巽下，故「其辭詘」。自「將叛」至此，皆六子也。「離上而坎下也。震，起也。艮，止也。兑見而巽伏也」，皆本雜卦文。乾鑿度曰「離爲日，坎爲月。日月之道，陰陽之經。所以終始萬物，故以坎離爲終」。是「上經終坎離」之義也。坎離合而爲既未濟，故「下經終既濟未濟」也。上繫終于「乾坤，其易之緼邪」。乾坤三索而得六子，故下繫終六子。經傳之終，皆有精蘊，故云「此易之大義也」。

〔一〕「下」，原本作「上」，據所引繫下文正。

周易集解纂疏卷十

説卦第十

昔者聖人之作易也，孔穎達曰：據今而稱上代，謂之「昔者」。聰明睿智，謂之「聖人」。即伏羲也。案下繫云「古者庖犧氏之王天下，始作八卦」。今言「作易」，明是伏犧，非謂文王也。**疏**「昔者」，上代之稱。中庸「唯天下至聖，爲能聰明睿知，足以有臨也」，故「謂之聖人」。攷工記曰「作者之謂聖」，故言「聖人之作易也」。聖人，卽伏羲也。下繫言「庖犧始作八卦」，今稱「作易」，據後言也。鄭氏云「聖人謂伏羲文王」。然晝卦始于伏羲，非文王也。**幽贊於神明而生蓍，**荀爽曰：幽，隱也。贊，見也。神者在天，明者在地，神以夜光，明以晝照。蓍者，册也。謂陽爻之册，三十有六，陰爻之册，二十有四，二篇之册，萬有一千五百二十。上配列宿，下副物數，生蓍者。謂蓍從爻中生也」。干寶曰：幽，昧，人所未見也。贊，求也。言伏羲用明于昧冥之中，以求萬物之性爾，乃得自然之神物。能通天地之精，而管御百靈者，始爲天下生用蓍之法者也。**疏**荀注：「幽，隱也。贊，見也」，皆説文文。王注云「贊，明也」，孔疏「贊者，佐而助成，而令微者得著，故訓爲明」。明與見同義。幽贊，中庸所謂「莫見乎隱」是也。「神者在天」，乾也。「明者在地」，坤也。繫上曰「知幾其神乎」，虞彼注云「幾，謂陽也」，故「神者在天」。坤二象曰「地道光也」，三曰「知光大也」，故「明者在地」。坎中，乾陽也，坎爲月，故「神以夜光」。離中，坤陰也，離爲日，故「明以晝照」。揲蓍有册，故云「蓍者，册也」。「陽爻之册」謂乾也，每爻三十六，六爻二百一十有六。「陰爻之册」謂坤也，每爻二十四，六爻百四十有四。上下經二篇之册，萬有一千五百二十。「上配列宿」，謂星之數如册數。「下副物數」，謂物之數如册數也。生蓍者，謂蓍之吉凶，從爻中生也。干注：幽贊者，謂伏羲用明于幽昧，以贊求萬物之性也。繫上曰「天生神物，聖人則之」，故云「乃得自然之神物」。下言「參天兩地」，故云「能通天地之精」。又言「觀變陰陽」，故云「管御百靈」。又言「倚數」、「立卦」、「生爻」，故云「始爲天下生用蓍之法者也」。案：幽，謂嘖也，隱也。贊，謂探嘖索隱也。「幽贊于神明」，謂通神明之德也。言伏羲探嘖索隱，則天八卦，知天數一三五七九，地數二四六八十，乾元消息之數七八九六而蓍法生焉，故曰「幽贊于神明而生蓍」。

參天兩地而倚數。

虞翻曰：倚，立。參，三也。謂分天象爲三才，以地兩之，立六畫之數，故倚數也。崔覲曰：參，三也。謂于天數五地數五中，以八卦配天地之數。起天三配艮而立三數，天五配坎而立五數，天七配震而立七數，天九配乾而立九數。此從三，順配陽四卦也。地從二起，以地兩配兑而立二數，以地十配離而立十數，以地八配巽而立八數，以地六配坤而立六數。此從兩，逆配陰四卦也。其天一地四之數，無卦可配，故虛而不用。此聖人取八卦配天地之數，總五十而爲大衍。案：此說不盡，已釋在大衍章中，詳之明矣。**疏**　虞注：「倚，立」，廣雅文。參，讀爲三，故云「參，三也」。天象謂在天八卦象，如出震見兑之類。三爻爲三才，故「謂分天象爲三才」。淮南子曰「耦以承奇」，故謂「以地兩之，立六畫之數」。伏羲既立八卦，知陰陽相竝俱生，故以乾坤爲六畫。乾數奇，初三五是也。坤數耦，二四六是也。乾鑿度曰「三畫而成乾，乾坤相竝俱生，因而重之，故六畫而成卦」，是謂「立六畫之數，故曰倚數也」。崔注：崔注上繫「大衍之數」，引此「參天兩地」，云參天者，謂從三始，順數而至五七九，不取于一也。兩地者，謂從二起，逆數而至十八六，不取于四也。此因天地數上，以配八卦而取其數也。蓋艮爲少陽其數三，故「起天三配艮而立三數」。坎爲中陽其數五，故「天五配坎而立五數」。震爲長陽其數七，故「天數〔一〕七配震而立七數」。乾爲老陽其數九，故「天九配乾而立九數」。此從三，順配陽四卦，故曰「參天」。兑爲少陰其數二，故「地從二起，以地兩配兑而立二數」。離爲中陰其數十，故「以地十配離而立十數」。巽爲長陰其數八，故「以地八配巽而立八數」。坤爲老陰其數六，故「以地六配坤而立六數」。此從兩，逆配陰四卦，故曰「兩地」。其天一地四之數，在八卦之外，故虚而不用。故天地之數五十有五，虚一與四，止用五十而爲大衍也。案：李氏所釋，已悉大衍注中。案：參兩之説，先儒不一。馬融王肅云「五位相合，以陰從陽。天得三，合謂一三與五也。地得兩，合謂二與四也」。王弼云「參，奇也。兩，耦也。七九陽數，六八陰數」。鄭氏云「天地之數備于十，乃三之以天，兩之以地，而倚託大衍之數五十也」。必三之以天，兩之以地者，天三覆，地二載，欲極于數，庶得吉凶之審也。孔疏又引張氏云「以三中含兩，有一以包兩之義，明天有包地之德，陽有包陰之道。故天舉其多，地言其少也」。姑録以備攷云。**觀變於陰陽而立卦，**虞翻曰：謂「立天之道曰陰與陽」。「乾坤剛柔」，立本者。卦謂六爻。陽變成震坎艮，陰變成巽離兑，故「立卦」。六爻三變，三六十八，則有十八變而成卦，「八卦而小成」是也。繫曰「陽，一君二民。陰，二君一民」。不道乾坤者也。

疏 立卦本于陰陽，故引下文「立天之道曰陰與陽」以明之。繫下曰「剛柔者，立本者也」，謂立「乾剛坤柔」二卦，陰陽各六

〔一〕「數」字衍，據崔注及李上下疏删。

爻以爲之本也。卦謂六爻，三才无變也。陽變之坤，成震坎艮，爲陽卦。陰變之乾，成巽離兑，爲陰卦。故「觀變于陰陽而立卦」也。乾三索而得震坎艮，坤三索而得巽離兑，故「六爻三變」。三六十八，所云「十有八變而成卦」也。乾坤變爲六子，則「八卦而小成」也。「陽一君二民」，謂震坎艮，爲陽卦，皆一陽而二陰也。「陰二君一民」，謂巽離兑，爲陰卦，皆二陽而一陰也。乾坤立本，不在陰陽卦例，故「不道乾坤者也」。**發揮於剛柔而生爻，**虞翻曰：謂「立地之道曰柔與剛」。發，動。揮，變。變剛生柔爻，變柔生剛爻，以三爲六也。「因而重之，爻在其中」，故「生爻」。**疏** 爻有剛柔，故引下文「立地之道曰柔與剛」以明之。乾坤未立，則曰陰陽。乾坤既定，則曰柔剛。陰陽配天，剛柔配地。道有變動故曰爻。故云「發，動。揮，變也」。「剛柔相推，變在其中」。剛變生柔爻，柔變生剛爻，謂九六相變也。重三畫以爲六爻，故云「以三爲六也」。「因而重之」，謂「八卦小成」觸類以長，成六十四卦。則爻變皆在其中，故「生爻」也。**和順於道德而理於義，**虞翻曰：謂「立人之道曰仁與義」。和順謂坤，道德謂乾。以乾通坤，謂之理義也。**疏** 易兼三才，陰陽，天道也，剛柔，地道也，仁〔一〕義，則人道也，故引下文「立人之道，曰仁與義」以明之。坤爲義，「義者，利之和」。坤，順也。故「和順謂坤」。乾爲道、爲德，故「道德謂乾」。以坤順乾，故曰「和順于道德」。乾鑿度曰「天動而施曰仁，地靜而理曰義」。坤六五「君子黄中通理」，故「以乾通坤，謂之理義也」。謂乾盈積善，坤陰順陽，牝乾出震者也。**窮理盡性以至於命。**虞翻曰：以乾推坤，謂之「窮理」。以坤變乾，謂之「盡性」。性盡理窮，故「至于命」，巽爲命也。**疏** 坤爲理，乾窮之，謂自復至夬，乾陽推陰，

〔一〕「仁」原本作「道」，據說卦正。

故云「以乾推坤，謂之窮理」。乾爲性，坤盡之〔一〕，謂自姤至剥，坤陰消乾，故云「以坤變乾，謂之盡性」。性盡理窮，故「至于命」，謂以乾通坤，極姤生巽，巽申命，爲至命也。此亦「立人之道曰仁與義」之事也。**昔者聖人之作易也，**虞翻曰：重言「昔者」，明謂庖犧也。**疏**「謂庖犧」，謂非文王也。**將以順性命之理。**虞翻曰：謂「乾道變化，各正性命」，以陽順性，以陰順命。**疏** 坤下伏乾爲性，乾下伏巽爲命。在陽稱變，乾二上之坤五。在陰稱化，坤五下之乾二。乾道統坤，陽變陰化，成既濟定，故「各正性命」。乾初爲性，故「以陽順性」。巽初爲命，故「以陰順命」。陰與陽、柔與剛、仁與義，原本于性命，所謂理也。下云「兼三才而兩之」，是「順性命之理」也。**是以立天之道，曰陰與陽。立地之道，曰柔與剛。立人之道，曰仁與義。**崔覲曰：此明一卦立爻，有三才二體之義。故先明天道既立陰陽，地道又立剛柔，人道亦立仁義，以明之也。何則？在天雖剛，亦有柔德。在地雖柔，亦有剛德。故書曰「沈潛剛克，高明柔克」。人稟天地，豈可不兼仁義乎。所以易道兼之矣。**疏** 此明一卦立爲六爻，六爻兼有三才，三才各有二體，爻立即道立矣。天道，陰陽也。地道，柔剛也。人道，仁義也。二體雖有專屬，一理自爲貫通。分言之，陰陽以象言，剛柔以形言。統言之，則天陽而地陰，天剛而地柔。地之剛柔，原于天之陰陽。故在天雖剛，亦有柔德。在地雖柔，亦有剛德。「沈潛剛克，高明柔克」，書洪範文。孔傳「沈潛謂地。雖柔亦有剛，能出金石。高明謂天。言天爲剛德，亦有柔克，不干四時」。引之以明天亦稱剛柔也。人稟天地陰陽剛柔之德，故有仁義。蓋天地人各有乾坤，易則合是六者，兼而有之，故能立三才之

〔一〕「坤盡之」三字原脱，據虞注李疏文義補。

道矣。兼三才而兩之，故易六畫而成卦。虞翻曰：謂「參天兩地」，乾坤各三爻而成六畫之數也。疏卽上「參天兩地」注云「分天象爲三才，以地兩之，立六畫之數」是也。蓋天地本有兼才之理，聖人以地兩三而成六畫，所謂「順性命之理」也。分陰分陽，迭用柔剛，虞翻曰：迭，遞也。分陰爲柔以象夜，分陽爲剛以象晝。「剛柔者，晝夜之象」。晝夜更用，故「迭用柔剛」矣。疏釋言「遞，迭也」，故云「迭，遞也」。言分陰陽爲柔剛，以象晝夜。蓋以剛柔有晝夜之象，分之則爲剛柔，迭之則爲晝夜，故引上繫文以明分迭用事之意。案：位有陰陽，爻有剛柔。位本一定，故曰「分陰分陽」。爻則屢遷，故曰「迭用柔剛」。故易六畫而成章。虞翻曰：章謂文理。乾三畫成天文，坤三畫成地理。疏「章謂文理」者，謂天文地理也。繫上曰「仰以觀于天文」，故「乾三畫成天文」。「俯以察于地理」，故「坤三畫成地理」。剛爻柔爻，迭用于陰陽六位之中，故文理相雜而成章。

天地定位，虞翻曰：謂乾坤。五貴二賤，故「定位」也。疏天地，乾坤也。乾五位上爲貴，坤二位下爲賤，故定位也。此庖犧以六位之數，觀變立卦，則日月之象，乃成此列焉。位，六畫之位也。乾坤貞于二五，乾納甲、坤納乙，甲上乙下故定。在天則相得合木也。山澤通氣，謂艮兌。「同氣相求」，故「通氣」。疏山澤，艮兌也。「同氣相求故通氣」，蓋艮兌貞天位，艮納丙，兌納丁，丙五丁上，在天則相得合火也。雷風相薄，謂震巽。「同聲相應」，故「相薄」。疏雷風，謂震巽也。「同聲相應故相薄」，蓋震巽貞地位，震納庚，巽納辛，庚初辛二，在天則相得合金也。水火不相射，謂坎離。射，厭也。水火相通，坎戊離巳，月三十日一會于壬，故「不相射」也。疏水火，謂坎離也。「射，厭也」，釋詁文。水火相克而實相通。坎納戊爲月，離納巳爲日。每月三十日，日月一合于壬，故不相厭射也。蓋坎離貞人位，坎納戊在三，離納巳在四，在天則相得會壬癸而成象于中爲土也。八卦相錯。錯摩，則「剛柔相摩，八卦相盪」也。疏「錯」猶「摩」也。「剛柔相摩」，則「八卦相盪」也。蓋八卦六位，一陰一陽，故相錯。逆上稱「錯」也。數往者順，謂坤消從午至亥。上下，故順也。疏此言陰消也。陰消始午爲姤，至亥成坤。坤消自午，右行至亥，從上而下，故曰順也。知來者逆。謂乾息從子至巳。下上，故逆也。疏此言陽息也。陽息始子爲復，至巳成乾。乾息自子，左行至巳，從下而上，故曰逆也。是故易，逆數也。易謂乾，故「逆數」。此上虞義。疏卦始于一陽，故「易謂乾」也。乾鑿度曰「易氣從下生」，鄭彼注云「易本无形，自微及著，氣從下生」。以下爻爲始，故曰「逆數也」。自「定位」以下，皆虞義也。愚案：乾坤初索震巽，再索坎離，三索艮兑，是「逆數也」。雷以動之，荀爽曰：謂建卯之月，震卦用事，天地和合，萬物萌動也。疏雷，震也。建卯之月，震位東方用事之時。春陽方盛，故「天地和合」。月令曰「雷乃發聲，蟄蟲咸動」，故曰「雷以動之」。風以散之，謂建巳之月，萬物上達，布散田野。疏風，巽也。巽居東南，建巳之月，與巽同位。説文「四月陽氣已出，萬物皆成文章」，故云「萬物上達」。釋天「南風謂之凱風」。萬物得凱風，「布散田野」，故曰「風以散之」。雨以潤之，謂建子之月，含育萌芽也。疏上坎爲雲，下坎爲雨，兩坎也。建子之月，坎位北方用事之時。月令曰「水泉動」，注云「水者，天一之陽所生」。陽生而動，言枯彫者漸滋發，故云「含育萌芽」，而曰「雨以潤之」也。日以烜之，謂建午之月，太陽欲長者也。疏日，離也。建午之月，離位南方用事之時。離爲日，日爲太陽之精，故云「太陽欲長者也」。京氏云「烜，乾也」。又周禮司烜氏「掌以夫遂，取明火于日」。故曰「日以烜之」。艮以止之，謂建丑之月，消息畢止也。疏艮居東北。建丑之月，與艮同位。艮，物之所成終而成始也，是消息畢止之時，故曰「艮以止之」。兑以説之，謂建酉之月，萬物成孰也。疏建酉之月，兑位西方用事之時。說文曰「酉，就也」。言就成孰也，故云「萬物成孰也」。兑者，萬物之所說，故曰「兑以說之」。**乾以君之**，謂建亥之月，乾坤合居，君臣位得也。此上荀義。**疏**乾居西北。建亥之月，與乾同位。消息卦坤成于亥，故云「乾坤合居」。乾爲君，坤臣道，故「君臣位得」，而曰「乾以君之」也。自「雷以動之」至此，皆荀義也。**坤以藏之**。九家易曰：謂建申之月，坤在乾下，包藏萬物也。乾坤交索，既生六子，各任其才，往生物也。又雷與風雨，變化不常，而日月相推，迭有來往，是以四卦以義言之。天地山澤，恆在者也，故直說名矣。孔穎達曰：此又重明八卦之功用也。上四舉象，下四舉卦者，王肅以爲互相備也。則明雷風與震巽同用，乾坤與天地同功也。**疏**九家注：坤位西南。建申之月，與坤同位。申于消息爲否，否坤在乾下，以乾包坤，故云「包藏萬物也」。乾坤既生六子，各任其才，往生萬物。初索震巽，再索坎離，三索艮兑，故先六子而終乾坤。乾但君之，坤但藏之，而无所事也。又雷日風雨變化，往來不定，故言其用。天地山澤，上下流峙有常，故言其體。言用故舉其義，言體故舉其名。孔注：「雷風」等言其用，「動散」等言其功，故云「重明八卦之功用也」。或舉象，或舉卦，義實相備。言風雷而震巽之用在其中，言乾坤而天地之功在其中，由是雨日艮兑之功用，可互推也。

帝出乎震，崔覲曰：帝者，天之王氣也。至春分，則震王而萬物出生。**疏**乾鑿度以爲八卦分散用事之序。帝，天皇大帝，陽之主，即太乙也。太乙所臨之地，即爲王氣，故云「帝者，天之王氣也」。震正東方，乾鑿度曰「位在二月」，故「至春分，則震氣王而萬物出生」。乾陽出于震初，故曰「帝出乎震」。**齊乎巽**，立夏，則巽王而萬物絜齊。**疏**巽東南之卦，位在四月，故「立夏，則巽氣王而萬物絜齊」。巽爲白，絜齊之象也，故曰「齊乎巽」。**相見乎離**，夏至，則離王而萬物皆相見也。**疏**離正南之卦，位在五月，故「夏至，則離氣王而萬物皆相見」。離爲目，故「相見乎離」。**致役乎坤，**立秋，則坤王而萬物致養也。**疏**坤西南之卦，位在七月，故「立秋，則坤氣王而萬物致養」。役，事也。坤爲致、爲事，故「致役乎坤」。**說言乎兌，**秋分，則兌王而萬物所說。**疏**兌正西之卦，位在八月，故「秋分，則兌氣王而萬物所說」。「說」于文從兌，故曰「說言乎兌」。**戰乎乾，**立冬，則乾王而陰陽相薄。**疏**乾西北之卦，位在十月，故「立冬，則乾氣王而陰陽相薄」。坤上六曰「龍戰于野」。坤成于亥，亥臨于乾，陰疑于陽，故曰「戰乎乾」。**勞乎坎，**冬至，則坎王而萬物之所歸也。**疏**坎正北之卦，位在十一月，故「冬至，則坎氣王而萬物之所歸」。鄭氏云「水性〔一〕勞而不倦」，故曰「勞乎坎」。**成言乎艮。**立春，則艮王而萬物之所成終成始也。以其周王天下，故謂之帝。此崔新義也。**疏**艮東北之卦，位在正月，故「立春，則艮氣王萬物之所成終成始」。故曰「成言乎艮」。四正四維，每歲一周，故云「周王天下」。說文「帝者，諦也，王天下之號也」。周王天下，故謂之帝。自「帝出乎震」以下，皆出周易探玄，故云「崔新義也」。**萬物出乎震。震，東方也。**虞翻曰：出，生也。震初不見東，故不稱東方卦也。**疏**釋訓「男子謂姊妹之子爲出」，故云「出，生也」。震初出庚，不見于東，故不稱東方卦。注明八卦在天之列，是其本也。乾鑿度「歲三百六十日而天氣周，八卦用事各四十五日，方備歲焉」。震生于東方，故曰「萬物出乎震」。**齊乎巽。巽，東南也。齊也者，言萬物之絜齊也。**巽陽隱初，又不見東南，亦不稱東南卦，與震同義。巽陽藏室，故絜齊。**疏**乾鑿度曰「巽散之于東南」，故曰「巽，東南也」。陽伏巽初，故云「巽陽

〔一〕「性」，原本作「惟」，據陳校本正。

隱初」。巽見辛，又不見東南，故亦不稱東南卦，與震同義也。巽陽退藏于密，以神明其德，故以「巽陽藏室」，爲萬物之絜齊也。**離也者，明也。萬物皆相見，南方之卦也。**離爲日、爲火，故明。日出照物，以日相見，離象三爻皆正，日中正南方之卦也。**疏**「離爲日、爲火」，下傳文。日火外景，故明。離明照于四方，故「日出照物，以日相見」。又離爲目，故曰「萬物皆相見」。離卦三爻，陰陽皆正。日中正位南方，又離長之南方，故曰「南方之卦也」。**聖人南面而聽天下，嚮明而治，蓋取諸此也。**離南方，故南面。乾爲治。乾五之坤，坎爲耳，離爲明，故以聽天下，向明而治也。**疏**離位正南，故曰「南面」。周書明堂曰「天子之位，負斧依南面立」，是南面之事也。乾天下治爲治。乾五之坤二成坎，即坤二之乾五成離，故「坎爲耳，離爲明」。坎耳，故「以聽天下」。離明，故「向明而治也」。**坤也者，地也。萬物皆致養焉，故曰「致役乎坤」。**坤陰無陽，故道廣布，不主一方，含弘光大，養成萬物。**疏**坤，純陰无陽之卦。坤曰廣生，故「道廣布」。土王四季，故「不主一方」。乾鑿度曰「坤位在未」。參同契曰「土王四季，羅絡始終。青黑赤白，各居一方。皆稟中宮，戊己之功」。未在西南，象傳曰「西南得朋」，故用事于西南。青黑赤白，皆稟中央，故居中央。白虎通謂「土王四季，居中央，不名時也。坤爲地道，純陰无陽，特就陽盛之位而在西南，故不言卦，不言方也。「含宏光大」，坤象傳文。崔氏彼注云「含育萬物爲宏，光華萬物爲大」。惟其「含宏光大」，是以「養成萬物」。乾鑿度曰「坤養之于西南方」，故曰「萬物皆致養焉」。「故曰致役乎坤」者，解上「致役乎坤」也。下倣此。**兑，正秋也。萬物之所説也，故曰「説言乎兑」。**兑三失位不正，故言「正秋」。兑象不見西，故不言西方之卦，與坤同義。兑爲雨澤，故「説萬物」。震爲言，震二動成兑，言從口出，故「説言」也。**疏**兑三陰失位，嫌陰不正，故言「正秋」，以正之也。又兑爲四正卦也，辰在酉，故曰「正秋」。

兑見丁，不見西方，故不言西方之卦。與坤藏乙，不言西南同義也。兑爲澤，坎象半見爲「雨澤」。故「説萬物」。震善鳴爲言。陽息震，至二成兑，兑爲口，兑言從口出，兑又爲説，故「説言也」。戰乎乾。乾，西北之卦也。言陰陽相薄也。乾剛正五，月十五日，晨象西北，故「西北之卦」。薄，入也。坤十月卦，乾消剥入坤，故「陰陽相薄也」。疏 乾剛正乎五位，月于十五日暮盈于甲，晨象西北，故曰「西北之卦也」。陽消入坤，故云「薄，入也」。坤辟于亥，爲十月卦，剥九月卦。乾居西北亥位，消剥則入坤矣。乾陽坤陰，同居于亥，陰疑于陽必戰，故「陰陽相薄也」。坎者，水也，正北方之卦也，勞卦也，萬物之所歸也，故曰「勞乎坎」。歸，藏也。坎二失位不正，故言「正北方之卦」，與兑「正秋」同義。坎月夜中，故「正北方」。此上虞義。崔覲曰：以坎是正北方之卦，立冬以後，萬物歸藏于坎。又陽氣伏于子，潛藏地中，未能浸長，勞局衆陰之中也。疏 春官太卜「掌三易之法，二曰歸藏」，鄭注「歸藏者，萬物莫不歸而藏之于中」，故云「歸，藏也」。坎二陽失位，嫌陽不正，故言「正北方之卦」，以正之也。與兑三不正稱「正秋」同義。坎月夜中正北，故「正北方」。又坎四正卦，辰在子，故曰「正北方之卦也」。水性勞而不倦，故曰「勞卦也」。月令「仲冬之月，言助天地之閉藏」，故曰「萬物之所歸也」。自「萬物出乎震」至此，皆虞義也。崔注：坎位正北，樂記曰「冬，藏也」，乾鑿度曰「坎藏之于北方」，故「立冬以後，萬物歸藏于坎」也。子于辟卦爲復，故云「陽氣伏于子」。乾陽動于坤初，潛藏地中，未能如臨之剛浸而長，是陽氣「勞局衆陰之中也」。曹丕與吴質書「未足解其勞結」，「勞局」即「勞結」之義。復一陽局于五陰爲勞，坎一陽局于二陰亦爲勞，故曰「勞卦也」。艮，東北之卦也。萬物之所成終而所成始也，故曰「成言乎艮」。虞翻曰：艮三得正，故復稱卦。萬物成始乾甲，成終坤癸。艮東北是甲癸之閒，故「萬物之所成終而成始」者也。疏 艮三陽得正，故復稱卦也。乾納甲，甲居東方，故「萬物成始乾甲」。坤納癸，癸居北方，故「成終坤癸」。艮見于丙，而言「東北是甲癸之閒」者，乾十五日，坤三十日，艮二十三日，去乾坤各八日，故稱「甲癸之閒」。甲癸之閒，則東北也。始于甲，終于癸，故「萬物之所成終而成始也」。神也者，妙萬物而爲言者也。韓康伯曰：于此言神者，明八卦運動，變化推移，莫有使之然者。神則无物，妙萬物而爲言也。明則雷疾風行，火炎水潤，莫不自然相與，而爲變化，故能萬物既成。疏 八卦運動，變化推移，莫有使之然者，神之爲也。神非物，而妙乎物者也。說文「神」字下云「天神，引出萬物者也」。「妙萬物」者，「引出萬物」也。明乎神之所爲，則雷之所以疾，風之所以行，火之所以炎，水之所以潤，莫不自然相與，而極變化之妙。惟其神妙萬物，故能「萬物既成」也。愚案：繫上曰「陰陽不測之謂神」。陰陽，謂乾坤也。又曰「知變化之道者，其知神之所爲乎」。虞彼注云「至神謂易，隱初入微，知幾其神乎」。蓋陽隱陰初，即乾坤之元。「妙」即「微」也，申鑒曰「理微謂之妙」是也。乾坤之元，變化不測，故曰「神，妙萬物而爲言也」。下文言六子之功用，而不及乾坤，以神即乾坤也。動萬物者，莫疾乎雷。崔覲曰：謂春分之時雷動，則草木滋生，蟄蟲發起。所動萬物，莫急于此也。疏 月令「仲春之月，雷乃發聲」，故「謂春分之時雷動」也。又曰「桐始華萍始生」，是「草木滋生」也。又曰「蟄蟲咸動」，是「蟄蟲發起」。所動萬物，莫急于此，故曰「動萬物者，莫疾乎雷」也。橈萬物者，莫疾乎風。言風能鼓橈萬物，春則發散草木枝葉，秋則摧殘草木枝條，莫急于風者也。疏 方言博雅皆云「楫謂之橈」。釋名「楫撥木舟行捷疾也」。巽爲木，故言橈。橈能撥物，故「言風能鼓橈萬物」也。孔氏云「橈散萬物」，是「橈」有「散」義，故云「春則發散草木枝葉」也。成二年左傳曰「師徒橈敗」，是「橈」有「摧」義，故云「秋則摧殘草木枝條」也。春生秋凋，莫急于風，故曰「橈萬物者，莫疾乎風」。燥萬物者，莫熯乎火。言火能乾燥萬物，不至潤溼。于陽物之中，莫過乎火。熯，亦燥也。疏「火就燥」，故言「火能乾燥萬物」。玉篇「火陽氣用事，萬物隨變」，故云「不至潤溼」。「于陽物之中，莫過乎火」，謂「莫熯乎火」也。說文「燥，乾也。熯，乾貌」，故云「熯，亦燥也」。說萬物者，莫說乎澤。言光說萬物，莫過以澤而成說之也。疏兑上六象曰「未光也」。「上天下澤」，履象傳曰「光明也」，謂三互離也。「澤上于天」，夬象傳曰「其危乃光也」，謂上六位危乃光也。是兑有光義，故言「光說〔一〕萬物」。萬物說乎雨澤，故「莫過以澤成其說也」。潤萬物者，莫潤乎水。言滋潤萬物，莫過以水而潤之。疏書洪範「水曰潤下」，故「言滋潤萬物，莫過以水而潤之也」。終萬物、始萬物者，莫盛乎艮。言大寒立春之際，艮之方位。萬物以之始，而爲今歲首。以之終，而爲去歲末。此則叶夏正之義，莫盛于艮也。此言六卦之神用，而不言乾坤者，以乾坤而發天地，无爲而无不爲，能成雷風等有爲之神妙也。艮不言山，獨舉卦名者，以動橈燥潤，功是雷風水火。至于終始萬物，于山義則不然，故言卦。而餘皆稱物，各取便而論也。此崔新義也。疏大寒在丑，立春在寅。大寒立春之際，正居東北，艮之方位也。東始立春，故「萬物以之始，而爲今歲首」。北終大寒，故「以之終，而爲去歲末」夏正建寅爲歲首，故云「此則叶夏正之義」。成終成始，故曰「莫盛乎艮」也。此但言六子之神用，而不言乾坤。以乾坤爲天地陰陽變化，无爲而无不爲，故能成六子有爲之神妙。蓋六子皆乾坤之神，卽其用事者是也。艮不言山，言卦者，以動橈燥潤，是雷風水火之功。至于終始萬物，則非山所能爲，故言其體而不言其象。與稱物者，各取其便也。自「動萬物者」至此，皆崔氏周易探玄中新義也。故水火相逮，孔穎達曰：上章言水火不相入，此言「水火相逮」者，既不相入，又不相及，則无成

〔一〕「說」，原本作「澤」，據崔注正。

物之功。明性雖不相入，而氣相逮及。疏說文「逮，及也」。孔釋「水火不相射」爲「不相入」，故言既不相入，又不相及，則水火无成物之功。明水火之性，雖不相入，而坎離之氣，則實相及，以坎離本旁通也。雷風不相悖，孔穎達曰：上言「雷風相薄」，此言「不相悖」者，二象俱動，若相薄而相悖逆，則相傷害，亦无成物之功。明雖相薄，而不相逆者也。疏玉篇「悖，逆也」。前言「相薄」，此言「不相悖」。雷風俱有動象，若相薄而又相悖逆，卽兩相傷害，爲无成物之功。震巽「同聲相應」，故「雖相薄而不相逆者也」。山澤通氣，崔覲曰：言山澤雖相懸遠，而氣交通。疏山高澤下，其勢懸遠。艮兑「同氣相求」，故「氣交通」也。然後能變化，既成萬物也。虞翻曰：謂乾變而坤化。「乾道變化，各正性命」，成既濟定，故「既成萬物」矣。疏陽主變，乾二升坤五。陰主化，坤五降乾二。是「乾道變化」，六爻「各正性命」，成既濟定。故「既成萬物也」。既，盡也。謂上下无常，剛柔相易也。乾坤六爻，分陰分陽。坎離相易，則二五正，「水火相逮」也。震巽相易，則初四正，「雷風不相悖」也。艮兑相易，則三上正，「山澤通氣」也。故成既濟定，而盡成萬物也。

乾，健也。虞翻曰：精剛自勝，動行不休，故健也。疏乾文言曰「純粹精」，故爲精。「剛健中正」，故爲剛。象曰「君子以自彊不息」，老子曰「自勝者彊」，商君曰「自勝之謂彊」，故云「精剛自勝」。「天行健」，故以「動行不休」爲健也。坤，順也。純柔，承天時行，故順。疏六爻皆陰，故「純柔」。坤文言曰「地道其順乎，承天而時行」。以陰順陽，故曰「順也」。泰象傳曰「內健而外順」，故乾健而坤順也。震，動也。陽出動行。疏陽出震初，始動而行，故曰「震，動也」。屯象傳「動乎險中」，「動」謂震也。巽，入也。乾初入陰。疏乾初滅入坤中成巽，故曰「巽，入也」。坎，陷也。陽陷陰中。疏一陽陷于兩陰之中，故曰「坎，陷也」。需象傳曰「剛健而不陷」，「陷」是坎也。離，麗也。日麗乾剛。疏離本陰卦，而陽精所舍。陰坿麗于陽，象日之坿麗于天，故曰「離，麗也」。離象傳「重明以麗乎正，柔麗乎中正」，晉象傳「順而麗乎大明」，「麗」是離也。艮，止也。陽位在上，故止。疏艮一陽在上，乾陽至艮而止，故曰「艮，止也」。蒙象傳「險而止」，「止」是艮也。兑，説也。震爲大笑。陽息震成兑，震言出口故説。此上虞義也。疏震聲爲大笑。陽息于震，至二成兑，兑爲口，震爲言，震言出兑口，故曰「兑，説也」。履象傳「説而應乎乾」，「説」是兑也。自「乾，健也」至此，皆虞氏義也。

乾爲馬。孔穎達曰：乾象「天行健」，故爲馬。疏此一節明「遠取諸物」也。馬行至健，乾象「天行健」，故爲馬。洪範五行傳曰「王之不極，時則有馬禍」，鄭彼注云「天行健。馬，畜之疾行者也，屬王極」。乾爲王，馬屬王極。故「乾爲馬」。坤爲牛。坤象地，任重而順，故爲牛。疏牛性順，能任重。坤象地，任重而順，故爲牛。五行傳曰「思之不容，時則有牛禍」，鄭注云「牛，畜之任重者也，屬皇極」。坤爲土，思心曰土，牛屬皇極，故「坤爲牛」。震爲龍。震象龍動，故爲龍。此上孔正義。疏龍飛騰升降，至動之物，故震象龍動而爲龍也。以上三條，皆孔氏正義也。五行傳曰「王之不極，時則有龍蛇之孽」，鄭注云「龍，蟲之生于淵，行于无形，游于天者，屬天」。乾爲龍，乾息自初，初九「潛龍勿用」，乾初即震初，故「震爲龍」。一説震東方歲星木，木爲青龍，故爲龍。王充論衡云「龍無尺木，無以升天」，以震木與龍同氣也。巽爲雞。九家易曰：應八風也。風應節而變，變不失時。雞時至而鳴，與風相應也。二九十八，主風精爲雞，故雞十八日剖而成雛。二九順陽曆，故雞知時而鳴也。疏「巽爲風」，故「應八風也」。史記律書「東北方條風立春至，東方明庶風春分至，東南方清明風立夏至，南方景風夏至至，西南方涼風立秋至，西方閶闔風秋分至，西北方不周風立冬至，北方廣莫風冬至至」，故云「風應節而變，變不失時」也。雞時至而鳴，與風相應，故「巽爲雞」也。巽數八，二九十八，主風精，故爲雞。雞字應風，故「十八日剖而成雞」也。九陽數，故「二九順陽曆」。春秋說題辭「雞爲積陽，陽出雞鳴」，故云「雞知時而鳴也」。**坎爲豕。**九家易曰：污辱卑下也。六九五十四，主時精爲豕，故豕懷胎四月而生。宣時理節，是其義也。**疏**埤雅坎性趨下，豕能俯其首，又喜卑穢，故云「污辱卑下也」。坎數五，淮南子曰「六九五十四，四主時，時主豕，故豕四月而生。時謂四時，節謂八節，故云「宣時理節，是其義也」。**離爲雉。**孔穎達曰：離爲文明，雉有文章，故「離爲雉」。**疏**離爲日、火，有文明。雉爲華蟲，有文章。又離爲飛鳥，值南方朱雀，故爲雉。**艮爲狗。**九家易曰：艮止，主守禦也。艮數三，七九六十三，三主斗，斗爲犬，故犬懷胎三月而生。斗運行十三時日出，故犬十三日而開目。斗屈，故犬卧屈也。斗運行四帀，犬亦夜繞室也。火之精，畏水不敢飲，但舌舓水耳。犬鬭，以水灌之則解也。犬近奎星，故犬淫，當路不避人者也。**疏**艮，止也，主守禦，故象狗也。艮數三，艮三主斗者，艮時行爲時，斗建四時，故艮三主斗也。春秋考異郵曰「犬，斗精也」。七九六十三，陽氣通，故狗三月而生，是其義也。斗之運行如杓指，寅日出，從寅至寅帀一日，是「行十三時日出，故犬生十三日而開目」也。斗一至四爲魁，五至七爲杓，其形曲屈，故犬卧亦形屈也。斗一夜運四帀，故犬亦夜行繞室也。犬稟陽氣，故爲火精，畏水不敢飲，但以舌舓之耳。犬鬭，以水灌之則解，水克水也。西方七宿，婁與奎次，是婁金狗近奎木狼也。史記天官書「奎曰封豕，主溝瀆」，故「犬淫當路，不避人者也」。**兑爲羊。**孔穎達曰：兑爲說，羊者，順從之畜，故爲羊。**疏**兑說有順象。王廙云「羊者，順從之畜，故爲羊也」。「兑，正秋也」，易緯是類謀〔一〕曰「西嶽亡

〔一〕易緯是類謀，書名，原缺「緯」字，今補。

玉羊」，羊是西方之畜，故「兑爲羊」。又「兑爲剛鹵」，鄭氏謂「其畜好剛鹵」是也。

乾爲首。乾尊而在上，故爲首。疏 此一節明「近取諸身」。乾鑿度「孔子曰『八卦之序成立，則五氣變形，故聖人生而應八卦之體，得五氣以爲常』」是也。「天尊地卑，乾坤定矣」。乾尊而在上，故爲首。乾爲圜，首圜在上，故象天也。

坤爲腹。坤能包藏含容，故爲腹也。疏「坤以藏之」，故「能包藏」。「含宏光大」故「能含容」。坤陰中虛，故爲腹也。又釋名「腹，富也」。坤爲富，故爲腹。

震爲足。震動用，故爲足。疏 爻位初爲足，震陽在下能動，故爲足。

巽爲股。巽爲順，股順隨于足，故巽爲股。疏 巽象傳曰「柔皆順乎剛」，故「巽爲順」。巽下開，似股之二而隨于足，又爲進退，故爲股。

坎爲耳。坎北方主聽，故爲耳。疏 洪範傳謂「坎北方屬聽」，故爲耳。

離爲目。離南方主視，故爲目。疏 洪範傳謂「離南方屬視」，故爲目。淮南精神曰「耳目者，日月也」。離日坎月，離目坎耳，故「坎爲耳，離爲目」。

艮爲手。艮爲止，手亦止，持于物使不動，故「艮爲手」。疏 艮，止也。又爲拘，以手持物爲拘。震足艮手，反對之象。足動于下，手止于上，故「止持于物，使不動」也。又震艮皆陰陽五畫，象指。震在下，故爲足。艮在上，故爲手。

兑爲口。兑爲說，口所以說言，故「兑爲口」。此上孔正義。疏 兑，說也。說言出于口，故爲口。震爲聲，陽息至二成兑，震聲出焉。鄭云「上開似口」，故兑爲口。自「乾爲首」至此，皆孔氏正義也。此節鄭氏古文，在「乾爲馬」上，當從之。

乾，天也，故稱乎父。坤，地也，故稱乎母。崔覲曰：欲明六子，故先說乾稱天父，坤稱地母。疏 欲明六子，故先說父母。乾天，陽也，人之所資始者也，故爲父。坤地，陰也，人之所資生者也，故稱母。

震一索而得男，故謂之長男。巽一索而得女，故謂之長女。坎再索而得男，故謂之中男。離再索而得女，故謂之中女。艮三索而得男，故謂之少男。兌三索而得女，故謂之少女。孔穎達曰：索，求也。以乾坤爲父母而求其子也。得父氣者爲男，得母氣者爲女。坤初求得乾氣爲震，故曰「長男」。坤二得乾氣爲坎，故曰「中男」。坤三得乾氣爲艮，故曰「少男」。乾初得坤氣爲巽，故曰「長女」。乾二得坤氣爲離，故曰「中女」。乾三得坤氣爲兌，故曰「少女」。此言所以生六子者也。**疏**曲禮「大夫以索牛」，鄭注「索，求得而用之」，故云「索，求也」。乾資始，坤資生，故「以乾坤爲父母而求其子也」。「乾道成男，坤道成女」，故「得父氣者爲男，得母氣者爲女」也。此上王肅義也。震初得乾爲長男，坎二得乾爲中男，艮上得乾爲少男。巽初得坤爲長女，離二得坤爲中女，兌上得坤爲少女。此乾坤所以生六子也。又震巽一索，坎離再索，艮兌三索，故曰「易，逆數也」。

乾爲天，宋衷曰：乾動作不解，天亦轉運。**疏**「乾動作不解」者，健也。「天亦轉運」者，天行健也。天健即乾健也，故「乾爲天」。爲圜，宋衷曰：動作轉運，非圜不能，故爲圜。**疏**大戴禮天圓曰「夫子曰『天道曰圓，地道曰方』」。考工記曰「蓋之圜也，以象天也」。呂氏春秋曰「何以説天道之圜也？精氣一上一下，圜周復匝，无所稽留，故曰天道圜」。蓋天動作轉運于上，非圜不能，故爲圜。爲君，虞翻曰：貴而嚴也。**疏**乾五在上爲貴，乾位西北，其氣寒凝爲嚴，故云「貴而嚴也」。爲父，虞翻曰：成三男，其取類大，故爲父也。**疏**乾成三男，陽爲大，取其類大，故爲父也。爲玉、爲金，崔覲曰：天體清明而剛，故「爲玉、爲金」。**疏**天體清明而剛，玉取其剛，金取其清。且剛純精粹，在物唯金玉有其德，故「爲玉、爲金」。爲寒、爲冰，孔穎達曰：取其西北冰寒之地。崔覲曰：乾主立冬以後，冬至以前，故「爲寒、爲冰」也。**疏**孔注：乾位西北，爲冰寒之地，故有此象。崔注：乾位在亥，主立冬以後，冬至以前。上言寒冰之地，此言寒冰之時，故「爲寒、爲冰也」。爲大赤、虞翻曰：太陽爲赤，月望出入時也。崔覲曰：乾，四月，純陽之卦，故取盛陽色，「爲大赤」。疏虞注：釋名「赤者，赫也，太陽之色」，故「太陽爲赤」。月至望，盈乾甲。乾于月望出入時，其色大赤，故曰「月望出入時也」。崔注：乾辟于巳爲四月，純陽之卦，故取盛陽之色，爲大赤。白虎通「赤者，盛陽之氣，故周爲天正，色尚赤」。爲良馬、虞翻曰：乾善，故良也。疏上云「乾爲馬」。說文「良，善也」。乾元善長，故「爲良馬」。爲老馬、九家易曰：言氣衰也。息至巳，必當復消，故「爲老馬」也。疏老，言氣衰也。陽息至巳成乾，必當復消于午成姤，故乾「爲老馬也」。乾盈于甲，當退于辛，亦爲老。爲瘠馬、崔覲曰：骨爲陽，肉爲陰。乾純陽爻骨多，故「爲瘠馬」也。疏「骨爲陽，肉爲陰」，鄭氏義也。乾六爻皆陽，骨多之象，故「爲瘠馬」。爲駁馬、宋衷曰：天有五行之色，故「爲駁馬」也。疏考工記「畫繢之事雜五色，東方謂之青，南方謂之赤，西方謂之白，北方謂之黑，天謂之玄，地謂之黄」。凡五而目有六者，玄與黑同而異也。五方之色畢，而天之玄，乃全乎五方之色，故云「天有五行之色」也。其色不純，故「爲駁馬」。以純乾言之，則「爲良馬」。上則得乎艮之終，而「爲老馬」。中則得乎坎之脊，而「爲瘠馬」。初則得乎震，震玄黄之雜也，故「爲駁馬」。爲木果。宋衷曰：羣星著天，似果實著木，故「爲木果」。疏孔氏云「取其果實著木，有似星之著天也」。愚案：乾納甲，甲木，陽功成也。木果，木功成也。剥上九曰「碩果不食」，謂一陽在上也。剥極必復，降而生震。震之一陽在下，即自剥之一陽在上而來，是果復生木而爲震也。乾終始純陽，故「爲木果」。

坤爲地、虞翻曰：柔道靜。疏坤爲柔道，「至靜而德方」，故爲地。爲母、虞翻曰：成三女，能致養，故「爲母」。疏坤成三女，皆致養焉，故「爲母」。荀氏云「陰之尊也」。爲布、崔覲曰：偏布萬物于致養，故「坤爲布」。疏虞氏云「坤道廣布，不止一方」，故「徧布萬物于致養」而爲布也。又「爲布」者，布陰功也。月令仲夏曰「毋暴布」，鄭彼注云「不以陰功干太陽之事」是也。**爲釜**、孔穎達曰：取其化生成熟，故「爲釜」也。**疏**「坤化成物」，故「取其化生成熟而爲釜也」。**爲吝嗇**、孔穎達曰：取地生物而不轉移，故「爲吝嗇」也。**疏**楊子太玄「圓則杌棿，方則嗇吝」，故「取地生物而不轉移」也。陰道畜聚，陰之翕也，故「吝嗇」。**爲均**、崔覲曰：取地生萬物，不擇善惡，故「爲均」也。**疏**地道均平，故「不擇善惡」。「吝嗇」是「其靜也翕」，「均」是「其動也闢」。**爲子母牛**、九家易曰：土能生育，牛亦含養，故「爲子母牛」也。**疏**「坤爲牛」，坤土有生育之德，牝牛亦有含養之功。蓋坤凝乾，則象牝馬。麗陽，則象牝牛。「子母牛」者，牝牛也。又昭四年左傳「純離爲牛」。離，坤之子也。坤離皆牛，故「爲子母牛」。**爲大轝**、孔穎達曰取其能載，故「爲大轝」也。**疏**坤彖傳曰「坤厚載物」，故「取其能載」。大有九二曰「大轝以載」，故「爲大轝也」。愚案：大轝即，大車。考工記「大車崇九尺」，鄭注「大車，平地任載之車，共駕牛」。詩小雅「無將大車」亦然。詩又曰「我車我牛」，書則曰「肇牽車牛，遠服賈者」，皆大車也。坤爲牛，爲地，爲載，以牛駕車，任載行地，故「爲大轝」。**爲文**、九家易曰萬物相雜，故「爲文」也。**疏**「萬物皆致養焉」，故曰萬物。「物相雜，故曰文」，故「萬物相雜而爲文也」。楚語「左史倚相曰『地事文』」。逸禮三正記曰「質法天，文法地」。白虎通曰「天爲質，地受而化之，養而成之」。故爲文。**爲衆**、虞翻曰：物三稱羣。陰爲民，三陰相隨，故「爲衆」也。**疏**詩小雅「或羣或友」，毛傳「獸三成羣」，故云「物三成羣」。又國語曰「三人爲衆」。蓋「衆」于文從皿，從㐺，「㐺」即「衆」本字，三人之象也。坤陰爲民，三陰相隨，有㐺象焉，故「爲衆」。**爲柄**、崔覲曰：萬物依之爲本，故「爲柄」。**疏**虞繫注云「柄，本也」。本乎地者親下，故「萬物依之爲本而爲柄也」。一說「柄」當从古文作「枋」，「枋」與「方」同。彖傳曰「至靜而德方」，九家易

「坤爲方」是也。其於地也爲黑。崔覲曰：坤十月卦，極陰之色，故其于色也爲黑矣。**疏** 坤辟亥，十月之卦，北方，極陰之色也，故「于地爲黑」。極陽色赤，極陰色黑。虞謂乾于月望出入時爲大赤，坤于地爲黑，其義一也。又天玄近黑，以乾居西北近坎也。地纁黃近赤，以坤居西南近離也。而乾爲盛陽，又得南方之色，爲大赤。坤爲盛陰，又得北方之色，爲黑。

震爲雷、虞翻曰：太陽火，得水有聲，故爲雷也。**疏** 乾坤以坎離戰陰陽，交會于壬而生震，故云「太陽火，得水也有聲，故爲雷」。乾陽初交坤陰爲震，故淮南子曰「陰陽相薄爲雷」也。爲駹、駹，蒼色。震東方，故爲駹。舊讀作「龍」，上已爲「龍」，非也。**疏** 漢書匈奴傳「圍高帝于白登，漢兵不得相救。匈奴騎，其西方盡白，東方盡駹，北方盡驪，南方盡騂〔一〕」，注云「駹，青馬也」。此云「駹，蒼色」者，下云「蒼筤竹」，九家注云「青也」，是「蒼卽青也」。震東方木，其色青。故「爲駹」。今本作「龍」，鄭讀爲「尨」，云「取日出色也」。虞本作「駹」，故云「舊讀作龍」，上已爲「龍」，故非也。爲玄黃、天玄地黃，震天地之雜物，故「爲玄黃」。**疏** 天色玄，地色黃。乾始交坤爲震，天地之雜物也，故「爲玄黃」。爲專、陽在初隱靜，未出觸坤，故專，則「乾靜也專」。延叔堅說，以「專」爲「旉」，大布，非也。此上虞義也。**疏** 陽在初，乾初。其體隱靜，未出觸坤，潛而勿用，故專。虞下注云「震內體爲專」，所謂「乾，其靜也專」是也。延叔堅以「專」爲「旉」，大布。「旉」古「布」字，故云「大布」。坤已爲布，此不得更云布，故知非也。案：今本作「旉」，干氏注云「花之通名，鋪爲花貌

〔一〕「騂」，原本作「騎」，據陳校本正。

謂之藪」，義亦通也。自「震爲雷」至此，皆虞義。**爲大塗、**崔覲曰：萬物所出在春，故「爲大塗」，取其通生性也。**疏**王廙云「大塗，萬物所出」。蓋萬物出乎震，其時爲春，故「爲大塗」，取其通生萬物之性也。又坤爲國。考工記「匠人曰國中九經九緯，經塗九軌」。震陽居于坤初，陽數九，是九軌爲大塗也。**爲長子、**虞翻曰：乾一索，故「爲長子」。**疏**一索得男，故「爲長子」。**爲決躁、**崔覲曰：取其剛在下動，故「爲決躁」也。**疏**剛動于下，足之躁也，故「爲決躁」。又陽息至二成兑，兑在夬爲決，震外體爲躁，故「爲決躁」也。**爲蒼筤竹、**九家易曰：蒼筤，青也。震陽在下，根長堅剛。陰爻在中，使外蒼筤也。**疏**説文「蒼，草色也」。草色青，故謂蒼筤爲青也。震一陽在下，有根長堅剛之象。陰爻在中，中虛之象。東方色蒼，故「使外蒼筤也」。愚案：竹、萑葦，皆根骿而莖分。震之一陽在下，二陰在上似之。木則根歧而幹雙，巽之一陰在下，二陽在上似之。**爲萑葦。**九家易曰：萑葦，蒹葭也。根莖叢生，蔓衍相連，有似雷行也。**疏**説文「葦，大葭也」。故云「萑葦，蒹葭也」。根莖叢生，蔓衍相連，鄭氏以爲竹類是也。相連，故似雷行。**其於馬也，爲善鳴、**虞翻曰：爲雷，故善鳴也。**疏**乾爲馬，震得乾之初。雷有聲，故善鳴。**爲馵足、爲作足、**馬白後左足爲馵。震爲左、爲足、爲有，初陽白。故「爲作足」。**疏**釋獸曰「左白馵」。説文曰「馵，馬後左足白也」。震在東，故「爲左足。」「有」當作「後」。震「後有則」，故「爲後」。巽陽在上爲白，伏震，震陽在初，故爲白。左白足，故「爲馵足」。王劭云「馬行，先作弃四足。」作，起也。震足起，故「作足」。魯頌曰「思馬斯作」是也。**爲旳顙。**旳，白。顙，額也。震體頭在口上，白，故旳顙。詩云「有馬白顛」是也。此上虞義也。**疏**博雅「旳，白也」。玉篇「顙，額也」。震反生，以初爲顙。乾爲首，兑爲口，震乾初在兑上，故「體頭在口上」。初陽白，故「爲旳顙」。「有馬白顛」，詩秦風文。毛傳「白顛，旳顙也」，故引以爲證。自

「善鳴」至此，皆虞義也。其於稼也，爲反生。宋衷曰：陰在上，陽在下，故「爲反生」。謂枲豆之類，戴甲而生。疏洪範王肅注云「種之曰稼」。震陽出坤，如種出土，故震取象于稼。陰爲形在上，陽爲氣在下，故「爲反生」。「枲豆之類，戴甲而生」，鄭氏以爲「生而反出」是也。又坤元資生，乾陽反生，故「爲反生」。又「反」，虞作「阪」，注云「陵阪也」。陵阪所生，則亦枲豆之屬也。其究爲健、爲蕃鮮。虞翻曰：震巽相薄，變而至三，則下象究。與四成乾，故「其究爲健、爲蕃鮮。」巽究爲躁卦，躁卦則震。震雷巽風無形，故卦特變耳。疏震巽「雷風相薄」，震變至三成巽。究于三，故下象言究也。下象已變，二與四互成乾。乾，健也，故「爲健」。蕃鮮，白也。究成巽白，故「爲蕃鮮」。震究爲蕃鮮，蕃鮮謂巽也。巽究爲躁卦，躁卦謂震也。震雷巽風，變化无形。且陰陽之始，故皆言究。他卦不言究，此獨言究，故云「特變」。

巽爲木、宋衷曰：陽動陰静，二陽動于上，一陰安静于下，有似于木也。疏陽主動，陰主静。二陽動于上，象枝葉。一陰安静于下，象根幹。故「有似于木也」。又柔爻爲草，剛爻爲木。震爲蒼筤竹、爲萑葦、爲稼，皆柔爻。巽爲木，謂剛爻也。爲風、陸績曰：風，土氣也。巽，坤之所生，故「爲風」。亦取静于本，而動于末也。疏莊子「大塊噫氣，其名爲風」，故云「風，土氣也」。巽陰自坤來，故云「坤之所生」。坤爲土，故「爲風」。一陰静下，二陽動上，故「亦取静于本，而動于末也」。爲長女、荀爽曰：柔在初。疏柔在初爻，一索得女，故「爲長女」。爲繩直、翟玄曰：上二陽共正一陰，使不得邪僻，如繩之直。孔穎達曰：取其號令齊物，如繩直也。疏洪範「木曰曲直」。陰失位于初，二得中，三得正，故「上二陽共正一陰」。陽直以正陰曲，陰順乎陽，故「使不得邪僻」。說命曰「木從繩則正」，木曲則繩之使直，所謂「齊乎巽」也，故「爲繩直」。孔注：巽申命，故爲號令。巽絜齊，故云「齊物」。號令齊物，如繩直以正木也。爲工、荀爽曰：以繩木，故「爲工」。虞翻曰：「爲近利市三倍」，故「爲工」。子夏曰「工居肆」。疏荀注：凡規矩準繩，皆所以齊物。「齊乎巽」，故「爲工」。虞注：巽近市利，漢書刑法志「開市肆以通之」，是「市」即「肆」也。論語「子夏曰『百工居肆，以成其事』」，故近市爲工。愚案：考工記「審曲面埶，以飭五材，以辨民器，謂之百工」。材有五而皆從木，故謂之工。左傳曰「山有木，工則度之」。巽爲木，故爲工。爲白、虞翻曰：乾陽在上，故白。孔穎達曰：取其風吹去塵，故絜白也。疏虞注：坤于地爲黑，以其極陰也。坤陰爲黑，故乾陽爲白。巽二陽在上，故「爲白」。孔注：巽爲絜齊，風吹去塵，有絜齊之象，故「爲白」。爲長、崔覲曰：取風行之遠，故「爲長」。疏風行至遠，故「爲長」。又五行惟木稱長，如左傳「長木之標」是也。爲高、虞翻曰：乾陽在上，長故高。孔穎達曰：取木生而高上。疏虞注：乾陽在上，惟長故高。孔注：木生而上，故曰高。爲進退、虞翻曰：陽初退，故進退。荀爽曰：風行无常，故進退。疏虞注：陰長，故「陽初退」。陰進陽退，故「爲進退」。荀注：風行无常，忽進忽退，故「爲進退」。爲不果、荀爽曰：風行或東或西，故不果。疏風行或東或西，進退无常，故「不果」。又乾爲木果，巽陰消初，漸及于上，故「不果」。爲臭。虞翻曰：臭，氣也。風至知氣。巽二人艮鼻，故「爲臭」。繫曰「其臭如蘭」。疏臭者，凡氣之總名，故云「臭，氣也」。氣隨風動，故「風至知氣」。巽二變成艮，九家易「艮爲鼻」，故「巽二入艮鼻爲臭」也。繫釋同人九五爻辭，五應在二，六二互巽，故曰「其臭如蘭」。其於人也，爲宣髮、虞翻曰：爲白，故宣髮。馬君以宣爲寡髮，非也。疏乾爲人，下四象皆取乾，故稱「于人」。鄭氏云「頭髮顥落曰宣。取四月靡草死，髮在人體，猶靡草在地」。楚辭大招「天白顥顥」。説文「顥，白貌」。是「顥落曰宣」，謂髮早白也。爲白，故髮宣。「宣髮」今本作「寡髮」，從馬君也。寡于巽无取，故云「非也」。「宣」「鮮」同音，「宣」即「蕃鮮」，亦訓「白」也。古「宣」

「鮮」字，皆讀爲「斯」。詩瓠葉曰「有兔斯首」，鄭箋云「斯，白也」。宣二年左傳「于思于思」，賈逵云「頭白貌」。「思」「斯」同音「宣」，讀如「斯」，故訓爲「白」也。**爲廣顙、**變至三，坤爲廣。四動成乾爲顙。在頭口上，故爲「廣顙」。與震「的顙」同義。震一陽，故「的顙」。巽變乾二陽，故「廣顙」。**疏**變至三，其究爲震，二互四爲坤，坤廣生，故「爲廣」。巽四動，則外體成乾爲首，故「爲顙」。巽口在下，顙在頭口上，故「爲廣顙」。與震的顙，頭在口上同義。震一陽在下，故「的顙」。巽變乾二陽，至四成坤，故「廣顙」。**爲多白眼、**爲白，離目上向，則白眼見，故「多白眼」。**疏**巽六畫卦，互體離，離爲目。三互五成離，故「目上向」。「巽爲白」，故「多白眼」。**爲近利市三倍。**變至三，成坤中，爲近。四動乾，乾爲利。至五成噬嗑，故稱市。乾三爻爲三倍，故「爲近利市三〔一〕倍」。動上成震，故「其究爲躁卦」。八卦諸爻，唯震巽變耳。**疏**變至三，互四成坤，近如地，故爲近。四動，外體乾，乾美利爲利。變至五，體成噬嗑，「日中爲市，取諸噬嗑」，故爲市。五未變時，乾三陽爻爲三倍，故「爲近市利三倍」。上變則巽成震，震決躁，故「其究爲躁卦」。八卦諸爻，唯巽震特變，義已見前。**其究爲躁卦。**變至五，成噬嗑爲市。動上成震，故「其究爲躁卦」。明震內體爲專，外體爲躁，此上虞義。**疏**自巽初變，至上成震，故「其究爲躁卦」。震一陽靜于內，故「內體爲專」。四陽動于外，故「外體爲躁」。震，陽之始，故言「卦」。自「爲宣髮」至此，皆虞義也。**坎爲水、**宋衷曰：坎陽在中，內光明，有似于水。**疏**坎一陽在二陰之中，其內光明，有似于水。尋說文曰「☵，準也」。☵即☵之縱文也。又曰「北方之行，象衆水竝流，中有微陽之

〔一〕「三」，原本作「五」，據陳校本正。

氣也」，故「坎爲水」。**爲溝瀆、**虞翻曰：以陽闢坤，水性流通，故「爲溝瀆」也。**疏**「坤，其動也闢」，陽動陰中，故云「以陽闢坤」。坤爲土，水性流通于坤土之中，故其象「爲溝瀆也」。**爲隱伏、**虞翻曰：陽藏坤中，故「爲隱伏」也。**疏**一陽藏于兩陰之中，故「爲隱伏」。**爲矯揉、**宋衷曰：曲者更直爲矯，直者更曲爲揉。水流有曲直，故「爲矯揉」。**疏**使「曲者更直爲矯，直者更曲爲揉」。水流隨地，有曲有直，故「爲矯揉」也。**爲弓輪。**虞翻曰：可矯揉，故「爲弓輪」。坎爲月，月在于庚爲弓，在甲象輪，故弓輪也。**疏**可矯曲爲直，揉直爲曲，故「爲弓輪」。坎爲月，弓象初月，輪象滿月。月在于庚，出震時也。初生明，故「爲弓」。又月在丁，上弦。在丙，下弦。故參同契曰「上弦兑數八，下弦艮亦八」。上弦下弦亦「爲弓」。月在甲，盈乾時也。望則月圓，故「爲輪」。賈誼新書曰「古之爲路輿，三十輻以象月」是也。**其於人也，爲加憂、**兩陰失心爲多眚，故「加憂」。**疏**亦乾爲人也。「失」當爲「夾」。初三兩陰夾心，多眚之象。陽陷陰中，險難可憂，故「加憂」。**爲心病、**爲勞而加憂，故「心病」。亦以坎爲心。坎二折坤，「爲心病」。此上虞義也。**疏**坎，勞卦也。既爲勞，而又加憂，故「爲心病」。說文「心，人心，土藏，在身之中。象形」。坤爲身，陽在坤中，故「爲心」。坤，土也。二折坤土，故「爲心病」。說文又謂「博士說，以爲火藏」。即心爲大火也。月令「季夏，祭先心」，亦取火王之義。坎水克火，故「爲心病」。上三條，皆虞義也。**爲耳痛、**孔穎達曰：坎，勞卦也。又主聽，聽勞則耳痛。**疏**坎爲耳主聽，坎爲勞，聽勞則耳痛。且爲疾多眚，故痛也。**爲血卦、爲赤。**孔穎達曰：人之有血，猶地有水。赤，血色也。案：十一月一陽爻生在坎，陽氣初生于黃泉，其色赤也。**疏**孔注：釋名「血，濊也。出于肉，流而濊濊也」。說文「濊，水多貌」。故云「人之有血，猶地有水」也。赤，亦血之色也。案：坤上六「其血玄黃」，文言曰「猶未離其類也，故稱血焉」。坎正十一月，陰陽會于壬，牝坤生復，故坎「爲血卦」。　案：十一月一陽初生，其爻爲復，其時爲坎，故云「一陽爻生在坎」也。檀弓〔一〕「周人尚赤」，鄭注「以建子之月爲正，物萌色赤」。白虎通「十一月之時，陽氣始養根株，黃泉之下，萬物皆赤」。故云「陽氣生于黃泉，其色赤也」。其於馬也，爲美脊、宋衷曰：陽在中央，馬脊之象也。疏坎秉乾氣，故亦「于馬也」。一陽在兩陰中央，脊之象也，故爲馬脊。爲亟心、崔覲曰：取其內陽剛動，故「爲亟心」也。疏陽剛在中，象背爲脊，象胸爲心。內陽剛動，故「爲亟心」。亟，疾也。爲下首、荀爽曰：水之流，首卑下也。疏象水之流，故其首卑下也。又乾爲首，陷于陰下，故「爲下首」。爲薄蹄、九家易曰：薄蹄者在下，水又趨下，趨下則流散，流散則薄，故「爲薄蹄」也。疏蹄在下，水性趨下，分流易散，故薄也。又蹄象震足，震象半見，故薄蹄。爲曳。宋衷曰：水摩地而行，故曳。疏鄭注樂記「摩，猶迫也」。謂水迫地而行，爲曳也。愚案：儀禮士相見禮「執玉者，則唯舒武，舉前曳踵」，鄭注「備蹪跲也」。震象半見，足没坎水，故不敢疾趨，而曳踵也。亦謂馬也。其於輿也，爲多眚。虞翻曰：眚，敗也。坤爲大車，坎折坤體，故爲車多眚也。疏夏官大司馬「馮弱犯寡則眚之」，鄭注「眚，損也」。「敗」亦訓「損」，故云「眚，敗也」。坤爲大轝，故有輿象。坎折坤二，則坤毁，故「多眚也」。王廙云「眚，病也」，從説文「眚，目病」之義，亦可從也。爲通、水流瀆，故通也疏風俗通山澤篇「瀆者，通也。所以通中國垢濁」。故云「水流瀆，故通也」。爲月、坤爲夜，以坎陽光坤，故「爲月」也。疏坤柔爲夜，以坎陽光于坤陰，故「爲月」。愚案：淮南天文訓「月，天之使也。」「積陰之寒氣，大者爲水，水氣之精

〔一〕「檀弓」，原本作「曲禮」，據所引檀弓文正。

者爲月」。坎爲水，故「爲月也」。又納甲坎納戊，故晦夕朔旦，坎象流戊。坎爲月之本體，故「爲月」。**爲盜。**水流潛竊，故「爲盜」也。**疏**象水流地中，潛竊而行，故「爲盜也」。愚案：詩小雅「君子信盜」，毛傳「盜，逃也」。風俗通言其「晝伏夜奔逃避」也。是「盜」亦取隱伏陽藏陰中之義也。**其於木也，爲堅多心。**陽剛在中，故「堅多心」，棘棗屬也。此上虞義也。孔穎達曰：乾震坎皆以馬喻。乾至健，震至動，坎至行，故皆可以馬爲喻。坤則順，艮則止，巽亦順，離文明而柔順，兑柔説，皆无健，故不以馬爲喻也。唯坤卦「利牝馬」，取其行，不取其健，故曰牝也。坎亦取其行，不取其健，其外柔，故「爲下首、薄蹄、曳」也。**疏**坎離俱有木象，離體巽，坎體震故也。坎陽剛在中，陽剛故堅，在中故多心也。坤雅「大者棗，小者棘，于文竝從兩朿」。説文「朿，木芒也」。多朿則多心，故云「棘棗屬也」。自「多眚」至此，皆虞義。孔注：乾健，故喻馬。震動坎行，又稟乾氣，故皆可以馬喻。坤艮巽離兑皆无健。艮上雖稟乾陽，其象爲止。故皆不以馬爲喻也。坤雖柔順而凝乾元，故「利牝馬」，亦取其行，不取其健，故云牝馬。亦不列于説卦也。坎中陽爻雖健，亦取水行之象，非取其健也。且中雖健，外皆柔，故「爲下首、薄蹄、曳也」。**離爲火、**崔覲曰：取卦陽在外，象火之外照也。**疏**陽爻在外，象火外照，故爲火。孔氏又以爲「取南方之行」是也。**爲日、**荀爽曰：陽外光也。**疏**亦取陽光外照也。淮南天文訓「積陽之熱氣生火，火氣之精者爲日」。「故陽燧見日，則然而爲火」。是「爲火」，故「爲日」也。又納甲離納巳，日中離日就巳，離爲日之本體，故「爲日」。**爲電、**鄭玄曰：取火明也。久明似日，暫明似電也。**疏**電有光，取火之明也。釋名「電，殄仁見則殄滅也」。故云「久明似日，暫明似電也」。火也、日也、電也，皆陽光外見也。**爲中女、**荀爽曰：柔在中也。**疏**柔爻在中，再索而得女也，故「爲中女」。**爲甲冑、**虞翻曰：外剛，故爲甲。乾爲首，巽繩貫甲而在首上，故爲冑。冑，兜鍪也。疏陽剛在外，取其堅，故爲甲。坤二之乾成離。坤爲身，甲所以護身也。乾爲首，冑所以護首也。巽象半見于乾上，中貫之，故「巽繩貫甲而在首上爲冑」也。「冑，兜鍪也」，說文文。**爲戈兵。**乾爲金，離火斷乾，燥而鍊之，故「爲戈兵」也。疏體乾爲金，離火斷乾金，燥而鍊之，故「爲戈兵」。考工記所謂「鑠金以爲刃」是也。**其於人也，爲大腹。**象日常滿，如妊身婦，故「爲大腹」。乾爲大也。疏體乾，故曰「于人」。禮統「日，實也」，故「象日常滿」。離者，陰之受陽，故象「妊身婦」。坤爲腹，乾爲大，故「爲大腹」也。**爲乾卦、**火日熯燥物，故「爲乾卦」也。疏上云「日以烜之」，又云「燥萬物者，莫熯乎火」，故「爲乾卦」。坎爲乾精，離爲乾氣，故皆稱「卦」。**爲鼈、爲蟹、爲蠃、爲蚌、爲龜。**此五者，皆取外剛內柔也。疏離爲甲，五者皆甲蟲之屬。鄭氏云「皆骨在外」，故云「外剛內柔也」。**其於木也，爲折上槀。**巽木在離中，體大過死，巽蟲食心則折也。蠹蟲食口木，故「上槀」。或以離火燒巽，故「折上槀」。此上虞義。宋衷曰：陰在內則空中，木中空則上科槀也。疏六畫卦離互巽，故「巽木在離中」。自二至五體似大過，棺椁死象。「巽蟲」者，巽爲風，易本命曰「二九十八，十八主風、主蟲，故蟲八日化」。王充論衡曰「夫蟲，風氣所生。倉頡知之，故凡蟲爲風之字」，取氣于風，故云「巽蟲」也。離互巽蟲，食心則木折也。又互兌爲口。「蠹蟲食口」，謂蟲口食木也。蟲食其下，故上枯槀也。或以離火燒巽木，故折上槀，義亦通。自「爲甲冑」至此，皆虞義也。宋注：陽實陰虛，故「陰在內則中空」。鄭氏云「陰在內爲疾」，故木中空則上科槀也。「折」，別本作「科」。

艮爲山，宋衷曰：二陰在下，一陽在上。陰爲土，陽爲木。土積于下，木生其上，山之象也。疏巽陽爻象木，陰爻象草，故以二陰在下爲土，一陽在上爲木。木生土上，山之象也。愚案：周語曰「山，土之聚也」。乾坤鑿度引地形曰

「山者，艮也。地土之餘，積陽成體，石亦通氣，萬靈所止」。一陽止于坤土之上，故「艮爲山」。又春秋說題辭曰「陰含陽，故石凝爲山」。艮二陰含一陽，卽石凝爲山之象也。

爲徑路、虞翻曰：艮爲山中徑路。震陽在初，則爲大塗。艮陽小，故「爲徑路」也。**疏** 艮爲山，故云「山中徑路」也。震陽在初爲本，本大則陽大，陽大則爲大塗。艮陽在上爲末，末小故陽小，陽小故「爲徑路」。又鄭氏「田閒之道曰徑路」。艮爲之者，取山閒兔鹿之蹊。

爲小石、陸績曰：艮，剛卦之小，故「爲小石」者也。**疏** 艮陽在上，故爲「剛卦之小」。石，土之陽也。艮爲山，陽小，故「爲小石」。

爲門闕、虞翻曰：乾爲門，艮陽在門外，故「爲門闕」。兩小山，闕之象也。**疏** 易出于乾，故「乾爲門」。艮陽，乾三也。在門外，故「爲門闕」。廣韻「闕在門兩旁，中央闕然爲道也」。艮下二耦，象兩小山，故云「闕之象也」。

爲果蓏、宋衷曰：木實謂之果，草實謂之蓏。桃李瓜瓞之屬，皆出山谷也。**疏** 果從木，故「木實謂之果」。蓏從草，故「草實謂之蓏」。桃李果屬，瓜瓞蓏屬。皆出山谷，故「爲果蓏」。愚案：乾爲木果，以其純陽也。艮上一陽自乾來，故「爲果」。又「爲蓏」者，陽爻似果，陰爻似蓏。猶巽陽爻爲木，陰爻爲草也。又果蓏能成終而成始，故象艮也。

爲閽寺、宋衷曰：閽人主門，寺人主巷。艮爲止，此職皆掌禁止者也。**疏** 天官閽人「掌守王宮中門之禁」，故云「閽人主門」。又寺人「掌王之內人，及女宮之戒令」，詩巷伯鄭箋「巷伯，奄官掌王后之命，于宮中爲近，故謂之巷伯」，故云「寺人主巷」。蓋閽人主門，守王宮者也，止人之不應入。寺人主巷，掌后命者也，止人之不當出。艮爲門闕，又爲止，此職皆掌禁止門闕，故「爲閽寺」。

爲指、虞翻曰：艮手多節，故「爲指」。**疏** 艮爲手，又爲木多節。手而多節，指之象也，故「爲指」。

爲拘、虞翻曰：指屈伸制物，故「爲拘」。「拘」舊作「狗」，上已「爲狗」，字之誤。**疏** 上云「爲指」，指屈伸能制物，故「爲拘」。「拘」舊作「狗」。上文已云「爲狗」，不得復云「狗」，故知爲字之誤也。 愚案：說文「拘，止也」。拘從手，取手能止物之義。艮爲手、爲止，故「爲拘」。隨上六下應六三，三互艮，上係于三，故曰「拘係之」是也。 爲鼠、虞翻曰：似狗而小，在坎穴中，故「爲鼠」。晉九四是也。 疏 艮爲狗，鼠形似狗而小也。坎象半見，故「在坎穴中」。似狗而在穴，故「爲鼠」。晉九四互艮，故曰「碩鼠」是也。 愚案：襄二十三年左傳「臧武仲謂齊景公曰『抑君似鼠，晝伏而夜動。』」蓋鼠陰物，艮二陰伏于下，見陽則止，是晝伏夜動之象也，故「爲鼠」。一說鼠之前爪四指，陰也。後爪五指，陽也。故爲陰陽之始終而象艮。 爲黔喙之屬。 馬融曰：黔喙，肉食之獸，謂豺狼之屬。黔，黑也。陽玄在前也。 疏 獸黔喙者皆肉食，若豺狼之屬。鄭氏以爲虎豹之屬，取其爲山獸是也。說文「黔，黎也」，謂黑色也。乾陽在上，其色玄，故云「陽玄在前也」。 案：乾爲首在上，坤二陰似口在下，坤亦色黑，故「爲黔喙之屬」也。 其於木也，爲多節。 虞翻曰：陽剛在外，故「多節」。松柏之屬。 疏 艮亦體震，故亦象木。艮陽剛在外，多節之象，若松柏之屬是也。 愚案：震爲木之始，故「反生」。艮爲木之終，故「多節」。蓋木老則多節。雜卦曰「節者，止也」。艮于木亦取多節，則止之義也。水澤有互艮象，故亦名節也。

兑爲澤、虞翻曰：坎水半見，故「爲澤」。 宋衷曰：陰在上，令下溼，故「爲澤」也。 疏 虞注：周語曰「澤，水之所鍾也」。宣十二年左傳「知莊子曰『在師之臨，川壅爲澤』」，杜注「坎爲川，今變爲兑，兑爲澤，是以見壅」。蓋一陽壅于下，坎水半見于上，故「爲澤」也。 宋注：一陰在上，令下潤濕，潤澤之象也，故「爲澤」。 爲少女、虞翻曰：坤三索，位在末，故少也。 疏 坤三索而得女，陰位在末，故「爲少女」。 爲巫、乾爲神，兑爲通，與神通氣。女，故爲巫。 疏 乾陽之伸，故「爲神」。兑「山澤通氣」，故「爲通」。兑息卽乾，故「與乾神通氣」。楚語曰「在女曰巫」。少女，故「爲巫」也。 爲口舌、兑爲震聲，故「爲口舌」。疏震以陽爲聲，兑息自震，故「兑爲震聲」。上陰象口，中陽象舌，故「爲口舌」。爲毁折、二折震足，故「爲毁折」。疏震息成兑，故云「二折震足」。兑西方金，克震東方木。金克木，故「爲毁折」。爲坿決。乾體未圜，故「坿決」也。疏乾爲圜，息未成乾故「未圜」。陽已至二，陰猶坿之，故「乾體未圜」，當決而去之也。孔疏兑西方之卦，又兑主秋也，取秋物成熟。稾稈之屬，則毁折也。果蓏之屬，則坿決也。其於地也，爲剛鹵。乾二陽在下，故剛。澤水潤下，故鹹。此上虞義。朱仰之曰：取金之剛不生也。剛鹵之地不生物，故「爲剛鹵」者也。疏兑得坤三，在地之上，故言「于地」。「立地之道，曰柔與剛」，乾二陽在下，故剛。洪範曰「水曰潤下」，又曰「潤下作鹹」，澤水潤下爲鹹，故鹵。自「爲少女」至此，皆虞義也。朱注：兑，西方卦，金象也。金剛，故不生。説文「鹵，西方鹹地也」。西方多剛鹵之地，不能生物，故「爲剛鹵」也。爲妾、虞翻曰：三少女位賤，故「爲妾」。疏孔氏云「少女從姊爲娣」，故云「位賤爲妾」也。爲羔。羔，女使。皆取位賤，故「爲羔」。舊讀以震駹爲龍，艮拘爲狗，兑羔爲羊，皆已見上，此爲再出，非孔子意也。震已爲長男，又言長子，謂以當繼世，守宗廟，主祭祀，故詳舉之。三女皆言長、中、少，明女子各當外成，故别見之。此其大例者也。此上虞義。疏鄭氏云「羊，女使」。虞作「羔」，亦云「女使」，從鄭訓也。少女位賤，故「爲羔」。又鄭本作「陽」，云「此『陽』讀若『養』，无家女，行賃炊爨，今時有之，賤于妾也」。尋宣十二年公羊傳「廝役扈養」，注云「炊烹者曰養」。據此則當作「養」。如頤之言「養」，以及蒙之「養正」，皆體艮，故言養也。案舊本震爲龍、艮爲狗、兑爲羊已見，不得再見。如巽雞、坎豕、離雉，傳不再出，其明徵也。故「龍」當爲「駹」，「狗」當爲「拘」，「羊」當爲「羔」。今據鄭注，則「羊」又當爲「養」也。震已言一索爲長男，又言長子者，序卦曰「主器者，莫若長子」。震象傳曰「出可以守宗廟社稷，以爲祭主也」。故長子責重，詳舉之，而不及中男、少男也。三女詳舉者，以女子各當外適成家，故別見也。此六子或及或不及之大例也。此及上條皆虞義。

序卦第十一

有天地，然後萬物生焉。干寶曰：物有先天地而生者矣，今正取始于天地。天地之先，聖人弗之論也。故其所法象，必自天地而還。老子曰「有物混成，先天地生。吾不知其名，彊字之曰道」。上繫曰「法象莫大乎天地」。莊子曰「六合之外，聖人存而不論」。春秋穀梁傳曰「不求知所不可知者，智也」。而今後世，浮華之學，彊支離道義之門，求入虛誕之域，以傷政害民。豈非「讒說殄行」，大舜之所疾者乎。**疏**物有先天地而生者，道是也。「正」，當作「止」。今易首乾坤，止取始于天地者，以天地之先，聖人弗論，懼其淪于玄虛也。故其所法象，必自既有天地而還，而以乾坤爲首焉。老子道經曰「有物混成，先天地生」，此即太極也。又曰「吾不知其名，字之曰道」，以其爲天地萬物之所共由，故名之以道也。繫上曰「法象莫大乎天地」，故天尊地卑，而乾坤以定。「六合之外，聖人存而不論」，莊子齊物論文。「知其不可知，知也」，隱公三年穀梁傳文，與此微異。引之以明首乾坤而不及天地以先之意也。「而今」以下，蓋傷晉世浮華虛誕，支離道義，而傷政害民也。「讒說殄行」，虞書舜典文。盈天地之閒者唯萬物，故受之以屯。屯者，盈也。荀爽曰：謂陽動在下，造生萬物于冥昧之中也。**疏**已詳屯彖傳「天造草昧」注。茲不復贅，後倣此。屯者，萬物之始生也。韓康伯曰：屯剛柔始交，故爲「萬物之始生也」。崔覲曰：此仲尼序文王次卦之意。不序乾坤之次者，以「一生二，二生三，三生萬物」，則天地次第可知，而萬物之先後宜序也。「萬物之始生」者，言剛柔始交，故萬物資始于乾，而資生于坤也。疏 韓注：「乾剛坤柔」，繼之以屯，故云「剛柔始交」。內體震，震，東方之卦，「萬物出乎震」，故云「萬物之始生也」。崔注：已詳卦首。物生必蒙，故受之以蒙。蒙者，物之穉也。崔覲曰：萬物始生之後，漸以長穉，故言「物生必蒙」。鄭玄曰：蒙，幼小之貌。齊人謂「萌」爲「蒙」也。疏已詳。物穉不可不養也，故受之以需。需者，飲食之道也。荀爽曰：坎在乾上，中有離象，水火交和，故爲「飲食之道」。鄭玄曰：言孩穉不養，則不長也。疏 荀注：坎水在乾上，中互離火。水上火下，是「水火交和」，而有烹飪之象也，故爲「飲食之道」。鄭注：詩衛風「衆穉且狂」，毛傳「幼，穉」，故「言孩穉」。孟子曰「苟得其養，無物不長」，故云「不養，則不長也」。飲食必有訟，故受之以訟。韓康伯曰：夫有生則有資，有資則爭興也。鄭玄曰：訟，猶爭也。言飲食之會，恆多爭也。疏 韓注：承「物生必蒙」來，故云「有生」。儀禮聘禮「問歲月之資」，鄭注「資，行用也」。物生則需用而爲飲食，飲食資用，則爭興而爲訟焉。鄭注已詳。訟必有衆起，故受之以師。師者，衆也。九家易曰：坤爲衆物，坎爲衆水。上下皆衆，故曰師也。「凡制軍，萬有二千五百人爲軍。天子六軍，大國三軍，次國二軍，小國一軍。軍有將，皆命卿也。二千五百人爲師，師帥皆中大夫。五百人爲旅，旅帥皆下大夫也」。崔覲曰：因爭必起相攻，故「受之以師」也。疏 九家注：「坤爲衆」，又「萬物資生」，故云「坤爲衆物」。坎折坤二，又伏坤下，晉語「坎，勞也、水也、衆也」，韋注「水亦衆之類」，故「坎爲衆水」。上坤下坎，皆有衆象，故曰師也。「凡制軍」以下，皆本夏官大司馬文。崔注已詳。衆必有所比，故受之以比。韓康伯曰：衆起而不比，則爭无息。必相親比，而後得寧也。**疏**承「訟必有衆起」來，言衆起而不相親比，則爭與無由息也。衆必親比，然後爭息而衆得寧焉。比者，比也。比必有所畜，故受之以小畜。韓康伯曰：比非大通之道，則各有所畜，以相濟也。由比而畜，故曰小畜，而不能大也。**疏**比近于私，故「非大通之道」。私比則各有所畜以相濟，故由比而有所畜者，小畜而不能大也。又詳見比卦。物畜然後有禮，故受之以履。履者，禮也。韓康伯曰：禮所以適時用也，故既畜則須用，有用則須禮也。**疏**禮器「禮時爲大」，故云「禮所以適時用也」。物畜則用以通之，孟子曰「用之以禮」，故「有用則須禮也」。履然後安，故受之以泰。泰者，通也。荀爽曰：謂乾來下降，以陽通陰也。姚信曰：安上治民，莫過于禮。有禮然後泰，泰然後安也。**疏**荀注：乾天在上，坤地在下。今乾來下降成泰，天地交，故云「以陽通陰也」。姚注：孝經曰「安上治民，莫善于禮」。蓋有禮則「辨上下，定民志」，「上下交而其志同」，故泰也。曲禮「有禮則安」，故「泰然後安也」。物不可以終通，故受之以否。崔覲曰：物極則反，故不終通而否矣。所謂「城復于隍」。**疏**已詳。物不可以終否，故受之以同人。韓康伯曰：否則思通，人人同志，故可出門同人，不謀而合。**疏**不通故否，「否終則傾」。故否極思通，人人同志。彖傳曰「唯君子爲能通天下之志」是也。故可出門同人，不謀而合。「柔得位得中而應乎乾」是也。與人同者，物必歸焉，故受之以大有。崔覲曰：以欲從人，物〔一〕必歸己，所以成大有。**疏**已詳。有大者不可以盈，故受之以謙。崔覲曰：富貴而自遺其咎，故「有大

〔一〕「物」，原本作「人」，據序卦及卷三大有序卦崔覲注正。

者不可盈」。當須謙退，天之道也。**疏**已詳。有大而能謙必豫，故受之以豫。鄭玄曰：言國既大而有謙德，則于政事恬豫。「雷出地奮，豫」，豫，行出而喜樂之意。**疏**已詳。豫必有隨，故受之以隨。韓康伯曰：順以動者，衆之所隨也。**疏**已詳。以喜隨人者必有事，故受之以蠱。蠱者，事也。九家易曰：子行父事，備物致用，而天下治也。「備物致用，立成器以爲天下利，莫大于聖人」。子脩聖道，行父之事，以臨天下，无爲而治。**疏**已詳。有事然後可大，故受之以臨。臨者，大也。荀爽曰：陽稱大。謂二陽動升，故曰大也。宋衷曰：事立功成，可推而大也。**疏**荀注：陽息稱大。臨九二荀彼象注云「陽感至二，當升居五」，故謂「二陽動升」。陽動而升，故曰「大也」。宋注：繫上曰「有功則可大」，又曰「可大則賢人之業」。蓋坤爲事業富有，故「可大」。臨外體坤，故「事立功成，可推而大也」。物大然後可觀，故受之以觀。虞翻曰：臨反成觀，二陽在上，故「可觀」也。崔覲曰：言德業大者，可以觀政于人也。**疏**虞注：臨下二陽，反上成觀。以五陽觀示坤民，故「可觀也」。崔注已詳。可觀而後有所合，故受之以噬嗑。嗑者，合也。虞翻曰：頤中有物食，故曰合也。韓康伯曰：可觀，則異方合會也。**疏**虞注：頤象傳曰「頤中有物曰噬嗑」，虞彼注云「物謂四。頤中无物，則口不噬，故以頤中有物食爲合也。韓注：中正以觀，則下觀而化，故「可觀，則異方合會也」。噬嗑自否來，否坤爲方，剛柔分爲「異方」。雷下電上，合而成章，是「異方合會」也。物不可以苟合而已，故受之以賁。賁者，飾也。虞翻曰：分剛上文柔，故飾。韓康伯曰：物相合，則須飾以脩外也。**疏**虞注：賁自泰來，分泰上之柔，來文二剛。禮樂記曰「文采節奏，聲之飾也」，故曰飾也。韓注：詩云「金玉其相」，即「物相合」也。又云「追琢其章」，即「飾以脩外也」。致飾而後亨則盡矣，故受之以剥。剥者，剥也。荀爽曰：極飾反素，文章敗，故爲剥也。疏賁上九曰「白賁无咎」，是「極飾反素」也。素則文章敗，故爲剥也。又韓注云「極飾則實喪也」。**物不可以終盡，剥窮上反下，**虞翻曰：陽四月窮上，消遘至坤者也。疏陽至四月，乾窮于上。至五月，一陰消姤，至九月成剥，十月成坤。至十一月，陽反下出復，故曰「窮上反下」。**故受之以復。**崔覲曰：夫易窮則有變，物極則反于初，故剥之爲道，不可終盡，而受之于復也。疏已詳。**復則不妄矣，故受之以无妄。**崔覲曰：物復其本，則爲誠實，故言「復則无妄矣」。疏已詳。**有无妄，物然後可畜，故受之以大畜。**荀爽曰：物不妄者，畜之大也。畜積不敗，故大畜也。疏物不妄者，則「茂對時，育萬物」，故云「畜之大也」。「剛健篤實，輝光日新」，是「畜積不敗，故大畜也」。**物畜然後可養，故受之以頤。頤者，養也。**虞翻曰：「天地養萬物，聖人養賢以及萬民」。崔覲曰：「大畜剛健，輝光日新」，則可「觀其所養」，故言「物畜然後可養也」。疏虞注：引彖傳文，以明物畜可養義。崔注：已詳〔一〕。**不養則不可動，故受之以大過。**虞翻曰：人頤不動則死，故「受之以大過」。大過否卦，棺椁之象也。疏人賴頤動以養生，頤不動則死，故「受之以大過」。大過否閉之卦，棺椁取大過，故云「棺椁之象也」。「否」疑作「死」，大過棺椁，故云死卦。**物不可以終過，故受之以坎。坎者，陷也。**韓康伯曰：過而不已，則陷没也。疏大過上九曰「過涉滅頂」，是「過而不已」也。「凶」則陷没而成坎也。**陷必有所麗，故受之以離。離者，麗也。**韓康伯曰：物極則變，極陷則反所麗。疏物窮則變，陰極變陽，陽極變陰也。蓋坎一陽陷于兩陰，離一陰麗于兩陽，故坎陷已極，則反變爲離，而有所麗也。

〔一〕「崔注：已詳」，原本作「詳崔注下」，據例正。

有天地，虞翻曰：謂天地否也。疏乾上坤下，故謂「天地否也」。

然後有萬物。謂否反成泰。「天地壹壺，萬物化醇」，故「有萬物」也。疏否反泰類，故謂「否反成泰」。「天地壹壺，萬物化醇」，繫下文。虞彼注云「謂泰上也。先説否，否反成泰，故不説泰。天地交，萬物通，故化醇」。所以「有天地，然後有萬物」也。

有萬物，然後有男女。謂泰已有否，否三之上，反正成咸。艮爲男，兑爲女，故「有男女」。疏泰至四成乾，至七月成否。否于時爲秋，釋名「秋，就也，言萬物成就也」。「有萬物」，故云「泰已有否」也。咸自否來，故「否三上反正」，則成男女。内艮少男，外兑少女，故曰「有男女」也。

有男女，然後有夫婦。咸反成恆，震爲夫，巽爲婦，故「有夫婦」也。疏咸恆亦反其類也，故咸反則成恆。震上長男爲夫，巽下長女爲婦，故曰「有夫婦也」。

有夫婦，然後有父子。謂咸上復乾成遯。乾爲父，艮爲子，故「有父子」。疏咸上復還乾位，其體成遯。上乾爲父，下艮爲子，故曰「有父子」。

有父子，然後有君臣。謂遯三復坤成否。乾爲君，坤爲臣，故「有君臣」也。疏遯三變復坤，其體爲否。上乾爲君，下坤爲臣，故「有君臣也」。

有君臣，然後有上下。否乾君尊上，坤臣卑下。「天尊地卑」，故「有上下」也。疏否乾君尊在上，坤臣卑在下。「天尊地卑，乾坤定矣」，故曰「有上下也」。

有上下，然後禮義有所錯。錯，置也。謂天君父夫，象尊錯上。地婦臣子，禮卑錯下。坤，地道、妻道、臣道，故「禮義有所錯」者也。此上虞義。干寶曰：錯，施也。此詳言人道，三綱六紀，有自來也。人有男女，陰陽之性，則自然有夫婦配合之道。有夫婦配合之道，則自然有剛柔尊卑之義。陰陽化生，血體相傳，則自然有父子之親。以父立君，以子資臣，則必有君臣之位。有君臣之位，故有上下之序。有上下之序，則必禮以定其體，義以制其宜。明先王制作，蓋取之于情者也。上經始于乾坤，有生之本也。下經始于咸恆，人道之首也。易之興也，當殷之末世，有妲己之禍。當周之盛德，有三母之功。以言天不地不生，夫不婦不成。相須之至，王教之端。故詩以關雎，爲國風之始。而易于咸恆，備論禮義所由生也。**疏**「錯，置也」，已詳上繫「苟錯諸地」。天君父夫皆陽也，在天成象，故云「象尊錯上」。地婦臣子皆陰也，知崇禮卑，卑法地，故云「禮卑錯下」。坤，「地道也，妻道也，臣道也」，「苟錯諸地而可矣」。禮義皆屬坤，故曰「禮義有所錯」也。自「有天地」至此，皆虞義。干注：錯施，猶錯置也。白虎通曰「三綱者，君爲臣綱，父爲子綱，夫爲妻綱。六紀者，師長君臣之紀，諸父兄弟父子之紀，諸舅朋友夫婦之紀」。上經首言天地，下經首言人道，此則詳言由天地而及人道，故言「三綱六紀，有自來也」。男陽女陰，故「自然有夫婦配合之道」。夫剛而尊，婦柔而卑，故「自然有剛柔尊卑之義」。陽變則陰化，陽施則陰生。以陰承陽，則血體相傳，故「自然有父子之親」。以父之尊而立爲君，以子之卑而資爲臣，君臣定，故「上下有序」也。郊特牲曰「夫婦有別，然後父子親。父子親，然後義生。義生，然後禮作」。禮運曰「禮者，義之實也」，是禮因義生也。禮器曰「禮也者，猶體也」，故「必禮以定其體」。中庸曰「義者，宜也」，故「必義以制其宜」。禮運曰「人情者，聖王之田也。修禮以耕之，陳義以種之」，故云「先王之制作，蓋取之于情者也」。咸恆象傳皆言「天地萬物之情」，是其義也。上經始于乾坤，乾大生，坤廣生，故云「有生之本也」。下經始于咸恆，咸二少相感，恆二長相與，故云「人道之首也」。易之興，當殷周之際。晉語「殷伐有蘇氏，有蘇氏以妲己女焉。妲己有寵而亡殷」，故云「殷之末世，有妲己之禍」。詩大雅「思齊太任，文王之母。思媚周姜，京室之婦。太姒嗣徽音，則百斯男」。又帝王世紀「妃太公之女曰邑姜，修教于內」。故云「當周之盛德，有三母之功」。穀梁傳曰「獨陽不生，獨天不生」，故言「天不地則不生，夫不婦則不成」。夫婦相須，以爲王教之端，卽匡衡所謂「綱紀之首，王化之端」是也。詩序「關雎，后妃之德也，風之始也，所以封天下而正夫婦也」。故孔子删詩，以關雎爲風始。及其序易，上經首乾坤，下經首咸恆。于咸恆之始，備論天地。蓋溯夫婦之所由成，以明禮義之所由生。欲人重人倫，修人事，參三才而立極也。夫婦之道，不可以不久也，故受之以恆。恆者，久也。鄭玄曰：言夫婦當有終身之義。「夫婦之道」，謂咸恆也。疏已詳。物不可以終久於其所，故受之以遯。遯者，退也。韓康伯曰：夫婦之道，以恆爲貴。而物之所居，不可以終恆，宜與時升降，有時而遯者也。疏已詳。物不可以終遯，故受之以大壯。韓康伯曰：遯「君子以遠小人」，遯而後通，何可終邪。陽盛陰消，君子道勝也。疏已詳。物不可以終壯，故受之以晉。晉者，進也。崔覲曰：不可以終壯于陽盛，自取觸藩。宜「柔進而上行」，受茲錫馬。疏已詳。進必有所傷，故受之以明夷。夷者，傷也。九家易曰：日在坤下，其明傷也。言晉極當降，復入于地，故曰明夷也。疏已詳。傷於外者，必反於家，故受之以家人。虞翻曰：晉時在外，家人在內，故反家人。韓康伯曰：傷于外者，必反諸內矣。疏虞注：晉時離在外，明夷反晉，離在內，明則傷矣。明夷五上變巽，成家人，離在內，巽在外，巽爲進退，知進必有傷，故退而反于家爲家人。韓注已詳。家道窮必乖，故受之以睽。睽者，乖也。韓康伯曰：室家至親，過在失節，故家人之義，唯嚴與敬。「樂勝則流，禮勝則離」，家人尚嚴，其弊必乖者也。疏「樂勝則流，禮勝則離」，禮樂記文。崔言「失節則窮」，韓云「尚嚴必乖」。卦首存崔注，序卦存韓注，義實相須也。但家人彖傳曰「家人有嚴君焉」，九三爻辭曰「家人嗃嗃，悔厲吉。婦子嘻嘻，終吝」，則崔說尤合經旨也。乖必有難，故受之以蹇。蹇者，難也。崔覲曰：二女同居，其志乖而難生，故曰「乖必有難」也。疏已詳。物不可以終難，故受之以解。解者，緩也。崔覲曰：蹇終則「來碩吉，利見大人」，故言「不可終難，故受之以解」者也。**疏**已詳。**緩必有所失，故受之以損。**崔覲曰：宥罪緩死，失之則僥倖，有損于政刑，故言「緩必有所失，受之以損」。**疏**已詳。**損而不已必益，故受之以益。**崔覲曰：損終則「弗損益之」，故言「損而不已必益」。**疏**已詳。**益而不已必決，故受之以夬。夬者，決也。**韓康伯曰：益而不已則盈，故「必決」也。**疏**已詳。**決必有遇，故受之以姤。姤者，遇也。**韓康伯曰：以正決邪，必有喜遇。**疏**陽正陰邪，以五陽決一陰，故云「以正決邪」。兑爲喜説，反入于巽，故云「必有喜遇」。**物相遇而後聚，故受之以萃。萃者，聚也。**崔覲曰：「天地相遇，品物咸章」，故言「物相遇而後聚」也。**疏**已詳。**聚而上者謂之升，故受之以升。**崔覲曰：用大牲而致孝享，故順天命而升爲王矣，故言「聚而上者謂之升」。**疏**已詳。**升而上者必困，故受之以困。**崔覲曰：冥升在上，以消不富則窮，故言「升而不已必困」也。**疏**已詳。**困乎上者必反下，故受之以井。**崔覲曰：困極于臲卼，則反下以求安，故言「困乎上必反下」。**疏**已詳卦首。但「臲卼」彼作「劓刖」，從此爲是。**井道不可不革，故受之以革。**韓康伯曰：井久則濁穢，宜革易其故。**疏**已詳。**革物者莫若鼎，故受之以鼎。**韓康伯曰：革去故，鼎取新。既以去故，則宜制器立法，以治新也。鼎所以和齊生物，成新之器也，故取象焉。**疏**已詳。**主器者莫若長子，故受之以震。震者，動也。**崔覲曰：鼎所亨飪，享于上帝。主此器者，莫若冢嫡，以其爲祭主也，故言「主器者莫若長子」。**疏**已詳。**物不可以終動，止之，故受之以艮。艮者，止也。**崔覲曰：震極則「征凶」，「婚媾有言」，當須止之，故言「物不可以終動」，故「止之」也。**疏**已詳。**物不可以終止，故受之以漸。漸者，進也。**虞翻曰：否三進之四，巽爲進也。**疏**否三進之四成漸，巽爲進退故爲進，而云「漸者，進也」。進必有所歸，故受之以歸妹。虞翻曰：震嫁兑，兑爲妹。嫁，歸也。疏震長兄嫁兑少女，故「兑爲妹」。婦人謂嫁曰歸，故云「嫁，歸也」。得其所歸者必大，故受之以豐。豐者，大也。崔覲曰：歸妹者，姪娣媵，國三人九女，爲大援，故言「得其所歸者必大」也。疏已詳。窮大者必失其居，故受之以旅。崔覲曰：諺云「作者不居，況窮大甚，而能處乎」，故必獲罪去邦，羇旅于外也。疏已詳。旅而无所容，故受之以巽。巽者，入也。韓康伯曰：「旅而无所容」，以巽，則得所入也。疏旅體似離，離四象曰「无所容也」。又在旅家，羇旅親寡，宜无所容。巽順，則无往而不得所入也。入而後説之，故受之以兑。兑者，説也。虞翻曰：兑爲講習，故「學而時習之，不亦説乎」。疏兑象曰「君子以朋友講習」，故「兑爲講習」。「學而時習之，不亦説乎」，論語文。理義説心，必入而後説也，故兑次巽也。説而後散之，故受之以涣。涣者，離也。虞翻曰：風以散物，故離也。疏巽反成兑，兑又互巽，巽爲風，「風以散之」，物散，故離也。物不可以終離，故受之以節。韓康伯曰：夫事有其節，則物之所同守而不散越也。疏左傳子臧曰「聖達節，次守節，下失節」。節互震爲守，故「事有其節，則物之所同守」。又互艮以止之，故「不散越也」。節而信之，故受之以中孚。韓康伯曰：孚，信也。既已有節，則宜信以守之矣。疏「中孚，信也」。地官「掌邦節」，鄭彼注云「以王命往來，必有節以爲信」，故曰「節而信之」。既已有節，則當信以守之而勿失也。有其信者必行之，故受之以小過。韓康伯曰：守其信者，則失貞而不諒之道，而以信爲過也，故曰小過。疏已詳。有過物者必濟，故受之以既濟。韓康伯曰：行過乎恭，禮過乎儉，可以矯世厲俗，有所濟也。疏已詳。物不可窮也，故受之以未濟終焉。韓康伯曰：有爲而能濟者，以已窮物。物窮則乖，功極則亂，其可濟乎？故「受之以未濟。」**疏**博施于民，而能濟衆，是「有爲而能濟者，以已窮物」者也。物至而反，故「物窮則乖，功極則亂」。濟者其可久濟乎？故「受之以未濟終焉」。乾〔一〕鑿度曰：「孔子曰『陽三陰四，位之正也。故易卦六十四，分爲上下，象陰陽也。夫陽道純而奇，故上篇三十，所以象陽也。陰道不純而耦，故下篇三十四，所以法陰也。乾坤者，陰陽之根本，萬物之祖宗也。爲上篇始者，尊之也。離爲日，坎爲月。日月之道陰陽之經，所以終始萬物，故以坎離爲終。咸恆者，男女之始，夫婦之道也。人道之興，必由夫婦，所以奉承祖宗，爲天地主也。故爲下篇始者，貴之也。既濟未濟爲最終者，所以明戒慎而存王道』。孔子曰『泰者，天地交通，陰陽用事，長養萬物也。否者，天地不交，陰陽不用事，止萬物之長也。上經象陽，故以乾爲首，坤爲次，先泰而後否。損者，陰用事，澤損山而萬物損也，下損以事其上。益者，陽用事，而雷風益萬物也，上自損以益下。下經以法陰，故以咸爲首，恆爲次，先損而後益。各順其類也』」。案：乾坤至履，十變而成泰否咸恆至解，十變而成損益。蓋陰陽之氣，至是一周也。

雜卦第十二

雜卦韓康伯曰：雜卦者，雜糅衆卦，錯綜其義，或以同相類，或以異相明矣。**疏**孔疏「上序卦，依文王上下而次序

〔一〕「乾」上疑脫「愚案」二字，據例補。

之。此雜卦，孔子更以意錯雜而對辨。其次第不與序卦同，故韓康伯云云也」。蓋序卦者，明相依之次。雜卦者，詳對舉之義。雜卦者，廣序卦所未備者也。

乾剛坤柔，虞翻曰：乾剛金堅，故剛。坤陰和順，故柔也。**疏**上「剛」當作「陽」。八卦配五行，乾爲金，古人以金象陽也。金性堅，故剛。虞序卦注云「和順謂坤」。坤陰故和順，和順故柔也。**比樂師憂。**虞翻曰：比五得位「建萬國」，故樂。師三失位「輿尸」，故憂。**疏**比五陽得位，象曰「建萬國，親諸侯」，故樂。師三陰失位，爻辭曰「師或輿尸」，故憂也。蓋比居則民樂，師興則民憂也。**臨觀之意，或與或求。**荀爽曰：臨者「教思无窮」，故爲與。觀者「觀民設教」，故爲求也。**疏**臨之「教思无窮」，施自我也，故爲與。觀之「觀民設教」，取諸彼也，故爲求。**屯見而不失其居，蒙雜而著。**虞翻曰：陽出初震，故見。「盤桓，利居貞」，故「不失其居」。蒙二陽在陰位，故「雜」。初雜爲交，故「著」。**疏**屯體震陽出震初，故見，所謂「莫見乎隱」是也。初九爻辭曰「盤桓，利居貞」。初得正，故「不失其居」也。蒙二陽在陰位，是陰陽雜居也，故爲「雜」。陰陽初雜，是其交也。「物相雜，故曰文」。文明，故「著」也。**震，起也。艮，止也。**震陽動行，故「起」。艮陽終止，故「止」。**疏**震陽動行于初，故「起」。艮陽終止于上，故「止」。**損益，衰盛之始也。**損，泰初益上，衰之始。益，否上益初，盛之始。**疏**初位爲始。損自泰來，損泰初益上，故爲「衰之始」也。益自否來，損否上益初，故爲「盛之始」也。案：經文諸本作「盛衰之始也」。呂氏音訓「『盛衰』，陸氏曰鄭虞作『衰盛』」。會通引釋文同，今本釋文闕。**大畜，時也。无妄，災也。**大畜五之復二成臨，時舍坤二，故「時也」。无妄上之遯初，子弑父，故「災」者也。**疏**大畜五由萃五也。消息卦萃五之復二成臨，通萃爲大畜，故云「五之復二成臨」也。五下居二，故云「時舍坤二」也。舍若赦，時舍故時也。无妄自遯來，「无妄上之遯初」者，以遯陰消至二爲艮子弑父，故「災」。上之初爲无妄，所以救之也。　愚案：二卦皆取上爻。大壯初之上成大畜，上九象曰「道大行也」。上體艮，艮時行則行，故曰「時也」。遯上之初成无妄，上九象曰「窮之災也」。上體乾，乾上九文言亦曰「窮之災也」。故曰「災也」。萃聚而升不來也，坤衆在内，故「聚」。升五不來之二，故「不來」。之内曰來也。疏萃内體坤，坤爲衆，故「坤衆在内」，爲「聚」。管子君臣篇「明君順人心，安性情，而發于衆心之所聚」是也。升二五失位，二陽當升，然後五陰下降。二不先升，則五不來之二，故曰「不來」。爻例，之内曰來也。蓋升取自内升外，不取外來之内，故「不來也」。謙輕而豫怡也。謙三位賤，故「輕」。豫薦樂祖考，故「怡」。「怡」或言「怠」也。疏剥上降三成謙。「三多凶，五多功，貴賤之等也」。五貴三賤，賤故「輕」也。豫象曰「先王以作樂崇德，殷薦之祖考」，釋文「怡，説也」。豫悦，故怡也。他本作「怠」，「怠」亦音「怡」。史記始皇紀「視聽不怠」，劉歆烈女贊「言行不怠」，注並音「怡」，故此作「怡」也。噬嗑，食也。賁，无色也。「頤中有物」，故「食」。賁離日在下，五動巽白，故「无色也」。疏頤四變，成噬嗑，故「頤中有物」，爲「食」也。賁離日在下，日无光也。五利變之正，故動成巽白。上九曰「白賁」，故「无色也」。兑見而巽伏也。兑陽息二，故見，則「見龍在田」。巽乾初入陰，故「伏也」。疏兑陽息至二爲見。乾九二曰「見龍在田」，是其義也。巽乾初入陰，陽伏巽下，故「伏也」。隨无故也，蠱則飾也。否上之初，君子弗用，故「无故也」。蠱，泰初上飾坤，故「則飾也」。疏否上之初成隨，初即乾初也。乾初九曰「潛龍勿用」，故云「君子勿用」。故，謂陽也。否本陰卦，隨則通陽，故「无故也」。蠱自泰來，泰初之上飾坤，故「則飾也」。案：「隨无故」者，舍己從人也。「蠱則飾」者，亂極思治也。又荀子曰「持之有故」，莊子曰「去智與故」，淮南子曰「不設智故」，故者，一成之意見也。隨時則无一成之意見，故「无故也」。剝，爛也。復，反也。剝生于遘，陽得陰孰，故爛。復，剛反初。疏剝陰生于姤，一陽在上，得陰而孰。「孰」同「熟」。方言「火熟曰爛」，故曰「爛也」。韓氏謂「物熟則剝落」是也。剝上一陽，反下成復，故云「復，剛反初」也。晉，晝也。明夷，誅也。誅，傷也。離日在上，故「晝也」。「明入地中」，故「誅也」。此上並虞義。干寶曰：日上中，君道明也。明君在上，罪惡必罰也。疏說文曰「夷，傷也」，故「誅」亦云「傷也」。離日在上，大明自照，故曰「晝也」。「明入地中」，其明已傷，故曰「誅也」。言陽當有所誅傷也。自「屯見」至此，皆虞義也。干注日在上居中，五爲君位。君道明，天子當陽，故曰「晝也」，晝反爲明夷。「明君在上」，謂晉也。「罪惡必罰」，謂明夷之罰，卽誅以馭其過，故曰「誅也」。井通而困相遇也。虞翻曰：泰初之五爲坎，故「通」也。困三遇四，故「相遇也」。疏井自泰來，泰初之五爲坎，坎爲通，故「通也」。困三伏陽出，四之正，故「相遇也」。案：自乾坤至此三十卦，自咸恆至夬三十四卦。卦雖以雜名，而上下經數適相當，則未嘗雜也。咸，速也。恆，久也。相感者「不行而至」，故「速也」。「日月久照」，「四時久成」，故「久也」。疏咸，感也。感應相與，不行自至，故曰「速也」。恆彖傳曰「日月得天，而能久照。四時變化，而能久成」，故曰「久也」。渙，離也。節，止也。渙散，故「離」，節制數度，故「止」。疏渙外體巽，巽爲風，「風以散之」，散故「離也」。節象曰「君子以制數度」〔一〕。節互艮爲止，故「止也」。蓋渙節皆有坎水，「風以散之」則「離」，澤以瀦之，則「止也」。解，緩也。蹇，難

〔一〕「數度」二字原倒誤，據節象乙。

也。雷動出物，故緩。蹇險在前，故難。**疏**解，震宫三世卦。又外體震爲雷，爲動，爲出，雷動出物，至艮乃成，故「緩」。又解象曰「君子以赦過宥罪」，即「議獄緩死」之意，故曰「緩也」。蹇坎爲險，象傳曰「蹇，難也，險在前也」，故曰「難也」。**睽，外也。家人，内也。**離女在上，故「外也」。家人女正位乎内，故「内」者也。**疏**二卦以離爲内外者，離位二五。在外不得正，故爲睽。在内得正，故爲家人。睽離女在上，故爲外。家人離女在下，女正位内，故爲「内也」。**否泰反其類也。**否反成泰，泰反成否，故「反其類」。「終日乾乾」，反復之道。**疏**否反則成泰，泰反則成否。陰陽剛柔，各反其類。乾九三曰「終日乾乾，反復道也」，虞彼注云「至三體復，故反復道，謂否泰反其類也」。**大壯則止，遯則退也。**大壯止陽，陽故止。遯陰消陽，陽故退。巽爲退者也。**疏**大壯止于四陽者，懼陰傷陽也。陽故止。遯陰消陽至二，陰進「陽故退」。遯又互巽，爲退也。愚案：此承否泰言也。大壯陽息，至四傷泰，止則可以保泰也。遯陰消至二，再消體否，退則不至成否也。**大有，衆也。同人，親也。**五陽並應，故「衆也」。夫婦同心，故「親也」。**疏**大有柔得尊位大中，上下五陽皆應，故曰「衆也」。繫上説同人曰「二人同心，其利斷金」，虞彼注云「二人謂夫婦。謂同人反師，震爲夫，巽爲婦，坎爲心，巽爲同」。是夫婦同心，故「親也」。**革，去故也。鼎，取新也。**革更故去，鼎亨飪故「取新也」。**疏**革者更改，所以「去故」。鼎者亨飪，所以「取新」。又革内離火，外兑西方金。以火克金，故曰「去故」。鼎内巽木，外離火。以木鑽火，故曰「取新」。**小過，過也。中孚，信也。**五以陰過陽，故「過」。「信及豚魚」，故「信也」。**疏**小過五以陰過陽，是「小者過也」。中孚象傳曰「信及豚魚」，故「信也」。**豐多故。親寡，旅也。**豐大，故多。旅无容，故「親寡」。六十四象，皆先言卦，及道其指。至旅體離四焚棄之行，又在旅家，故獨先言「親寡」，而後言「旅」。此上虞義。疏故，故舊也。豐大，則多故舊也。「旅而无所容」，无交，故「親寡」也。雜卦皆先舉其卦，後及其指。旅自四至上體離，離四焚棄无所容，以无所容之人，而又在旅家，故先言「親寡」，而後及其卦也。愚案：乾坤鑿度附載孔子筮其命，得旅，請益于商瞿氏。曰「子有聖智而無位」。孔子泣而曰「天也，命也。鳳鳥不來，河無圖至。嗚呼！天命之也」。雜卦傳于旅，獨變其文，蓋傷之也。自「井通」至此，皆虞義也。

離上而坎下也。韓康伯曰：火炎上，水潤下也。疏洪範曰「火曰炎上，水曰潤下」，是其義也。又離自遯來，遯初之五，故「上」。坎自觀來，觀上之二，故「下」。

小畜，寡也。履，不處也。虞翻曰：乾四之坤初成震，一陽在下，故「寡也」。乾三之坤上成剥，剥窮上失位，故「不處」。疏虞小畜彖傳注云「與豫旁通，豫四之坤初爲復」。此云「乾四之坤初成震」，豫四即乾四也。小畜伏豫，以一陰畜復，是「一陽在下」，故「寡也」。剥上反三爲謙，謙三之坤初，息履爲旁通，故本剥言之。謙三即乾三，故云「乾三之坤上成剥」。剥窮于上，又失陰位，且履以謙三行乾，故「不處也」。　案〔一〕：畜四一陰得位而畜衆陽，以寡敵衆，故曰「寡也」。履三〔二〕一陰不得位而履衆陽，不遑定處，故「不處也」。且履六爻皆言「履」，故「不處」。

需，不進也。訟，不親也。「險在前也」，故「不進」。天水違行，故「不親也」。疏需坎險在前，故「不進」。訟乾天與坎水違行，故「不親」。

大過，顛也。顛，殞也。頂載澤中，故「顛也」。疏小爾雅「顛，殞也」。「載」當作「滅」，大過上六「過涉滅頂」。兑爲澤在上，頂滅澤中，故「顛也」。又韓氏云「本末弱也」，言本末弱，故「顛也」。

姤，遇也，柔遇剛也。坤遇乾也。疏姤一陰自坤來，坤柔乾

〔一〕「案」上原衍「又」字，據例删。

〔二〕「三」，原本作「四」，據卦象正。

剛，故「坤遇乾也」。漸，女歸待男行也。兑爲女，艮爲男。反成歸妹，巽成兑。故女歸待艮成震乃行，故「待男行也」。**疏**「兑爲女」，當作「巽爲女」。漸外巽爲女，內艮爲男。反成歸妹，則巽在外，反內成兑女。故女之歸，必待艮在內，反外成震男，震又爲行，故「待男行也」。

頤，養正也。謂養三五。五之正爲功，三出坎爲聖，故曰「頤，養正」。與「蒙以養正，聖功」同義也。**疏**頤體似蒙，故言「養正」。三五不正，故「謂養三五」也。「五多功」，故「之正則爲功」也。蒙坎心爲思，「思曰睿，睿作聖」。頤三體震爲出，故云「出坎爲聖」也。蒙彖傳曰「蒙以養正，聖功也」，虞彼注云「體頤故養」，故二卦「養正」同義也。

既濟，定也。濟成六爻得位，定也。**疏**水上火下，濟既成矣。六爻皆得正位，故「定也」。

歸妹，女之終也，「歸妹，人之終始」。女終于嫁，「從一而終」，故「女之終也」。**疏**歸妹彖傳曰「歸妹，人之終始也」。卦自泰三之四，內體兑〔一〕爲妹，歸則女道從此終。外體震爲起，妹歸則生人之道從此始。故爲「人之終始」，而謂女終于出嫁也。歸妹以長男嫁少女，恆以長男娶長女，卦體相同。恆六五象曰「婦人貞吉，從一而終」，與歸妹有同義焉，故引以爲女終之證也。愚案：陸氏云「兑歸魂，配六十四之終也。兑少女，爲八卦終。歸妹，兑之歸魂，故曰『女之終也』」。

未濟，男之窮也。否艮爲男位。否五之二，六爻失正，而來下陰。未濟主月晦，乾道消滅，故「男之窮也」。**疏**未濟自否來，否互艮爲男位，故言男也。否五下之二，六爻皆失正位，是五來下于陰位，成未濟也。「未濟主月晦」者，否成未濟，否消至上成坤，月三十日滅坤，故「主月晦」。至晦則乾道消滅已盡，故爲「男之窮也」。又三陽失正，陽窮于上，「乾道成男」，故爲「男之窮也」。

夬，決也，剛決柔也。君子道長，小人道消也。以乾決坤，故「剛決柔也」。乾爲

〔一〕「兑」，原本作「巽」，據陳校本正。

君子，坤爲小人。乾息，故「君子道長」。坤體消滅，故「小人道消」。諭武王伐紂。自大過至此八卦，不復兩卦對說。大過死象，兩體姤夬，故次以姤而終于夬。言君子之決小人，故「君子道長，小人道消」。此上虞義。干寶曰：凡易既分爲六十四卦以爲上下經，天人之事，各有始終。夫子又爲序卦，以明其相承受之義。然則文王周公所遭遇之運，武王成王所先後之政，蒼精受命短長之期，備于此矣。而夫子又重爲雜卦，以易其次第。雜卦之末，又改其例，不以兩卦反覆相酬者，以示來聖後王，明道非常道，事非常事也」。「化而裁之存乎變」，是以終之以夬，言能決斷其中，唯陽德之主也。故曰「易窮則變，通則久」。總而觀之，伏羲黃帝皆繫世象賢，欲使天下世有常君也。而堯舜禪代，非黃農之化，朱均頑也。湯武逆取，非唐虞之迹，桀紂之不君也。伊尹廢立，非從順之節，使太甲思愆也。周公攝政，非湯武之典，成王幼年也。凡此皆聖賢所遭遇異時者也。夏政尚忠，忠之弊野，故殷自野以教敬。敬之弊鬼，故周自鬼以教文。文弊薄，故春秋閔諸三代而損益之。顔回問爲邦，子曰「行夏之時，乘殷之輅，服周之冕」。弟子問政者數矣，而夫子不與言三代損益，以非其任也。回則備言，王者之佐，伊尹之人也，故夫子及之焉。是以聖人之于天下也，同不是，異不非。百世以俟聖人而不惑，一以貫之矣。

疏 以乾剛決坤柔，故曰「剛決柔也」。泰内陽爲君子，故「乾爲君子」。外陰爲小人，故「坤爲小人」。夬乾息至五，故「君子道長」。成乾則坤體消滅，故「小人道消」。陽道長而陰道消，此武王伐紂之時也。「自大過至此，不復兩卦對說」者，以大過棺椁死象，下體似姤，上體似夬，故「次〔一〕以姤而終于夬」。夬言君子之決小人，故「君子道長，小人道消也」。尋姤爲小人之始，漸君子之行。頤君子之始，既濟君子之成。歸妹陰終，未濟陽窮也。自小畜至此皆虞義也。

〔一〕「次」，原本作「決」，據陳校本正。

干注：先儒以爲上經言天事，始于乾坤，終于坎離。下經言人事，始于咸恆，終于既未濟。故云「上下經天人之事，各有始終」也。夫子復爲序卦，所以明六十四卦相次之義也。干氏説易，多傅人事，每援文王武王周公成王已然之迹以爲證。如乾內三爻言文王，外三爻言武王。坤六五、用六以及蒙卦，皆言周公成王之類。故云「文王周公所遭遇之運，武王成王所先後之政」也。曲禮「孟春之月，其帝太皡，其神句芒」，鄭注「此蒼精之君，木官之臣」。家語五帝德「周人以木德王」。故云「蒼精受命，短長之期，備于此矣」謂備于六十四卦也。夫子又爲雜卦，以易序卦之次第。末自大過以下，又改其例，不以兩卦對舉，反覆相酬者，以明易不可以常道常事拘也。蓋「化而裁之存乎變」，故未濟之後，終之以夬，言欲決斷其中，必以陽剛之德爲主也。十二「蓋取」終以夬者，謂「易以書契，百官以治，萬民以察」，所以開萬世之文明。雜卦終以夬者，謂以「剛決柔，君子道長，小人道消」，所以立百王之治法。蓋啓上古之樸陋，與決小人之陰柔，總不外乾剛之能斷，以成易道之善變而已矣。繫曰「易窮則變，變則通，通則久」。自古聖人，莫不以是法乎易道。自伏羲畫易，以至黃帝，皆能裁化存變，創爲良法，可以世守而勿失。至堯舜則變而爲禪代，湯武則變而爲逆取，伊尹變而爲廢立，周公變而爲攝政，此皆聖賢之遭遇異時，而其事不得不變者也。三代異尚，詳于表記。至春秋而文盛之弊，失之于薄。孔子合三代之法，而損益酌中。故論語「顏淵問爲邦，子曰行夏之時，乘殷之輅，服周之冕」。蓋以顏子有王佐之才，伊尹之選，故以是告之，而千古之治法以昭。此又孔子之善以變通法易，而不異于帝王之道者也。干氏于篇末，詳論帝王聖賢之事，以明窮變通久之道，欲學者知「聖人之于天下，同不是，異不非。百世以俟聖人而不惑，一以貫之」者，皆得乎至精、至變、至神之用，而易之不可以常道、常事拘也益明矣。

易筮遺占

自序

古者卜筮竝重。夫子贊易，亟稱蓍德，由是筮獨顯而卜微。繼六壬萌芽于吳越春秋，錢卜濫觴于京房易傳，小數迭興，筮雖存而其法亦墜。降及晚近，揲蓍流于影象，惟市井細人始操此術，學士大夫罕有過而問焉者。即偶一及之，不過持草莖以索之爻象，杳杳冥冥，十不酬一，豈倚數不盡可憑邪？抑爻象之辭奥衍而難窺邪？余謂庖犧既往，易之藴不得，文王、周公、孔子之言不能闡，而其至精、至變、至神之用，究不能以文王、周公、孔子之言而盡。是必深窺乎未有象爻象之前，始可與之言易，始可與之言筮矣。且古人占筮三易竝用，觀其繇辭及其取象，當時必別有成書。即班史藝文志載蓍龜十五家四百餘卷，劉向七略蓍龜之書四百一卷，班志總數亦作四百一卷，今合計之，除易卦八具外，凡四百七十二卷，必有誤字。而蓍居三之一，今皆不可攷見。古法蕩然，千百什一，廑存于左傳、國語之中。迺前代名儒，既以筮爲小數，又疑記言者多失之誣，遂擯斥之勿復道。夫侈談徵應，固不免或失之誣。要其占筮之辭，必援古法以斷，始足取信於當時，則事雖誣而其法不尚存乎？是亦曷可盡廢也。近時毛氏奇齡纂春秋占筮書，止録左傳，不及國語。李氏塨箸有周易筮考，余嘗購求其書不可得。乃裒左、國筮占十有五則，都爲一帙，詳載舊注，以闡明遺法。閒坿漢、魏易義，以著古人說經之旨，管窺所及，亦綴于篇。晉語韋注，紕謬尤多，悉加是正。復取洪範稽疑、周禮筮人，冠于篇端，以存梗概，俾學者有所攷焉。夫乾、坤之藴廣矣，大矣，徒執朽甲枯蓍以求古聖人之宏旨，誠淺之乎測易矣。然崇義理而排象數，必擯龜筴于易道之外，是竝夫子卜筮尚占之言而廢之，又豈得謂之知易也哉！惟善學者一遵乎聖人之軌，勿視爲方術，勿雜以旁門，技進乎道，而占筮之遺法不至終湮没而無傳也。歲在閼逢涒灘初伏日，蒲眠居士書。

書

洪範七稽疑「擇建立卜筮人曰貞曰悔」。蔡傳：「此占卦也。內卦爲貞，外卦爲悔。左傳『蠱之貞，風；其悔，山』是也。又有以遇卦爲貞，之卦爲悔。國語『貞屯悔豫皆八』是也。」愚案：韋昭不知此義，故誤注國語。蓋嘗論之，以八卦變六十四卦，則八卦爲貞，重卦爲悔；以六十四卦變爲四千九十六卦，則六十四卦爲貞，變卦爲悔。蔡傳兼引左、國，義最詳明。又案：七、八、九、六，杜預、韋昭皆不知其用，故所注多誤。歐陽、朱子推論最詳，惟顧氏炎武之説尤爲顯易。顧氏曰：「易有七、八、九、六，而爻但繫九、六者，舉隅之義也。故發其例于乾、坤二卦，曰『用九』、『用六』，用其變也。亦有用其不變者，春秋傳『穆姜遇艮之八』，晉語『董因得泰之八』是也。今即以艮言之，六體皆變，則名之六，餘爻皆變，而二爻獨不變，則名之八。是知乾、坤亦有用七、用八時也。乾爻皆變，而初獨不變，曰『初七潛龍勿用』可也。坤爻皆變，而初獨不變，曰『初八履霜堅冰至』可也。占變者其常，占不變者其反也，故聖人繫之九、六。歐陽永叔曰：『易道占其變，故以其占者名爻，不謂六爻皆九六也』。得之矣。」

周官

春官筮人掌三易，以辨九筮之名，一曰連山，二曰歸藏，三曰周易。九筮之名，一曰巫更，二曰巫咸，三曰巫式，四曰巫目，五曰巫易，六曰巫比，七曰巫祠，八曰巫參，九曰巫環，以辨吉凶。鄭注：「九『巫』字當爲『筮』字之誤。或古多省文，『筮』字亦作『巫』也。更，變更，謂事之因革。咸，感也，謂衆之離合。式，法也，謂法度得失。目，條件，謂事之要凡。易，變易，謂物之通塞。比，暱也，謂中外親近。祠，猶祭祀之祀，謂牲與日之用舍。參，如驂乘之驂，謂御與右之可否。環，圍也，謂攻與圍之善敗也。」愚案：周官義疏引一說曰：「九筮之名，乃前世精于筮者。辨，謂辨其名，即其法以斷吉凶也。」自注：「下九巫，皆指人也，觀巫咸可證。前人改巫爲筮，作所筮之事，非。」凡國之大事，先筮而後卜。春，相筮。凡國事共筮。先筮後卜者，筮短龜長，以卜決其筮。相，視也，視蓍草可筮者擇之也。愚案：義疏云：「先筮而後卜者，在筮人則言先筮，猶在占人則言先卜也。」

左傳

莊公二十二年陳厲公生敬仲。其少也，周史有以周易見陳侯者，陳侯使筮之，遇觀䷓杜預注：「坤下巽上，觀。」之否䷋，坤下乾上，觀六四變而爲否。曰：「是謂『觀國之光，利用賓于王』，此周易觀卦六四爻辭。易之書，六爻皆有變象，又有互體。聖人隨其義而論之。愚案：變卦，互體釋易之準繩，即筮卦之要領，後儒矯而廢之，殊乖古義。此其代陳有國乎？不在此，其在異國；非此其身，在其子孫。光，遠而自他有耀者也。坤，土也；巽，風也；乾，天也。風爲天于土上，山也。巽變爲乾，故曰風爲天，自二至四有艮象，艮爲山。有山之材，而照之以天光，於是乎居土上，山則材之所生，上有乾，下有坤，故言「居土上，照之以天光」。故曰『觀國之光，利用賓于王』。四爲諸侯，變而之乾，有國朝王之象。庭實旅百，奉之以玉帛，天地之美具焉，故曰『利用賓于王』。艮爲門庭，乾爲金玉，坤爲布帛，諸侯朝王陳贄幣之象。虞翻易注曰：「坤爲國臨，陽至二，天下文明，反上成觀，進顯天位，故『觀國之光』。王謂五陽，陽尊賓坤，坤爲用，爲臣，四在王庭，賓事于五，故『利用賓于王』矣。」猶有觀焉，故曰『其在後乎』！因觀文以博占，故言猶有觀，非在己之言，故知在子孫。風行而著於土，故曰『其在異國乎』！若在異國，必姜姓也。姜，大嶽之後也。山嶽則配天。物莫能兩大，陳衰，此其昌乎！」變而象艮，故知當興于大嶽之後。得大嶽之權，則有配天之大功，故知陳必衰。愚案：張守節謂：「觀之六四納得辛未，辛爲巽，爲長女；未爲羊，羊加女爲姜」。此以納甲坿會辰象，後人穿鑿，決非古義。然諸術之中，納甲最爲近理。漢、魏儒者嘗用以釋易，即朱子亦稱其與先天圖合，則亦不可盡廢矣。

閔公元年初，畢萬筮仕於晉，遇屯䷂震下坎上，屯。之比䷇，坤下坎上，比。屯初九變而爲比。辛廖占之，曰：「吉。屯固、比入，吉孰大焉？其必蕃昌。屯，險難，所以爲堅固。比，親密，所以得入。震爲土，震變爲坤。車從馬，震爲車，坤爲馬。足居之，震爲足。兄長之，震爲長男。母覆之，坤爲母。衆歸之，坤爲衆。六體不易，初一爻變，有此六義，不可易也。合而能固，安而能殺，公侯之卦也。比合屯固、坤安、震殺，故曰「公侯之卦」。孔疏「震之爲殺，傳無明文。晉語云：『震，車也，車有威武』。昭二十五年傳云：『爲刑罰威獄，以類其震曜殺戮。」是震爲威武殺戮之意也。公侯之子孫，必復其始。」愚案：屯貞體，震有侯象焉。虞翻曰：「震爲侯。」荀爽曰：「震承乾位，宜建侯」是也。象言「利建侯」，惟初當之。畢萬筮此，能復其舊，不亦宜乎！

閔公二年成季之將生也，桓公使卜楚邱之父卜之，曰：「男也。」又筮之，遇大有䷍乾下離上，大有。之乾䷀，乾下乾上，乾。大有六五變而爲乾。曰：「同復于父，敬如君所。」筮者之辭也。乾爲君父，離變爲乾，故曰「同復于父，見敬與君同」。孔疏「離是乾子，還變爲乾，故云『同復于父』」，言其尊與父同也。國人敬之，其敬如君之處所，言其貴與君同也。愚案：文言：「威如，吉」。虞翻云：「乾稱威權。」如季氏，威竝君矣。

僖公十五年秦伯伐晉。卜徒父筮之，吉。「涉河，侯車敗」。詰之。秦伯之軍涉河，則晉侯車敗也。秦伯不解，謂敗在己，故詰之。對曰：「乃大吉也。三敗，必獲晉君。其卦遇蠱䷑，巽下艮上，蠱。曰：『千乘三去，三去之餘，獲其雄狐。』夫狐蠱，必其君也。于周易「利涉大川，往，有事也」。亦秦勝晉之卦也。今此所言，蓋卜筮書雜辭，以狐蠱爲君，其義欲以喻晉惠公，其象未聞。顧炎武曰：「案邵氏云『去，猶算法所謂除也。』以三除法除之，每除三百三十三，則三除所賸唯一，非獲其君而何？」蠱之貞，風也；其悔，山也。內卦爲貞，外卦爲悔，巽爲風，秦象；艮爲山，晉象。歲云秋矣，我落其實，而取其材，所以克也。周九月夏之七月孟秋也。艮爲山，山有木，今歲已秋，風吹落山木之實，則材爲人所取。實落、材亡，不敗，何待？」愚案：此卽元凱所云「取于時」之義，注見後。

同前初，晉獻公筮嫁伯姬於秦，遇歸妹䷵兌下震上，歸妹。之睽䷥。兌下離上，睽。歸妹上六變而爲睽。史蘇占之，曰：「不吉。其繇曰：『士刲羊，亦無衁也；女承筐，亦無貺也。』周易歸妹上六爻辭也。衁，血也；貺，賜也。刲羊，士之功；承筐，女之職。上六無應，所求不獲，故下「刲無血」。上六無實，不吉之象也。離爲中女，震爲長男，故稱士女。西鄰責言，不可償也。將嫁女于西，而遇不吉之卦，故知有責讓之言，不可報償。歸妹之睽，猶無相也。歸妹，女嫁之卦；睽，乖離之象，故曰無相。相，助也。震之離，亦離之震。二卦變而氣相通。爲雷爲火，爲嬴敗姬。嬴，秦姓；姬，晉姓。震爲雷，離爲火，火動熾而害其母，女嫁反害其家之象，故曰「爲嬴敗姬」。車說其輹，火焚其旗，不利行師，敗于宗丘。輹，車下縛也；丘，猶邑也。震爲車，離爲火。上六爻在震，則無應，故「車說輹」；在離，則失位，故「火焚旗」。言皆失車火之用也。車敗旗焚，故不利行師。火還害母，故敗不出國，近在宗邑。歸妹，睽孤，寇張之弧。此睽上九爻辭也。處睽之極，故曰「睽孤」。失位孤絕，故遇寇難而有弓矢之警。皆不吉之象。愚案：據此，亦宜兼占之卦之爻辭。姪從其姑，震爲木，離爲火，火從木生。離爲震妹，于火爲姑。愚案：震爲長男，離爲中女，故曰「離爲震妹」。六年其逋，逃歸其國，而弃其家，明年其死於高梁之虛。」凡筮者，用周易，則其象可推。用此而往，則臨時占者，或取于象，或取于氣，或取于時日王相，以成其占。若盡坿會以爻象，則構虛而不經。故略言其歸趣，他皆放此。愚案：元凱此注，可作筮例取于象，即說卦所載及諸儒所傳是也。取于氣，即陰陽二氣也；取于時日，即四序十干也。今人徒執爻辭休咎，宜其惝恍而無憑矣。

僖公二十五年狐偃言于晉侯：「求諸侯，莫如勤王。」公曰：「筮之。」遇大有䷍乾下離上，大有。之睽䷥，兌下離上，大有九三變而爲睽。曰：「吉。遇『公用享于天子』之卦。」大有九三爻辭也。三爲三公，而得位變爲兑。兑爲説，得位而説。故能爲王所宴享。戰克而王享，吉孰大焉？且是卦也，更總言二卦之義，不繫于一爻。愚案：據此，亦當兼論占卦之全象。天爲澤以當日，天子降心以逆公，不亦可乎？乾爲天，兑爲澤。乾變爲兑，而上當離，離爲日。日之在天，垂曜在澤。天子在上，説心在下，是降心逆公之象。大有去睽而復，亦其所也。」曰去睽卦，還論大有，亦有天子降心之象。乾尊離卑，降尊下卑，亦其義也。

成公十六年晉侯將伐鄭。楚子救鄭。公筮之。史曰：「吉。其卦遇復䷗，震下坤上，復。無變。曰：『南國蹴，射其元王，中厥目』。此卜者辭也。復陽長之卦，陽氣起子，南行推陰，故曰「南國蹴」也。南國勢蹴，則離受其咎，離爲諸侯，又爲目，陽氣激南，飛矢之象，故曰「射其元王，中厥目」。國蹴、王傷，不敗何待？」公從之。愚案：杜氏此注，即前取于氣之義。

眉注附列　汪琬曰：「外卦坤爲國，又爲西南方之卦，故曰「南國」。内震木克外坤土，故曰「蹴」。震爲蒼筤竹，以矢上射之象也。或謂震、坤拱巽離，巽爲多白眼，離爲目，无離无巽，則中目。」

襄公九年穆姜薨於東宮。始往而筮之，遇艮䷳〔一〕之八。艮下艮上，艮。朱子曰：「是謂艮之隨。蓋五爻皆變，惟二得易，故不變。」顧炎武曰：「二體獨變，則名之六；餘爻皆變，而二爻獨不變，則名之八。愚案：杜氏不知用八之義，與韋昭國語注同。今不録。史曰：「是謂艮之隨䷐。震下兑上，隨。林注：「此變卦，蓋艮五

〔一〕「䷳」，原本例誤在「八」下，今乙。

爻皆變爲隨」。隨，其出也。君必速出！」姜曰：「亡！是於周易曰：『隨，元、亨、利、貞，无咎。』易筮皆以變者占，遇一爻變，義異，則論彖，故姜亦以彖爲占也。史據周易，故言周易以折之。元，體之長也；亨，嘉之會也；利，義之和也；貞，事之幹也。體仁足以長人，嘉德足以合禮，利物足以和義，貞固足以幹事。然，故不可誣也，是以雖隨无咎。言不誣四德，乃遇隨无咎。明無四德者，則爲淫而相隨非吉事。今我婦人，而與於亂。固在下位，而有不仁，不可謂元。不靖國家，不可謂亨。作而害身，不可謂利。棄位而姣，有可謂貞。有四德者，隨而无咎。我皆無之，豈隨也哉？我則取惡，能無咎乎？必死於此，弗得出矣」。愚案：無是德而有是占，雖吉猶凶。南蒯枚筮義亦如之。姜氏以彖辭自占，其言允矣。卽以隨二占之，二言係，虞翻云：「應在巽。」巽爲繩，故稱「係小子」。且變體震，震位東，入東宮而係之，雖欲出，焉得乎？

眉注附列　汪琬曰：「隨，内震外兑，是動而得毀折之象也。反體爲蠱，蓋醫和所謂『女惑男』者，以儗穆姜之爲人，亦甚類矣。又互體爲艮，爲巽。艮爲止，巽入而止焉，此其兆皆不能出。或謂艮之隨，亦隨之艮，信如此說，則隨六二『係小子，失丈夫』，艮六二『艮其腓，不拯其隨，其心不快』，又皆不可出之象，明矣」。

襄公二十五年齊棠公之妻，東郭偃之姊也。東郭偃臣崔武子。棠公死，偃御武子以弔焉。見棠姜而美之，使偃取之。武子筮之，遇困䷮坎下兑上，困。之大過䷛。巽下兑上，大過。困六三變爲大過。史皆曰「吉」。示陳文子，文子曰：「夫從風，坎爲中男，故曰夫。變而爲巽，故曰從風。風隕妻，不可妻也。風能隕落物者，變而隕落妻〔一〕，故曰「不可妻」。愚案：兑爲小女，故爲妻。今坎變爲巽，故有風來隕妻之象。陸氏言「夫既從風，風能隕妻」，是其義也。且其繇曰：『困于石，據于蒺蔾，入于其宫，不見其妻，凶。』困六三爻辭。『困于石』，往不濟也；坎爲險，爲水，水之險者石，不可以動。孔疏：「坎象云：『習坎，重險也。』説卦『坎爲水』，水之險者爲石也，石不可動，往而遇石，是往不濟也」。『據于蒺蔾』，所恃傷也；坎爲險，兑爲澤，澤之生物而險者蒺蔾，恃之則傷。『入于其宫，不見其妻，凶』，無所歸也。易曰：「非所困而困，名必辱；非所據而據，身必危。」既辱且危，死其將至，妻其可得見邪？今卜婚而遇此卦，六三失位無應，則喪其妻，失其所歸也。孔疏：「六三以陰居陽位，是失位也。三應在上，上亦陰爻，是無應也。動而無應，是喪失所歸，故不見其妻也。」虞翻易注曰：「二變正，時三在艮山下，故困于石。蒺蔾木名，坎爲蒺蔾，二變艮，手。據坎，故據蒺蔾者也。巽爲入，二動，艮爲宫，兑爲妻，謂上無應，三在陰下離象，毁壞隱在坤中，死其將至，故不見其妻，凶也。」愚案：虞言二變正爲艮，不如九家言困自否來，否本互艮，艮爲小石，爲門闕，爲手，爲指，于爻義悉協。離毁坤死，前儒釋易多用此義，必有所據，不可攷也。崔子曰：「嫠也，何害？前夫當之矣。」遂取之。

昭公五年初，穆子之生也，莊叔以周易筮之，遇明夷䷣離下坤上，明夷。之謙䷎艮下坤上，謙。明夷初九變爲謙。以示卜楚邱。曰：「是將行，而歸爲子祀。以讒人入，其名曰牛，卒以餒死。明夷，日也。離爲日。夷，傷也，日明傷。日之數十，甲至癸。故有十時，亦當十位。自王以下，

〔一〕「妻」，原本例誤在「曰」下，今乙。

其二爲公，其三爲卿。日中當王，食時當公，平旦爲卿，雞鳴爲士，夜半爲阜人，定爲輿，黃昏爲隸，日入爲僚，晡時爲僕，日昳爲臺。隅中日出，闕不在第，尊王公曠其位。愚案：此即天有十日，人有十等之義。日上其中，日中盛明，故以當王。食日爲二，公位。旦日爲三，卿位。明夷之謙，明而未融，其當旦乎？融，朗也。離在坤下，日在地中之象。又變爲謙。謙道卑退，故曰「明而未融」。日明未融，故曰「其當旦乎」。故曰『爲子祀』。莊叔，卿也，卜豹爲卿，故知爲子祀。日之謙，當鳥，故曰『明夷于飛』。離爲日，爲鳥。離變爲謙，日光不足，故當鳥。鳥飛行，故曰「于飛」。明而未融，故曰『垂其翼』。于日爲未融，于鳥爲垂翼。象日之動，故曰『君子于行』。明夷初九，得位有應，君子象也。在明傷之世，居謙下之位，故將辟難而行。當三在旦，故曰『三日不食』。旦位在三，又非食時，故曰「三日不食」。離，火也；艮，山也。離爲火，火焚山，山敗。離、艮合體故。於人爲言。艮爲言。孔疏：「說卦云：『成言于艮』，故艮爲言也。」敗言爲讒，爲離所焚，故言敗。故曰『有攸往。主人有言』。言必讒也。離變爲艮，故言有所往，往而見燒，故主人有言，言而見敗，故必讒言。純離爲牛，易離上離下，離。「畜牝牛，吉」，故言純離爲牛。世亂讒勝，勝將適離，故曰『其名曰牛』。離焚山，則離勝。譬世亂則讒勝，山焚則離獨存。故知名牛也。豎牛非牝牛，故不吉。謙不足，飛不翔，謙道沖退，故飛不遠翔。垂不峻，翼不廣，峻，高也，翼垂下，故不能廣遠。故曰『其爲子後乎』。不遠翔，故知不遠去。吾子亞卿也，抑少不終。旦日，正卿之位。莊叔父子世爲亞卿，位不足以終盡卦體，蓋引而致之。愚案：此注甲至癸，即前取于日之義。若焦、京分值日，別埘橫生，易之旁門，不堪取法。

眉注附列 汪琬曰：「行者艮爲徑路之詞，所謂『于行有攸往』是也。曰『歸者』，離爲飛禽，艮爲止。止不得行，所謂『于飛垂其翼』是也。曰『讒者』，離火言揚，所謂『有言』是也。曰『以餒死者』，離位居三，艮爲兑之反，不見其口，則無以食，所謂『三日不食』是也」。

昭公七年**婤姶生子，名之曰元。孟縶之足不良弱行**〔一〕。跛也。**孔成子以周易筮之，曰：「元尚享衛國，主其社稷」。**令蓍辭。**遇屯䷂。**震下坎上，屯。**又曰：「余尚立縶，尚克嘉之。」遇屯䷂之比䷇。**坤下坎上，比。屯初九爻變。**以示史朝。史朝曰：「『元亨』，又何疑焉？」**周易曰：「屯，元亨。」**成子曰：「非長之謂乎？」對曰：「孟非人也，將不列於宗，不可謂長。**足跛，非全人，不可列爲宗主。**且其繇曰『利建侯』，嗣吉，何建？建非嗣也。**嗣子有常位，故無所卜，又無所建。今以位不定，卜嗣得吉，則當從吉而建之也。**二卦皆云，**謂再得屯卦，皆有「建侯」之文。**子其建之。弱足者居。侯主社稷，臨祭祀，奉民人，事鬼神，從朝會，又焉得居？各以所利，不亦可乎！」**孟跛，利居。元吉，利建。

愚案：此傳據成心以論易象，附會支離，無庸深辨。

昭公十二年**南蒯枚筮之，**不指其事，汎卜吉凶。孔疏枚是籌之名，尚書「枚卜功臣」，謂人下一籌，使歷卜之。此則不告以所筮之事，空下一籌，而使之筮也。**遇坤䷁**坤下坤上，坤。**之比䷇，**坤下坎上，比。坤六五爻

〔一〕「弱行」，左傳作「能行」。

變。曰：「黃裳元吉，」坤六五爻辭。以爲大吉也。示子服惠伯曰：「卽有〔一〕事，何如？」惠伯曰：「吾嘗學此矣，忠信之事則可，不然，必敗。外彊內温，忠也；坎險，故彊，坤順，故温。彊而能温，所以爲忠。和以率貞，信也。水和而土安曰和，正信之本也。故曰『黃裳元吉』。黃，中之色也；裳，下之飾也；元，善之長也。中不忠，不得其色；言非黃。下不共，不得其飾；不爲裳。事不善，不得其極。失中德。外內倡和爲忠，率事以信爲共，供養三德爲善，非此三者弗當。非忠、信、善，不當此卦。且夫易，不可以占險，將何事也？且可飾乎？愚案：此卽易不爲小人謀之意。中美能黃，上美爲元，下美則裳，參成可筮。參美盡備，吉可如筮。猶有闕也，筮雖吉，未也。有闕，謂不參成。愚案：凶人而獲吉占，不惟不祥，且有咎。姜氏筮隨，猶能識此。南蒯之智，不逮婦人，其及于亂宜矣。且少儀云：「問卜筮，曰：『義與？志與？義則可問，志則否』。」凶人爲惡，謀及卜筮，鬼神猶將誅其志，其肯道人以不義之行乎？南氏之問，何其愚也。

哀公九年宋公伐鄭。晉趙鞅卜救鄭。史龜曰：「敵宋不吉。」陽虎以周易筮之，遇泰䷊，乾下坤上，泰。之需䷄，乾下坎上，需。泰六五變。曰：「宋方吉，不可與也。不可與戰。泰六五曰：「帝乙歸妹，以祉，元吉。」帝乙紂父，立爲天子，故稱帝乙。陰而得中，有似王者嫁妹，得如其願，受福祿而大吉。微子啟，帝

〔一〕左傳「有」下有「欲」字。

乙之元子也。宋、鄭甥舅也。宋、鄭爲婚姻甥舅之國，宋爲微子之後，今卜得帝乙卦，故以爲宋吉。祉，禄也。若帝乙之元子歸妹而有吉禄，我安得吉焉」？乃止。吉在彼，則我伐之爲不吉。愚案：此爻古注存者頗多，今悉録之以資聞見。子夏傳云：帝乙歸妹，湯之嫁妹也。孟喜章句「易有周人五號，帝，天稱，一也；王，美稱，二也；天子，爵號，三也；大君者，興盛行異，四也；大人者，聖人德備，五也。京房章句既引孟説，又載湯嫁妹之辭曰：「無以天子之尊而乘諸侯，無以天子之富而驕諸侯，陰之從陽，女之順夫，本天地之義也，往事爾夫，必以禮義」。荀爽本傳：「婦人謂嫁曰歸，言湯呂娶禮歸其妹於諸侯也」。愚案：此皆以帝乙爲湯，與左氏不合。鄭康成注：「五爻辰在卯，春爲陽中，萬物以生。生育者，嫁娶之貴。仲春之月，娶男女之禮，福禄大吉。」愚案：以爻辰言之，周禮媒氏「中春之月，令會男女」，故鄭氏以六五辰在卯爲釋。循是推之，卯上值房，星經云：「房主天子后寢，御羣陰之處，故言歸妹，必曰帝乙。」説亦可通，然已鑿矣。康成注易多言辰宿，儒者弗傳。又按以鄭氏爻辰言之，則辰在卯，若以京氏爻辰言之，辰又在亥。蓋一本乎月律，一本乎合聲，故二家所説不同。惠定宇棟昌明鄭學，創爲二圖，以漢上易傳爲誤。不知朱子發實鼻祖，君明定字特未深考京氏之學也。然皆易之支流，均無足據。九家注：「五者帝位，震象稱乙，是爲帝乙。六五以陰處尊位，帝者之姊妹，五在震後，明其爲妹也。五應于二，當下嫁于二，婦人謂嫁曰歸，故言帝乙歸妹。謂下居二，以中和相承，故元吉也。愚案：此以方位言之，三至四約象震，震東方位甲乙，故曰震象稱乙。虞翻注：「震爲帝，坤爲乙。帝乙，紂父歸嫁也。震爲兄，兑爲妹，故嫁妹。祉，福也，謂五變體離，離爲大腹，則妹嫁而孕。得位正中，故以祉元吉。」愚案：此兼納甲言之，帝出乎震，故曰震爲帝，坤納乙，故曰坤爲乙；震爲長男，故稱兄，互體兑，兑爲少女，故稱妹。

國語

周語晉孫談之子周適周，事單襄公。襄公有疾，召頃公而告之，注：頃公，單襄公之子也。曰：「必善晉周，將得晉國。成公之歸也，吾聞晉之筮之也，筮立成公。遇乾之否，曰：『配而不終，君三出焉。』乾下乾上，乾。坤下乾上，否。乾初九、九二、九三變而之否。乾，天也，君也，故曰配。配先君也。不終子孫，不終爲君也。乾下變爲坤，坤地也，臣也，天地不交曰否。變有臣象，三爻故三世而終，上有乾，乾天子也。五亦天子，五體不變。周天子國也，三爻有三變，故君三出于周。一既往矣，後之不知，其次必此」。愚案：此三爻變之卦，書曰「乾之否」，常例也。若以變例書之，三陽不變，必曰「乾之七」矣。後兩筮皆三爻變之卦，以常例書之，當曰「屯之豫」，「泰之坤」，以變例書之，其不變者皆陰爻，故兩筮皆用六。韋氏不知此義，注多紕繆。今悉正之于後。

晉語公子親筮之，曰：「尚有晉國。」尚，上也，命蓍之辭也。得貞屯、悔豫，皆八也。內曰貞，外曰悔，震下坎上，屯。坤下震上，豫。得此兩卦，震在屯爲貞，在豫爲悔。八，謂震兩陰爻在貞在悔，皆不動，故曰「皆八」。謂爻無爲也。愚案：此注悉謬。韋氏止知內卦爲貞，外卦爲悔，不知遇卦亦爲貞，之卦亦爲悔。今遇屯䷂之豫䷏，故曰貞屯、悔豫也。九老陽，六老陰，皆主變；七少陽，八少陰，皆不變。今初九、六四、九五皆變，變者老陽、老陰，惟二、三、上不變，三皆陰爻，陰爻不變者，少陰也，少陰用八，故曰「皆八」。筮史占之，皆曰：「不吉。閉而不通，爻無爲也。」閉，壅也。震爲動，動遇坎，坎爲險阻，閉塞不通，無所爲也。司空季子曰：「吉。是在易，皆利建侯。

以周易占之，二卦皆吉也。屯初九曰：「利建侯」，豫大象曰：「利建侯，行師，吉。」愚案：三爻變，則占遇卦及之卦之彖辭，屯「元亨利貞，勿用有攸往，利建侯。」豫「利建侯行師」。故曰「皆利建侯」也。舊注誤。不有晉國，以輔王室，安能建侯？我命筮曰『尚有晉國』，筮告我曰『利建侯』，得國之務也，吉孰大焉！震，車也。易，坤爲大車，震爲雷。今云車者，車亦動，聲象雷，其爲小車乎？愚案：左、國皆以震爲車。今說卦無此象，知其逸失者多矣。漢、魏言象多與說卦不合，去古未遠，必睹遺文。或經師別有口授，未可盡廢也。坎，水也。坤，土也。屯，厚也。豫，樂也。車班內外，順以訓之，車，雷也。班，偏也。偏外內者，謂屯之內有震，豫之外亦有震。坤，順也。豫內爲坤，屯二與四亦爲坤。愚案：屯二至四互體坤。舊云上與四亦爲坤，上字謬，或栞鍥者誤也。泉原以資之，資，財也。屯三至五，豫二至四，皆有艮象。豫三至五有坎象。艮山坎水，水在山下，爲泉原流而不竭者也。愚案：資當訓藉，即孟子「資之深」之資。土厚而樂其實。不有晉國，何以當之？屯、豫皆有坤象，重坤，土厚。豫爲樂，當應也。震，雷也，車也。坎，勞也，水也，衆也。易以坤爲衆，坎爲水。水亦衆之類，故云。主雷與車，內爲主也。而尚水與衆。坎象皆在上，故尚水與衆。車有震，武。震，威也。車聲軒隆，象有威武。衆、順，文也。坤爲衆、爲順、爲文，象有文德，爲衆所歸。愚案：此句皆主坤象，言疑上文「衆也」上脫坤字。文武具，厚之至也。故曰屯。屯，厚也。其繇曰『元亨利貞，勿用有攸往，利建侯』。亨，通也；貞，正也；攸，所也；往，之也。小人勿用有所之，君子則利建侯行師。虞翻易注曰：震爲侯，初剛難拔，故利以建侯。主〔一〕，

〔一〕「主」原本作「王」，形近而譌，據下注文正。

震雷，長也，故曰『元』。內爲主；震，爲長男，爲雷；雷爲諸侯，故曰元。元，善之長也。衆而順，嘉也，故曰『亨』。嘉，善也，衆順服善，故曰亨。亨，嘉之會也。內有震雷，故曰『利貞』。屯內有震。賈侍中云：「震以動之，利也；侯以正國，貞也。利，義之和也；貞，事之幹也」。車上水下，必伯。車，震也。水，坎也。車動而上，威也。水動而下，順也。有威而衆從，故必伯也。小事不濟，壅也。故曰『勿用有攸往』。濟，成也。小事，小人之事。壅，震動而過坎，坎爲險阻，故曰「勿用有攸往」。一夫之行也，一夫，一人也。易曰：「震一索而得男」，故曰一夫。又曰：「震作足」，故爲行也。衆順而有武威，故曰『利建侯』。坤，母也；震，長男也。母老子彊，故曰豫。豫，樂也。其繇曰：『利建侯行師。』居樂、出威之謂也。居樂，母在內也。出威，震在外也。居樂，故利建侯；出威，故利行師。鄭康成易注曰：「坤，順也；震，動也。順其性而動者，莫不得其所，故謂之豫。豫，喜佚說樂之貌也。震又爲雷，諸侯之象；坤又爲衆，師役之象，故利建侯，行師矣。虞翻易注曰：「坤爲邦國，震爲諸侯。初至五，體比象，四，利復初，故利建侯。三至上，體師象，故行師。是二者，得國之卦也」。愚案：三爻變，雖兼占兩，仍以貞卦爲主，故釋屯詳而釋豫略也。

眉注附列 沙隨程氏曰：「初與四、五，凡三爻變，其不變者二、三、上，在屯爲八，在豫亦八。

同前 董因迎公於河，公問焉，曰：「吾其濟乎？」對曰：「臣筮之，得泰之八。乾下坤上，泰。過泰無動爻，無爲侯。泰三至五震爲侯，陰爻不動，其數皆八，故得泰之八。與「貞屯悔豫皆八」義同。注誤。說見後。曰：『是謂『天地配亨，小往大來』，陽下陰升，故曰「配亨」。小喻子圉，大喻文公。陰在外爲小往，陽在內爲大來。今及之矣，何不濟之有？」愚案：韋注悮。此當是泰䷊之坤䷁。何以明其然也？觀穆姜遇艮之八，向非史出一言以斷曰「是謂艮之隨」，則五爻變而一爻不變，千古莫能明其義。此筮若如韋注，凡不動之卦有陰爻者，皆可名八。獨不思此卦陰陽爻皆有，何以必言少陰八，而不言少陽七乎？推其謬誤，與解「貞屯悔豫皆八」等。今據彖辭觀之，知此筮用八，決爲泰之坤。惟泰之坤，則是三陰不動，故曰「泰之八」。一陰不動，「貞屯悔豫皆八」，三陰不動，其義一也。且三爻動，占兩卦之卦彖辭，仍以不動者爲主。故占者，止援泰彖義，尤顯然。顧炎武曰：「占變者，其常；占不變者，其反。」此正占不變之義也。韋氏可作，其必以余爲知言也夫。又案：乾之否，曰配而不終，是以乾兼否斷之。泰之八曰「天地配亨」，亦以泰兼坤斷之。何以明其然也？蜀才注云：「泰本坤卦，小謂陰也，大謂陽也。天氣下，地氣上，陰陽交通萬物通，故吉亨。否本乾卦，大往，陽往而消；小來，陰來而息也。以此推之，乾之否，乾失其正，雖有陰有陽，而天不交地。是一變而配之矣，而終不可以言配。故曰「配而不終」。泰之坤，坤復其體，雖有陰無陽，而地能承天。是一變而不配矣，而仍可以言配，故曰「天地配亨」。且伯姬遇歸妹之睽，是震變離也。史蘇曰：「震之離，亦離之震」。杜注言「二卦變而氣相通」。今乾之否，泰之坤，內卦之氣通矣。但否本乾卦，乾變爲否，是乾之坤，亦坤之乾，二氣通而否象常在也。泰本坤卦，泰變爲坤，是乾之坤，亦坤之乾，二氣通而泰象仍在也。明乎二氣通復之機，亦可瞭然于其故矣。

伏萬壽周易集林占天雨否，外卦得陰爲雨，得陽不雨。其爻發變坎爲雨。得離不雨。坎化爲巽，化雨後風。引見太平御覽。

易緯中備云：「孔子正月爲商瞿筮曰：『瞿當有丈夫子五人。』子貢曰：『何以知之？』子曰：『卦遇大畜，艮之二世。九二甲寅、木爲世，六五景子水爲應。陽爻五，應有五子。』」引見張守節史記正義。